A vida do espírito

Hannah Arendt

A vida do espírito

Tradução de
Cesar Augusto de Almeida
Antônio Abranches
Helena Martins

12ª edição

Rio de Janeiro | 2024

A vida do espírito – O pensar
Copyright © 1971 by Hannah Arendt
Copyright © 1978, 1977 by Houghton Mifflin Harcourt Publishing Company

A vida do espírito – O querer
Copyright © 1971 by Hannah Arendt
Copyright © 1978, 1977 by Houghton Mifflin Harcourt Publishing Company

Copyright da tradução © Civilização Brasileira, 2009
Publicado mediante acordo com HarperCollins Publishers LLC.

Título original: *The Life of Mind*

Todos os direitos reservados. É proibido reproduzir, armazenar ou transmitir partes deste livro, através de quaisquer meios, sem prévia autorização por escrito.

Texto revisado segundo o novo Acordo Ortográfico da Língua Portuguesa.

Direitos desta tradução adquiridos pela
EDITORA CIVILIZAÇÃO BRASILEIRA
Um selo da
EDITORA JOSÉ OLYMPIO LTDA.
Rua Argentina, 171 — Rio de Janeiro, RJ — 20921-380 — Tel.: (21) 2585-2000.

Seja um leitor preferencial Record.
Cadastre-se no site www.record.com.br
e receba informações sobre nossos lançamentos e nossas promoções.

Atendimento e venda direta ao leitor:
sac@record.com.br

CIP-BRASIL. CATALOGAÇÃO NA PUBLICAÇÃO	
SINDICATO NACIONAL DOS EDITORES DE LIVROS, RJ	
A727v	Arendt, Hannah, 1906-1975 A vida do espírito / Hannah Arendt ; tradução Cesar Augusto de Almeida, Antônio Abranches, Helena Martins. – 12. ed. – Rio de Janeiro : Civilização Brasileira, 2024. 544 p. ; 23 cm. Tradução de: The life of the mind Apêndice: O julgar "Excertos da conferência sobre filosofia política de Kant" ISBN 978-65-5802-059-2 1. Filosofia alemã. I. Almeida, Cesar Augusto de. II. Abranches, Antônio. III. Martins, Helena. IV. Título.
21-74349	CDD: 193 CDU: 1(430)

Meri Gleice Rodrigues de Souza – Bibliotecária – CRB-7/6439

Impresso no Brasil
2024

*Numquam se plus agere quam nihil cum ageret, numquam
minus solum esse quam cum solus esset.*

Catão

*Cada um de nós é como um homem que vê as coisas em um
sonho e acredita conhecê-las perfeitamente, e então desperta
para descobrir que não sabe nada.*

Platão, *Político*

Sumário

Nota de tradução 9

Nota da editora norte-americana 12

Prefácio por Adriana Novaes 15

Volume 1: O pensar

Introdução 21

Capítulo 1: Aparência

1. A natureza fenomênica do mundo 43

2. (Verdadeiro) ser e (mera) aparência: a teoria dos dois mundos 48

3. A inversão da hierarquia metafísica: o valor da superfície 52

4. Corpo e alma; alma e espírito 57

5. Aparência e semblância 65

6. O ego pensante e o eu: Kant 69

7. A realidade e o ego pensante: a dúvida cartesiana
   e o *sensus communis* 75

8. Ciência e senso comum; a distinção de Kant entre
   intelecto e razão, verdade e significado 85

Capítulo 2: As atividades espirituais em um mundo de aparências

9. Invisibilidade e retirada do mundo   103

10. A luta interna entre pensamento e senso comum   116

11. O pensar e o agir: o espectador   131

12. Linguagem e metáfora   138

13. A metáfora e o inefável   152

Capítulo 3: O que nos faz pensar?

14. Os pressupostos pré-filosóficos da filosofia grega   173

15. A resposta de Platão e seus ecos   188

16. A resposta romana   200

17. A resposta de Sócrates   217

18. O dois-em-um   233

Capítulo 4: Onde estamos quando pensamos?

19. *"Tantôt je pense et tantôt je suis"* (Valéry): o lugar nenhum   253

20. A lacuna entre passado e futuro: o *nunc stans*   259

21. *Postscriptum*   272

Notas   277

Volume 2: O querer

Introdução   311

Capítulo 1: Os filósofos e o querer

1. Tempo e atividades do espírito   321

2. A vontade e a era moderna   331

3. As principais objeções à vontade na filosofia pós-medieval   335

4. O problema do novo   342

5. O conflito entre pensar e querer: a tonalidade das atividades do espírito   349

6. A solução de Hegel: a filosofia da história   355

Capítulo 2: *Quaestio mihi factus sum*: A descoberta do homem interior

7. A faculdade da escolha: *proairesis,* a precursora da vontade   373

8. O apóstolo Paulo e a impotência da vontade   383

9. Epiteto e a onipotência da vontade   394

10. Agostinho, o primeiro filósofo da vontade   408

Capítulo 3: O Querer e o Intelecto

11. Tomás de Aquino e a primazia do intelecto   443

12. Duns scotus e a primazia da vontade   457

Capítulo 4: Conclusões

13. O idealismo alemão e a "ponte arco-íris de conceitos"   485

14. O repúdio nietzschiano da vontade   496

15. O querer-não-querer de Heidegger   514

16. O abismo da liberdade e a *novus ordo seclorum*   541

Notas   569

Apêndice: O Julgar

Excertos das conferências sobre a filosofia política de Kant   601

Posfácio da edição norte-americana   627

Nota de tradução

Traduzimos *mind* por "espírito", buscando evitar qualquer aproximação com algum positivismo, mentalismo vulgar ou mesmo com a *philosophy of mind,* vertentes tão distantes do pensamento de Hannah Arendt. Mas nesse, como em outros casos, nenhuma solução é plenamente satisfatória, e a dificuldade está no peso que as camadas sedimentadas de significado exercem igualmente sobre os termos "espírito" e "mente". O problema do tradutor em relação à constituição metafísica (e à reação antimetafísica) do vocabulário filosófico é semelhante ao da própria autora. Quando a ênfase na derivação do termo latino *mens* foi explicitada, tivemos, naturalmente, que traduzir por "mente".

Já na tradução de *semblance* por "semblância", a despeito da inconveniência do neologismo (inconveniência mitigada pela relativa difusão do termo e pelos correlatos em francês e em espanhol), a intenção foi justamente aproveitar o despojamento semântico do termo. A importância e a positividade do conceito, já esboçadas no último capítulo de *A condição humana* (muito embora o termo ainda não apareça aí), inviabilizaram a utilização de soluções tradicionais, tais como "ilusão" ou "erro perceptivo", que se revelariam definitivamente inapropriadas na expressão "semblância autêntica".

Ao traduzirmos *out of order* por "fora de ordem" procuramos acompanhar a dupla intenção da autora de caracterizar a condição de alheamento do ego pensante e indicar a inversão "que [ele] opera em todas as relações ordinárias". Embora ela retire o termo de Heidegger, cuja tradução brasileira, certamente com boas razões, adotou a solução "extraordinário", a versão alemã da própria autora mantém a expressão escandida *ausser der Ordnung*.

Na tradução de *after-thought,* encontramos soluções com vantagens relativas. Temos, por um lado, as opções mais literais, como "pensar depois" e "pós-pensamento" ou a expressão "pensamento posterior", que aparece por vezes na versão alemã (*nachträglich Gedanke*); todas essas soluções explicitam a ideia de sucessão no processo do pensamento. Por outro lado, a solução adotada aqui, "re-pensar" (*nach-denken*), que também aparece na versão alemã e que, sem o hífen, é o verbo de uso corrente que significa repensar, reconsiderar, é o termo que, a nosso ver, melhor traduz a ideia de retomar — de outro modo — aquilo que já foi pensado (dessensorializado).

Finalmente, optamos por criar, na tradução do termo *nill,* o composto "não-querer". O termo original traz em si uma ideia de negação, que, entretanto, não implica anulação do querer, designando, sim, sua própria constituição; o neologismo em português, mantendo internamente a ideia de negação, tem como núcleo "querer", permitindo a interpretação positiva e transitiva em que a autora insiste explicitamente. De outra parte, a dupla hifenação "querer-não-querer" é tão somente um acompanhamento da hifenação original na expressão *will-not-to--will,* sem pretender sugerir qualquer extensão de não-querer (*nill*).

NOTA DE TRADUÇÃO

Agradecemos a Tito Marques Palmeiro e a Paulo Henriques Brito a generosa disponibilidade e a ciência com que atenderam às nossas múltiplas solicitações.

Nota da editora norte-americana

Como amiga e inventariante literária de Hannah Arendt, preparei para publicação *A vida do espírito*. Em 1973, "O Pensar" foi apresentado sob forma resumida nas Gifford Lectures, na Universidade de Aberdeen, e, em 1974, a parte inicial de "O Querer". Ambos, "O Pensar" e "O Querer", novamente sob forma resumida, foram expostos em cursos regulares na New School for Social Research, em Nova York, durante os períodos de 1974-5 e 1975. O segundo volume contém um apêndice sobre "O Julgar", extraído de aulas expositivas sobre a filosofia política de Kant, apresentadas em 1970 na New School.

Da parte de Hannah Arendt, agradeço aos professores Archibald Wernham e Robert Cross, da Universidade de Aberdeen, e às senhoras Wernham e Cross a gentileza e a hospitalidade que lhe dispensaram durante suas estadas em Aberdeen por ocasião das Gifford Lectures. Esses agradecimentos são extensivos também ao Senatus Academicus da universidade, responsável pelo convite.

NOTA DA EDITORA NORTE-AMERICANA

Meus próprios agradecimentos como editora incluem, sobretudo, Jerome Kohn, professor assistente da dra. Arendt na New School, por sua permanente solicitude na solução de difíceis problemas relativos ao texto, bem como pela diligência e pelo cuidado na busca e na verificação das referências. Também sou grata a ele e a Larry May pela preparação do índice. Agradeço de modo particular a Margo Viscusi a santa paciência em datilografar um manuscrito bastante revisado, com muitas inserções e entrelinhas em caligrafias diversas, e as pesquisas suscitadas por questões editoriais. Agradeço a seu marido, Anthony Viscusi, por ter emprestado seus livros de faculdade, que facilitaram bastante a verificação de algumas citações inexatas. Agradeço a meu marido, James West, o "oportunismo" de *suas* anotações filosóficas, a disposição em discutir o manuscrito e as suas ocasionais perplexidades, e agradeço a ele também a determinação no momento de desatar vários nós górdios do plano geral e do esboço destes volumes. Sou grata a Lotte Köhler, minha coinventariante, por franquear aos editores o acesso aos livros relevantes da biblioteca de Hannah Arendt e por sua total solicitude e devoção. Sou imensamente grata a Roberta Leighton e sua equipe da Hartcourt Brace Jovanovich pelo enorme esforço e pela inteligência com que se debruçaram sobre o manuscrito, ultrapassando sensivelmente a prática editorial comum. Agradeço afetuosamente a William Jovanovich o interesse pessoal que sempre dedicou a *A vida do espírito*, interesse que já se evidenciava na presença, em Aberdeen, em três das Gifford Lectures. Para ele, Hannah Arendt era muito mais do que um "autor", e ela, por sua vez, valorizava não apenas a amizade dele, mas também os comentários e as observações críticas que ele fazia sobre seu texto. Desde a morte de Arendt, ele me incentivou e fortaleceu com a leitura atenta do texto editado e com as sugestões para o tratamento do material que iria constituir "O Julgar", extraído das conferências sobre Kant. Acima de tudo, devo notar a disposição com que se prestou a dividir o peso da decisão sobre alguns pontos específicos, bem como sobre outros mais gerais. Devo agradecer também a meus amigos Stanley Geist e Joseph Frank a disponibilidade com que atenderam às consultas sobre problemas linguísticos do manuscrito. E também a meu amigo Werner Stemans, do Instituto Goethe de Paris, a ajuda com a língua alemã. Ao *The New Yorker*, que publicou "O Pensar" com pequenas alterações, o nosso reconhecimento; sinto-me grata ainda a William Shawn por sua entusiasmada resposta ao manuscrito — uma reação que teria dado muita satisfação à autora. Finalmente, e acima de todos, agradeço a Hannah Arendt o privilégio de haver trabalhado em seu livro.

Mary McCarthy

Prefácio

*Adriana Novaes**

A vida do espírito ou a vida da mente –, o conjunto dinâmico de nossas faculdades de *pensar*, *querer* e *julgar* – esteve no horizonte do esforço de compreensão de Hannah Arendt muitos anos antes da escrita dessa sua última obra, *A vida do espírito*, que não foi concluída. Arendt faleceu na semana em que começaria a terceira parte dedicada ao *julgar*. A primeira folha, com duas epígrafes, estava em sua máquina de escrever.

De 1951 a 1953, por exemplo, encontramos em seu *Diário de pensamento* (registros de suas ideias e estudos de 1950 a 1973) anotações sobre a vontade em Hegel, distinções entre pensamento como solitude, contemplação, reflexão e devoção, e o julgar como o pensamento do estar-junto. No texto "O judeu como pária: uma tradição oculta", de 1944, Arendt já destacava o pensamento como a principal arma de

---

* Adriana Novaes é doutora em filosofia e mestre em comunicação. Autora dos livros *O canto de Perséfone, Hannah Arendt no século XXI: a atualidade de uma pensadora independente* e *Cultivar a vida do espírito: Hannah Arendt e o significado político do pensamento*.

resistência do judeu pária contra as investidas para a sua *assimilação*, o apagamento de sua identidade para ser "aceito". Ainda antes, em 1930, Arendt já defendia a realidade do pensamento, a atividade da filosofia, no texto "Filosofia e sociologia", sobre os pressupostos e as consequências do livro *Ideologia e utopia*, de Karl Mannheim.

Mas o que é a vida do espírito? Como suas capacidades são compreendidas? Primeiro é preciso entender por que Arendt finalmente decidiu se dedicar a elas. Hannah Arendt é autora de obras fundamentais para o estudo do totalitarismo, do mal, da liberdade, das revoluções, dos desafios da modernidade e da recuperação do significado da política no pós-guerra. Por que, como ela mesma escreve na introdução deste livro, decidiu se dedicar a esses temas assombrosos, ou seja, filosóficos?

Arendt já havia estudado o totalitarismo, definindo-o como fenômeno político inédito, porque tratava-se de um movimento e de um regime de obediência à lógica da Natureza ou da História, fundamentados na mentira, no terror, na sistematização do assassinato de vítimas inocentes. Como havia acontecido aquele, em suas palavras, colapso moral? Da compreensão desses eventos que nunca poderiam ter acontecido e em contrapartida a eles, Arendt teve como objetivo restabelecer a política como os atos e as palavras de seres humanos no exercício de sua liberdade, de sua espontaneidade, como seres plurais em conjunto. No início dos anos 1960, Arendt soube da prisão e do julgamento do criminoso nazista Adolf Eichmann. Ofereceu-se como correspondente de uma revista e escreveu um dos livros mais controversos do século XX. Arendt pode encarar esse criminoso e perguntar--se sobre o que leva uma pessoa a cometer o mal sem precedentes. Ela percebeu em Eichmann uma incapacidade de pensar e de julgar.

Arendt já se ocupava do pensamento e investigava os elementos constitutivos da era moderna que representavam uma ruptura. A modernidade, um conjunto de transformações profundas na vida e na condição humana, havia nos legado as ciências modernas, as navegações e a conexão da Terra, as máquinas, as possibilidades da tecnologia, da produção, do acúmulo de capital, de maior liberdade e de organização laica do poder político. Mas também o colonialismo e seu tipo de exploração, o imperialismo e sua violência, o racismo, o trabalho como alienação e o conhecimento técnico-científico destruidor (lembremos a bomba atômica). Como nossa condição e nossas faculdades, após serem reexaminadas em sua história, poderiam ser apreendidas para que não nos transformássemos em vítimas de nossas próprias criações, mas, ao contrário, usássemos nossa potência para escapar das armadilhas feitas por nós? Como poderíamos nos responsabilizar pelo mundo e praticar nossas mais valiosas capacidades?

Contrariando a tradição filosófica, Arendt contesta a hierarquia entre pensamento e ação, afirmando a necessidade de considerarmos esses dois planos que não têm objeto, a partir dos quais estabelecemos nossa vida, como duas instâncias em diálogo. O projeto de Arendt é a redefinição da relação entre o pensar e o agir, compreendendo as atividades do espírito como constitutivas de todas as ações políticas. Portanto, no agir político estão implicados o pensar, o querer e o julgar.

O pensar é o diálogo dois-em-um que não é conhecimento e não dá respostas definitivas. É a atenção, a consciência, a reflexão em constante interação com o mundo, porque parte da experiência. O querer é nossa capacidade de começar, o impulso da vontade que nos leva a agir, a interferir no mundo. E o julgar, a mais política das atividades, é nossa disposição, pela imaginação, ampliando nosso pensamento, para olharmos para a realidade a partir da perspectiva de outras pessoas, deixando nossos interesses pessoais de lado. Há uma dinâmica, portanto, entre as atividades do espírito e entre elas e a ação, de recolhimento para o pensar, impulso para começar e disposição aos outros no juízo, potencial do bom senso compartilhado, da escolha e ação conjuntas.

O pensamento é a atenção e o questionamento constantes da realidade pela nossa mente. Proporciona a distinção entre o verdadeiro e o falso. Pensar significa sair um pouco do barulho do mundo e conversar com nós mesmos. Essas retiradas são curtas, porém valiosas para não seguirmos no "automático", não "agirmos sem pensar", como se diz. A ação, por sua vez, é nosso movimento no mundo com as outras pessoas, também exercício plural pelo qual fazemos, inventamos e tentamos.

Considerando os desafios que temos, para os quais Arendt nos alertou – a interferência da economia na política, a questão do meio ambiente, o predomínio das imagens tomando o lugar das verdades de fato, a enorme dificuldade de ler o mundo e, consequentemente, usar as palavras –, pode parecer que estamos condenados irremediavelmente ao pior e que continuaremos assim, errando, por muito tempo. Mas Arendt nos lembra: ações livres, profundas e transformadoras também são possíveis e nelas estão implicadas nossas atividades do espírito.

VOLUME 1   O Pensar

O pensamento não traz conhecimento como as ciências.
O pensamento não produz sabedoria prática utilizável.
O pensamento não resolve os enigmas do Universo.
O pensamento não nos dota diretamente com o poder de agir.

Martin Heidegger

Introdução

O título que dei a esta série de palestras, *A vida do espírito,* soa pretensioso; e falar sobre "O Pensar" parece-me tão presunçoso que sinto que devo começar não com uma apologia, mas com uma justificativa. É claro que o assunto propriamente dispensa qualquer justificativa. E dispensa de modo especial no âmbito de excelência inerente às Gifford Lectures. O que me perturba é que seja *eu* a tentar, pois não pretendo nem ambiciono ser um "filósofo", ou estar incluída entre aqueles que Kant, não sem ironia, chamou de *Denker von Gewerbe* (pensadores profissionais).[1] A questão, pois, é se eu não deveria ter deixado tais problemas nas mãos dos especialistas. E assim sendo, a resposta deverá mostrar o que me levou a abandonar o âmbito relativamente seguro da ciência e da teoria políticas para aventurar-me nesses temas espantosos, em vez de deixá-los em paz.

De fato, minha preocupação com as atividades espirituais tem origem em duas fontes bastante distintas. O impulso imediato derivou de eu ter assistido ao julgamento de Eichmann em Jerusalém. Em meu relato,[2] mencionei a "banalidade do mal". Por trás desta expressão não procurei sustentar nenhuma tese ou doutrina, muito embora estivesse vagamente consciente de que ela se opunha à nossa tradição de pensamento — literário, teológico ou filosófico — sobre o fenômeno do mal. Aprendemos que o mal é algo demoníaco; sua encarnação é Satã, "um raio caído do céu" (Lucas 10:18), ou Lúcifer, o anjo decaído ("O demônio também é um anjo", Unamuno), cujo pecado é o orgulho ("orgulhoso como Lúcifer"), isto é, aquela *superbia* de que só os melhores são capazes: eles não querem servir a Deus, mas ser como Ele. Diz-se que os homens maus agem por inveja; e ela pode ser tanto ressentimento pelo insucesso, mesmo que não se tenha cometido nenhuma falta (Ricardo III), quanto propriamente a inveja de Caim, que matou Abel porque "o Senhor teve estima por Abel e por sua oferenda, mas por Caim e sua oferenda ele não teve nenhuma estima". Ou podem ter sido movidos pela fraqueza (Macbeth). Ou ainda, ao contrário, pelo ódio poderoso que a maldade sente pela pura bondade ("Odeio o Mouro: o que me move é o coração", de Iago; o ódio de Claggart pela "bárbara" inocência de Billy Budd, um ódio que Melville considerou "uma depravação com relação à natureza humana"); ou pela cobiça, "a raiz de todo o mal" (*Radix omnium malorum cupiditas*). Aquilo com que defrontei, entretanto, era inteiramente diferente e, no entanto, inegavelmente factual. O que me deixou aturdida foi que a conspícua superficialidade do agente tornava impossível rastrear o mal incontestável de seus atos, em suas raízes ou em seus motivos, em níveis mais profundos. Os atos eram monstruosos, mas o agente — ao menos aquele que estava em julgamento — era bastante comum, banal, e não demoníaco ou monstruoso. Nele não se encontrava sinal de firmes convicções ideológicas ou de motivações especificamente más, e a única característica notória que se podia perceber tanto em seu comportamento anterior quanto durante o próprio julgamento e o sumário de culpa que o antecedeu era algo de inteiramente negativo: não era estupidez, mas *irreflexão*. No âmbito dos procedimentos da prisão e da corte israelenses, ele funcionava como havia funcionado sob o regime nazista; mas, quando confrontado com situações para as quais não havia procedimentos de rotina, parecia indefeso, e seus clichês produziam na tribuna, como já haviam evidentemente produzido em sua vida funcional, uma espécie de comédia macabra. Clichês, frases feitas, adesão a códigos de expressão e conduta convencionais e padronizados têm a função socialmente reconhecida de proteger-nos da realidade, ou seja, da exigência de atenção do pensamento feita por todos os fatos e acontecimentos em virtude de sua mera existência. Se respondêssemos todo o tempo a essa exigência, logo estaríamos exaustos; Eichmann se distinguia do comum dos homens unicamente porque ele, como ficava evidente, nunca havia tomado conhecimento de tal exigência.

Foi essa ausência de pensamento — uma experiência tão comum em nossa vida cotidiana, em que dificilmente temos tempo e muito menos desejo de *parar* e pensar — que despertou meu interesse. Será o fazer-o-mal (pecados por ação e omissão) possível não apenas na ausência de "motivos torpes" (como a lei os denomina), mas de quaisquer outros motivos, na ausência de qualquer estímulo particular ao interesse ou à volição? Será que a maldade — como quer que se defina esse estar "determinado a ser vilão" — *não* é uma condição necessária para o fazer-o-mal? Será possível que o problema do bem e do mal, o problema de nossa faculdade para distinguir o que é certo do que é errado, esteja conectado com nossa faculdade de pensar? Por certo, não, no sentido de que o pensamento pudesse ser capaz de produzir o bem como resultado, como se a "virtude pudesse ser ensinada" e aprendida — somente hábitos e costumes podem ser ensinados, e nós sabemos muito bem com que alarmante rapidez eles podem ser desaprendidos e esquecidos quando as novas circunstâncias exigem uma mudança nos modos e padrões de comportamento. (O fato de que habitualmente se trata de assuntos ligados ao problema do bem e do mal em cursos de "moral" ou de "ética" pode indicar quão pouco sabemos sobre eles, pois moral deriva de *mores*, e ética, de *ethos*, respectivamente os termos latino e grego para designar os costumes e os hábitos — estando a palavra latina associada a regras de comportamento e a grega sendo derivada de habitação, como a nossa palavra "hábitos".) A ausência de pensamento com que me defrontei não provinha nem do esquecimento de boas maneiras e bons hábitos, nem da estupidez, no sentido de inabilidade para compreender — nem mesmo no sentido de "insanidade moral", pois ela era igualmente notória nos casos que nada tinham a ver com as assim chamadas decisões éticas ou os assuntos de consciência.

A questão que se impunha era: seria possível que a atividade do pensamento como tal — o hábito de examinar o que quer que aconteça ou chame a atenção, independentemente de resultados e conteúdo específico — estivesse entre as condições que levam os homens a abster--se de fazer o mal, ou mesmo que ela realmente os "condicione" contra ele? (A própria palavra "consciência", em todo o caso, aponta nessa direção, uma vez que significa "saber comigo e por mim mesmo", um tipo de conhecimento que é atualizado em todo processo de pensamento.) E não estará essa hipótese reforçada por tudo o que sabemos sobre a consciência, isto é, que uma "boa consciência" em geral só é apreciada na condição de regra por pessoas realmente más, criminosas e tais, ao passo que somente "pessoas boas" são capazes de ter uma má consciência? Dizendo de outra maneira e utilizando uma linguagem kantiana: tendo sido aturdida por um fato que, queira eu ou não, "me pôs na posse de um conceito" (a banalidade do mal), não me era possível deixar de levantar a *quaestio juris* e me perguntar "com que direito eu o possuía e utilizava".[3]

Foi portanto o julgamento de Eichmann que despertou meu interesse por esse tema. Mas, além disso, também essas questões morais que têm origem na experiência real e se chocam com a sabedoria de todas as épocas — não só com as várias respostas tradicionais que a "ética", um ramo da filosofia, ofereceu para o problema do mal, mas também com as respostas muito mais amplas que a filosofia tem, prontas, para a questão menos urgente "O que é o pensar?" — renovaram em mim certas dúvidas. De fato, tais dúvidas vinham me afligindo desde que terminei um estudo sabiamente intitulado por meu editor *A condição humana,* mas que eu havia proposto mais modestamente como uma investigação sobre *"A vita activa".* Desde o primeiro momento em que me interessei pelo problema da *Ação* — a mais antiga preocupação da teoria política —, o que me perturbou foi que o próprio termo que adotei para minhas reflexões sobre o assunto, a saber, *vita activa,* havia sido cunhado por homens dedicados a um modo de vida contemplativo e que olhavam desse ponto de vista para todos os modos de vida.

Visto a partir daí, o modo ativo de vida é "laborioso", o modo contemplativo é pura quietude; o modo de vida ativo dá-se em público, o contemplativo, no "deserto"; o modo ativo é devotado às "necessidades do próximo", o modo contemplativo, à "visão de Deus". (*Duae sunt vitae, activa et contemplativa. Activa est in labore, contemplativa in requie. Activa in publico, contemplativa in deserto. Activa in necessitate proximi, contemplativa in visioni Dei.*) Citei um autor medieval[4] do século XII quase aleatoriamente porque a ideia de que a contemplação constitui o mais alto estado do espírito é tão antiga quanto a filosofia ocidental. A atividade do pensamento — segundo Platão, o diálogo sem som que cada um mantém consigo mesmo — serve apenas para abrir os olhos do espírito; e mesmo o *nous* aristotélico é um órgão para ver e contemplar a verdade. Em outras palavras, o pensamento visa à contemplação e nela termina, e a própria contemplação não é uma atividade, mas uma passividade; é o ponto em que as atividades espirituais entram em repouso. Segundo as tradições da Era Cristã, quando a filosofia se tornou serva da teologia, o pensamento passou a ser meditação, e a meditação passou novamente a terminar na contemplação, uma espécie de estado abençoado da alma em que o espírito não mais se esforçava por conhecer a verdade, mas por antecipar um estado futuro, recebendo-o temporariamente na intuição. (Descartes, de modo característico, ainda influenciado por essa tradição, chamou o tratado no qual se dispôs a demonstrar a existência de Deus de *Méditations*.) Com o surgimento da Era Moderna, o pensamento tornou-se principalmente um servo da ciência, do conhecimento organizado; e ainda que tenha ganho muito em atividade, segundo a convicção crucial da modernidade pela qual só posso conhecer o que eu mesmo produzo, foi a matemática, a ciência não empírica por excelência, em que o espírito parece lidar apenas consigo mesmo, que passou a ser a ciência das ciências, fornecendo a chave para as leis da natureza e do universo que se encontram ocultas pelas aparências. Se era um axioma para Platão que o olho invisível da alma era o órgão adequado para contemplar a verdade invisível com a certeza do conhecimento, tornou-se axiomático para Descartes — durante a famosa noite de sua "revelação" — que havia "um acordo fundamental entre as *leis* da natureza [que estão ocultas pelas aparências e por percepções sensoriais enganosas] e as leis da matemática";[5] ou seja, entre as leis do pensamento discursivo em seu nível mais elevado e abstrato e as leis do que quer que se encontre na natureza por trás da mera "semblância". E ele acreditava realmente que com esse tipo de pensamento — que Hobbes denominava "cálculo de consequências" — poderia produzir conhecimento seguro sobre a existência de Deus, da natureza da alma e de outros assuntos do gênero.

O que me interessava no estudo sobre a *Vita activa* era que a noção de completa quietude da *Vita contemplativa* era tão avassaladora, que, em comparação com ela, todas as diferenças entre as diversas atividades da *Vita activa* desapareciam. Diante dessa quietude, já não era importante se a pessoa laborava e cultivava o solo, ou trabalhava e produzia objetos de uso, ou interagia com outros homens em certas empreitadas. Mesmo Marx, em cuja obra e em cujo pensamento a questão da ação teve papel tão crucial, "utiliza a expressão *praxis* simplesmente no sentido 'daquilo que o homem faz' em oposição 'àquilo que o homem pensa'".[6] Eu estava todavia ciente de que era possível olhar para esse assunto de um ponto de vista completamente diferente; e para deixar registrada a minha dúvida, encerrei esse estudo da vida ativa com uma curiosa sentença que Cícero atribuiu a Catão. Este costumava dizer que "nunca um homem está mais ativo do que quando nada faz, nunca está menos só do que quando a sós consigo mesmo" (*Numquam se plus agere quam nihil cum ageret, numquam minus solum esse quam cum solus esset*).[7] Supondo que Catão esteja certo, as questões que se apresentam são óbvias: o que estamos "fazendo" quando nada fazemos a não ser pensar? Onde estamos quando, sempre rodeados por outros homens, não estamos com ninguém, mas apenas em nossa própria companhia?

É evidente que propor tais questões apresenta certas dificuldades. À primeira vista, elas parecem pertencer ao que se costuma chamar "filosofia" ou "metafísica", dois termos e dois campos de investigação que, como todos sabemos, caíram em descrédito. Se isso se devesse meramente aos ataques do positivismo moderno e do neopositivismo, talvez não precisássemos nos preocupar. A afirmação de Carnap segundo a qual a metafísica deveria ser vista como poesia certamente choca-se com as pretensões habituais dos metafísicos; mas essas últimas, assim como a própria avaliação de Carnap, podem estar baseadas em uma subestimação da poesia. Heidegger, que Carnap escolheu como alvo privilegiado, retorquiu afirmando que a filosofia e a poesia estavam de fato intimamente relacionadas; não eram idênticas, mas brotavam da mesma fonte — o pensamento. E Aristóteles, que até agora ninguém acusou de escrever "mera" poesia, tinha a mesma opinião: poesia e filosofia, de alguma forma, estão relacionadas. O famoso aforismo de Wittgenstein "sobre o que não podemos falar devemos nos calar", que argumenta pelo lado oposto, deveria aplicar-se, se levado a sério, não apenas ao que se encontra além da experiência sensorial, mas ainda mais aos próprios objetos dos sentidos. Nada do que vemos, ouvimos ou tocamos pode ser expresso em palavras que se equiparem ao que é dado aos sentidos. Hegel estava certo quando indicou que "o Isto dos sentidos [...] não pode ser alcançado pela linguagem".[8] Não foi precisamente a descoberta de uma discrepância entre as palavras, o *medium* no qual pensamos, e o mundo das aparências, o *medium* no qual vivemos, que conduziu, pela primeira vez, à filosofia e à metafísica? Com a ressalva de que no começo era o pensamento, na forma de *logos* ou de *noesis*, que tinha a capacidade de alcançar a verdade ou o verdadeiro ser, ao passo que no final a ênfase havia se deslocado para o que é dado à percepção e para os instrumentos pelos quais podemos estender e aguçar nossos sentidos corporais. Parece bastante natural que o primeiro se volte contra as aparências, e o último, contra o pensamento.

Nossas dificuldades com as questões metafísicas são produzidas nem tanto por aqueles para quem essas são questões "sem sentido", mas, acima de tudo, pela própria parte atacada. Pois assim como a crise na teologia atingiu seu clímax quando os teólogos — e não aquela velha multidão de incrédulos — começaram a discutir a proposição "Deus está morto", a crise na filosofia e na metafísica veio à luz quando os próprios filósofos começaram a declarar o fim da filosofia e da metafísica. Hoje isso já é uma velha história. (A atração pela fenomenologia de Husserl derivou das implicações anti-históricas e antimetafísicas do slogan *"Zu den Sachen selbst"*, e Heidegger, que "aparentemente permaneceu na trilha metafísica", de fato também pretendeu "superar a metafísica", como ele mesmo proclamou muitas vezes desde 1930.)[9]

INTRODUÇÃO

Foi Hegel, e não Nietzsche, quem pela primeira vez declarou que o "sentimento subjacente à religião na Era Moderna é o sentimento (Deus está morto)".[10] Sessenta anos atrás, a *Enciclopédia Britânica* já se sentia segura para tratar a "metafísica" como filosofia "sob seu nome mais desacreditado".[11] E se quisermos investigar ainda mais esse descrédito, encontraremos Kant entre os mais destacados detratores — não o Kant da *Crítica da razão pura,* que Moses Mendelssohn chamou de "destruidor de tudo", o *alles Zermalmer,* mas o Kant em seus escritos pré-críticos, em que ele espontaneamente admite que "era seu destino apaixonar-se pela metafísica"; mas em que fala também de seu "abismo sem fundo", seu "chão escorregadio" e sua terra utópica de "leite e mel" (*Schlaraffenland*) onde vivem, como em uma aeronave, os "sonhadores da razão", de tal modo que "não existe tolice que não possa servir de argumento para sabedoria sem fundamentos".[12] Tudo o que se precisa dizer hoje em dia sobre esse assunto foi dito admiravelmente por Richard McKeon: na longa e complicada história do pensamento, essa "ciência espantosa" nunca produziu "uma convicção generalizada em relação à [sua] função [...] nem, de fato, um consenso significativo de opinião em relação ao seu tema".[13] É bastante surpreendente perante essa história de difamação que o próprio termo "metafísica" tenha sido capaz de sobreviver. Fica-se tentado a suspeitar que Kant estivesse certo quando, já muito velho e após ter desferido um golpe fatal na "ciência espantosa", profetizou que os homens certamente retornariam à metafísica "como se retorna à mulher amada depois de uma briga" (*wie zu einer entzweiten Geliebten*).[14]

Isso não me parece provável ou mesmo desejável. Antes, portanto, de começarmos a especular sobre as possíveis vantagens de nossa atual situação, seria prudente refletir sobre o que realmente queremos dizer quando observamos que a teologia, a filosofia e a metafísica chegaram a um fim. Certamente não é que Deus esteja morto, algo sobre o qual o nosso *conhecimento* é tão pequeno quanto o que temos sobre a própria existência de Deus (tão pequeno, de fato, que mesmo a palavra "existência" está mal empregada); mas que a maneira como Deus foi pensado durante milhares de anos não é mais convincente; se algo está morto, só pode ser o *pensamento* tradicional sobre Deus. E algo semelhante vale também para o fim da filosofia metafísica: não que as velhas questões contemporâneas ao aparecimento do homem sobre a Terra tenham se tornado "sem sentido", mas a forma como foram feitas e respondidas perdeu a razoabilidade.

O que chegou a um fim foi a distinção básica entre o sensorial e o suprassensorial, juntamente com a noção pelo menos tão antiga quanto Parmênides de que o que quer que não seja dado aos sentidos — Deus, ou o Ser, ou os Primeiros Princípios e Causas (*archai*), ou as Ideias — é mais real, mais verdadeiro, mais significativo do que aquilo que aparece, que está não apenas *além* da percepção sensorial, mas *acima* do mundo dos sentidos. O que está "morto" não é apenas a localização de tais "verdades eternas", mas também a própria distinção. Enquanto isso, os poucos defensores da metafísica, em um tom cada vez mais estridente, alertaram-nos sobre o perigo do niilismo inerente a essa afirmação. Embora disponham de um importante argumento a seu favor, eles próprios raramente o invocam: de fato, é verdade que uma vez descartado o domínio suprassensível, fica também aniquilado o seu oposto, o mundo das aparências tal como foi compreendido ao longo de tantos séculos. O sensível como é ainda compreendido pelos positivistas não pode sobreviver à morte do suprassensível. Ninguém sabia disso melhor do que Nietzsche, que, com sua descrição poética e metafórica do assassinato de Deus,[15] tanta confusão produziu sobre esse assunto. Numa importante passagem de *O crepúsculo dos ídolos*, ele esclarece o que a palavra "Deus" significava na história anterior. Era

INTRODUÇÃO

meramente um símbolo para o domínio suprassensorial tal como foi compreendido pela metafísica; agora, em vez de "Deus", utiliza a expressão "mundo verdadeiro" e diz: "Abolimos o mundo verdadeiro. O que permaneceu? Talvez o mundo das aparências? Mas não! Junto com o mundo verdadeiro, abolimos também o mundo das aparências."[16]

O vislumbre de Nietzsche de que "a eliminação do suprassensível elimina também o meramente sensível, e, portanto, a diferença entre eles" (Heidegger)[17] é tão óbvia que desafia qualquer tentativa de datá-la historicamente; qualquer pensamento que se construa em termos de dois mundos já implica que esses dois mundos estejam inseparavelmente ligados entre si. Assim, todos os modernos e elaborados argumentos contra o positivismo foram antecipados pela simplicidade insuperável do pequeno diálogo de Demócrito entre o espírito, o órgão do suprassensível, e os sentidos. As percepções sensoriais são ilusões, diz o espírito; elas mudam segundo as condições de nosso corpo; doce, amargo, cor, e assim por diante, existem somente *nomo*, por convenção entre os homens, e não *physei*, segundo a verdadeira natureza das aparências. Ao que os sentidos respondem: "Espírito infeliz! Tu nos derrotas enquanto de nós obténs a tua evidência [*pisteis*, tudo em que se pode confiar]? Nossa derrota será a tua ruína."[18] Em outras palavras, uma vez que o equilíbrio sempre precário entre os dois mundos está perdido, não importa se o "verdadeiro mundo" aboliu o "mundo aparente", ou se foi o contrário; rompe-se todo o quadro de referências em que nosso pensamento estava acostumado a orientar-se. Nesses termos, nada mais parece fazer muito sentido.

Essas "mortes" modernas — de Deus, da metafísica, da filosofia e, por implicação, do positivismo — tornaram-se eventos com consequências históricas consideráveis, pois, com o início de nosso século, deixaram de ser uma preocupação exclusiva das elites intelectuais para ser não tanto a preocupação, mas o pressuposto comum irrefletido de quase todo o mundo. Não nos ocuparemos aqui do aspecto político do assunto. Em nosso contexto, talvez seja melhor mesmo deixar o tema, que na verdade é de competência política, fora de nossas considerações, e insistir, pelo contrário, no simples fato de que, por mais seriamente que nossos modos de pensar estejam envolvidos nessa crise, nossa *habilidade* para pensar não está em questão; somos o que os homens sempre foram — seres pensantes. Com isso quero dizer apenas que os homens têm uma inclinação, talvez uma necessidade, de pensar para além dos limites do conhecimento, de fazer dessa habilidade algo mais do que um instrumento para conhecer e agir. Falar de niilismo nesse contexto talvez seja apenas relutância em abandonar conceitos e sequências de pensamento que de fato morreram há bastante tempo, embora seu passamento só muito recentemente tenha sido reconhecido em público. Se ao menos pudéssemos fazer nessa situação o que a Era Moderna fez em seu estágio inicial, ou seja, tratar cada assunto "como se ninguém o tivesse abordado antes de mim" (como propõe Descartes em suas observações introdutórias a *Les passions de l'âme*)! Isso se tornou em parte impossível por causa da enorme expansão de nossa consciência histórica, mas principalmente porque o único registro que temos sobre o que o pensamento como atividade significou para aqueles que o escolheram como modo de vida é o que hoje chamaríamos de "falácias metafísicas". Talvez nenhum dos sistemas, nenhuma das doutrinas que nos foram transmitidas pelos grandes pensadores seja convincente ou mesmo razoável para os leitores modernos; mas nenhum deles — tentarei argumentar aqui — é arbitrário nem pode ser simplesmente descartado como puro absurdo. Ao contrário, as falácias metafísicas contêm as únicas pistas que temos para descobrir o que significa o pensamento para aqueles que nele se engajam — algo extremamente importante neste momento e sobre o que, estranhamente, existem poucos depoimentos diretos.

INTRODUÇÃO

Assim, a possível vantagem de nossa situação, subsequente à morte da metafísica e da filosofia, apresenta duas faces. Ela nos permitiria olhar o passado com novos olhos, sem o fardo e a orientação de quaisquer tradições, e, assim, dispor de enorme riqueza de experiências brutas, sem estarmos limitados por quaisquer prescrições sobre a maneira de lidar com esses tesouros. *"Notre héritage n'est précédé d'aucun testament"* [Nossa herança não foi precedida por nenhum testamento].[19] A vantagem seria ainda maior, não fosse ela acompanhada de modo quase inevitável por uma crescente dificuldade em nos movermos em qualquer nível no domínio do invisível; ou, para falar de outro modo, não tivesse sido ela acompanhada pelo descrédito em que caiu tudo o que não é visível, tangível, palpável, de tal forma que nos encontramos em perigo de perder o próprio passado junto com nossas tradições.

Pois, embora nunca tenha havido muito consenso sobre o tema da metafísica, pelo menos um ponto sempre foi tomado como certo: o de que essa disciplina — seja ela chamada de metafísica, seja de filosofia — lidava com objetos que não eram dados à percepção sensorial, e que sua compreensão transcendia o pensamento do senso comum, que deriva da experiência sensível e que pode ser validado por meios e testes empíricos.

De Parmênides até o fim da filosofia, todos os pensadores concordaram em que, para lidar com esses assuntos, o homem precisa separar seu espírito dos seus sentidos, isolando-o tanto do mundo tal como é dado por esses sentidos quanto das sensações — ou paixões — despertadas por objetos sensíveis. O filósofo, à medida que é um filósofo e não (o que naturalmente ele também é) "um homem como você e eu", retira-se do mundo das aparências; a região em que se move tem sido descrita, desde o início da filosofia, como o mundo dos poucos. Essa antiga distinção entre os muitos e os "pensadores profissionais" especializados na atividade supostamente mais elevada

35

a que os seres humanos poderiam se dedicar — o filósofo de Platão "será chamado o amigo dos deuses e, se alguma vez é dado ao homem tornar-se imortal, ninguém mais do que ele o consegue"[20] — perdeu qualquer cabimento; e essa é a segunda vantagem de nossa atual situação. Se, como sugeri antes, a habilidade de distinguir o certo do errado estiver relacionada com a habilidade de pensar, então deveríamos "exigir" de toda pessoa sã o exercício do pensamento, não importando quão erudita ou ignorante, inteligente ou estúpida essa pessoa seja. Kant — nesse ponto praticamente sozinho entre os filósofos — aborrecia-se com a opinião corrente de que a filosofia é apenas para uns poucos, precisamente pelas implicações morais dessa ideia, e uma vez observou que "a estupidez é fruto de um coração perverso".[21] Isso não é verdade: ausência de pensamento não é estupidez; ela pode ser comum em pessoas muito inteligentes, e a causa disso não é um coração perverso; pode ser justamente o oposto: é mais provável que a perversidade seja provocada pela ausência de pensamento. Seja como for, o assunto não pode mais ser deixado aos "especialistas", como se o pensamento, à maneira da alta matemática, fosse monopólio de uma disciplina especializada.

A distinção que Kant faz entre *Vernunft* e *Verstand,* "razão" e "intelecto" (e não "entendimento", o que me parece uma tradução equivocada; Kant usava o alemão *Verstand* para traduzir o latim *intellectus,* e, embora *Verstand* seja o substantivo de *verstehen,* o "entendimento" das traduções usuais não tem nenhuma das conotações inerentes ao alemão *das Verstehen*) é crucial para nossa empreitada. Kant traçou essa distinção entre as duas faculdades espirituais após haver descoberto o "escândalo da razão", ou seja, o fato de que nosso espírito não é capaz de um conhecimento certo e verificável em relação a assuntos e questões sobre os quais, no entanto, ele mesmo não se pode impedir de pensar. Para ele, esses assuntos — aqueles dos quais apenas o pensamento se ocupa — restringiam-se ao que agora chamamos habitualmente de as "questões últimas" de Deus, da liberdade e da imortalidade. Mas independentemente do interesse existencial que os homens tomaram por essas questões, e embora Kant ainda acreditasse que "nunca houve uma alma honesta que tenha suportado pensar que tudo termina com a morte",[22] ele também estava bastante consciente de que a "necessidade urgente" da razão não só é diferente, mas é "mais do que a mera busca e o desejo de conhecimento".[23] Assim, a distinção entre as duas faculdades, razão e intelecto, coincide com a distinção entre duas atividades espirituais completamente diferentes: pensar e conhecer; e dois interesses inteiramente distintos: o significado, no primeiro caso, e a cognição, no segundo. Embora houvesse insistido nessa distinção, Kant estava ainda tão fortemente tolhido pelo enorme peso da tradição metafísica que não pôde afastar-se de seu tema tradicional, ou seja, daqueles tópicos que se podiam *provar* incognoscíveis; e embora justificasse a necessidade de a razão pensar além dos limites do que pode ser conhecido, permaneceu inconsciente ao fato de a necessidade humana de reflexão acompanhar quase tudo o que acontece ao homem, tanto as coisas que conhece como as que nunca poderá conhecer. Por tê-la justificado unicamente em termos dessas questões últimas, Kant não se deu conta inteiramente da medida em que havia liberado a razão, a habilidade de pensar. Afirmava, defensivamente, que havia "achado necessário negar o *conhecimento* [...] para abrir espaço para a *fé*".[24] Mas não abriu espaço para a fé, e sim para o pensamento, assim como não "negou o conhecimento", mas separou conhecimento de pensamento. Nas notas de suas lições sobre a metafísica, escreveu: "O propósito da metafísica [...] é estender, embora apenas negativamente, nosso uso da razão para além dos limites do mundo dado aos sentidos; isto é, *eliminar os obstáculos que a razão cria para si própria*" (grifos nossos).[25]

O grande obstáculo que a razão (*Vernunft*) põe em seu próprio caminho origina-se no intelecto (*Verstand*) e nos critérios, de resto inteiramente justificados, que ele estabeleceu para seus propósitos, ou seja, para saciar nossa sede e fazer face à nossa necessidade de conhecimento e de cognição. O motivo por que nem Kant nem seus sucessores prestaram muita atenção ao pensamento como uma atividade e ainda menos às experiências do ego pensante é que, apesar de todas as distinções, eles estavam exigindo o tipo de resultado e aplicando o tipo de critério para a certeza e a evidência, que são os resultados e os critérios da cognição. Mas, se é verdade que o pensamento e a razão têm justificativa para transcender os limites da cognição e do intelecto — e Kant fundou essa justificativa na afirmação de que os assuntos com que lidam, embora incognoscíveis, são do maior interesse existencial para o homem —, então o pressuposto deve ser: o pensamento e a razão não se ocupam daquilo de que se ocupa o intelecto. Para antecipar e resumir: *a necessidade da razão não é inspirada pela busca da verdade, mas pela busca do significado. E verdade e significado não são a mesma coisa.* A falácia básica que preside a todas as falácias metafísicas é a interpretação do significado no modelo da verdade. O último e, sob certos aspectos, mais chocante exemplo disso ocorre em *Ser e tempo*, de Heidegger, que começa levantando "novamente a questão do significado do Ser".[26] O próprio Heidegger, em uma interpretação posterior de sua questão inicial, diz explicitamente: "'Significado do Ser' e 'Verdade do Ser' querem dizer o mesmo."[27]

As tentações para resolver a equação — que se reduzem à recusa de aceitar e pensar por meio da distinção que Kant faz entre razão e intelecto, entre a "necessidade urgente" de pensar e o "desejo de conhecer" — são muito fortes e não podem de modo algum ser unicamente tributadas ao peso da tradição. As ideias de Kant tiveram um efeito liberador extraordinário sobre a filosofia alemã, desencadeando

INTRODUÇÃO

a ascensão do idealismo alemão. Não há dúvida de que abriram espaço para o pensamento especulativo; mas esse pensamento voltou a tornar--se o campo de um novo tipo de especialistas presos à noção de que o "assunto próprio" da filosofia é "o conhecimento real do que verdadeiramente é".[28] Libertados por Kant da velha escola dogmática e de seus exercícios estéreis, os especialistas construíram não apenas novos sistemas, mas uma nova "ciência" — o título original da maior dentre as suas obras, a *Fenomenologia do espírito*, de Hegel, era "Ciência da Experiência da Consciência"[29] —, empalidecendo precipitadamente a distinção que Kant fez entre o interesse da razão pelo incognoscível e o interesse do intelecto pela cognição. Buscando o ideal cartesiano de certeza, como se Kant não houvesse existido, eles acreditaram, com toda a honestidade, que os resultados de suas especulações tinham o mesmo tipo de validade que os resultados dos processos cognitivos.

Capítulo 1   Aparência

Deus sempre nos julga pelas aparências?
Suspeito que sim.

W. H. Auden

1. A NATUREZA FENOMÊNICA DO MUNDO

Os homens nasceram em um mundo que contém muitas coisas, naturais e artificiais, vivas e mortas, transitórias e sempiternas. E o que há de comum entre elas é que *aparecem* e, portanto, são próprias para ser vistas, ouvidas, tocadas, provadas e cheiradas, para ser percebidas por criaturas sensíveis, dotadas de órgãos sensoriais apropriados. Nada poderia aparecer — a palavra "aparência" não faria sentido — se não existissem receptores de aparências: criaturas vivas capazes de conhecer, de reconhecer e de reagir — em imaginação ou desejo, aprovação ou reprovação, culpa ou prazer — não apenas ao que está aí, mas também ao que para elas aparece e que é destinado à sua percepção. Neste mundo em que chegamos e aparecemos vindos de lugar nenhum, e do qual desaparecemos em lugar nenhum, *Ser e Aparecer coincidem*. A matéria morta, natural e artificial, mutável e imutável, depende em seu ser, isto é, em sua qualidade de aparecer, da presença de criaturas vivas. Nada e ninguém existe neste mundo cujo próprio ser não pressuponha um espectador. Em outras palavras, nada do que é, à medida que aparece, existe no singular; tudo que é, é próprio para ser percebido por alguém. Não o Homem, mas os homens é que habitam este planeta. A pluralidade é a lei da Terra.

Já que os seres sensíveis — homens e animais, para os quais as coisas aparecem e que, como receptores, garantem sua realidade — são eles mesmos também aparências, próprias para e capazes tanto de ver como de ser vistas, de ouvir e de ser ouvidas, de tocar e de ser tocadas, eles nunca são apenas sujeitos e nunca devem ser compreendidos como tal; não são menos "objetivos" do que uma pedra ou uma ponte. A mundanidade das coisas vivas significa que não há sujeito que não seja também objeto e que não apareça como tal para alguém que garanta sua realidade "objetiva". O que usualmente chamamos "consciência", o fato de que estou cônscio de mim mesmo, e que, portanto, em algum sentido, posso aparecer para mim mesmo, jamais seria o bastante para assegurar a realidade (o *Cogito me cogitare ergo sum,* de Descartes, é um *non sequitur,* pela simples razão de que esta *res cogitans* nunca aparece, a menos que suas *cogitationes* sejam manifestadas em um discurso falado ou escrito que já é destinado e que pressupõe ouvintes e leitores como receptores). Vista da perspectiva do mundo, cada criatura que nasce nele chega bem equipada para lidar com um mundo no qual Ser e Aparecer coincidem; são criaturas adequadas à existência mundana. Os seres vivos, homens e animais, não estão apenas no mundo, eles são *do mundo.* E isso precisamente porque são sujeitos e objetos — percebendo e sendo percebidos — ao mesmo tempo.

Talvez nada surpreenda mais neste nosso mundo, no entanto, do que a infinita diversidade de suas aparências, o simples valor de entretenimento de suas visões, seus sons e seus odores, algo que quase nunca é mencionado por pensadores e filósofos. (Somente Aristóteles, pelo menos incidentalmente, incluía a vida de fruição passiva dos prazeres que nossos órgãos corporais proporcionam entre os três modos de vida a ser escolhidos por aqueles que, não estando sujeitos à necessidade, podem devotar-se ao *kalon,* ao que é belo, em contraposição ao que é necessário e útil.)[1] Essa diversidade é correspondida por uma igualmente estarrecedora diversidade de órgãos sensoriais entre as espécies animais, de tal modo que o que realmente aparece às criaturas vivas assume enorme variedade de forma e figura: cada espécie animal vive em um mundo próprio. Ainda assim, todas as criaturas sensorialmente dotadas têm em comum a aparência como tal. Em primeiro lugar, um mundo que lhes aparece; em segundo lugar, e talvez ainda mais importante, o fato de que elas próprias são criaturas que aparecem e desaparecem, o fato de que sempre houve um mundo antes de sua chegada e sempre haverá um mundo depois de sua partida.

Estar vivo significa viver em um mundo que precedeu à própria chegada e que sobreviverá à partida. Nesse nível do estar meramente vivo, o aparecer e o desaparecer — uma vez que um segue o outro — são os eventos primordiais que, como tais, demarcam o tempo, o intervalo temporal entre o nascimento e a morte. O finito intervalo vital de cada criatura determina não só sua expectativa de vida, mas também sua experiência do tempo; ele fornece o protótipo secreto de todas as medidas temporais, não importa quanto essas mensurações transcendam o intervalo em direção ao passado ou ao futuro. Assim, a experiência vivida da duração de um ano muda radicalmente ao longo de nossa vida. Um ano que consiste em todo um quinto da existência para uma criança de cinco anos deve parecer muito maior do que quando chegar a constituir um vigésimo ou um trigésimo do tempo dessa criatura na Terra. Todos sabemos como os anos passam cada vez mais rapidamente à proporção que envelhecemos, até que, com a proximidade da velhice, a velocidade volta a diminuir, porque começamos a medi-los com referência à data psicológica e somaticamente antecipada de nossa partida. Contra esse relógio inerente a seres vivos que nascem e morrem está o tempo "objetivo", segundo o qual a duração de um ano não muda nunca. Esse é o tempo do mundo, e seu pressuposto subjacente — independente de quaisquer crenças científicas ou religiosas — é que o mundo não tem princípio nem fim, um pressuposto que só parece natural a seres que sempre chegam a um mundo que os precedeu e que a eles sobreviverá.

Ao contrário do estar-aí inorgânico da matéria morta, os seres vivos são meras aparências. Estar vivo significa ser possuído por um impulso de autoexposição que responde à própria qualidade de aparecer de cada um. As coisas vivas *aparecem em cena* como atores em um palco montado para elas. O palco é comum a todos os que estão vivos, mas ele *parece* diferente para cada espécie e também para cada indivíduo da espécie. Parecer — o parece-me, *dokei moi* — é o modo — talvez o único possível — pelo qual um mundo que aparece é reconhecido e percebido. Aparecer significa sempre parecer para outros, e esse parecer varia de acordo com o ponto de vista e com a perspectiva dos espectadores. Em outras palavras, tudo o que aparece adquire, em virtude de sua qualidade de aparecer, uma espécie de disfarce que pode de fato — embora não necessariamente — ocultar ou desfigurar. Parecer corresponde à circunstância de que toda aparência, independentemente de sua identidade, é percebida por uma pluralidade de espectadores.

O impulso de autoexposição — responder, apresentando-se ao efeito esmagador de ser apresentado — parece ser comum a homens e animais. E assim como o ator depende do palco, dos outros atores e dos espectadores para fazer sua entrada em cena, cada coisa viva depende de um mundo que solidamente aparece como a locação de sua própria aparição, da aparição de outras criaturas com as quais contracena e de espectadores que reconhecem e certificam sua existência. Vista da perspectiva dos espectadores para quem ela aparece e de cuja presença ela finalmente desaparece, cada vida individual, seu crescimento e declínio, é um processo de desenvolvimento no qual uma entidade desdobra-se em um movimento ascendente, até que todas as suas propriedades estejam plenamente expostas; essa fase é seguida por um período de permanência — florescência ou epifania, por assim dizer — que, por sua vez, é sucedido pelo movimento descendente de desintegração, que termina com o completo desaparecimento. São muitas as perspectivas segundo as quais esse processo pode ser visto, examinado e compreendido; mas o critério pelo qual uma coisa viva essencialmente é permanece o mesmo: na vida cotidiana, assim como na pesquisa científica, ela é determinada pelo intervalo de tempo relativamente curto de sua plena aparição, de sua epifania. A escolha guiada pelo critério único da completude e da perfeição na aparição seria inteiramente arbitrária se a realidade não fosse, antes de tudo, de uma natureza fenomênica.

A primazia da aparência, para todas as criaturas vivas perante as quais o mundo aparece sob a forma de um parece-me, é de grande relevância para o tópico com o qual vamos lidar — as atividades espirituais que nos distinguem das outras espécies animais. Pois, embora haja grandes diferenças entre essas atividades, todas elas têm em comum uma *retirada* do mundo tal como ele nos aparece, e um movimento para trás em direção ao eu. Isso não causaria maiores problemas se fôssemos meros espectadores, criaturas divinas lançadas no mundo para cuidar dele, dele tirar proveito e com ele nos entreter, mas tendo ainda alguma outra região como hábitat natural. Contudo, *somos do mundo, e não apenas estamos nele*; também somos aparências, pela circunstância de que chegamos e partimos, aparecemos e desaparecemos; e embora vindos de lugar nenhum, chegamos bem equipados para lidar com o que nos apareça e para tomar parte no jogo do mundo. Tais características não se desvanecem quando nos engajamos em atividades espirituais, quando fechamos os olhos do corpo, usando a metáfora platônica, para poder abrir os olhos do espírito. A teoria dos dois mundos é uma das falácias metafísicas, mas ela não seria capaz de sobreviver durante tantos séculos se não houvesse correspondido de maneira tão razoável a algumas experiências fundamentais. Como certa vez Merleau-Ponty formulou, "só posso escapar do ser para o ser",[2] e já que Ser e Aparecer coincidem para os homens, isso quer dizer que só posso escapar da aparência para a aparência. Mas o problema não está resolvido, pois ele se refere à aptidão que o pensamento tem para aparecer; e a questão é se o pensamento e outras atividades espirituais invisíveis e sem som estão destinados a aparecer, ou se, de fato, eles não podem jamais encontrar um lar adequado neste mundo.

2. (VERDADEIRO) SER E (MERA) APARÊNCIA: A TEORIA DOS DOIS MUNDOS

Podemos encontrar uma primeira pista relacionada com esse assunto recorrendo à velha dicotomia metafísica entre (verdadeiro) Ser e (mera) Aparência, pois ela também na verdade se fundamenta na primazia, ou pelo menos na prioridade da aparência. Para descobrir o que realmente é, o filósofo deve *deixar* o mundo das aparências entre as quais ele natural e originalmente se encontra em casa — como fez Parmênides quando foi transportado, além dos umbrais da noite e do dia, para a estrada divina, "muito distante dos usuais caminhos humanos",[3] e como também fez Platão na alegoria da Caverna.[4] O mundo das aparências é *anterior* a qualquer região que o filósofo possa *escolher* como sua "verdadeira" morada, mas que, no entanto, não é o local onde ele nasceu. O que sugeriu ao filósofo, ou seja, ao espírito humano, a noção de que deve haver algo que não seja mera aparência sempre foi a qualidade que o mundo tem de aparecer. Nas palavras de Kant: "*Nehmen wir die*

Welt als Erscheinung so beweiset sie gerade zu das Dasein von Etwas das nicht Erscheinung ist." ("Se olharmos para o mundo como aparência, ele demonstra a existência de algo que não é aparência.")[5] Em outras palavras, quando o filósofo se retira do mundo dado aos nossos sentidos e faz meia-volta (a *periagoge* de Platão) em direção à vida do espírito, ele se orienta por este em busca de algo que lhe seria revelado e que explicaria sua verdade subjacente. Essa verdade — *a-letheia,* o que é revelado (Heidegger) — pode ser concebida unicamente como outra "aparência", outro fenômeno originalmente oculto, mas de ordem supostamente mais elevada, o que indica a predominância última da aparência. Embora nosso aparato espiritual possa retirar-se das aparências *presentes,* ele permanece atrelado à Aparência. Em sua busca — o *Anstrengung des Begriffs* (o esforço do conceito) de Hegel —, o espírito, não menos do que os sentidos, espera que algo lhe apareça.

Coisa bastante semelhante parece ser verdade para a ciência, especialmente para a ciência moderna que — de acordo com uma antiga observação de Marx — está de tal modo fundada na cisão entre Ser e Aparência, que não é mais necessário o esforço individual e particular do filósofo para chegar a alguma "verdade" por sob as aparências. O cientista também está sujeito às aparências, já que para descobrir o que está por trás da superfície deve abrir o corpo visível e espreitar o seu interior, ou surpreender objetos ocultos com a ajuda de todo tipo de equipamento sofisticado que os possa desnudar das propriedades exteriores pelas quais eles se apresentam aos nossos sentidos naturais. A noção que orienta esses esforços científicos e filosóficos é sempre a mesma: as Aparências, como disse Kant, "devem ter um fundamento que não seja ele próprio uma aparência".[6] Essa seria realmente uma generalização óbvia da maneira como as coisas naturais crescem e "aparecem" à luz do dia, vindas de um fundo de escuridão, caso agora não se estivesse pressupondo que esse fundo tem um grau mais alto de realidade do que aquilo que simplesmente aparece e logo depois volta a desaparecer. E assim como os "esforços conceituais" dos filósofos para encontrar algo além das aparências sempre terminaram com violentas invectivas contra as "meras aparências", também as notáveis conquistas práticas dos cientistas para pôr a nu o que as aparências por si mesmas jamais revelam sem que haja alguma interferência foram realizadas à custa das aparências.

A primazia da aparência é um fato da vida cotidiana do qual nem o cientista nem o filósofo podem escapar, ao qual têm sempre que voltar em seus laboratórios e em seus estudos, e cuja força fica demonstrada pelo fato de nunca ter sido minimamente alterada ou desviada por qualquer coisa que eles tenham descoberto quando dela se afastaram. "Assim as 'estranhas' noções da nova física (...) (surpreendem) o senso comum (...) sem mudar nada em suas categorias."[7] Contra essa inabalável convicção do senso comum há a antiga supremacia teorética do Ser e da Verdade sobre a mera aparência, ou seja, a supremacia do *fundamento* que não aparece sob a superfície que aparece. Esse fundamento supostamente responde à mais antiga questão tanto da filosofia quanto da ciência: como pode alguma coisa ou alguém, inclusive eu mesmo, simplesmente aparecer, e o que faz com que apareça dessa e não de outra forma? A pergunta refere-se mais a uma *causa* do que a uma base ou a um fundamento; mas a questão é que a nossa tradição filosófica transformou a base de onde algo surge na causa que a produz; e em seguida concedeu a esse agente eficaz um grau mais elevado de realidade do que aquele atribuído ao que meramente se apresenta a nossos olhos. A crença de que a causa deve ocupar um lugar mais elevado do que o efeito (de tal modo que o efeito pode ser facilmente diminuído quando se remonta à sua causa) encontra-se entre as mais antigas e obstinadas falácias metafísicas. Também aqui não lidamos com um erro simplesmente arbitrário; a verdade é que não só as aparências nunca revelam espontaneamente o que se encontra por trás delas, mas também que, genericamente falando, elas nunca revelam apenas; elas também ocultam — "nenhuma coisa, nenhum lado de uma coisa se mostra sem que ativamente oculte os demais".[8] As aparências expõem e também protegem da exposição, e, exatamente porque se trata do que está por trás delas, a proteção pode ser sua mais importante função. Em todo caso, isso é verdade para as criaturas vivas, cuja superfície protege e oculta os órgãos internos que são sua fonte de vida.

A falácia lógica elementar de todas essas teorias que se apoiam em uma dicotomia entre o Ser e a Aparência é óbvia e foi logo descoberta e resumida pelo sofista Górgias, em um fragmento que se conservou de seu desaparecido tratado *Sobre o Não-Ser ou Sobre a Natureza* — provavelmente uma refutação da filosofia eleática: "O Ser não é manifesto, já que não aparece [para nós: *dokein*]; o aparecer (para nós) é fraco, já que não consegue ser."[9]

A incessante busca, empreendida pela ciência moderna, da base subjacente às meras aparências, deu força nova ao velho argumento. Ela obrigou o fundamento das aparências a se mostrar de tal modo que o homem, uma criatura adequada às aparências e delas dependente, possa se apoderar desse fundamento. Mas, ao contrário, os resultados foram surpreendentes. Ficou evidente que nenhum homem pode viver entre "causas", ou dar conta de — em modo integral e em linguagem humana ordinária — um Ser cuja verdade pode ser cientificamente demonstrada em laboratório e testada praticamente no mundo real pela tecnologia. É como se o Ser, uma vez manifesto, sujeitasse as aparências — mas ninguém até hoje conseguiu *viver* em um mundo que não se manifeste espontaneamente.

3. A INVERSÃO DA HIERARQUIA METAFÍSICA: O VALOR DA SUPERFÍCIE

O mundo cotidiano do senso comum, do qual não se podem furtar nem o filósofo nem o cientista, conhece tanto o erro quanto a ilusão. E, no entanto, nem a eliminação de erros, nem a dissipação de ilusões podem levar a uma região que esteja além da aparência.

> Pois quando se dissipa uma ilusão, quando se rompe subitamente uma aparência, é sempre em proveito de uma nova aparência que retoma, por sua própria conta, a função ontológica da primeira [...] A des-ilusão é a perda de uma evidência unicamente porque é a aquisição de *outra evidência* [...] não há *Schein* sem uma *Erscheinung*, toda *Schein* tem por contrapartida uma *Erscheinung*.[10]

Para dizer o mínimo, é altamente duvidoso que a ciência moderna, em sua incansável busca de *uma* verdade por trás das *meras* aparências, venha a ser capaz de resolver esse impasse; quanto mais não seja porque o próprio cientista pertence ao mundo das aparências, embora sua perspectiva com relação a esse mundo possa diferir da perspectiva do senso comum.

Historicamente falando, parece que há, desde os primórdios da ciência moderna, uma dúvida irremovível inerente a todo o processo. A primeira noção inteiramente nova trazida pela Era Moderna — a ideia seiscentista de um *progresso* ilimitado, que depois de alguns séculos transformou-se no mais precioso dogma de *todos* os homens que vivem em um mundo cientificamente orientado — destina-se aparentemente a lidar com o impasse: embora se espere um progresso cada vez maior, ninguém parece ter acreditado que se pudesse atingir um estágio final e absoluto de verdade.

É óbvio que a consciência desse impasse deveria ser muito mais aguda nas ciências que lidam diretamente com os homens; e a resposta — reduzida ao mínimo denominador comum — dos vários ramos da biologia, da sociologia e da psicologia foi no sentido de interpretar todas as aparências como funções no processo vital. A grande vantagem do funcionalismo é que ele nos apresenta novamente uma visão unitária do mundo e mantém intacta, embora de modo diferente, a velha dicotomia metafísica entre o (verdadeiro) Ser e a (mera) Aparência, junto com o velho preconceito da supremacia do Ser sobre a aparência. O argumento deslocou-se; as aparências não são mais depreciadas como "qualidades secundárias", mas compreendidas como condições necessárias dos processos essenciais internos ao organismo vivo.

Essa hierarquia foi recentemente desafiada de um modo que me parece altamente significativo. Em vez das aparências serem funções do processo vital, não seria o processo vital função das aparências? Já que vivemos em um mundo *que aparece,* não é muito mais plausível que o relevante e o significativo, nesse nosso mundo, estejam localizados precisamente na superfície?

Em uma série de publicações sobre as várias formas e figuras da vida animal, o zoólogo e biólogo suíço Adolf Portmann mostrou que os fatos falam uma linguagem bastante diferente da simplista hipótese funcional segundo a qual as aparências, em seres vivos, servem puramente ao duplo propósito da autopreservação e da conservação da espécie. De um ponto de vista diferente, e, por assim dizer, mais inocente, parece mais que, ao contrário, os órgãos internos, que não aparecem, existem unicamente para produzir, sustentar as aparências. "Antes de todas as funções destinadas à preservação do indivíduo e da espécie [...] está o simples fato de aparecer, como uma autoexposição *que torna estas funções significativas*" (grifos nossos).[11]

Além do mais, Portmann demonstra com enorme riqueza de exemplos fascinantes o que deveria ser óbvio a olho nu — que a enorme variedade da vida animal e vegetal, a própria riqueza de exposição em sua pura *superfluidade* funcional não testemunham a favor das habituais teorias que compreendem a vida em termos de funcionalidade. Assim, a plumagem dos pássaros, "em um primeiro momento considerada pela função de proteção e aquecimento, é, além disso, formada de modo a que suas partes visíveis — e apenas estas — constituam uma roupagem colorida cujo valor intrínseco reside unicamente em sua aparência visível".[12] De modo geral, "a pura e simples forma funcional, tão louvada por alguns como adequada aos fins da natureza, é um caso raro e especial".[13] É um erro, portanto, levar em conta unicamente o processo funcional que se passa no interior do organismo vivo e olhar tudo o que está do lado de fora e "se oferece aos sentidos como uma consequência mais ou menos subordinada dos processos 'reais' e 'centrais', estes muito mais essenciais".[14] De acordo com o equívoco corrente, "a figura exterior dos animais serve para conservar o essencial: o aparato interno, através do movimento e da ingestão de alimentos, do afastamento dos inimigos e da procura de parceiros sexuais".[15] Contra essa abordagem Portmann propõe sua "morfologia", uma ciência nova que inverteria as prioridades: "*O problema da pesquisa não é o que uma coisa é, mas como ela 'aparece'*" (grifos nossos).[16]

Isso significa que a própria forma de um animal "deve ser vista como um órgão especial de referência em relação ao olho que a observa [...]. O olho e o que é para ser visto formam uma unidade funcional e vão se adequar reciprocamente segundo regras tão rígidas quanto as que determinam as relações entre os alimentos e os órgãos digestivos".[17] E, de acordo com essa inversão, Portmann distingue "aparências autênticas", que surgem espontaneamente, e "aparências não autênticas", tais como as raízes de uma planta ou os órgãos internos de um animal, que passam a ser visíveis unicamente por meio da interferência e da violação da aparência "autêntica".

Dois fatos da mesma importância dão maior razoabilidade a essa inversão. Em primeiro lugar, a impressionante diferença fenomênica entre aparências "autênticas" e "não autênticas", entre formas externas e aparatos internos. As formas externas são infinitamente diversas e altamente diferenciadas; entre os animais mais desenvolvidos podemos em geral distinguir um indivíduo do outro. Além do mais, as características exteriores das coisas vivas são organizadas de acordo com uma lei de simetria, de tal modo que aparecem numa ordem sempre definida e agradável. Os órgãos internos, ao contrário, nunca constituem visão agradável; uma vez forçados a aparecer, dão a impressão de terem sido construídos por partes e, a não ser quando deformados por um doença ou anormalidade particular, parecem indiferenciados; nem mesmo as várias espécies animais — quanto mais os indivíduos — são facilmente distinguidas pela simples inspeção das vísceras. Quando Portmann define a vida como a "aparição externa de um interior",[18] ele parece estar sendo vítima das opiniões que critica; pois o fundamento de suas descobertas é que o que aparece externamente é tão inevitavelmente *diferente* do interior que dificilmente se pode dizer que o interior de fato apareça. O interior, o aparato funcional do processo vital, é recoberto por um exterior que — porque diz respeito àquele processo vital — tem uma única função, a saber, ocultá-lo e protegê-lo, impedir sua exposição à luz de um mundo que aparece. Se esse interior tivesse que aparecer, todos nós pareceríamos iguais.

Há, em segundo lugar, a evidência igualmente impressionante da existência de um impulso inato — não menos coercitivo do que o mero instinto funcional da preservação — a que Portmann chama "impulso de autoexposição" (*Selbstdarstellung*). Tal instinto é inteiramente gratuito em termos de preservação da vida; ele supera em muito tudo o que se possa julgar necessário para efeito de atração sexual. Tais descobertas sugerem que a predominância da aparência externa implica, além da pura receptividade de nossos sentidos, uma atividade espontânea; *tudo o que pode ver quer ser visto, tudo o que pode ouvir pede para ser ouvido, tudo o que pode tocar se apresenta para ser tocado.* De fato, é como se tudo o que está vivo — para além do fato de que sua superfície é feita para aparecer, é própria para ser vista e destinada a aparecer para os outros — possuísse um impulso para aparecer, para adequar-se a um mundo de aparências, apresentando e exibindo não seu "eu interno", mas a si próprio como indivíduo. (O termo "autoexposição", como o alemão, *Selbstdarstellung,* é equívoco: pode significar que eu ativamente faço minha presença sentida, vista e ouvida, ou que apresento meu *eu* [*self*], alguma coisa dentro de mim que de outra forma jamais apareceria — ou seja, na terminologia de Portmann, uma aparência "não autêntica". Daqui em diante usaremos o termo na primeira acepção.) É precisamente essa autoexposição, tão realçada já nas formas superiores da vida animal, que atinge seu clímax na espécie humana.

A inversão morfológica que Portmann faz das antigas prioridades habituais tem consequências de amplo alcance, que ele, contudo — talvez por boas razões —, não elaborou. Ela aponta para o que chamamos "valor da superfície", ou seja, para o fato de que "a aparência revela um poder máximo de expressão comparado com o que é interno, cujas funções são de uma ordem mais primitiva".[19] O uso da palavra "expressão" mostra claramente as dificuldades terminológicas que uma abordagem com tais consequências está destinada a enfrentar. Pois uma "expressão" só pode expressar algo; e a inevitável questão: "o que expressa a expressão?" (ou seja, o que a pressiona) encontrará sempre a resposta: algo interior — uma ideia, um pensamento, uma emoção. A expressividade de uma aparência, entretanto, é de uma ordem distinta; ela não "expressa" nada a não ser a si mesma, ou seja, ela exibe ou apresenta. Das descobertas de Portmann podemos concluir que nossos padrões comuns de julgamento, tão firmemente enraizados em pressupostos e preconceitos metafísicos — segundo os quais o essencial encontra-se sob a superfície e a superfície é o "superficial" —, estão errados; e a nossa convicção corrente de que o que está dentro de nós, nossa "vida interior", é mais relevante para o que nós "somos" do que o que aparece exteriormente não passa de uma ilusão; mas, quando tentamos consertar essas falácias, verificamos que nossa linguagem, ou ao menos nossa terminologia, é falha.

4. CORPO E ALMA; ALMA E ESPÍRITO

As dificuldades são, contudo, muito mais do que meramente terminológicas. Elas estão intimamente ligadas às crenças problemáticas que mantemos com referência à nossa vida psíquica e à relação entre corpo e alma. De fato, inclinamo-nos a concordar em que nenhuma parte do interior de nosso corpo jamais aparece autenticamente, por si mesma; mas, se falamos de uma vida interior que se expressa em aparências exteriores, referimo-nos à vida da alma; a relação interior-exterior, verdadeira para nossos corpos, não é verdadeira para nossas almas, mesmo que falemos de nossa *vida* psíquica e de sua localização "interna" a nós por meio de metáforas obviamente retiradas de informações e experiências corporais. Além do mais, o mesmo emprego de metáforas caracteriza nossa linguagem conceitual, própria para tornar manifesta a vida do espírito. As palavras que usamos em linguagem estritamente filosófica também são invariavelmente derivadas de expressões originalmente relacionadas com o mundo tal como ele é dado aos nossos cinco sentidos, de cuja experiência elas são, então, como registrou Locke, "transferidas" — *metapherein*, transportadas — "para significações mais abstrusas, passando a representar ideias que não chegam ao conhecimento de nossos sentidos". Só por meio de tal transferência poderiam os homens "conceber aquelas operações que experimentaram em si mesmos e que não aparecem externamente aos sentidos".[20] Locke apoia-se aqui no velho pressuposto tácito da identidade entre alma e espírito segundo o qual ambos opõem-se ao corpo em virtude da invisibilidade que os caracteriza.

Se olharmos mais de perto, entretanto, verificamos que o que é verdadeiro para o espírito, a saber, que a linguagem metafórica é a única maneira que ele tem de "aparecer externamente para os sentidos" — mesmo essa atividade muda, que não aparece, já constitui uma espécie de discurso, o diálogo silencioso de mim comigo mesmo —, não é verdadeiro para a vida da alma. O discurso metafórico conceitual é, de fato, adequado para a atividade do pensamento, para as operações do nosso espírito; mas a vida da alma, em sua enorme intensidade, é muito melhor expressa em um olhar, em um som, em um gesto, do que em um discurso. O que fica manifesto quando falamos de experiências psíquicas nunca é a própria experiência, mas o que quer que *pensemos* dela quando sobre ela refletimos. Diversamente dos pensamentos e das ideias, os sentimentos, as paixões e as emoções têm a mesma dificuldade dos nossos órgãos interiores para se tornar parte essencial do mundo das aparências. O que aparece no mundo externo além dos sinais físicos é apenas o que deles fazemos por meio do pensamento. Toda *demonstração* de raiva distinta da raiva que sinto já contém uma reflexão que dá à emoção a forma altamente individualizada, significativa para todos os fenômenos de superfície. Demonstrar raiva é uma forma de autoapresentação: eu decido o que deve aparecer. Em outras palavras, as emoções que sinto não são mais *apropriadas* para ser exibidas, em seu estado não adulterado, do que os órgãos interio-

APARÊNCIA

res pelos quais vivemos. É verdade que eu jamais poderei transformar as emoções em aparências se elas não me impelissem a isso e se eu não as sentisse como sinto outras sensações que me mantêm cônscio do processo vital interior. Mas o modo como elas se manifestam sem a intervenção da reflexão e a transferência para a linguagem — pelo olhar, pelo gesto, pelo som inarticulado — não é diferente da maneira pela qual as espécies animais superiores comunicam emoções similares entre si ou para nós.

Nossas atividades espirituais, ao contrário, são concebidas em palavras antes mesmo de ser comunicadas, mas a fala é própria para ser ouvida e as palavras são próprias para ser compreendidas por outros que também têm a habilidade de falar, assim como uma criatura dotada do sentido da visão é própria para ver e ser vista. É inconcebível pensamento sem discurso, "pensamento e discurso antecipam um ao outro. Continuamente um toma o lugar do outro";[21] realmente contam um com o outro. E embora a capacidade discursiva possa ser fisicamente localizada com melhor precisão do que muitas emoções — amor e ódio, vergonha e inveja —, seu *locus* não é um "órgão" e ela não tem nenhuma das propriedades estritamente funcionais tão características de todo o processo orgânico da vida. É verdade que todas as atividades espirituais retiram-se do mundo das aparências, mas essa retirada não se dá em direção a um interior, seja ele do eu, seja da alma. O pensamento, e a linguagem conceitual que o acompanha, necessita — à medida que ocorre em e é pronunciado por um ser que se sente em casa no mundo das aparências — de metáforas que lhe possibilitem preencher a lacuna entre um mundo dado à experiência sensorial e um domínio em que tais apreensões imediatas de evidência não podem existir. Mas as nossas experiências de alma são de tal modo corporalmente limitadas, que falar de uma "vida interna" da alma é tão pouco metafórico quanto falar de um sentido interno graças ao qual temos claras sensações sobre o funcionamento ou o não funcionamento dos órgãos interiores. É óbvio que uma criatura privada de espírito não pode viver nada semelhante a uma experiência de identidade pessoal; ela está completamente à mercê de seu processo vital interno, de seus humores e emoções, cuja mudança contínua não é de modo algum diferente das contínuas transformações de nossos órgãos corporais. Toda emoção é uma experiência somática; meu coração dói quando estou magoado, aquece quando sinto simpatia, abre-se nos raros momentos em que o amor e a alegria me dominam, e sensações físicas similares apoderam-se de mim junto com a raiva, o ódio, a inveja e outros afetos. A linguagem da alma em seu estágio meramente expressivo, anterior à sua transformação e transfiguração pelo pensamento, não é metafórica; ela não se afasta dos sentidos, nem usa analogias quando fala em termos de sensações físicas. Merleau-Ponty, que eu saiba, o único filósofo que não só tentou dar conta da estrutura orgânica da existência humana, mas que tentou firmemente dar início a uma "filosofia da carne", confundiu-se ainda com a antiga identificação entre espírito e alma quando definiu "o espírito como o *outro lado* do corpo", já que "há um corpo do espírito e um espírito do corpo e um quiasma entre eles".[22] Precisamente a ausência de tais quiasmas ou conexões é o enigma principal dos fenômenos espirituais, e o próprio Merleau-Ponty, em outro contexto, reconheceu essa ausência com bastante clareza. O pensamento, escreve ele, "é 'fundamental' porque não está fundado em nada, mas não fundamental porque com ele não chegamos a um fundamento no qual devemos nos basear e ali permanecer. Por princípio, o pensamento fundamental não tem fundo. Ele é, se se quiser, um abismo".[23] Mas o que é verdadeiro para o espírito não é verdadeiro para a alma, e vice-versa. A alma, embora talvez mais obscura do que qualquer coisa que o espírito possa sonhar ser, não é desprovida de fundo; ela realmente "transborda" do corpo; "ultrapassa seus limites, esconde-se nele — e ao mesmo tempo precisa dele, termina nele, está *ancorada* nele".[24]

A propósito, essas ideias sobre o sempre difícil problema das relações corpo-alma são muito antigas. O *De Anima* de Aristóteles está repleto de tantalizadoras referências a fenômenos psíquicos e às suas estritas interconexões com o corpo, em contraste com a relação, ou melhor, a não-relação entre corpo e espírito. Discutindo tais temas de um modo incerto e peculiar, Aristóteles declara: "[...] parece que não há caso em que a alma possa atuar ou ser atuada sem o corpo; verifiquem-se os exemplos de cólera, coragem, apetite e sensação em geral. [Estar ativo sem envolver o corpo] parece ser antes uma propriedade do espírito [*noein*]. Mas se o espírito [*noein*] é também uma espécie de imaginação [*phantasia*], ou não é possível sem a imaginação, ele [*noein*] também não poderá ser sem o corpo."[25] E, mais adiante, resumindo: "Nada é evidente sobre o espírito [*nous*] e a faculdade teórica, mas ele parece ser um tipo diferente de alma, e só esse tipo pode ser separado [do corpo], como o eterno é separável do perecível."[26] E em um dos tratados biológicos, sugere que a alma — sua parte vegetativa, bem como suas partes nutritiva e sensitiva — "veio a ser no embrião, não existindo previamente fora dele, mas o *nous* entrou na alma vindo de fora, garantindo assim ao homem um tipo de atividade sem conexão com as atividades do corpo".[27] Em outras palavras, não há sensações que correspondam às atividades espirituais; e as sensações da psique, da alma, são realmente sentimentos que experimentamos como nossos órgãos corporais.

Além do impulso de autoexposição, pelo qual as coisas vivas se acomodam a um mundo de aparências, os homens também *apresentam-se* por feitos e palavras, e, assim, indicam como *querem* aparecer, o que, em sua opinião, deve ser e não deve ser visto. Esse elemento de escolha deliberada sobre o que mostrar e o que ocultar parece ser especificamente humano. *Até certo ponto* podemos escolher como aparecer para os outros; e essa aparência não é de forma alguma a manifestação exterior de uma disposição interna; se fosse, todos nós provavelmente agiríamos e falaríamos do mesmo modo. Também aqui devemos a Aristóteles as distinções cruciais. "O que é proferido", diz ele, "são símbolos de afecções da alma, e o que é escrito são símbolos de palavras faladas. Como a escrita, também a fala não é a mesma para todos. *Entretanto aquilo de que estas* [a escrita e a fala] *são símbolos, as afecções* [*pathé/mata*] *da alma, são as mesmas para todos.*" Essas afecções são "naturalmente" expressas por "sons inarticulados [que] também revelam algo, como, por exemplo, o que é produzido pelos animais". Distinção e individuação ocorrem no discurso, no uso de verbos e substantivos, e esses não são produtos ou "símbolos" da alma, mas do espírito: "Os substantivos e os verbos assemelham-se [*eoiken*] [...] aos pensamentos [*noémasin*]" (grifos nossos).[28]

Se o fundamento psíquico interno de nossa aparência individual não fosse sempre o mesmo, não poderia haver ciência psicológica, que, enquanto ciência, se apoiasse em um "por dentro todos nos parecemos"[29] de ordem psíquica, assim como a fisiologia e a medicina apoiam-se na "mesmidade" de nossos órgãos internos. A psicologia, a psicologia profunda ou a psicanálise revelam apenas os humores cambiantes, os altos e baixos de nossa vida psíquica e seus resultados e descobertas não são particularmente interessantes nem significativos em si mesmos. A "psicologia individual", por outro lado, uma prerrogativa da ficção, do romance e do drama, jamais torna-se uma ciência; como ciência, ela é uma contradição. Quando a ciência moderna finalmente começou a iluminar a bíblica "escuridão do coração humano" — sobre a qual disse Agostinho: "*Latet cor bonum, latet cor malum, abyssus est in corde bono et in corde malo*" ("Oculto está o bom coração, oculto está o mau coração, há um abismo no bom coração e no mau coração")[30] —, ela revelou-se "um doloroso depósito multicolorido e tesouro de perversidades", como já suspeitara Demócrito.[31] Ou, para expressá-lo de uma forma mais positiva: *Das Gefühl ist herrlich, wenn es im Grunde bleibt; nicht aber wenn es an den Tag tritt, sich zum Wesen machen und herrschen will*" ["As emoções são gloriosas quando permanecem nas profundezas, mas não quando vêm à luz e pretendem tornar-se essência e governar"].[32]

A monótona mesmice e a feiura penetrante altamente características das descobertas da moderna psicologia — em contraste tão óbvio com a enorme variedade e riqueza da conduta humana pública — dão testemunho da diferença radical entre o interior e o exterior do corpo humano. As paixões e emoções de nossa alma não estão apenas restritas ao corpo, mas parecem ter as mesmas funções de sustentação da vida e da preservação de nossos órgãos internos, com os quais compartilham a circunstância de que apenas a desordem e a anormalidade podem individualizá-los. Sem o impulso sexual, que se origina em nossos órgãos reprodutivos, o amor não seria possível; mas enquanto o impulso é sempre o mesmo, como é grande a variedade das aparências reais do amor! Decerto é possível compreender o amor como a sublimação do sexo; mas isso apenas quando se pensa que não há nada a ser compreendido como sexo sem amor; e que nem mesmo a seleção de um parceiro sexual seria possível sem a intervenção do espírito, ou seja, sem uma escolha deliberada entre o que apraz e o que não apraz. De forma similar, o medo é uma emoção indispensável à sobrevivência; ele indica perigo e sem esse sentido de advertência nenhuma coisa viva poderia durar muito tempo. O homem corajoso não é aquele cuja alma carece dessa emoção, ou que a pode superar de uma vez por todas; mas aquele que decidiu que não a quer demonstrar. A coragem pode tornar-se então uma segunda natureza ou um hábito, mas não no sentido do destemor substituir o medo, como se também ela pudesse tornar-se uma emoção. Tais escolhas são determinadas por vários fatores; muitas delas são determinadas pela cultura em que nascemos — são feitas porque queremos agradar aos outros. Mas há também escolhas que não estão inspiradas em nosso ambiente; podemos fazê-las porque queremos agradar a nós mesmos ou porque queremos estabelecer um exemplo, isto é, persuadir os demais a ter prazer com o que nos dá prazer. Quaisquer que sejam os motivos, o sucesso e o fracasso da iniciativa de autoapresentação dependem da consistência e da duração da imagem assim apresentada ao mundo.

Uma vez que as aparências sempre se apresentaram na forma do parecer, a fraude, presumida ou premeditada, da parte do ator, o erro e a ilusão se encontram inevitavelmente entre as potencialidades inerentes, da parte do espectador. A autoapresentação se distingue da autoexposição pela escolha ativa e consciente da imagem exibida; a autoexposição não tem outra escolha senão exibir quaisquer características que um ser vivo já tenha. A autoapresentação não seria possível sem certo grau de autoconsciência — uma capacidade inerente ao caráter reflexivo das atividades espirituais e que transcende visivelmente a simples consciência que provavelmente compartilhamos com os animais superiores. Propriamente falando, somente a autoapresentação está aberta à hipocrisia e ao fingimento, e a única forma de diferençar fingimento e simulação de realidade e verdade é a incapacidade que os primeiros desses elementos têm para perdurar guardando consistência. Já foi dito que a hipocrisia é o elogio que o vício faz à virtude, mas isso não é bem verdade. Toda virtude começa com um elogio feito a ela, pelo qual expresso minha satisfação com relação a ela. O elogio implica uma promessa feita ao mundo, feita àqueles aos quais agradeço, uma promessa de agir de acordo com minha satisfação; a quebra dessa promessa implícita é que caracteriza o hipócrita. Em outras palavras, o hipócrita não é um vilão que se satisfaz com o vício e esconde, daqueles que o rodeiam, a satisfação. O teste que se aplica ao hipócrita é, de fato, a velha máxima socrática: *"Seja* como quer aparecer" — o que significa apareça *sempre* como quer aparecer para os outros, mesmo quando você estiver sozinho e aparecer apenas para si mesmo. Quando tomo uma decisão desse tipo, não apenas reajo a quaisquer qualidades que me possam ter sido dadas; realizo um ato de escolha deliberada entre as várias potencialidades de conduta com as quais o mundo se apresentou a mim. De tais atos surge finalmente o que chamamos caráter ou personalidade, o conglomerado de um número de qualidades identificáveis, reunidas em um identificável todo compreensível e confiável, e que estão, por assim dizer, impressas em um substrato imutável de talentos e defeitos peculiares à nossa estrutura psíquica e corporal. Por causa da relevância inegável dessas características escolhidas para nossa aparência e para nosso papel no mundo, a filosofia moderna, a começar por Hegel, sucumbiu à estranha ilusão de que o homem, ao contrário das outras coisas, criou-se a si mesmo. Obviamente a autoapresentação e o simples estar-aí da existência não são o mesmo.

5. APARÊNCIA E SEMBLÂNCIA

Uma vez que a escolha, como fator decisivo da autoapresentação, tem que ver com as aparências, e uma vez que as aparências têm a dupla função de ocultar algum interior e revelar alguma "superfície" — por exemplo, ocultar o medo e revelar coragem, ou seja, esconder o medo mostrando coragem —, há sempre a possibilidade de que o que aparece possa, desaparecendo, resultar em mera semblância. Em função da lacuna entre interno e externo, entre base da aparência e aparência — ou, para pôr as coisas de outro modo, por mais diferenciados e individualizados que nós apareçamos e por mais deliberadamente que tenhamos escolhido essa individualidade —, o que permanece sempre verdadeiro é que "por dentro somos todos semelhantes", imutáveis, a não ser quanto ao funcionamento de nossos órgãos internos psíquicos e corporais ou, inversamente, quanto a uma intervenção feita com o propósito de remover alguma disfunção. Assim, há sempre um elemento de semblância em toda aparência: a própria base não aparece. Daí não resulta que todas as aparências sejam meras semblâncias. As semblâncias só são possíveis em meio às aparências; elas pressupõem as aparências como o erro pressupõe a verdade. O erro é o preço que pagamos pela verdade, e a semblância é o preço que pagamos pelo prodígio das aparências. Erro e semblância são fenômenos intimamente relacionados, correspondem-se mutuamente.

A semblância é inerente em um mundo governado pela dupla lei do aparecer para uma pluralidade de criaturas sensíveis, cada uma delas dotada das faculdades de percepção. Nada do que aparece manifesta-se para um único observador capaz de percebê-lo sob todos os seus aspectos intrínsecos. O mundo aparece no modo do parece-me, dependendo de perspectivas particulares determinadas tanto pela posição no mundo quanto pelos órgãos específicos da percepção. Esse modo não só produz erro — que posso corrigir por uma mudança de posição, aproximando-me do que aparece ou aguçando meus órgãos perceptivos com o auxílio de instrumentos e implementos, ou, ainda, usando minha imaginação para levar em conta outras perspectivas —, mas também dá origem a semblâncias verdadeiras, ou seja, à aparência ilusória que não posso corrigir, como corrijo um erro, já que é causada por minha permanente posição na Terra e que continua inseparavelmente ligada à minha própria existência como uma das aparências terrenas. A semblância [*dokos*, de *dokei moi*], disse Xenófanes, está "moldada em todas as coisas", de tal modo que "não há nem haverá nenhum homem que conheça claramente os deuses e tudo sobre o que falo; pois mesmo que alguém tentasse dizer o que aparece em sua realidade total, ele próprio não conseguiria".[33]

De acordo com a distinção que Portmann faz entre aparências autênticas e não autênticas, se poderia falar de semblâncias autênticas e não autênticas. Estas últimas, miragens como a de alguma fada Morgana, dissolvem-se espontaneamente ou desaparecem com uma inspeção mais cuidadosa; as primeiras, ao contrário, e como o movimento do Sol levantando-se pela manhã para pôr-se ao entardecer, não cederão a qualquer volume de informação científica, porque esta é a maneira pela qual a *aparência* do Sol e da Terra *parece* inevitável a qualquer criatura presa à Terra e que não pode mudar de moradia. Aqui estamos lidando com aquelas "ilusões naturais e inevitáveis" de nosso aparelho sensorial, a que Kant se referiu na introdução à dialética transcendental da razão. Ele chamou a ilusão no juízo transcendente de "natural e inevitável" porque era "inseparável da razão humana e [...] mesmo depois que seu caráter ilusório foi exposto, não deixará de lográ-la e de atraí-la continuamente para aberrações momentâneas que sempre pedem outras correções".[34] O argumento mais plausível, se não o mais forte, contra o positivismo simplista que acredita ter encontrado um solo firme de certeza quando exclui de sua consideração todos os fenômenos espirituais e restringe-se aos fatos observáveis, à realidade cotidiana dada aos nossos sentidos, é que semblâncias naturais e inevitáveis são inerentes a um mundo de aparências do qual não podemos escapar. Todas as criaturas vivas capazes de perceber aparências por meio de seus órgãos sensoriais e de exibir-se como aparências estão sujeitas a ilusões autênticas que não são as mesmas para todas as espécies, mas encontram-se vinculadas à forma e à modalidade de seu processo vital específico. Os animais também são capazes de produzir semblâncias — um número significativo deles pode até mesmo simular uma aparência física —, e tanto homens quanto animais têm a habilidade inata para manipular as aparências com o propósito de iludir. Pôr a descoberto a "verdadeira" identidade de um animal por trás de sua cor adaptativa temporária não é muito diferente de desmascarar o hipócrita. Mas o que aparece então sob a superfície ilusória não é um eu interno, uma aparência autêntica, imutável e confiável em seu estar-aí. Pôr a descoberto destrói uma ilusão, mas não revela nada que apareça autenticamente. Um "eu interno", se é que ele chega a existir, nunca aparece nem para o sentido externo, nem para o interno; pois nenhum dos dados internos dispõe de características estáveis, relativamente permanentes, que, sendo reconhecíveis e identificáveis, particularizam a aparência individual. "Nenhum eu fixo e durável pode apresentar-se nesse fluxo de aparências interiores", observou Kant repetidas vezes.[35] Na verdade é enganoso até mesmo falar de "aparências" interiores; tudo o que conhecemos são sensações cuja inexorável sucessão impede que qualquer uma delas assuma uma forma duradoura e identificável. ("Pois onde, quando e como houve alguma vez uma visão do interior? [...] O 'psiquismo' é opaco para si mesmo."[36]) Emoções e "sensações internas" são "antimundanas", pois carecem da principal característica mundana: "ficar imóvel e permanecer", ao menos tempo suficiente para ser claramente percebidas — e não meramente sentidas —, intuídas, identificadas e reconhecidas; mais uma vez, de acordo com Kant, "o tempo, a única forma de intuição interna, não tem nada de permanente".[37] Em outras palavras, quando Kant fala do tempo como a "forma da intuição interna", ele fala, embora sem o saber, metaforicamente, e retira sua metáfora de nossas experiências espaciais relacionadas com aparências exteriores. É precisamente a ausência de forma e, portanto, de qualquer possibilidade de intuição, que caracteriza nossa experiência das sensações internas. Na experiência interna, a única coisa a que podemos nos prender para distinguir algo que se assemelhe à realidade dos humores incessantemente cambiantes de nossa psique é a repetição persistente. Em casos extremos, a repetição pode tornar-se tão persistente que resulta na permanência indestrutível de um único humor, uma única sensação; mas indica invariavelmente uma grave desordem psíquica, a euforia do maníaco ou a depressão do melancólico.

6. O EGO PENSANTE E O EU: KANT

O conceito de aparência e, portanto, o de semblância (de *Erscheinung* e de *Schein*) nunca desempenharam um papel tão central e decisivo quanto na obra de Kant. A noção kantiana de uma "coisa-em-si", algo que é mas que não aparece embora produza aparências, pode ser explicada — como de fato o foi — nos termos de uma tradição teológica: Deus é "algo"; Ele "não é um nada". Deus pode ser pensado, mas somente como o que não aparece, o que não é dado à nossa experiência e, portanto, como o que é "em si mesmo"; e como Ele não aparece, não é *para nós*. Essa interpretação tem suas dificuldades. Para Kant, Deus é uma "ideia de razão" e, como tal, *para nós*. Pensar Deus e especular sobre um além é, segundo Kant, inerente ao pensamento humano, uma vez que a razão, a capacidade especulativa do homem, transcende necessariamente as faculdades cognitivas de seu intelecto: somente o que aparece e, no modo do parece-me, é dado à experiência pode ser conhecido; mas os pensamentos também "são", e algumas coisas-pensamento, a que Kant chama "ideias", embora nunca dadas à experiência e portanto incognoscíveis, tais como Deus, a liberdade e a imortalidade, são *para nós*, no sentido enfático de que a razão não pode se impedir de pensá-las e que elas são de grande interesse para os homens e para a vida do espírito. Talvez seja, pois, aconselhável examinar em que medida a noção de uma "coisa-em-si" que não aparece está dada na própria compreensão do mundo como um mundo de aparências, independentemente das necessidades e dos pressupostos de um ser pensante e da vida do espírito.

Há, em primeiro lugar, a circunstância ordinária — em vez da conclusão de Kant, mencionada anteriormente — de que toda coisa viva, já que aparece, possui uma "base que não é aparência", mas que pode ser forçada a aparecer e a tornar-se o que Portmann chama de "aparência não autêntica". De fato, segundo a compreensão de Kant, as coisas que não aparecem espontaneamente, mas cuja existência pode ser demonstrada — órgãos internos, raízes de árvores e plantas etc. —, também são aparências. Assim, sua conclusão de que as próprias aparências "devem ter uma base que não é, ela mesma, uma aparência" e, portanto, devem "apoiar-se em um objeto transcendente[38] que as determina como meras representações",[39] ou seja, devem apoiar-se em algo que em princípio é de uma ordem ontológica totalmente distinta, parece claramente ter sido retirada de uma analogia com os fenômenos deste mundo — um mundo que contém tanto as aparências autênticas quanto as não autênticas e no qual as aparências não autênticas, uma vez que contêm o próprio aparelho do processo vital, parecem *causar* as aparências autênticas. A orientação teológica (no caso de Kant, a necessidade de fazer com que os argumentos favoreçam a existência de um mundo inteligível) comparece aqui na expressão "*meras* representações" — como se Kant houvesse esquecido sua própria tese central: "Afirmamos que as condições de *possibilidade da experiência* em geral são também condições da *possibilidade dos objetos da experiência,* e que por essa razão elas têm validade objetiva em um juízo sintético *a priori.*"[40] A razoabilidade do argumento de Kant — o que leva alguma coisa a aparecer deve ser de uma ordem distinta da própria aparência — apoia-se em nossa experiência desses fenômenos vitais; mas a ordem hierárquica entre o objeto transcendente (a coisa-em-si) e as "meras representações", não; e é esta ordem de prioridades que a tese de

Portmann inverte. Kant perdeu-se por causa do seu grande desejo de sustentar cada um e todos os argumentos que, mesmo incapazes de chegar a uma prova definitiva, pudessem ao menos tornar irresistivelmente plausível a tese de que "há *indubitavelmente* algo distinto do mundo que contém o fundamento da ordem do mundo";[41] e que, por conseguinte, esse algo é, ele mesmo, de uma ordem superior. Se confiarmos unicamente em nossas experiências com as coisas que aparecem e que não aparecem e começarmos a especular na mesma direção, podemos, da mesma maneira — e com razoabilidade muito maior —, concluir que talvez haja, de fato, uma base fundamental por trás do mundo das aparências; mas que o significado principal e talvez o único dessa base está nos seus efeitos, ou seja, no que ela faz aparecer, mais do que em sua pura criatividade. Se o que causa as aparências, sem chegar mesmo a aparecer, é divino, então os órgãos internos do homem poderiam tornar-se suas verdadeiras divindades.

Em outras palavras, a comum compreensão filosófica do Ser como o fundamento da Aparência é verdadeira para o fenômeno da Vida; mas o mesmo não pode ser dito sobre a comparação valorativa Ser *versus* Aparência que está no fundo de todas as teorias dos dois mundos. Essa hierarquia tradicional não deriva de nossas experiências ordinárias no mundo das aparências, mas, ao contrário, da experiência não ordinária do ego pensante. Como veremos mais adiante, a experiência transcende não só a Aparência, mas o próprio Ser. Kant identifica explicitamente o fenômeno que forneceu a base real para sua crença numa "coisa-em-si" por sob as "meras" aparências: o fato de que, "na consciência que tenho de mim na pura atividade do pensar [*beim blossen Denken*], sou a própria coisa [*das Wesen selbst*, ou seja, *das Ding an sich*], sem que, por isso, nada de mim seja dado ao pensamento".[42] Se reflito sobre a relação que estabeleço de mim para comigo na atividade de pensar, pode parecer que meus pensamentos seriam "meras representações" ou manifestações de um ego que se mantém, ele próprio, para sempre oculto, pois naturalmente os pensamentos nunca se parecem com propriedades atribuíveis a um eu ou a uma pessoa. O ego pensante é, pois, a "coisa-em-si" de Kant: ele não aparece para os demais e, diferentemente do eu da autoconsciência, ele não aparece para si mesmo. Ainda assim, ele "não é igual a nada".

O ego pensante é pura atividade e, portanto, não tem idade, sexo ou qualidades, e não tem uma história de vida. Quando sugeriram que escrevesse sua autobiografia, Étienne Gilson respondeu: "Um homem de 75 anos deveria ter muitas coisas a dizer sobre seu passado, mas [...] se ele viveu apenas como filósofo, percebe imediatamente que não tem nenhum passado."[43] Pois o ego pensante não é o eu. Há uma observação incidental em Tomás de Aquino — uma das de que tanto dependemos em nossa pesquisa — que soa de forma misteriosa, a não ser quando se está consciente dessa distinção entre o ego pensante e o eu: "Minha alma [em Tomás, o órgão do pensamento] não sou eu; e se apenas as almas forem salvas, nem eu nem homem algum estará salvo."[44]

O sentido interno, que nos poderia propiciar a apreensão da atividade de pensar em alguma forma de intuição interior, não tem em que se prender, segundo Kant, porque suas manifestações são inteiramente diferentes das "manifestações com que se confronta o sentido externo, [que encontra] algo imóvel e permanente, [...] ao passo que o tempo, a única forma de intuição interna, nada tem de permanente".[45] Assim, "tenho consciência de mim, não de como apareço para mim, não de como sou em mim mesmo, mas apenas de que sou. Essa *representação* é um *pensamento*, não uma *intuição*". E acrescenta em nota de rodapé: "O 'eu penso' expressa o ato de determinação de minha existência. A existência, portanto, já está dada, mas o modo como eu sou [...] não está dado."[46] Kant chama repetidas vezes a atenção para esse ponto na *Crítica da razão pura* — nada permanente "é dado na intuição interna quando penso em mim mesmo".[47] Mas faríamos melhor se nos voltássemos para os escritos pré-críticos, de maneira a encontrar uma descrição real das puras experiências do ego pensante.

Em *Träume eines Geistersehers, erläutert durch Träume der Metaphysik* (1766), Kant sublinha a "imaterialidade" do *mundus intelligibilis*, o mundo em que se move o ego pensante, em contraste com a "inércia e a constância" da matéria morta que cerca os seres vivos no mundo das aparências. Nesse contexto, ele distingue a "noção que a alma do homem tem de si mesma como espírito [*Geist*], por meio de uma intuição imaterial, e a consciência por meio da qual ela se apresenta como homem, utilizando-se de uma imagem que tem sua origem na sensação dos órgãos físicos e que é concebida em relação a coisas materiais. É sempre, portanto, o mesmo sujeito que é membro tanto do mundo visível quanto do mundo invisível, mas não a mesma pessoa, já que [...] o que como espírito penso não é lembrado por mim como homem e, ao contrário, meu estado real como homem não participa da noção que tenho de mim como espírito". E, em uma estranha nota de rodapé, Kant fala de uma "certa dupla personalidade que é própria da alma, mesmo nesta vida"; ele compara o estado do ego pensante ao estado do sono profundo, "quando os sentidos externos encontram-se em total repouso". Ele suspeita de que as ideias, durante o sono, "podem ser mais claras e mais amplas do que a mais clara de todas as ideias em estado de vigília", precisamente porque "o homem, em tais ocasiões, não é sensível ao seu corpo". E não recordamos nada dessas ideias quando despertamos. Os sonhos são algo ainda diferente; eles "não são daqui. Pois, nesse caso, o homem não adormece completamente [...], e entrelaça as ações de seu espírito com as impressões de seus sentidos exteriores".[48]

Tais ideias de Kant, se compreendidas como constituintes de uma teoria dos sonhos, são evidentemente absurdas. Mas são interessantes como tentativa um tanto desajeitada de dar conta das experiências espirituais de retirada do mundo real. Pois é preciso que se dê alguma explicação sobre uma atividade que, ao contrário de qualquer outra atividade ou ação, nunca encontra resistência por parte da matéria. Ela não é sequer atravancada ou retardada quando se manifesta em palavras formadas por órgãos sensoriais. A experiência da atividade do pensamento é provavelmente a fonte original de nossa própria noção de espiritualidade, independentemente das formas que ela tenha assumido. Em termos psicológicos, uma das mais notáveis características do pensamento é sua incomparável *rapidez* — "rápido como o pensamento", disse Homero; e Kant, em seus primeiros escritos, mencionou inúmeras vezes a *Hurtigkeit des Gedankens*.[49] Naturalmente o pensamento é veloz porque é imaterial; e isso, por sua vez, acaba por explicar a hostilidade que tantos dos grandes metafísicos tinham em relação a seus próprios corpos. Do ponto de vista do ego pensante, o corpo é apenas um obstáculo.

Concluir, a partir dessa experiência, que existem "coisas-em-si", as quais, em sua própria esfera inteligível, *são* como nós "somos" no mundo das aparências, é uma das falácias metafísicas; ou ainda, uma das semblâncias da razão, cuja própria existência Kant foi o primeiro a descobrir, esclarecer e dirimir. Parece muito apropriado que esta falácia, como a maioria das outras que afligiram a tradição filosófica, tenha tido origem nas experiências do ego pensante. Em todo caso, ela apresenta uma semelhança óbvia com outra falácia muito mais simples e mais comum, mencionada por P. F. Strawson em um ensaio sobre Kant: "Uma antiga crença é a de que a razão é algo essencialmente fora do tempo, e, mesmo assim, em nós. Sem dúvida ela tem seu fundamento no fato de que [...] podemos apreender verdades [lógicas e matemáticas]. Mas [...] [uma pessoa] que apreende verdades intemporais [não precisa] ela mesma ser intemporal."[50] É típico da escola crítica de Oxford compreender essas falácias como *non sequiturs* lógicos — como se os filósofos, ao longo dos séculos e por razões desconhecidas, tivessem sido um pouco estúpidos demais para perceber as falhas elementares de seus argumentos. A verdade é que erros lógicos elementares são muito raros na história da filosofia; o que — para espíritos que se desembaraçam de questões acriticamente rejeitadas como "sem sentido" — parece ser erro de lógica é geralmente provocado por semblâncias inevitáveis em seres cuja existência é determinada pelas aparências. Assim, em nosso contexto, a única questão relevante é se tais semblâncias são autênticas ou não autênticas, se são causadas por crenças dogmáticas e pressupostos arbitrários, simples miragens que desaparecem diante de uma inspeção mais cuidadosa, ou se são inerentes à condição paradoxal de um ser vivo que, ainda que parta do mundo das aparências, tem uma faculdade — a habilidade de pensar, que permite ao espírito retirar-se do mundo, sem jamais poder deixá-lo ou transcendê-lo.

7. A REALIDADE E O EGO PENSANTE: A DÚVIDA CARTESIANA E O *SENSUS COMMUNIS*

A realidade em um mundo de aparências é antes de tudo caracterizada por "ficar imóvel e permanecer" o mesmo o tempo suficiente para tornar-se um *objeto* que pode ser conhecido e reconhecido por um *sujeito*. A descoberta básica e mais importante de Husserl trata exaustivamente da intencionalidade de todos os atos de consciência, ou seja, do fato de que nenhum ato subjetivo pode prescindir de um objeto. Embora a árvore vista possa ser uma ilusão, para o ato de ver ela é um objeto. Da mesma forma, embora a paisagem sonhada seja visível apenas para o sonhador, ela é objeto de seu sonho. A objetividade é construída na própria subjetividade da consciência em virtude da intencionalidade. Ao contrário, e com a mesma justeza, pode-se falar da intencionalidade das aparências e da sua subjetividade embutida. Exatamente porque aparecem todos os objetos implicam um sujeito, e como todo ato subjetivo tem seu objeto intencional, também todo objeto que aparece tem seu sujeito intencional. Nas palavras de Portmann, toda aparência é uma "emissão para receptores" (uma *Sendung für Empfangsapparate*). O que quer que apareça visa a alguém que o perceba, um sujeito potencial não menos inerente em toda objetividade do que um objeto potencial é inerente à subjetividade de todo ato intencional.

O fato de que as aparências sempre exigem espectadores e, por isso, sempre implicam um reconhecimento e uma admissão pelo menos potenciais tem consequências de longo alcance para o que nós — seres que aparecem em um mundo de aparências — entendemos por realidade — tanto a nossa quanto a do mundo. Em ambos os casos, nossa "fé perceptiva"[51] — como designou Merleau-Ponty —, nossa certeza de que o que percebemos tem uma existência independente do ato de perceber, depende inteiramente do fato de que o objeto aparece também para os outros e de que por eles é reconhecido. Sem esse reconhecimento tácito dos outros não seríamos capazes nem mesmo de ter fé no modo como aparecemos para nós mesmos.

Eis por que as teorias solipsistas — seja quando proclamam radicalmente que só o eu "existe", seja quando, mais moderadamente, asseveram que o eu e sua consciência de si são objetos primários do conhecimento verificável — estão em desarmonia com os dados mais elementares de nossa existência e de nossa experiência. O solipsismo, aberto ou velado, com ou sem qualificativos, foi a mais persistente e talvez a mais perniciosa falácia filosófica mesmo antes de adquirir, com Descartes, um alto nível de consistência teórica e existencial. Quando o filósofo fala do "homem", ele não tem em mente nem o ser da espécie (o *Gattungswesen*, como cavalo ou leão, que segundo Marx constitui a existência fundamental do homem), nem o mero paradigma do que, de seu ponto de vista, todos os homens deveriam se esforçar por atingir. Para o filósofo, falando a partir da experiência do ego pensante, o homem é muito naturalmente não apenas verbo, mas *pensamento feito carne,* a encarnação sempre misteriosa, nunca totalmente elucidada da capacidade do pensamento. E o problema desse ser fictício é que ele nem é o produto de um cérebro doentio, nem um desses "erros do passado" facilmente solucionáveis, mas a semblância inteiramente autêntica da própria atividade de pensar. Pois quando um homem se entrega ao puro pensamento, por qualquer razão que seja e independentemente do assunto, ele vive completamente no singular, ou seja, está completamente só, como se o Homem, e não os homens, habitasse o planeta. O próprio Descartes explicou e justificou seu subjetivismo radical pela decisiva perda de certezas legada pelas grandes descobertas científicas da Era Moderna; e em outro contexto procurei acompanhar o pensamento de Descartes.[52] Entretanto, quando — assediado pelas dúvidas inspiradas pelo início da ciência moderna — decidiu "*à rejeter la terre mouvante et le sable pour trouver le roc ou l'argile*" [rejeitar a areia movediça e a lama para encontrar a pedra ou barro], ele certamente redescobriu um terreno bastante familiar, retirando-se para um lugar onde poderia viver "*aussi solitaire et retiré que dans les déserts les plus écartés*" [tão só e afastado como nos mais remotos desertos].[53] Retirar-se da "bestialidade da multidão" para ficar na companhia dos "muito poucos"[54] e também no estar-só absoluto do Um tem sido a principal característica da vida do filósofo, desde que Parmênides e Platão descobriram que para aqueles "muito poucos", os *sophoi,* a "vida do pensamento", que não conhece nem dor nem alegria, é a mais divina, e que o *nous,* o próprio pensamento, é "o rei da terra e do céu".[55]

Descartes, fiel ao subjetivismo radical, primeira reação dos filósofos às novas glórias da ciência, já não atribuía as satisfações dessa forma de vida aos objetos do pensamento — a eternidade do *kosmos* que nem passa a ser nem deixa de ser e que, desse modo, confere uma parcela de imortalidade àqueles poucos que decidiram passar a vida contemplando-a. A bem moderna suspeita cartesiana com relação ao aparelho sensorial e cognitivo do homem fez com que ele definisse — com maior clareza do que qualquer outro filósofo anterior — como propriedades da *res cogitans* certas características que, não sendo desconhecidas dos antigos, assumiram agora, talvez pela primeira vez, uma importância suprema. Entre essas características destacavam-se a autossuficiência, ou seja, o fato de que esse ego "não tem necessidade de nenhum lugar, nem depende de qualquer coisa material", e, também, a não-mundanidade, isto é, que na autoinspeção, *"examinant avec attention ce que j'étais"*, seria possível facilmente *"feindre que je n'avais aucun corps et qu'il n'y avait aucun monde ni aucun lieu où je fusse"* [fingir que não tinha corpo e que não havia nenhum mundo nem lugar algum aonde eu fosse].[56]

De fato, nenhuma dessas descobertas, ou melhor, redescobertas, foi em si mesma de grande relevância para Descartes. Seu interesse principal era encontrar algo — o ego pensante ou, em suas próprias palavras, *"la chose pensante"*, que ele identificava à alma — cuja realidade estivesse para além de qualquer suspeita, para além das ilusões da percepção sensorial. Mesmo o poder de um *Dieu trompeur* onipotente não seria capaz de abalar a certeza de uma consciência que abandonou toda a experiência sensível. Embora tudo o que seja dado possa ser sonho e ilusão, o sonhador, quando concorda em não exigir realidade do sonho, deve ser real. Assim, *"Je pense, donc je suis"*, "Penso, logo existo". Por um lado, era tão forte a experiência da própria atividade de pensar, e, por outro, tão apaixonado o desejo de encontrar certeza

APARÊNCIA

e algum tipo de permanência duradoura depois que a nova ciência descobriu *"la terre mouvante"* (a areia movediça que constitui o próprio solo sobre o qual nos pomos de pé), que nunca lhe ocorreu que nenhuma *cogitatio* e nenhum *cogito me cogitare* — nenhuma consciência de um eu ativo que suspendeu toda a fé na realidade de seus objetos intencionais — poderia convencê-lo de sua própria realidade, de que ele teria realmente nascido em um deserto, sem um corpo e sem os sentidos necessários para perceber coisas "materiais"; e sem outras criaturas que lhe assegurassem que o que ele percebia também era percebido por elas. A *res cogitans* cartesiana, essa criatura fictícia, sem corpo, sem sentidos e abandonada, nem sequer saberia que existe uma realidade e uma possível distinção entre o real e o irreal, entre o mundo comum da vida consciente e o não-mundo privado de nossos sonhos. O que Merleau-Ponty tinha a dizer contra Descartes, disse-o de modo brilhante e correto: "Reduzir a percepção ao pensamento de perceber [...] é fazer um seguro contra a dúvida, cujos prêmios são mais onerosos do que a perda pela qual eles devem nos indenizar; pois é [...] passar a um tipo de certeza que nunca nos trará de volta o 'há' do mundo."[57]

Além do mais, é precisamente a atividade do pensamento — as experiências do ego pensante — que gera dúvida sobre a realidade do mundo e de mim mesmo. O pensamento pode apoderar-se de tudo que é real — evento, objeto, seus próprios pensamentos; a realidade disso tudo é a única propriedade que permanece persistentemente além de seu alcance. O *cogito ergo sum* é uma falácia não apenas no sentido, observado por Nietzsche, de que do *cogito* só se pode inferir a existência de *cogitationes*; o *cogito* está sujeito à mesma dúvida que o *sum*. O eu-existo está pressuposto no eu-penso. O pensamento pode agarrar-se a esta pressuposição mas não pode demonstrar se ela é falsa ou verdadeira. (O argumento de Kant contra Descartes também estava inteiramente correto: o pensamento *"eu não sou* [...] não pode existir; pois, se eu não sou, consequentemente não posso saber que não sou".)[58] A realidade não pode ser derivada. O pensamento ou a reflexão podem aceitá-la ou rejeitá-la, e a dúvida cartesiana, partindo da noção de um *Dieu trompeur,* é apenas uma forma velada e sofisticada de rejeição.[59] Restou a Wittgenstein — que planejou investigar "quanta verdade há no solipsismo" e, assim, tornou-se seu mais destacado representante contemporâneo — formular a ilusão existencial subjacente a todas as teorias solipsistas: "Com a morte, o mundo não se altera, apenas chega a um fim." "A morte não é um evento na vida; nós não vivemos nossa morte."[60] Essa é a premissa básica de todo pensamento solipsista.

Embora tudo o que apareça seja percebido na modalidade do parece-me e, assim, seja passível de erro e ilusão, a aparência como tal traz consigo uma indicação prévia de *realidade* [*realness*]. Todas as experiências sensoriais são normalmente acompanhadas, ainda que de forma silenciosa, pela sensação adicional de realidade; e isso a despeito do fato de que nenhum de nossos sentidos, tomado de modo isolado, e nenhum objeto sensível, retirado de seu contexto, possam produzir aquela sensação. (Portanto, a arte que transforma objetos sensíveis em coisas-pensamento retira-os, primeiramente, de seu contexto com o propósito de des-realizá-los e, assim, prepará-los para sua nova e diferente função.)

Por um lado, a realidade do que percebo é garantida por seu contexto mundano, que inclui outros seres que percebem como eu; por outro lado, ela é percebida pelo trabalho conjunto de meus cinco sentidos. O que, desde Tomás de Aquino, chamamos de senso comum, *sensus communis,* é uma espécie de sexto sentido necessário para manter juntos meus cinco sentidos e para garantir que é o mesmo objeto que eu vejo, toco, provo, cheiro e ouço; é a "mesma faculdade [que] se estende a todos os objetos dos cinco sentidos".[61] Esse mesmo sentido, um "sexto sentido" misterioso,[62] porque não pode ser localizado como um órgão corporal, vai adequar as sensações de meus cinco sentidos estritamente privados — tão privados que as sensações, em sua qualidade e intensidade meramente sensoriais, são incomunicáveis — a um mundo comum compartilhado pelos outros. A subjetividade do parece-me é remediada pelo fato de que o mesmo objeto também aparece para os outros, ainda que o seu modo de aparecer possa ser diferente. (É a intersubjetividade do mundo, muito mais do que a similaridade da aparência física, que convence os homens de que eles pertencem à mesma espécie. Ainda que cada objeto singular apareça numa perspectiva diferente para cada indivíduo, o contexto no qual aparece é o mesmo para toda a espécie. Nesse sentido, cada espécie animal vive em um mundo que lhe é próprio e cada indivíduo animal não precisa comparar suas próprias características físicas com as de seus semelhantes para conhecê-los como tais.) Em um mundo de aparências, cheio de erros e semblâncias, a realidade é garantida por esta tríplice comunhão: os cinco sentidos, inteiramente distintos uns dos outros, têm em comum o mesmo objeto; membros da mesma espécie têm em comum o contexto que dota cada objeto singular de seu significado específico; e todos os outros seres sensorialmente dotados, embora percebam esse objeto a partir de perspectivas inteiramente distintas, estão de acordo acerca de sua identidade. É dessa tríplice comunhão que surge a *sensação* de realidade.

A cada um de nossos cinco sentidos corresponde uma propriedade do mundo específica e sensorialmente perceptível. Nosso mundo é visível porque dispomos de visão, audível porque dispomos de audição, palpável e repleto de gostos e odores porque dispomos de tato, paladar e olfato. A propriedade mundana que corresponde ao sexto sentido é a *realidade* [*realness*]; a dificuldade que ela apresenta é que não pode ser percebida como as demais propriedades sensoriais. O sentido de realidade [*realness*] não é, estritamente falando, uma sensação; a realidade "está *lá* mesmo que nunca tenhamos certeza de conhecê-la" (Peirce),[63] pois a "sensação" de realidade, do mero estar-aí, relaciona-se ao *contexto* no qual objetos singulares aparecem, assim como ao contexto no qual nós, como aparências, existimos em meio a outras criaturas que aparecem. O contexto como tal nunca aparece completamente; ele é evasivo, quase como o Ser que, como Ser, nunca aparece em um mundo repleto de seres, de entes singulares. Mas o Ser, que é, desde Parmênides, o mais elevado conceito da filosofia ocidental, é uma coisa-pensamento que nós não esperamos que seja percebida pelos sentidos ou que produza uma sensação; ao passo que a realidade [*realness*] é parente da sensação; um sentimento de realidade [*realness*] ou irrealidade acompanha de fato todas as sensações de meus sentidos que, sem ele, não fariam "sentido". Eis por que Tomás de Aquino definia o senso comum, seu *sensus communis,* como um "sentido interno" — *sensus interior* — que funcionava como a "raiz comum e o princípio dos sentidos exteriores" ("*Sensus interior non dicitur communis [...] sicut genus; sed sicut communis radix et principium exteriorum sensuum*").[64]

É tentador equiparar esse "sentido interno", que não pode ser fisicamente localizado, com a faculdade do pensar; porque entre as principais características do pensamento, que se dá em um mundo de aparências e é realizado por um ser que aparece, está a de que ele próprio é invisível. Partindo do fato de que essa invisibilidade é compartilhada pela faculdade de pensar e pelo senso comum, Peirce conclui que "a realidade tem uma relação com o pensamento humano", ignorando que o pensamento não só é ele próprio invisível, mas também lida com invisíveis, com coisas que não estão *presentes* aos sentidos, embora possam ser — e frequentemente são — também objetos sensíveis, relembrados e reunidos no depósito da memória e, assim, preparados para reflexão posterior. Thomas Landon Thorson elabora a sugestão de Peirce e chega à conclusão de que "a realidade mantém uma relação

APARÊNCIA

com o processo do pensamento da mesma forma que o ambiente se relaciona com a evolução biológica".[65]

Essas observações e sugestões estão baseadas no pressuposto tácito de que os processos do pensamento não são, sob qualquer aspecto, distintos do raciocínio do senso comum; o resultado é a velha ilusão cartesiana sob disfarce moderno. O que quer que o pensamento possa atingir e conquistar, é precisamente a realidade, tal como é dada ao senso comum, em seu mero estar-aí, que permanece para sempre além de seu alcance, indissolúvel em séries de pensamentos — o obstáculo que os alerta e diante do qual eles cedem em afirmação ou negação. Os processos do pensamento, diferentemente dos processos do senso comum, podem ser fisicamente localizados no cérebro e, não obstante, transcendem quaisquer dados biológicos, sejam eles funcionais, sejam morfológicos no sentido de Portmann. O senso comum e o sentido de realidade [*realness*], ao contrário, fazem parte de nosso aparato biológico; e o raciocínio do senso comum (que a escola filosófica de Oxford confunde com o pensamento) poderia certamente manter com a realidade a mesma relação que há entre evolução biológica e ambiente. Thorson está certo com referência ao raciocínio do senso comum: "Podemos estar falando em mais do que uma analogia; podemos estar descrevendo dois aspectos do mesmo processo."[66] E se a linguagem, além de seu tesouro de palavras destinadas às coisas dadas aos sentidos, não nos oferecesse essas palavras-pensamento, tecnicamente chamadas "conceitos", como justiça, verdade, coragem, divindade, e assim por diante — palavras indispensáveis mesmo na linguagem comum —, nós certamente perderíamos toda evidência tangível da atividade de pensar e poderíamos encontrar justificativa para concordar com o jovem Wittgenstein: "*Die Sprache ist ein Teil unseres Organismus*" ("A linguagem é uma parte de nosso organismo").[67]

O pensamento, que submete à dúvida tudo de que se apossa, não possui entretanto nenhuma relação desse tipo, natural ou prosaica, com a realidade. Foi o pensamento — a reflexão de Descartes acerca do *significado* de certas descobertas científicas — que destruiu sua confiança de senso comum na realidade; seu erro foi esperar que pudesse superar a dúvida insistindo em retirar-se completamente do mundo, ao eliminar cada realidade mundana de seus pensamentos e concentrando-se exclusivamente na própria atividade do pensar. (*Cogito cogitationes* ou *cogito me cogitare, ergo sum* é a forma correta da famosa fórmula.) Mas o pensamento não pode provar nem destruir o *sentimento* de realidade [*realness*] que deriva do sexto sentido e que foi denominado pelos franceses, talvez por essa mesma razão, de *le bon sens,* o bom senso; quando o pensamento se retira do mundo das aparências, ele se retira do sensorialmente dado e, assim, também do sentimento de realidade [*realness*] dado pelo senso comum. Husserl argumentava que a *suspensão* [*epoché*] desse sentimento era o fundamento metodológico de sua ciência fenomenológica. Para o ego pensante, essa suspensão é natural; não é, de modo algum, um método especial a ser ensinado e aprendido; nós o conhecemos sob o fenômeno muito comum do alheamento, que se observa nas pessoas absorvidas por qualquer tipo de pensamento. Em outras palavras, a perda do senso comum não é nem o direito nem a virtude dos "pensadores profissionais" de Kant; ocorre a todo aquele que pensa em algo; ocorre apenas com mais frequência entre os pensadores profissionais. A estes chamamos filósofos, e seu modo de vida será sempre o da "vida de um estrangeiro [*stranger*]" (*bios xenikos*), como denominou Aristóteles em sua *Política.*[68] Essa estranheza e esse alheamento não são mais perigosos — de tal forma que todos os "pensadores", profissionais ou leigos, sobrevivem com facilidade à perda do sentido de realidade [*realness*] — porque o ego pensante se afirma apenas temporariamente. Qualquer pensador, não importa quão importante seja, permanece "um homem como você e eu" (Platão), uma aparência entre aparências, dotada de senso comum e dispondo de um raciocínio de senso comum suficiente para sobreviver.

8. CIÊNCIA E SENSO COMUM; A DISTINÇÃO DE KANT ENTRE INTELECTO E RAZÃO, VERDADE E SIGNIFICADO

À primeira vista, algo muito semelhante parece valer para o cientista moderno, que constantemente destrói semblâncias autênticas sem, contudo, destruir sua própria sensação de realidade. Esta lhe diz, como nos diz a todos, que o Sol nasce pela manhã e se põe à tarde. Foi o pensamento que permitiu ao homem penetrar nas aparências e desmascará-las como semblâncias, ainda que autênticas; o raciocínio do senso comum jamais teria ousado contestar de modo tão radical todas as plausibilidades de nosso aparelho sensorial. A famosa "querela entre os antigos e os modernos" suscita realmente a questão de qual seja o propósito do conhecimento; trata-se de "salvar os fenômenos", como acreditavam os antigos, ou de descobrir o aparelho funcional oculto que os faz aparecer? A dúvida do pensamento a respeito da confiabilidade da experiência sensorial — sua suspeita de que as coisas possam ser distintas da maneira pela qual aparecem aos sentidos humanos — não era, de modo algum, inusitada na Antiguidade. Os átomos de Demócrito eram não só indivisíveis, mas invisíveis, movendo-se em um vazio, infinitos em número e, por meio de várias configurações e combinações, produziam impressões em nossos sentidos; Aristarco, no século III a.C., formulou pela primeira vez a hipótese heliocêntrica. É interessante notar que as consequências de tais ousadias foram bastante desagradáveis: Demócrito ficou sob suspeita de insanidade e Aristarco foi ameaçado com uma acusação de impiedade. Mas, naturalmente, o ponto mais relevante é que nenhuma tentativa foi feita para provar tais hipóteses; e delas não surgiu ciência alguma.

O pensamento tem sem dúvida um papel muito grande em toda busca científica; mas é o papel de um meio em relação a um fim; o fim é determinado por uma decisão a respeito do que vale a pena conhecer, e essa decisão não pode ser científica. Além do mais, o fim é o conhecimento ou a cognição, que, uma vez obtidos, pertencem claramente ao mundo das aparências; uma vez estabelecidos como verdadeiros, tornam-se parte integrante do mundo. A cognição e a sede de conhecimento nunca abandonam completamente o mundo das aparências; se o cientista se retira dele para "pensar", é apenas com o intuito de encontrar abordagens do mundo melhores e mais promissoras, que se chamam métodos. Nesse sentido, a ciência é apenas um prolongamento muito refinado do raciocínio do senso comum, no qual as ilusões dos sentidos são constantemente dissipadas, como são corrigidos os erros na ciência. O critério, em ambos os casos, é a evidência que, como tal, é inerente a um mundo de aparências. E já que é da própria natureza das aparências revelar *e ocultar,* cada correção, e cada *des--ilusão* — nas palavras de Merleau Ponty —, "é a perda de uma evidência, unicamente porque é a aquisição de *outra evidência*".[69] Ainda que consideremos a compreensão que a ciência tem de seu próprio empreendimento, nada garante que a nova evidência seja mais confiável do que a evidência descartada.

O próprio conceito de um *progresso ilimitado* que acompanhou o despertar da ciência moderna e permaneceu como seu princípio inspirador dominante é o melhor testemunho de que toda a ciência ainda se move no âmbito da experiência do senso comum, sujeita ao erro e à ilusão corrigíveis. A generalização da experiência da correção permanente na pesquisa científica conduz ao curioso "cada vez me-

APARÊNCIA

lhor", "cada vez mais verdadeiro", ou seja, ao progresso ilimitado e à aceitação a ele inerente de que *o* bom e *o* verdadeiro são inatingíveis. Caso eles pudessem ser alcançados, a sede de conhecimento estaria satisfeita e a busca cognitiva chegaria ao fim. É evidente que é muito pouco provável que isso aconteça, tendo em vista a enorme extensão do que ainda permanece desconhecido: mas é bastante provável que as ciências particulares alcancem limites bem definidos para o que é, por nós, cognoscível. A questão, entretanto, é que a moderna ideia de progresso nega implicitamente tais limites. A noção de progresso inquestionavelmente nasceu como produto de enormes avanços do conhecimento científico, uma verdadeira avalanche de descobertas, ao longo dos séculos XVI e XVII; e acho bem provável que, depois de invadir as ciências, a inexorabilidade inerente ao próprio pensamento — cuja necessidade nunca pode ser mitigada — tenha levado os cientistas a descobertas renovadas, cada qual delas, por sua vez, dando lugar a uma nova teoria, de tal forma que os que foram pegos nesse movimento ficaram sujeitos à ilusão de um processo sem fim — o *processo* do progresso. Não devemos nos esquecer aqui que a posterior noção de um aperfeiçoamento infinito da espécie humana, tão destacado no Iluminismo oitocentista, estava ausente nos séculos XVI e XVII, séculos mais pessimistas nas avaliações sobre a natureza humana.

Parece-me entretanto óbvia e de considerável importância uma das consequências desse desenvolvimento. A própria noção de *verdade* — que de alguma forma sobreviveu a tantos momentos cruciais de nossa história intelectual — sofreu uma mudança decisiva: ela foi transformada, ou melhor, partida em uma enorme corrente de veracidades, cada uma das quais, a seu tempo, reivindicando validade geral, ainda que a própria continuidade da pesquisa implicasse algo meramente provisório. Esse é um estranho estado de coisas. Pode até sugerir que, se uma dada ciência acidentalmente atingisse seu objetivo, isso abso-

87

lutamente não interromperia o trabalho dos pesquisadores naquele campo, eles seriam lançados para além de seu objetivo pelo simples *momentum* da ilusão do progresso infinito, uma espécie de semblância derivada de sua própria atividade.

A transformação da verdade em mera veracidade deriva primeiramente do fato de que o cientista permanece ligado ao senso comum através do qual nos orientamos em um mundo de aparências. O pensamento retira-se — radicalmente e por sua própria conta — deste mundo e de sua natureza evidencial, ao passo que a ciência se beneficia de uma possível retirada em função de resultados específicos. Em outras palavras, nas teorias científicas, é o raciocínio do senso comum que, em última análise, se aventura no âmbito da pura especulação; e a principal fraqueza do senso comum nessa esfera sempre foi não possuir as salvaguardas inerentes ao mero pensamento, a saber: sua capacidade crítica que, como veremos, guarda em si uma forte tendência autodestrutiva. Mas, voltando ao pressuposto do progresso ilimitado, a falácia básica foi muito cedo descoberta. Sabe-se bem que não foi o progresso *per se,* mas a ideia de sua não-limitação, que teria tornado a ciência moderna inaceitável para os antigos. Mas é menos conhecido o fato de que os gregos tinham uma razão para seu "preconceito" contra o infinito. (Platão descobriu que tudo o que admite um comparativo é, por sua natureza, ilimitado; e a ausência de limite era, para ele, como para os demais gregos, a causa de todos os males.[70] Daí sua grande confiança nos números e nas medidas: eles põem limite naquilo que por si — o prazer, por exemplo — "não contém e nunca conterá, e do qual não deriva e nunca derivará nem começo [*arché*], nem meio, nem fim [*telos*]".)[71]

O fato de a ciência moderna, sempre em busca de manifestações do invisível — átomos, moléculas, partículas, células, genes —, ter acrescentado ao mundo uma quantidade espetacular e inédita de novos ob-

APARÊNCIA

jetos perceptíveis é apenas um aparente paradoxo. Para provar ou refutar suas hipóteses, seus "paradigmas" (Thomas Kuhn), e descobrir o que faz as coisas funcionarem, a ciência começou a imitar os processos operativos da natureza. Com esse fim, produziu os mais incontáveis e complexos instrumentos com que *forçar* o que não aparece a aparecer (pelo menos como leitura de instrumentos de laboratório), pois esse era o único meio de que o cientista dispunha para persuadir-se da realidade daquelas coisas. A moderna tecnologia nasceu no laboratório, mas não porque os cientistas quisessem produzir resultados práticos ou mudar o mundo. Não importa quanto suas teorias se distanciem da experiência e do raciocínio do senso comum, elas devem no final retornar a eles de alguma forma, ou perder todo sentido de realidade do objeto de sua investigação. E esse retorno só é possível através do mundo artificial do laboratório, um mundo feito pelo homem, onde o que não aparece espontaneamente é forçado a aparecer e a desvelar-se. A tecnologia, o trabalho de "encanador" — um tanto desprezado pelo cientista, que vê a aplicabilidade prática como um mero subproduto de seus próprios esforços —, introduz descobertas científicas, feitas em um "insulamento das exigências [...] da vida laica e cotidiana sem paralelo",[72] no mundo cotidiano das aparências, e torna-as acessíveis à experiência do senso comum. Mas isso só é possível porque os próprios cientistas dependem, em última instância, dessa experiência. Visto da perspectiva do mundo "real", o laboratório é a antecipação de um ambiente alterado, e os processos cognitivos que usam as habilidades humanas de pensar e fabricar como meios para seus fins são os modos mais refinados do raciocínio do senso comum. A atividade de conhecer não está menos relacionada ao nosso sentido de realidade, e é tanto uma atividade de construção do mundo quanto a edificação de casas.

Entretanto, a faculdade de pensar — que Kant, como vimos, chamou *Vernunft* (razão), para distinguir de *Verstand* (intelecto), a faculdade de cognição — é de uma natureza inteiramente diversa. A distinção, em seu nível mais elementar e nas próprias palavras de Kant, encontra-se no fato de que "os conceitos da razão nos servem para conceber [*begreifen*, compreender], assim como os conceitos do intelecto nos servem para apreender percepções" (*"Vernunftbegriffe dienen zum Begreifen, wie Verstandesbegriffe zum Verstehen der Wahrnehmungen"*).[73] Em outras palavras, o intelecto (*Verstand*) deseja apreender o que é dado aos sentidos, mas a razão (*Vernunft*) quer compreender seu *significado*. A cognição, cujo critério mais elevado é a verdade, deriva esse critério do mundo das aparências no qual nos orientamos através das percepções sensoriais, cujo testemunho é autoevidente, ou seja, inabalável por argumentos e substituível apenas por outra evidência. Como tradução alemã da palavra latina *perceptio*, o termo *Wahrnehmung*, usado por Kant (o que me é dado na percepção e deve ser verdadeiro [*Wahr*]), indica claramente que a verdade está situada na evidência dos sentidos. Mas esse não é o caso do significado e da faculdade do pensamento que busca o significado; essa faculdade não pergunta o que uma coisa é ou se ela simplesmente existe — sua existência é sempre tomada como certa —, *mas o que significa, para ela, ser*. Essa distinção entre verdade e significado parece-me não só decisiva para qualquer investigação sobre a natureza do pensamento humano, mas parece ser também a consequência necessária da distinção crucial que Kant faz entre razão e intelecto. Deve-se admitir que Kant jamais desenvolveu essa implicação particular de seu próprio pensamento; uma linha clara de demarcação entre essas duas modalidades inteiramente distintas não pode ser encontrada na história da filosofia. As exceções — observações ocasionais sobre a *interpretação* — não têm importância para a filosofia posterior a Aristóteles. Naquele primeiro tratado sobre a linguagem, ele escreve: Todo "*logos* [proposição, no contexto] é um som significativo [*phoné semantiké*]"; ele dá um sinal, aponta para alguma coisa. Mas "nem todo *logos* é revelador (*apóphantikós*); somente aqueles nos quais tem vigência o discurso verdadeiro ou o discurso falso (*alítheuein* ou *pseudesthai*). Nem sempre é esse o caso. Por exemplo, uma oração é um *logos* [*é significativa*], mas não é verdadeira nem falsa".[74]

As questões suscitadas por nossa sede de conhecimento derivam de nossa curiosidade sobre o mundo, nosso desejo de investigar qualquer coisa que seja dada ao nosso aparelho sensorial. A primeira e famosa afirmação da *Metafísica* de Aristóteles, "*Pantes anthropoi tou eidenai oregontai physei*"[75] — "Todos os homens, por sua natureza, desejam conhecer" —, traduzida literalmente, diz o seguinte "Todos os homens desejam ver e ter visto [ou seja, conhecer]". Ao que Aristóteles imediatamente acrescenta: "Um indício disso é nosso amor pelos sentidos; pois eles são amados por si mesmos, independentemente de seu uso." As questões despertadas pelo desejo de conhecer podem, todas, em princípio, ser respondidas pela experiência e raciocínio do senso comum; estão expostas ao erro e à ilusão, corrigíveis da mesma forma que percepções e experiências sensoriais. Mesmo a inexorabilidade do Progresso da ciência moderna — que constantemente se corrige a si própria descartando respostas e reformulando questões — não contradiz o objetivo básico da ciência — ver e conhecer o mundo tal como ele é dado aos sentidos —, e seu conceito de verdade é derivado da experiência que o senso comum faz da evidência irrefutável, que dissipa o erro e a ilusão. Mas as questões levantadas pelo pensamento, porque é da própria natureza da razão formulá-las — questões de significado —, são, todas elas, irrespondíveis pelo senso comum e por sua sofisticada extensão a que chamamos ciência. A busca de significado "não tem significado" para o senso comum e para o raciocínio do senso comum, pois é função do sexto sentido adequar-nos ao mundo das aparências e deixar-nos em casa no mundo dado por nossos cinco sentidos. Aí estamos e não fazemos perguntas.

O que a ciência e a busca de conhecimento procuram é a verdade *irrefutável*, ou seja, proposições que os seres humanos não estão livres para refutar — são coercitivas. Como sabemos desde Leibniz, elas podem ser de dois tipos: verdades da razão e verdades de fato. A principal distinção entre elas está no grau de sua força de coerção: as verdades da "razão são necessárias e seu contrário é impossível"; ao passo que "as de fato são contingentes, e seu contrário é possível".[76] A distinção é importante, embora talvez não no sentido em que o próprio Leibniz a compreende. As verdades de fato, a despeito de sua contingência, são tão coercitivas para quem as testemunha com os próprios olhos quanto a proposição de que dois mais dois são quatro para qualquer pessoa em sã consciência. Apenas a questão é que um fato, um evento, nunca pode ser testemunhado por todos os que estão eventualmente nele interessados, ao passo que a verdade racional ou matemática apresenta-se como autoevidente para qualquer um dotado do mesmo poder cerebral; sua natureza coercitiva é universal, enquanto a força coercitiva da verdade factual é limitada; ela não alcança aqueles que, não tendo sido testemunhas, têm que confiar no testemunho de outros em quem se pode ou não acreditar. O verdadeiro contrário da verdade factual, em oposição à racional, não é o erro ou a ilusão, mas a mentira deliberada.

A distinção que Leibniz faz entre verdades de fato e verdades da razão, cuja forma mais elevada é o raciocínio matemático — que lida apenas com coisas-pensamento e não precisa nem de testemunhas nem do dado sensível —, baseia-se na antiga distinção entre necessidade e contingência. Segundo essa distinção, tudo que é necessário e cujo contrário é impossível tem uma dignidade ontológica mais alta do que aquilo que é mas poderia também não ser. Essa convicção de que o raciocínio matemático deveria servir como paradigma para todo pensamento é provavelmente tão antiga quanto Pitágoras. Em todo caso, nós a encontramos na recusa platônica de admitir na filosofia alguém que não tenha previamente se exercitado em matemática. Está ainda na raiz do *dictamen rationis* medieval, o ditame da razão. Que a verdade compele com a força da necessidade (*anagké*), que é muito mais forte que a força da violência (*bia*), é um velho *topos* da filosofia grega; e que ela possa compelir os homens com a irresistível força da Necessidade sempre foi um atributo compreendido como algo que a recomenda (*hyp' autés alétheias anagkasthentes,* nas palavras de Aristóteles).[77] Como uma vez observou Mercier de La Rivière, "*Euclide est un véritable despote; et les vérités qu'il nous a transmises, sont des lois véritablement despotiques*".[78] A mesma ideia levou Grotius à convicção de que "nem mesmo Deus pode fazer com que duas vezes dois não sejam quatro" — uma afirmação muito questionável, tanto porque poria Deus sob o ditame da necessidade, quanto porque, se verdadeira, seria igualmente válida para a evidência da percepção sensorial; e foi nesses termos que Duns Scotus a questionou.

A fonte da verdade matemática é o cérebro humano; e o *poder cerebral* não é menos natural nem está menos equipado para nos guiar em um mundo que aparece do que o estão nossos sentidos vinculados ao senso comum e à extensão daquilo que Kant denominou intelecto. A melhor prova disso pode estar no fato bastante misterioso de que o raciocínio matemático — a mais pura atividade de nosso cérebro e, à primeira vista, em função da abstração que faz de todas as qualidades dadas aos nossos sentidos, a mais distanciada do mero raciocínio do senso comum — possa assumir um papel tão desmesuradamente liberador na exploração científica do universo. O intelecto, o órgão do conhecimento e da cognição, ainda pertence a este mundo; nas palavras de Duns Scotus, ele está sob o domínio da natureza, *cadit sub natura,* e carrega consigo todas as necessidades a que está sujeito um ser vivo dotado de órgãos sensoriais e poder cerebral. O oposto de necessidade não é contingência ou acidente, mas liberdade. Tudo o que aparece aos olhos humanos, tudo que ocorre ao espírito humano, tudo o que acontece de pior ou de melhor aos mortais é "contingente", inclusive sua própria existência. Todos sabemos que:

> *Unpredictably, decades ago, You arrived among that unending cascade of creatures spewed from Nature's maw. A random event, says Science.*

O que não nos impede de responder com o poeta:

> *Random my bottom! A true miracle, say I, for who is not certain that he was meant to be?*[79]

Mas esse estar "destinado a ser" não é uma verdade; é uma proposição altamente significativa.

Em outras palavras, não há verdades além e acima das verdades factuais; todas as verdades científicas são verdades factuais — inclusive as engendradas pelo puro poder cerebral e expressas numa linguagem simbólica especialmente feita para esse fim —, e somente afirmações factuais podem ser verificadas cientificamente. Assim, a afirmação: "Um triângulo ri" não é falsa, mas sem sentido; ao passo que a antiga demonstração ontológica da existência de Deus, como a de Anselmo de Canterbury, não é válida e, nesse sentido, é falsa, mas plena de significado. O conhecimento sempre busca a verdade, mesmo se essa verdade, como nas ciências, nunca é permanente, mas uma veracidade provisória que esperamos trocar por outras mais acuradas à medida que o conhecimento progride. Esperar que a verdade derive do pensamento significa confundir a necessidade de pensar com o impulso de conhecer. O pensamento pode e deve ser empregado na busca de conhecimento; mas no exercício desta função ele nunca é ele mesmo; ele é apenas servo de um empreendimento inteiramente diverso. (Hegel parece ter sido o primeiro a protestar contra a tendência moderna que busca recolocar a filosofia em uma posição semelhante à que ocupava na Idade Média. "Esperava-se, naquela época, que a filosofia fosse a serva da teologia, aceitando humildemente suas conquistas; e a ela se pedia que ordenasse de forma límpida e lógica essas conquistas e as apresentasse em um contexto plausível e conceitualmente demonstrável. Agora espera-se que a filosofia seja a serva das outras ciências [...]. Sua tarefa é demonstrar os métodos das ciências" — algo que Hegel denuncia como "agarrar a sombra das sombras".)[80]

A verdade é aquilo que somos compelidos a admitir pela natureza dos nossos sentidos ou do nosso cérebro. A proposição de que todos que são "estavam destinados a ser" pode ser facilmente refutada; mas a certeza do eu "estava destinado a ser" sobreviverá intacta à refutação, porque é inerente a toda reflexão em que o pensamento se ocupa do eu-sou.

Quando distingo verdade e significado, conhecimento e pensamento, e quando insisto na importância dessa distinção, não quero negar a conexão entre a busca de significado do pensamento e a busca de verdade do conhecimento. Ao formularem as irrespondíveis questões de significado, os homens se afirmam como seres que interrogam. Por trás de todas as questões cognitivas para as quais os homens encontram respostas escondem-se as questões irrespondíveis que parecem inteiramente vãs e que, desse modo, sempre foram denunciadas. É bem provável que os homens, se viessem a perder o apetite pelo significado que chamamos pensamento e deixassem de formular questões irrespondíveis, perdessem não só a habilidade de produzir aquelas coisas-pensamento que chamamos obras de arte, como também a capacidade de formular todas as questões respondíveis sobre as quais se funda qualquer civilização. Nesse sentido, a razão é a condição *a priori* do intelecto e da cognição; e porque razão e intelecto estão assim conectados — apesar da completa diferença de disposição e propósito — é que os filósofos sentiram-se sempre tentados a aceitar o critério da verdade — tão válido para a ciência e para a vida cotidiana — como igualmente aplicável ao âmbito bastante extraordinário em que se movem. Pois nosso desejo de conhecer, surgido de perplexidades práticas ou puramente teoréticas, é saciado quando atinge o objetivo prescrito, e enquanto a sede de conhecimento pode ser ela mesma inesgotável, em virtude da imensidão do desconhecido, a própria atividade deixa atrás de si um tesouro crescente de conhecimento que é retido e armazenado por toda civilização como parte integrante de seu mundo. O fracasso dessa acumulação e da especialização técnica necessária para conservá-la e aumentá-la tem como consequência inevitável o fim desse mundo particular. A atividade do pensamento, ao contrário, não deixa nada de tangível em seu rastro, e, portanto, a necessidade de pensar não pode nunca ser exaurida pelos *insights* dos "homens sábios". À medida que nos preocupamos com resultados positivos, o máximo que podemos esperar da atividade do pensamento é o que Kant finalmente atingiu, quando levou a cabo o intuito "de estender, embora apenas negativamente, nosso uso da razão para além dos limites do mundo dado sensorialmente, ou seja, eliminar os obstáculos com os quais a razão se embaraça".[81]

A famosa distinção kantiana entre *Vernunft* e *Verstand*, entre a faculdade do pensamento especulativo e a capacidade de conhecer que surge da experiência sensorial — em que "todo pensamento é apenas um meio para alcançar a intuição" ("Quaisquer que sejam as maneiras e os meios pelos quais um conhecimento esteja relacionado com objetos, a *intuição* é o meio através do qual o conhecimento está em relação imediata com os objetos, e para o qual todo pensamento, como um meio, se dirige")[82] —, tem consequências de alcance muito mais amplo e por vezes são distintas das consequências por ele reconhecidas.[83] (Discutindo Platão, Kant certa vez observou que "não é nada incomum, quando se comparam os pensamentos expressos por um autor com o seu assunto [...], descobrir que compreendemos melhor esse autor do que ele próprio compreendeu a si mesmo. À medida que o autor não determinou suficientemente seu conceito, pode ser que, algumas vezes, ele tenha falado ou até pensado em sentido contrário à sua intenção".[84] Isso, naturalmente, é aplicável à própria obra de Kant.) Embora tenha insistido na incapacidade da razão para atingir conhecimento, particularmente em relação a Deus, à liberdade e à imortalidade — para ele os mais elevados objetos do pensamento —, não pôde romper completamente com a convicção de que o propósito final do pensamento, assim como do conhecimento, é a verdade e a cognição; é assim que ele utiliza ao longo de suas *Críticas* o termo *Vernunfterkentnis*, "conhecimento derivado da razão pura",[85] uma noção que, para ele, deve ter sido uma contradição em termos. Kant nunca teve completa consciência de haver liberado a razão e o pensamento, de haver justificado essa faculdade e sua atividade, mesmo quando elas não se podem gabar de ter produzido quaisquer "resultados" positivos. Como vimos, ele afirmou ter "achado necessário negar o *conhecimento* [...] para abrir espaço para a *fé*";[86] mas o que ele de fato "negou" foi o conhecimento das coisas incognoscíveis; com isso, abriu espaço para o pensamento, não para a fé. Acreditava ter lançado as fundações de uma "metafísica sistemática" futura como um "legado para a posteridade";[87] e é verdade que, sem a liberação do pensamento especulativo realizada por Kant, o surgimento do idealismo alemão e de seus sistemas metafísicos dificilmente teria sido possível. Mas a nova leva de filósofos — Fichte, Schelling, Hegel — não teria agradado Kant. Liberados por ele do velho dogmatismo escolástico e de seus exercícios estéreis, e encorajados a cultivar o pensamento especulativo, eles seguiram, na verdade, o exemplo de Descartes: saíram em busca de certeza, apagaram novamente a linha demarcatória entre pensamento e conhecimento e acreditaram honestamente que os resultados de suas especulações tinham o mesmo tipo de validade que os resultados dos processos cognitivos.

O que minou a grande descoberta de Kant — a distinção entre o conhecimento que usa o pensamento como um meio para um fim e o pensamento propriamente dito, tal como surge da "íntima natureza de nossa razão" e se realiza em seu próprio benefício — foi a permanente comparação que ele mesmo estabeleceu entre os dois termos. Nesse contexto, só faz sentido falar de erro ou ilusão quando somente a verdade (para Kant, a intuição), e não o significado, é o critério último para as atividades espirituais do homem. Kant diz que "é impossível que a [razão], o mais elevado tribunal de todos os direitos e de todas as pretensões de especulação, tivesse de ser ela mesma a fonte de erros e ilusões".[88] Ele está certo, mas apenas porque a razão, como faculdade do pensamento especulativo, não se move no mundo das aparências; dessa maneira, ela pode gerar absurdos e ausências de significado, mas não erros ou ilusões, que pertencem propriamente ao âmbito da percepção sensorial e do raciocínio do senso comum. Ele mesmo reconhece isso quando chama as ideias da razão pura de meramente "heurísticas", em oposição aos conceitos "ostensivos";[89] as ideias da razão pura realizam apenas ensaios, não provam nem exibem nada. "Não se deve admitir que elas existam em si mesmas, mas que tenham apenas a realidade de um esquema [...] [e] devem ser vistas somente como análogas a coisas reais, não como coisas reais em si mesmas."[90] Em outras palavras, elas não alcançam nem são capazes de apresentar ou representar a realidade. Não são apenas as coisas transcendentes do outro mundo que elas nunca atingem; a realidade, dada pela ação conjunta dos sentidos coordenados pelo senso comum e garantida pela pluralidade, também se encontra além do alcance daquelas ideias. Mas Kant não insiste nesse aspecto da questão, porque teme que suas ideias possam transformar-se em "coisas-pensamento vazias" (*leere Gedankendinge*)[91] — como invariavelmente acontece quando ousam mostrar-se nuas, ou seja, não transformadas e, de certo modo, não adulteradas pela linguagem, em nosso mundo e em nossa comunicação cotidiana.

Talvez seja por essa mesma razão que Kant equaciona o que aqui chamamos de significado com propósito e até com intenção (*Zweck* e *Absicht*): a "mais elevada unidade formal, a que repousa unicamente sobre conceitos da razão, é a unidade das coisas *com um propósito*. O interesse *especulativo* da razão torna necessário encarar toda a ordem do mundo como se ela tivesse se originado na [intenção] de uma razão suprema".[92] Consequentemente, a razão persegue fins específicos e possui intenções específicas quando se serve de suas ideias; é a necessidade da razão humana e seu interesse por Deus, pela liberdade e pela imortalidade que fazem os homens pensar. Não obstante, algumas páginas depois, Kant irá admitir que o "interesse meramente especulativo da razão" com relação aos três objetos principais do pensamento — "a liberdade da vontade, a imortalidade da alma e a existência de Deus" — "é muito pequeno; e apenas por causa dele dificilmente nos daríamos ao trabalho das investigações transcendentais [...], já que quaisquer que fossem as descobertas sobre esses temas, não seria possível que delas extraíssemos alguma utilidade, algum uso *in concreto*".[93] Mas não precisamos ir buscar pequenas contradições na obra desse grande pensador. Bem no meio das passagens anteriormente citadas está a sentença que apresenta o maior contraste possível com relação à própria equação que ele faz entre razão e finalidade: "A razão pura não se ocupa de nada a não ser de si mesma. Ela não pode ter qualquer outra vocação."[94]

Capítulo 2 As atividades espirituais em um mundo de aparências

9. INVISIBILIDADE E RETIRADA DO MUNDO

Pensar, querer e julgar são as três atividades espirituais básicas. Não podem ser derivadas umas das outras e, embora tenham certas características comuns, não podem ser reduzidas a um denominador comum. Para a pergunta "O que nos faz pensar?" não há, em última instância, outra resposta senão a que Kant chamava de "a necessidade da razão", o impulso interno dessa faculdade para se realizar na especulação. Algo semelhante pode ser dito da vontade, que não pode ser movida nem pela razão nem pelo desejo. "Nada além da vontade é a causa total da volição" (*"nihil aliud a voluntate est causa totalis volitionis in voluntate"*), na notável fórmula de Duns Scotus; ou *"voluntas vult se velle"* ("a verdade quer querer-se"), como até mesmo Tomás, o menos voluntarista dentre aqueles que refletiram sobre esta faculdade, teve que admitir.[1] Por fim, o juízo, a misteriosa capacidade do espírito pela qual são reunidos o geral, sempre uma construção espiritual, e o particular, sempre dado à experiência sensível, é uma "faculdade peculiar" e de modo algum inerente ao intelecto, nem mesmo no caso dos "juízos determinantes" — em que os particulares são subordinados a regras gerais sob a forma de um silogismo —, porque não dispomos de nenhuma regra para as *aplicações* da regra. Saber como aplicar o geral ao particular é um "dom natural" suplementar, cuja ausência é "comumente chamada de estupidez, e para tal falha não há remédio".[2] A natureza autônoma do juízo é ainda mais óbvia no caso do "juízo reflexivo", que não desce do geral para o particular, mas vai "do particular [...] até o universal", quando determina, sem qualquer regra geral, que "isto é belo", "isto é feio", "isso é certo", "isso é errado"; e, aqui, por um princípio orientador, o julgar "só pode dar [-se] como uma lei de si mesmo e para si mesmo".[3]

Denominei essas atividades espirituais de básicas porque elas são autônomas; cada uma delas obedece às leis inerentes à própria atividade, embora todas elas dependam de uma certa quietude das paixões que movem a alma, daquela "tranquilidade desapaixonada" (*"leidenschaftslose Stille"*) que Hegel atribuiu à "cognição meramente pensante".[4] Uma vez que é sempre a mesma pessoa cujo espírito pensa, quer e julga, a natureza autônoma dessas atividades produz grandes dificuldades. A incapacidade da razão para mobilizar a vontade, mais o fato de que o pensamento só pode "compreender" o que já é passado, sem removê-lo ou "rejuvenescê-lo" — "a coruja de Minerva só começa o seu voo quando cai o crepúsculo"[5] —, deu origem a várias doutrinas que afirmam a impotência do espírito e a força do irracional, em suma, deu origem ao famoso pronunciamento de Hume segundo o qual "a Razão é *e deve ser* somente a escrava das paixões"; isto é, levou a uma inversão bastante ingênua da noção platônica de reinado incontestável da razão no domínio da alma. O que é notável, em todas essas teorias e doutrinas, o monismo implícito, a suposição de que por trás da óbvia multiplicidade das aparências do mundo e, de modo mais pertinente ainda para o nosso contexto, por trás da óbvia pluralidade das faculdades e das capacidades humanas, deve haver uma unidade — o velho *hen pan,* "o todo é um" —, uma única origem ou um único soberano.

A autonomia das atividades espirituais, além disso, implica também que essas atividades não são condicionadas; nenhuma das condições da vida ou do mundo lhes é diretamente correspondente. Pois a "tranquilidade desapaixonada" da alma não é, propriamente falando,

AS ATIVIDADES ESPIRITUAIS EM UM MUNDO DE APARÊNCIAS

uma condição; a mera tranquilidade não apenas jamais produz a atividade espiritual, a premência de pensar, como também a "necessidade da razão", na maior parte das vezes, silencia as paixões, e não o contrário. É certo que os objetos do meu pensar, querer ou julgar, aquilo de que o espírito se ocupa, são dados pelo mundo ou surgem da minha vida neste mundo; mas eles como atividades não são nem condicionados nem necessitados quer pelo mundo, quer pela minha vida no mundo. Os homens, embora totalmente condicionados existencialmente — limitados pelo período de tempo entre o nascimento e a morte, submetidos ao trabalho para viver, levados a trabalhar para se sentir em casa no mundo e incitados a agir para encontrar o seu lugar na sociedade de seus semelhantes —, podem espiritualmente transcender todas essas condições, mas só espiritualmente; jamais na realidade ou na cognição e no conhecimento em virtude dos quais estão aptos para explorar a realidade do mundo e a sua própria realidade. Os homens podem julgar afirmativa ou negativamente as realidades em que nascem e pelas quais são também condicionados; podem querer o impossível, como, por exemplo, a vida eterna; e podem pensar, isto é, especular de maneira significativa sobre o desconhecido e o incognoscível. E embora isso jamais possa alterar diretamente a realidade — como de fato não há, em nosso mundo, oposição mais clara e mais radical do que a oposição entre pensar e fazer —, os princípios pelos quais agimos e os critérios pelos quais julgamos e conduzimos nossas vidas dependem, em última instância, da vida do espírito. Em suma, dependem do desempenho aparentemente não lucrativo dessas empresas espirituais que não produzem resultados e "não nos dotam diretamente com o poder de agir" (Heidegger). A ausência de pensamento é realmente um poderoso fator nos assuntos humanos; estatisticamente, é o mais poderoso deles, não apenas na conduta de muitos, mas também na conduta de todos. A premência, a *a-scholia* dos assuntos humanos, requer juízos provisórios, a confiança no hábito e no costume, isto é, nos preconceitos. Sobre o mundo das aparências, que afeta os nossos sentidos bem como a nossa alma e o nosso senso comum, Heráclito falou verdadeiramente em palavras ainda não limitadas pela terminologia: "O espírito é separado de todas as coisas" (*sophon esti pantón kechórismenon*).[6] E foi por causa dessa completa separação que Kant pôde acreditar tão firmemente na existência de outros seres inteligíveis em um ponto diferente do universo, a saber, criaturas capazes do mesmo tipo de pensamento racional, ainda que não dotadas do nosso aparato sensorial e do nosso poder cerebral, isto é, sem nossos critérios de verdade e de erro e sem nossas condições de experiência e de conhecimento científico.

Vista da perspectiva do mundo das aparências e das atividades por ele condicionadas, a principal característica das atividades espirituais é a sua *invisibilidade*. Propriamente falando, elas nunca aparecem, embora se manifestem para o ego pensante, volitivo ou judicativo sabedor de estar ativo, embora lhes falte a habilidade ou a urgência para aparecer como tal. O lema epicurista *lathé biósas,* "viver oculto", pode ter sido um conselho prudente: é também uma descrição exata, pelo menos negativamente, do *topos,* do lugar do homem que pensa; e é, na verdade, o oposto do "*spectemur agendo*" (que nos vejam em ação) de John Adams. Em outros termos, ao invisível que se manifesta para o pensamento corresponde uma faculdade humana que não é apenas, como as outras faculdades, invisível, porque latente, uma mera possibilidade, mas que permanece não manifesta em plena realidade. Se considerarmos toda a escala das atividades humanas do ponto de vista da aparência, encontraremos vários graus de manifestação. Nem o labor nem a fabricação requerem a exibição da própria atividade; somente a ação e a fala necessitam de um espaço da aparência — bem como de pessoas que vejam e ouçam — para se realizar efetivamente.

AS ATIVIDADES ESPIRITUAIS EM UM MUNDO DE APARÊNCIAS

Mas nenhuma dessas atividades é invisível. Se seguíssemos o costume linguístico grego segundo o qual os "heróis", os homens que agem no sentido mais elevado, eram chamados de *andres epiphaneis*, homens completamente manifestos e altamente visíveis, deveríamos chamar os pensadores de homens, por definição e por profissão, não visíveis.[7]

Nesse e em outros aspectos, o espírito é decisivamente diferente da alma, o seu principal competidor ao cargo de legislador de nossa vida não-visível interior. A alma, em que surgem nossas paixões, sentimentos e emoções, é um torvelinho de acontecimentos mais ou menos caóticos que não encenamos ativamente, mas que sofremos (*pahein*) e que, nos casos de grande intensidade, pode nos dominar, como a dor ou o prazer; sua invisibilidade assemelha-se à dos nossos órgãos internos, cujo funcionamento ou não-funcionamento também percebemos, sem controlar. A vida do espírito, ao contrário, é pura atividade. E essa atividade, assim como qualquer outra, pode ser iniciada e paralisada à vontade. Além disso, embora seu lugar seja invisível, as paixões têm uma expressividade própria: coramos de vergonha ou de constrangimento, empalidecemos de medo ou de raiva, nos iluminamos de felicidade ou aparentamos tristeza ou desânimo, e precisamos de um considerável treino de autocontrole para impedir que as paixões se mostrem e apareçam. A única manifestação externa do espírito é o alheamento, uma óbvia desatenção em relação ao mundo que nos cerca, algo de inteiramente negativo que nem sequer chega a sugerir o que está de fato se passando internamente.

A simples invisibilidade, o fato de que algo possa ser sem ser manifesto aos olhos, deve ter sido sempre surpreendente. Podemos avaliar isso pela estranha indisposição de toda a nossa tradição em traçar nítidas fronteiras entre alma, espírito e consciência, elementos frequentemente equiparados como objetos do nosso sentido interno pela simples razão de que não se manifestam para os sentidos externos.

Desse modo, Platão concluiu que a alma é invisível porque ela é feita para a cognição do invisível em um mundo de coisas visíveis. E mesmo Kant, o mais crítico dos filósofos em relação aos preconceitos metafísicos tradicionais, enumera ocasionalmente dois tipos de objetos: "'Eu', como pensamento, sou um objeto de sentido interno, e me chamam 'alma'. O objeto dos sentidos externos é chamado 'corpo'."[8] Isso, evidentemente, é apenas uma variante da velha teoria metafísica dos dois mundos. Faz-se uma analogia em relação à exterioridade da experiência sensível baseada na suposição de que um espaço interno abriga o que está em nosso interior do mesmo modo que o espaço externo faz com os nossos corpos — de modo que um "sentido interno", a saber, a intuição da introspecção, é concebido como capaz de determinar o que quer que ocorra "internamente" com a mesma segurança dos nossos sentidos externos ao lidarem com o mundo exterior. No que diz respeito à alma, a analogia não é totalmente ilusória. Uma vez que sentimentos e emoções não são autocriados, mas são "paixões" provocadas por eventos externos que afetam a alma e produzem certas reações, a saber, as *pathemata* da alma — seus humores e estados passivos —, essas experiências internas podem de fato estar abertas ao sentido interno da introspecção precisamente porque são possíveis, como observou Kant, "somente com base na suposição da experiência externa".[9] Ademais, a sua própria passividade, o fato de não estarem sujeitas a mudanças produzidas por qualquer intervenção deliberada, resulta em uma impressionante semblância de estabilidade. Essa semblância produz, então, certas ilusões da introspecção, que, por sua vez, levam à teoria de que o espírito não somente é senhor de suas próprias atividades, como também pode governar as paixões da alma — como se o espírito fosse apenas o órgão mais elevado da alma. Essa teoria é muito antiga e alcançou seu clímax com as doutrinas estoicas do controle da dor e do prazer pelo espírito; sua falácia — de que é possível *sentir-se* feliz ao ser assado no Touro de Falera — repousa, em última instância, sobre a equação da alma com o espírito, isto é, reside em atribuir à alma e à sua passividade essencial a poderosa soberania do espírito.

Nenhum ato do espírito — muito menos o ato de pensar — contenta-se com o seu objeto tal como lhe é dado. Ele sempre transcende a pura imediatez do que quer que tenha despertado sua atenção e transforma isso no que Petrus Johannis Olivi, o filósofo franciscano da Vontade, no século XIII,[10] chamou de *experimentum suitatis,* um experimento do Eu comigo mesmo. Uma vez que a pluralidade é uma das condições existenciais básicas da vida humana na Terra — de modo que *inter homines esse,* estar entre os homens, era, para os romanos, o sinal de estar vivo, ciente da realidade do mundo e do Eu, e *inter homines esse desinere,* deixar de estar entre os homens, um sinônimo para morrer —, estar sozinho e estabelecer um relacionamento consigo mesmo são a característica mais marcante da vida do espírito. Só podemos dizer que o espírito tem sua vida própria à medida que ele efetiva esse relacionamento no qual, existencialmente falando, a pluralidade é reduzida à dualidade já implícita no fato e na palavra "consciência" ou *syneidenai* — conhecer comigo mesmo. Chamo esse estado existencial no qual faço companhia a mim mesmo de "estar só", para distingui-lo da "solidão", na qual também me encontro sozinho, mas abandonado não apenas de companhia humana, mas também de minha própria companhia. É somente na solidão que me sinto *privado* da companhia humana; e é somente na aguda consciência de tal privação que os homens podem chegar a existir realmente no singular; assim como talvez seja somente nos sonhos ou na loucura que eles percebam completamente o "horror impronunciável" e insuportável desse estado.[11] Todas as atividades do espírito testemunham, elas próprias, por sua natureza *reflexiva,* uma *dualidade* inerente à consciência; o agente espiritual só pode ser ativo agindo implícita ou explicitamente sobre si mesmo. A consciência — o "eu penso" de Kant — não somente acompanha "todas as outras representações", mas todas as minhas atividades, nas quais, no entanto, posso estar inteiramente esquecido do meu eu. A consciência como tal, antes de se efetivar no estar só, chega no máximo a perceber a igualdade uniforme do eu-sou — "Tenho consciência de mim, não de como apareço para mim nem de como sou eu em mim mesmo, mas somente que sou"[12] —, que assegura a continuidade idêntica de um eu por meio das múltiplas representações, experiências e memórias de uma vida. Como tal, ela "expressa o ato de determinar a minha existência".[13] As atividades espirituais e, como veremos mais adiante, especialmente o pensar — o diálogo sem som de mim comigo mesmo — podem ser entendidas como a efetivação da dualidade originária ou da cisão entre mim e meu eu, intrínseca a toda consciência. Mas essa pura consciência de mim, da qual estou, por assim dizer, inconscientemente consciente, não é uma atividade; porque acompanha todas as outras atividades, ela é a garantia de um eu-sou-eu completamente silencioso.

A vida do espírito na qual faço companhia a mim mesmo pode ser sem som; mas nunca é silenciosa; e jamais pode se esquecer completamente de si, pela natureza reflexiva de todas as suas atividades. Todo *cogitare,* não importa qual seja seu objeto, é também um *cogito me cogitare;* toda volição é um *volo me velle;* mesmo o juízo só é possível por um *"retour secret sur moi-même",* como observou Montesquieu. Essa reflexividade parece apontar para um lugar de interioridade dos atos do espírito, construído sob o princípio do espaço externo no qual os meus atos não-espirituais têm lugar. Mas a ideia de que essa interioridade, diferentemente da interioridade passiva da alma, só pode ser entendida como um lugar de atividades é uma falácia cuja origem histórica é a descoberta, nos primeiros séculos da Era Cristã, da Vontade e das experiências do ego volitivo. Pois só estou consciente das faculdades do espírito e de sua reflexividade durante sua atividade. É como se os próprios órgãos do pensamento, da vontade ou do juízo só viessem a existir quando penso, quero ou julgo; em seu estado latente, supondo que tal latência exista anteriormente à sua efetivação, não estão abertos à introspecção. O ego do pensamento, do qual tenho perfeita consciência enquanto dura a atividade do pensamento, desaparecerá como se fosse uma simples miragem, tão logo o mundo real volte a se impor.

Uma vez que as atividades do espírito, por definição não-aparentes, ocorrem em um mundo de aparências e em um ser que participa dessas aparências por meio de seus órgãos sensoriais receptivos, bem como de sua própria capacidade e de sua necessidade de aparecer aos outros, elas só podem existir por meio de uma *retirada* deliberada da esfera das aparências. Trata-se não tanto de uma retirada do mundo — somente o pensamento, por sua tendência a generalizar, isto é, por sua preocupação especial com o geral em contraposição ao particular, tende a retirar-se completamente do mundo —, mas de uma retirada do mundo que está *presente* para os sentidos. *Todo ato espiritual repousa na faculdade do espírito de ter presente para si o que se encontra ausente dos sentidos.* A re-presentação, o fazer presente o que está de fato ausente, é o dom singular do espírito. E uma vez que toda a nossa terminologia é baseada em metáforas retiradas da experiência da visão, esse dom é chamado de *imaginação,* definida por Kant como "a faculdade da intuição mesmo sem a presença do objeto".[14] A faculdade do espírito ter presente o que está ausente naturalmente não é restrita às imagens espirituais de objetos ausentes; a memória quase sempre armazena e mantém à disposição da lembrança tudo o que *não é mais;* e a vontade antecipa o que o futuro poderá trazer, mas que *ainda não é.* Somente pela capacidade do espírito tornar presente o que está ausente é que podemos dizer "não mais", e constituir um passado para nós mesmos, ou dizer "ainda não", e nos preparar para um futuro. Mas isso só é possível para o espírito depois de ele ter se retirado do presente e das urgências da vida cotidiana. Assim, para querer, o espírito deve se retirar da imediaticidade do desejo que, sem refletir e sem reflexividade, estende imediatamente a mão para pegar o objeto desejado; pois a vontade não se ocupa de objetos, mas de projetos, como, por exemplo, com a futura disponibilidade de um objeto que ela pode ou não desejar no presente. A vontade transforma o desejo em uma intenção. E, por último, o juízo, seja ele estético, legal ou moral, pressupõe uma retirada decididamente "não-natural" e deliberada do envolvimento e da parcialidade dos interesses imediatos tal como são estabelecidos pela minha posição no mundo e pela parte que nele desempenho.

Parece-me errado tentar estabelecer uma ordem hierárquica entre as atividades do espírito; mas também me parece inegável que existe uma ordem de prioridades. Se o poder da representação e o esforço para dirigir a atenção do espírito para o que escapa da atenção da percepção sensível não se antecipassem e preparassem o espírito para refletir, assim como para querer e para julgar, seria impossível pensar como exerceríamos o querer e o julgar, isto é, como poderíamos lidar com coisas que ainda não são, ou que já não são mais. Em outras palavras, aquilo que geralmente chamamos de "pensar", embora incapaz de mover a vontade ou de prover o juízo com regras gerais, deve preparar os particulares dados aos sentidos, de tal modo que o espírito seja capaz de lidar com eles na sua ausência; em suma, ele deve *de-sensorializá-los*.

A melhor descrição que conheço desse processo de preparação é dada por Agostinho. A percepção sensível, diz ele, "a visão, que era externa quando o sentido era formado por um corpo sensível, é seguida por uma visão similar interna", a imagem que o re-presenta.[15] Essa imagem é então guardada na memória, pronta para tornar-se uma "visão em pensamento", no momento em que o espírito a agarra; o decisivo é que "o que fica na memória" — a mera imagem daquilo que era real — é diferente da "visão em pensamento" — o objeto deliberadamente relembrado. "O que fica na memória [...] é uma coisa e [...] algo diferente surge quando lembramos",[16] pois "o que é ocultado e mantido na memória é uma coisa, e o que é impresso por ela no pensamento daquele que relembra é outra".[17] Portanto, o objeto do pensamento é diferente da imagem, assim como a imagem é diferente do objeto sensível e visível, do qual é uma simples representação. É por causa dessa dupla transformação que o pensamento "de fato vai mais longe ainda", para além da esfera de toda imaginação possível, "onde nossa razão proclama a infinidade numérica que nenhuma visão no pensamento de coisas corpóreas jamais alcançou", ou "nos ensina que até mesmo os corpos mais minúsculos podem ser infinitamente divididos".[18] A imaginação, portanto, que transforma um objeto visível em uma imagem invisível, apta a ser guardada no espírito, é a condição *sine qua non* para fornecer ao espírito objetos-de-pensamento adequados; mas estes só passam a existir quando o espírito ativa e deliberadamente relembra, recorda e seleciona do arquivo da memória o que quer que venha a atrair o seu interesse a ponto de induzir a concentração; nessas operações, o espírito aprende a lidar com coisas ausentes e se prepara para "ir mais além", em direção ao entendimento das coisas sempre ausentes, e que não podem ser lembradas, porque nunca estiveram presentes para a experiência sensível.

Embora essa última classe de objetos-de-pensamento — conceitos, ideias, categorias e assemelhados — tenha se tornado o tema especializado da filosofia "profissional", não há nada na vida comum do homem que não possa se tornar alimento para o pensamento, isto é, que não possa estar sujeito à dupla transformação que prepara um objeto sensível, tornando-o propriamente objeto-de-pensamento. Todas as questões metafísicas que a filosofia escolheu como tópicos especiais vêm das experiências do senso comum; a "necessidade da razão" — a busca de significado que faz com que os homens formulem questões — não difere em nada da necessidade que os homens têm de contar a história de algum acontecimento de que foram testemunhas ou de escrever poemas a respeito dele. Em todas essas atividades reflexivas os homens movem-se fora do mundo das aparências e usam uma linguagem cheia de palavras abstratas que, é claro, são parte integrante da fala cotidiana bem antes de se tornarem moeda corrente da filosofia. A retirada do mundo das aparências é então a única condição anterior essencial para o pensamento, embora não para a filosofia, tecnicamente falando. Para pensarmos em alguém, este alguém deve ser afastado da nossa presença; enquanto estivermos com ele, não pensaremos nele ou sobre ele; o pensamento sempre implica lembrança; todo pensar é, estritamente falando, um re-pensar. É claro que acontece de começarmos a pensar em alguém ou em algo ainda presente; nesse caso, teremos nos retirado secretamente do ambiente que nos cerca, passando a nos portar como se já estivéssemos ausentes.

Essas observações podem indicar por que o pensar, a busca de significado — oposta à sede de conhecimento, e mesmo ao conhecimento pelo conhecimento — foi tão frequentemente considerada antinatural, como se os homens, sempre que refletissem sem propósito específico, ultrapassando a curiosidade natural despertada pelas múltiplas maravilhas do simples estar-aí do mundo e pela sua própria existência, estivessem engajados em uma atividade *contrária à condição humana*. O pensar enquanto tal, e não apenas como o levantamento das "questões últimas" irrespondíveis, mas toda reflexão que não serve ao conhecimento e que não é guiada por necessidades e objetivos práticos, está, como observou Heidegger, *"fora de ordem"* (grifos nossos).[19] Ela interrompe qualquer fazer, qualquer atividade comum, seja ela qual for. Todo pensar exige um *pare*-e-pense. As teorias dos dois mundos, quais-

AS ATIVIDADES ESPIRITUAIS EM UM MUNDO DE APARÊNCIAS

quer que tenham sido suas falácias e seus absurdos, surgiram dessas genuínas experiências do ego pensante. E uma vez que qualquer coisa que impeça o pensar pertença ao mundo das aparências e às experiências do senso comum que partilho com meus semelhantes e que automaticamente asseguram o sentido de realidade [*realness*] que tenho do meu próprio ser, é como se de fato o pensar me paralisasse, do mesmo modo que o excesso de consciência pode paralisar o automatismo de minhas funções corporais, "*l'accomplissement d'un acte qui doit être réflexe ou ne peut être*", como sentenciou Valéry. Identificando o estado de consciência com o estado de pensar, ele acrescenta: "*on en pourrait tirer toute une philosophie que je résumerais ainsi: tantôt je pense et tantôt je suis*" ("ora penso e ora sou").[20] Essa observação extraordinária, totalmente baseada em experiências igualmente extraordinárias — a saber, que a mera consciência de nossos órgãos corporais é suficiente para impedir o funcionamento adequado desses órgãos —, insiste em um antagonismo entre ser e pensar que podemos fazer remontar à famosa frase de Platão: que somente o corpo do filósofo — isto é, o que o faz aparecer entre as outras aparências — ainda habita a cidade dos homens, como se, pensando, os homens se retirassem do mundo dos vivos.

A noção bastante curiosa de uma afinidade entre a filosofia e a morte persistiu ao longo da história da filosofia. Por muitos séculos esperava-se que a filosofia ensinasse os homens a morrer; foi nesse espírito que os romanos decidiram que o estudo da filosofia era uma ocupação adequada somente aos velhos, ao passo que os gregos sustentavam que ela deveria ser estudada pelos jovens. Foi Platão, contudo, o primeiro a observar que o filósofo aparece, para os que não fazem filosofia, como se estivesse perseguindo a morte.[21] Assim como foi Zenão, o fundador do estoicismo, quem relatou, no mesmo século, que o oráculo de Delfos, ao ser indagado sobre o que fazer para chegar à melhor vida, havia respondido: "Tome a cor dos mortos."[22]

Em tempos modernos não é incomum encontrar quem defenda, como Schopenhauer, que a nossa mortalidade é a fonte eterna da filosofia, que "a morte é de fato o gênio inspirador da filosofia [...] [e que] sem a morte não haveria atividade filosófica".[23] E mesmo o jovem Heidegger de *Sein und Zeit* ainda encarava a antecipação da morte como a experiência decisiva pela qual o homem poderia alcançar o seu eu autêntico e libertar-se da inautenticidade do Eles, sem perceber que essa doutrina de fato se originava, como indicara Platão, da opinião de muita gente.

10. A LUTA INTERNA ENTRE PENSAMENTO E SENSO COMUM

"Tome a cor dos mortos" — deve ser assim que o alheamento do filósofo e o estilo de vida do *profissional* que devota toda a sua vida ao pensamento, monopolizando e elevando a um nível absoluto o que é apenas uma dentre muitas faculdades humanas, aparecem para o senso comum dos homens, já que normalmente nos movemos em um mundo em que a mais radical experiência do desaparecer é a morte e em que se retirar da aparência é morrer. O próprio fato de sempre ter havido homens — ao menos desde Parmênides — que escolheram deliberadamente esse modo de vida sem ser candidatos ao suicídio mostra que esse sentido de afinidade com a morte não vem da atividade de pensar e das experiências do próprio ego pensante. É muito mais o próprio senso comum do filósofo — o fato de ser ele "um homem como você e eu" — que o torna consciente de estar "fora de ordem" quando se empenha em pensar. Ele não está imune à opinião comum, pois, afinal, compartilha a "qualidade do ser comum" [*commonness*] a todos os homens; e é seu próprio senso de realidade [*realness*] que o faz suspeitar da atividade de pensar. Como o pensamento é impotente contra os argumentos do raciocínio do senso comum e contra a insistência na "falta de sentido" de sua busca por significado, o filósofo sente-se inclinado a responder nos termos do senso comum, termos que ele simplesmente inverte com esse objetivo. Se o senso comum e a opinião comum afirmam que a "morte é o maior dentre todos os males", o filósofo (da época de Platão, quando a morte era compreendida como a separação entre alma e corpo) é tentado a dizer: pelo contrário, "a morte é uma divindade, uma benfeitora para o filósofo precisamente porque ela dissolve a união entre alma e corpo".[24] Desse modo, ele parece libertar o espírito da dor e do prazer corporais que impedem nossos órgãos espirituais de desenvolver suas atividades, da mesma forma que a consciência impede nossos órgãos corporais de funcionar apropriadamente.[25] Toda a história da filosofia — que nos diz tanto sobre os objetos do pensamento e tão pouco sobre o processo do pensar e sobre as experiências do ego pensante — encontra-se atravessada por uma *luta interna* entre o senso comum, esse sexto sentido que "irá adequar nossos cinco sentidos a um mundo comum, e a faculdade humana do pensamento e a necessidade da razão, que obrigam o homem a afastar-se, por períodos consideráveis, deste mundo".

Os filósofos interpretaram essa luta interna como a hostilidade natural da multidão e de suas opiniões em relação aos poucos e à sua verdade; mas são bastante escassos os fatos históricos capazes de sustentar essa interpretação. Há o julgamento de Sócrates, que provavelmente levou Platão a declarar, no final da alegoria da Caverna (quando o filósofo retorna de seu voo solitário ao céu das ideias para a escuridão da caverna e para a companhia de seus semelhantes), que, tivesse a multidão uma única chance, poria suas mãos sobre os poucos e os mataria. Essa interpretação do julgamento de Sócrates ecoa através da história da filosofia até, e inclusive, Hegel. Deixando de lado algumas dúvidas muito justificadas sobre a versão de Platão para o fato,[26] não existem exemplos de relatos em que a multidão, por sua própria iniciativa, tenha declarado guerra aos filósofos. No que diz respeito aos muitos e aos poucos, tem ocorrido justo o contrário. Foi o filósofo que espontaneamente abandonou a Cidade dos homens e dirigiu-se àqueles que deixou para trás, dizendo que, no melhor dos casos, eles haviam sido enganados pela confiança que depositaram em seus sentidos, pela sua disposição em acreditar nos poetas e a deixar-se instruir pela gentalha, em lugar de usar o seu espírito. No pior dos casos, contentavam-se em viver apenas para o prazer sensorial e para se fartar, como o gado.[27] É óbvio que a multidão nunca se parece com um filósofo. Mas isso não significa, como afirmou Platão, que os que fazem filosofia são "necessariamente amaldiçoados" e perseguidos pela multidão "como um homem caído entre feras selvagens".[28]

O modo de vida do filósofo é solitário, mas esse estar só é livremente escolhido. O próprio Platão, quando enumera as condições naturais que favorecem o desenvolvimento do dom filosófico "nas mais nobres naturezas", não menciona a hostilidade da multidão — em vez disso, fala de exílios, de "um grande espírito nascido em um pequeno estado cujos assuntos políticos passam [...] despercebidos", e de outras circunstâncias tais como a saúde precária que afasta essas naturezas dos negócios públicos do povo.[29] Mas essa inversão de posições — tornar a luta entre pensamento e senso comum o resultado dos poucos voltando-se contra os muitos —, embora ligeiramente mais razoável e mais bem documentada (a saber, na pretensão que o filósofo tem de governar) do que a mania persecutória tradicional do filósofo, não está provavelmente mais próxima da verdade. A explicação mais verossímil para a disputa entre o senso comum e o pensamento "profissional" ainda é o ponto já mencionado (o de que estamos aqui lidando com uma luta interna), visto que foram seguramente os próprios filósofos os primeiros a tomar consciência de todas as objeções que o senso comum poderia levantar contra a filosofia. E o próprio Platão — em um contexto diferente, em que ele não se está ocupando de uma política "digna da natureza filosófica" — desfaz com risos a pergunta a respeito da possibilidade de um homem que se ocupa das coisas divinas estar também apto ao trato das coisas humanas.[30]

O riso, e não a hostilidade, é a reação natural da multidão diante das preocupações do filósofo e da aparente inutilidade daquilo de que ele se ocupa. Esse riso é inocente e muito diferente do ridículo com que frequentemente se ataca um adversário em discussões sérias, em que ele pode vir a converter-se em uma temível arma. Mas Platão, que argumentou nas *Leis* em favor da proibição explícita de qualquer escrito que ridicularizasse qualquer cidadão,[31] temia o ridículo que há em todo riso. O que é decisivo aqui não são as passagens dos diálogos políticos — as *Leis* ou a *República* — contra a poesia e especialmente contra os comediantes, mas a maneira totalmente séria com que conta a história da camponesa trácia explodindo às gargalhadas quando vê Tales cair no poço enquanto observava os movimentos dos corpos celestes, "declarando que ele estava ansioso por conhecer as coisas dos céus, enquanto lhe escapavam [...] as que se encontravam aos seus pés". E Platão acrescenta: "Qualquer pessoa que dedique sua vida à filosofia está vulnerável a esse tipo de escárnio [...]. Toda a ralé se juntará à camponesa, rindo dele. [...] pois, em seu desamparo, ele parece um tolo."[32] É estranho que na longa história da filosofia tenha ocorrido exatamente a Kant — que se encontrava tão singularmente livre de todos os vícios especificamente filosóficos — que o dom para o pensamento especulativo poderia ser como aquele dom "com que Juno honrou Tirésias, a quem cegou para conceder-lhe o dom da profecia". Kant suspeitava que a familiaridade com outro mundo podia ser "obtida, aqui, somente privando-se de algum dos sentidos necessários no mundo presente". Seja como for, Kant parece ter sido um caso único entre os filósofos: revelou-se suficientemente seguro para juntar-se ao riso do homem comum. Provavelmente sem ter em mente a história de Platão sobre a camponesa trácia, ele conta com indiscutível bom humor uma história virtualmente idêntica, envolvendo Tycho Brahe e seu cocheiro: o astrônomo havia proposto, durante uma viagem noturna, que se orientassem pelas estrelas de modo a encontrar o caminho mais curto, ao que lhe respondeu o cocheiro: "Caro senhor, é possível que conheças muito sobre os corpos celestes, mas aqui na Terra és um tolo."[33]

Sob o pressuposto de que o filósofo não necessita da "ralé" para informá-lo sobre sua "tolice" — o senso comum que ele compartilha com todos os homens deve alertá-lo a tempo de prever o riso de que será objeto —, em resumo, sob o pressuposto de que aquilo com o que estamos lidando é uma luta interna entre o raciocínio do senso comum e o pensamento especulativo, luta que se passa no próprio espírito do filósofo, examinemos mais de perto a afinidade entre a morte e a filosofia. Do ponto de vista do mundo das aparências — o mundo comum no qual aparecemos pelo nascimento e do qual desaparecemos pela morte —, é natural o desejo de conhecer nosso hábitat comum e de reunir todo tipo de conhecimento a seu respeito. Em função da necessidade que o pensamento tem de transcender o mundo, dele nos afastamos. Metaforicamente, desaparecemos deste mundo; e isso pode ser compreendido — do ponto de vista do que é natural e do nosso raciocínio de senso comum — como a antecipação de nossa partida final, ou seja, de nossa morte.

Foi assim que Platão descreveu a situação no *Fedon*: da perspectiva da multidão, os filósofos só fazem buscar a morte. A multidão poderia concluir, caso os filósofos não se preocupassem com isso, que o melhor para eles seria morrer.[34] E Platão não está muito seguro de que a multidão não esteja certa, a não ser pelo fato de que eles não sabem em que sentido isso se deve realizar. O "verdadeiro filósofo", o que passa

AS ATIVIDADES ESPIRITUAIS EM UM MUNDO DE APARÊNCIAS

a vida inteira imerso em pensamentos, tem dois desejos. O primeiro é que possa estar livre de todo tipo de ocupação, especialmente livre de seu corpo, que sempre exige cuidados e "se interpõe em nosso caminho a cada passo [...] e que provoca confusão, gera problemas e pânico".[35] O segundo é que ele possa vir a viver em um além onde essas coisas com que o pensamento está envolvido, tais como a verdade, a justiça e a beleza, não estarão menos acessíveis nem serão menos reais do que tudo o que agora podemos perceber com os sentidos corporais.[36] Mesmo Aristóteles, em um de seus escritos mais populares, lembra aos seus leitores aquelas "ilhas dos bem-aventurados"; que são bem--aventurados porque lá "os homens não necessitariam de nada, e nada teria utilidade para eles, de tal modo que só restariam pensamento e contemplação (*theorein*), ou seja, o que agora mesmo chamávamos de uma vida livre".[37] Em resumo, a reviravolta inerente ao pensamento não é, de modo algum, uma empreitada inofensiva. No *Fedon,* ela inverte todas as relações: os homens, que naturalmente se esquivam da morte como o maior de todos os males, voltam-se agora para ela como o maior de todos os bens.

Tudo isso é naturalmente dito com certa ironia — ou, mais acade-micamente, está posto em linguagem metafórica. Os filósofos não são famosos por seus suicídios, nem mesmo quando afirmam, com Aristó-teles (em uma surpreendente observação pessoal no *Protreptikos*),[38] que os que querem divertir-se deveriam filosofar ou deixar a vida, pois tudo o mais parece tolo e sem sentido. Mas a metáfora da morte, ou melhor, a inversão metafórica da vida e da morte — o que usualmente chama-mos vida é morte; o que habitualmente chamamos morte é vida —, não é arbitrária, embora possa ser considerada de um modo um pouco me-nos dramático. Se o pensamento estabelece suas próprias condições, se ele cega a si mesmo para o sensorialmente dado, quando remove tudo o que está à mão, isso acontece para que o distante se torne manifesto.

Formulando de maneira simples: no alheamento proverbial do filósofo, todo o presente está ausente, porque algo realmente ausente está presente em seu espírito, e entre as coisas ausentes está o seu próprio corpo. Tanto a hostilidade do filósofo em relação à política, "os pequenos assuntos humanos",[39] quanto sua hostilidade diante do corpo têm pouco a ver com convicções e crenças pessoais. Elas são inerentes à própria experiência. Enquanto pensa, a pessoa não tem consciência de sua corporalidade. Foi essa experiência que fez Platão atribuir imortalidade à alma quando ela se separa do corpo; e foi isso também que fez Descartes concluir que "a alma pode pensar sem o corpo, com a ressalva de que, enquanto ela estiver ligada ao corpo, pode ser importunada, em suas operações, pela má disposição dos órgãos corporais".[40]

Mnemosyne, Memória, é a mãe das Musas; e a lembrança, a mais frequente e também a mais básica experiência do pensamento, está relacionada às coisas ausentes, que desapareceram dos meus sentidos. Entretanto o ausente que é reunido e feito presente no meu espírito — uma pessoa, um evento, um monumento — não pode aparecer do mesmo modo que apareceu aos meus sentidos, como se a lembrança fosse uma espécie de feitiçaria. Para aparecer ao meu espírito, a lembrança deve primeiramente ser dessensorializada; e a capacidade para transformar objetos sensíveis em imagens é chamada "imaginação". Sem essa faculdade, que torna presente o que está ausente em uma forma dessensorializada, não se processa nenhum pensamento; e seria impossível haver qualquer série de pensamento. O pensamento, portanto, é "fora de ordem" não só porque interrompe todas as demais atividades necessárias para os assuntos vitais e para a manutenção da vida, mas também porque inverte todas as relações habituais. O que está perto e aparece diretamente aos nossos sentidos agora está distante; e o que se encontra distante está realmente presente. Quando estou pensando não me encontro onde realmente estou; estou cercado não por objetos

AS ATIVIDADES ESPIRITUAIS EM UM MUNDO DE APARÊNCIAS

sensíveis, mas por imagens invisíveis para os outros. É como se eu tivesse me retirado para uma terra imaginária, a terra dos invisíveis, da qual nada poderia saber, não fosse essa faculdade que tenho de lembrar e de imaginar. O pensamento anula distâncias temporais e espaciais. Posso antecipar o futuro, pensá-lo como se já fosse presente, e lembrar do passado como se ele não tivesse desaparecido.

Já que o tempo e o espaço da experiência comum não podem nem mesmo ser pensados sem um contínuo que se estende do próximo ao distante, do agora ao passado ou ao futuro, do *aqui* a qualquer ponto do espaço, esquerda e direita, à frente e atrás, acima e abaixo, eu poderia dizer, com alguma razão, que não apenas as distâncias, mas também o tempo e o espaço são abolidos no processo do pensamento. No que diz respeito ao espaço, não conheço nenhum conceito filosófico ou metafísico que pudesse estar razoavelmente relacionado a esta experiência. Mas tenho certeza de que o *nunc stans,* o "agora permanente", tornou-se o símbolo da eternidade — o *"nunc aeternitatis"* (Duns Scotus) — para a filosofia medieval porque era uma descrição convincente de experiências que ocorriam na meditação, bem como na contemplação, os dois modos de pensamento conhecidos pelo cristianismo.

Acabei de referir-me aos objetos sensíveis dessensorializados, isto é, aos invisíveis que, pertencendo ao mundo das aparências, desapareceriam temporariamente ou ainda não teriam alcançado nosso campo de percepção, e que são trazidos à nossa presença pela lembrança ou pela antecipação. O que realmente ocorre nesses casos foi eternizado na história de Orfeu e Eurídice. Orfeu desceu ao Hades para resgatar sua esposa morta e disseram-lhe que a poderia ter de volta sob a condição de que não se voltasse para vê-la, enquanto ela o seguia. Mas quando se aproximaram do mundo dos vivos Orfeu olhou para trás e Eurídice imediatamente desapareceu. De modo mais preciso do que qualquer linguagem terminológica faria, o velho mito conta o que acontece no momento em que o processo do pensamento chega ao fim no mundo da vida ordinária: todos os invisíveis tornam a sumir. Também convém que o mito se refira à lembrança, e não à antecipação. A faculdade de antecipar o futuro em pensamento deriva da faculdade de lembrar o passado que, por sua vez, se enraíza na habilidade ainda mais elementar de dessensorializar e de ter presente *diante de* (e não apenas *em*) seu espírito o que está fisicamente ausente. A habilidade de criar entidades fictícias no espírito, tais como o unicórnio e o centauro, ou os personagens fictícios de uma história, uma habilidade usualmente denominada imaginação *produtiva*, é inteiramente dependente da assim chamada imaginação reprodutiva. Na imaginação "produtiva", os elementos do mundo visível são rearranjados; isto é possível porque os elementos, agora livremente manejados, já atravessaram o processo de dessensorialização do pensamento.

Não é a percepção sensorial, na qual experimentamos as coisas que estão diretamente à mão, mas a imaginação, que vem depois dela, que prepara os objetos de nosso pensamento. Antes de provocarmos questões tais como "o que é a felicidade", "o que é a justiça", "o que é o conhecimento", e assim por diante, é preciso que tenhamos visto gente feliz e infeliz, que tenhamos testemunhado atos justos e injustos, experimentado o desejo de conhecer, sua boa realização ou sua frustração. Além do mais, temos de repetir a experiência direta em nossos espíritos *depois* de ter abandonado a cena em que ela ocorreu. Repetindo, todo pensar é um re-pensar. Ao repetirmos na imaginação, nós *dessensorializamos* qualquer coisa que tenha sido dada aos nossos sentidos. Somente nessa forma imaterial é que nossa faculdade de pensar pode começar a ocupar-se com esses dados. Essa operação precede todos os processos de pensamento, tanto o pensamento cognitivo quanto o pensamento sobre significados; apenas o raciocínio lógico — em que o espírito, em estreita coerência com suas próprias leis, produz uma cadeia dedutiva a partir de uma dada premissa — cortou definitivamente todos os vínculos com a experiência vivida. Ele pode operar dessa forma apenas porque se supõe que a premissa — fato ou hipótese — seja autoevidente e, portanto, não está sujeita ao exame do pensamento. Mesmo simplesmente *contar* o que aconteceu, quer a história seja bem ou malsucedida, é uma operação *precedida* pela dessensorialização. A língua grega contém esse elemento temporal em seu próprio vocabulário: a palavra "conhecer", como já fiz notar anteriormente, é derivada da palavra "ver". Ver é *idein,* conhecer é *eidenai,* ou seja, *ter* visto. Primeiro você vê, depois conhece.

Em outras palavras: todo pensamento deriva da experiência, mas nenhuma experiência produz significado ou mesmo coerência sem passar pelas operações de imaginação e pensamento. Do ponto de vista do pensamento, a vida em seu puro estar-aí é sem sentido. Do ponto de vista da natureza imediata da vida e do mundo dado aos sentidos, o pensamento é, como Platão indicou, uma morte em vida. O filósofo que vive na "terra do pensamento" (Kant)[41] será naturalmente levado a olhar para essas coisas a partir do ego pensante, para o qual uma vida sem sentido *é* uma espécie de morte em vida. Como não é idêntico ao eu real, o ego pensante não tem consciência de sua própria retirada do mundo comum das aparências. Visto de sua perspectiva, é como se o invisível viesse primeiro, como se as inúmeras entidades que compõem o mundo das aparências — que por sua própria presença distraem o espírito e impedem sua atividade — estivessem positivamente ocultando um Ser sempre invisível e que se revela apenas no espírito. Dito de outra maneira, o que para o senso comum é a óbvia retirada do espírito em relação ao mundo, aparece, na perspectiva do próprio espírito, como uma "retirada do Ser" ou um "esquecimento do Ser" — *Seinsentzug* e *Seinsvergessenheit* (Heidegger). E é verdade que a vida cotidiana, a vida dos "Eles", é vivida em um mundo do qual se encontra totalmente ausente tudo o que é "visível" para o espírito.

A busca de significado não só está ausente e é inteiramente inútil no curso rotineiro dos negócios humanos como também, ao mesmo tempo, seus resultados permanecem incertos e não verificáveis. O pensamento é, de alguma forma, autodestrutivo. Na privacidade das notas postumamente publicadas, Kant escreveu: "Não concordo com a regra segundo a qual algo que ficou provado pelo uso da razão pura não está mais sujeito à dúvida, como se isso fosse um sólido axioma"; ou ainda: "Não compartilho a opinião segundo a qual [...], depois que se está convencido de alguma coisa, não se pode duvidar dela. Na filosofia pura isso é impossível. *Nosso espírito tem uma aversão natural a isso*" (grifos nossos).[42] Daí se depreende que o pensamento é como a teia de Penélope: desfaz-se toda manhã o que se terminou de fazer na noite anterior.[43] Pois a necessidade de pensar jamais pode ser satisfeita por *insights* supostamente precisos de "homens sábios". Essa necessidade só pode ser satisfeita pelo próprio pensamento, e os pensamentos que tive ontem irão satisfazer essa necessidade hoje apenas porque quero e porque sou capaz de pensá-los novamente.

Consideramos as principais características da atividade de pensar. Sua retirada do mundo das aparências, do mundo do senso comum; sua tendência autodestrutiva em relação a seus próprios resultados; sua reflexividade e a consciência da pura atividade que a acompanha. Além disso tudo, há o estranho fato de que só percebo minhas faculdades espirituais enquanto a atividade perdura, o que significa que o pensamento não pode jamais se estabelecer solidamente como uma das mais elevadas, ou mesmo como a mais elevada, propriedades da espécie humana — o homem pode ser definido como "o animal que fala", no sentido aristotélico de *logon echon*, dotado de fala, mas não como o animal que pensa, o *animal rationale*. Nenhuma

AS ATIVIDADES ESPIRITUAIS EM UM MUNDO DE APARÊNCIAS

dessas características escapou à atenção dos filósofos. O que há de curioso, entretanto, é que quanto mais "profissionais" os pensadores, mais eles cresciam em nossa tradição filosófica, e mais se inclinavam a encontrar maneiras e meios de reinterpretar esses traços inerentes ao pensamento, de forma a armarem-se contra as objeções do raciocínio do senso comum em relação às inutilidades e à irrealidade de todo o empreendimento filosófico. As distâncias por que os filósofos avançam nessas reinterpretações, bem como a qualidade de sua argumentação, seriam inexplicáveis se eles se dirigissem mais à famosa multidão — que nunca se importou com eles e permaneceu alegremente ignorante em relação à argumentação filosófica —, em vez de serem primordialmente estimulados por seu próprio senso comum e pela autodesconfiança que inevitavelmente acompanha a suspensão do pensamento. O mesmo Kant que confiou suas verdadeiras experiências de pensamento à privacidade de suas anotações anunciou publicamente que havia lançado as fundações de todo sistema metafísico futuro. Hegel — o último e o mais engenhoso dentre os construtores de sistemas — transformou o ato de o pensamento se desfazer de seus próprios resultados no enorme poder de negação sem o qual seria impossível qualquer movimento ou desenvolvimento. Para Hegel, a mesma cadeia inexorável de consequências em desenvolvimento que regula a natureza orgânica da passagem da semente ao fruto — na qual cada fase sempre "nega" e cancela a precedente — regulamenta a negação do processo pensante do espírito; exceção feita, no caso do pensamento — que é "mediatizado pela consciência e pela vontade", através das atividades espirituais —, ao fato de que ele pode ser visto como "produzindo-se a si mesmo". "O espírito é apenas aquilo que ele faz de si mesmo e a si mesmo, realmente realizando o que (potencialmente) ele é." Para começar, isso deixa incidentalmente sem resposta a questão sobre quem fez a potencialidade do espírito.

Mencionei Hegel porque grandes partes de sua obra, especialmente o prefácio da *Fenomenologia do espírito*, podem ser lidas como uma polêmica desenvolvida contra o senso comum. Desde muito cedo (1801) ele havia afirmado com humor truculento — obviamente ainda incomodado pela camponesa trácia de Platão e seu riso inocente — que realmente "o mundo da filosofia [é para o senso comum] um mundo virado de cabeça para baixo".[44] Assim como Kant havia começado a tratar o "escândalo da Razão" — isto é, quando a razão queria conhecer, via-se às voltas com suas próprias antinomias —, também Hegel pôs-se a tratar da impotência da razão kantiana, pois ela "só poderia alcançar um Ideal e um Dever"; e declarou que, pelo contrário, a razão, por causa da Ideia, é *das schlechthin Mächtige*, o poder como tal.[45]

A importância de Hegel em nosso contexto está no fato de que ele, talvez mais do que qualquer outro filósofo, atesta a luta interna entre a filosofia e o senso comum; porque ele, por natureza, é igualmente bem-dotado como historiador e pensador. Ele sabia que a intensidade das experiências do ego pensante deve-se ao fato de elas serem pura atividade: "A própria essência [do espírito] [...] é *ação*. Ele faz de si mesmo o que essencialmente ele é; ele é seu próprio produto, sua própria obra." E Hegel conhecia a reflexividade do espírito: "Nesta ânsia de atividade, ele apenas lida consigo mesmo."[46] Até admitia, a seu modo, a tendência do espírito para destruir seus próprios resultados: "Assim, o espírito está em guerra consigo mesmo. Deve superar a si mesmo como seu próprio inimigo e formidável obstáculo."[47] Mas esses *insights* da razão especulativa sobre o que ela está realmente fazendo quando, do ponto de vista das aparências, não está fazendo nada, ele transformou-os em peças de conhecimento dogmático, tratando-os como resultados da cognição. Dessa maneira, foi possível adequá-los a um sistema abrangente em que então teriam a mesma realidade que os resultados das demais ciências; resultados

AS ATIVIDADES ESPIRITUAIS EM UM MUNDO DE APARÊNCIAS

que, por outro lado, ele denunciou como produtos essencialmente desimportantes do raciocínio do senso comum, ou "conhecimento defeituoso". E de fato o *sistema,* com sua organização estritamente arquitetônica, pode dar pelo menos uma impressão da realidade aos fugazes *insights* da razão especulativa. Se a verdade é tomada como o mais elevado objeto do pensamento, então o "verdadeiro é real apenas como sistema". Apenas como um artefato mental desse tipo ele tem alguma chance de aparecer e adquirir aquele mínimo de durabilidade que exigimos de qualquer real — como mera proposição, ele dificilmente sobreviverá à batalha de opiniões. Para ter certeza de que eliminou a noção de senso comum, segundo a qual o pensamento lida com abstrações e irrelevâncias — o que de fato ele não faz —, Hegel afirmou, sempre no mesmo tom polêmico, "que o Ser é Pensamento" (*dass das Sein Denken ist*), que "apenas o espiritual é real" e que apenas aquelas generalidades com as quais lidamos no pensamento realmente *são.*[48]

Ninguém lutou com mais determinação contra o particular, o eterno obstáculo do pensamento, o irrecusável estar-aí dos objetos que nenhum pensamento pode alcançar ou explicar. A mais elevada função da filosofia, segundo Hegel, é eliminar o contingente e todos os particulares. Tudo o que existe é contingente por definição. A filosofia lida com particulares como partes de um todo, e o todo é o sistema, um produto do pensamento especulativo. Esse todo, cientificamente falando, nunca pode ser mais do que uma hipótese possível que, integrando cada particular em um pensamento abrangente, os transforma em coisas-pensamento e, assim, elimina sua propriedade mais escandalosa, sua realidade, junto com sua contingência. Foi Hegel quem declarou que "chegou o tempo de elevar a filosofia à categoria de ciência"; e queria transformar a filosofia, o mero amor à sabedoria, em sabedoria, *sophia.* Dessa maneira, ele estava convencido de que "pensar é agir" — exatamente o que essa ocupação eminentemente solitária nunca pode fazer, já que só podemos agir "em conjunto", em companhia de e em concordância com nossos pares e, portanto, em uma situação existencial que efetivamente impede o pensamento.

Em agudo contraste com todas essas teorias, formuladas como um tipo de apologia do pensamento especulativo, encontra-se a famosa, estranhamente desconhecida e sempre mal traduzida observação que está no mesmo prefácio à *Fenomenologia,* e que expressa diretamente, de modo não sistemático, as experiências originais de Hegel com o pensamento especulativo: "O verdadeiro é sempre a festa báquica, onde nenhum participante [ou seja, nenhum pensamento particular] deixa de estar bêbado; e já que cada participante [cada pensamento] não se separa [da linha de pensamento da qual ele é mera parte] sem se dissolver imediatamente, a festa é, por isto mesmo, um estado de quietude transparente e inquebrantável." Para Hegel, essa é a maneira pela qual a própria "vida da verdade" — verdade que se tornou viva no processo do pensamento — manifesta-se para o ego pensante. Esse ego pode não saber se homem e mundo são reais ou — veja-se especialmente a filosofia hindu — pura miragem; ele só sabe estar "vivo" em uma exaltação que sempre beira a "intoxicação" — como disse uma vez Nietzsche. Pode-se avaliar como esse sentimento marca profundamente todo o "sistema" quando o reencontramos no fim da *Fenomenologia*: lá ele aparece em contraste com o "sem vida" — a ênfase é sempre na *vida* — e se expressa através dos versos de Schiller, citados erroneamente: "Do cálice deste reino espiritual/ espuma a infinitude do espírito." [*Aus dem Kelche dieses Geisterreiches/ schäumt ihm seine Unendlichkeit.*]

11. O PENSAR E O AGIR: O ESPECTADOR

Estive falando sobre as características especiais do pensamento que podem ser atribuídas ao radicalismo de sua retirada do mundo. Em contrapartida, nem a vontade nem o juízo, embora dependentes da reflexão preliminar que o pensamento faz sobre os seus objetos, ficam presos a essa reflexão; seus objetos são particulares, têm seu lar estabelecido no mundo das aparências, do qual o espírito volitivo ou judicante se retira apenas temporariamente e com a intenção de uma volta posterior. Isso se aplica particularmente à vontade, cuja fase de retirada é caracterizada pela forma mais forte de reflexividade, uma ação sobre si mesma: o *vollo me velle* é muito mais característico da vontade do que o *cogito me cogitare* é característico do pensamento. Contudo, o que todas essas atividades têm em comum é uma peculiar *quietude*, uma ausência de qualquer ação ou perturbação, a retirada do envolvimento e da parcialidade dos interesses imediatos que de um modo ou de outro fazem de mim parte do mundo real, uma retirada a que me referi anteriormente como condição e pré-requisito de todo juízo.

Historicamente, esse tipo de retirada do agir é a mais antiga condição postulada para a vida do espírito. Em sua forma original, funda-se na descoberta de que somente o *espectador*, e nunca o ator, pode conhecer e compreender o que quer que se ofereça como espetáculo. Essa descoberta contribuiu muito para a convicção que os filósofos gregos tinham da superioridade do modo de vida contemplativo, que meramente assiste e presencia, e cuja condição mais elementar — segundo Aristóteles, que foi o primeiro a elaborá-la[49] — era a *schole. Schole* não é o tempo para o lazer, tal como o entendemos hoje, o tempo de inatividade que sobra depois do trabalho diário, "usado para cumprir as exigências da existência";[50] mas o ato deliberado de se abster, de se conter (*schein*) e de não participar das atividades comuns determinadas pelas nossas necessidades cotidianas (*he ton anagkaion schole*) com a finalidade de ativar o lazer (*scholen agein*), que era, por sua vez, o verdadeiro objetivo de todas as outras atividades, assim como, para Aristóteles, a paz era o verdadeiro objetivo da guerra. A recreação e o jogo, que são, no nosso entendimento, as atividades naturais do lazer, ainda pertenciam, ao contrário, à *a-scholia,* ao estado de privação do lazer, uma vez que o jogo e a recreação são necessários à restauração da força do labor humano, encarregado de cuidar das necessidades da vida.

Encontramos esse ato de não-participação ativa e deliberada nas atividades da vida cotidiana em sua forma provavelmente mais antiga e certamente mais simples em uma parábola atribuída a Pitágoras e relatada por Diógenes Laércio:

> A vida [...] é como um festival, assim como alguns vêm ao festival para competir, e alguns para exercer os seus negócios, mas os melhores vêm como espectadores [*theatai*]; assim também na vida os homens servis saem à caça da fama [*doxa*] ou do lucro, e os filósofos à caça da verdade.[51]

O que é enfatizado aqui como mais nobre do que a competição pela fama e pelo lucro não é certamente uma verdade invisível e inacessível ao homem comum; tampouco o lugar para onde os espectadores se retiram pertence a alguma região "mais elevada", tal como foi posteriormente figurada por Parmênides e por Platão; seu lugar está no mundo e a sua "nobreza" está somente em não participar do que está ocorrendo, em observá-lo como a um mero espetáculo. O termo filosófico "teoria" deriva da palavra grega que designa espectadores, *theatai*; a palavra "teórico", até há alguns séculos, significava "contemplando", observando do exterior, de uma posição que implica a visão de algo

AS ATIVIDADES ESPIRITUAIS EM UM MUNDO DE APARÊNCIAS

oculto para aqueles que tomam parte no espetáculo e o realizam. É óbvia a inferência que se pode fazer a partir dessa antiga distinção entre agir e compreender: como espectador, pode-se compreender a "verdade" sobre o espetáculo, mas o preço a ser pago é a retirada da participação no espetáculo.

O primeiro dado que sustenta essa apreciação é o fato de que somente o espectador ocupa uma posição que lhe permite ver o jogo, a cena toda — assim como o filósofo é capaz de ver o *kosmos* como um todo, harmoniosamente ordenado. O ator, por ser uma parcela do todo, deve encenar o seu papel: ele não somente é por definição "uma parte", como também está preso à circunstância de que encontra seu significado último e a justificativa de sua existência unicamente como constituinte de um todo. Assim, a retirada do envolvimento direto para uma posição fora do jogo (o festival da vida) não apenas é a condição do julgar — para ser o árbitro final na competição que se desenrola —, como também é a condição para compreender o significado do jogo. Em segundo lugar: o que interessa essencialmente ao ator é a *doxa*, uma palavra que significa tanto fama quanto opinião, pois é através da opinião da audiência e do juiz que a fama vem a se consolidar. Para o ator, mas não para o espectador, a maneira pela qual ele aparece para os outros é decisiva: ele depende do "parece-me" do espectador (o seu *dokei moi*, que dá ao ator a sua *doxa*): ele não é o seu próprio senhor, não é o que Kant chamaria posteriormente autônomo; ele deve se portar de acordo com o que os espectadores esperam dele e o veredicto final de sucesso ou de fracasso está nas mãos desses espectadores.

Evidentemente, a retirada do juízo é muito diferente da retirada do filósofo. Este não abandona o mundo das aparências, mas se retira do envolvimento ativo neste mundo para uma posição privilegiada que tem como finalidade contemplar o todo. Além disso, e talvez mais significativamente, os espectadores de Pitágoras são membros de uma audiência e, portanto, são bem diferentes do filósofo que inicia o seu *bios theoretikos*, deixando a companhia dos seus semelhantes e as opiniões incertas, as suas *doxai*, que só podem expressar um "parece-me...". Assim, o veredicto do espectador, ainda que imparcial e livre dos interesses do lucro ou da fama, não é independente do ponto de vista dos outros — ao contrário, segundo Kant, uma "mentalidade alargada" tem que os levar em conta. Os espectadores, embora livres da particularidade característica do ator, não estão solitários. Tampouco são autossuficientes, como o "deus mais elevado" que o filósofo tenta imitar pelo pensamento e que, segundo Platão, "é eternamente [...] solitário em razão de sua excelência, sempre capaz de estar junto a si mesmo, não precisando de mais ninguém, amigo ou conhecido, e bastando a si mesmo".[52]

Essa distinção entre pensar e julgar só veio a merecer destaque com a filosofia política de Kant — o que não é de estranhar, já que Kant foi o primeiro e permaneceu sendo o último dos grandes filósofos a lidar com o juízo como uma das atividades espirituais básicas. Pois o que importa é que nos vários tratados e ensaios que Kant escreveu tardiamente, o ponto de vista do espectador não é determinado pelos imperativos categóricos da razão prática, isto é, pela resposta da razão à pergunta "O que devo fazer?". Essa resposta é moral e diz respeito ao indivíduo como indivíduo, em plena independência autônoma da razão. Como tal, ele jamais pode, de um modo moral-prático, reclamar para si o direito de rebelar-se. Ainda assim, o mesmo indivíduo — não quando age, mas quando é um mero espectador — tem o direito de julgar e de emitir o veredicto final sobre a Revolução Francesa unicamente com base em sua "ansiosa participação, beirando o entusiasmo", em seu desejo de compartilhar da "exaltação do público não envolvido", baseando-se, em outras palavras, no juízo dos espectadores, seus semelhantes, que também não tinham "a menor intenção de participar" dos eventos. E foi o veredicto deles, em última análise, e não o desem-

AS ATIVIDADES ESPIRITUAIS EM UM MUNDO DE APARÊNCIAS

penho dos atores, que persuadiu Kant a chamar a Revolução Francesa de "um fenômeno na história humana [que] não deve ser esquecido".[53] Nesse choque entre a ação participante e conjunta — sem a qual, afinal, os eventos a serem julgados jamais teriam chegado a existir — e o juízo observador e reflexivo, Kant não tem dúvidas sobre qual deles deve ter a última palavra. Supondo que a história seja apenas a história miserável dos eternos altos e baixos da humanidade, o espetáculo de som e fúria "poderá, talvez, ser comovente por algum tempo; mas a cortina eventualmente deve cair. Pois ao cabo de certo tempo o espetáculo torna-se uma farsa. E mesmo que os atores não se cansem dele — *pois eles são tolos* —, o espectador se cansará, pois um único ato será para ele suficiente se puder dele concluir que a peça interminavelmente encenada será eternamente a mesma" (grifos nossos).[54]

Esta é, de fato, uma passagem reveladora. Se a ela acrescentamos a convicção kantiana de que os assuntos humanos são guiados pelo "ardil da natureza", que conduz a espécie humana por trás dos homens de ação — em um perpétuo progresso, assim como a "astúcia da razão" de Hegel leva os homens à revelação do Espírito Absoluto —, poderemos encontrar justificativa para a questão: ou nem todos os atores são tolos, ou o espetáculo, ao revelar-se somente ao espectador, não poderia também estar a serviço dos tolos. Com qualificações mais ou menos sofisticadas, essa sempre foi a suposição secreta dos filósofos da história, isto é, daqueles pensadores da era moderna que, pela primeira vez, decidiram levar a sério o bastante a esfera dos assuntos humanos — os *ta ton anthropon pragmata* de Platão — para chegar a refletir sobre ela. E não estariam certos? Não é verdade que "das ações dos homens resulta algo diferente do que eles tencionavam e do que chegam a realizar, algo diferente do que conhecem ou do que querem?". "Para fazer uma analogia, um homem pode incendiar a casa de outro por vingança [...] A ação imediata é a de aproximar uma pequena chama de uma pequena parte de uma viga de madeira [...]. [O que se segue é] uma vasta confla-gração [...]. Esse resultado não foi parte do ato primeiro nem a intenção daquele que o iniciou [...]. Esse exemplo apenas mostra que na ação imediata pode estar envolvido algo diferente daquilo que é consciente-mente desejado pelo ator."[55] (Essas são palavras de Hegel, mas poderiam ter sido escritas por Kant.) Em ambos os casos, não é por meio da ação, mas da contemplação, que o "algo diferente", a saber, o significado do todo, é revelado. O espectador, e não o ator, tem a chave do significado dos negócios humanos — apenas, e isto é decisivo, os espectadores de Kant existem no plural, e é esta a razão pela qual ele pôde chegar a uma filosofia política. O espectador de Hegel existe estritamente no singular: o filósofo torna-se o órgão do Espírito Absoluto e o filósofo é o próprio Hegel. Mas mesmo Kant, mais consciente da pluralidade humana do que qualquer outro filósofo, pôde esquecer, convenientemente, que se o espetáculo fosse sempre o mesmo e, portanto, fosse cansativo, as audi-ências mudariam de geração para geração; e que seria pouco provável que uma nova audiência chegasse às mesmas conclusões legadas pela tradição sobre o que teria a dizer uma peça imutável.

Dificilmente poderemos evitar a questão do lugar ou da região para onde se dirige o movimento de subtração do mundo quando falamos na retirada do espírito como condição necessária a todas as atividades espirituais. Tratei de modo prematuro, ainda que um tanto longo, da retirada do juízo para a posição do espectador porque minha intenção era a de propor a questão primeiramente em sua forma mais simples e mais óbvia, apontando casos em que a região da retirada estivesse lo-calizada em nosso mundo comum, sem contar a reflexividade. Lá estão eles, em Olímpia, nas filas de degraus que se elevam a partir do palco ou do estádio, cuidadosamente separados das encenações em curso; e o "público não envolvido" de Kant, que acompanhava os eventos, em Paris, com um "prazer desinteressado" e uma simpatia "beirando

AS ATIVIDADES ESPIRITUAIS EM UM MUNDO DE APARÊNCIAS

o entusiasmo", estava presente em todos os círculos intelectuais da Europa durante os primeiros anos da década de noventa do século XVIII — embora o próprio Kant provavelmente estivesse pensando nas multidões das ruas de Paris.

Mas o problema está em que não podemos encontrar tal localidade incontestável quando nos perguntamos onde estamos quando pensamos ou quando exercemos a vontade; cercados, por assim dizer, por coisas que não são mais ou que ainda não existem; ou, finalmente, por coisas-pensamento usadas cotidianamente, tais como justiça, liberdade, coragem, e que no entanto se encontram totalmente fora da experiência sensível. É bem verdade que o ego volitivo encontrou cedo uma residência, uma região que era propriamente sua; tão logo essa faculdade foi descoberta, nos primeiros séculos da Era Cristã, ela foi localizada em nosso *interior*; e caso alguém se pusesse a escrever a história da interioridade em termos de uma *vida* interna, esse alguém logo perceberia que essa história coincide com a história da Vontade. Mas a interioridade, como já indicamos, tem seus próprios problemas, mesmo quando concordamos que a alma e o espírito não são a mesma coisa. Além disso, a peculiar natureza reflexiva da vontade, às vezes identificada com o coração e quase sempre considerada o órgão do nosso eu mais profundo, tornou essa região ainda mais difícil de ser isolada. Quanto ao pensamento, a questão de saber onde estamos quando pensamos parece ter sido levantada apenas por Platão no *Sofista*;[56] lá, depois de ter determinado o lugar do sofista, ele promete determinar também o lugar do próprio filósofo — o *topos noetos* mencionado nos primeiros diálogos[57] —, mas jamais cumpriu a promessa. Pode ser que simplesmente tenha fracassado na tarefa de completar a trilogia do *Sofista-Político-Filósofo*; ou que tenha chegado a acreditar que a resposta estivesse dada implicitamente no *Sofista,* em que retrata o sofista como estando "em casa na escuridão do Não-ser", o que "o torna tão difícil de ser percebido", "ao passo que o filósofo [...] é difícil de ser visto, porque sua região é tão luminosa; pois o olho da multidão não pode manter o olhar fixo no divino".[58] Essa resposta podia de fato ser esperada por parte do autor da *República* e da alegoria da Caverna.

12. LINGUAGEM E METÁFORA

As atividades mentais, invisíveis e ocupadas com o invisível, tornam-se manifestas somente através da palavra. Assim como os seres que aparecem e habitam o mundo de aparências têm em si o ímpeto de se mostrarem, os seres pensantes — ainda que pertencentes ao mundo das aparências, mesmo depois de haverem dele se retirado mentalmente — têm em si o *ímpeto de falar,* e, assim, tornar manifesto aquilo que, de outra forma, não poderia absolutamente pertencer ao mundo das aparências. Mas enquanto o aparecer pressupõe e exige, em si, a presença de espectadores, o pensar, em sua necessidade de discurso, não exige nem pressupõe ouvintes: a linguagem humana, com uma intrincada complexidade gramatical e sintática, não seria necessária na comunicação entre semelhantes. A linguagem dos animais — sons, sinais, gestos — serviria bastante bem para as nossas necessidades imediatas, não só de autopreservação e preservação da espécie, como também para tornar evidentes as disposições da alma.

Não é nossa alma, mas nosso espírito que exige o discurso. Referi-me a Aristóteles quando estabeleci uma distinção entre espírito e alma, os pensamentos de nossa razão e as paixões de nosso aparato emocional, e chamei a atenção sobre como é reforçada essa distinção-chave em *De anima* por uma passagem na introdução do pequeno tratado sobre a linguagem, *De interpretatione.*[59] Voltarei a esse tratado, já que seu ponto mais interessante é a afirmação de que o critério do

AS ATIVIDADES ESPIRITUAIS EM UM MUNDO DE APARÊNCIAS

logos, do discurso coerente, não é a verdade ou a falsidade, mas sim o significado. As palavras em si não são nem verdadeiras nem falsas. A palavra "centauro", por exemplo (Aristóteles usa o exemplo de "veado--bode", um animal que é metade veado, metade bode), "significa algo, embora não signifique nada que seja falso ou verdadeiro, a não ser que se acrescente 'não ser' ou 'ser' a essa palavra". O *logos* é o discurso no qual as palavras são reunidas para formar uma sentença que seja totalmente significativa em virtude da síntese (*synthéké*). Palavras significativas em si mesmas e pensamentos (*noémata*) assemelham-se (*eioken*). Disso se depreende que o discurso, ainda que sempre "som com significado" (*phóne semantiké*), não é necessariamente *apophantikos,* um enunciado ou uma proposição em que *aletheuein* e *pseudesthai,* verdade e falsidade, ser e não-ser estão em jogo. Não é sempre esse o caso: uma prece, como vimos, é um *logos,* mas não é falsa nem verdadeira.[60] Assim, implícita no ímpeto da fala, está a busca do significado, e não necessariamente a busca da verdade. É interessante notar também que, em nenhum momento da discussão da relação que a linguagem mantém com o pensamento, Aristóteles suscita a questão da prioridade; não decide se o pensamento é a origem da fala, tomado o discurso como mero instrumento de comunicação de nossos pensamentos; ou se o pensamento é uma consequência do fato de que o homem é um animal falante. De qualquer forma, uma vez que palavras — portadoras de significados — e pensamentos assemelham-se, *seres pensantes têm o ímpeto de falar, seres falantes têm o ímpeto de pensar.*

De todas as necessidades humanas, a "necessidade da razão" é a única que jamais poderia ser adequadamente satisfeita sem o pensamento discursivo; e o pensamento discursivo é inconcebível sem palavras já significativas, antes que um espírito viaje, por assim dizer, através delas — *poreuesthai dia logon* (Platão). A linguagem sem dúvida serve também para a comunicação entre os homens; mas, aí,

139

sua necessidade vem simplesmente do fato de que os homens, seres pensantes que são, têm a necessidade de comunicar seus pensamentos; os pensamentos, para acontecer, não precisam ser comunicados; mas não podem ocorrer sem ser falados — silenciosa ou sonoramente, em um diálogo, conforme o caso. Como o pensar, embora sempre proceda por palavras, não necessita de ouvintes, Hegel pôde, de acordo com o testemunho da maioria dos filósofos, dizer que "a filosofia é algo solitário". E a razão — não porque o homem seja um ser pensante, mas porque ele só existe no plural — também quer a comunicação e tende a perder-se caso dela tenha que se privar; pois a razão, como observou Kant, não é de fato "talhada para isolar-se, mas para comunicar-se".[61] A função desse discurso silencioso — *tacite secum rationare,* "raciocinar silenciosamente consigo mesmo", nas palavras de Anselmo de Canterbury[62] — é entrar em acordo com o que quer que possa ser dado aos nossos sentidos nas aparências do dia a dia; a necessidade da razão é *dar conta* — *logon didonai,* como a chamavam os gregos com grande precisão — de qualquer coisa que possa ser ou ter sido. Isso é proporcionado não pela sede do conhecimento — a necessidade pode surgir em conexão com fenômenos bastante conhecidos e inteiramente familiares —, mas pela busca do significado. O puro nomear das coisas, a criação de palavras, é a maneira humana de *apropriação,* e, por assim dizer, de desalienação do mundo no qual, afinal, cada um de nós nasce, como um recém-chegado e um estranho.

Essas observações sobre a interconexão de linguagem com pensamento, que nos fazem suspeitar de que não há possibilidade de existir um pensamento não discursivo, obviamente não se aplicam a civilizações em que o signo escrito, em lugar da palavra falada, é decisivo; e em que, consequentemente, o pensamento em si não é discurso silencioso, mas sim um lidar mental com imagens. Isso vale claramente para a China, cuja filosofia pode muito bem equiparar-se à filosofia do Ocidente.

AS ATIVIDADES ESPIRITUAIS EM UM MUNDO DE APARÊNCIAS

Lá, "o poder das palavras é sustentado pelo poder do signo escrito, da imagem", e não o oposto, como ocorre com as linguagens alfabéticas, em que a escrita é considerada secundária, nada além de um conjunto convencional de símbolos.[63] Para os chineses, todo signo torna visível aquilo a que chamaríamos um conceito ou uma essência — conta-se que Confúcio disse, uma vez, que o signo chinês para "cachorro" é a imagem perfeita do cachorro em si, enquanto, para nosso entendimento, "não há imagem que se possa adequar ao conceito" de cachorro em geral. "Essa imagem jamais conteria aquela universalidade do conceito que o torna válido" para todos os cachorros.[64] "O conceito 'cachorro'", segundo Kant — autor que no capítulo sobre "Esquematismo", na *Crítica da razão pura*, esclarece uma das hipóteses básicas de todo o pensamento ocidental —, "significa a regra de acordo com a qual minha imaginação é capaz de delinear a figura de um animal de quatro patas de uma maneira geral, sem limitar-se por qualquer figura determinada, que possa de fato ser apresentada pela experiência, ou por qualquer imagem que eu possa representar *in concreto*." E acrescenta: "Esse esquematismo de nosso intelecto [...] é uma arte escondida nas profundezas da alma humana, é pouquíssimo provável que a natureza venha algum dia a permitir que descubramos os modos reais de atividade dessa arte, que eles se desvelem ao nosso olhar."[65]

Em nosso contexto, a passagem se torna relevante porque evidencia que nossa faculdade espiritual de lidar com invisíveis se faz necessária até em experiências sensíveis ordinárias, mesmo para que reconheçamos um cachorro como um cachorro, qualquer que seja a forma com que o animal de quatro patas se apresente. Consequentemente, deveríamos ser capazes de "intuir", no sentido kantiano, o caráter geral de um objeto que jamais se apresenta aos nossos sentidos. Para esses esquemas — puras abstrações —, Kant usou a palavra "monograma"; e a escrita chinesa pode, por assim dizer, ser mais bem entendida como "monogramática". Em outras palavras, aquilo que para nós é "abstrato" e invisível, para os chineses é emblematicamente concreto e dado visivelmente em sua escrita, como acontece, por exemplo, quando a imagem de duas mãos unidas serve para designar o conceito de amizade. Os chineses pensam com imagens, e não com palavras. E esse pensar com imagens permanece sempre "concreto" e não pode ser discursivo, passando por uma sequência ordenada de pensamento, nem pode dar conta de si mesmo (*logon didonai*); a resposta para a questão socrática típica, "O que é amizade?", está visivelmente presente e evidente no emblema das duas mãos unidas; e "o emblema libera toda uma cadeia de representações pictóricas por meio de associações possíveis pelas quais as imagens são reunidas". Isso pode ser visto melhor na enorme variedade de signos compostos: por exemplo, o signo para "frio" combina "todas aquelas noções que se associam ao pensamento de um tempo frio" às atividades que servem para dele proteger o homem. A poesia, portanto, mesmo quando lida em voz alta, afetará o ouvinte opticamente; ele não se aterá à palavra que ouve, mas ao signo de que se lembra e, com ele, às visões para as quais o signo claramente aponta.

Tais diferenças entre o pensamento concreto em imagens e o nosso lidar abstrato com conceitos verbais são fascinantes e inquietantes — não tenho competência para lidar com elas adequadamente. São talvez até mais inquietantes porque, entre elas, podemos perceber uma hipótese que compartilhamos com os chineses: a prioridade inquestionável da visão para as atividades mentais. Tal prioridade, como veremos rapidamente, permanece absolutamente decisiva através da história da metafísica ocidental e de sua noção de verdade. O que nos distingue deles não é o *nous*, mas sim o *logos*, nossa necessidade de explicar e de *justificar* com palavras. Todos os processos estritamente lógicos, tais como a dedução de inferências do geral para o particular, ou como o raciocínio indutivo de particulares para alguma regra geral, representam tais justificativas, e isso só se pode fazer com palavras. Wittgenstein, ao que eu saiba, foi o único a conscientizar-se do fato de que a escrita hieroglífica correspondia à noção de verdade compreendida segundo a metáfora da visão. Ele escreve: "Para entender a essência de uma proposição devemos considerar a escrita hieroglífica, que retrata os fatos que descreve. E a escrita alfabética dela se desenvolveu sem perder o que era essencial ser retratado."[66] Essa observação final é por certo altamente duvidosa. Menos duvidoso é que a filosofia, tal como a conhecemos, dificilmente teria chegado a existir sem a recepção e a adaptação iniciais do alfabeto feitas pelos gregos a partir de fontes fenícias.

Ainda assim, a linguagem, o único meio pelo qual é possível tornar manifestas as atividades espirituais não só para o mundo exterior como também para o próprio eu espiritual, não é de modo algum tão evidentemente adequada à atividade do pensamento quanto a visão o é para a sua tarefa de ver. Nenhuma língua tem um vocabulário já pronto para as necessidades da atividade espiritual; todas tomam seu vocabulário de empréstimo às palavras originalmente concebidas para corresponder ou a experiências dos sentidos, ou a outras experiências da vida comum. Tal empréstimo, entretanto, jamais se dá ao acaso ou é arbitrariamente simbólico (como os símbolos matemáticos) ou emblemático; toda a linguagem filosófica, e a maior parte da linguagem poética, é metafórica; não no sentido simples do *Dicionário Oxford,* que define "Metáfora" como "a figura de linguagem na qual um nome ou um termo descritivo é transferido para um objeto diferente de, mas análogo a, aquele ao qual é adequadamente aplicável". Não há analogia entre, digamos, um pôr do sol e a velhice; e quando o poeta, em uma metáfora gasta, fala da velhice como o "poente da vida", ele pensa que o poente se relaciona com o dia que o precede da mesma forma que a velhice se relaciona com a vida. Se, portanto, como diz Shelley, a linguagem do poeta é "vitalmente metafórica", ela o é enquanto "marca *relações* de coisas anteriormente não apreendidas, perpetuando sua apreensão" (grifo nosso).[67] Toda metáfora descobre "uma percepção intuitiva de similaridades em dessemelhantes" e, segundo Aristóteles, é exatamente por isso que ela é um "sinal de gênio", "de longe, a maior de todas as coisas".[68] Mas essa similaridade, também para Aristóteles, não está presente em objetos diferentes sob outros aspectos, mas é uma similaridade de relações, como numa *analogia* que sempre necessita de quatro termos, e pode ser representada pela fórmula B:A = D:C. "Desse modo, uma taça está para Dionísio assim como um escudo está para Ares. A taça será, por conseguinte, descrita metaforicamente como 'o escudo de *Dionísio*'".[69] E essa fala por analogia, em linguagem metafórica, é, segundo Kant, o único modo pelo qual a razão especulativa, que aqui chamamos pensamento, pode se manifestar. A metáfora fornece ao pensamento "abstrato" e sem imagens uma intuição colhida do mundo das aparências, cuja função é a de "estabelecer a realidade de nossos conceitos",[70] como desfazendo a retirada do mundo, precondição para as atividades do espírito. Isso é relativamente fácil desde que nosso pensamento simplesmente responda aos apelos de nossa necessidade de conhecer e compreender o que é dado no mundo de aparências, isto é, desde que permaneçamos dentro das limitações do raciocínio do senso comum; o que precisamos para o pensamento do senso comum é de *exemplos* que ilustrem nossos conceitos; tais exemplos são adequados porque nossos conceitos são extraídos das aparências — são meras abstrações. É completamente diferente quando a necessidade da razão transcende os limites de um dado mundo e nos leva ao mar incerto da especulação, em que "não pode ser dada nenhuma intuição adequada a [ideias da razão]".[71] Nesse ponto entra a metáfora. A metáfora realiza a "transferência" — *metapherein* — de uma genuína e aparentemente impossível *metabasis eis allo genos,* a transição

AS ATIVIDADES ESPIRITUAIS EM UM MUNDO DE APARÊNCIAS

de um estado existencial, aquele do pensar, para outro, aquele do ser uma aparência entre aparências; e isso só pode ser feito através de *analogias*. Kant dá como exemplo de metáfora bem-sucedida a descrição do estado despótico como uma simples máquina (como um moedor manual), porque é "governado por uma vontade individual absoluta [...]. Pois entre um estado despótico e um moedor manual não há, decerto, qualquer semelhança, mas há semelhança nas regras segundo as quais refletimos sobre essas duas coisas e sobre sua causalidade". E acrescenta: "Nossa linguagem está cheia de apresentações indiretas desse tipo", um assunto que "não foi suficientemente analisado até agora e que merece uma investigação mais profunda".[72] As percepções da metafísica são "alcançadas por *analogia,* não no sentido habitual de semelhança imperfeita entre duas coisas, mas de uma *semelhança perfeita entre duas relações entre coisas completamente diferentes*".[73] Na linguagem muitas vezes menos precisa da *Crítica do juízo,* Kant chama também de simbólicas essas "representações de acordo com uma simples analogia".[74]

Todos os termos filosóficos são metáforas, analogias congeladas, por assim dizer, cujo verdadeiro significado se desvela quando dissolvemos o termo em seu contexto original, que estava muito nítido no espírito do primeiro filósofo a utilizá-lo. Quando Platão introduziu as palavras cotidianas "alma" e "ideia" na linguagem filosófica — conectando um órgão invisível no homem, a alma, com algo invisível no mundo dos invisíveis, as ideias —, ele ainda deve ter ouvido as palavras no sentido em que eram utilizadas na linguagem ordinária e pré-filosófica; *Psyche* é o "sopro da vida" que os moribundos expiram, e ideia, ou *eidos,* é a forma ou esboço que está no olho espiritual do artesão antes de iniciar seu trabalho — uma imagem que sobrevive tanto ao processo de fabricação quanto ao objeto fabricado, adquirindo assim uma perenidade que a prepara para a eternidade no céu das ideias.

A analogia subjacente à doutrina da alma de Platão desenvolve-se da seguinte maneira: assim como o sopro de vida está relacionado com o corpo que ele abandona, isto é, ao cadáver, a alma, daí em diante, está em princípio relacionada com o corpo que vive. A analogia subjacente à sua doutrina das ideias pode ser reconstruída de maneira semelhante; assim como a imagem espiritual do artesão guia sua mão na fabricação e é a medida do sucesso ou do fracasso do objeto, também a totalidade dos dados sensíveis e materiais no mundo das aparências relaciona-se com um padrão invisível situado no céu das ideias e é avaliada de acordo com ele.

Sabemos que a palavra *noeomai* foi primeiramente utilizada no sentido de percepção visual e, em seguida, transferida para percepções do espírito, com o sentido de "apreensão"; acabou finalmente tornando-se uma palavra para designar a mais alta forma de pensamento. É razoável supor que ninguém pensou que o olho, o órgão da visão, e o *nous*, o órgão do pensamento, fossem o mesmo; mas a própria palavra indicou que a relação entre o olho e o objeto visto era semelhante à relação entre o espírito e seu objeto-de-pensamento — isto é, forneceu o mesmo tipo de evidência. Sabemos que ninguém antes de Platão usara essa palavra própria para designar tanto a forma como o esboço do artesão na linguagem filosófica, assim como ninguém antes de Aristóteles usara a palavra *energos* — um adjetivo que designa aquele que é ativo, que está trabalhando, ocupado — para formular o termo *energeia,* atualidade, em oposição a *dynamis,* simples potencialidade. E o mesmo se dá com termos tão clássicos quanto "substância" e "acidente", derivados do latim *hypokeimenon* e *kata symbebekos* — aquilo que subjaz, distinto daquilo que acidentalmente acompanha. Ninguém antes de Aristóteles usara a palavra *Kategoria* (categoria) — cujo significado era aquilo que se afirmava, em um julgamento, a respeito do réu — em outro sentido que não fosse o de acusação.[75] No sentido

AS ATIVIDADES ESPIRITUAIS EM UM MUNDO DE APARÊNCIAS

aristotélico, essa palavra acabou tornando-se algo como "predicado", com base na seguinte analogia: assim como fazer uma acusação (*katagoreuein ti tinos*) é atribuir (*Kata*) ao réu algo de que ele é acusado, e, portanto, algo que pertence a ele, predicar é atribuir ao sujeito a qualidade apropriada. Esses exemplos são todos familiares e poderiam se multiplicar. Acrescentarei apenas mais um, a meu ver especialmente expressivo, dada a grande importância que tem na terminologia filosófica; nossa palavra para o grego *nous* é ou mente — do latim *mens*, indicando algo como o alemão *Gemüt* — ou razão. Interesso-me aqui apenas por esta última acepção. Razão vem do latim *ratio*, derivado do verbo *reor, ratus sum*, que significa calcular e também raciocinar. A tradução latina tem um conteúdo metafórico inteiramente distinto, que se aproxima muito mais da palavra grega *logos* do que de *nous*. Para aqueles que têm um preconceito compreensível contra argumentos etimológicos, gostaria de lembrar a famosa expressão de Cícero: *ratio et oratio*, que não faria qualquer sentido em grego.

A metáfora, servindo de ponte no abismo entre as atividades espirituais interiores e invisíveis e o mundo das aparências, foi certamente o maior dom que a linguagem poderia conceder ao pensamento e, consequentemente, à filosofia; mas a metáfora em si é, na origem, poética, e não filosófica. Não é de espantar, portanto, que poetas e escritores afinados com a poesia, e não com a filosofia, conhecessem sua função essencial. Daí lermos em um ensaio pouco conhecido de Ernest Fenollosa, publicado por Ezra Pound e, ao que eu saiba, jamais mencionado na literatura sobre metáfora: "A metáfora é [...] a própria substância da poesia"; sem ela, "não haveria ponte que permitisse a travessia da verdade menor do que é visto para a verdade maior do que não se vê".[76]

O descobridor desse instrumento originalmente poético foi Homero, cujos dois poemas estão cheios de todos os tipos de expressões metafóricas. Escolho em um *embarras de richesses* a passagem da *Ilíada* em que o poeta compara o açoite violento do medo e da dor do coração dos homens com o açoite dos ventos que chegam de várias direções nas águas do mar.[77] Pensem nessas tempestades já tão conhecidas, parece nos dizer o poeta, e compreenderão a dor e o medo. É bastante significativo que a coisa não funcione ao contrário. Pode-se pensar à vontade acerca da dor e do medo sem que se chegue a descobrir qualquer coisa sobre os ventos e o mar; a comparação tem a intenção clara de contar o que o medo e a dor podem fazer ao coração humano, isto é, tem a intenção de iluminar uma experiência que não aparece. A irreversibilidade da análise a distingue nitidamente do símbolo matemático utilizado por Aristóteles na tentativa de descrever a mecânica da metáfora. Por mais feliz que seja o achado de uma metáfora na expressão de uma "semelhança perfeita" de relação entre duas "coisas completamente diferentes", e por maior perfeição — uma vez que A não é obviamente o mesmo que C, e B não é o mesmo que D — que a fórmula B:A = O:C possa ter na expressão dessa semelhança, a equação de Aristóteles implica reversibilidade — se B:A = D:C, C:D = A:B. O que se perde no cálculo matemático é a função real da metáfora, a volta ao mundo sensível que ela proporciona ao espírito com a finalidade de iluminar suas experiências não sensíveis, e para as quais não há palavras em qualquer língua. (A fórmula aristotélica funcionou porque lidou apenas com coisas visíveis, e, na verdade, foi aplicada não à metáfora e a seu transporte de um domínio para outro, mas sim a *emblemas,* e os emblemas são já ilustrações visíveis de algo invisível — a taça de Dionísio, um ideograma da disposição festiva associada com o vinho; o escudo de Ares, um ideograma da fúria da guerra; a balança da justiça nas mãos da deusa cega, um ideograma da Justiça, pesando as ações sem considerar os agentes. O mesmo se dá com analogias esgotadas, transformadas em expressões idiomáticas, como no caso do segundo exemplo de Aristóteles: "A velhice (D) está para a vida (C) assim como o anoitecer (B) está para o dia (A).")

AS ATIVIDADES ESPIRITUAIS EM UM MUNDO DE APARÊNCIAS

É claro que há na *linguagem comum* uma enorme variedade de expressões figurativas que se assemelham às metáforas sem que venham a exercer a verdadeira função delas.[78] São simples figuras de linguagem, mesmo quando usadas por poetas — "branco como marfim", para ficar com Homero —, e são também muitas vezes caracterizadas por uma transferência, quando algum termo pertencente a uma classe de objetos é remetido a outra classe; é assim que falamos no "pé" de uma mesa, como se fosse parte de um homem ou de um animal. Aqui a transferência se dá em um mesmo domínio dentro do "gênero" dos visíveis, e aqui a analogia é de fato reversível. Mas não é sempre o caso, mesmo quando se trata de metáforas que não apontam diretamente para algo invisível. Homero nos dá outro tipo mais complexo de metáfora estendida ou símile, a qual, deslocando-se entre os visíveis, aponta para uma história oculta. Por exemplo, o famoso diálogo entre Ulisses e Penélope, logo antes da cena do reconhecimento, em que Ulisses, disfarçado de mendigo e contando "muitas coisas falsas", diz a Penélope que hospedara seu marido em Creta. Relata-se a maneira como "as lágrimas corriam" enquanto Penélope ouvia, e "seu corpo se ia derretendo como a neve derrete nas altas montanhas, quando ali sopram o Zéfiro, espalhando-a, e quando é derretida pelo Euro, fazendo transbordar os rios. Assim corriam as lágrimas pelas belas faces de Penélope, enquanto chorava por um marido que ali estava, sentado junto dela".[79] Aqui a metáfora parece combinar apenas os visíveis; as lágrimas nas faces não são menos visíveis do que a neve que derrete. O invisível que se faz visível na metáfora é o longo inverno da ausência de Ulisses — a frigidez sem vida e a dureza oculta daqueles anos — que, agora, aos primeiros sinais de esperança por uma vida renovada, começam a abrandar-se. As lágrimas em si expressam apenas o pesar; seu significado — os pensamentos que produziam essas lágrimas — manifesta-se na metáfora da neve derretendo e amaciando a terra antes da primavera.

Kurt Riezler, o primeiro a associar "o símile homérico com o início da filosofia", insiste na *tertium comparationis* necessária a qualquer comparação, que permite "ao poeta perceber e tornar conhecida a alma como mundo e o mundo como alma".[80] Por trás da oposição entre mundo e alma, deve haver uma unidade que torne possível a correspondência, uma "lei ignorada", como diz Riezler, citando Goethe, presente tanto no mundo dos sentidos quanto no domínio da alma. É a mesma unidade que reúne todos os opostos — dia e noite, luz e escuridão, frio e calor —, cada um dos quais inconcebíveis em separado, impensáveis a não ser quando misteriosamente relacionados à sua antítese. Tal unidade oculta torna-se, segundo Riezler, o tópico dos filósofos, a *koinos logos* de Heráclito, a *hen pan* de Parmênides; a percepção dessa unidade distingue a verdade do filósofo das opiniões dos homens comuns. E, a título de reforço, Riezler cita Heráclito: "O deus é dia-noite, inverno-verão, guerra-paz, saciedade-fome [todos os opostos, ele é o *nous*]; ele se modifica assim como o fogo, quando misturado aos aromas, é nomeado pelo perfume que a ele se mistura."[81]

A filosofia — é razoável admitir — foi à escola de Homero para imitar-lhe o exemplo. E a tendência para admitir isto é ainda mais reforçada pelas duas primeiras, mais famosas e influentes alegorias do pensamento: a viagem de Parmênides aos portões do dia e da noite e a alegoria da caverna de Platão, sendo que a primeira é um poema e a segunda é essencialmente poética, impregnada pela linguagem homérica. Isso no mínimo sugere que Heidegger estava certo quando chamou a poesia e o pensamento de vizinhos próximos.[82]

Tentando agora examinar mais de perto as várias formas de que a linguagem dispõe para estabelecer uma ponte sobre o abismo entre o domínio do invisível e o mundo das aparências, podemos oferecer, provisoriamente, a seguinte descrição geral: da sugestiva definição aristotélica da linguagem como "emissão sonora e significativa" de palavras que já em si são "sons com significado" que "se assemelham a pensamentos", pode-se concluir que pensar é a atividade do espírito que dá realidade àqueles produtos do espírito inerentes ao discurso e para os quais a linguagem, sem qualquer esforço especial, já encontrou uma morada adequada, ainda que provisória, no mundo audível. Se falar e pensar nascem da mesma fonte, então o próprio dom da linguagem poderia ser tomado como uma espécie de prova, ou talvez mais como um sinal de que o homem é naturalmente dotado de um instrumento capaz de transformar o invisível em uma "aparência". A "terra do pensamento" de Kant — *Land des Denkens* — pode nunca aparecer ou se manifestar aos olhos do corpo; manifesta-se, com todo tipo de distorção, não só para nosso espírito, mas também para os ouvidos do corpo. E é nesse contexto que a linguagem do espírito, através da metáfora, retorna ao mundo das visibilidades para iluminar e elaborar melhor aquilo que não pode ser visto, mas que pode ser dito.

Analogias, metáforas e emblemas são fios com que o espírito se prende ao mundo, mesmo nos momentos em que, desatento, perde o contato direto com ele; são eles também que garantem a unidade da experiência humana. Além disso, servem como modelos no próprio processo de pensamento, dando-nos orientação quando tememos cambalear às cegas entre experiências nas quais nossos sentidos corporais, com sua relativa certeza de conhecimento, não nos podem guiar. O simples fato de que nosso espírito é capaz de encontrar tais analogias — que o mundo das aparências nos lembra coisas não-aparentes — pode ser visto como uma espécie de "prova" de que corpo e espírito, pensamento e experiência sensível, visível e invisível se pertencem, são, por assim dizer, "feitos" um para o outro. Em outras palavras, se a rocha no mar, que "resiste à rota veloz dos ventos que silvam, às ondas que se elevam e nela rebentam", pode tornar-se uma metáfora para resistência em combate, então "não é [...] correto dizer que a rocha é vista antropomorficamente, a não ser que acrescentemos que nossa compreensão da rocha é antropomórfica pela mesma razão que essa compreensão pode permitir que nos vejamos petromorficamente".[83] Há finalmente a irreversibilidade da relação expressa na metáfora; ela indica, à sua maneira, a absoluta primazia do mundo das aparências, fornecendo, assim, mais uma evidência dessa extraordinária qualidade que o pensamento tem de estar sempre fora de ordem.

Esse último ponto é de especial importância. Se a linguagem do pensamento é essencialmente metafórica, o mundo das aparências insere-se no pensamento independentemente das necessidades de nosso corpo e das reivindicações de nossos semelhantes que de algum modo nos fazem retroceder. Por mais perto que estejamos em pensamento daquilo que está longe, por mais ausentes que estejamos em relação ao que está à mão, obviamente o ego pensante jamais abandona de todo o mundo das aparências. A teoria dos dois mundos, como já disse, é uma falácia metafísica, mas não é absolutamente arbitrária ou acidental. É a falácia mais razoável a atormentar a experiência do pensamento. A linguagem, prestando-se ao uso metafórico, torna-nos capazes de pensar, isto é, de ter trânsito em assuntos não sensíveis, pois permite uma transferência, *metapherein,* de nossas experiências sensíveis. Não há dois mundos, pois a metáfora os une.

13. A METÁFORA E O INEFÁVEL

As atividades do espírito trazidas à linguagem como único meio de sua manifestação retiram cada uma de suas metáforas de um sentido corporal diferente, e sua plausibilidade depende de uma afinidade inata entre certos dados mentais e certos dados sensíveis. Assim, desde o início da filosofia formal, o pensamento foi concebido em termos de *visão*. E como o pensamento é a mais fundamental e a mais radical das atividades espirituais, a visão "tendeu a servir de modelo para a percepção em geral, e, portanto, de medida para os outros sentidos".[84] A predominância da visão impregna tão profundamente o discurso grego e, portanto, nossa linguagem conceitual, que raramente se encontra qualquer consideração a seu respeito, como se ela pertencesse às coisas óbvias demais para serem notadas. Uma breve observação de Heráclito, "Os olhos são testemunhas mais exatas que os ouvidos",[85] é uma exceção, e não das mais úteis. Pelo contrário, quando levamos em conta como é fácil para a visão — diferentemente dos outros sentidos — deixar de fora o mundo exterior, e quando examinamos a antiga noção de bardo cego, cujas histórias são ouvidas, podemos nos indagar por que não foi a audição a metáfora do pensamento.[86] Não é de todo verdade, contudo, que, nas palavras de Hans Jonas, "o espírito foi onde a visão apontou."[87] As metáforas utilizadas pelos teóricos da Vontade raramente são extraídas da esfera da visão; seu modelo ou é o desejo como propriedade quintessencial de todos os nossos sentidos — já que servem ao apetite geral de um ser que precisa e que quer —, ou é extraída da audição, na linha da tradição judaica de um Deus que se ouve mas não se vê. (As metáforas retiradas da audição são muito raras na história da filosofia; a mais notável exceção moderna são os últimos escritos de Heidegger, nos quais o ego pensante "ouve" o chamado do Ser. Os esforços medievais para reconciliar o ensino bíblico com a filosofia grega atestam a completa vitória da intuição e da contemplação sobre toda forma de audição; tal vitória foi, por assim dizer, pressagiada pela antiga tentativa de Fílon de Alexandria de afinar seu credo judaico com uma filosofia platonizante. Ele estava, todavia, ciente da distinção entre uma verdade hebraica, que era escutada, e a *visão* grega do verdadeiro. Transformou a primeira em simples preparação para a segunda, a ser alcançada pela intervenção divina que transformara os ouvidos do homem em olhos, permitindo a maior perfeição da cognição humana.)[88]

Finalmente o juízo, que é, em termos de descoberta, a última de nossas habilidades espirituais, retira, como tão bem sabia Kant, sua linguagem metafórica do sentido do *gosto* (*A crítica do juízo* foi originalmente concebida como "Crítica do gosto"), o mais íntimo, privado e indiossincrático dos sentidos, de certo modo oposto à visão, com sua "nobre" distância. O principal problema da *Crítica do juízo* tornou-se, portanto, a questão de como proposições de juízo poderiam chegar a pretender, como é o caso, uma concordância geral.

Jonas enumera todas as vantagens da visão como metáfora-guia e como modelo para o espírito pensante. Há, em primeiro lugar, o fato indiscutível de que nenhum outro sentido estabelece distância tão segura entre sujeito e objeto; a distância é a condição mais básica para o funcionamento da visão. "O ganho é o conceito de objetividade, da coisa como ela é em si, diferentemente da coisa como ela me afeta; dessa distinção surge toda a ideia de *theoria* e de verdade teórica." Além disso, a visão nos fornece um "múltiplo contemporâneo", enquanto todos os outros sentidos, especialmente a audição, "constroem suas 'unidades de percepção de um múltiplo' a partir de uma sequência temporal de sensações". A visão permite "liberdade de escolha [...], que depende [...] função [...] do fato de que, vendo, ainda não estou capturado pelo objeto visto [...]. [O objeto visto] deixa-me estar", assim como eu o deixo estar, enquanto os outros sentidos me afetam diretamente. Isso vale especialmente para a audição, a única concorrente possível para a visão em termos de primazia, mas que se vê desqualificada pelo fato de que "invade um sujeito passivo". Na audição, aquele que percebe está à mercê de algo ou de alguém. (A propósito, essa pode ser a razão pela qual a língua alemã tenha feito derivar uma enorme série de palavras indicadoras da posição de não-liberdade do verbo *hören*, ouvir: *gehorchen*, *hörig*, *gehören*, obedecer, ser cativo, pertencer.) O mais importante em nosso contexto é o fato, trazido à tona por Jonas, de que a visão necessariamente "introduz o observador"; e para o observador, ao contrário do ouvinte, o *"presente* [não é] a experiência pontual do *agora* que passa", mas é transformado em uma *"dimensão* dentro da qual as coisas podem ser observadas [...] como uma permanência do mesmo". "Somente a visão fornece a base sensível na qual o espírito pode conceber a ideia do eterno, aquilo que jamais se modifica e está sempre presente."[89]

Mencionei anteriormente que a linguagem, o único meio no qual o invisível pode tornar-se manifesto em um mundo de aparências, não é assim tão adequada para exercer aquela função quanto os nossos sentidos são adequados à tarefa de lidar com o mundo perceptível. Sugeri que a metáfora pode, a seu modo, curar o defeito. A cura tem os seus perigos e jamais chega, tampouco, a ser completamente adequada. O perigo está na evidência esmagadora que a metáfora fornece, apelando para a evidência inquestionada da experiência sensível. As metáforas podem, portanto, ser usadas pela razão especulativa, que, na verdade, não as pode evitar; mas quando elas invadem o raciocínio científico, como é sua tendência, são usadas e "abusadas" para fornecer evidência plausível para teorias que, na realidade, são hipóteses a serem provadas ou refutadas pelos fatos. Hans Blumenberg, em seu *Paradigemen zu einer Metaphorologie*, investigou certas figuras de retórica bastante comuns, tais como a metáfora do iceberg, ou as diversas metáforas marinhas através de séculos de pensamento ocidental; e então, quase por acidente, descobriu em que medida as pseudociências tipicamente modernas devem sua razoabilidade à aparente evidência da metáfora, que substitui a falta de evidência dos dados. O melhor exemplo é a teoria da consciência da psicanálise, em que a consciência é vista como a ponta de um iceberg, uma simples indicação da massa flutuante de inconsciência que está submersa.[90] Não só essa teoria jamais foi demonstrada, como é indemonstrável em seus próprios termos: no momento em que um fragmento de inconsciência alcança a ponta do iceberg, ele terá se tornado consciente e terá perdido todas as propriedades de sua alegada origem. Ainda assim, a evidência da metáfora do iceberg é tão esmagadora que a teoria dispensa argumentos ou demonstração; o uso da metáfora nos pareceria inquestionável se nos dissessem que estávamos lidando com especulações sobre algo desconhecido — do mesmo modo que os séculos anteriores usaram analogias nas especulações sobre Deus. O único problema é que cada uma dessas especulações traz em si um *constructo* espiritual em cuja ordem sistemática cada dado pode encontrar seu lugar hermenêutico, com uma consistência ainda mais rigorosa do que a fornecida por uma teoria científica bem-sucedida, uma vez que, sendo um *constructo* exclusivamente espiritual, sem necessidade de qualquer experiência real, não tem de lidar com as exceções à regra.

Seria tentador acreditar que o pensamento metafórico é um perigo somente quando é utilizado pelas pseudociências; e que o pensamento filosófico, se não tem pretensão à verdade demonstrável, está a salvo na utilização de metáforas apropriadas. Infelizmente não é esse o caso. Os sistemas-de-pensamento dos grandes filósofos e metafísicos do passado apresentam uma desconfortável semelhança com os *constructos* espirituais das pseudociências; exceto pelo fato de que os grandes filósofos, em contraste com a convicção absoluta de seus confrades inferiores, insistiram quase que unanimemente em algo "inefável" por trás das palavras escritas, algo de que, quando pensavam e não escreviam, tinham clara ciência e que, entretanto, resistia a ser definido e transmitido para os outros; os filósofos insistiram, em resumo, em que havia algo que se recusava a passar por uma transformação que fizesse com que esse algo aparecesse e tomasse seu lugar entre as aparências do mundo. Retros-

AS ATIVIDADES ESPIRITUAIS EM UM MUNDO DE APARÊNCIAS

pectivamente, somos tentados a ver essas sempre recorrentes declarações como tentativas de advertir o leitor de que ele estaria correndo o risco de cometer um erro fatal de compreensão: o que se oferecia a ele eram pensamentos, não cognições, não pedaços sólidos de conhecimento que, uma vez adquiridos, dissipariam a ignorância; como filósofos, estiveram inicialmente interessados em assuntos que escapavam ao conhecimento humano, sem que por isso escapassem à razão humana, vendo-se inclusive atormentados por ela. E uma vez que, na busca dessas questões, os filósofos inevitavelmente descobriram um grande número de coisas de fato cognoscíveis, a saber, todas as leis e axiomas do pensar correto e as várias teorias do conhecimento, eles próprios bem cedo acabaram por embaçar a distinção entre pensar e conhecer.

Enquanto Platão continuou mantendo que a verdadeira *arché*, início e princípio da filosofia, é o espanto,[91] Aristóteles, nos parágrafos iniciais da *Metafísica*,[92] interpretou — e foi o primeiro a fazê-lo — esse mesmo espanto como pura perplexidade ou desorientação (*aporein*); por meio da perplexidade, os homens conscientizam-se de sua ignorância a respeito das coisas que se deixam conhecer, começando pelas "coisas que estão à mão" e avançando em direção a "grandes assuntos, como o Sol, a Lua, as estrelas e a gênese de todas as coisas". Os homens, disse ele, "filosofaram para escapar à ignorância", e o espanto platônico foi entendido não mais como um princípio, mas como um mero começo: "Todos os homens começam por espantar-se, [...] mas é preciso terminar com o oposto do espanto e com o que é melhor [do que espantar-se], como é o caso quando eles aprendem."[93] Assim, Aristóteles — embora também ele, em um contexto diferente, tenha falado de uma verdade *aneu logou,* uma verdade que resistia à expressão discursiva[94] — não teria dito com Platão: dos assuntos que abordo, nada é conhecido, já que não existe nada escrito sobre eles, nem jamais haverá qualquer coisa a ser escrita no futuro. Quem escreve sobre tais coisas nada sabe; sequer se conhece a si mesmo. Pois não há jeito de colocar tais coisas em palavras, assim como há outras coisas que podem ser aprendidas. Por conseguinte, ninguém que possua a verdadeira faculdade do pensamento (*nous*) e que, portanto, perceba a debilidade das palavras, jamais arriscará a modelar pensamentos em discurso, e muito menos a ajustar os pensamentos a uma forma inflexível quanto a das letras escritas.[95]

O mesmo será ouvido, quase com as mesmas palavras, ao final de todo este desenvolvimento. É desse modo que Nietzsche, que certamente não era um platonista, escreve a seu amigo Overbeck: "Minha filosofia [...] não pode mais ser comunicada, pelo menos não pode ser impressa";[96] e, em *Além do bem e do mal*: "Não se pode mais amar suficientemente um *insight* quando o comunicamos."[97] E Heidegger escreve, não sobre Nietzsche, mas sobre si mesmo: "O limite interno de todo pensamento [...] é que o pensador jamais pode dizer aquilo que é mais seu [...], porque a palavra falada recebe sua determinação do inefável."[98] Ao que podemos acrescentar breves observações de Wittgenstein, cujas investigações filosóficas centram-se no inefável, em um esforço incansável para *dizer* o que "pode *ser*": "Os resultados da filosofia são a descoberta [...] de *galos* que o intelecto ganhou quando bateu com a cabeça nos limites da linguagem." Esses galos são o que designamos aqui como "falácias metafísicas"; são aquilo que "nos faz ver o valor da descoberta". Ou: "Os problemas filosóficos surgem quando a linguagem sai de férias" (*wenn die Sprache feiert*). No alemão isso é ambíguo: pode significar "tirar férias", isto é, a linguagem para de funcionar, ou pode significar "celebrar", o que teria um significado quase oposto. Ou: "A filosofia é uma batalha contra o enfeitiçamento de nossa inteligência pela linguagem." O problema, claro, é que novamente tal batalha só pode ser travada com a linguagem.[99]

AS ATIVIDADES ESPIRITUAIS EM UM MUNDO DE APARÊNCIAS

Voltemos a Platão, uma vez que ele é, ao que eu saiba, o único filósofo de peso a nos deixar mais do que observações ocasionais sobre o assunto. A principal parte da *Sétima carta* não se dirige contra a fala, mas contra a escrita. Ela repete de forma abreviada as objeções já levantadas contra a escrita no *Fedro*. Há, em primeiro lugar, o fato de que a escrita "implanta o esquecimento"; fiando-se na palavra escrita, "os homens cessam de exercitar a memória". Há, em segundo lugar, o "silêncio majestoso" da palavra escrita, que não pode nem explicar a si mesma, nem responder a questões. Em terceiro lugar, ela não pode escolher o destinatário; cai em mãos erradas e "se espalha por toda parte"; malbaratada e abusada, é incapaz de defender-se; dela, o melhor que se pode dizer é que é um "passatempo" inofensivo, "um armazém de mantimentos [...] para quando a era do esquecimento chegar" ou uma "[entrega à] recreação, quando as pessoas se regalam com banquetes e coisas parecidas".[100] Mas na *Sétima carta* Platão vai além; não menciona suas *agrapha dogmata*, das quais tomamos conhecimento por meio de um comentário de Aristóteles,[101] mas nega-as implicitamente também quando explicitamente afirma que "não há jeito de colocar tais coisas em palavras, assim como há outras coisas que podem ser aprendidas".

Isso é muito diferente do que se lê nos diálogos platônicos (em embora não seja motivo para considerar a *Sétima carta* espúria). Lê-se *Político*, portanto, algo sobre semelhanças entre o visível e o invisível:

Semelhanças que os sentidos podem apreender estão disponíveis na natureza para aqueles seres reais [...] de modo que, quando alguém reivindica uma explicação sobre esses seres, não há qualquer problema — é só indicar as semelhanças sensíveis e dispensar qualquer indicação com palavras. Mas para a maior e mais importante classe de seres não há semelhanças correspondentes visíveis [...]. Nesses casos, nada de visível pode ser apontado que satisfaça o espírito interrogador [...]. Portanto, devemos nos treinar para dar [...] uma explicação em palavras para cada coisa existente. Porque os seres que não possuem um corpo visível, os seres que têm o maior valor e a importância principal são demonstráveis somente pela fala (*logos*) e não devem ser apreendidos por qualquer outro meio.[102]

No *Fedro*,[103] Platão contrasta a palavra escrita com a palavra falada, usada na arte de "discorrer sobre as coisas" (*techne dialektike*), a "fala viva, o original do qual o discurso escrito pode bem ser chamado de uma espécie de imagem". A arte do discurso vivo é exaltada porque ele sabe como selecionar seus ouvintes; ele não é estéril (*akarpoi*), mas contém um sêmen a partir do qual diferentes *logoi*, palavras e argumentos, crescem em diferentes ouvintes, de modo que a semente se torne imortal. Mas se quando pensamos levamos a cabo esse diálogo interior, é como se estivéssemos "escrevendo palavras em nossas almas"; em momentos como esses, "nossa alma é como um livro", mas um livro que já não contém mais palavras.[104] Depois do escritor, um segundo artesão intervém quando pensamos: trata-se de um "pintor", que pinta em nossa alma aquelas imagens correspondentes às palavras escritas. "Isso acontece quando afastamos essas opiniões e afirmações faladas da visão ou de qualquer outro tipo de percepção, de modo que então passamos, de alguma maneira, a *ver* as imagens daquilo sobre o que inicialmente opinamos e falamos."[105]

Na *Sétima carta,* Platão nos diz brevemente como essa dupla transformação pode chegar a acontecer, como é que se pode *falar sobre* nossa percepção sensível e como esse falar sobre (*dialegesthai*) é, em seguida, transformado em uma imagem visível somente para a alma. Temos nomes para o que vemos, como, por exemplo, o nome "círculo" para algo redondo; esse nome pode ser explicado em discurso (*logos*), em sentenças "compostas de substantivos e verbos", e dizemos que o círculo é "uma coisa cujas distâncias entre o centro e as extremidades são sempre iguais". Tais frases podem levar à confecção de círculos, de imagens (*eidólon*) que podem ser "desenhadas e apagadas, viradas e destruídas", processos que obviamente não afetam o círculo em si, que é diferente de todos esses círculos. O conhecimento e o espírito (*nous*) apreendem o círculo essencial, isto é, aquilo que todos os círculos têm em comum, algo que "não reside nem nos sons [da fala] nem nas formas dos corpos, mas na alma", e tal círculo é claramente "diferente do círculo real", percebido primeiramente na natureza pelos olhos do corpo, e diferente também dos círculos desenhados de acordo com uma explicação verbal. Esse círculo na alma é percebido pelo espírito (*nous*), que está mais próximo dele por afinidade e semelhança. E essa intuição interna pode em si ser chamada de verdade.[106]

À verdade do tipo da evidência, construída conforme o princípio das coisas percebidas pelos nossos olhos do corpo, pode-se chegar através da orientação (*diagógé*) de palavras na *dialegesthai*, o fio discursivo de pensamento que pode ser silencioso ou falado entre mestre e discípulo, "movendo-se para cima e para baixo", interrogando sobre "o que é verdadeiro e o que é falso". Mas o resultado, que se supõe ser uma intuição, e não uma conclusão, virá de súbito, depois de uma longa série de perguntas e respostas: "quando um instante de *insight* (*phronésis*) geral fulgura, e o espírito [...] é inundado de luz".[107] Essa própria verdade está além das palavras; os nomes a partir dos quais se inicia o processo de pensamento não são confiáveis — "nada impede que as coisas que agora são chamadas de redondas passem a ser chamadas de retas, e as retas, de redondas"[108] —, e as palavras, o discurso argumentado da fala que busca explicar, são "débeis": não oferecem mais do que uma "pequena orientação" para reavivar a luz na alma, como a de uma centelha tremulante, a qual, uma vez gerada, se torna autossustentável.[109]

Citei essas poucas páginas da *Sétima carta* com algum vagar porque oferecem, como em nenhum outro lugar, uma visão sobre a incompatibilidade entre a intuição — a metáfora-guia para a verdade filosófica — e o discurso — o meio pelo qual o pensamento se manifesta: a primeira sempre nos apresenta um múltiplo contemporâneo, enquanto o último necessariamente revela-se em uma sequência de palavras e sentenças. A ideia de que o discurso era um simples instrumento para a intuição foi um axioma até mesmo para Platão, e assim permaneceu ao longo da história da filosofia. Desse modo, Kant ainda nos diz: *"worauf alles Denken als Mittel abzweckt, [ist] die Anschauung"*, "todo pensamento é um meio de alcançar a intuição".[110] E Heidegger: "A *dialegesthai* traz em si a tendência em direção a uma nova *noein*, uma visão [...]. Falta-lhe o meio adequado da própria *theorein* [...]. Isso é o sentido básico da dialética platônica, que tende para uma visão, para um desvelamento que prepara a intuição original através dos discursos [...]. O *logos* permanece atado à visão; se a fala se afasta da evidência dada na intuição, ela degenera em um palavrório que impede a visão. *Leigen* se enraíza em visão, *horan."*[111]

A interpretação de Heidegger é confirmada por uma passagem no *Filebo*[112] de Platão, em que o diálogo interior de mim comigo mesmo é mais uma vez mencionado, sendo que agora em seu nível mais elementar: um homem vê um objeto a distância e, *já que, por acaso, está sozinho*, pergunta a *si mesmo*: O que é isso que aparece lá? Responde à sua própria pergunta: É um homem. Se ele "estivesse com alguém, teria de fato falado aquilo que disse a si mesmo, teria se dirigido a seu companheiro, teria pronunciado de forma audível os mesmos pensamentos [...] enquanto, sozinho, continua a pensar o mesmo consigo próprio". A verdade aqui é a evidência vista; e falar, bem como pensar, será autêntico se acompanhado pela evidência vista, apropriando-se dela e da verdade, traduzindo-a em palavras; no momento em que essa fala se afasta da evidência vista — como, por exemplo, quando se repetem as opiniões ou os pensamentos de outras pessoas, ela ganha a mesma inautenticidade que era, para Platão, característica da imagem quando comparada ao original.

AS ATIVIDADES ESPIRITUAIS EM UM MUNDO DE APARÊNCIAS

Dentre as peculiaridades mais destacadas de nossos sentidos está o fato de que não podem ser traduzidos entre si — nenhum som pode ser visto, nenhuma imagem pode ser ouvida, e assim por diante —, embora estejam interligados pelo senso comum, que, por essa simples razão, é o maior de todos os sentidos. Sobre esse tema citei Tomás de Aquino: "a única faculdade [que] se estende a todos os objetos dos cinco sentidos".[113] A linguagem, correspondendo ou acompanhando o senso comum, dá a um objeto seu nome comum; esse aspecto comum não só é fator decisivo para a comunicação intersubjetiva — o mesmo objeto sendo percebido por diferentes pessoas e comum a elas —, como também serve para identificar um dado que aparece de forma totalmente diferente para cada um dos cinco sentidos: áspero ou macio ao tato, amargo ou doce ao paladar, brilhante ou escuro à visão, soando em tons diferentes para a audição. Nenhuma dessas sensações pode ser adequadamente descrita em palavras. Nossos sentidos cognitivos, visão e audição, têm pouco mais afinidade com as palavras do que os sentidos inferiores do olfato, do paladar e do tato. O máximo que podemos dizer de alguma coisa é que cheira *como* uma rosa, que o gosto é *como* o de sopa de ervilha, que a textura é *como* a do veludo. "Uma rosa é uma rosa é uma rosa."

Obviamente, tudo isso é apenas mais uma maneira de dizer que a verdade, na tradição metafísica, entendida nos termos da metáfora da visão, é inefável por definição. Sabemos, pela tradição hebraica, o que acontece com a verdade quando a metáfora-guia não é a visão, mas a audição (em muitos aspectos, é mais parecida com o pensamento do que a visão, pela habilidade que tem de acompanhar sequências). O Deus hebraico pode ser ouvido, mas não visto, e a verdade torna-se, portanto, invisível: ["Não farás para ti escultura ou imagem semelhante a nada do que há nos céus ou abaixo da terra."] *A invisibilidade da verdade é, na religião hebraica, tão axiomática quanto sua inefabilidade na filosofia grega, da qual* toda filosofia posterior derivou suas hipóteses axiomáticas. E enquanto a verdade, entendida em termos de audição, exige obediência, a verdade em termos de visão apoia-se no mesmo tipo de autoevidência poderosa que nos força a admitir a identidade de um objeto no momento em que está diante de nossos olhos. A metafísica, a "ciência assombrosa" que "contempla aquilo que é enquanto é" (*epistémé hé theórei to on hé on*),[114] poderia descobrir uma verdade "que constrangesse os homens pela força da necessidade" (*hyp' autés tés alétheias anagkazomenoi*),[115] porque ela apoia-se na mesma impermeabilidade à contradição que conhecemos tão bem pelas experiências visuais. Porque nenhum discurso, seja ele dialético, no sentido socrático-platônico, seja lógico, que use regras estabelecidas para tirar conclusões a partir de premissas aceitas, seja retórico-persuasivo, jamais pode equiparar-se à simples, inquestionada e inquestionável certeza da evidência visível. "O que é aquilo que lá aparece? É um homem." Essa é uma perfeita *adequatio rei et intellectus*,[116] o acordo entre o conhecimento e seu objeto, que até para Kant era ainda a definitiva definição de verdade. Kant, entretanto, estava ciente de que, para tal verdade, "não se pode exigir qualquer critério geral. Seria [...] autocontraditório".[117] A verdade como autoevidência não demanda um critério; ela é o critério, o árbitro final de tudo o que possa vir. Assim, Heidegger, ao discutir o conceito tradicional de verdade em *Sein und Zeit*, ilustra-a da seguinte maneira: "Suponhamos que alguém de costas para a parede faz a afirmação correta de que 'o quadro pendurado na parede está torto'. A afirmação é confirmada quando o homem que a faz vira-se e percebe o quadro torto na parede."[118]

Talvez todas as dificuldades que a "ciência assombrosa", a metafísica, levantou desde o seu surgimento pudessem ser resumidas na tensão natural entre *theoria* e *logos*, entre ver e raciocinar com palavras — seja na forma de "dialética" (*dia-legesthai*) ou, ao contrário, na de silogismo (*syllogizesthai*); isto é, ao separar as coisas, especialmente as opiniões, por meio de palavras; ou ao reuni-las em um discurso que depende, para seu conteúdo de verdade, de uma premissa inicial percebida pela intuição, pelo *nous*, que não está sujeito ao erro, por não ser *meta logou*, por não ser uma sequência de palavras.[119] Se a filosofia é a mãe de todas as ciências, ela é em si a ciência dos começos e dos princípios da ciência, dos *archai*; e esses *archai*, que se tornam então o tópico da metafísica aristotélica, não podem mais ser derivados; são dados ao espírito em intuição autoevidente.

O que recomendou a visão como metáfora-guia na filosofia — e, juntamente com a visão, a intuição como ideal de verdade — foi não somente a nobreza desse nosso sentido mais cognitivo, como também a própria noção inicial de que a busca filosófica do significado era idêntica à busca, pelo cientista, do conhecimento. Vale a pena relembrar aqui a estranha torção que Aristóteles dá, no primeiro capítulo da *Metafísica*, à proposição de Platão de que *thaumazein*, o espanto, é o começo de toda filosofia. Mas a identificação da verdade com o significado foi feita, é claro, em momento ainda anterior. Porque o conhecimento vem da busca daquilo que nos acostumamos a chamar de verdade; e a forma mais alta, mais definitiva da verdade cognitiva é a intuição. Todo conhecimento começa na investigação das aparências tais como nos são dadas aos sentidos. E se o cientista quiser prosseguir e descobrir as causas dos efeitos visíveis, seu objetivo final será fazer aparecer o que possa estar escondido por trás das simples superfícies. Isso é verdade até mesmo para os mais complicados instrumentos mecânicos, projetados para capturar o que se esconde à inspeção a olho nu. Em última análise, a confirmação da teoria de qualquer cientista surge pela evidência dos sentidos — exatamente como no modelo simplista que tomei de Heidegger. A tensão a que aludi entre a visão e a fala não entra aqui; nesse nível, como no exemplo citado, a fala traduz a visão de maneira bastante adequada (seria diferente se o conteúdo do quadro, e não somente sua posição na parede, tivesse que ser expresso em palavras). O simples fato de que os símbolos matemáticos possam ser substituídos por palavras reais e que possam mesmo ser o mais expressivo dos fenômenos subjacentes forçados a aparecer pelos instrumentos, contra sua própria inclinação, demonstra a eficácia superior das metáforas da visão para tornar manifesta qualquer coisa que dispense a fala como condutora.

O pensamento, entretanto — ao contrário das atividades cognitivas, que o podem utilizar como um de seus instrumentos —, precisa do discurso não só para ter realidade sonora e para tornar-se manifesto; precisa dele até mesmo para poder ser ativado. E uma vez que o discurso é realizado em sequências de sentenças, o final do pensamento não pode jamais ser uma intuição, nem pode ser confirmado por algum pedaço de autoevidência observado através da contemplação muda. Se o pensamento, guiado pela velha metáfora da visão e compreendendo mal a si mesmo e à sua própria função, espera "verdade" de sua atividade, tal verdade não é só inefável por definição. "Como as crianças que tentam agarrar a fumaça com as mãos, os filósofos veem muitas vezes o objeto que estava ao seu alcance escapulir diante deles" — Bergson, o último filósofo a acreditar firmemente em "intuição", descreveu muito precisamente o que de fato aconteceu com os filósofos daquela escola.[120] E o motivo do "fracasso" é simplesmente que nada expresso em palavras pode jamais se ater à imobilidade de um objeto de simples contemplação. Comparado com um objeto de contemplação, o significado sobre o qual se pode falar é fugidio: se o filósofo quer vê-lo e capturá-lo, ele "foge".[121]

Desde Bergson, o uso da metáfora da visão na filosofia vem, não sem surpresa, diminuindo, à medida que a ênfase e o interesse passaram inteiramente da contemplação para a fala, de *nous* para *logos*. Com essa mudança, o critério para a verdade passou do acordo entre o conhecimento e seu objeto — a *adequatio rei et intellectus*, entendida como análoga à adequação entre visão e objeto visto — à simples forma do pensamento, cuja regra básica é o axioma da não-contradição, da consistência interna, isto é, passou àquilo que ainda Kant concebia como a simples "pedra de toque negativa da verdade". "Além da esfera do conhecimento analítico, ela não tem qualquer autoridade ou campo de aplicação. como um critério suficiente de verdade."[122] Para os poucos filósofos modernos que ainda se apegam às hipóteses metafísicas tradicionais — por mais tênues e duvidosas que sejam —, para Heidegger e para Walter Benjamin, a velha metáfora da visão não chegou a desaparecer de todo, mas, por assim dizer, encolheu: em Benjamin, a verdade "passa despercebida" (*huscht vorüber*); em Heidegger, o momento de iluminação é concebido como "relâmpago" (*Blitz*), e é finalmente substituído por uma metáfora inteiramente diferente, *das Gelaüt der Stille*, "o som ressonante do silêncio". Em matéria de tradição, esta última metáfora é a melhor aproximação que se tem da iluminação atingida pela contemplação não-discursiva. Pois, embora a metáfora seja agora, no fim e no ápice do processo de pensamento, extraída do sentido da audição, ela não corresponde em nada à escuta de uma sequência articulada de sons, como uma melodia, mas, novamente, a um estado mental imóvel de pura receptividade. E uma vez que o pensamento, um diálogo silencioso de mim comigo mesmo, é pura atividade do espírito combinada com uma completa imobilidade do corpo — "Nunca estou mais ativo do que quando não faço coisa alguma" (Catão) —, as dificuldades criadas pelas metáforas extraídas do sentido da audição seriam tão grandes quanto as dificuldades criadas pela visão. (Bergson, ainda tão firmemente preso à metáfora da intuição, falando sobre o ideal de verdade, refere-se ao "caráter essencialmente ativo, eu quase diria, violento, da intuição metafísica", sem ter consciência da contradição entre a quietude da contemplação e qualquer tipo de atividade, muito menos uma atividade violenta.)[123] E Aristóteles fala de *"energeia* filosófica" como a atividade "perfeita e desembaraçada que [justamente por essa razão] abriga em si o mais doce de todos os prazeres" [*Alla men he ge teleia energeia kai akolytos en heaute echei to chairein, hoste an eie he theoretike energeia pason hediste*].[124]

Em outras palavras, a principal dificuldade parece, aqui, ser que, para o próprio pensamento — cuja linguagem é inteiramente metafórica e cujo arcabouço conceitual depende inteiramente do dom da metáfora, que estabelece uma ponte no abismo entre o visível e o invisível, o mundo das aparências e o ego pensante —, não existe uma metáfora capaz de iluminar de forma razoável essa atividade especial do espírito, na qual algo invisível dentro de nós lida com os invisíveis do mundo. Todas as metáforas extraídas dos sentidos irão desembocar em dificuldades, pela simples razão de que todos os nossos sentidos são essencialmente cognitivos; portanto, concebidas como atividades, essas metáforas têm uma finalidade exterior; elas não são *energeia*, um fim em si mesmas, mas instrumentos que nos possibilitam conhecer e lidar com o mundo.

O pensamento está fora de ordem porque a busca do significado não produz qualquer resultado final que sobreviva à atividade, que faça sentido depois que a atividade tenha chegado ao fim. Em outras palavras, o prazer de que fala Aristóteles, apesar de manifesto para o ego pensante, é inefável por definição. A única metáfora que se pode conceber para a vida do espírito é a sensação de estar vivo. *Sem o sopro de vida, o corpo humano é um cadáver; sem pensamento, o espírito humano está morto.* De fato, é esta a metáfora posta à prova por Aristóteles no famoso capítulo sétimo do livro Lambda da *Metafísica*: "A atividade do pensamento [*energeia*, que tem seu fim em si mesma] é vida."[125] A lei a ela inerente, que somente um deus pode tolerar para sempre — e o homem só vez por outra, nos momentos em que ele se diviniza —, "é um movimento incessante, que é um movimento circular",[126] o único movimento, ou seja, o movimento que não tem fim ou que nunca resulta em produto final. Surpreende que essa estranhíssima noção do autêntico processo de pensamento, isto é, a *noesis noeseos*, como um girar em círculos — a mais gloriosa justificativa para o argumento circular na filosofia — jamais tenha preocupado nem aos filósofos nem aos intérpretes de Aristóteles — em parte, talvez, por causa das frequentes más traduções de *nous* e *theoria* por "conhecimento", ou seja, o que sempre alcança um fim e o que sempre produz um resultado final.[127] Se o pensar fosse um empreendimento cognitivo, ele teria que seguir um movimento retilíneo que partisse da busca de seu objeto e terminasse com sua cognição. O movimento circular aristotélico, tomado em conjunto com a metáfora da vida, sugere uma busca do significado que, para o homem, enquanto ser pensante, acompanha a vida e termina somente com a morte. O movimento circular é uma metáfora retirada do processo vital, o qual, embora indo do nascimento à morte, também gira em círculos enquanto o homem vive. A simples experiência do ego pensante mostrou-se impressionante a ponto de a noção de movimento circular ser repetida por outros pensadores, ainda que ela estivesse em flagrante contradição com suas hipóteses tradicionais de que a verdade é o resultado do pensar, de que existe algo como a "cognição especulativa" de Hegel.[128] Vemos Hegel dizer, sem qualquer referência a Aristóteles: "A filosofia forma um círculo [...] [ela] é uma sequência que não está solta no ar; ela não é algo que comece a partir de absolutamente nada; pelo contrário, *ela retorna a si mesma em círculos*" (grifos nossos).[129] Encontramos a mesma noção no final de "O que é a Metafísica?" de Heidegger, onde ele define a "questão básica da metafísica" como: "Por que existe algo, e não o nada?" — de certo modo, a primeira questão do pensar, mas, ao mesmo tempo, o pensamento no qual ela "sempre volta a mergulhar".[130]

Ainda assim, tais metáforas, embora correspondam ao modo especulativo e não-cognitivo de pensar e permaneçam leais às experiências do ego pensante, uma vez que não se relacionam com qualquer capacidade cognitiva, permanecem singularmente vazias; e o próprio Aristóteles não as utilizou em lugar algum — a não ser quando afirma que estar vivo é *energein*, isto é, estar ativo para o seu próprio bem.[131] Além disso, a metáfora obviamente se nega a responder à questão inevitável, "Por que pensamos?", uma vez que não existe resposta para a questão: "Por que vivemos?"

Nas *Investigações filosóficas* de Wittgenstein (escritas depois de ter ele se convencido da insustentabilidade de sua tentativa anterior, no *Tractatus*, de compreender a linguagem e, portanto, o pensamento como uma "figuração da realidade" — "Uma proposição é uma figuração da realidade. Uma proposição é um modelo da realidade tal como a concebemos"),[132] há um interessante jogo de pensamento que pode ajudar a ilustrar essa dificuldade. Ele pergunta: "Para que o homem pensa? [...] Será que pensa porque descobriu que pensar funciona? — Por que pensa que é vantajoso pensar?" Isso seria perguntar: "Será que ele cria seus filhos porque descobriu que isso funciona?" Ainda assim, temos que admitir que "*às vezes* pensamos porque descobrimos que funciona", indicando, com o grifo, que esse é o caso somente *às vezes*. Portanto: "Como podemos descobrir *por que* o homem pensa?" Ao que responde: "É frequente tornarmo-nos conscientes *dos fatos* importantes somente quando suprimimos a questão 'Por quê?'; e, então, no curso de nossas investigações, tais fatos nos levam a uma resposta."[133] É em um esforço deliberado para suprimir a questão "*Por que* pensamos?" que eu tratarei da questão "O *que* nos faz pensar?".

Capítulo 3   O que nos faz pensar?

14. OS PRESSUPOSTOS PRÉ-FILOSÓFICOS DA FILOSOFIA GREGA

Nossa questão — "O que nos faz pensar?" — não procura nem causas nem objetivos. Sem questionar a necessidade humana de pensar, ela parte da suposição de que a atividade de pensar está incluída entre as *energeiai*, aqueles atos que (como o de tocar flauta) têm o seu fim em si mesmos e não deixam nenhum produto, externo e tangível, no mundo que habitamos. Não podemos datar o momento em que essa necessidade começou a ser sentida; mas simplesmente a linguagem e tudo aquilo que conhecemos sobre épocas pré-históricas e sobre as mitologias cujos autores não podemos identificar nos dão certo direito de supor que essa necessidade é contemporânea ao aparecimento do homem sobre a Terra. Mas podemos sem dúvida datar o começo da metafísica e da filosofia e podemos identificar as respostas dadas à nossa pergunta em diferentes períodos de nossa história. Parte da resposta grega pode ser atribuída à convicção que todos os pensadores gregos tinham de que a filosofia torna os mortais capazes de habitar a vizinhança das coisas imortais e, assim, de adquirir ou alimentar a "imortalidade em sua mais alta medida, dentro dos limites da natureza humana".[1] Durante o curto espaço de tempo em que os mortais podem suportá-la, a atividade de filosofar transforma-os em criaturas semelhantes a deuses, "deuses mortais", como diz Cícero. (É seguindo essa direção que a etimologia antiga várias vezes derivou a palavra-chave *theorein*, e até mesmo *theatron*, de *theos*.)[2] A dificuldade da resposta grega é sua inconsistência em relação à própria palavra "filosofia", o amor ou o desejo da sabedoria que não pode propriamente ser atribuído aos deuses; nas palavras de Platão, "nenhum deus filosofa ou deseja ser sábio, pois ele já o *é*".[3]

Gostaria de comentar primeiro a estranha noção de *athanatizein* — imortalizar —, cuja influência sobre o tema legítimo da nossa metafísica tradicional é quase impossível superestimar. Em um capítulo anterior, como vocês lembrarão, interpretei a parábola pitagórica em termos do juízo. O juízo como uma faculdade distinta foi descoberto já perto do fim da Idade Moderna, quando Kant, dando continuidade ao interesse do século XVIII pelo fenômeno do gosto e de seu papel tanto na estética como nas relações sociais, escreveu a *Crítica do juízo*. Historicamente falando, dizer isso é bastante inadequado. A concepção pitagórica do papel do espectador teve significado diferente e bem mais abrangente para o surgimento da filosofia no Ocidente. A noção grega do divino está intimamente relacionada com o ponto principal da parábola, a supremacia do *theorein* (do contemplar) sobre o fazer. Segundo a religião homérica, os deuses não eram transcendentes, seu lar não era um além infinito, mas o "céu brônzeo [...] sua fortaleza para sempre segura".[4] Homens e deuses eram semelhantes, ambos do mesmo gênero (*hen andron, hen theon genos*), ambos devendo a vida à mesma mãe. Os deuses gregos, como nos dias de Heródoto, tinham a mesma *physis* que os homens.[5] Mas, embora fossem *anthropophysis* (do mesmo gênero que os homens), os deuses tinham, evidentemente, certos privilégios sobre os mortais: eles eram imortais e levavam uma "vida fácil". Livres das necessidades da vida mortal, podiam se dedicar à observação, olhando do alto do Olimpo as coisas humanas que, para eles, não eram mais do que um espetáculo a serviço de sua distração. O sentimento dos deuses olímpicos em relação ao caráter de espetáculo do mundo — uma noção tão diferente da que tinham outros povos a respeito das ocupações divinas, tais como criar e promulgar leis, fundar e governar comunidades — era uma inclinação partilhada com seus irmãos menos afortunados da Terra.

A paixão de ver, como já observamos, precede, na língua grega, até mesmo gramaticalmente, a sede de conhecimento. Que ela tenha caracterizado a atitude grega básica diante do mundo parece-me algo óbvio demais para exigir documentação. O que quer que aparecesse estava lá, antes de tudo, para ser olhado e admirado — a natureza e a ordem harmoniosa do *kosmos*, as coisas que vieram a ser por si mesmas e as que as mãos humanas "trouxeram ao ser" (*"agein eis ten ousian"* é a definição de Platão da fabricação, *to poiein*), bem como qualquer excelência humana (*arete*) apresentada no âmbito das coisas humanas.[6] O que induziu os homens à mera contemplação foi o *kalon*, a simples beleza das aparências, de tal forma que "a mais alta ideia do bem" encontrava-se no que mais brilhava (*tou ontos phanotaton*).[7] A virtude humana, o *kalon k'agathon*, não era avaliada nem pela intenção ou qualidade inata do ator, nem pela consequência de seus atos, mas apenas pela execução, como ele *apareceria enquanto estava fazendo*. A virtude era o que nós chamaríamos de virtuosismo. Assim como nas artes, os feitos humanos tinham que "brilhar por seus méritos intrínsecos", para usar uma expressão de Maquiavel.[8] Tudo o que existia deveria ser, em primeiro lugar, um espetáculo digno dos deuses, do qual os homens, evidentemente — como parentes pobres dos habitantes do Olimpo —, desejavam aproveitar uma parte.

Assim, Aristóteles atribuiu aos gregos a faculdade do *logos,* da fala racional, como traço distintivo em relação aos bárbaros. Mas atribuiu o desejo de ver a todos os homens. Desse modo, os habitantes da caverna de Platão se contentaram em olhar para os *eidola* que estavam diante deles, na tela, sem proferir uma única palavra, sem poder nem mesmo dirigir-se uns aos outros e comunicar-se, já que estavam em seus lugares, acorrentados pelas pernas e pelo pescoço. A multidão compartilha a divina paixão de ver. Era algo de divino o que estava implicado na posição do espectador pitagórico, divorciado de qualquer coisa humana. Quanto menos tempo um homem precisasse para cuidar de seu corpo, quanto mais tempo dedicasse à ocupação divina, mais ele se aproximaria do modo de vida dos deuses. Além disso, já que deuses e homens eram do mesmo gênero, mesmo a imortalidade divina não pareceria totalmente fora do alcance dos mortais. Embora seja constante fonte de inveja, o grande nome, a recompensa preciosa por "grandes feitos e grandes palavras" (Homero) conferia uma imortalidade potencial — um substituto inferior, é bem verdade. Por outro lado, cabia ao espectador conceder essa recompensa ao ator. Pois os poetas e os historiadores se ocupavam com o que aparece e desaparece da visibilidade do mundo no decurso do tempo antes que os filósofos se ocupassem com o que permanecerá para sempre invisível e com o que é não apenas imortal, mas de fato eterno, *ageneton*, com o que não apenas não tem fim, mas tampouco começo, isto é, é sem nascimento — os deuses gregos, como sabemos a partir da *Teogonia* de Hesíodo, eram imortais, mas não sem nascimento. O que estava em jogo, portanto, na ideia de uma posição externa ao âmbito dos assuntos humanos, antes mesmo do surgimento da filosofia, pode ser melhor esclarecido quando examinamos brevemente a noção que os gregos tinham da função poética e da posição do bardo.

Existe o relato de um poema perdido de Píndaro. Ele descrevia o banquete de casamento de Zeus, em que esse deus perguntou aos deuses reunidos se faltava algo à sua alegre bem-aventurança. Ao ouvir isso, os deuses lhe imploraram que criasse alguns novos seres divinos que soubessem embelezar suas grandes obras "com palavras e música". Os novos seres de qualidades divinas a que Píndaro se referia eram os poetas e os bardos, que ajudavam os homens a atingir a imortalidade.[9] Isso porque "a história das coisas feitas sobreviveu aos atos" e "o que é dito torna-se imortal, se foi bem dito".[10] Os bardos também, à maneira de Homero, "endireitavam a história [...] com [...] palavras mágicas para encantar os homens daí por diante".[11] Eles não noticiavam simplesmente; eles também endireitavam a história (*orthosas*). Ajax matou-se por vergonha, mas Homero, mais sábio, "honrou-o entre todos os homens". Faz-se aqui uma distinção entre uma coisa feita e uma coisa pensada, e esta coisa-pensamento é acessível apenas ao "espectador", ao não-agente.

Essa concepção do bardo vem diretamente de Homero. Os versos cruciais são aqueles que contam como Ulisses chega à corte dos Feácios e, por ordem do rei, é entretido pelo bardo, que canta a história de uma passagem da própria vida de Ulisses, sua luta com Aquiles. Ao ouvi-la, Ulisses esconde sua face e chora, apesar de nunca ter chorado antes, nem sequer quando os fatos que ele agora ouve ocorreram. Só quando ouve a história é que se torna totalmente consciente do seu significado. E o próprio Homero diz: o bardo canta para deuses *e* homens o que a musa (*Mnemosyne*, que cuida da lembrança) pôs em seu espírito. A musa deu-lhe coisas boas e más: ela privou-o do sentido da visão e deu-lhe o dom do canto harmonioso.

Píndaro, no poema perdido sobre Zeus, deve ter esclarecido tanto o aspecto subjetivo como o objetivo dessas primeiras experiências de pensamento: se o homem e o mundo não receberem louvores, sua beleza não poderá ser reconhecida. Já que os homens aparecem em um mundo de aparências, eles precisam de espectadores; os que comparecem como espectadores ao festival da vida são tomados por pensamentos de admiração, que são então postos em palavras. Sem espectadores, o mundo seria imperfeito. O participante absorvido em coisas específicas e pressionado por afazeres urgentes não pode ver como todas as coisas particulares do mundo e como todos os feitos particulares ajustam-se uns aos outros e produzem uma harmonia que não é, ela mesma, dada à percepção sensorial. Esse invisível no visível permaneceria para sempre oculto se não houvesse um espectador para cuidar dele, admirá-lo, endireitar as histórias e pô-las em palavras.

Em termos conceituais: o significado daquilo que realmente acontece e aparece enquanto está acontecendo só é revelado quando desaparece. A lembrança — por meio da qual tornamos presente para o nosso espírito o que de fato está ausente e pertence ao passado — revela o significado, na forma de uma história. O homem que faz a revelação não está envolvido com as aparências; ele é cego, protegido contra o visível, para poder "ver" o invisível. E o que ele vê com os olhos cegos e põe em palavras é a história, não é nem o próprio ato, nem o agente, embora a fama do agente venha a atingir grandes alturas. Daí surge a pergunta tipicamente grega: "Quem se torna imortal, o agente ou o narrador?" Ou: "Quem está na dependência de quem?" O agente depende do poeta, já que este torna aquele famoso; ou o poeta depende do agente, pois ele precisa realizar coisas que mereçam ser lembradas? Basta lermos a oração fúnebre de Péricles, no livro de Tucídides, para perceber que a questão permanece sem solução; sua resposta depende de quem responde a ela, o homem de ação ou o espectador. Péricles, estadista e amigo dos filósofos, considerava que a grandeza de Atenas, a cidade que se tornara "uma escola para a Hélade" (assim como Homero se tornara o professor de todos os gregos), devia-se ao fato de "não precisar de nenhum Homero ou de qualquer outro com o seu ofício" para tornar-se imortal. Os atenienses teriam deixado atrás de si, pelo simples poder de sua audácia, "monumentos imorredouros" em terras e mares.[12]

O traço distintivo da filosofia grega é que ela rompeu inteiramente com a avaliação de Péricles sobre o modo de vida mais alto e mais divino para os mortais. Para citar apenas um dos contemporâneos de Péricles, que era também seu amigo, vejamos a resposta de Anaxágoras a uma pergunta que, aliás, parece ter preocupado o povo grego, e não apenas os filósofos e os poetas: "Por que ter nascido é melhor do que não ter nascido?" Anaxágoras responde: "Para olhar o céu e as coisas que lá estão, as estrelas, a Lua e o Sol, como se nada além disso valesse a pena." E Aristóteles concorda com ele: "Devemos filosofar ou deixar a vida e ir embora daqui."[13]

O que havia de comum entre Péricles e os filósofos era a noção grega geral de que todos os mortais deviam esforçar-se por atingir a imortalidade; e isso era possível por causa da afinidade entre deuses e homens. Comparados com as outras criaturas vivas, o homem é um deus.[14] Ele é como um "deus mortal" (*quasi mortalem deum,* para citar novamente a frase de Cícero), cuja tarefa principal, portanto, consiste em uma atividade que possa remediar sua mortalidade e, assim, aproximá-lo ainda mais dos deuses, seus parentes mais próximos.[15] A alternativa a isso é submergir no nível da vida animal. "Os melhores escolhem uma coisa antes de tudo: a fama imortal entre os mortais; mas a multidão farta-se como o gado."[16] Aqui, o mais importante é que, na Grécia pré-filosófica, tornou-se axioma o fato de que o único incentivo digno do homem como homem era a busca da imortalidade: o grande feito é belo e louvável não porque sirva a um país ou a um povo, mas exclusivamente porque merecerá "menção eterna no rol imortal da fama".[17] Como Diotima faz notar a Sócrates: "Você acha que Alceste teria morrido para salvar Admeto, ou Aquiles para vingar Pátroclo [...], se eles não acreditassem que sua excelência [*areté*] viveria para sempre na memória dos homens, como de fato ela vive na nossa?"[18] E os vários tipos de amor, de acordo com o *Banquete*, de Platão, estão, em última instância, unidos pelo esforço que todas as coisas mortais realizam em direção à imortalidade.

Não sei quem foi o primeiro grego a tornar-se consciente da falha decisiva dessa louvada e invejada imortalidade divina. Os deuses eram imortais (*a-thanatoi*, aqueles que eram para sempre, *aien eontes*), mas não eram eternos. "Como a *Teogonia* nos informa com alguma rique-za de detalhes, todos eles tiveram um nascimento, sua duração vital tinha um começo temporal. São os filósofos que introduzem uma *arche* absoluta, ou começo, ele mesmo sem começo, uma fonte não gerada de geração permanente. O iniciador aqui é, provavelmente, Anaximan-dro.[19] Podemos ver o resultado mais claramente, no entanto, no poema de Parmênides.[20] O seu ser *é para sempre*, em sentido forte; ele é tanto não-gerado (*ageneton*) quanto imperecível (*anolethron*). Não limitada nem pelo nascimento nem pela morte, a duração do *que é* substitui e transcende a sobrevivência infinita que caracterizava os deuses olím-picos."[21] Em outras palavras, para os filósofos, o *Ser*, sem nascimento e sem morte, substitui a mera imortalidade dos deuses olímpicos. O ser tornou-se a verdadeira divindade da filosofia porque, nas famosas palavras de Heráclito, ele não foi "feito por nenhum dos deuses ou homens, mas sempre foi e sempre é e sempre será: um fogo sempre vivo, com medidas permanentes, reavivando-se e apagando-se".[22] A imortalidade dos deuses não era confiável; o que tinha vindo a ser po-deria muito bem deixar de ser — os deuses pré-olímpicos não tinham morrido e desaparecido? Essa falha (a meu ver, muito mais do que a sua conduta frequentemente imoral) é que tornou os deuses olímpicos vulneráveis aos ferozes ataques de Platão. A religião homérica nunca foi um credo que pudesse ser trocado por um outro credo; "os deuses olímpicos foram derrubados pela filosofia".[23] A nova e eterna divinda-de que Heráclito, no fragmento acima citado, ainda chama de *kosmos* (não o mundo ou o universo, mas sua ordem e harmonia), finalmente recebeu de Parmênides o nome de "Ser". Como sugere Charles Kahn, isso parece dever-se às conotações de *durabilidade* que a palavra teve desde o início. Sem dúvida é verdade, embora não seja nem um pouco óbvio, que "o aspecto de durabilidade do verbo, inseparável da raiz, tinge qualquer uso que dele se faça, inclusive o uso filosófico".[24]

Se o Ser substituiu os deuses olímpicos, a filosofia substituiu a religião. Filosofar tornou-se o único "caminho" possível da piedade, e a característica mais recente desse novo deus é que ele era Um. Torna-se evidente que este Um era um deus e ainda inquestionavelmente diferente do que nós entendemos por "ser", quando vemos que Aristóteles chamou a sua "Primeira Filosofia" de "Teologia", que ele não entendia como uma teoria sobre os deuses, mas o que se passou a chamar, muito mais tarde — no século XVIII — "Ontologia".

A grande vantagem da nova disciplina é que o homem não precisava mais confiar nos caminhos incertos da posteridade para fazer jus à sua cota de imortalidade. Ele poderia realizá-la em vida, sem recorrer à ajuda de seus semelhantes ou dos poetas, que teriam podido tornar seu nome imortal ao conceder-lhe fama. A via para a nova imortalidade era ocupar-se totalmente e estabelecer-se próximo das coisas eternas: e a nova faculdade que tornava isso possível era chamada *nous*, ou espírito. O termo foi tomado de empréstimo a Homero, em que *nous* abrange todas as atividades espirituais, além de designar especificamente a mentalidade de uma pessoa. É o *nous* que corresponde ao Ser; e quando Parmênides diz *"to gar auto noein estin te kai einai"*[25] [ser e pensar (*noein,* a atividade do *nous*) são a mesma coisa], ele já está dizendo implicitamente o que Platão e Aristóteles, depois dele, disseram explicitamente: existe algo no homem que corresponde exatamente ao divino, porque o capacita para viver, por assim dizer, na vizinhança do divino. É esse caráter divino que faz com que Pensar e Ser sejam a mesma coisa. Usando o *nous*, e retirando-se espiritualmente de todas as coisas perecíveis, o homem assimila-se ao divino. E essa assimilação é tomada em sentido literal. Pois do mesmo modo que o Ser é um deus, *nous*, de acordo com Aristóteles (que cita Ermótimos ou Anaxágoras), é "o deus em nós"; e "toda vida mortal possui uma parte de algum deus".[26] O *nous*, "como concordam todos os homens sábios", diz Platão, "é rei dos céus e da terra",[27] está, portanto, acima do universo inteiro, do mesmo modo que o Ser ocupa uma posição mais alta do que todo o resto. O filósofo, portanto, que ousou viajar além "dos umbrais do Dia e da Noite" (Parmênides), além do mundo dos mortais, "será chamado o amigo de deus, e se é dado ao homem o privilégio de alcançar a imortalidade, esse é um privilégio que lhe foi concedido".[28] Resumindo, engajar-se no que Aristóteles chamou *theórétiké energeia* — que é a mesma atividade da divindade (*hétou theou energeia*) — significa "imortalizar-se" (*athanatizein*), engajar-se em uma atividade que em si mesma nos torna imortais "na medida do possível, e fazer o máximo para viver de acordo com o que em nós é mais elevado".[29]

Para nós é importante notar que a parte imortal e divina dentro do homem só existe se for realizada e concentrada sobre o divino que permanece do lado de fora. Em outras palavras, o *objeto* dos nossos pensamentos concede imortalidade à própria atividade do pensamento. O objeto é invariavelmente o eterno, o que foi, é e será, e que, portanto, nem pode ser diferente do que é nem pode *não* ser. Esse objeto é, primariamente, "as revoluções do universo" que podemos acompanhar espiritualmente, provando, assim, que não somos "planta de raízes terrenas, porém celestes", criaturas que têm sua "afinidade original, não com a terra, mas com o céu".[30] Por trás dessa convicção podemos facilmente detectar o mais antigo e originário espanto filosófico. É o espanto que impele o cientista a "dissipar a ignorância" e que fez Einstein dizer: "O eterno mistério do mundo [isto é, do universo] é sua compreensibilidade." Portanto, todo o "desenvolvimento" subsequente de teorias que correspondam à compreensibilidade do universo "é, numa certa medida, uma fuga contínua do assombro".[31] Estaríamos tentados a dizer que o Deus dos cientistas criou o homem à sua própria imagem e o pôs no mundo apenas com um Mandamento: agora, trate de descobrir por si mesmo como tudo isso foi feito e como funciona.

Em todo caso, para os gregos, a filosofia era a "obtenção da imortalidade"[32] e, como tal, realizava-se em dois estágios. O primeiro era a atividade do *nous,* que consistia na contemplação do eterno e era, em si mesma, *aneu logou,* não discursiva; em seguida vinha a tentativa de traduzir a visão em palavras. Isso era chamado por Aristóteles *alétheuein* e significa não apenas dizer as coisas como elas realmente são, sem esconder nada, mas, além disso, aplica-se exclusivamente às proposições sobre coisas que sempre e necessariamente são, e que não podem ser de outro modo. O homem como homem, distinto de outras espécies animais, é um composto de *nous* e *logos:* "Sua essência é ordenada de acordo com o *nous* e o *logos — ho anthropos kai kata logon kai kata noun tetaktai autou he ousia."*[33] Dos dois, apenas o *nous* habilita o homem a tomar parte no eterno e no divino, enquanto o *logos,* que se destina a "dizer o que é" (*legein ta eonta* — Heródoto), é a habilidade singular e especificamente humana que se aplica também ao mero "pensamento mortal", opiniões ou *dogmata,* a habilidade que ocorre no âmbito dos assuntos humanos e do que meramente "parece" mas *não é.*

O *logos,* ao contrário do *nous,* não é divino, e a tradução da visão do filósofo em palavras — *alétheuein,* no sentido estrito do filósofo — criou dificuldades consideráveis. O critério da fala filosófica é a *homoiósis* (em oposição à *doxa,* ou opinião), "fazer um similar", ou assimilar em palavras o mais fielmente possível a visão fornecida pelo *nous,* em si mesma sem palavras, e que vê "diretamente, sem nenhum processo de raciocínio discursivo".[34] O critério para a faculdade da visão não é a "verdade", como sugere o verbo *aletheuein,* derivado do termo homérico *aléthes* (verídico). Em Homero, esse verbo é usado para as *verba dicendi,* no sentido de "diga-me sem esconder (*lanthanai*) nada dentro de você, ou seja, não me engane" — como se a função comum da fala, aqui implicada no *alpha privativum,* fosse precisamente a de enganar. A verdade permanece como critério da fala, embora mude de caráter à medida que ela tem que se assimilar e seguir as indicações da visão do *nous*. O critério para a visão é somente a qualidade de eternidade no objeto visto. O espírito pode diretamente tomar parte nessa eternidade, mas "se um homem abandona-se aos apetites e às ambições, e só com eles se ocupa [...], não deixará de tornar-se totalmente mortal, pois só alimenta sua parte mortal". Mas se ele "empenhou-se ardentemente" na contemplação dos objetos eternos, "não poderá deixar de possuir a imortalidade no mais alto grau que a natureza humana admite".[35]

Admite-se em geral que a filosofia — que a partir de Aristóteles é a área de investigações sobre as coisas que ultrapassavam os objetos físicos e os transcendiam (*tón meta ta physika*, "sobre o que vem depois do físico") — tem uma origem grega. E tendo origem grega, ela coloca para si mesma o objetivo original grego, a imortalidade, que parecia até mesmo linguisticamente o propósito mais natural para homens que se compreendiam como *mortais*, *thnétoi* ou *brotoi*. Os mortais, para quem, segundo Aristóteles, a morte era "o maior dos males", eram parentes de sangue, pertenciam ao mesmo clã que os deuses imortais, como se diz: "devendo a vida à mesma mãe". A filosofia nada fez para mudar esse objeto natural, apenas propôs um novo caminho para alcançá-lo. Dito de uma maneira sucinta, esse objetivo desapareceu com o declínio e a queda do povo grego; e desapareceu totalmente da filosofia com o advento do cristianismo, que anunciou a "boa-nova", dizendo aos homens que eles não eram mortais. Ao contrário das crenças pagãs, o mundo estaria condenado ao fim, mas os homens ressuscitariam encarnados após a morte. O último traço da busca grega de eternidade pode ser visto no *nunc stans*, o "agora permanente" da contemplação dos místicos medievais. Essa fórmula é impressionante, e veremos, mais adiante, que ela sem dúvida corresponde a uma experiência altamente característica do ego pensante.

Embora houvesse desaparecido o poderoso incentivo para o filosofar, os temas da metafísica permanecem os mesmos e continuaram a prejulgar, ao longo dos séculos, quais as coisas que valem a pena ser pensadas, quais não. O que para Platão era evidente — que o conhecimento puro diz respeito às coisas que "são sempre as mesmas, sem mudança nem mistura, ou, pelo menos, as que mais se aproximam delas"[36] —, permaneceu sendo, com múltiplas variantes, a pressuposição principal da filosofia até os últimos estágios da Era Moderna. Por definição, estavam excluídos todos os assuntos relativos aos negócios humanos, porque, contingentes, podiam sempre ser diferentes do que realmente são. Desse modo, o próprio Hegel, sob a influência da Revolução Francesa — na qual, segundo ele, princípios eternos como liberdade e justiça foram realizados —, incluiu a história em seu campo de investigação. Mas só pôde fazer isso supondo que não apenas as revoluções celestes — além das simples coisas do pensamento, números e coisas afins —, mas também o desenrolar dos negócios humanos na Terra seguiam as leis férreas da necessidade, as leis da encarnação do Espírito Absoluto. Daí por diante, o objetivo do filosofar não era a imortalidade, mas a necessidade: "A contemplação filosófica não tem outro propósito senão o de eliminar o acidental."[37]

Os assuntos metafísicos originalmente divinos, o eterno e o necessário, sobreviveram à necessidade de "imortalizar" por meio do esforço do espírito para "ficar" e permanecer na presença do divino, esforço tornado inútil com a ascensão do cristianismo, quando a fé substituiu o pensamento no papel de condutor da imortalidade. E permaneceu também, de maneira diferente, a avaliação da posição do espectador como o melhor e mais essencialmente filosófico modo de vida.

Em tempos pré-cristãos, essa noção divina estava presente nas escolas filosóficas da Antiguidade tardia, quando a vida no mundo não era mais considerada uma graça e quando o envolvimento com os assuntos humanos não era mais visto como uma distração em relação a uma atividade mais divina, mas como atitude perigosa e insípida em si mesma. Manter-se distante do envolvimento político significava ocupar uma posição externa ao turbilhão e à miséria dos assuntos mundanos e de suas mudanças inevitáveis. Os espectadores romanos não estavam mais situados nas últimas filas de um teatro de onde eles, como deuses, poderiam olhar, lá embaixo, o jogo do mundo. Agora o seu lugar era a costa ou o porto seguro de onde poderiam observar, sem correr riscos, a agitação selvagem e imprevisível do mar varrido pela tempestade. Essas são as palavras de Lucrécio, louvando as vantagens da posição de mero espectador: "Que prazer, quando, sobre o mar aberto, os ventos revolvem as águas, contemplar da costa o penoso trabalho de outrem! Não porque as aflições de alguém sejam em si mesmas uma fonte de prazer; mas considerar que estás livre de tais males sem dúvida é um prazer."[38] Aqui, evidentemente, perdeu-se completamente a relevância filosófica da posição de espectador — uma perda imposta a todas as noções gregas que passavam para mãos romanas. O que se perdeu não foi apenas o privilégio que o espectador tinha de julgar (como encontramos em Kant), nem o contraste fundamental entre pensar e fazer, mas a percepção ainda mais fundamental de que tudo aquilo que aparece está lá para ser visto, a percepção de que o conceito mesmo de aparência exige um espectador, o que tornava a visão e a contemplação atividades de estatuto o mais elevado.

Coube a Voltaire tirar conclusões sobre a afirmação de Lucrécio. Para ele, o desejo de ver não é mais do que curiosidade vulgar: ela atrai gente para assistir ao espetáculo de um navio prestes a ser afundado, ela leva pessoas a subir em árvores, a olhar para os massacres de uma batalha ou a comparecer a execuções públicas. E, segundo Voltaire, essa paixão humana é partilhada com os macacos e filhotes de cachorro. Em outras palavras, se Lucrécio tem razão e a paixão que o homem tem de assistir aos espetáculos pode ser creditada unicamente ao seu senso de segurança, então o simples prazer de ver pode ser atribuído apenas a um impulso imaturo e irracional que põe em perigo nossa própria existência. O filósofo a quem Lucrécio se dirige não precisa ver o naufrágio para se prevenir de arriscar sua segurança na ferocidade do mar.

Infelizmente, foi desse modo um tanto superficial que a distância "nobre" e vantajosa entre o espectador e seu objeto nos chegou pela tradição — se aqui deixarmos de fora o alto posto ocupado pela contemplação na filosofia medieval, com suas conotações totalmente distintas. É curioso notar como Lucrécio é muitas vezes a referência implícita ou explícita. Assim escreveu Herder sobre a Revolução Francesa:

Podemos olhar a Revolução Francesa a partir de um porto seguro, como se estivéssemos olhando um naufrágio em mar aberto e estranho, a menos que a má sorte nos lance nele contra nossa vontade.

E Goethe, quando indagado sobre como tinha se saído na batalha de Jena, respondeu com a mesma imagem:

> Não posso me queixar. Eu era como um homem que observa, de uma sólida rocha, o mar furioso lá embaixo; e que, embora impotente para prestar socorro, não pode ser atingido pela arrebentação. De acordo com um autor antigo, este deve ser um sentimento reconfortante.[39]

> Quando chegamos à Idade Moderna, quanto mais nos aproximamos da nossa época, menos resta — não nos manuais, mas na experiência real — dos pressupostos pré-filosóficos que, de fato, foram as parteiras da ciência "assombrosa" (McKeon) chamada metafísica.

15. A RESPOSTA DE PLATÃO E SEUS ECOS

Existe na filosofia grega, contudo, uma resposta à questão sobre "O que nos faz pensar" que nada tem a ver com esses pressupostos pré-filosóficos, tão importantes para a história da metafísica e que provavelmente já há muito tempo perderam a relevância. Em minha opinião, uma resposta que não perdeu nada de sua plausibilidade é a já citada afirmação de Platão, a saber, a de que a origem da filosofia é o espanto. Pois esse espanto não tem nenhuma ligação com a busca de imortalidade. Mesmo na famosa interpretação de Aristóteles do espanto como *aporein* (o estar perplexo devido à própria ignorância, que pode ser descartada pelo conhecimento) não se encontra nenhuma menção ao *athanatizein*, à atividade imortalizante que conhecemos da *Ética a Nicômaco*, e que é, sem dúvida, inteiramente platônica.[40] A observação de Platão sobre o espanto ocorre antes, abruptamente, durante uma discussão sobre a relatividade das percepções sensoriais (e, ao que eu saiba, não se repete em lugar algum de sua obra). Ao falar de algo "fora de ordem", a própria passagem está um tanto fora de ordem, como frequentemente acontece em Platão, cujas sentenças mais eloquentes podem facilmente ser isoladas e soam fora do contexto. Isso ocorre especialmente quando, depois de ter se envolvido em perplexidades lógicas e de outros tipos, próprias de seu século — e das quais poderíamos corretamente dizer que são datadas —, ele subitamente interrompe a discussão. Ali Teeteto acabara de dizer que estava "espantado" — no sentido comum de "estar perplexo" —, pelo que Sócrates o elogia: "Esta é a verdadeira marca do filósofo." Mas Platão nunca volta à questão que estava sendo até então discutida. A curta passagem é a seguinte: "Pois essa é a principal paixão (*pathos*) do filósofo: espantar-se (*thaumazein*). Não há outro começo ou princípio (*arche*) da filosofia senão esse. Penso que não era mau genealogista aquele [ou seja, Hesíodo] que fez de Íris [o arco-íris, um mensageiro dos deuses] filha de Thaumas [aquele que espanta]."[41] À primeira vista, isso parece apenas dizer que a filosofia, para a escola jônica, tinha nascido da astronomia, tinha surgido do maravilhamento com os milagres do céu. Assim como o arco-íris, ao ligar o céu com a terra, traz sua mensagem aos homens, o pensamento ou a filosofia, correspondendo no espanto à filha daquele que espanta, ligam a terra ao céu.

Em um exame mais detalhado, essas poucas palavras indicam muito mais. A palavra "Íris", arco-íris, aparece também no *Crátilo*,[42] em que Platão a deriva "do verbo dizer (*eirein*), porque ela era uma mensageira"; ao passo que a palavra para designar "espanto" (*thaumazein*), que ele ali despoja do sentido ordinário em que Teeteto a havia empregado, quando traça sua genealogia, aparece regularmente em Homero e é derivada de um dos muitos verbos gregos que designam "ver", no sentido de "olhar para": *theasthai* — encontramos antes a mesma raiz nos *theatai* de Pitágoras, os espectadores. Em Homero, esse olhar suscitado pelo espanto está em geral reservado para homens a quem um deus aparece. Ele também é usado como adjetivo para homens admiráveis, a saber, homens dignos do espanto admirativo que costumamos reservar para os deuses, para homens semelhantes a deuses. Além disso, os deuses que apareciam aos homens tinham esta peculiaridade: apareciam sob um disfarce humano familiar e eram reconhecidos apenas por aqueles que se aproximavam. O espanto como resposta não é algo, portanto, que os homens possam evocar por si mesmos. O espanto é um *pathos*, algo sofrido, e não produzido. Em Homero, é o deus quem age, enquanto os homens têm que suportar sua aparição, e não dela fugir.

Em outras palavras, o que deixa os homens espantados é algo familiar, e ainda assim normalmente invisível, que eles são forçados a *admirar*. Aquele espanto que é o ponto de partida do pensamento não é nem a confusão, nem a surpresa, nem a perplexidade; é um espanto de *admiração*. Aquilo que nos maravilha é afirmado e confirmado pela admiração que irrompe na fala, o dom de Íris, o arco-íris, a mensageira das alturas. A fala toma a forma de louvor, de glorificação, não de uma aparência particularmente surpreendente, nem da soma total das coisas no mundo, mas da ordem harmoniosa por trás delas, que em si mesma é invisível, e da qual, não obstante, o mundo das aparências oferece um vislumbre. "Pois as aparências são um vislumbre do não-revelado" (*"opsis gar tón adélón ta phainomena"*), nas palavras de Anaxágoras.[43] A filosofia começa com a consciência dessa ordem harmônica invisível do *kosmos*, que se manifesta em meio às visibilidades familiares, como se estas se tivessem tornado transparentes. O filósofo maravilha-se com a "harmonia não-visível" que, segundo Heráclito, é "melhor do que a visível" (*"harmonié aphanés phanerés kreitton"*).[44] Outra palavra que desde cedo designou o invisível em meio às aparências é *physis*, natureza, a qual, de acordo com os gregos, era a totalidade das coisas que não eram feitas pelo homem, nem criadas por um artífice divino, mas que tinham vindo a ser por si mesmas. Heráclito diz dessa *physis* que ela "gosta de se esconder"[45] por trás das aparências.

Introduzi Heráclito à guisa de explicação, já que o próprio Platão não especifica a que se dirige esse espanto admirativo. Ele também não diz como esse maravilhamento original transforma-se no diálogo do pensamento. Em Heráclito, a importância do *logos* é ao menos sugerida no seguinte contexto: Apolo, diz ele, "o mestre do oráculo de Delfos", e, podemos acrescentar, o deus dos poetas, "não fala nem esconde, mas indica" (*"oute legei oute kryptei, alla émainei"*).[46] Isto é, ele ambiguamente insinua algo para ser entendido apenas por aqueles que compreendem simples insinuações (o deus *winkt* — acena —, na tradução de Heidegger). De uma sugestão ainda mais tantalizante é outro fragmento: "Olhos e ouvidos são más testemunhas para os homens quando eles têm almas bárbaras",[47] isto é, quando não possuem *logos*. Para os gregos, o *logos* não era apenas a fala, mas o dom do argumento racional que os distinguia dos bárbaros. Em suma, o espanto levou a pensar em palavras, a experiência do espanto diante do invisível manifesto nas aparências foi apropriada pela fala, que, ao mesmo tempo, é forte o suficiente para dissipar os erros e as ilusões a que nossos órgãos para o visível — olhos e ouvidos — estão sujeitos quando o pensamento não vem em seu socorro.

Daí parece óbvio que o espanto que acomete o filósofo jamais pode dizer respeito a qualquer coisa em particular, mas é sempre evocado pelo todo que, ao contrário da soma total dos entes, jamais se manifesta. A harmonia de Heráclito se realiza por meio do ressoar em conjunto dos contrários — um efeito que jamais pode ser atingido por nenhum som particular. Essa harmonia, de certo modo, é separada (*kechorismenon*) dos sons que a produzem, do mesmo modo que o *sophon*, que "pode ser e não ser chamado pelo nome de Zeus",[48] está "separado de todas as coisas".[49] Nos termos da parábola pitagórica, é a beleza do jogo do mundo — o significado e a significação de todos os particulares agindo juntos. E que, como tal, se manifesta apenas para um espectador, em cujo espírito instâncias particulares e sequências estão invisivelmente unidas.

Desde Parmênides, a palavra-chave para esse todo invisível e imperceptível implicitamente manifesto em tudo aquilo que aparece tem sido *Ser* — aparentemente a palavra mais vazia e geral, a mais desprovida de sentido em nosso vocabulário. Descreveu-se com grande precisão, milhares de anos depois de ter sido pela primeira vez descoberto pela filosofia grega, aquilo que ocorre a um homem normal que subitamente interrompe seu caminho natural quando se dá conta da presença absolutamente penetrante do Ser no mundo das aparências. A passagem é relativamente moderna e, portanto, mais enfática a respeito de emoções pessoais e subjetivas do que o seria qualquer outro texto grego; e talvez por esta razão ela é mais persuasiva para os ouvidos psicologicamente treinados. Coleridge escreve:

> Algum dia já elevaste teu espírito para considerar a existência, em si e por si, do mero ato de existir? Algum dia já disseste, pensativo: "É!" Sem te importar, nesse momento, se havia, diante de ti, um homem, uma flor ou um grão de areia — em uma palavra, sem referência a este ou àquele modo ou forma particular da existência? Se tiveres alcançado isto, fará sentido a presença de um mistério que fixou teu espírito no espanto e na admiração. As próprias palavras "Não há nada!" ou "Houve um tempo em que não havia nada!" são contraditórias. Algo em nós repele essa proposição com uma luz tão repleta e instantânea que é como se recebesse sua evidência em nome da própria eternidade.

Não ser, portanto, é impossível: ser, incompreensível. Se dominaste essa intuição da existência absoluta, terás também apreendido que foi essa, e não outra, a intuição que nos primeiros tempos apoderou-se dos espíritos mais nobres, dos eleitos entre os homens, com uma espécie de horror sagrado. Foi ela que primeiro os levou a sentir dentro de si algo inefavelmente maior do que a sua própria natureza individual.[50]

O espanto platônico, o choque inicial que põe o filósofo em seu caminho, foi revivido em nossa própria época quando Heidegger, em 1929, concluiu uma conferência (intitulada "O que é metafísica?") com as palavras já citadas: "Por que existe, afinal, algo, e não, antes, o nada?" Heidegger dizia que era esta "a questão básica da metafísica".[51]

A mesma pergunta, expressando o choque do filósofo em termos modernos, foi formulada antes de Heidegger. Ela aparece nos *Principes de la nature et de la grâce,* de Leibniz: *"Pourquoi il y a plutôt quelque chose que rien?"*. Pois, uma vez que *"le rien est plus simple et plus facile que quelque chose"*,[52] esta coisa tem que ter uma causa suficiente para sua existência; e esta causa, por sua vez, precisa ter sido produzida por outra coisa. Seguindo essa linha de pensamento, ele finalmente chega à *causa sui*, a algo que é causa de si mesmo, de tal modo que a resposta de Leibniz chega à causa última chamada "Deus", o deus dos filósofos, uma resposta que já se encontrava no "motor imóvel" aristotélico. Foi Kant, é claro, quem aplicou o golpe de misericórdia nesse deus; e, em suas palavras sobre o tema, podemos claramente reconhecer aquilo que Platão apenas insinuara: a necessidade incausada e "incondicionada" que o nosso pensamento de causa-e-efeito "exige de maneira tão indispensável como suporte definitivo de todas as coisas é o verdadeiro abismo para a razão humana [...]. Não podemos evitar o pensamento — que, entretanto, não podemos suportar — de que um ser, que nós representamos como um ser supremo entre todos os seres possíveis, devesse dizer para si mesmo: 'Eu sou, desde a eternidade até a eternidade; fora de mim nada existe que não tenha sido pela minha simples vontade; *mas então de onde sou?*'. Aqui tudo rui sob nossos pés, nem a maior nem a *menor* perfeição é sem substância ou sem fundamentação para a razão especulativa, que não faz nenhum esforço para reter uma ou outra, e não sente perda alguma em deixar ambas desvanecerem-se".[53] O que nos impressiona aqui em seu aspecto especificamente moderno é que, confirmando a antiga intuição de Parmênides de que o nada é inconcebível e impensável, a ênfase deslocou-se do nada para o Ser. Kant em lugar nenhum diz que o abismo do nada, por ser inconcebível, não existe. E embora possa ter dito que as antinomias da razão fizeram-no pensar, despertando-o do sono dogmático da razão, ele não diz em lugar nenhum que a experiência desse abismo — o outro lado do espanto platônico — produziu o mesmo efeito.

Schelling citou enfaticamente as palavras de Kant; e provavelmente foi dessa passagem, e não da observação mais superficial de Leibniz, que ele derivou sua própria e repetida insistência nessa "questão última" de todo pensamento — "por que afinal existe algo, por que não existe o nada?"[54] Schelling diz que é esta "a mais desesperadora das questões".[55] A referência ao puro desespero que surge do próprio pensamento aparece nos escritos tardios de Schelling; e isso é significativo porque o mesmo pensamento já o havia assombrado antes, em sua juventude, quando ele ainda acreditava que, para banir o nada, bastava a "afirmação absoluta", que ele chamava "a essência da nossa alma". Por meio dessa afirmação "reconhecemos que o não-ser é para sempre impossível", incognoscível e incompreensível. E para o jovem Schelling essa questão última ("por que não há o nada, por que há algo?") — colocada pelo intelecto tomado de vertigem, à beira do abismo — é para sempre suprimida pela percepção de que "o *Ser* é necessário, [feito de tal forma que] ele é, pela afirmação absoluta do Ser na cognição".[56]

Tudo isso sugeriria um simples retorno à posição de Parmênides se Schelling não tivesse sentido que somente a "*posição* absoluta da ideia de Deus" poderia garantir essa afirmação que, segundo ele, é a "negação absoluta do nada": é "tão certo que a razão para sempre nega o nada, e que o nada não é coisa nenhuma, quanto é certo que a razão afirma o Todo e que Deus é eterno". Portanto, a única "resposta completamente válida à questão '*Por que o nada não existe, por que existe algo em geral?*' não é alguma coisa, mas o Todo *ou Deus*".[57] A razão, sem a ajuda da ideia de Deus, e segundo a "sua simples natureza", pode "postular um Ser que é para sempre"; mas então, ao confrontar-se com esse pensamento que é da sua própria natureza postular, ela permanece "atônita (*quasi attonita*), paralisada, incapaz de se mover".[58] Nenhum mensageiro semelhante a Íris — trazendo o dom da fala, e, com ele, o dom do argumento racional e o da resposta argumentada — acompanha o choque filosófico; e a afirmação do Ser, em clara correspondência com o elemento de admiração no espanto de Platão, necessita da fé em um Deus-Criador que salve a razão humana de seu olhar de relance, mudo e vertiginoso, sobre o abismo do nada.

Uma vez que essa fé tenha sido resolutamente rejeitada e que a razão humana tenha ficado completamente só com as suas próprias capacidades, o que sucede à "questão última" do pensamento pode ser detectado em *A náusea*, de Sartre, de longe sua mais importante obra filosófica. Ao olhar para a raiz de um castanheiro, o herói do romance foi repentinamente tomado por "aquilo que significava 'existir' [...] a existência costuma se esconder. Ela está aí, à nossa volta, em nós, ela é *nós*, não podemos dizer duas palavras sem mencioná-la, mas nunca se pode tocá-la". Mas agora a existência tinha se desvelado subitamente. Tinha perdido a aparência inofensiva de uma categoria abstrata: ela era a verdadeira pasta das coisas [...]. Ou melhor, a raiz, os portões do parque, o banco, a grama esparsa, tudo se tinha esvanecido: a diversidade de coisas, sua individualidade eram apenas uma aparência, um verniz.

A reação do herói de Sartre não é de admiração, sequer de espanto, mas de náusea diante da opacidade da simples existência, do puro estar-aí despojado do que é dado factualmente, que sem dúvida nenhum pensamento jamais conseguiu apreender, e muito menos iluminar e tornar transparente: "Não se poderia sequer perguntar de onde tudo isso surgiu, ou como o mundo veio a existir, em lugar de nada." Agora que todo maravilhamento foi eliminado, tornou-se o escândalo de Ser que o nada seja "impensável".

Nada havia *antes*. Nada [...]. Isso era o que me irritava: é claro que não havia nenhuma *razão* para a existência desse fluxo de lava. *Mas era impossível* para ele não existir. Era impensável: para imaginar o nada é preciso já ser, no meio do mundo, vivo, com os olhos bem abertos... Percebi com tédio que eu não tinha nenhum meio de entender. Nenhum meio. E no entanto ele estava lá, à espera, como que espreitando.

É esse estar-aí completamente sem sentido que faz o herói exclamar: "Imundície! Quanta imundície [...] mas ela estava lá, firme, e era tanta, tons e mais tons de existência, infinitamente."[59]

Seria muito tentador ver o fim da filosofia, ao menos daquela cujo início Platão fixou, nesse deslocamento progressivo do Ser para o Nada, causado não pela perda do espanto ou da perplexidade, mas pela perda da admiração e da disposição para afirmar o Ser no pensamento. Sem dúvida a mudança de direção da afirmação para a negação é até fácil de entender, não porque tenha sido ocasionada por qualquer evento tangível ou pensamento, mas porque, como Kant já tinha observado, à razão especulativa "não custa nada", e tampouco ganha ela alguma coisa ao se voltar para qualquer um dos aspectos da questão. Assim, a noção de que pensar significa dizer "sim" e confirmar a factualidade da simples existência encontra-se em muitas variantes através da história da filosofia na Idade Moderna. Nós a encontramos notadamente na "aquiescência" de Espinosa ao processo em meio ao qual tudo o que existe oscila, e onde os "tubarões" sempre devoram os peixes pequenos. Ela aparece nos escritos pré-críticos de Kant, quando ele diz ao metafísico que ele deveria em primeiro lugar perguntar: "É possível que o nada exista?" O que então o levaria à conclusão de que "se absolutamente nenhuma existência fosse dada, tampouco haveria sobre o que pensar", um pensamento que, por sua vez, leva-o a um "conceito de um ser absolutamente necessário"[60] — uma conclusão que Kant dificilmente teria endossado no período crítico. Mais interessante é uma observação feita por ele, um pouco antes, sobre a vida no "melhor dos mundos possíveis". Ele repete o velho e reconfortante pensamento de que "o todo é o melhor, e tudo é bom em vista do todo"; mas ele mesmo não parece estar nem um pouco convencido desse antigo *topos* da metafísica, pois subitamente exclama: *"Ich rufe allem Geschöpfe zu* [...]: *Heil uns, wir sind!"* — "Conclamo todas as criaturas [...]: Viva para nós, porque nós somos!"[61]

Essa afirmação, ou melhor, a necessidade de reconciliar pensamento e realidade, é um dos motivos condutores da obra de Hegel. Ela inspira o *amor fati* de Nietzsche e sua noção de "eterno retorno" — "a mais alta forma de afirmação que pode ser alcançada"[62] precisamente porque é, ao mesmo tempo, "o peso mais pesado".

E se [...] um demônio [...] te dissesse: "Essa vida, tal como agora tu a vives [...], terás que vivê-la [...] inúmeras vezes ainda; e não haverá nada de novo nela, ao contrário, cada dor e cada alegria, e cada pensamento e cada suspiro [...] voltarão na mesma ordem e sequência [...]. A ampulheta da existência será virada sempre de novo, e tu com ela, mísero grão de poeira!" Tu não te atirarias ao chão [...] e não amaldiçoarias o demônio que o tivesse dito? A menos que tu tenhas vivido um momento formidável, quando lhe terias respondido: "És um deus, e jamais ouvi nada mais divino!" [...] Quão bem-disposto deverias tornar-te para ti mesmo e para a vida, de modo a *não desejar nada de forma mais fervorosa* do que essa eterna e definitiva confirmação e selo?[63]

O ponto relevante dessa passagem é que a noção nietzschiana do eterno retorno não é uma "ideia", no sentido kantiano, que regula nossas especulações; nem obviamente é nada que lembre uma "teoria", uma recaída, por assim dizer, do antigo conceito de tempo e de seu movimento cíclico. Ela é um mero pensamento, ou melhor, um experimento de pensamento; e sua pungência reside na conexão íntima que junta o pensamento do Ser ao pensamento do nada. Aqui a necessidade de confirmação não surge da admiração grega pela beleza e pela harmonia invisível que reúne a diversidade infinita de coisas particulares, mas do simples fato de que ninguém pode pensar o Ser sem ao mesmo tempo pensar o nada, ou pensar no significado sem pensar na futilidade, na vaidade e na ausência de significado.

A saída para essa perplexidade parece estar indicada no velho argumento de que, sem uma confirmação original do Ser, não haveria nada sobre o que pensar, nem ninguém que pensasse. Em outras palavras, a própria atividade de pensar, não importa que tipo ela tenha, já pressupõe a existência. Mas tais soluções, meramente lógicas, são sempre traiçoeiras. Uma pessoa que se agarre à noção de que "não há verdade" jamais se deixará dissuadir, mesmo quando lhe for demonstrado que a proposição se destrói a si mesma. Uma solução existencial e metalógica da perplexidade pode ser encontrada em Heidegger, que, como vimos, exibiu algo semelhante ao espanto platônico quando reiterou a pergunta: por que, afinal, há alguma coisa, e não antes o nada? Segundo Heidegger, *pensar (think)* e *agradecer (thank)* são essencialmente a mesma coisa; até os nomes são derivados da mesma raiz etimológica. Essa resposta, sem dúvida, está mais próxima do espanto admirativo de Platão do que qualquer uma das outras anteriormente discutidas. A dificuldade não reside na derivação etimológica nem na falta de demonstração argumentativa. É ainda a velha dificuldade característica de Platão, da qual ele mesmo parece ter estado bastante consciente, e que é discutida no *Parmênides*.

O espanto admirativo concebido como ponto de partida da filosofia não deixa lugar para a existência factual da desarmonia, da feiura e, enfim, do mal. Nenhum diálogo de Platão trata da questão do mal; apenas no *Parmênides* ele demonstra um real interesse pelas consequências da inegável existência das coisas hediondas e dos atos vis sobre a doutrina das Ideias. Se tudo o que aparece toma parte de uma Ideia visível apenas aos olhos do espírito, e se deriva dessa Forma qualquer que seja a realidade que possa ter na caverna dos assuntos humanos — o mundo da percepção sensorial ordinária —, então tudo o que aparece, e não apenas as coisas admiráveis, deve sua aparição a um ente suprassensível que explica sua presença no mundo. Nesse caso, pergunta Parmênides, o que dizer a respeito dos "objetos corriqueiros e baixos", como o "cabelo, a lama e a sujeira", que jamais despertaram admiração em ninguém? Platão, falando por meio da figura de Sócrates, não usa a justificativa comum, surgida mais tarde, do mal e da feiura como partes necessárias do todo, que, apenas da perspectiva limitada do homem, aparecem como mal e como feio. Ao contrário, Sócrates responde que seria simplesmente absurdo atribuir Ideias a tais coisas — "nesses casos, as coisas são exatamente as que vemos" — e sugere que é melhor recuar, "por medo de cair em um poço sem fundo de contrassensos". (Parmênides, contudo, já um velho no diálogo, aponta: "Isto [...] é porque você ainda é jovem, Sócrates, e a filosofia ainda não se apoderou de você de uma maneira tão firme como penso que ela um dia o fará. Então você não desprezará nenhuma dessas coisas; mas hoje sua juventude ainda o faz considerar o que o mundo vai pensar."[64] Mas a dificuldade não se resolve, e Platão nunca mais levanta a questão.) Só estamos interessados aqui na doutrina das Ideias à medida que se puder demonstrar que a noção de Ideia ocorreu a Platão por causa das coisas belas, e que jamais lhe ocorreria se ele estivesse cercado apenas por "objetos corriqueiros e baixos".

Existe, evidentemente, uma diferença decisiva entre a investigação sobre os assuntos divinos empreendida por Platão e Parmênides e as tentativas de Sólon e Sócrates, aparentemente mais humildes, de definir as "medidas que não se veem", que ligam e determinam os negócios humanos. E é enorme a relevância dessa diferença para a história da filosofia (que não é a história do pensamento). Importa, em nosso contexto, é que nos dois casos o pensamento ocupa-se com as coisas invisíveis para as quais, não obstante, as aparências apontam (o céu estrelado acima de nós ou os feitos e destinos dos homens), coisas invisíveis que estão presentes no mundo visível da mesma maneira que os deuses homéricos, que eram visíveis apenas para aqueles de quem se aproximavam.

16. A RESPOSTA ROMANA

Em minha tentativa de isolar e examinar uma das fontes básicas do pensamento não-cognitivo, enfatizei os elementos de admiração, confirmação e afirmação, que encontramos, tão poderosos, no pensamento filosófico e pré-filosófico gregos. Podemos reencontrá-los através dos séculos, não como uma influência, mas, muitas vezes, como uma experiência de primeira mão. Não estou de modo algum segura de que tudo o que venho descrevendo contraria as atuais experiências de pensamento, mas estou totalmente certa de que contraria a opinião que hoje em dia se tem sobre o assunto.

A opinião comum sobre a filosofia foi formada pelos romanos, que se tornaram os herdeiros da Grécia. Ela traz a marca não da experiência romana original, que foi exclusivamente política (e que encontramos em sua forma mais pura em Virgílio), mas do último século da República romana, quando a *res publica*, a coisa pública, já estava se perdendo, até finalmente tornar-se propriedade privada da família imperial, após a tentativa de restauração empreendida por Augusto. A filosofia, bem como as artes e as letras, como a poesia e a historiografia, tinha sido importada da Grécia. Em Roma, enquanto a coisa pública permaneceu intacta, a cultura foi encarada com alguma suspeita. Mas foi também tolerada e até admirada como um passatempo nobre para as pessoas de boa educação e como uma maneira de embelezar a Cidade Eterna. Apenas nos séculos de declínio e queda, primeiro da República, depois do Império, essas atividades tornaram-se "sérias", e a filosofia, por sua vez, e apesar do legado grego, tornou-se uma "ciência", a *animi medicina* de Cícero — o oposto do que tinha sido na Grécia.[65] Sua utilidade era ensinar aos homens como curar seus espíritos desesperados, escapando do mundo através do pensamento. Sua famosa divisa — que quase parece ter sido formulada em oposição ao espanto admirativo platônico — tornou-se *nil admirari*, não surpreender-se com nada, nada admirar.[66]

Mas não é apenas a imagem popular da figura do filósofo, o homem sábio a quem nada perturba, que devemos à herança romana. O famoso dito de Hegel sobre a relação da filosofia com a realidade ("A coruja de Minerva só levanta voo depois de começado o crepúsculo") traz mais a marca da experiência romana do que da grega.[67] Para Hegel, a coruja de Minerva representava Platão e Aristóteles surgindo, por assim dizer, dos desastres da guerra do Peloponeso. Não a filosofia, mas a filosofia *política* de Platão e de Aristóteles nasceu do declínio da *polis*, "uma forma de vida que havia envelhecido". Em relação a essa filosofia política, a observação brilhantemente impertinente de Pascal em *Pensées* é de uma adequação evidente:

> Só conseguimos imaginar Platão e Aristóteles vestindo as grandes túnicas de acadêmicos. Eles eram pessoas de bem e, como as outras, riam com seus amigos; e quando quiseram se divertir escreveram as *Leis* e a *Política*. Essa parte de suas vidas foi a menos filosófica e a menos séria. [...] Se escreveram sobre política foi como que para pôr ordem em um hospício; e se deram a impressão de estar falando sobre uma grande coisa, é porque sabiam que os loucos de que falavam pensavam ser reis e imperadores. Adotaram seus princípios para tornar a loucura deles a mais inofensiva possível.[68]

De qualquer modo, é patente a profunda influência romana mesmo sobre um filósofo tão metafísico como Hegel, no primeiro livro que publicou, em que discute a relação entre filosofia e realidade: "A necessidade da filosofia surge quando o poder unificador desapareceu da vida dos homens, quando os opostos perderam a tensão viva de sua relação e sua dependência mútua para se tornarem autônomos. É da desunião, da desavença que nasce o pensamento", ou seja, a necessidade de reconciliação [*Entzweiung ist der Quell des Bedürfnisses der Philosophie*].[69] O que há de romano na noção hegeliana de filosofia é que o pensamento não surge de uma necessidade da razão, mas tem uma raiz existencial na infelicidade. Hegel, com seu grande sentido histórico, reconheceu muito claramente o caráter tipicamente romano dessa raiz no seu tratamento do "mundo romano", em suas conferências tardias publicadas sob o título de *Filosofia da história*. "O estoicismo, o epicurismo e o ceticismo [...] embora... opostos um ao outro, tinham o mesmo propósito, a saber, tornar a alma absolutamente indiferente a tudo o que o mundo real tinha a oferecer."[70] O que ele aparentemente não reconheceu, contudo, é até que ponto generalizou a experiência romana: "A História do Mundo não é o teatro da felicidade. Os períodos de felicidade são as suas páginas em branco, pois esses são períodos de harmonia."[71] O pensamento, então, surge da desintegração da realidade e da resultante *des*-união entre homem e mundo, da qual surge a necessidade de um outro mundo, mais harmonioso e significativo.

Tudo isso soa bastante coerente. Frequentemente, sem dúvida, o primeiro impulso do pensamento coincidiu com o impulso para escapar de um mundo que se tinha tornado insuportável. É improvável que esse impulso para escapar seja menos antigo do que o espanto admirativo. Não o encontramos expresso, entretanto, em uma linguagem conceitual durante todo o período anterior aos longos séculos de declínio que começaram a partir do momento em que Lucrécio e Cícero transformaram a filosofia grega em algo essencialmente romano — o que significou, entre outras coisas, algo essencialmente prático.[72] E após esses precursores, que do desastre tinham apenas o pressentimento — "tudo está decaindo gradualmente e se aproximando do fim, exaurido pela velhice", nas palavras de Lucrécio —, foi necessário mais de um século para que essas linhas de pensamento se desenvolvessem em uma espécie de sistema filosófico consistente.[73] Isso ocorreu com Epiteto, o escravo grego e possivelmente o espírito mais penetrante dentre os estoicos tardios. De acordo com ele, o que precisa ser aprendido para tornar a vida suportável não é realmente o pensamento, mas o "uso correto da imaginação", a única coisa que está inteiramente em nosso poder. Ele ainda usa um vocabulário grego enganosamente familiar, mas o que ele chama de "faculdade do raciocínio" (*dynamis logiké*) tem tão pouco a ver com o *logos* e o *nous* gregos quanto o que chama de "vontade" tem a ver com a *proairesis* aristotélica. A faculdade de pensar é, para ele, em si estéril (*akarpa*).[74] Para ele, o tema da filosofia é a própria vida de cada um. E o que a filosofia ensina é uma "arte de viver", de como lidar com a vida, do mesmo modo que a carpintaria ensina a lidar com a madeira.[75] O que conta não é a "teoria", abstratamente, mas seu uso e sua aplicação (*chrésis tón theórématón*). Pensar e compreender são uma mera preparação para a ação: "admirar o mero poder da exposição" — o *logos*, o argumento racional e o próprio curso do pensamento — pode acabar por fazer do homem "um gramático, em vez de um filósofo".[76]

Em outras palavras, o pensamento tornou-se uma *techné*, um tipo particular de artesanato, talvez merecedor da mais alta estima — certamente a mais urgentemente requerida, uma vez que o seu produto acabado é a conduta de nossa própria vida. O que se tinha em mente não era uma forma de vida no sentido de um *bios theórétikos* ou *politikos*, uma vida dedicada a uma atividade particular, mas o que Epiteto chamava de "ação" — uma ação em que não se age em uníssono com nenhuma outra pessoa, da qual se espera que não mude nada além do próprio eu, e que se poderia tornar manifesta apenas na *apatheia* e na *ataraxia* do "homem sábio", isto é, na sua recusa de agir, não importando o que de bom ou de ruim lhe pudesse ocorrer.

Tenho que morrer, mas preciso fazê-lo suspirando? Não posso evitar o acorrentamento, mas não posso evitar as lágrimas? [...] Você começa a algemar-me. Homem o que está dizendo? Não pode me algemar, são as minhas mãos que você algema? Você começa a decapitar-me; mas quando foi que eu disse que a minha cabeça não poderia ser cortada fora?[77]

Evidentemente, esses não são apenas exercícios de pensamento, mas exercícios de poder da vontade. "Não peça que os eventos ocorram como você quer, mas faça com que sua vontade seja a de que eles ocorram como de fato ocorrem, e então você terá paz." Essa é a quintessência da "sabedoria" de Epiteto; pois é impossível que o que acontece seja "diferente do que de fato é".[78]

Isso irá nos interessar quando lidarmos com o fenômeno da vontade, uma faculdade espiritual totalmente distinta, cuja característica principal, comparada com a habilidade de pensar, é que não fala na voz reflexiva nem usa de argumentos, mas apenas de imperativos, mesmo quando não comanda nada além do pensamento, ou melhor, da imaginação. Pois, para obter a retirada radical da realidade exigida por Epiteto, a ênfase na habilidade que o pensamento tem de tornar presente o que está ausente desloca-se da reflexão para a imaginação; e isso não para imaginar, utopicamente, um mundo diferente ou melhor: o objetivo é muito mais reforçar o alheamento original que caracteriza o pensamento, a tal ponto que a realidade desapareça completamente. O pensamento é normalmente a faculdade de tornar presente o que está ausente, ao passo que a faculdade de "lidar com as impressões corretamente" mencionada por Epiteto consiste em esconjurar e banir o que de fato está presente.

Tudo o que nos diz respeito existencialmente, enquanto vivemos em um mundo de aparências, são as "impressões" por meio das quais somos afetados. Se aquilo que nos afeta existe ou é mera ilusão depende de nossa decisão de reconhecê-lo ou não como real.

Sempre que a filosofia é compreendida como a "ciência" que lida com o espírito, tomado como mera consciência — e, portanto, sempre que a questão da realidade é totalmente suspensa, posta entre parênteses —, reencontramos a velha posição estoica. Falta apenas o motivo original que faz do pensamento um mero instrumento que trabalha a serviço da vontade. Em nosso contexto, a questão é que essa suspensão da realidade é possível não por causa da força da vontade, mas em virtude da própria natureza do pensamento. Se Epiteto pode estar entre os filósofos é por ter descoberto que a consciência possibilita que as atividades mentais voltem-se sobre si mesmas.

Se, quando percebo um objeto fora de mim, decido concentrar-me na minha percepção, no ato de ver, em vez de concentrar-me no objeto visto, é como se eu tivesse perdido o objeto original, porque ele perdeu seu impacto sobre mim. Eu mudei o tema, por assim dizer — em vez de lidar com a árvore, agora lido apenas com a árvore percebida, isto é, com o que Epiteto chama de "impressão". A grande vantagem é que não estou mais absorvido pelo objeto percebido, algo externo a mim; a árvore percebida está dentro de mim, invisível ao mundo exterior, como se nunca tivesse sido um objeto dos sentidos. O que importa aqui é que a "árvore vista" não é uma coisa-pensamento, mas uma "impressão". Ela não é algo ausente que precise de uma memória que a guarde para o processo dessensorializante que prepara os objetos do espírito para o pensamento, e que é sempre precedido pela experiência em um mundo de aparências. A árvore vista está "dentro de mim" na sua total presença sensorial, ela é a própria árvore, apenas privada de realidade [*realness*], uma imagem, e não um re-pensar sobre árvores. O truque descoberto pela filosofia estoica foi usar o espírito de tal modo que a realidade não pudesse atingir o seu possuidor mesmo que ele não tivesse se retirado dela. Em vez de ter se retirado espiritualmente de tudo o que está presente e à mão, o espírito carregou para dentro de si as aparências. E sua "consciência" tornou-se um substituto completo para o mundo exterior, apresentado como impressão ou imagem.

É nesse momento, sem dúvida, que a consciência sofre uma mudança decisiva: ela não é mais a autoconsciência que acompanha todos os meus atos e pensamentos e assegura a minha identidade, o simples "eu sou eu" (e nem se trata, aqui, da estranha diferença que se insere no âmago dessa identidade, a qual veremos mais tarde, uma inserção peculiar às atividades espirituais, pois elas voltam-se sobre si mesmas). Eu mesma, tomando-me como pura consciência, surjo como um ente totalmente novo, uma vez que não estou mais absorvida por um objeto dado aos meus sentidos (mesmo se esse objeto, intacto na sua estrutura "essencial", continue presente como um objeto da consciência — o que Husserl chamou de "objeto intencional"). Esse novo ente pode existir no mundo em completa independência e soberania e, além disso, aparentemente ainda na posse desse mundo, a saber, da sua simples essência, despojado de seu caráter "existencial", de sua realidade [*realness*] que me poderia tocar e ameaçar minha integridade. Com isso, tornei-me "eu para mim mesma" de uma maneira enfática, encontrando em mim tudo o que originalmente me foi dado como uma realidade "estranha". Não é tanto o espírito, mas antes essa consciência monstruosamente alargada que oferece um refúgio sempre presente e aparentemente seguro da realidade.

Essa suspensão da realidade — esse desvencilhar-se da realidade, tratando-a como nada mais do que uma "impressão" — permaneceu uma das grandes tentações dos "pensadores profissionais", até que um dos maiores dentre eles, Hegel, foi ainda adiante e construiu sua filo-

O QUE NOS FAZ PENSAR?

sofia do Espírito do Mundo a partir de experiências do ego pensante. Ao reinterpretar esse ego no modelo da consciência, ele trouxe, para dentro da consciência, o mundo todo, como se este fosse essencialmente um simples fenômeno do espírito.

Para o filósofo, a eficácia desse procedimento, que consiste em virar as costas para o mundo e caminhar em direção ao eu, está acima de qualquer suspeita. Existencialmente falando, Parmênides estava errado quando disse que apenas o Ser manifesta-se no pensamento e é a ele idêntico. Se é a vontade que comanda o espírito, então o não-Ser também é pensável. A força que ele tem de retirar-se é então pervertida em um poder aniquilador, e o nada torna-se um substituto completo para a realidade, porque o nada traz alívio. O alívio é sem dúvida irreal; ele é meramente psicológico, um sedativo para a ansiedade e para o medo. Eu ainda duvido de que tenha havido alguém a continuar senhor das suas "impressões" enquanto estava sendo assado no Touro de Falera.

Como Sêneca, Epiteto viveu sob o regime de Nero, isto é, sob condições de muito desespero, embora ele, ao contrário de Sêneca, não tenha sido muito perseguido. Mais de cem anos antes, contudo, durante o último século da República, Cícero tinha descoberto as linhas de pensamento pelas quais era possível encontrar o caminho para fora deste mundo. Bastante versado em filosofia grega, descobriu que tais pensamentos, de modo algum tão extrema e cuidadosamente elaborados como em Epiteto, provavelmente ofereceriam conforto e ajuda neste mundo, tal como ele era então (e que, evidentemente, é mais ou menos o que sempre é). Os homens que ensinavam esse modo de pensar eram altamente estimados nos círculos literários romanos. Lucrécio diz que Epicuro — que mais de dois séculos depois de sua morte finalmente encontrou um discípulo digno de si — é "um deus", porque "foi o primeiro a inventar um modo de vida que hoje é chamado sabedoria; e [porque], através de sua arte, resgatou a vida de tais tormentas e de tamanha escuridão".[79] Para os nossos propósitos, no entanto, Lucrécio não é o melhor exemplo; ele não insiste no pensamento, mas apenas no conhecimento. O conhecimento adquirido pela razão pode dissipar a ignorância e, assim, destruir o maior dos males — o medo, cuja fonte é a superstição. Um exemplo mais apropriado seria o famoso "Sonho de Cipião", de Cícero.

Para compreender quão extraordinário é sem dúvida esse capítulo exclusivo da *República*, de Cícero, e quão estranhos os pensamentos aí expressos devem ter parecido aos romanos, temos que lembrar, em poucas palavras, o pano de fundo sobre o qual ele foi escrito. A filosofia tinha encontrado, na Roma do último século antes de Cristo, uma espécie de lar adotivo. Naquela sociedade totalmente política, ela tinha que provar, antes de mais nada, que era útil. Nas *Tusculan Disputationes* encontramos a primeira resposta de Cícero: tratava-se de tornar Roma mais bonita e civilizada. A filosofia era uma ocupação própria de homens bem-educados que se haviam retirado da vida pública e não tinham nada de mais importante com o que se preocupar. Filosofar não se relacionava com nada que fosse de suma importância. Tampouco tinha algo a ver com o divino; para os romanos, fundar e conservar comunidades políticas eram as atividades que mais se pareciam com as dos deuses. A filosofia tampouco tinha conexão com a imortalidade. A imortalidade era concedida tanto aos deuses como aos homens, mas nunca era propriedade de homens individuais, "para os quais a morte não era apenas necessária, mas muitas vezes desejável". Em contrapartida, ela era decididamente a propriedade potencial das comunidades humanas: "Se um estado (*civitas*) é destruído e extingue-se, é como se — comparando coisas pequenas com coisas grandes — todo o mundo se arruinasse e perecesse."[80] Para as comunidades, a morte não é nem necessária nem desejável. Ela sobrevém apenas como uma punição, "pois uma comunidade deve ser constituída de tal modo que dure para sempre".[81] Toda essa citação foi tirada do tratado que termina com o Sonho de Cipião. Cícero, embora velho e desapontado, não tinha, portanto, mudado de opinião. Na verdade, nada, nem mesmo na própria *República*, preparamos para o Sonho de Cipião, no final — exceto as lamentações do livro 5: "Apenas em palavras e por causa de nossos vícios, e por nenhum outro motivo, ainda mantemos a coisa pública [a *res publica,* o tema do tratado]; a própria coisa foi há muito tempo perdida."[82]

E então vem o sonho.[83] Cipião, o africano, conquistador de Cartago, relata um sonho que teve pouco antes de destruir a cidade. No sonho, apresentou-se a ele um além-mundo onde encontrou um ancestral que lhe contou que ele destruiria a cidade, e o prevenia de que depois da destruição ele teria de restaurar a coisa pública em Roma, assumindo a autoridade suprema de Ditador, se conseguisse escapar de ser assassinado — coisa em que ele, mais tarde, fracassou. (Cícero quis dizer que Cipião poderia ter sido capaz de salvar a República.) Para cumprir essa tarefa, para reunir a coragem necessária, é dito a Cipião que ele deveria ter (*sic habeto*) a seguinte crença: de que os homens que preservaram a *pátria* certamente irão encontrar seu lugar no céu e serão abençoados com a eternidade. "Pois o deus supremo que governa o mundo preza, acima de tudo, as assembleias e as relações humanas a que chamamos Estados; os governantes e aqueles que os conservam voltam ao céu depois de terem deixado este mundo. Seu trabalho na Terra é guardar a Terra." Evidentemente, isso não implica uma promessa cristã de ressurreição em um outro mundo; embora a citação das vontades divinas ainda tenha o tom das tradições romanas, ela traz uma nuance sinistra: é como se os homens não quisessem fazer o que a coisa pública deles exige a não ser que houvesse a promessa de uma recompensa.

Como diz o ancestral de Cipião — e isto é essencial —, as recompensas deste mundo não são, de modo algum, suficientes para premiar o esforço de uma pessoa. Elas são vazias e irreais quando as vemos da perspectiva correta: do alto do céu, Cipião é convidado a olhar para a Terra, e ela aparece tão pequena que "ele sofreu ao ver que o nosso Império era apenas um ponto". Ao que lhe respondem: se a Terra daqui lhe parece tão pequena, olhe sempre para o alto, de modo a poder desprezar os assuntos humanos.

Pois que fama você pode atingir nas conversas dos homens, e que tipo de glória você pode conquistar entre eles? Não vê como é estreito o espaço onde residem glória e fama? Aqueles que hoje falam de nós, por quanto tempo ainda falarão? E ainda que pudéssemos confiar na tradição e na memória das gerações futuras, as catástrofes naturais — inundações e incêndios — nos impedirão de conquistar uma fama duradoura, para não falar da fama eterna. Se você levantar os olhos, verá o quanto tudo isso é fútil. A fama nunca foi eterna, e o esquecimento da eternidade a destrói.

Transcrevi extensamente o ponto principal da passagem para deixar claro o quanto essas linhas de pensamento estão em franca contradição com aquilo em que Cícero, como outros romanos bem-educados, sempre acreditou *e* que expressou até naquele mesmo livro. No nosso contexto, quis dar um exemplo (um exemplo famoso, talvez o primeiro registrado em nossa história intelectual) de como certas linhas de pensamento realmente pretendem levar uma pessoa a pensar-se fora do mundo por meio de uma *relativização*. Em relação ao universo, a Terra é um ponto; que importa o que nela acontece? Em relação à imensidão do tempo, os séculos são apenas instantes, e o esquecimento recobriria tudo e todos; que importa o que os homens fazem? No que se refere à morte, que é igual para todos, tudo o que é específico e distinto perde seu peso; se não existe nenhum além — e a vida após a morte, para Cícero, não é um artigo de fé, mas uma hipótese moral —, não tem a menor importância o que fazemos ou o que sofremos. Aqui, pensar significa seguir uma sequência de raciocínio que eleva aquele que pensa

O QUE NOS FAZ PENSAR?

a um ponto de vista exterior ao mundo das aparências e à sua própria vida. A filosofia é invocada para compensar as frustrações da política e, de uma maneira geral, da própria vida.

Esse é apenas o começo de uma tradição que culminou filosoficamente em Epiteto e que atingiu o clímax de intensidade aproximadamente cinco séculos mais tarde, no final do Império Romano. *Sobre a consolação da filosofia*, de Boécio, um dos livros mais populares de toda a Idade Média, e hoje praticamente ignorado, foi escrito em condições tão extremas que Cícero jamais poderia ter dele alguma premonição. Boécio, um nobre romano de alta posição caído em desgraça, encontrava-se na prisão aguardando a execução. Em vista da situação, o livro foi comparado ao *Fedon* — uma analogia bastante estranha: de um lado, Sócrates cercado de amigos, depois de um julgamento em que teve permissão para falar longamente em sua defesa, aguardando uma morte tranquila e indolor; do outro lado, Boécio, encarcerado sem ser ouvido, absolutamente só, depois que a sentença de morte foi pronunciada em uma farsa de julgamento, no qual ele não esteve presente e em que muito menos teve oportunidade de se defender, e que agora aguardava a execução por meio de lentas e abomináveis torturas. Embora cristão, foi a Filosofia que veio consolá-lo, e não Deus ou o Cristo. E embora seu "lazer secreto", na época em que desempenhava altas funções, fosse a leitura e tradução de Platão e Aristóteles, Boécio consolou-se com raciocínios tipicamente ciceronianos e também estoicos. A diferença é que o que era no "Sonho de Cipião" uma mera relativização agora irá tornar-se violenta aniquilação. Os "imensos espaços de eternidade", para onde o espírito, quando coagido, deve se dirigir, aniquilam a realidade tal como ela existe para os mortais; o caráter instável da Fortuna aniquila todos os prazeres, pois embora tudo o que ela nos dá (riqueza, honra, fama) seja fonte de prazer, vivemos sempre com medo de perdê--lo. O medo aniquila toda felicidade. Tudo em que você acredita impensadamente desaparece assim que você começa a pensar — isso é o que a Filosofia, a deusa da consolação, diz a ele. E aqui surge a questão do mal, em que Cícero pouco havia tocado. A linha geral de pensamento sobre o mal, ainda bastante primitiva em Boécio, já contém todos os elementos que iremos encontrar mais tarde, em uma forma muito mais sofisticada e complexa, ao longo de toda a Idade Média. É a seguinte: Deus é a causa final de tudo o que é; Deus, como "bem supremo", não pode ser a causa do mal; tudo o que é tem que ter uma causa; uma vez que há apenas causas aparentes do mal, mas não uma causa última, o mal não existe. Os maus, diz a Filosofia, não apenas são impotentes, eles *não são*. O que você impensadamente considera mau tem seu lugar na ordem do universo. E, nessa medida, é necessariamente bom. Seus aspectos maus são uma ilusão dos sentidos, da qual você pode livrar-se pelo pensamento. É um antigo conselho estoico: o que negamos pelo pensamento — e o pensamento está em nosso poder — não pode nos afetar. O pensamento torna irreal. É claro que, imediatamente, lembra-mo-nos da glorificação que Epiteto faz daquilo que hoje chamamos de força de vontade. Há inegavelmente um elemento de vontade nesse tipo de pensamento. Pensar assim significa agir sobre si mesmo — a única ação que resta em um mundo onde todo agir tornou-se fútil.

O que mais impressiona nesse modo de pensar da Antiguidade tardia é que ele é centrado exclusivamente no eu. Para isso, John Adams, vivendo em um mundo ainda não completamente fora dos trilhos, tinha uma resposta: "Um leito de morte, dizem, mostra a vacuidade de todas as honrarias. Pode ser. [No entanto] [...] as leis e o governo que regulam as coisas sublunares deveriam ser negligenciados por parecerem quinquilharias na hora da morte?"[84]

Até aqui abordei duas fontes das quais o pensamento, tal como o conhecemos, historicamente surgiu. Uma fonte é grega, a outra, romana, e elas são diferentes a ponto de serem opostas. De um lado, o espanto admirativo diante do espetáculo em meio a que o homem nasceu e para cuja apreciação ele está tão bem equipado de corpo e espírito. Do outro lado, o extremo terrível de ter sido jogado em um mundo cuja hostilidade é arrasadora, onde o medo predomina e de onde o homem tenta escapar ao máximo. Há numerosas indicações de que essa última experiência não era completamente estranha para os gregos. A frase de Sófocles — "não ter nascido é superior a todo *logos*; o segundo maior bem, sem dúvida, é voltar o mais rápido possível para o lugar de onde viemos"[85] — parece ter sido a variante poética de um dito proverbial. O fato notável é que, dentro do meu conhecimento, essa disposição de ânimo não é mencionada em lugar algum como uma fonte grega de pensamento. O mais impressionante, talvez, é que ela nunca produziu nenhuma grande filosofia — a menos que queiramos incluir Schopenhauer entre os grandes pensadores. Mas embora as mentalidades grega e romana constituíssem mundos separados, e embora a maior falha da história da filosofia, tal como ela se encontra nos manuais, seja a de aplainar distinções tão agudas — até parecer que todo mundo disse vagamente a mesma coisa —, também é verdade que as duas mentalidades têm coisas em comum.

Em ambos os casos, o pensamento deixa o mundo das aparências. Apenas porque o pensamento implica retirada é que ele pode ser usado como um instrumento para escapar. Além disso, como já foi enfatizado, o pensamento implica uma inconsciência do corpo e do eu e põe em seu lugar a experiência da pura atividade, mais gratificante, segundo Aristóteles, do que a satisfação de qualquer outro desejo, já que dependemos de algo ou de alguém para obter todos os outros prazeres.[86] O pensamento é a única atividade que não precisa de nada além de si mesmo para seu exercício. "Um homem generoso precisa de dinheiro para praticar atos generosos [...] e um homem moderado precisa da oportunidade da tentação."[87] Qualquer outra atividade, de nível baixo ou elevado, tem que vencer algo fora de si. Isso aplica-se até mesmo às artes performativas, como tocar flauta, cujo fim e propósito residem na própria realização — e mais ainda ao trabalho de produzir coisas, que é feito tendo como objetivo seus resultados, e não por si mesmo, e onde a alegria e a satisfação por uma obra bem-feita vêm depois que a própria atividade chegou ao fim. A frugalidade dos filósofos sempre foi proverbial, e Aristóteles a menciona: "Um homem engajado na atividade teórica não tem nenhuma necessidade... e muitas coisas são apenas obstáculos àquela atividade. Apenas pelo simples fato de que é um humano..., ele vai precisar dessas coisas que estão implicadas na própria condição de ser humano [*anthrópeuesthai*]" — ter um corpo, viver junto com outros homens etc. No mesmo sentido, Demócrito recomenda abstinência ao pensamento: ele ensina como o *logos* deriva o seu prazer de si mesmo (*auton ex heautou*).[88]

A inconsciência do corpo durante a experiência do pensamento, combinada com o simples prazer da atividade, é o que melhor explica não apenas os efeitos sedativos e consoladores que tais linhas de pensamento tiveram sobre os homens da Antiguidade tardia; mas explica também suas teorias curiosamente radicais a respeito do poder do espírito sobre o corpo — teorias claramente refutadas pela experiência comum. Gibbon escreve em seu comentário sobre Boécio: "Tais tópicos sobre consolação, tão óbvios, tão vagos ou tão abstrusos, são impotentes para subjugar os sentimentos da natureza humana"; e a vitória final do cristianismo, que oferecia esses "tópicos" da filosofia como fatos reais e promessas seguras, prova como Gibbon tinha razão.[89] E acrescentou: "De qualquer modo, o sentimento de infortúnio pode ser distraído pelo labor do pensamento", e ao menos indica o que de fato ocorre, isto é, o temor pelo corpo desaparece enquanto dura o "labor do pensamento", não porque os conteúdos do pensamento possam vencer o medo, mas porque a atividade de pensar torna-nos inconscientes do corpo, e pode até superar as sensações de pequenos desconfortos. A força excessiva dessa experiência pode elucidar o estranho fato histórico de que a antiga dicotomia entre corpo e espírito, acentuadamente hostil com relação ao corpo, possa ter sido adotada, quase inalterada, pelo credo cristão. Afinal de contas, este credo baseava-se no dogma da encarnação (o Verbo feito Carne) e na crença na ressurreição do corpo, ou seja, doutrinas que deveriam ter representado o fim da dicotomia corpo-espírito e de seus enigmas insolúveis.

Antes de voltar a Sócrates, quero mencionar brevemente o curioso contexto em que o termo "filosofar" (não o substantivo, mas o verbo) apareceu pela primeira vez. Heródoto conta que Sólon, após ter promulgado as leis de Atenas, partiu em viagem durante dez anos, em parte por razões políticas, mas também para ver o mundo — *theórein*. Chegou à Sárdia, onde Creso estava no auge do seu poder. Creso, depois de mostrar a Sólon todas as suas riquezas, pergunta-lhe: "Estrangeiro, as notícias sobre sua sabedoria e suas andanças chegaram até nós, dizendo que você percorreu muitos países da Terra *filosofando* sobre os espetáculos que viu. Daí me ocorreu perguntar se você conheceu um homem que se considerasse o mais feliz do mundo."[90] (O resto da história é conhecido: Creso, que esperava ser considerado o homem mais feliz do mundo, ouve de Sólon que de nenhum homem, por mais afortunado que seja, pode-se dizer que seja feliz antes da sua morte.) Creso consulta Sólon não porque ele viu tantos países, mas porque ele é famoso por filosofar, por refletir sobre o que vê; e a resposta de Sólon, embora baseada na experiência, encontra-se claramente além da experiência. Ele substituiu a pergunta "quem é o mais feliz dos mortais?" pela pergunta "o que é a felicidade para os mortais?". E a resposta à pergunta foi um *philosophoumenon*, uma reflexão sobre os assuntos humanos (*anthrópeión pragmatón*) e sobre a duração da vida humana, na qual nenhum dia "é igual ao outro", de tal modo que "o homem é pura sorte". Sob tais condições, é prudente "esperar e prestar atenção ao fim", pois a vida humana é uma história em que apenas o fim da história, quando tudo está completo, pode dizer o que ela foi.[91] Como a vida humana tem começo e fim, como ela compõe um todo, um ente em si pode ser julgado quando a vida termina, na morte. A morte não é apenas o fim da vida, mas também concede a ela, em silêncio, uma completude que é assim subtraída do arriscado fluxo a que todas as coisas humanas estão sujeitas. Este é o ápice do que mais tarde se tornou um *topos* proverbial da Antiguidade grega e latina — *nemo ante mortem beatus dici potest.*[92]

O próprio Sólon estava bem consciente das dificuldades envolvidas nessas proposições enganosamente simples. Em um fragmento que se encaixa muito bem na história de Heródoto, são a ele atribuídas as palavras: "O mais difícil de tudo é perceber a medida oculta (*aphanes*) do juízo, que [embora não apareça] no entanto circunscreve os limites de todas as coisas."[93] Aqui Sólon parece um precursor de Sócrates, que também, como disseram depois, quis trazer a filosofia do céu para a Terra, começando então por examinar as medidas ocultas por meio das quais julgamos as coisas humanas. Quando perguntaram a Sólon quem era o mais feliz dos homens, ele respondeu com a questão: mas diga-me, por favor, o que é a felicidade? Como você pode medi-la? Do mesmo modo como Sócrates levantou as questões: o que é a coragem, a piedade, a amizade, a *sóphrosyné,* o conhecimento, a justiça etc.?

Mas Sólon dá uma espécie de resposta positiva, que, quando corretamente compreendida em suas implicações, contém até mesmo o que se chamaria hoje de uma filosofia total, no sentido de uma *Weltanschauung*: a incerteza do futuro torna a vida humana miserável, "o perigo é inerente a todos os atos e feitos, ninguém sabe como vai terminar aquilo que começou, aquele que se conduz bem não pode prever a má sorte que sobre ele pode se abater, enquanto um deus em tudo favorece o perverso".[94] Portanto, a frase "nenhum homem pode ser considerado feliz enquanto vive" de fato significa: "Nenhum homem é feliz; todos os mortais iluminados pelo Sol são miseráveis."[95] Isso já é mais do que uma reflexão; é uma espécie de doutrina; e, como tal, não--socrática. Pois Sócrates, confrontado com tais questões, conclui quase todo diálogo estritamente socrático dizendo: "Fracassei completamente em descobrir o que é."[96] E esse caráter aporético do pensamento socrático significa que o assombro admirativo diante de atos justos ou corajosos vistos pelos olhos do corpo dá origem a perguntas do tipo "o que é a coragem?" ou "o que é a justiça?". A existência da coragem ou da justiça foi indicada aos meus sentidos pelo que vi, embora elas mesmas não façam parte da percepção sensorial, e, portanto, não sejam dadas como realidade autoevidente. A pergunta básica de Sócrates surge dessa experiência — o que *temos em mente* quando usamos essa classe de palavras, mais tarde chamadas "conceitos"? Mas não apenas o espanto original não é resolvido por tais perguntas — uma vez que elas continuam sem resposta —, como ainda por cima é reforçado. O que começa como espanto termina com perplexidade e, portanto, leva de volta ao espanto. Não é maravilhoso que os homens possam executar atos corajosos ou justos mesmo que não conheçam e não possam explicar o que são coragem e justiça?

17. A RESPOSTA DE SÓCRATES

À pergunta "o que nos faz pensar?", apresentei respostas historicamente representativas, oferecidas por filósofos profissionais (exceto por Sólon). Pela mesma razão, essas são respostas dúbias. A pergunta, quando levantada pelo profissional, não surge das suas próprias experiências enquanto está pensando. Ela é formulada de fora — seja esse lado de fora constituído pelos seus interesses profissionais como pensador, seja o seu próprio senso comum questionando uma atividade fora de ordem na vida normal. E as respostas que recebemos são sempre muito gerais e vagas para fazer sentido na vida cotidiana, onde o pensamento, afinal, constantemente ocorre, interrompendo os processos comuns da vida — do mesmo modo como a vida cotidiana constantemente interrompe o pensamento. Se despojamos essas respostas de seu conteúdo doutrinário, que sem dúvida varia enormemente, tudo o que obtemos são confissões de uma necessidade de concretizar as implicações do espanto platônico, a necessidade (em Kant) que a faculdade da razão tem de transcender os limites do cognoscível, a necessidade de reconciliar-se com o que de fato é e com o curso dos acontecimentos no mundo — a "necessidade da filosofia" em Hegel, que pode transformar as ocorrências externas nos nossos próprios pensamentos — ou, enfim, a necessidade de buscar o significado de tudo o que é ou ocorre, como eu mesma disse, de modo não menos vago e geral.

É essa impotência do ego pensante para explicar-se que fez dos filósofos, dos pensadores profissionais, uma tribo tão difícil de lidar. Porque o problema é que o ego pensante, como vimos — à diferença do eu que evidentemente coabita em todo pensador —, não tem qualquer impulso próprio para aparecer em um mundo de aparências. Ele é um personagem escorregadio, invisível não apenas para os outros, mas também para o próprio eu, impalpável e impossível de ser apreendido. Isso em parte se dá porque ele é pura atividade, e em parte porque — como disse Hegel uma vez — "[como] ego abstrato, ele está liberado da particularidade de todas as outras propriedades, disposições etc.; e é ativo apenas em relação ao geral, ao que é o mesmo para todos os indivíduos".[97] Em todo caso, visto a partir do mundo das aparências, da praça do mercado, o ego pensante vive escondido, *lathé biósas*. E nossa questão ("o que nos faz pensar?") de fato pergunta pela maneira como podemos trazê-lo à luz do dia, como provocá-lo, por assim dizer, a manifestar-se.

O melhor, e na verdade o único modo que me ocorre para dar conta da pergunta, é procurar um modelo, um exemplo de pensador não profissional que unifique em sua pessoa duas paixões aparentemente contraditórias, a de pensar e a de agir. Essa união não deve ser entendida como a ânsia de aplicar seus pensamentos ou estabelecer padrões teóricos para a ação, mas tem o sentido muito mais relevante do estar à vontade nas duas esferas e ser capaz de passar de uma à outra aparentemente com a maior facilidade, do mesmo modo como nós avançamos e recuamos constantemente entre o mundo das aparências e a necessidade de refletir sobre ele. Melhor talhado para esse papel deve ser um homem que não se inclua nem entre os muitos nem entre os poucos (uma distinção que remonta, no mínimo, a Pitágoras), que não tenha nenhuma pretensão a ser um governante de homens, nem mesmo a de estar mais bem preparado para aconselhar, pela sua sabedoria superior, os que estão no poder, mas tampouco que se submeta docilmente às regras: em resumo, um pensador que tenha permanecido sempre um homem entre homens, que nunca tenha evitado a praça pública, que tenha sido um cidadão entre cidadãos, que não tenha feito nem reivindicado nada além do que, em sua opinião, qualquer cidadão poderia e deveria reivindicar. Não deve ser fácil encontrar esse homem. Caso ele possa representar para nós a real atividade de pensar, então não terá deixado atrás de si nenhum corpo doutrinário. Não se terá dado ao trabalho de escrever seus pensamentos, mesmo que deles restasse algum resíduo tangível, pronto para ser registrado depois que ele tivesse acabado de pensar. Vocês já terão percebido que estou pensando em Sócrates. Não saberíamos quase nada sobre ele, pelo menos nada que pudesse nos impressionar muito, se ele não tivesse causado uma enorme impressão sobre Platão. Talvez não soubéssemos nada sobre ele, nem mesmo através de Platão, se ele não tivesse decidido dar a vida não por um credo ou uma doutrina específica — ele não tinha nenhum dos dois —, mas simplesmente pelo direito de examinar as opiniões alheias, pensar sobre elas e pedir a seus interlocutores que fizessem o mesmo.

Espero que o leitor não pense que escolhi Sócrates por acaso. Mas é necessário prevenir: há muitas controvérsias em torno do Sócrates histórico, e, embora este seja um dos temas mais fascinantes do debate erudito, vou ignorá-lo[98] para apenas mencionar de passagem o que é provavelmente o principal motivo de discórdia — a saber, minha crença de que existe uma linha divisória nítida entre o que é autenticamente socrático e a filosofia ensinada por Platão. O maior obstáculo aqui é o fato de que Platão usou Sócrates como o filósofo não apenas nos primeiros diálogos, claramente "socráticos", como também mais tarde, quando muitas vezes fez de Sócrates o porta-voz de teorias e doutrinas inteiramente não-socráticas. Em muitos momentos, o próprio Platão marcou as diferenças. No *Banquete*, por exemplo, o famoso discurso de Diotima nos diz que Sócrates não sabe nada a respeito dos "grandes mistérios" e talvez não os possa compreender. Em outros momentos, porém, as fronteiras tornam-se indistintas, decerto porque Platão ainda podia contar com um público leitor que percebesse algumas enormes inconsistências — como quando ele deixa Sócrates dizer, no *Teeteto*,[99] que "os grandes filósofos, [...] desde a juventude, ignoraram o caminho da praça pública", uma palavra de ordem antissocrática, se é que algum dia ele chegou a proferi-la. E, contudo, para piorar a situação, isso de modo algum significa que o mesmo diálogo não possa fornecer informações totalmente autênticas sobre o Sócrates real.[100]

Ninguém, penso eu, contestará a sério que minha escolha seja historicamente justificável. O mais difícil de justificar talvez seja a transformação da figura histórica em um modelo, pois não há dúvida de que alguma transformação se faz necessária, quando a figura em questão deve desempenhar a função que lhe designamos. Étienne Gilson, em seu grande livro sobre Dante, escreveu: na *Divina comédia*, "um personagem [...] conserva [...] tanto de sua realidade histórica quanto a função representativa que Dante lhe atribui e que dele exige".[101] É fácil conceder esse tipo de liberdade aos poetas e chamá-lo de licença poética — mas não é tão fácil concedê-la quando não-poetas aventuram-se a dela se servir. Com ou sem justificativas, no entanto, é precisamente o que fazemos quando construímos "tipos ideais" — não a partir do nada, como nas alegorias e abstrações personificadas, tão caras aos maus poetas e a alguns eruditos, mas a partir da multidão dos seres vivos passados ou presentes que parecem ter um significado representativo. E Gilson ao menos indica a verdadeira justificativa desse método (ou técnica) quando discute o papel representativo que Dante atribui a Tomás de Aquino: o Tomás real, aponta Gilson, não teria feito o que Dante o fez fazer — o elogio de Siger de Brabante. Mas a única razão pela qual o verdadeiro Tomás teria se recusado a fazer esse elogio seria uma certa fraqueza humana, um defeito de caráter, como diria Gilson, "a parte de sua constituição que ele teria que ter deixado na porta do *Paraíso* para poder entrar".[102] Há vários traços no Sócrates de Xenofonte, cuja credibilidade histórica está acima de dúvidas, que Sócrates teria que deixar na porta do Paraíso.

A primeira coisa a chamar nossa atenção nos diálogos socráticos de Platão é que eles são todos aporéticos. A argumentação não leva a lugar nenhum ou move-se em círculos. Para saber o que é a justiça, é preciso saber o que é o conhecimento. E para saber isso, é preciso ter uma noção prévia não examinada do conhecimento.[103] Por isso, "um homem não pode tentar descobrir o que sabe ou o que não sabe. Se ele já sabe, não há necessidade de investigação. Se ele não sabe [...], nem sequer sabe o que é para ser buscado".[104] Ou, no *Eutífron*: para ser pio, é preciso saber o que é a piedade. As coisas que agradam aos deuses são pias; mas elas são pias porque agradam aos deuses ou agradam aos deuses porque são pias?

Nenhum dos *logoi*, dos argumentos, fica sempre no mesmo lugar; eles dão voltas. Sócrates, fazendo perguntas para as quais ele *não* conhece a resposta, coloca-os em movimento; e quando as afirmações voltam ao ponto de partida, em geral é ele quem alegremente propõe começar tudo de novo e investigar o que são a justiça, a piedade, o conhecimento ou a felicidade.[105] Pois os tópicos desses primeiros diálogos lidam com conceitos muito simples e cotidianos, tais como surgem toda vez que as pessoas abrem a boca e começam a falar. A introdução em geral é a seguinte: sem dúvida há pessoas felizes, atos justos, homens corajosos, belas coisas para ver e admirar, como todos sabem; o problema reside em nossos substantivos, que são provavelmente derivados dos adjetivos que aplicamos a casos particulares tais como nos *aparecem* (nós *vemos* um homem feliz, *percebemos* o ato corajoso ou a decisão justa). Em resumo, o problema começa com palavras como *felicidade, justiça, coragem* e outras que hoje em dia chamamos de conceitos — a "medida não-aparente" de Sólon (*aphanes metron*), "a mais difícil de compreender, para o espírito, e, contudo, a que circunscreve os limites de todas as coisas",[106] e que Platão um pouco mais tarde chamou de ideias perceptíveis apenas para os olhos do espírito. Essas palavras fazem parte da nossa fala cotidiana e, mesmo assim, não podemos delas dar conta. Quando tentamos defini-las, tornam-se escorregadias; quando começamos a discutir seu significado, nada mais fica no lugar, tudo começa a mover-se. Assim, em vez de repetir o que aprendemos com Aristóteles, a saber, que Sócrates foi o homem que descobriu o "conceito", perguntaremos o que Sócrates fez ao descobri-lo. Pois certamente essas palavras faziam parte da língua grega antes que ele tentasse fazer com que os atenienses e ele próprio se dessem conta do que eles todos tinham em mente — na firme convicção, é claro, de que nenhum discurso seria possível sem elas.

Hoje isso já não é tão certo. Nosso conhecimento das línguas ditas primitivas mostra que o procedimento que agrupa diversos particulares sob um nome comum a todos não é de modo algum evidente ou natural. Essas línguas, cujo vocabulário é muitas vezes impressionantemente rico, carecem daqueles substantivos abstratos, mesmo em relação a objetos claramente visíveis. Para simplificar a questão, tomemos um substantivo que já não nos parece mais abstrato. Podemos usar a palavra "casa" para um grande número de objetos — para a cabana de barro de uma tribo, para o palácio de um rei, para a casa de campo de um citadino, para o chalé na aldeia, para o apartamento na cidade —, mas dificilmente a empregamos para as tendas de alguns nômades. A casa em si e por si, *auto kath'auto*, que nos faz usar a palavra para todos esses edifícios particulares e muito diferentes entre si, nunca é vista, seja pelos olhos do corpo, seja pelos olhos do espírito. Toda casa imaginada, por mais abstrata que seja e por mínimos que sejam os traços que a tornam reconhecível, já é uma casa particular. Essa outra casa, invisível, da qual já precisamos ter uma noção para reconhecer edifícios particulares como casas, foi explicada de diferentes modos e chamada por diferentes nomes na história da filosofia; isso não nos interessa aqui, embora possamos achar a casa menos difícil de definir do que palavras como "felicidade" ou "justiça". A questão aqui é que casa implica algo consideravelmente menos tangível do que a estrutura percebida por nossos olhos. Ela significa que alguém é por ela "abrigado" e que nela alguém "habita", como não poderia fazer em nenhuma tenda, montada hoje e desmontada amanhã. *A palavra* "casa" é a "medida oculta" que "circunscreve os limites de todas as coisas" relacionadas ao habitar. É uma palavra que não existiria sem o pressuposto do que se pensa sobre ser abrigado, habitar, ter um lar.

Como palavra, "casa" é uma abreviatura para todas essas coisas, o tipo de abreviatura sem a qual o pensamento e sua rapidez característica seriam absolutamente impossíveis. A palavra casa *é como um pensamento congelado que o ato de pensar tem que degelar* sempre que pretende encontrar o seu significado original. Na filosofia medieval, esse tipo de pensamento era chamado "meditação", e a palavra era entendida como diferente e até mesmo oposta à contemplação. Em todo caso, esse tipo de reflexão ponderativa não produz definições e, neste sentido, não produz nenhum resultado, embora alguém que tivesse ponderado sobre o significado de "casa" pudesse ter tornado sua própria casa mais agradável.

Mesmo assim, diz-se que Sócrates acreditava que a virtude pudesse ser ensinada. E parece que ele realmente achava que falar e pensar sobre a piedade, a justiça, a coragem e coisas do gênero poderiam tornar os homens mais pios, justos e corajosos, embora nem definições nem "valores" lhes fossem dados para que pudessem orientar sua conduta futura. As convicções reais de Sócrates sobre tais assuntos podem ser mais bem ilustradas pelas comparações que ele fazia a respeito de si mesmo. Autodenominava-se um moscardo e uma parteira. Segundo Platão, alguém chamou-o de "arraia-elétrica", um peixe que, ao contato, paralisa e entorpece; e Sócrates admite a semelhança, desde que seus ouvintes reconheçam que a "arraia-elétrica paralisa os outros apenas por estar ela mesma paralisada... Não é que eu deixe os outros perplexos, já conhecendo as respostas. A verdade é que eu lhes transmito a minha própria perplexidade".[107] Esta é, evidentemente, a expressão concisa do único modo como o pensamento pode ser ensinado — embora Sócrates, como ele repetidamente dizia, não ensinasse nada, pela simples razão de que nada tinha a ensinar; ele seria "estéril" como as parteiras na Grécia, mulheres que já tinham passado da idade de dar à luz. (Já que ele não tinha nada para ensinar, nenhuma verdade para divulgar, foi acusado de nunca revelar seu próprio ponto de vista [*gnome*] — como nos informa Xenofonte, que o defende dessa acusação.)[108] É como se, ao contrário dos filósofos profissionais, ele sentisse a necessidade de verificar com seus semelhantes se suas perplexidades também eram por eles compartilhadas — e isso é totalmente diferente da propensão a encontrar soluções para enigmas, e então demonstrá-las aos outros.

Examinemos rapidamente as três comparações. Na primeira, Sócrates é um moscardo: ele sabe como ferroar os cidadãos que, sem ele, vão "continuar a dormir pelo resto de suas vidas", a menos que alguém venha despertá-los. E para que os desperta? Para o pensamento e para a investigação, uma atividade sem a qual, a seu ver, a vida não valia a pena nem sequer era totalmente vivida. (Sobre esse assunto, não apenas na *Apologia* como em outras ocasiões, Sócrates diz quase o contrário do que Platão o faz dizer na "apologia melhorada" do *Fedon*. Na *Apologia*, Sócrates diz a seus pares cidadãos por que ele deveria continuar vivo e por que, embora a vida lhe fosse "muito cara", ele não tem medo de morrer. No *Fedon*, ele explica aos amigos como é difícil suportar a vida e por que alegra-se em morrer.)

Na segunda comparação, Sócrates é uma parteira: no *Teeteto*, diz que sabe trazer à luz os pensamentos alheios porque ele mesmo é estéril; mais ainda, graças a essa esterilidade, ele tem a perícia da parteira e pode decidir se está lidando com uma gravidez real ou ilusória, da qual a genitora deve ser aliviada. Mas nos diálogos praticamente nenhum dos interlocutores de Sócrates jamais produziu um pensamento que não fosse um falso feto, que Sócrates considerasse merecedor da vida. De fato, ele fazia o que Platão disse sobre os sofistas no *Sofista*, certamente pensando em Sócrates: ele purgava as pessoas de suas "opiniões", isto é, daqueles preconceitos não examinados que os impediriam de pensar — ajudando-os, como disse Platão, a livrar-se do que neles há de mau, as opiniões, sem no entanto torná-los bons, mostrando-lhes a verdade.[109]

HANNAH ARENDT

Em terceiro lugar, Sócrates, sabendo que não sabemos, recusa-se contudo a deixar tudo por isso mesmo e desistir de suas próprias perplexidades; e, como a arraia-elétrica, permanece paralisado e paralisa os que com ele entram em contato. A arraia-elétrica, à primeira vista, parece ser o contrário do moscardo: ela paralisa, enquanto o moscardo desperta. No entanto aquilo que do lado de fora é visto como paralisia — do ponto de vista dos negócios humanos comuns — é *sentido* como o mais alto grau de atividade e de vida. Isso pode ser confirmado a despeito das raras evidências documentadas sobre a experiência do pensamento, por um certo número de afirmações dos filósofos, através dos séculos.

Sócrates, o moscardo, a parteira, a arraia-elétrica, não é portanto um filósofo (ele nada ensina e nada tem a ensinar), nem um sofista, pois não pretende tornar os homens sábios. Quer apenas mostrar-lhes que eles não são sábios, e que ninguém é sábio — uma "busca que o mantém tão ocupado que sequer deixa tempo para os negócios públicos ou privados".[110] E mesmo quando se defende vigorosamente contra a acusação de corromper os jovens, em momento nenhum afirma torná-los melhores. Não obstante, sustenta que o aparecimento da atividade de pensar e investigar em Atenas representa em si mesma o maior bem algum dia concedido à cidade.[111] Desse modo, ele preocupa-se com a utilidade do pensamento, embora não tivesse, neste como em todos os outros assuntos, uma resposta bem definida. Podemos ter certeza de que um diálogo sobre a pergunta "para que serve o pensamento?" terminaria com as mesmas perplexidades que todos os outros diálogos.

Se tivesse havido uma tradição socrática no pensamento ocidental, se, nas palavras de Whitehead, a história da filosofia fosse uma coleção de notas de pé de página, não para Platão, mas para Sócrates (o que, sem dúvida, teria sido impossível), não encontraríamos nela nenhuma resposta para nossa pergunta, mas sem dúvida muitas variantes da própria pergunta. Sócrates mesmo, consciente de que estava lidando com invisíveis em sua investigação, usou uma metáfora para explicar a atividade de pensar — a metáfora do vento: "Os ventos são eles mesmos invisíveis, mas o que eles fazem mostra-se a nós e, de certa maneira, sentimos quando eles se aproximam."[112] Encontramos a mesma metáfora em Sófocles, que (na *Antígona*) relaciona o "pensamento rápido como o vento" dentre as coisas dúbias, "assombrosas" (*deina*) com que os homens são abençoados ou amaldiçoados.[113] Em nossos dias, Heidegger às vezes fala do "tufão do pensamento" e usa explicitamente a metáfora no único lugar de sua obra em que fala diretamente de Sócrates:

> Durante toda a sua vida e até a hora da morte, Sócrates não fez mais do que se colocar no meio desta correnteza, desta ventania [do pensamento], e nela manter-se. Eis por que ele é o pensador mais puro do Ocidente. Eis por que ele não escreveu nada. Pois quem sai do pensamento e começa a escrever tem que se parecer com as pessoas que se refugiam, em um abrigo, de um vento muito forte para elas [...]. Todos os pensadores posteriores a Sócrates, apesar de sua grandeza, são como estes refugiados. O pensamento tornou-se literatura.

Em uma nota explicativa posterior ele acrescenta que ser o pensador "mais puro" não significa ser o maior.[114]

No contexto em que Xenofonte — sempre ansioso por defender seu mestre com seus próprios argumentos vulgares contra acusações igualmente vulgares — menciona a metáfora, ela não faz muito sentido. Mesmo assim, até ele indica que o vento invisível do pensamento se manifestava nos conceitos, virtudes e "valores" com que Sócrates lidava em suas investigações. O problema é que este mesmo vento, sempre que surge, tem a peculiaridade de varrer para longe todas as suas manifestações anteriores: eis por que o mesmo homem pode ser entendido, e entender a si mesmo, ao mesmo tempo como um moscardo e como uma arraia-elétrica. É da natureza deste elemento invisível desfazer e, por assim dizer, degelar o que a linguagem, o veículo do pensamento, congelou como pensamentos-palavras (conceitos, frases, definições, doutrinas), cuja "impotência" e inflexibilidade Platão tão brilhantemente denuncia na *Sétima carta*. A consequência é que o pensamento tem inevitavelmente um efeito destrutivo e corrosivo sobre todos os critérios estabelecidos, valores, padrões para o bem e para o mal, em suma, sobre todos os costumes e regras de conduta com que lidamos em moral e ética. Estes pensamentos congelados, Sócrates parece dizer, ocorrem tão facilmente que até dormindo podemos *fazer* uso deles; mas se o vento do pensamento que agora provoquei sacudiu você do seu sono e deixou-o totalmente desperto e vivo, você verá que pode dispor apenas de perplexidades, e o melhor que se pode fazer com elas é partilhá-las com os outros.

Assim, a paralisia induzida pelo pensamento é dupla: ela é inerente ao *parar* para pensar, à interrupção de todas as atividades — psicologicamente, podemos definir um "problema" como uma "situação que, por alguma razão, retém, em grande medida, um organismo em seus esforços para atingir um objetivo"[115] —, e pode ter também um efeito atordoante, depois que a deixamos, nos sentindo inseguros sobre o que parecia acima de qualquer dúvida enquanto estávamos impensadamente engajados em fazer alguma coisa. Se o que estamos fazendo é aplicar regras gerais de conduta a casos particulares, tal como eles ocorrem na vida cotidiana, encontramo-nos paralisados porque esse tipo de regra não resiste ao vento do pensamento. Tomando de novo o exemplo do pensamento congelado inerente à palavra "casa": uma vez que pensamos em seu significado implícito — habitar, ter um lar, abrigar-se —, não estaremos mais tão dispostos a aceitar tudo o que a moda do dia prescreve para nossa própria casa; mas isso não é uma garantia de que se vai encontrar uma solução aceitável para o que se tornou "problemático".

Isso nos leva ao último e talvez maior risco desse empreendimento perigoso e sem resultados. No círculo de Sócrates havia homens como Alcibíades e Crítias — e Deus sabe que eles não eram de modo algum os piores entre os seus autodenominados discípulos —, que se revelaram uma verdadeira ameaça à *polis*, e isso não porque tivessem sido paralisados pela arraia-elétrica, mas, ao contrário, porque foram despertados pelo moscardo. Foi para a licenciosidade e o cinismo que foram despertados. Não satisfeitos em terem aprendido como pensar sem ter uma doutrina, transformaram os não-resultados da investigação socrática sobre o pensamento em um resultado negativo: se não podemos definir o que é a piedade, sejamos ímpios — o que é quase o contrário do que Sócrates esperava atingir quando falava de piedade.

A busca de significado, que implacavelmente dissolve e reexamina todas as doutrinas e regras aceitas, pode a qualquer momento voltar-se contra si mesma, produzir uma reversão dos antigos valores e declarar que estes contrários são "novos valores". Em certa medida, isto é o que Nietzsche fez quando inverteu o platonismo, esquecendo que um Platão ao contrário ainda é Platão; ou o que Marx fez quando virou Hegel de cabeça para baixo, produzindo, neste processo, um sistema de História estritamente hegeliano. Tais resultados negativos do pensamento entrarão na mesma rotina impensada de antes; no momento em que forem aplicados ao domínio dos negócios humanos, é como se nunca tivessem sido submetidos ao processo do pensamento. O que nós geralmente chamamos de "niilismo" — que somos tentados a datar historicamente, deplorar politicamente e atribuir a pensadores que, segundo se diz, tiveram "pensamentos perigosos" — é um risco inerente à própria atividade de pensar. Não há pensamentos perigosos; o próprio pensamento é perigoso, mas o niilismo não é o seu produto. O niilismo é antes o reverso do convencionalismo; o seu credo consiste em negações dos atuais valores ditos positivos, aos quais ele permanece aprisionado. Todo exame crítico tem de passar, pelo menos hipoteticamente, pelo estágio de negação de opiniões e "valores" aceitos, quando busca seus pressupostos e implicações tácitas. Neste sentido, o niilismo pode ser visto como um perigo sempre presente para o pensamento.

Mas esse perigo não surge da convicção socrática de que uma vida não submetida a questionamento não vale a pena ser vivida. Ao contrário, ele surge do desejo de encontrar resultados que dispensariam o pensar.

O pensamento é igualmente perigoso para todos os credos e, por si mesmo, não dá origem a nenhum novo credo. Seu aspecto mais perigoso do ponto de vista do senso comum é que o que era significativo durante a atividade do pensamento dissolve-se no momento em que se tenta aplicá-lo à vida de todos os dias. Quando o ponto de vista da opinião cotidiana se apodera dos "conceitos", isto é, das manifestações do pensamento na fala comum, e começa a tratá-los como se fossem resultados cognitivos, a única conclusão só pode ser a de que nenhum homem é sábio. Na prática, pensar significa que temos de tomar novas decisões cada vez que somos confrontados com alguma dificuldade.

A ausência do pensamento, contudo, que parece tão recomendável em assuntos políticos ou morais, também apresenta riscos. Ao proteger contra os perigos da investigação, ela ensina a aderir rapidamente a tudo o que as regras de conduta possam prescrever em uma determinada época para uma determinada sociedade. As pessoas acostumam-se com mais facilidade à posse de regras que subsumem particulares do que propriamente ao seu conteúdo, cujo exame inevitavelmente as levaria à perplexidade. Se aparecer alguém, não importa com que propósitos, que queira abolir os velhos "valores" ou virtudes, esse alguém encontrará um caminho aberto, desde que ofereça um novo código. Precisará de relativamente pouca força e nenhuma persuasão — isto é, de provas de que os novos valores são melhores do que os velhos — para impor o novo código. Quanto maior é a firmeza com que os homens aderem ao velho código, maior a facilidade com que assimilarão o novo. Na prática, isso significa que os mais dispostos a obedecer serão os que foram os mais respeitáveis pilares da sociedade, os menos dispostos a se abandonarem aos pensamentos — perigosos ou de qualquer outro tipo —, ao passo que aqueles que aparentemente eram os elementos menos confiáveis da velha ordem serão os menos dóceis.

Se as questões da ética e da moral fossem realmente o que a etimologia dessas palavras indica, não seria mais difícil mudar os costumes e hábitos de um povo do que suas maneiras à mesa. E a facilidade com que tais mudanças ocorrem, sob certas circunstâncias, sugere realmente que todo mundo estava dormindo profundamente quando elas ocorreram. Estou me referindo, é claro, ao que houve na Alemanha nazista e, em certa medida, também na Rússia stalinista, quando subitamente os mandamentos básicos da moralidade ocidental foram invertidos: no primeiro caso, o mandamento "não matarás"; e, no segundo, "não levantarás falso testemunho". E tampouco o que veio depois poderia nos consolar, isto é, a inversão da inversão, o fato de ter sido tão surpreendentemente fácil "reeducar" os alemães após o colapso do Terceiro Reich, tão fácil mesmo que se poderia dizer que a reeducação foi automática. Na verdade, nos dois casos, trata-se do mesmo fenômeno.

Voltando a Sócrates, os atenienses lhe disseram que o pensamento era subversivo, que o vento do pensamento era um furacão a varrer do mapa os sinais estabelecidos pelos quais os homens se orientavam, trazendo desordem às cidades e confundindo os cidadãos. E, embora

Sócrates negue que o pensamento corrompa, ele tampouco alega que aperfeiçoe alguém. O pensamento apenas desperta, e isso lhe parece um grande bem para a cidade. Mesmo assim, Sócrates não diz que empreendeu todas essas investigações para se tornar um grande benfeitor. No que diz respeito a ele mesmo, a única coisa que se pode dizer é que uma vida sem pensamento seria sem sentido, embora o pensamento jamais torne alguém sábio ou dê respostas às perguntas que ele mesmo levanta. O significado do que Sócrates fazia repousava nessa simples atividade. Ou, em outras palavras: pensar e estar completamente vivo são a mesma coisa, e isso implica que o pensamento tem sempre que começar de novo; é uma atividade que acompanha a vida e tem a ver com os conceitos como justiça, felicidade e virtude, que nos são oferecidos pela própria linguagem, expressando o significado de tudo o que acontece na vida e nos ocorre enquanto estamos vivos.

O que chamei de "busca" do significado aparece, na linguagem socrática, como o amor, no sentido grego de *Eros*, não no sentido cristão de *agape*. O amor, como *Eros*, é antes de tudo uma falta; deseja o que não tem. Os homens amam a sabedoria e começam a filosofar porque não são sábios. Amam a beleza e fazem o belo, por assim dizer — *philokaloumen*, como disse Péricles na *Oração fúnebre*[116] —, porque eles não são belos. O amor é o único assunto do qual Sócrates se diz conhecedor; e essa habilidade guia-o também na escolha de companheiros e amigos: "Embora eu seja inútil para todas as outras coisas, este dom eu tenho: reconheço imediatamente o amante e o amado."[117] Ao desejar o que não tem, o amor estabelece uma relação com o que não está presente. Para trazer à luz e fazer aparecer essa relação, os homens procuram falar dela — assim como o amante procura falar do amado. É porque a busca empreendida pelo pensamento é um tipo de amor desejante que os objetos do pensamento só podem ser coisas merecedoras de amor — beleza, sabedoria, justiça etc. O mal e a feiura quase por definição estão excluídos da consideração do pensamento. Eles podem apresentar-se como deficiências, consistindo a feiura na ausência da beleza, e o mal, *kakia,* na ausência de bem. Em si, não têm raízes próprias nem essências onde o pensamento possa se firmar. Se o pensamento dissolve conceitos positivos até o seu significado original, então o mesmo processo tem que dissolver tais conceitos "negativos" até a sua ausência de significado original, isto é, até o nada, do ponto de vista do ego pensante. Eis por que Sócrates acreditava que ninguém pudesse fazer o mal voluntariamente — o mal, como diríamos nós, não tem estatuto ontológico: ele consiste em uma ausência, um algo que não é. Demócrito, que compreendia o *logos,* a palavra, como acompanhamento da ação — da mesma maneira como a sombra acompanha todas as coisas reais, distinguindo-as assim da mera semblância —, por isso mesmo desaconselhava a que se falasse dos maus atos: ao ignorarmos o mal, privando-o de qualquer manifestação na fala, ele se torna uma mera semblância que não projeta nenhuma sombra.[118] Quando abordamos o espanto admirativo e afirmativo de Platão, encontramos a mesma exclusão do mal tal como ele se desdobra em pensamento; e a encontramos em quase todos os filósofos ocidentais. Ao que parece, a única coisa que Sócrates tinha a dizer sobre a conexão entre o mal e a ausência de pensamento é que as pessoas que não amam a beleza, a justiça e a sabedoria são incapazes de pensar, enquanto, reciprocamente, aqueles que amam a investigação e, assim, "fazem filosofia" são incapazes de fazer o mal.

18. O DOIS-EM-UM

Aonde chegamos em relação a um dos nossos principais problemas — a saber, em relação à possível conexão entre a ausência de pensamento e o mal? Chegamos à conclusão de que apenas as pessoas inspiradas pelo *eros* socrático, o amor da sabedoria, da beleza e da justiça, são capazes de pensamento e dignas de confiança. Em outras palavras, chegamos às "naturezas nobres" de Platão, as poucas a respeito das quais se pode dizer que "não fazem o mal voluntariamente". No entanto, nem mesmo em seu caso é verdadeira a conclusão implícita e perigosa de que "todo mundo quer fazer o bem". (A triste verdade é que na maioria dos casos o mal é praticado por pessoas que jamais se decidiram a fazer o bem ou o mal.) Sócrates, que diferentemente de Platão considerava todos os assuntos e conversava com todas as pessoas, não pode ter acreditado que só os poucos são capazes de pensamento, nem que só alguns objetos de pensamento, visíveis aos olhos da mente bem treinada, mas inefáveis no discurso, conferem dignidade e relevância à atividade de pensar. Se há algo no pensamento que possa impedir os homens de fazerem o mal, esse algo deve ser alguma propriedade inerente à própria atividade, independentemente dos seus objetos.

Sócrates, esse amante das perplexidades, fez poucas afirmações positivas. Entre elas há duas, intimamente ligadas, que tratam do assunto. Ambas ocorrem em *Górgias*, o diálogo sobre a retórica, a arte de dirigir e convencer os muitos. O *Górgias* não faz parte dos diálogos socráticos da juventude; foi escrito pouco antes de Platão tornar-se diretor da Academia. Além disso, o próprio tema do diálogo é uma arte ou uma forma de discurso que pareceria perder todo o sentido se fosse aporético. E, apesar disso, ele é aporético, exceto pelo fato de que Platão concluiu-o com um daqueles mitos sobre o além-mundo de recompensas e punições que aparentemente — isto é, ironicamente — resolvem todas as dificuldades. A seriedade desses mitos é puramente política e consiste no fato de eles se dirigirem à multidão. Os mitos do *Górgias* certamente não são socráticos, mas mesmo assim são importantes, porque revelam, embora de uma forma não-filosófica, o reconhecimento platônico de que os homens voluntariamente cometem atos maus. Isso acarreta a admissão suplementar de que Platão, assim como Sócrates, não sabia como tratar filosoficamente esse fato perturbador. Podemos não saber se Sócrates acreditava realmente que a ignorância causasse o mal, ou que a virtude pudesse ser ensinada; no entanto é certo que Platão achava mais prudente fiar-se em ameaças.

As duas sentenças afirmativas de Sócrates são as seguintes: a primeira, "é melhor sofrer o mal do que o cometer". Ao que Cálicles, o interlocutor no diálogo, responde o que todo grego teria respondido: "Sofrer o mal não é digno de um homem, mas de um escravo, para quem é melhor morrer do que viver, para quem não é capaz de socorrer nem a si mesmo nem àqueles que para ele são importantes."[119] A segunda afirmação é: "Eu preferiria que minha lira ou um coro por mim dirigido desafinasse e produzisse ruído desarmônico, e [preferiria] que multidões de homens discordassem de mim do que eu, *sendo um*, viesse a entrar em desacordo comigo mesmo e a contradizer-me."[120] Ao ouvir isso, Cálicles responde que Sócrates está "enlouquecido pela eloquência" e que seria melhor para ele e para todos se ele deixasse a filosofia.[121]

E nisso ele tem suas razões. Foi sem dúvida a filosofia, ou antes, a experiência do pensamento, que levou Sócrates a tais afirmações — embora, é claro, ele não tenha se lançado em sua empreitada com o objetivo de chegar a elas, assim como não foi para serem "felizes" que outros filósofos se lançaram às suas próprias investigações.[122] (Seria um grave engano — penso eu — compreender essas afirmações como o resultado de reflexões sobre a moralidade; elas são *insights*, é verdade, mas da experiência, e, no que diz respeito ao próprio processo do pensamento, elas são no máximo subprodutos incidentais.)

Para nós é difícil compreender como deve ter soado paradoxal a primeira afirmação na sua época; após milhares de anos de uso e abuso, ela soa como moralismo barato. E a melhor demonstração de como é difícil para leitores modernos apreender a força da segunda afirmação é o fato de que as palavras-chave "sendo um" (que precedem "seria pior para mim estar em desacordo comigo mesmo do que com multidões inteiras") frequentemente são ignoradas pelos tradutores. A primeira é uma afirmação subjetiva que significa: é melhor para mim sofrer o mal do que o cometer. E no diálogo em que ocorre, ela é contestada simplesmente por outra afirmação igualmente subjetiva que, evidentemente, soa muito mais plausível. O que fica claro é que Cálicles e Sócrates estão falando de "eus" diferentes: o que é bom para um é mau para outro.

Mas se, por outro lado, encaramos essa proposição do ponto de vista do mundo, que é distinto daquele dos dois falantes, teríamos que dizer: o que conta é que o mal foi feito; e aí é irrelevante saber quem se saiu melhor — o autor ou a vítima. Na qualidade de cidadãos, nós devemos evitar que o mal seja cometido, porque está em jogo o mundo em que todos nós — o malfeitor, a vítima e o espectador — vivemos. A cidade foi injuriada. Nossos códigos legais levam isso em consideração, ao distinguir crimes em que a acusação é obrigatória e transgressões que pertencem ao domínio privado dos indivíduos, que podem querer ou não mover uma ação. Poderíamos quase definir um crime como aquela transgressão da lei que exige punição, não importando quem foi injuriado; a vítima pode estar disposta a perdoar e a esquecer, e, se houver a suspeita de que o malfeitor certamente não voltará a fazer o mal, pode não haver perigo para as outras pessoas. No entanto a lei da terra não permite essa escolha, porque a comunidade como um todo foi violada.

Em outras palavras, Sócrates não está falando aqui na pessoa do cidadão, de quem se supõe preocupar-se mais com o mundo do que consigo mesmo; ele fala aqui como um homem devotado principalmente ao pensamento. É como se ele dissesse a Cálicles: se você estivesse, como eu, apaixonado pela sabedoria, e se sentisse a necessidade de pensar sobre tudo e examinar tudo, você saberia que é melhor sofrer o mal do que o praticar, caso não haja alternativa, caso o mundo seja como você o descreve, dividido entre fortes e fracos, onde "os fortes fazem o que está em seu poder, e os fracos sofrem o que têm que sofrer" (Tucídides). Mas é claro que o pressuposto aqui é: *se você está apaixonado pela sabedoria e pelo filosofar*; se você sabe o que significa investigar.

Ao que eu saiba, há apenas uma outra passagem na literatura grega que diz o mesmo que Sócrates, quase com as mesmas palavras. "Mais desgraçado [*kakodaimonesteros*] do que o injuriado é o malfeitor", lemos em um dos fragmentos de Demócrito, o grande adversário de Parmênides, que, provavelmente por esta mesma razão, nunca é mencionado por Platão.[123] A coincidência parece notável, porque Demócrito, ao contrário de Sócrates, não estava particularmente interessado em assuntos humanos, mas parece antes ter estado bastante interessado na experiência do pensamento. Chega a parecer que aquilo que somos tentados a compreender como uma proposição puramente moral na verdade tem origem na experiência do pensar enquanto tal.

E isso nos leva à segunda afirmação, que é de fato o pré-requisito para a primeira. Ela também é altamente paradoxal. Sócrates afirma ser um e, *por isso mesmo*, não querer correr o risco de entrar em desacordo consigo mesmo. Mas nada do que é idêntico a si mesmo, verdadeira e absolutamente *Um*, assim como A é A, pode estar em harmonia ou desarmonia consigo mesmo; no mínimo dois tons sempre são necessários para produzir um som harmonioso. Certamente quando apareço e sou visto pelos outros, sou um; de outro modo, seria irreconhecível. E enquanto estou junto a outras pessoas, pouco consciente de mim mesmo, sou tal como apareço para os outros. Chamamos de *consciência* (literalmente, "conhecer comigo mesmo", como vimos) o fato curioso de que, em certo sentido, eu também sou para mim mesmo, embora quase não apareça para mim — o que indica que o "sendo um" socrático não é tão pouco problemático como parece; eu não sou apenas para os outros, mas também para mim mesmo; e, nesse último caso, claramente eu não sou apenas um. Uma diferença se instala na minha Unicidade.

Conhecemos essa diferença sob outros aspectos. Tudo o que existe em meio a uma pluralidade de coisas não é simplesmente o que é, em sua identidade, mas também é diferente de outras coisas; esse ser diferente pertence à sua própria natureza. Quando tentamos apreendê-lo em pensamento, querendo defini-lo, devemos levar em conta essa alteridade (*altereitas*) ou diferença. Quando dizemos o que uma coisa é, temos que dizer o que ela *não* é, sob pena de falarmos apenas por tautologias: toda determinação é uma negação, como diz Espinosa. Há uma curiosa passagem do *Sofista*, de Platão, para a qual Heidegger chamou atenção, e que trata do problema da identidade e da diferença. O Estrangeiro afirma que no diálogo de duas coisas — por exemplo, repouso e movimento —, "cada uma é diferente [da outra], mas, *para si mesma* [é] a mesma" (*hekaston heauto tauton*).[124] Ao interpretar a sentença, Heidegger dá ênfase ao dativo, *heautó*, pois Platão não diz, como seria de esperar, *hekaston autó tauton,* "cada uma em si [tomada fora de contexto] é a mesma coisa", no sentido tautológico em que A é A, em que a diferença surge da pluralidade de coisas. Segundo Heidegger, esse dativo significa que "cada coisa é restituída a si mesma, cada uma em si é a mesma para si [porque ela é] consigo mesma (...) A mesmidade implica a relação de 'com', isto é, uma mediação, uma conexão, uma síntese: a unificação em uma unidade".[125]

A passagem examinada por Heidegger se localiza na parte final do *Sofista*, sobre a *koinónia,* a "comunidade", a qualidade que as ideias têm de ajustar-se e de misturar-se umas às outras, e especialmente sobre a possível comunidade de Diferença e Identidade, que parecem ser contrárias. "O diferente é sempre dito com referência a outras coisas" (*pros alla*),[126] mas seus contrários, as coisas "que são o que são em si mesmas" (*kath'hauta*), participam da "Ideia" da diferença, à medida que se "referem de novo a si mesmas". Elas são as mesmas para si ou consigo mesmas, de tal forma que cada *eidos* é diferente do resto, "não em virtude da sua própria natureza, mas porque participa do caráter da Diferença",[127] isto é, não porque tenha uma relação com outra coisa da qual ele é diferente (*pros ti*), mas porque ele existe em meio a uma pluralidade de Ideias; e "todo ente, na condição de ente, encerra a possibilidade de ser considerado diferente de alguma coisa".[128] Em nossos termos, onde quer que haja uma pluralidade — de seres vivos, de coisas, de ideias — há diferença, e essa diferença não vem do lado de fora, mas é inerente a cada ente sob a forma da dualidade, da qual surge a unidade como unificação.

Essa construção — a implicação de Platão, bem como a interpretação de Heidegger — parece-me errônea. Tirar uma simples coisa do seu contexto, do meio das outras coisas, e olhá-la apenas na sua "relação" consigo mesma (*kath'hauto*), isto é, na sua identidade, não revela nenhuma diferença, nenhuma alteridade; quando ela perde a relação com algo que ela *não* é, perde também a própria realidade e adquire um bizarro caráter de fantasmagoria. É o que ocorre frequentemente nas obras de arte, especialmente nos trechos em prosa do primeiro Kafka ou em algumas pinturas de Van Gogh, em que um objeto singular, uma cadeira ou um par de sapatos é representado. Mas essas obras de arte são coisas-pensamento, e o que lhes confere o seu significado — como se elas não fossem apenas elas mesmas, mas *para* elas mesmas — é precisamente a transformação sofrida quando o pensamento delas se apropriou.

Em outras palavras, é a experiência do ego pensante que está sendo transferida para as coisas. Pois nada pode ao mesmo tempo ser em si e para si mesmo senão o dois-em-um que Sócrates descobriu ser a essência do pensamento, e que Platão traduziu em linguagem conceitual como o diálogo sem som — *eme emauto* — de mim comigo mesmo.[129] Mas, novamente, não é a atividade de pensar que constitui a unidade, que unifica o dois-em-um; ao contrário, o dois-em-um torna-se novamente Um quando o mundo exterior impõe-se ao pensador e interrompe bruscamente o processo do pensamento. Quando o pensador é chamado de volta ao mundo das aparências, onde ele sempre é Um, é como se a dualidade em que tinha sido dividido pelo pensamento se unisse, violentamente, voltando de novo à unidade. Existencialmente falando, o pensamento é um estar-só, mas não é solidão; o estar-só é a situação em que me faço companhia. A solidão ocorre quando estou sozinho, mas incapaz de dividir-me no dois-em-um, incapaz de fazer-me companhia, quando, como Jaspers dizia, "eu falto a mim mesmo" (*ich bleibe mir aus*), ou, em outras palavras, quando sou um e sem companhia.

O fato de que o estar-só, enquanto dura a atividade de pensar, transforma a mera consciência de si — que provavelmente compartilhamos com os animais superiores — em uma dualidade é talvez a indicação mais convincente de que os homens existem *essencialmente* no plural. E é essa *dualidade* do eu comigo mesmo que faz do pensamento uma verdadeira atividade na qual sou ao mesmo tempo quem pergunta e quem responde. O pensamento pode se tornar dialético e crítico porque ele se submete a esse processo de perguntas e respostas, ao diálogo do *dialegesthai*, o qual é, na verdade, uma "viagem através das palavras" (*poreuesthai dia ton logon*)[130] em que constantemente levantamos a pergunta socrática básica: o *que você entende por...?* Só que este *legein*, este dizer, é sem som e, portanto, é tão rápido que sua estrutura dialógica torna-se um tanto difícil de detectar.

O critério do diálogo espiritual não é mais a verdade, que exigiria respostas para as perguntas que me coloco, esteja ela sob a forma da Intuição que compele com a força da evidência sensorial ou sob a forma das conclusões necessárias de um cálculo de consequências, como o raciocínio matemático ou lógico, cuja força de coerção repousa sobre a estrutura do nosso cérebro com seu poder natural. O único critério de pensamento socrático é a conformidade, o ser consistente consigo mesmo, *homologein autos heauto*.[131] O seu oposto, o estar em contradição consigo mesmo, *enantia legein autos heauto*,[132] de fato significa tornar-se seu próprio adversário. Eis por que Aristóteles, em sua primeira formulação do famoso princípio da não-contradição, afirma explicitamente que ele é um axioma: "Temos que acreditar nele porque [...] ele não se dirige à palavra externa [*exo* [...] *logos,* isto é, à palavra falada e endereçada a outra pessoa, amiga ou adversária], mas ao discurso *interno à alma*; e embora possamos sempre levantar objeções contra a palavra externa, nem sempre podemos fazê-lo contra o *discurso interior*", porque o parceiro é a própria pessoa, e é impossível que eu queira tornar-me meu próprio adversário.[133] (Podemos observar, neste caso, como um *insight*, feito a partir da experiência factual do ego pensante, perde-se quando é generalizado em uma doutrina filosófica — como "A não pode ser B e A sob as mesmas condições e ao mesmo tempo" —, uma transformação realizada pelo próprio Aristóteles quando discute o mesmo assunto em sua *Metafísica*.)[134]

Uma leitura minuciosa do *Organon*, do "Instrumento" — nome dado a partir do século VI d.C. ao conjunto dos primeiros tratados lógicos de Aristóteles —, mostra claramente que o que hoje chamamos "lógica" não era originalmente compreendido como um "instrumento do pensamento", do diálogo interior empreendido "dentro da alma". Ao contrário, "lógica" designa a ciência de falar e argumentar corretamente quando estamos tentando convencer os outros, ou explicar o que afirmamos, partindo sempre, como Sócrates, de premissas mais fáceis de serem aceitas pela maioria dos homens ou pela maioria dos considerados geralmente os mais sábios entre estes. O axioma da não--contradição, nos primeiros tratados apenas decisivos para o diálogo interno do pensamento, ainda não tinha sido estabelecido como a regra mais básica para o discurso em geral. Só depois que esse caso particular tornou-se o exemplo condutor para todo pensamento é que Kant, que na *Antropologia* tinha definido pensar como "conversar consigo mesmo [...] e, portanto, também escutar interiormente",[135] pôde relacionar a prescrição de "pensar sempre consistentemente e de acordo consigo mesmo" (*"Jederzeit mit sich selbst einstimmig denken"*) entre as máximas que devem ser consideradas "mandamentos imutáveis para a classe dos pensadores".[136]

Em poucas palavras, a realização, especificamente humana, da consciência no diálogo pensante de mim comigo mesmo sugere que a diferença e a alteridade, características tão destacadas do mundo das aparências tal como é dado ao homem, seu hábitat em meio a uma pluralidade de coisas, são também as mesmas condições da existência do ego mental do homem, já que ele só existe na dualidade. E esse ego — o eu-sou-eu — faz a experiência da diferença na identidade precisamente quando ele não está relacionado às coisas que aparecem, mas apenas a si mesmo. (Essa dualidade original, aliás, explica a futilidade da busca de identidade, tão em voga. Nossa moderna crise de identidade só poderia ser resolvida se nunca ficássemos a sós e nunca tentássemos pensar.) Sem aquela lição original, a afirmação de Sócrates sobre a harmonia em um ser que segundo todas as aparências é Um não teria sentido.

A consciência não é o mesmo que o pensamento; os atos de consciência têm em comum com a experiência dos sentidos o fato de serem atos "intencionais" e, portanto, *cognitivos*, ao passo que o ego pensante não pensa alguma coisa, mas sobre alguma coisa; e este ato é dialético: ele se desenrola sob a forma de um diálogo silencioso. Sem a consciência, no sentido da consciência de si mesmo, o pensamento seria impossível. O que o pensamento torna real, no meio desse processo infinito, é a diferença na consciência, diferença dada como um simples fato bruto (*factum brutum*); é apenas sob essa forma humanizada que a consciência torna-se a característica notória de um homem, e não de um deus ou de um animal. Do mesmo modo como a metáfora preenche a lacuna entre o mundo das aparências e as atividades do espírito que ocorrem dentro dele, o dois-em-um socrático cura o estar só do pensamento; sua dualidade inerente deixa entrever a infinita pluralidade que é a lei da Terra.

Para Sócrates, a dualidade do dois-em-um significava apenas que quem quer pensar precisa tomar cuidado para que os parceiros do diálogo estejam em bons termos, para que eles sejam *amigos*. O parceiro que desperta novamente quando estamos alerta e sós é o único do qual nunca podemos nos livrar — exceto parando de pensar. É melhor sofrer uma injustiça do que cometê-la, porque se pode continuar amigo de um sofredor; quem gostaria de ser amigo e de ter que conviver com um assassino? Nem mesmo outro assassino. No fundo, é a essa consideração bastante simples sobre a importância do acordo de uma pessoa consigo mesma que o Imperativo Categórico de Kant recorre. Subjacente ao imperativo "aja apenas segundo uma máxima tal que você possa ao mesmo tempo *querer* que ela se torne uma lei universal" está a ordem: "Não se contradiga."[137] Um assassino ou um ladrão não pode querer que mandamentos como "tu matarás" ou "tu roubarás" se tornem leis válidas para todos, já que ele teme, evidentemente, pela própria vida ou pela propriedade. Quem abre uma exceção para si mesmo se contradiz.

Em um dos diálogos contestados — o *Hípias Maior,* que pode, ainda assim, oferecer um testemunho autêntico sobre Sócrates, mesmo que não tenha sido escrito por Platão —, Sócrates descreve essa situação de maneira simples e precisa no fim do diálogo. Na hora de voltar para casa, Sócrates diz a Hípias como "ditosamente afortunado" era ele, que tinha se revelado um parceiro singularmente estúpido em comparação com o pobre Sócrates, que é aguardado em casa por um sujeito muito irritante que vive a interrogá-lo. "Ele é meu parente próximo e vive na mesma casa." No momento em que esse sujeito ouvir Sócrates concordar com as opiniões de Hípias, ele perguntará "se [Sócrates] não se envergonha de discorrer sobre um belo modo de vida, quando a série de interrogações já evidencia que ele sequer conhece o significado da palavra 'beleza'".[138] Quando Hípias volta para casa, ele permanece um, pois, embora viva só, não busca fazer-se companhia. Não é, certamente, que ele perca a consciência, só que ele não costuma exercitá-la. Quando Sócrates vai para casa, ele não está solitário, *está junto* a si mesmo. Evidentemente Sócrates tem que entrar em alguma espécie de acordo com o sujeito que o espera, já que eles vivem sob o mesmo teto. É melhor se desavir com o mundo todo do que com aquela única pessoa com quem se é forçado a viver após ter-se despedido de todas as companhias.

O que Sócrates descobriu é que podemos ter interação conosco mesmos, bem como com os outros, e os dois tipos de interação estão de alguma maneira relacionados. Aristóteles, falando da amizade, observou: "O amigo é um outro eu."[139] Isso significa: pode-se, com ele, empreender o diálogo de pensamento como se faz consigo mesmo. A observação faz parte da tradição socrática, mas Sócrates diria: também o eu é uma espécie de amigo. A experiência condutora, nesses assuntos, é evidentemente a amizade, e não a individualidade; antes de conversar comigo mesmo, converso com os outros, examinando qualquer que seja o assunto da conversa; e então descubro que eu posso conduzir um diálogo não apenas com os outros, mas também comigo mesmo. No entanto o ponto em comum é que o diálogo do pensamento só pode ser levado adiante entre amigos, e seu critério básico, sua lei suprema, diz: não se contradiga.

É característico das "pessoas moralmente baixas" estarem "em discordância consigo mesmas" (*diapherontai heautois*) e dos homens maus evitar a própria companhia; sua alma se rebela contra si mesma (*stasiazei*).[140] Que diálogo se pode ter consigo mesmo quando a alma não está em harmonia, mas em guerra consigo mesma? É este o diálogo que se subentende quando Ricardo III, de Shakespeare, está só:

> *What do I fear? Myself? There's none else by:*
> *Richard loves Richard: that is, I am I.*
> *Is there a murderer here? No. Yes, I am:*
> *Then fly: what! from myself? Great reason why:*
> *Lest I revenge. What! myself upon myself?*
> *Alack! I love myself. Wherefore? For any good*
> *That I myself have done unto myself?*
> *Oh! no: alas! I rather hate myself*
> *For rateful deeds committed by myself.*
> *I am a villain. Yet I lie, I am not*
> *Fool, of thyself speak well: fool, do not flatter.* *

No entanto as coisas mudam depois de meia-noite e Ricardo escapa da própria companhia para juntar-se a seus pares. Então:

> *Conscience is but a word that cowards use,*
> *Devis'd at first to keep the strong in awe. ...* **

---

* De que estou com medo? De mim mesmo? Não há mais ninguém aqui:/ Ricardo ama Ricardo: isto é, eu sou eu./ Há um assassino aqui? Não. Sim, eu:/ Então fujamos! Como? De mim mesmo? Boa razão essa:/ Por medo de que me vingue. Como? Eu de mim mesmo? Ora! Eu me amo. Por quê? Por algum bem/ Que possa ter feito a mim mesmo?/ Mas não, ai de mim! Eu deveria me odiar/ Pelos atos execráveis cometidos por mim?/ Sou um canalha. Não, minto; eu não sou./ Idiota, falas bem de ti mesmo: idiota, não te adules. (*N. T.*)

** Consciência é apenas uma palavra que os covardes usam,/ Inventada antes de mais nada para infundir temor nos fortes... (*N. T.*)

Até o próprio Sócrates, tão apaixonado pela praça pública, tem que voltar para casa, onde estará só, para encontrar o outro indivíduo.

Chamei atenção para a passagem do *Hípias Maior,* em sua absoluta simplicidade, porque ela oferece uma metáfora que pode ajudar a simplificar — sob o risco de simplificar em demasia — assuntos difíceis, e que portanto sempre correm o risco de serem demasiadamente complicados. Épocas posteriores deram ao sujeito que espera Sócrates em casa o nome de "consciência moral". Perante o tribunal, para adotar a linguagem kantiana, temos que comparecer e explicar-nos. E escolhi a passagem de *Ricardo III* porque Shakespeare, embora use a palavra "consciência moral", não a usa aqui no sentido costumeiro. Muito tempo se passou antes que a língua separasse a palavra "consciência" (*consciousness*) da "consciência moral" (*conscience*); e em algumas línguas, como o francês, essa separação nunca foi feita. A consciência moral, tal como a entendemos em assuntos morais ou legais, está, supostamente, sempre presente em nós, assim como a mera consciência. E essa consciência moral supostamente nos diz o que fazer e do que se arrepender; antes de se tornar o *lumen naturale*, ou a razão prática de Kant, ela era a voz de Deus.

Ao contrário dessa consciência sempre presente, o sujeito de quem Sócrates fala foi deixado em casa; ele o teme, do mesmo modo como os assassinos de *Ricardo III* temem a consciência moral — como algo ausente. Aqui a consciência moral aparece como um re-pensar despertado ou por um crime, no caso do próprio Ricardo, ou por opiniões não submetidas a exame, como no caso de Sócrates. Ela pode também ser o medo antecipado de tais atos de re-pensar, como no caso dos assassinos contratados de Ricardo. Essa consciência moral, diferentemente da voz de Deus dentro de nós ou do *lumen naturale*, não oferece nenhuma prescrição positiva (mesmo o *daimon*, a voz divina ouvida por Sócrates, só lhe diz o que *não* fazer); nas palavras de Shakespeare, ela "deixa um homem repleto de embaraços". O que faz um homem temê-la é a antecipação da presença de uma testemunha que o aguarda apenas *se* e quando ele voltar para casa. O assassino de Shakespeare diz: "todo homem que pretende viver bem se esforça por [...] viver sem ela". Isso é fácil de conseguir, pois tudo o que ele tem a fazer é nunca iniciar o diálogo isolado e sem som a que chamamos de "pensar", nunca voltar para casa e examinar as coisas. Não se trata aqui de perversidade ou bondade, como também não se trata de inteligência ou estupidez. Uma pessoa que não conhece essa interação silenciosa (na qual examinamos o que dizemos e fazemos) não se importa em contradizer-se, e isso significa que ela jamais quererá ou poderá prestar contas do que faz ou diz; nem se importará em cometer um crime, já que pode estar certa de esquecê-lo no momento seguinte. As pessoas más — não obstante a opinião em contrário de Aristóteles — *não* são "cheias de remorsos".

O pensamento, em seu sentido não-cognitivo e não-especializado, como uma necessidade natural da vida humana, como a realização da diferença dada na consciência, não é uma prerrogativa de poucos, mas uma faculdade sempre presente em todo mundo; do mesmo modo, a inabilidade de pensar não é uma imperfeição daqueles muitos a quem falta inteligência, mas uma possibilidade sempre presente para todos — incluindo aí os cientistas, os eruditos e outros especialistas em tarefas do espírito. Todos podemos vir a nos esquivar daquela interação conosco mesmos, cuja possibilidade concreta e cuja importância Sócrates foi o primeiro a descobrir. O pensamento acompanha a vida e é ele mesmo a quintessência desmaterializada do estar vivo. E uma vez que a vida é um processo, sua quintessência só pode residir no processo real do pensamento, e não em quaisquer resultados sólidos ou pensamentos específicos. Uma vida sem pensamento é totalmente possível, mas ela fracassa em fazer desabrochar a sua própria essência — ela não é apenas sem sentido; ela não é totalmente viva. Homens que não pensam são como sonâmbulos.

Para o ego pensante e para sua experiência, a consciência moral que "deixa o homem cheio de embaraços" é um efeito colateral acessório. Não importa em que séries de pensamentos o ego pensante se engage; para o eu que nós todos somos, importa cuidar de não fazer nada que torne impossível para os dois-em-um serem amigos e viverem em harmonia. É isso o que Espinosa entende por "aquiescência do próprio eu" (*acquiescentia in seipso*): "Ela pode brotar da razão [raciocínio], e esse contentamento é a maior alegria possível."[141] Seu critério de ação não será o das regras usuais, reconhecidas pelas multidões e acordadas pela sociedade, mas a possibilidade de eu viver ou não em paz comigo mesmo quando chegar a hora de pensar sobre meus atos e palavras. A consciência moral é a antecipação do sujeito que aguarda quando eu voltar para casa.

Esse efeito moral colateral é, para o pensador, um tanto marginal. E o pensamento como tal traz bem poucos benefícios à sociedade, muito menores do que a sede de conhecimento, que usa o pensamento como um instrumento para outros fins. Ele não cria valores; ele não encontrará o que é "o bem" de uma vez por todas; ele não confirma regras de conduta; ao contrário, dissolve-as. E ele não tem relevância política a não ser em situações de emergência. A consideração de que eu tenho que poder conviver comigo mesmo não tem nenhum aspecto político, exceto em "situações-limite".

Essa expressão foi cunhada por Jaspers para designar a condição humana geral e imutável — "não posso viver sem ter que lutar e sofrer; não posso evitar a culpa; tenho que morrer um dia" — para indicar a experiência de "algo imanente que já oferece um vislumbre de transcendência", e que, quando a ela correspondemos, "*tornarmo-nos a* Existenz *que potencialmente somos*".[142] Em Jaspers, a expressão ganha plausibilidade sugestiva menos das experiências específicas do que do simples fato de que a própria vida, limitada pelo nascimento e pela morte, é um caso-limite, no sentido de que a minha existência mundana sempre força a que eu me dê conta do passado, quando eu ainda não era, e de um futuro, quando não mais serei. O ponto é que, sempre que transcendo os limites do próprio tempo de vida e começo a refletir sobre esse passado, julgando-o, e sobre esse futuro, formando projetos da vontade, o pensamento deixa de ser uma atividade politicamente marginal. E tais reflexões surgem inevitavelmente em emergências políticas.

Quando todos estão deixando-se levar, impensadamente, pelo que os outros fazem e por aquilo em que creem, aqueles que pensam são forçados a mostrar-se, pois a sua recusa em aderir torna-se patente, e torna-se, portanto, um tipo de ação. Em tais emergências, resulta que o componente depurador do pensamento (a maiêutica de Sócrates, que traz à tona as implicações das opiniões não-examinadas e portanto as destrói — valores, doutrinas, teorias e até mesmo convicções) é necessariamente político. Pois essa destruição tem um efeito liberador sobre outra faculdade, a faculdade do juízo, que podemos chamar com alguma propriedade de a mais política das capacidades espirituais humanas. É a faculdade que julga *particulares* sem subsumi-los a regras gerais que podem ser ensinadas e aprendidas até que se tornem hábitos capazes de serem substituídos por outros hábitos e regras.

A faculdade de julgar particulares (tal como foi revelada por Kant), a habilidade de dizer "isto é errado", "isto é belo" e por aí afora não é igual à faculdade de pensar. O pensamento lida com invisíveis, com representações de coisas que estão ausentes. O juízo sempre se ocupa com particulares e coisas ao alcance das mãos. Mas as duas faculdades estão inter-relacionadas, do mesmo modo como a consciência moral e a consciência. Se o pensamento — o dois-em-um do diálogo sem som — realiza a diferença inerente à nossa identidade, tal como é dada à consciência, resultando, assim, na consciência moral como seu derivado, então o juízo, o derivado do efeito liberador do pensamento, realiza o próprio pensamento, tornando-o manifesto no mundo das aparências, onde eu nunca estou só e estou sempre muito ocupado para poder pensar. A manifestação do vento do pensamento não é o conhecimento, é a habilidade de distinguir o certo do errado, o belo do feio. E isso, nos raros momentos em que as cartas estão postas sobre a mesa, pode sem dúvida prevenir catástrofes, ao menos para o eu.

Capítulo 4   Onde estamos quando pensamos?

19. *"TANTÔT JE PENSE ET TANTÔT JE SUIS"* (VALÉRY): O LUGAR NENHUM

Vou me aproximando do fim dessas considerações na esperança de que nenhum leitor esteja na expectativa de um sumário conclusivo. Esforçar-me neste sentido estaria em flagrante contradição com o que aqui foi descrito. Se o pensamento é uma atividade que tem seu fim em si mesma, e se a única metáfora da nossa experiência sensorial comum que a ele vai se adequar é a sensação de estar vivo, disso resulta que todas as perguntas sobre o objetivo ou propósito do pensamento são tão irrespondíveis quanto as perguntas sobre o objetivo ou propósito da vida. Estou propondo a questão "onde estamos quando pensamos?" ao fim da nossa investigação não porque a sua resposta pudesse ser conclusiva, mas porque a própria pergunta e as considerações a que ela dá lugar só podem fazer sentido diante do conjunto dessa abordagem. Como o que vem a seguir apoia-se fundamentalmente em minhas reflexões anteriores, eu as resumirei brevemente no que podem parecer (mas não são) proposições dogmáticas.

Em primeiro lugar, o pensamento está sempre fora de ordem, interrompendo todas as atividades ordinárias e sendo por elas interrompido. A melhor ilustração disso pode ser ainda — como conta a velha história — o hábito socrático de subitamente "voltar seu espírito para si mesmo", deixando de lado toda companhia, permanecendo onde se está, "surdo a todas as súplicas" para que se retorne ao que se vinha até então fazendo.[1] Xenofonte relata como permaneceu 24 horas em completa imobilidade, em um campo de batalha, mergulhado em pensamentos, como diríamos.

Em segundo lugar, as manifestações das experiências autênticas do ego pensante são múltiplas. Entre elas encontram-se as falácias metafísicas, como a teoria dos dois mundos e as ainda mais interessantes descrições não-teóricas do pensamento como uma espécie de morrer ou, inversamente, a noção de que, enquanto pensamos, somos membros de um outro mundo, numênico — que se nos insinua mesmo na obscuridade do aquie-agora real —, ou ainda a definição de Aristóteles do *bios theórétikos* como um *bios xenikos*, a vida do estrangeiro. As mesmas experiências refletem-se na dúvida cartesiana sobre a realidade do mundo, no "às vezes sou, às vezes penso" de Valéry (como se ser real e pensar fossem opostos), nas palavras de Merleau-Ponty: "Só estamos realmente sós quando não o sabemos, é essa ignorância mesma que é o nosso estar-só [o do filósofo]."[2] É bem verdade que o ego pensante, quaisquer que sejam as suas realizações, jamais poderá alcançar a realidade enquanto tal ou convencer a si mesmo de que algo realmente existe e de que a vida, a vida humana, é mais do que um sonho. (A suspeita de que a vida seja apenas um sonho é, evidentemente, um dos traços mais característicos da filosofia asiática; inúmeros exemplos podem ser tirados da filosofia indiana. Escolhi um exemplo chinês bastante eloquente por sua concisão. Ele conta uma história sobre o filósofo taoista [isto é, anticonfuciano] Chuang Chou. Ele "uma vez sonhou que era uma borboleta esvoaçando alegremente de um lado para o outro, satisfeita consigo mesma, fazendo o que lhe aprazia. Ele não sabia que era Chuang Chou. Subitamente despertou, e lá estava sólida e inequivocamente Chuang Chou. Mas ele não sabia se Chuang Chou tinha sonhado ser uma borboleta ou se uma borboleta estava sonhando ser Chuang Chou. Entre Chuang Chou e uma borboleta, deve haver *alguma* distinção!".)[3]

A intensidade da experiência do pensamento, por outro lado, manifesta-se na facilidade com que a oposição entre pensamento e realidade pode ser invertida, de tal modo que apenas o pensamento parece ser real, enquanto tudo o que simplesmente é parece ser tão transitório que é como se não fosse: "O que é *pensado* é; e o que é, *é* apenas à medida que é pensado" (*"Was* gedacht *ist, ist; und was* ist, ist *nur, insofern es Gedanke ist"*).[4] O ponto decisivo, contudo, é que todas essas dúvidas desaparecem assim que o estar-só do pensador é interrompido, e o chamado do mundo exterior e dos seus semelhantes transforma de novo a dualidade do dois-em-um em Um de novo. Assim, a ideia de que tudo aquilo que é poderia bem ser um sonho ou é o pesadelo que surge da experiência do pensamento, ou o consolo para o qual se apela, não quando eu me retirei do mundo, mas quando o mundo se retirou e tornou-se irreal.

Em terceiro lugar, estas curiosas características ligadas à atividade de pensar surgem da retirada, inerente a todas as atividades do espírito: o pensamento sempre lida com ausências e abandona o que está presente e ao alcance da mão. Isso evidentemente não prova a existência de um mundo diferente daquele do qual fazemos parte na vida cotidiana, mas quer dizer que a realidade e a existência que só podemos conceber em termos espaço-temporais podem ser temporariamente suspensas. Elas podem ser despojadas de seu peso e, deste modo, também do seu significado para o ego pensante. Durante a atividade de pensar, o que se torna significativo são extratos, produtos da dessensorialização, e tais extratos não são meros conceitos abstratos; eles eram outrora chamados de "essências".

As essências não podem ser localizadas. O pensamento humano, ao apossar-se delas, deixa o mundo dos particulares e dá início à busca de algo *significativo* de uma maneira geral, embora não necessariamente universalmente válido. O pensamento sempre "generaliza", comprime os muitos particulares — os quais, graças ao processo des-sensorializante, ele pode compactar para uma rápida manipulação — para encontrar o significado que possam ter. A generalização é inerente a todo pensamento, mesmo que este ou aquele pensamento insista na primazia universal do particular. Em outras palavras, o "essencial" é o que se aplica em toda parte, e esse "em toda parte", que confere ao pensamento seu peso específico, é, espacialmente falando, um "lugar nenhum". O ego pensante, movendo-se entre universais e essências invisíveis, não se encontra, em sentido estrito, em lugar algum. Ele não tem lar, no sentido enfático da expressão — o que talvez explique o surgimento precoce de um espírito cosmopolita entre os filósofos.

O único grande filósofo, ao que eu saiba, explicitamente cônscio dessa condição de não ter lar como própria à atividade de pensar foi Aristóteles — talvez porque conhecesse e declarasse tão bem a dife-rença entre ação e pensamento (a distinção decisiva entre o modo de vida filosófico e o político) e, tirando a óbvia conclusão, se recusasse a "compartilhar da sina" de Sócrates e a deixar os atenienses "pecarem duas vezes contra a filosofia". Quando uma acusação de impiedade foi contra ele lançada, deixou Atenas e "retirou-se para Khalkis, um baluarte sob a influência macedônia".[5] Entre as vantagens do modo de vida do filósofo, ele relacionava a de não ter um lar, como declarou no *Protreptikos*, uma das obras de juventude ainda bem conhecida na Antiguidade, mas que só chegou até nós em fragmentos. Nela, Aristó-teles louvava o *bios theórétikos*, porque ele não precisa de quaisquer "implementos ou lugares especiais para se realizar; em qualquer lugar da terra onde alguém se devota ao pensamento, ele atingirá a verda-de onde quer que esteja, como se ela estivesse presente". Os filósofos amam esse "lugar nenhum" como se fosse um país (*philochórein*) e desejam abandonar todas as atividades em favor do *scholazein* (o não fazer nada, como nós diríamos), em vista da doçura inerente ao próprio pensar ou filosofar.[6] A razão para essa abençoada independência é que a filosofia (a cognição, *kata logon*) não se ocupa com particulares, nem com coisas dadas aos sentidos, mas com universais (*kath'holou*), com coisas que não podem ser localizadas.[7] Seria um grande erro procurar tais universais em assuntos políticos práticos, em que sempre se trata de particulares. Nesse domínio, as afirmações "gerais", aplicáveis igualmente em toda parte, degeneram-se imediatamente em generalidades vazias. A ação se exerce sobre particulares, e apenas afirmações particulares podem ser válidas no campo da ética ou da política.[8]

Em outras palavras, quando perguntávamos pelo lugar do ego pensante, podíamos bem estar colocando uma pergunta errada e imprópria. O "em toda parte" do ego pensante — chamando à sua presença, de qualquer ponto do tempo ou do espaço, tudo o que lhe apraz, com velocidade maior do que a da luz —, considerado da perspectiva do mundo cotidiano das aparências, é um *lugar nenhum*. E uma vez que este lugar nenhum não é de modo algum idêntico ao duplo lugar nenhum de onde subitamente aparecemos ao nascer e no qual quase tão subitamente desaparecemos ao morrer, ele só pode ser concebido como o Vazio. E o vazio absoluto pode ser um conceito-limite; embora não inconcebível, ele é impensável. Obviamente, se não existe absolutamente nada, nada há sobre o que pensar. O fato de que tenhamos esses conceitos-limites que encerram nosso pensamento dentro de muros intransponíveis — entre eles, as noções de começo e de fim absoluto — diz-nos apenas que somos realmente seres finitos. Supor que essas limitações pudessem servir para demarcar uma região onde o ego pensante pudesse ser localizado seria apenas dar uma outra variante para a teoria dos dois mundos. A finitude humana, irrevogavelmente determinada por nosso curto tempo de vida, compreendido em uma infinidade de tempo que se estende para o passado e para o futuro, constitui, por assim dizer, a infraestrutura de todas as atividades do espírito. A finitude manifesta-se como a única realidade da qual o pensamento enquanto tal está cônscio, mesmo quando o ego pensante retirou-se do mundo das aparências e perdeu o sentido de realidade [realness] inerente ao *sensus communis* que nos orienta nesse mundo.

Dito de outra maneira, a observação de Valéry — quando pensamos *não* somos — estaria correta se nosso sentido de realidade [realness] fosse inteiramente determinado por nossa existência espacial. O "em-toda-parte" do pensamento é de fato uma região do lugar nenhum. Mas nós não existimos apenas no espaço, existimos também no tempo, lembrando, coletando e recolhendo o que não está mais presente fora do "ventre da memória" (Agostinho), antecipando e planejando, na forma da vontade, o que ainda não é. Talvez a pergunta "onde estamos quando pensamos?" estivesse errada porque, ao perguntar pelo *topos* dessa atividade, nós estivéssemos orientados exclusivamente pelo sentido espacial — como se tivéssemos esquecido o famoso *insight* de Kant de que "o tempo nada mais é do que a forma do sentido interno, isto é, da intuição de nós mesmos e de nosso estado interno". Para Kant, isso significa que o tempo nada tem a ver com as aparências enquanto tais — "nem com a figura nem com a posição" como estão dadas aos nossos sentidos —, mas apenas com as aparências enquanto afetam nosso "estado interno", no qual o tempo determina "a relação das representações".[9] E essas representações — através das quais tornamos presente o que fenomenicamente está ausente — são, sem dúvida, coisas-pensamento, isto é, experiências ou noções sobre as quais se efetuou uma operação de desmaterialização. Através dela, o espírito espera preparar seus próprios objetos e, ao "generalizá-los", priva-os igualmente de suas propriedades espaciais.

O tempo determina o modo como essas representações estão relacionadas umas às outras, forçando-as a entrar em uma sequência; e esta sequência é o que chamamos sequências de pensamentos. Todo pensamento é discursivo e, à medida que acompanha uma sequência de pensamento, poderia ser descrito, por analogia, como "uma linha avançando na direção do infinito", o que corresponde ao modo como usualmente representamos para nós mesmos a natureza sequencial do tempo. Mas, para criar uma tal linha de pensamento, precisamos transformar a *justaposição* na qual as experiências nos são dadas em *uma sucessão* de palavras proferidas sem som — o único meio que podemos usar para pensar —, o que significa que nós não apenas dessensorializamos, mas também desespacializamos a experiência original.

20. A LACUNA ENTRE PASSADO E FUTURO: O *NUNC STANS*

Na esperança de descobrir onde o ego pensante está temporalmente situado e se a sua incansável atividade pode ser temporalmente determinada, recorrerei a uma parábola de Kafka que, em minha opinião, trata especificamente desse tema. A parábola faz parte de uma coleção de aforismos intitulada "ELE".[10]

Ele tem dois antagonistas: o primeiro empurra-o de trás, a partir da origem. O segundo veda o caminho à frente. Ele luta com ambos. Na verdade, o primeiro lhe dá apoio na luta contra o segundo, pois ele quer empurrá-lo para a frente; e, da mesma forma, o segundo apoia-o na luta contra o primeiro, pois ele empurra-o para trás. Mas isso é assim apenas teoricamente. Pois não são somente os dois antagonistas que estão lá, mas também ele; e quem conhece realmente suas intenções? Todavia o seu sonho é que, em um momento de desatenção — e isso, é preciso admitir, exigiria uma noite tão escura como nenhuma já foi —, ele pulasse para fora da linha de batalha e, graças à sua experiência em lutar, fosse promovido à posição de árbitro da luta de seus adversários entre si.

Para mim, essa parábola descreve a sensação temporal do ego pensante. Ela analisa poeticamente nosso "estado interno" em relação ao tempo, do qual nos damos conta quando nos retiramos das aparências e encontramos nossas atividades espirituais voltando-se, de modo característico, sobre si mesmas — *cogito me cogitare*, *volo me velle* etc. A sensação interna do tempo surge não quando estamos inteiramente absorvidos pelos invisíveis ausentes sobre os quais pensamos, mas quando começamos a dirigir nossa atenção para a própria atividade. Nessa situação, passado e futuro estão igualmente presentes, precisamente porque estão igualmente ausentes da nossa percepção. Assim, o não-mais do passado é transformado, graças à metáfora espacial, em algo que se encontra *atrás* de nós, e o ainda-não do futuro, em algo que se *aproxima* pela frente (a palavra alemã *Zukunft* bem como a francesa *avenir* significam, literalmente, "o que vem"). Em Kafka, esse cenário é um campo de batalha onde as forças do passado e do futuro chocam-se uma contra a outra. Entre elas encontramos o homem que Kafka chama "Ele", que, se pretende manter sua posição, tem que enfrentar ambas as forças. Elas são "seus" antagonistas; elas não são apenas opostas, e dificilmente entrariam em luta se "ele" não estivesse no meio delas, opondo resistência. Mesmo que tal antagonismo fosse de alguma forma inerente às duas e elas pudessem lutar uma contra a outra, sem "ele", há muito tempo elas já teriam se neutralizado e destruído reciprocamente, já que, como forças, são claramente equipotentes.

Em outras palavras, o *continuum*, a mudança incessante, é partida nos tempos passado, presente e futuro, de modo que o passado e o futuro só se antagonizam sob a forma do não-mais e do ainda-não em virtude da presença do homem que tem, ele mesmo, uma "origem", seu nascimento, e um fim, sua morte; e, portanto, encontra-se, em todos os momentos, entre o passado e o futuro; esse intervalo chama-se presente. É a inserção do homem, com seu limitado período de vida, que transforma em tempo, tal como o conhecemos, o fluxo contínuo da pura mudança — um fluxo que podemos conceber tanto ciclicamente quanto como movimento linear, sem jamais poder conceber um começo ou um fim absolutos.

A parábola em que os dois tempos modais, passado e futuro, são entendidos como forças antagônicas que colidem no Agora presente parece-nos bastante estranha. A extrema parcimônia da linguagem kafkiana — que, em consideração ao realismo da fábula, elimina toda realidade factual que pudesse engendrar o mundo do pensamento — pode fazê-la soar ainda mais estranha do que exigiria o próprio pensamento que ela contém. Assim, utilizarei uma história de Nietzsche, escrita no estilo pesadamente alegórico de *Assim falou Zaratustra* e curiosamente aparentada com esse pensamento. Essa história é muito mais fácil de ser compreendida porque conta simplesmente, como diz o título uma "Visão" ou um "Enigma".[11] A alegoria começa com a chegada de Zaratustra a um pórtico. O pórtico, como qualquer outro, tem uma entrada e uma saída, ou seja, pode ser visto como o ponto de encontro entre os dois caminhos.

Dois caminhos aqui encontram-se; ninguém ainda os seguiu até o fim. Esse longo caminho estende-se uma eternidade para trás. E o outro longo caminho adiante — é outra eternidade. Eles se contradizem, estes caminhos; e se afrontam — e é aqui, ao pé desse pórtico, que eles se encontram. O nome do pórtico está escrito lá em cima: "Agora" [*"Augenblick"*] [...] Observem esse Agora! Para trás desse pórtico Agora estende-se um caminho longo e eterno; atrás de nós jaz uma eternidade [e outro caminho conduz, adiante, para um eterno futuro].

Heidegger, que interpreta essa passagem em seu *Nietzsche*,[12] observa que este não é o ponto de vista do espectador, mas apenas daquele que está sob o pórtico; para aquele que observa, o tempo passa da maneira como habitualmente o pensamos, como uma sucessão de "agoras", em que uma coisa sempre sucede a outra. Não há aí ponto de encontro, não há dois caminhos ou duas estradas, só uma. "A colisão se produz apenas para aquele que *é ele mesmo* o agora [...]. Quem está no agora volta-se para as duas direções; para ele, Passado e Futuro correm *um contra o outro*." E, resumindo, no contexto da doutrina do Eterno Retorno de Nietzsche, Heidegger diz: "este é o autêntico conteúdo da doutrina do Eterno Retorno, isto é, que a Eternidade é no Agora, que o Momento não é o Agora fútil que é apenas para o observador, mas a colisão de Passado e Futuro". (Encontramos o mesmo pensamento em Blake — "Segura o infinito na palma da sua mão/ E a eternidade em uma hora".)

Para voltar a Kafka, é preciso lembrar que nenhum desses exemplos tematiza uma doutrina ou teoria, mas pensamentos ligados às experiências do ego pensante. Vista da perspectiva de um fluxo eterno e constante, a inserção do homem, lutando em ambas as direções, produz uma ruptura que, por ser defendida em duas direções, abre uma lacuna, o presente definido como um campo de batalha. Esse campo de batalha é, para Kafka, uma metáfora do lar do homem sobre a Terra. Visto da perspectiva do homem, a cada momento capturado e encerrado entre *seu* passado e *seu* futuro, em que passado e futuro dirigem-se àquele que está criando o seu presente, o campo de batalha é um intervalo, um Agora prolongado em que ele passa sua vida. O presente, que na vida cotidiana é o mais fútil e escorregadio dos tempos modais — quando eu digo "agora" e o aponto, ele já não é mais —, é apenas o choque entre o "passado", que não é mais, e o "futuro", que vem se aproximando e, no entanto, ainda não é. O homem vive nesse intervalo, e o que ele chama de "presente" é uma luta que dura toda a vida contra o peso morto do passado, que o impulsiona com a esperança, e contra o medo do futuro (cuja única certeza é a morte), que o empurra para trás, para "a serenidade do passado", com a nostalgia e a lembrança da única realidade de que o homem pode ter certeza.

ONDE ESTAMOS QUANDO PENSAMOS?

O fato de que essa imagem do tempo seja totalmente distinta da sequência temporal da vida cotidiana, em que os três tempos se sucedem suavemente e o próprio tempo pode ser entendido fazendo-se uma analogia com a sequência numérica, fixada pelo calendário, de acordo com a qual o presente é hoje, o passado começa ontem e o futuro, amanhã, não deveria nos assustar em demasia. Aqui também o presente está rodeado pelo passado e pelo futuro, à medida que ele permanece o ponto fixo a partir do qual nos orientamos, olhamos para trás ou para a frente. Devemos não ao próprio tempo, mas à continuidade de nossas ocupações e atividades no mundo e ao fato de que *continuamos* o que ontem começamos e que esperamos terminar amanhã a possibilidade de dar ao fluxo eterno da pura mudança a forma de um *continuum* temporal. Em outras palavras, o *continuum* do tempo depende da continuidade de nossa vida cotidiana; e o conjunto das ocupações que formam a vida cotidiana é sempre espacialmente condicionado e determinado, ao contrário da atividade do ego pensante, sempre independente das circunstâncias espaciais que o cercam. Graças a essa penetrante especialidade da nossa vida cotidiana é que podemos falar com plausibilidade do tempo usando categorias espaciais; é que o passado pode aparecer como algo que se encontra "atrás" de nós e o futuro como algo que se encontra "à frente".

A parábola de Kafka sobre o tempo não se aplica ao homem em suas ocupações cotidianas, mas apenas ao ego pensante, à medida que ele se retirou da rotina diária. A lacuna entre passado e futuro só se abre na reflexão, cujo tema é aquilo mesmo que está ausente — ou porque já desapareceu ou porque ainda não apareceu. A reflexão traz essas "regiões" ausentes à presença do espírito; dessa perspectiva, a atividade de pensar pode ser entendida como uma luta contra o próprio tempo. É apenas porque "ele" pensa, e, portanto, deixa de ser levado pela continuidade da vida cotidiana em um mundo de aparên-

263

cias, que passado e futuro se manifestam como meros entes de tal forma que "ele" pode tomar consciência de um não-mais que o empurra para a frente e de um ainda-não que o empurra para trás.

O conto de Kafka está evidentemente redigido em linguagem metafórica. E suas imagens, tiradas da vida cotidiana, são tomadas como analogias sem as quais, como foi dito, os fenômenos do espírito não podem de modo algum ser descritos. E isso sempre apresenta dificuldades para a interpretação. A dificuldade específica aqui é que o leitor tem que estar consciente de que o ego pensante não é o eu que aparece e se move no mundo, recordando o próprio passado biográfico como se "ele" estivesse *à la recherche du temps perdu* ou planejando o futuro. Porque o ego pensante não tem idade nem localização, o passado e o futuro podem tornar-se, como tais, manifestos para ele, esvaziados, por assim dizer, de seu conteúdo concreto e liberados de todas as categorias espaciais. O que o ego pensante vê como os "seus" dois antagonistas são o próprio tempo e a mudança constante que ele implica, o movimento inexorável que transforma todo Ser em Devir, em vez de deixá-lo *ser*, destruindo assim, incessantemente, seu estar *presente*. Como tal, o tempo é o maior inimigo do ego pensante, porque o tempo — pela encarnação do espírito em um corpo cujos movimentos internos nunca podem ser imobilizados — regula e implacavelmente interrompe a quietude imóvel na qual o espírito está ativo, sem nada fazer.

Esse significado final da parábola fica claro na sentença conclusiva, quando "ele", situado na lacuna temporal, no presente imóvel que é um *nunc stans*, sonha com um movimento de desatenção, quando o tempo tenha exaurido as suas forças. A calmaria então desceria sobre o mundo. Não uma eterna calmaria, mas apenas o tempo necessário para dar a "ele" a chance de pular para fora da linha de combate e ser promovido à posição de árbitro, juiz e espectador de fora do jogo da vida, para quem o significado deste lapso de tempo entre o nascimento e a morte pode ser endereçado, porque "ele" não está envolvido nisso.

O que são esse sonho e essa região senão o velho sonho da metafísica ocidental, de Parmênides a Hegel, o sonho com uma região fora do tempo, uma presença eterna em total quietude, completamente além dos calendários e relógios humanos, em uma palavra, a própria região do pensamento? E o que é essa "posição de árbitro", o desejo que impulsiona o sonho, senão o lugar dos espectadores de Pitágoras, dos "melhores", porque não participam da luta pela fama e pelo ganho, porque são desinteressados, descomprometidos, imperturbáveis, absorvidos apenas pelo próprio espetáculo? São eles que podem encontrar o seu significado e julgar o desempenho.

Sem violentar muito a magnífica história de Kafka, talvez possamos dar um passo adiante. O problema com a metáfora de Kafka é que, ao pular fora da linha de combate, "ele" pula totalmente fora deste mundo e o julga de fora, embora não necessariamente do alto. Além disso, se é a inserção do homem que interrompe o fluxo indiferente da eterna mudança, atribuindo a esse fluxo um objetivo (isto é, ele mesmo, o ser que combate o fluxo), e se, através dessa inserção, o curso indiferente do tempo articula-se com o que ficou para trás (o passado), com o que está adiante (o futuro) e com o próprio homem (o presente em luta), então essa presença humana produz um desvio do fluxo temporal em relação a qualquer direção original ou (supondo-se um movimento cíclico) em relação a qualquer não-direção final. O desvio parece inevitável porque não se trata apenas de um objeto passivo colocado no meio da corrente, carregado por ondas que passam por cima dele, mas de um lutador que defende sua própria presença e, assim, define o que de outro modo poderia ser-lhe indiferente, como *"seus"* antagonistas: o passado, que ele pode enfrentar com a ajuda do futuro; o futuro, que ele enfrenta apoiado pelo passado.

Sem "ele" não haveria nenhuma diferença entre passado e futuro, mas apenas uma eterna mudança. Ou então essas forças bateriam de frente e se aniquilariam mutuamente. Mas graças à entrada de uma presença combativa, elas formam um ângulo, e a imagem correta teria que ser então o que os físicos chamam de paralelogramo de forças. A vantagem dessa imagem é que a região do pensamento não teria mais que se situar além e acima do mundo e do tempo humano; o lutador não teria mais que pular da linha de combate para encontrar a calmaria e a quietude necessárias para o pensamento. "Ele" reconheceria que "sua" luta não foi em vão, já que o próprio campo de batalha oferece a região onde "ele" pode descansar quando está exausto. Em outras palavras, a localização do ego pensante no tempo seria o intervalo entre passado e futuro, ou seja, o presente, agora misterioso e fugidio, uma mera lacuna no tempo em direção ao qual, não obstante, passado e futuro se dirigem, à medida que indicam o que não *é* mais e o que ainda não *é*. O fato de que eles, de alguma forma, *sejam* deve-se obviamente ao homem, que instalou sua presença entre eles. Uma vez tendo corrigido a imagem, permitam-me acompanhar sucintamente as suas implicações.

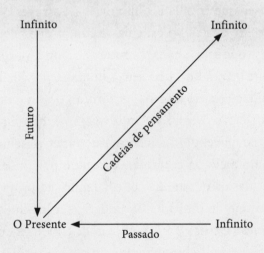

ONDE ESTAMOS QUANDO PENSAMOS?

Falando em termos ideais, a ação das duas forças que formam nosso paralelogramo deveria produzir uma terceira força, a diagonal resultante cuja origem seria o ponto em que as duas forças se encontram e sobre o qual elas agem. A diagonal permaneceria no mesmo plano e não pularia para fora da dimensão das forças que formam o tempo, mas diferiria delas sob o aspecto importante. As duas forças antagônicas, passado e futuro, são indefinidas quanto à sua origem. Observadas da perspectiva do presente, que se encontra no meio delas, uma vem de um passado infinito e a outra vai para um futuro infinito. Mas, embora o começo seja desconhecido, elas têm um fim, o ponto em que elas se encontram e colidem, que é o presente. A força diagonal, ao contrário, tem uma origem definida como o ponto de colisão das duas outras forças, mas terminaria no infinito, por ser a resultante da ação conjunta de suas forças que têm sua origem no infinito. Essa força diagonal, cuja origem é conhecida e cuja direção é determinada pelo passado e pelo futuro, mas que se exerce na direção de um fim indeterminado, como se pudesse estender-se ao infinito, parece-me uma metáfora perfeita para a atividade do pensamento.

Se o "ele" de Kafka pudesse caminhar sobre essa diagonal, perfeitamente equidistante das forças prementes do passado e do futuro, ele não pularia para fora da linha de batalha, como exige a parábola, nem acima e além da confusão. Pois essa diagonal, embora aponte na direção de algum infinito, é limitada, encerrada, por assim dizer, pelas forças do passado e do futuro, estando assim protegida contra o vazio. Ela tem sua raiz no presente e permanece ligada a ele — um presente inteiramente humano, embora só realizado completamente no processo do pensamento e não durando além dele. Ela é a quietude do Agora na existência humana, pressionada e agitada pelo tempo. Para mudar a metáfora, ela é a calmaria que reina no centro do furacão, que ainda pertence a ele, embora dele seja totalmente diferente. Nessa lacuna entre o passado e o futuro, encontramos o nosso lugar no tempo quando pensamos, isto é, quando estamos distantes o suficiente do passado e do futuro. Estamos aí em posição de descobrir o seu significado, de assumir o lugar do "árbitro" das múltiplas e incessantes ocupações da existência humana no mundo, do juiz que nunca encontra uma solução definitiva para esses enigmas, mas respostas sempre novas à pergunta que está realmente em questão.

Para evitar mal-entendidos: as imagens que estou usando para indicar, metafórica e experimentalmente, a localização do pensamento só podem ser válidas no domínio dos fenômenos espirituais. Aplicadas ao tempo histórico e biográfico, essas metáforas não podem fazer nenhum sentido; aí não ocorrem lacunas no tempo. É apenas na medida em que pensa, e portanto que *não* é, nas palavras de Valéry, que o homem — um "Ele", como Kafka tão precisamente o chama, e não um "alguém" —, na realização total do seu ser concreto, vive nessa lacuna entre passado e futuro, nesse presente atemporal.

Embora tenhamos ouvido falar dessa lacuna pela primeira vez como um *nunc stans*, o "agora permanente" da filosofia medieval, tornada modelo e metáfora para a eternidade divina sob a forma do *nunc aeternitatis*, ela não é historicamente datável, mas parece ser contemporânea à própria existência do homem sobre a Terra.[13] Usando uma metáfora diferente, podemos chamá-la a região do espírito, mas talvez ela seja muito mais a trilha aberta pelo pensamento, a pequena e inconspícua trilha de não-tempo traçada pela atividade de pensar no espaço-tempo concedido a homens que nascem e morrem. Ao seguir esse caminho, as sequências de pensamento, recordação e antecipação salvam tudo aquilo que tocam da ruína do tempo histórico e biográfico. Esse pequeno espaço não-temporal no âmago do tempo, ao contrário do mundo e da cultura em que nascemos, não pode ser herdado nem transmitido pela tradição, embora cada grande livro de pensamento deixe-o entrever e como que o decifre — como diz Heráclito a respeito do Oráculo de Delfos, notoriamente críptico e indigno de confiança: "*onte legei, oute krytei alla semainei*" ("ele não diz nem oculta, ele insinua").

Cada nova geração, cada novo ser humano, quando se torna consciente de estar inserido entre um passado infinito e um futuro infinito, tem que descobrir e traçar diligentemente, desde o começo, a trilha do pensamento. E é afinal possível e, na minha opinião, provável que a estranha sobrevivência das grande obras, sua permanência relativa através de milênios, deva-se ao fato de terem nascido na pequena e inconspícua trilha de não-tempo que o pensamento de seus autores percorreu por entre um passado e um futuro infinitos. Por terem aceitado passado e futuro como dirigidos e apontados, por assim dizer, para eles mesmos — como aquilo que *os* antecede e *os* sucede, como *seu* passado e *seu* futuro —, eles conquistaram para si mesmos um presente, uma espécie de tempo sem tempo no qual os homens podem criar obras atemporais com que transcendam sua própria finitude.

Essa atemporalidade não é certamente a eternidade; ela brota, por assim dizer, do choque entre passado e futuro, ao passo que eternidade é o conceito-limite, impensável porque assinala o colapso de todas as dimensões temporais. A dimensão temporal do *nunc stans*, experimentada na atividade de pensar, reúne na sua própria presença os tempos ausentes, o ainda-não e o não-mais. É o que Kant chama de "terra do puro intelecto" (*Land des reinen Verstandes*), "uma ilha, encerrada dentro de limites inalteráveis pela própria natureza" e "rodeada por um vasto e tempestuoso oceano", o mar da vida cotidiana.[14] E embora não acredite que esta é a "terra da verdade", ela é certamente o único domínio em que o conjunto de uma vida humana e seu significado — de resto inacessível a homens mortais (*nemo ante mortem beatus esse dici potest*), cuja existência, ao contrário de todas as outras coisas que só começam a *ser* em sentido enfático quando estão terminadas, termina quando não é mais —, em que esse conjunto inapreensível pode se manifestar como a pura continuidade do eu-sou, uma presença que permanece em meio à transitoriedade sempre mutável do mundo. É por causa dessa experiência do ego pensante que o primado do presente, no mundo das aparências, o mais transitório dos tempos, tornou-se quase um alvo dogmático da especulação filosófica.

Ao fim dessas reflexões, gostaria de chamar a atenção não para o meu "método", nem para os meus "critérios", ou, ainda pior, para os meus "valores" — todos estes, numa tal incursão, permanecem caridosamente ocultos ao próprio autor, embora possam ser, ou melhor, *parecer* manifestos ao leitor e ouvinte, mas atenção para o que, na minha opinião, é a pressuposição básica desta investigação. Já que me detive nas "falácias" metafísicas, que, como vimos, contêm indicações importantes sobre essa atividade curiosa e fora de ordem chamada pensamento. Em outras palavras, juntei-me claramente às fileiras daqueles que, já há algum tempo, vêm tentando desmontar a metafísica e a filosofia, com todas as suas categorias, do modo como as conhecemos, desde o seu começo, na Grécia, até hoje. Tal desmontagem só é possível se aceitarmos que o fio da tradição está rompido e que não podemos reatá-lo. Historicamente falando, o que de fato se partiu foi a trindade romana que por milhares de anos uniu religião, autoridade e tradição. A perda dessa trindade não destrói o passado, e o processo de desmontagem, em si mesmo, não é destrutivo; ele apenas tira conclusões a respeito de uma perda que é um fato e, como tal, não mais pertence à "história das ideias", mas à nossa história política, à história do nosso mundo.

O que se perdeu foi a continuidade do passado, tal como ela parecia passar de geração em geração, desenvolvendo-se no processo de sua própria consistência. O processo de desmontagem tem sua própria técnica, e não pretendi tocar aqui no assunto a não ser perifericamente. Aquilo com o que se fica é ainda o passado, mas um passado *fragmen-*

tado, que perdeu sua certeza de julgamento. Para ser breve, vou citar umas poucas linhas que falam melhor e de modo mais denso do que eu poderia fazê-lo:

> *Full fathom five thy father lies,*
> *Of his bones are coral made.*
> *Those are pearls that were his eyes.*
> *Nothing of him that doth fade*
> *But doth suffer a sea-change*
> *Into something rich and strange.* *
>
> A *tempestade*, Ato I Cena 2

Lidei aqui com esses fragmentos do passado após a transformação marinha por que passaram. Devemos à trilha intemporal que o pensamento vai pavimentando no mundo do espaço e do tempo, o fato de podermos usar esses fragmentos. Se alguns de meus ouvintes ou leitores se dispuserem a tentar a sorte com a técnica de desmontagem, que sejam cuidadosos para não destruir o "rico e estranho", o "coral" e as "pérolas" que provavelmente só poderão ser salvos como fragmentos.

> *'O plunge your hands in water,*
> *Plunge them in up to the wrist*
> *Stare, stare in the basin,*
> *And wonder what you've missed.*
> *The glacier knocks in the cupboard,*
> *The desert sighs in the bed,*

---

* A cinco braças jaz teu pai,/ De seus ossos se fez coral,/ Aquelas pérolas foram seus olhos./ Nada dele desaparece/ Mas sofre uma transformação marinha/ Em algo rico e estranho. William Shakespeare, *A tempestade*, Ato I cena 2. (*N. T.*)

And the crack in the tea-cup opens
A lane to the land of the dead... **
H. Auden[15]

Ou para dizer o mesmo em prosa: "Alguns livros são imerecidamente esquecidos, nenhum é imerecidamente lembrado."[16]

21. POSTSCRIPTUM

No segundo volume desta obra irei tratar da vontade e do juízo, as duas outras atividades do espírito. Vistas da perspectiva dessas especulações temporais, elas dizem respeito às coisas que estão ausentes, seja porque ainda não existem, seja porque já não existem mais; distintamente da atividade do pensamento, no entanto, que lida com os invisíveis em toda experiência e tende sempre a generalizar, essas atividades lidam sempre com particulares e, sob esse aspecto, estão bem mais próximo do mundo das aparências. Se desejarmos aplacar o nosso senso comum, tão inevitavelmente ofendido pela necessidade que a razão tem de sempre avançar em sua busca sem fim de significado, é tentador justificar essa necessidade unicamente com base no fato de o pensamento ser uma preparação indispensável na decisão do que será e na avaliação do que não é mais. Uma vez que o passado, como passado, fica sujeito ao nosso juízo, este, por sua vez, seria uma mera preparação para a vontade. Esta é inegavelmente a perspectiva legítima, dentro de certos limites, do homem, à medida que ele é um ser que age.

** Mergulha tuas mãos na água,/ Mergulha-as até os pulsos;/ Olha, olha bem na bacia/ E pensa no que perdeste./ A geladeira bate no guarda-louças,/ O deserto suspira na cama,/ E a rachadura na xícara de chá abre/ Uma trilha para a terra dos mortos... W.H. Auden. *The Dyer's Hand the Other Essays*, Nova York, Vintage Books, 1968. (*N. T.*)

ONDE ESTAMOS QUANDO PENSAMOS?

Mas esta última tentativa de defender a atividade de pensar da acusação que lhe dirigem de não ser prática nem útil não funciona. A decisão a que chega a vontade não poderá jamais ser derivada da mecânica do desejo ou das deliberações do intelecto que podem vir a precedê-la. Ou bem a vontade é um órgão da livre espontaneidade que interrompe cada cadeia causal da motivação que a prende, ou bem ela nada mais é que uma ilusão. Em relação ao desejo, por um lado, e à razão, por outro, a vontade age como "uma espécie de *coup d'état*", como disse Bergson, e isso obviamente significa que "os atos livres são excepcionais": "embora sejamos livres sempre que queiramos voltar a nós mesmos, *raramente acontece de querermos isso*" (grifos nossos).[17] Em outras palavras, é impossível lidar com a atividade volitiva sem tocar no problema da liberdade.

Proponho-me a levar a sério a evidência interna — nos termos de Bergson, o "dado imediato da consciência" — e, de vez que concordo — juntamente com vários outros escritores que se ocuparam desse assunto — com o fato de que este dado e todos os problemas a ele ligados eram desconhecidos da Antiguidade grega, devo aceitar que essa faculdade foi "descoberta", que podemos datar a descoberta historicamente e que, ao fazê-lo, chegaremos à conclusão de que ela coincide com a descoberta da "interioridade" humana como uma região especial da nossa vida. Em suma, proponho-me a analisar a faculdade da vontade em termos de sua história.

Acompanharemos as experiências que os homens tiveram com essa faculdade paradoxal e autocontraditória (toda volição produz a sua própria contravolição, uma vez que se dirige a si mesma através de imperativos), começando pela descoberta original da impotência da vontade feita por Paulo Apóstolo — "Eu não faço o que quero, faço exatamente o que odeio".[18] Examinaremos a seguir o testemunho que nos foi legado pela Idade Média, começando com a compreensão, por Agostinho, de que não são o espírito e a carne que estão em "guerra",

273

mas o espírito, como vontade, consigo mesmo, o "eu mais profundo" do homem consigo mesmo. Passaremos então à Era Moderna que, com o surgimento da noção de progresso, substituiu a antiga primazia filosófica do presente sobre os outros modos temporais pela primazia do futuro, uma força, nas palavras de Hegel, a que "o Agora não pode resistir"; de modo que o pensamento é compreendido "como essencialmente a negação de algo imediatamente presente" (*"in der Tat ist das Denken wesentlich die Negation eines unmittelbar Vorhandenen"*).[19] Ou, nas palavras de Schelling: "Em última e máxima instância, não há outro Ser senão a Vontade"[20] — uma atitude que encontrou o seu climático e malogrado final na "Vontade de potência", de Nietzsche.

Iremos ao mesmo tempo acompanhar um desenvolvimento paralelo na história da Vontade segundo o qual a volição é a capacidade interna pela qual os homens decidem sempre "quem" eles vão ser, sob que forma desejam se mostrar no mundo das aparências. Em outras palavras, é a vontade, cujo tema é sempre um projeto, e não um objeto, que, em certo sentido, cria a *pessoa* que pode ser reprovada ou elogiada, ou, de qualquer modo, que pode ser responsabilizada não somente por suas ações, mas por todo o seu "Ser", o seu *caráter*. As noções marxistas e existencialistas — que desempenham um papel tão destacado no pensamento do século XX e que fazem crer que o homem é o seu próprio produtor e criador — baseiam-se nessas experiências, embora seja claro que ninguém jamais tenha "criado" a si mesmo ou "produzido" a sua existência; esta, penso eu, é a última das falácias metafísicas, que corresponde à ênfase que a Era Moderna faz recair sobre a vontade como substituta do pensamento.

Concluiremos o segundo volume com uma análise da faculdade do juízo. Aqui, a principal dificuldade será a curiosa escassez de fontes que possam fornecer um testemunho insuspeito. Esta faculdade só se tornou um grande tópico de um grande pensador com o advento da *Crítica do juízo*, de Kant.

Procurarei mostrar que minha hipótese principal, ao isolar o juízo como uma capacidade distinta de nossos espíritos, foi a de que os juízos não são alcançados por dedução ou por indução; em suma, eles não têm nada em comum com as operações lógicas — como é o caso quando dizemos: todos os homens são mortais, Sócrates é um homem, logo Sócrates é mortal. Estaremos à procura do "sentido silencioso" que, quando chegou a ser tratado, foi sempre pensado, mesmo em Kant, como "gosto" e, portanto, como pertencente ao campo da estética. Nas questões práticas e morais o juízo foi chamado de "consciência", e a consciência não julgava; ela dizia, como voz divina de Deus ou da Razão, o que fazer, o que não fazer e do que se arrepender. O que quer que seja a voz da consciência, não se pode dizer que ela seja "silenciosa", e sua validez depende totalmente de uma autoridade que está acima e além de todas as leis e regras meramente humanas.

Em Kant, o juízo emerge como "um talento peculiar que somente pode ser praticado, e não ensinado". O juízo lida com particulares, e quando o ego pensante que se move entre generalidades emerge da sua retirada e volta ao mundo das aparências particulares, o espírito necessita de um novo "dom" para lidar com elas. Kant acreditava que "uma pessoa tacanha ou obtusa [...] pode de fato ser treinada pelo estudo, até mesmo chegar ao ponto de se tornar erudita. Mas como geralmente ainda falta o exercício do juízo a tais pessoas, é comum encontrar-se homens cultos que, na aplicação do seu conhecimento científico, traem-se e revelam aquela falta original que jamais pode ser compensada".[21] Em Kant, é a razão, com as suas "ideias regulativas", que vem em socorro do juízo. Mas se a faculdade é uma faculdade do espírito separada das outras, então teremos que lhe atribuir o seu próprio *modus operandi*, a sua própria maneira de proceder.

Isso tem certa relevância para todo um conjunto de problemas que assombra o pensamento moderno, e em especial para o problema da teoria e da prática, bem como para qualquer tentativa de chegar a uma teoria razoavelmente plausível da ética. Desde Hegel e Marx essas questões têm sido tratadas na perspectiva da história e sob a hipótese de que existe realmente isso a que se chama Progresso da raça humana. Finalmente, ficaremos com a única alternativa possível para essas questões — ou bem dizemos com Hegel: *"Die Weltgeschichte ist das Weltgericht"*, deixando ao Sucesso o juízo final, ou bem mantemos, com Kant, a autonomia dos espíritos humanos e sua possível independência das coisas tais como são ou como vieram a ser.

Aqui teremos de nos ocupar, e não pela primeira vez, do conceito de história. Mas talvez possamos refletir sobre o significado mais arcaico dessa palavra que, como tantos outros termos da nossa linguagem política e filosófica, é de origem grega e derivada de *historein*, inquirir para poder contar como foi — *legein ta Conta*, em Heródoto. Mas a origem desse verbo é uma vez mais Homero (*Ilíada*, XVIII), em que aparece o substantivo *histor* ("historiador", por assim dizer), e o historiador homérico é o *juiz*. Se o juízo é a nossa faculdade para lidar com o passado, o historiador é o homem que indaga sobre esse passado e que, ao relatá-lo, preside ao seu julgamento. Se assim for, poderemos reclamar para nós nossa dignidade humana, resgatá-la, por assim dizer, da pseudodivindade chamada História na Era Moderna, sem negar a importância da história, mas negando-lhe o direito de ser o último juiz. O velho Catão, com quem dei início a estas reflexões — "nunca estou menos só do que quando a sós comigo mesmo, nunca estou mais ativo do que quando nada faço" —, deixou-nos uma frase curiosa que resume adequadamente o princípio político implícito na empresa de recuperação. Disse ele: *"Victrix causa deis placuit, sed victa Catoni"* ("A causa vitoriosa agradou aos deuses, mas a derrotada agrada a Catão").

Notas

INTRODUÇÃO

1. *Critique of Pure Reason*, B871. Para essa citação e as seguintes, veja a tradução de Norman Kemp Smith, *Immanuel Kant's Critique of Pure Reason*, Nova York, 1963, da qual a autora frequentemente se valeu.

2. *Eichmann in Jerusalem*, Nova York, 1963.

3. Notas sobre metafísica, *Kant's handschriftlicher Nachlass,* vol. V, in *Kant's gesammelte Schriften,* Akademie Ausgabe, Berlim, Leipzig, 1928, vol. XVIII, 5636.

4. Hugh de St. Victor.

5. André Bridoux, *Descartes: Oeuvres et Lettres,* Pléiade, Paris, 1937, Introduction, p. viii. Cf. Galileu: *"les mathématiques sont la langue dans laquelle est écrit l'univers"*, p. xiii. [as matemáticas são a língua na qual o Universo está escrito]

6. Nicholas Lobkowicz, *Theory and Practice: History of a Concept from Aristotle to Marx,* Notre Dame, 1967, p. 419.

7. *De Republica*, I, 17.

8. *The Phenomenology of Mind,* trad. J. B. Baillie (1910), Nova York, 1964, "Sense Certainty", p. 159.

9. Veja a nota em "Vom Wesen der Wahrheit", uma conferência proferida em 1930. Agora em *Wegmarken,* Frankfurt, 1967, p. 97.

10. Veja "Glauben und Wissen" (1802), *Werke,* Frankfurt, 1970, vol. 2, p. 432.

11. 11ª edição.

12. *Werke*, Darmstadt, 1963, vol. I, pp. 982, 621, 630, 968, 952, 959, 974.

13. Introdução ao seu *The Basic Works of Aristotle*, Nova York, 1941, p. xviii. Nas citações de Aristóteles, foi ocasionalmente utilizada a tradução de McKeon.

14. *Critique of Pure Reason*, B878. A frase surpreendente ocorre na última seção da *Crítica da razão pura*, em que Kant pretende haver estabelecido a metafísica como ciência cuja ideia "é tão antiga quanto a razão especulativa humana; e sobre o que não especula o ser humano racional, seja em forma escolástica ou popular?" (B87I). Esta "ciência [...] caiu agora em descrédito geral" porque "mais se esperou da metafísica do que aquilo que razoavelmente dela se poderia exigir" (B877). Cf. também as seções 59 e 60 dos *Prolegomena to Any Future Metaphysics*.

15. *The Gay Science*, livro III, n° 125, "The madman".

16. "How the 'True World' finally became a fable", 6.

17. "Nietzsches Wort 'Gott ist tot'", in *Holzwege*, Frankfurt, 1962, p. 193.

18. B125 e B9.

19. René Char, *Feuillets d'Hypnos*, Paris, 1946, n° 62.

20. *Symposium*, 212a.

21. *Kant's handschriftlicher Nachlass*, vol. VI, Akademie Ausgabe, vol. XVIII, 6900.

22. *Werke*, vol. I, p. 989.

23. "Prolegomena", *Werke*, vol. III, p. 245.

24. *Critique of Pure Reason*, Bxxx.

25. *Kant's handschriftlicher Nachlass*, vol. V, Akademie Ausgabe, vol. XVIII, 48-49.

26. Trad. de John Macquarrie e Edward Robison, Londres, 1962, p. 1. Cf. pp. 151 e 324.

NOTAS

27. *"Einleitung zu 'Was ist Metaphysik?'"*, in *Wegmarken*, p. 206.

28. Hegel, *The Phenomenology of Mind*, trad. de Baillie, Introdução, p. 131.

29. *Ibidem*, p. 144.

CAPÍTULO 1: APARÊNCIA

1. Os três modos de vida são enumerados na *Nicomachean Ethics*, I, 5, e na *Eudemian Ethics*, 1215a35ss. Para a oposição entre o belo, o necessário e o útil, veja *Politics*, 1333a30ss. É interessante comparar os três modos aristotélicos de vida com a enumeração de Platão no *Philebus* — o modo do prazer, o modo do pensamento (*phronesis*) e um modo misto (22); *contra* o modo do prazer Platão defende que o prazer é em si mesmo ilimitado no tempo e na intensidade: "ele não se contém em si e dele não deriva começo, meio ou fim" (31a). E embora "concorde com todos os sábios (*sophoi*) [...] em que o *nous*, a faculdade do pensamento e da verdade, é para nós o rei do céu e da terra" (28c), ele também pensa que, para meros mortais, uma vida "que não conhece nem alegrias nem sofrimentos", embora a mais divina das vidas (33a-b) seria insuportável; e, portanto, "a fonte de toda beleza é uma mistura do ilimitado com o que estabelece limites" (26b).

2. Thomas Langan, *Merleau-Ponty's Critique of Reason*, New Haven, Londres, 1966, p. 93.

3. Frag. 1.

4. *Republic*, VII, 514a-521b. *The Collected Dialogues of Plato*, Edith Hamilton e Huntington Cairns (ed.), "Republic", trad. de Paul Shorey, Nova York, 1961, algumas vezes próxima à de Francis MacDonald Cornford, *The Republic of Plato*, Nova York, Londres, 1941.

5. Kant, *Opus Postumum*, ed. Erich Adickes, Berlim, 1920, p. 44. A data provável desta observação é 1788.
6. *Critique of Pure Reason*, B565.
7. Maurice Merleau-Ponty, *The Visible and the Invisible*, Evanston, 1968, p. 17.
8. Maurice Merleau-Ponty, *Signs*, Evanston, 1964, introdução, p. 20.
9. Hermann Diels e Walther Kranz, *Die Fragmente der Vorsokratiker*, Berlim, 1959, vol. II, B26.
10. *The Visible and the Invisible*, pp. 40-41.
11. *Das Tier als soziales Wesen*, Zurique, 1953, p. 252.
12. *Animal Forms and Patterns*, trad. de Hella Czech, Nova York, 1967, p. 19.
13. *Ibidem*, p. 34.
14. *Das Tier als soziales Wesen*, p. 232.
15. *Ibidem*.
16. *Ibidem*, p. 127.
17. *Animal Forms and Patterns*, pp. 112, 113.
18. *Das tier als soziales Wesen*, p. 64.
19. *Biologie und Geist*, Zurique, 1956, p. 24.
20. *Of Human Understanding*, livro III, cap. 1, nº 5.
21. Merleau-Ponty, *Signs*, introdução, p. 17.
22. *The Visible and the Invisible*, p. 259.
23. *Signs*, p. 21.
24. *The Visible and the Invisible*, p. 259.
25. *De Anima*, 403a5-10.
26. *Ibidem*, 413b24ss.
27. *De generatione animalium*, II, 3, 736b5-29, citado em Lobkowicz, *op. cit.*, p. 24.
28. *De Interpretatione*, 16a3-13.
29. Mary McCarthy, "Hanging by a Thread", *The Writing on the Wall*, Nova York, 1970.

NOTAS

30. *Enarrationes in Psalmos, Patrologiae Latina*, J.-P. Migne, Paris, 1854-66, vol. 37, CXXXIV, 16.

31. Frag. 149.

32. Schelling, *Of Human Freedom* (1809), 414, trad. de James Gutmann; Chicago, 1936, p. 96.

33. Frag. 34.

34. *Critique of Pure Reason*, B354-B355.

35. *Ibidem*, A107. Cf. também B413: "Na intuição interna não há nada permanente", e B420: Nada de "permanente" é "dado [...] na intuição" "enquanto penso a mim mesmo".

36. *The Visible and the Invisible*, pp. 18-19.

37. *Critique of Pure Reason*, A381.

38. *Critique of Pure Reason*. B565-B566. Kant escreve aqui "transcendental", mas quer dizer "transcendente". Esta não é a única passagem em que ele se confunde com aquilo que é uma das armadilhas montadas pela sua obra para o leitor. A mais clara e mais simples explicação sobre o uso das duas palavras pode ser encontrada nos *Prolegomena*, em que ele responde a um crítico, na nota da página 252 (*Werke*, vol. III), em que está escrito o seguinte: "Meu lugar é o fértil *bathos* da experiência, e a palavra transcendental [...] não significa algo que transcenda a experiência, mas o que (*a priori*) a precede de forma a torná-la possível. Se esses conceitos transcendessem a experiência, eu denominaria seu uso transcendente." O objeto que determina as aparências, distinto da experiência, claramente transcende-as como experiências.

39. *Critique of Pure Reason*, B566.

40. *Ibidem*, B197.

41. *Ibidem*, B724.

42. *Ibidem*, B429.

43. *The Philosopher and Theology*, Nova York, 1962, p. 7. No mesmo espírito, Heidegger costumava contar, na sala de aula, a biografia

de Aristóteles. "Aristóteles", ele dizia, "nasceu, trabalhou [passou a vida pensando] e morreu."

44. Em seu *Commentary* a I Corinthians 15.

45. *Critique of Pure Reason*, A381.

46. *Ibidem*, B157-B158.

47. *Ibidem*, B420.

48. A última e supostamente a melhor tradução para o inglês, feita por John Manolesco, apareceu sob o título de *Dreams of a Spirit Seer, and Other Writings*, Nova York, 1969. Eu mesma traduzi a passagem do alemão, in *Werke*, vol. I. pp. 946-951.

49. "Allgemeine Naturgeschichte und Theorie des Himmels", *Werke*, vol. I, p. 384. Tradução para o inglês: *Universal Natural History and Theory of the Heavens*, por W. Hastie, Ann Arbor, 1969.

50. *The Bounds of Sense: An Essay on Kant's Critique of Pure Reason*, Londres, 1966, p. 249.

51. *The Visible and the Invisible*, pp. 28ss.

52. *The Human Condition*, pp. 252ss.

53. *Le Discours de la Méthode*, 3ª parte in *Descartes: Oeuvres et Lettres*, pp. 111, 112; veja, para a primeira citação, *The Philosophical Works of Descartes*, traduzido por Elizabeth S. Haldane e G. R. T. Ross, Cambridge, 1972, vol. I, p. 99.

54. Platão, *Philebus*, 67b, 52b.

55. *Ibidem*, 33b, 28c.

56. *Le Discours de la Méthode*, 4ª parte, in *Descartes: Oeuvres et Lettres*, p. 114; *The Philosophical Works*. vol. I, p. 101.

57. *The Visible and the Invisible*, pp. 36-37.

58. "Antropologie", n° 24, *Werke*, vol. VI, p. 465.

59. Heidegger assinala com razão: "O próprio Descartes enfatiza que a sentença [*cogito ergo sum*] não é um silogismo. O eu-sou não é consequência do eu-penso, mas, ao contrário, o *fundamentum*, a

NOTAS

sua base." Heidegger menciona a forma que o silogismo deveria ter: *Id quod cogitat est; cogito; ergo Sum. Die Frage nach dem Ding,* Tübingen, 1962, p. 81.

60. *Tractatus,* 5.62; 6.431; 6.4311. Cf. *Notebooks 1914-1916,* Nova York, 1969, p. 75e.

61. Tomás de Aquino, *Summa Theologica,* parte I, questões I, 3 ad. 2.

62. Parece que foi Gottsched o primeiro a falar em senso comum (*sensus communis*) como um "sexto sentido". In *Versuch einer Kritischen Dichtkunst für die Deutschen,* 1730. Cf. Cícero, *De Oratore,* III, 50.

63. Citado de Thomas Landon Thorson, *Biopolitics,* Nova York, 1970, p. 91.

64. *Summa Theologica,* parte I, questão 78, 4 ad. 1.

65. *Op. cit., loc. cit.*

66. *Ibidem.*

67. *Notebooks 1914-1916,* pp. 48, 48e.

68. *Politics,* 1324a16.

69. *The Visible and the Invisible,* p. 40.

70. *Philebus,* 25-26.

71. *Ibidem,* 31a.

72. Thomas S. Kuhn, *The Structure of Scientific Revolutions,* Chicago, 1962, p. 163.

73. *Critique of Pure Reason,* B367.

74. *De Interpretatione,* 17a 1-4.

75. 980a22ss.

76. *Monadology,* nº 33.

77. *Phisics,* 188b30. Tomás de Aquino faz eco à sentença de Aristóteles: *"quasi ab ipsa veritate coacti"* (como se fora forçado pela própria verdade), em seu comentário ao *De Anima,* 1, 2, 43.

78. O *Dictionnaire de l'Académie* disse, no mesmo espírito: *"La force de la vérité, pour dire le pouvoir que la vérité a sur l'esprit des hommes."*

79. "Décadas atrás, subitamente você chegou/ em meio à infinita cascata de criaturas vomitadas/ das entranhas da Natureza. Um evento aleatório, diz a Ciência." O que não nos impede de responder com o poeta: "Aleatório uma ova! Um verdadeiro milagre, digo eu,/ pois quem duvida de que ele estava destinado a ser?". W. H. Auden, "Talking to Myself", *Collected Poems*, Nova York, 1976, p. 653 (tradução livre).

80. *Philosophie der Weltgeschichte*, Lasson, Leipzig, 1920, parte I, pp. 61-62.

81. *Notes on Metaphisics*, Akademie Ausgabe, vol. XVIII, 4849.

82. *Critique of Pure Reason*, A19, B33.

83. Que eu conheça, a única interpretação de Kant que poderia ser citada em apoio à minha própria compreensão da distinção kantiana entre razão e intelecto é a excelente análise de *Crítica da razão pura* feita por Eric Weil: *"Penser et Connaître, la Foi et la Chose-en-soi"*, in *Problèmes Kantiens*, 2ª ed., Paris, 1970. Segundo Weil, é inevitável *"d'affirmer que Kant, qui dénie à la raison pure la possibilité de connaître et de développer une science, lui reconnaît, en revanche, celle d'acquérir un savoir qui, au lieu de connaître,* pense" (p. 23). Deve-se admitir, entretanto, que as conclusões de Weil permanecem próximo da compreensão que Kant tinha de si mesmo. Weil está interessado principalmente na interconexão entre as razões Pura e Prática; desse modo afirma que *"le fondement dernier de la philosophie kantienne doit être cherché dans sa theórie de l'homme, dans l'anthropologie philosophique, non dans une 'théorie de la connaissance'* [...]" (p. 33). Por outro lado, minhas principais reservas em relação à filosofia de Kant dizem respeito precisamente à sua filosofia moral, ou seja, à *Crítica da razão prática*, embora eu concorde, naturalmente, que aqueles que leram a *Crítica da razão pura* como uma espécie de epistemologia parecem ignorar completamente os capítulos finais do livro (p. 34). Os quatro ensaios do livro de Weil,

NOTAS

de longe os mais importantes artigos da literatura sobre Kant nos últimos anos, estão baseados na descoberta simples, mas crucial, de que "*l'opposition* connaître [...] *et* penser *est fondamentale pour la compréhension de la pensée kantienne*" (p.112, n. 2).

84. *Critique of Pure Reason*, A314.

85. *Ibidem*, B868.

86. *Ibidem*, Bxxx.

87. *Ibidem*.

88. *Ibidem*, B697.

89. *Ibidem*, B699.

90. *Ibidem*, B702.

91. *Ibidem*, B698.

92. *Ibidem*, B714.

93. *Ibidem*, B826.

94. *Ibidem*, B708.

CAPÍTULO 2: AS ATIVIDADES ESPIRITUAIS EM UM MUNDO DE APARÊNCIAS

1. *De Veritate*, questão XXII, art. 12.

2. *Critique of Pure Reason*, B171-B174.

3. *Critique of Judgement*, trad. J. H. Bernard, Nova York, 1951, introdução, IV.

4. *Science of Logic*, prefácio à 2ª edição.

5. *Philosophy of Right*, prefácio.

6. Frag. 108.

7. Tucídides, II, 43.

8. *Critique of Pure Reason*, B400.

9. *Ibidem*, B275.

10. Ver Ernest Stadter, *Psychologie und Metaphysik der menschlichen Freiheit*, Munique, Paderborn, Viena, 1971, p. 195.

11. Ver a magnífica descrição de tal sonho, da "completa solidão" em *Observations on the Feeling of the Beautiful and Sublime*, de Kant, trad. John T. Goldthwait, Berkeley, Los Angeles, 1960, pp. 48-49.

12. *Critique of Pure Reason*, B157, Cf. cap. I do presente volume.

13. *Ibidem*, B158n.

14. "Anthropologie", n° 28, *Werke,* vol. VI, p. 466.

15. *The Trinity*, livro XI, cap. 3. Trad. ingl.: série *Fathers of the Church*, Washington, D.C., 1963, vol. 45.

16. *Ibidem.*

17. *Ibidem*, cap. 8.

18. *Ibidem*, cap. 10.

19. *An Introduction to Methaphysics*, trad. Ralph Manhein, New Haven, 1959, p. 12.

20. "Discours aux chirurgiens", in *Variété,* Paris, 1957, vol. I, p. 916.

21. *Phaedo*, 64.

22. Diógenes Laércio, VII, 2.

23. *Sämmtliche Werke*, Leipzig, s/d, "Über den Tod", vol. II, p. 1240.

24. *Phaedo*, 64-67.

25. Cf. Valéry, *op. cit., loc. cit.*

26. Ver a análise de N. A. Greenberg, "Socrates' choise in the *Crito*", in *Harvard Studies in Classical Philology*, vol. 70, n° 1, 1965.

27. Heráclito, frag. 104, 29.

28. *Republic*, 494a e 496d.

29. *Ibidem*, 496a e ss. Cornford, *The Republic of Plato*, pp. 203-204.

30. *Philebus,* 62b.

31. *Laws,* 935. Nas disputas, "todos estão habituados a fazer os oponentes caírem no ridículo". É impossível "ofender sem cair no ridículo". Daí, "todo escritor de comédia ou de poemas iâmbicos ou líricos deve ser rigorosamente proibido de ridicularizar qualquer cidadão [...] e se ele desobedecer, deve ser banido do país". Para as

NOTAS

passagens da *República*, contudo, em que o medo do ridículo dificilmente desempenha qualquer papel, ver 394 ss. e 606 ss.

32. *Theaetetus*, l74a-d.

33. "Träume eines Geistersehers", *Werke*, vol. I, p. 951.

34. *Phaedo*, 64.

35. *Ibidem*, 66.

36. *Ibidem*, 65.

37. *Protreptikos*, B43, Ingemar Düring Ed., Frankfurt, 1969.

38. *Ibidem*, B110.

39. *Republic*, 500c.

40. Cartas de março de 1638. *Descartes: Oeuvres et Lettres*, p. 780.

41. Nota da editora: não fomos capazes de encontrar esta referência.

42. Akademie Ausgabe, vol. XVIII, 5019 e 5036.

43. Platão, em *Phaedo*, 84a, menciona a teia de Penélope, mas no sentido oposto. A "alma do filósofo", liberada do cativeiro do prazer e da dor, não deve agir como Penélope, desmanchando sua própria teia. Uma vez desembaraçada (por meio de *logismos*) do prazer e da dor que "cravam" a alma no corpo, a alma (o ego pensante de Platão) muda sua natureza e até mesmo suas razões (*logizesthai*), mas estima (*theasthai*) "a verdade e o divino", e aí permanece para sempre.

44. "Über das Wesen der Philosophischen Kritik", *Hegel Studienausgabe*, Frankfurt, 1968, vol. I, p. 103.

45. *Philosophie der Weltgeschichte*, ed. Lasson, Leipzig, 1917, parte II, pp. 4-5.

46. *Reason in History*, trad. Robert S. Hartman, Indianápolis, Nova York, 1953, p. 89.

47. *Reason in History*. Tradução do autor.

48. Prefácio à *Phenomenology of Mind*.

49. *Politics*, 1269a35, 1334a15; ver livro VII, cap. 15.

50. Paul Weiss. "A Philosophical Definition of Leisure", in *Leisure in America:\ Blessing or Curse*, J. C. Charlesworth ed., Filadélfia, 1964, p. 21.

51. VIII, 8. Sigo a tradução de Kirk e Raven, frag. 278.

52. *Timaeus*, 34b.

53. "Der Streit der Fakultäten", parte II, 6 e 7, *Werke*, vol. VI, pp. 357-362.

54. "Über den Gemeinspruch", *Werke*, voI. VI, pp. 166-167.

55. Hegel. *Philosophie der Weltgeschichte*, Introdução.

56. *Sophist*, 254.

57. *Republic*, 517b, e *Phaedrus*, 247c.

58. *Sophist*, 254a-b.

59. Ver cap. 1 do presente volume. No início de *De Interpretatione*, Aristóteles refere-se ao seu *De Anima* como tratando de alguns dos mesmos pontos; mas nada, no *De Anima*, parece corresponder aos pontos levantados no *De Interpretatione*. Se minha leitura do texto é correta, Aristóteles deve ter pensado na passagem por mim usada no cap. 1, e que é: *De Anima*, 403a5-10.

60. *De Interpretatione*, 16a4-17a9.

61. "Reflexionen zur Anthropologie", nº 897, Akademie Ausgabe, vol. XV, p. 392.

62. *Monologion*.

63. Para o que aqui segue, baseei-me rigorosamente no primeiro capítulo, sobre"Language and Script", do grande livro de Marcel Granet, *La Pensée Chinoise*, Paris, 1934. Usei a nova edição alemã, que foi recém-publicada por Manfred Porkert: *Das chinesische Denken-Inhalt, Form, Charakter,* Munique, 1971.

64. Kant, *Critique of Pure Reason*, B180.

65. B180-181.

66. *Tractatus*, 4.016 ("Um das Wesen des Satzes zu verstehen, denken wir an die Hieroglyphenschrift, welche die Tatsachen, die sie bes-*

NOTAS

chreibt, abbildet. Und aus ihr wurde die Buchstabenschrift ohne das Wesentliche der Abbildung zu verlieren").

67. A *Defense of Poetry.*

68. *Poetics*, 1459.

69. *Ibidem*, 1457b17 e ss.

70. *Critique of Judgmenf,* n° 59.

71. *Ibidem.*

72. *Ibidem.*

73. *Prolegomena to Every Future Metaphysics,* n° 58, trad. Carl J. Friedrich, Modern Library, Nova York, s/d. O próprio Kant estava ciente dessa peculiaridade da linguagem filosófica na época pré-crítica: "Nossos mais altos conceitos racionais [...] amiúde usam uma roupagem física de modo a obter clareza." "Träume eines Geistersehers", p. 948.

74. N° 59. Seria interessante examinar a noção kantiana de "analogia" nos antigos escritos de *Opus Postumum*; é notável como cedo ocorreu a Kant que o pensamento metafórico — isto é, o pensamento por analogias — poderia livrar o pensamento especulativo de sua peculiar irrealidade. Já em *Allgemeine Naturgeschichte und Theorie des Himmels,* publicado em 1755, escreve ele a respeito da "probabilidade" da existência de Deus: "Não estou assim tão devotado às consequências de minhas teorias que não possa reconhecer [...] que elas são indemonstráveis. Espero, contudo, que como um mapa do infinito compreendendo, como compreende, um tema que parecia [...] estar para sempre oculto ao entendimento humano, isso *não signifique que essas considerações sejam, a um só tempo, vistas como uma quimera, quando o recurso empregado foi o da analogia."* (grifos meus). Trad. inglesa por W. Hastie, citada do *Kant's Cosmogony,* Glasgow, 1900, pp. 146-147.

75. Ver Francis MacDonald Cornford, *Plato's Theory of Knowledge,* Nova York, 1957, p. 275.

HANNAH ARENDT

76. O ensaio "The Chinese Written Character as a Medium for Poetry", editado por Ezra Pound em *Instigations*, Freeport, Nova York, 1967, contém um curioso pedido em favor da escrita chinesa: "Sua etimologia é constantemente visível." Uma palavra fonética "não carrega sua metáfora na face. Esquecemos que personalidade já significou não a alma, mas a máscara da alma [por meio da qual a alma soava, como era *per-sonare*]. Esse é o tipo de coisa de que não podemos esquecer quando usamos o símbolo chinês... Para nós, o poeta é aquele para quem os tesouros acumulados das palavras das raças são reais e ativos" (p. 25).

77. IX, 1-8.

78. O infelizmente inédito manuscrito de Marshall Cohen, "The Concept of Metaphor", ao qual fui gentilmente permitida consultar, tem muitos exemplos acompanhados por uma excelente revisão da literatura sobre o tema.

79. *The Odyssey of Homer*, livro XIX, 11. 203-209, trad. Richmond Lattimore, Nova York, 1967, p. 287.

80. "Das Homerische Gleichnis und der Anfang der Philosophie", in *Die Antike*, vol. XII, 1936.

81. Diels e Kranz, frag. B67.

82. *Aus der Erfahrung des Denkens*, Berna, 1947.

83. Bruno Snell, "From Myth to Logic: The Role of The Comparison", in *The Discovery of the Mind*, Harper Torchbooks, Nova York, Evanston, 1960, p. 201.

84. Hans Jonas, *The Phenomenon of Life*, Nova York, 1966, p. 135. Seu estudo "The Nobility of Sight" é a única ajuda no esclarecimento da história do pensamento ocidental.

85. Diels e Kranz, frag. 101a.

86. Aristóteles parece ter pensado, nessas linhas, em um de seus tratados científicos: "Dessas faculdades, o olhar é a mais importante

NOTAS

simplesmente pelas necessidades da vida; mas para o espírito (*nous*), e indiretamente (*kata symbóbekos*), a mais importante é o ouvido [...]. [É ele que] mais contribui para a sabedoria. O discurso, que é a causa do aprendizado, só o é porque é audível; mas não é audível em si, mas indiretamente, porque a fala é composta de palavras, e cada palavra é um símbolo racional. Por conseguinte, para aqueles que estão privados de um sentido ou outro desde o nascimento, o cego é mais inteligente do que o surdo ou o mudo." O caso é que ele parece nunca ter lembrado dessa observação quando escreveu filosofia. Aristóteles, *On Sense and Sensible Objects*, 437a4-17.

87. *Op. cit.*, p. 152.

88. Ver Hans Jonas, cap. 3, sobre Fílon da Alexandria, especialmente pp. 94-97, do *Vos der Mythologie zur mystischen Philosophie*, Göttingen, 1954, que é a segunda parte de *Gnosis und spätantiker Geist*, Göttingen, 1934.

89. *The Phenomenon of Life*, pp. 136-147, Cf. *Von der Mythologie*, pp. 138-152.

90. Bonn, 1960, p. 200s.

91. *Theaetetus*, 155d.

92. 982b11-22.

93. 983a14-20.

94. Ver, por exemplo, *Nicomachean Ethics*, VI, 8, em que o *nous* é a percepção mental (*aisthesis*) do "primário imutável ou termos-limites" para o qual "não existe *logos*" (1142a25-27). Cf. 1143b5.

95. *Seventh Letter*, 341b-343a, paráfrase.

96. 2 de julho de 1885.

97. N° 160.

98. *Nietzsche*, Pfullingen, 1961, vol. II, p. 484.

99. *Philosophical Investigations*, trad. G. E. Anscombe, Nova York, 1953, n° 119, 19, 109.

100. *Phaedrus*, 274e-277c.

101. *Phisics*, 209b15.

102. 286a, b.

103. 275d-277a.

104. *Philebus*, 38e-39b.

105. *Ibidem*, 39b-c.

106. 342.

107. *Ibidem*, 344b.

108. *Ibidem*, 343b.

109. *Ibidem*, 341e.

110. *Critique of Pure Reason*, B33. Para: "*Nicht dadurch, dass ich bloss denke, erkenne ich irgend ein Objekt, sondern nur dadurch, dass ich eine gegebene Anschauung... bestimme, kann ich irgend einen Gegenstand erkennen*" ("Não conheço um objeto apenas pelo que penso; mas apenas à medida que determino uma dada intuição posso conhecer um objeto") (B406).

111. Faço uma citação do antigo curso de Heidegger sobre o *Sofista* de Platão (19241925), de acordo com uma transcrição literal, pp. 8 e 155, 160. Ver também o comentário de Cornford sobre o *Sofista* em *Plato's Theory of Knowledge*, p. 189 e n. 1, em que *noein* significa o ato de "intuição (*noesis*) que *vê* diretamente, sem [...] razão discursiva".

112. 38c-e.

113. Cap. I do presente volume.

114. Aristóteles, *Metaphysics*, 1003a21.

115. *Ibidem*, 984b10.

116. Tomás de Aquino, *De Veritate*, questão I, art. 1.

117. *Critique of Pure Reason*, B82, B83.

118. *Sein und Zeit*, Tübingen, 1949, nº 44(a), p. 217.

119. Ver Aristóteles, *Posterior Analytics*, 100b5-17.

NOTAS

120. *An Introduction to Metaphysics* (1903), trad. T. E. Hulme, Indianápolis, Nova York, 1955, p. 45.

121. *Ibidem.*

122. *Critique of Pure Reason*, B84 e B189-B191.

123. *An Introduction to Metaphysics*, p. 45.

124. *Protreptikos*, Düring ed., B87.

125. 1072b27.

126. 1072a21.

127. Essa má tradução estraga o *Aristotle*, de W. D. Ross. Meridian Books. Nova York, 1959, mas está misericordiosamente ausente de sua tradução de *Metaphysics*, em *The Basic Works of Aristotle*, de Richard McKeon.

128. *Philosophy of History*, Introdução, p. 9.

129. *Hegel's Philosophy of Right*, trad. T. M. Knox. Londres. Oxford. Nova York, 1967, acréscimo ao parágrafo 2, p. 225.

130. *Wegmarken*, p. 19.

131. *Nicomachean Ethics*, 1175a12.

132. *Tractatus*, 401. Parece-me óbvio que a primeira teoria da linguagem de Wittgenstein está solidamente enraizada no velho axioma metafísico da verdade como *adequatio rei et intellectus*; a dificuldade sempre apresentada por tal definição é que essa equação só é possível como intuição, isto é, como uma imagem interna que copia os objetos visíveis sensorialmente dados. "A figura lógica de um fato", que, de acordo com Wittgenstein, é um "pensamento" (sigo a Introdução ao *Tractatus,* de Bertrand Russell, na edição bilíngue, Londres, 1961 p. xii), é uma contradição em termos, a não ser que se tome a "figura" como expressão metafórica. Certamente existe uma "relação que une linguagem e mundo"; mas embora tal relação seja possível, ela certamente não é uma "figura". Se houvesse uma relação figurativa, toda proposição seria verdadeira, a não ser

que capitulasse e repetisse um erro acidental na percepção sensorial (algo parece uma árvore, mas, para um exame rigoroso, acaba sendo um homem); posso fazer, contudo, uma enormidade de proposições bastante significativas sobre um "fato" sem que elas sejam necessariamente verdadeiras: "o Sol gira em torno da Terra", ou "em setembro de 1939 a Polônia invadiu a Alemanha" — uma está errada e a outra é mentira. Mas há, por outro lado, proposições que são inerentemente inaceitáveis, como, por exemplo, "o triângulo ri", citado no texto, que nem é uma verdade, nem uma falsa afirmação, mas uma coisa sem sentido. O único critério linguístico interno às proposições é ter ou não sentido.

Em vista dessas dificuldades bastante óbvias e do fato de que o próprio Wittgenstein tenha posteriormente rejeitado sua "teoria figurativa das proposições", é mais interessante descobrir como isso chegou a acontecer. Creio que haja duas versões da coisa. Ele estivera "lendo uma revista na qual havia uma figura esquemática que representava a sequência possível de acontecimentos em um acidente automobilístico. A figura, então, serviu como uma proposição; ela era como uma descrição de um estado de coisas possível. Tinha essa função de realizar uma correspondência entre as partes da figura e as coisas da realidade. Ocorreu então a Wittgenstein que se podia inverter a analogia e dizer que uma *proposição* funciona como uma *figura*, em razão de uma correspondência similar entre *suas* partes. O modo pelo qual as partes da proposição estão combinadas — a *estrutura* da proposição — representa uma possível combinação de elementos na realidade". (Ver "Biographical Sketch". de G. H. von Wright, in Norman Malcolm, *Ludwig Wittgenstein: A Memoir,* Londres, 1958, pp. 7-8.) O que parece decisivo aqui é que ele não partiu da realidade, mas de uma *reconstrução esquemática* de um evento que tenha sido ele mesmo submetido a um processo de pensamento, ou seja, ele partiu da ilustração de um pensamento. Em *Philosophical Investigations* (663), há uma observação que parece ser a refutação dessa teoria: "Se digo: 'Eu represento *ele*', algo muito próximo de uma figura vem à minha mente [...] mas é uma figura apenas como uma ilustração para uma história. Seria impossível concluir qualquer coisa somente partindo dela; apenas quando se conhece a história, pode-se saber o significado da figura.

A segunda versão da origem da "teoria figurativa das proposições" pode ser encontrada no próprio *Tractatus* (4.0311) e parece ainda mais razoável. Wittgenstein, que substituiu sua antiga teoria dos jogos de linguagem, parece ter sido influenciado por outro jogo, que muitas vezes animava a sociedade de seu tempo, o jogo dos *tableaux vivants*: as regras determinam que alguém deve adivinhar qual a proposição expressa pelo quadro vivo, encenado por certo número de pessoas. "Uma palavra é representada por uma coisa, outra palavra por outra coisa, e elas são combinadas com uma outra coisa. Nesse caso, o grupo todo — como um quadro vivo — apresenta um estado de coisas"; supõe-se que isso realmente explique uma proposição.

Menciono isso tudo para indicar o estilo de pensamento de Wittgenstein. Ajuda a explicar "o caráter enigmático de sua filosofia tardia [...] que é tão fragmentada" e "não tem plano diretor" (Ver a excelente apresentação de David Pears, *Ludwig Wittgenstein*, Nova York, 1970, pp. 4 e ss.). O *Tractatus* tem início em uma observação casual a partir da qual, contudo, seu autor estaria apto a desenvolver uma teoria consistente que o teria livrado de futuras observações episódicas e o teria capacitado para escrever um trabalho contínuo. A despeito de seu caráter abrupto, o *Tractatus* é totalmente consistente. *Philosophical Investigations* mostra como esse espírito incessantemente ativo funcionava de fato, se não de todo, pelo menos quase acidentalmente guiado por uma única pressuposição, como, por exemplo, a tese de que "deve haver [...] algo em comum entre a estrutura da sentença e a estrutura do fato". (Russell, *op. cit.*, por exemplo, chama corretamente essa de "a tese mais fundamental da teoria de Wittgenstein"). A propriedade mais destacada de *Philosophical Investigations* é seu ritmo resfolegante: é como pensar que alguém realizou a parada inerente ao pensamento no ponto em que todo processo de pensamento se deteve e todo o encadeamento interrompeu-se, recolhendo-se nele mesmo. A tradução inglesa mitiga isso um pouco, ao fazer o sempre repetido "*Denk dir*" corresponder a uma variedade de palavras tais como "suponha", "imagine".

133. *Philosophical Investigations,* nº 466-471.

CAPÍTULO 3: O QUE NOS FAZ PENSAR

1. *Timaeus,* 90c (ver nota 35, abaixo).
2. Ver o muito instrutivo *Theory and Practice*, de Nicholas Lobkowicz, p. 7n.
3. *Symposium,* 204a.
4. Píndaro, *Nemea,* 6; *The Odes of Pindar*, trad. Richmond Lattmore, Chicago, 1947, p. 111.
5. I, 131.
6. *Sophist,* 219b.
7. *Repuhlic,* 518c.
8. *The Discourses,* livro II, introdução.
9. Bruno Snell, "Pindar's Hymn to Zeus", *op. cit.,* pp. 77-79.
10. *Nemea*, 4, *Isthmia*, 4, ambos na tradução de Lattimore.
11. *Isthmia*, 4, trad. de Lattimore.
12. Tucídides, II, 41.

NOTAS

13. *Protreptikos*, ed. Düring, B19 e B110. Cf. *Eudemian Ethics*, 1216a 11.

14. *Protreptikos*, ed. Düring, B109.

15. *De Finibus Bonorum et Malorum*, II, 13.

16. Heráclito, B29.

17. *Symposium*, 208c.

18. *Ibidem*, 208d.

19. Anaximandro parece ter sido o primeiro a equacionar o divino como o *apeiron*, o não-limitado, cuja natureza deveria ser eterna, atemporal, imortal e imperecível.

20. Frag. 8.

21. Charles H. Kahn, em seu fascinante estudo "The Greek Verb 'to be' and the Concept of Being", examina "o uso pré-filosófico do verbo que [...] serve para expressar o conceito de Ser em grego" (p. 245). In *Foundations of Language*, vol. 2, 1966, p. 255.

22. B30.

23. Snell, *op. cit.*, p. 40.

24. Kahn, *op. cit.*, p. 260.

25. Frag. 3.

26. *Protreptikos*, ed. Düring, B110.

27. *Philebus*, 28c.

28. *Symposium*, 212a.

29. *Nicomachean Ethics*, 1178b3, 1178b22, 1177b33 (o último trecho segue a trad. de Martim Ostwald, Indianápolis, Nova York, 1962).

30. *Timaeus*, 90d, a.

31. Citado de "The Secrets of the Old One-II", de Jeremy Bernstein, *The New Yorker*, 17 de março, 1973.

32. Francis MacDonald Cornford, *Plato and Parmenides*, Nova York, 1957, Introdução, p. 27.

33. *Protreptikos*, ed. Düring, B65.

34. Cornford, *Plato's Theory of Knowledge*, p. 189.

35. *Timaeus*, 90c.

36. *Philebus*, 59b, c.

37. "Philosophie der Weltgeschichte", *Hegel Studienausgabe*, vol. I, p. 291.

38. *De Rerum Natura,* livro II, primeiras linhas; *On the Nature of the Universe*, trad. Ronald Latham, Penguin, Harmondsworth, 1951, p. 60.

39. Devo as citações de Herder e Goethe ao interessante estudo de Hans Blumenberg sobre a navegação, o naufrágio e o espectador como "metáforas existenciais", intitulado "Beobachtungen an Metaphern", in *Archiv für Begriffsgeschichte*, vol. XV, Heft 2, 1971, pp. 171 e ss. Sobre Voltaire, ver o artigo "Curiosité", in *Dictionnaire Philosophique*. Sobre Herder, ver também *Briefe zur Beförderung der Humanität,* 1972, 17ª carta; sobre Goethe, *Goethes Gespräche*, Artemis, Zurique, 1949, vol. 22, n° 725, p. 454.

40. 1177b27-33.

41. *Theaetetus*, 155d.

42. *Cratylus*, 408b.

43. B21a.

44. B54.

45. B123.

46. B93.

47. B107.

48. B32.

49. B108.

50. *The Friend*, III, 192, citado por Herbert Read in *Coleridge as Critic*, Londres. 1949, p. 30.

51. Agora com duas explicações posteriores, uma Introdução e um Epílogo, *in Wegmarken*, pp. 19 e 210.

NOTAS

52. 1714, n° 7.

53. *Critique of Pure Reason*, B641.

54. *Werke*, 6. Ergänzungsband, ed. M. Schröter, Munique, 1954, p. 242.

55. *Ibidem*, p. 7.

56. Ver o *System der gesammten Philosophie* (1804), publicado postumamente, *in Sämtliche Werke*, I, Stuttgart e Augsburg, 1860, vol. VI, p. 155.

57. *Sämtliche Werke*, I, vol. VII, p. 174.

58. *Ibidem*, II, vol. III, p. 163. Cf. também Karl Jaspers, *Schelling*. Munique, 1955, pp. 124-130.

59. Paris, 1958, pp. 161-171.

60. Ver *Preisschrift*, "Über die Deutlichkeit der Grundsätze der natürlichen Theologie und der Moral" (1764), 4ª Consideração, n° I. *Werke*, vol. 1, pp. 768-769.

61. "Über die Optimismus", *Werke*, vol. I, p. 594.

62. *Ecce Homo*, "Thus Spoke Zarathustra", 1.

63. *The Gay Science*, livro IV, n° 341.

64. 130d, e.

65. *Tusculanae Disputationes*, III, iii, 6.

66. *Ibidem*, III, xiv, 30. Cf. Horácio, *Epistolae*, I, vi. 1. Plutarco (em seu *De recta Ratione*, 13), menciona a máxima estoica e a atribui — na tradução grega, *me thaumazein* — a Pitágoras. Diz-se de Demócrito que ele louvou a *athaumastia* e a *athambia* como sabedoria estoica, mas ele parece ter tido em mente apenas a imperturbabilidade e o destemor do "homem sábio".

67. Hegel, *Philosophy of Right*, p. 13.

68. *L'Oeuvre de Pascal*, ed. Pléiade, Bruxelas, 1950, 294, p. 901.

69. *Differenz des Fichte'schen und Schelling'schen Systems der Philosophie* (1801), ed. Meiner, 1962, p. 12 ss.

HANNAH ARENDT

70. Trad. de J. Sibree, Nova York, 1956, p. 318.

71. *Ibidem*, p. 26.

72. Essa transformação é mais impressionante sempre onde o empréstimo tomado à filosofia grega é mais óbvio, como quando Cícero diz que o homem é destinado *ad mundum contemplandum*, e acrescenta imediatamente: *et imitandum* (*De Natura Deorum*, II, xiv, 37). Ele compreende o homem estritamente no sentido moral-político, e não científico — como, séculos mais tarde, compreenderia Bacon: "Para comandar a natureza é preciso obedecer-lhe, e o que na contemplação é como se fosse a causa, na operação é como se fosse a regra..." (*Novum Organon*, ed. Oxford, 1889, p. 192).

73. *De Rerum Natura*, livro II, 1174; *On the Nature of the Universe*, trad. Latham. p. 95.

74. *Discourses*, 1, I, cap. 17.

75. *Ibidem*, livro I, cap. 15.

76. *The Manual*, 49; *The Stoic and Epicurean Philosophers*, ed. Whitney, Oates, Nova York, 1940, p. 482.

77. *Discourses*, I, cap. 1.

78. *The Manual*, 8ª ed. Oates, p. 470; *Fragments*, 8, ed. Oates, p. 460.

79. *Op. cit.*, V, 7 ss. Tradução da autora.

80. *De Republica*, I, 7.

81. *Ibidem*, III, 23.

82. *Ibidem*, V, 1.

83. Baseado, evidentemente, no mito do Er, que conclui a *República* de Platão. Para as diferenças importantes, ver a análise de Richard Harder, o eminente filólogo alemão, "Uber Ciceros Somnium Scipionis", *in Kleine Schriften*, Munique, 1960, pp. 354-395.

84. "Discourses on Davila", *The Works of John Adams,* ed. Charles Francis Adams, Boston, 1850-1856, vol. VI, p. 242.

85. *Oedipus at Colunnus.*

86. *Politics*, 1267a12.

NOTAS

87. *Nicomachean Ethics,* 1178a29-30.

88. Frag. 146.

89. *The Decline and Fall of the Roman Empire,* Modern Library, Nova York, s/d, vol. II, p. 471.

90. I, 30. Tradução da autora para *"hos philosopheon gen pollen theories heineken epelelythas".*

91. I, 32.

92. O conteúdo de pensamento desse dito foi totalmente explicado apenas nas análises heideggerianas da morte em *Ser e tempo,* que se orientam metodologicamente pelo fato de que a vida humana — distinta das coisas que só começam sua existência quando estão completas e terminadas — só se completa quando não *é* mais. Portanto, é apenas na antecipação da própria morte que ela "aparece" completa e pode ser submetida à análise.

93. *Anthologia Lyrica Graeca,* ed. E. Diehl. Leipzig, 1936, frag. 16.

94. *Ibidem,* frag. 13, linhas 63-70.

95. *Ibidem,* frag. 14.

96. *Charmides,* 175b.

97. Hegel, *Encyclopädie der philosophischen Wissenschaften,* ed. Lasson, Leipzig, 1923, 23: *"Das Denken... sich als abstraktes Ich als von* aller Partikularität *sonstiger Eigenschaften, Zustände, usf,* befreites *verhält und nur das Allgemeine tut in welchem es mit allen Individuen identisch ist."*

98. Examinando a literatura, muitas vezes bastante erudita, surpreendemo-nos ao vermos o pouco que essa erudição contribuiu para a compreensão do homem. A única exceção que consegui desenterrar é uma espécie de perfil inspirado, de autoria do classicista e filósofo Gregory Vlastos, "The Paradox of Socrates". Ver a "Introduction" ao *The Philosophy of Socrates: a Collection of Critical Essays,* por ele cuidadosamente selecionado; Nova York, Anchor Books, 1977.

99. 173d.

100. Sobre o problema socrático, ver o curto e sensato relato de Laszlo Versényi, em apêndice ao seu *Socratic Humanism,* Londres, New Haven, 1963.

101. *Dante and Philosophy*, trad. David Moore, Harper Torchbooks, Nova York, Evanston, Londres, 1963, p. 267.

102. *Ibidem*, p. 273.

103. Como no *Teeteto* e no *Charmides*.

104. *Meno*, 80e.

105. A ideia muito frequente segundo a qual Sócrates conduz seu interlocutor, com suas perguntas, para certos resultados dos quais o próprio Sócrates está de antemão convencido — como um professor esperto faz com seus alunos — parece-me totalmente enganosa mesmo quando é engenhosamente qualificada, como no ensaio de Lazlo, acima mencionado, no qual ele sugere (p. 13) que Sócrates precisa do outro "para descobrir [...] por si mesmo", como no *Meno*, que não é, todavia, aporético. O melhor que se pode dizer é que Sócrates queria que seus parceiros ficassem tão perplexos como ele estava. E era sincero quando dizia que não ensinava nada. Assim diz ele a Crítias no *Cármides*: "Crítias, tua atitude comigo parece atribuir-me a pretensão de conhecer as respostas para as perguntas que te faço e de poder dá-las, se quisesse. Não é nada disso. Examino com você [...] porque eu mesmo não tenho esse conhecimento" (165b, cf. 166c-d).

106. Diehl, frag. 16.

107. *Meno*, 80c, cf. passagem anteriormente mencionada na nota 105.

108. *Memorabilia*, IV, vi, 15 e IV, iv, 9.

109. *Sophist*, 226-231.

110. *Apology,* 23b.

111. *Ibidem,* 30a.

NOTAS

112. Xenofonte, *Memorabilia*, IV, iii. 14.

113. *Antigone*, 353.

114. O texto alemão, de *Was Heisst Denken?*, Tübingen, 1954, p. 52, diz o seguinte: *"Sokrates hat zeit seines Lebens, bis in seinen Tod hinein, nichts anderes getan, als sich in den Zugwind dieses Zuges zu stellen und darin sich zu halten. Darum ist er der reinste Denker des Abendlandes. Deshalb hat er nichts geschrieben. Denn wer aus dem Denken zu schreiben beginnt, muss unweigerlich den Menschen gleichen, die vor allzu starkem Zugwind in den Windschatten flüchten. Es bleibt das Geheimnis einer noch verborgenen Geschichte, dass alle Denker des Abendlandes nach Sokrates, unbeschadet ihrer Grösse, solche Flüchtlinge sein mussten. Das Denken ging in die Literatur ein."*

115. G. Humphrey, *Thinking: An Introduction to its Experimental Psychology*, Londres e Nova York, 1951, p. 312.

116. Tucídides, II, 40.

117. *Lysis*, 204b-c.

118. Frags.145, 190.

119. *Gorgias,* 474b, 483a, b.

120. *Ibidem*, 482c.

121. *Ibidem*, 482c, 484c, d.

122. Aristóteles muitas vezes insistia que pensar "produz" felicidade, mas se produz, não é como a medicina produz saúde, mas como a saúde torna um homem saudável. *Nicomachean Ethics*, 1144a.

123. Diels e Kranz, B45.

124. 254d.

125. *Identity and Difference*, trad. Joan Stambaugh, Nova York, Evanston, Londres, 1969, pp. 24-25.

126. 255d.

127. *Sophist*, 255e; Cornford, *Plato's Theory of Knowledge*, p. 282.

128. Heidegger, transcrição da palestra *Sophist*, p. 382.

129. *Theaetetus*, 189e; *Sophist*, 263e.

130. *Sophist*, 253b.

131. *Protagoras*, 339c.

132. *Ibidem*, 339b, 340b.

133. *Posterior Analytics*, 76b22-25.

134. 1005b23-1008a2.

135. N° 36, *Werke*, vol. VI, p. 500.

136. N° 56, *ibidem*, p. 549.

137. "Grundlegung zur Metaphysik der Sitten", *Werke*, vol. 4, pp. 51-55.

138. 304d.

139. *Nicomachean Ethics*, 1166a30.

140. *Ibidem*, 1166b5-25.

141. *Ethics*, IV, 52; III, 25.

142. *Philosophy* (1932), trad. E. B. Ashton, Chicago, Londres, 1970, vol. 2, pp. 178179.

CAPÍTULO 4: ONDE ESTAMOS QUANDO PENSAMOS

1. *Symposium*, 174-175.

2. Merleau-Ponty, *Signs*, "The Philosopher and His Shadow", p. 174.

3. Citado de Sebastian de Grazia, "About Chuang Tzu", *Dalhousie Review*, verão, 1974.

4. Hegel, *Encyclopädie der philosophischen Wissenschaften*, 465n.

5. Ross, *Aristotle*, p. 14.

6. *Protreptikos*, ed. Düring, B56.

7. *Physics*, VI, viii, 189a5.

8. *Nicomachean Ethics*, 1141b24-1142a30. Cf. 1147al-l0.

9. *Critique of Pure Reason*, 849, 850.

10. *Gesammelte Schriften*, Nova York, 1946, vol. V, p. 289. Trad. in-

NOTAS

glesa de Willa e Edwin Muir, *The Great Wall of China*, Nova York, 1946, p. 276-277.

11. Parte III, "On the Vision and the Riddle", seção 2.

12. Vol. I, pp. 311 e s.

13. Duns Scotus *Opux Oxoniense* I, 40, questão 1, nota 3. Citado de Walter Hoeres, *Der Wille als reine Vollkommenheit nach Duns Scotus*, Munique, 1962, p. 111, n. 72.

14. *Critique of Pure Reason*, B3294 s.

15. "As I Walked Out One Evening", *Collected Poems*, p. 115.

16. W. H. Auden, *The Dyer's Hand and Other Essays*, Vintage Books, Nova York, 1968.

17. *Time and Free Will* (1910), trad. F. L. Pogson, Harper Torchbooks, Nova York, Evanston, 1960, pp. 158, 167, 240.

18. Romans, 7:15.

19. *Encyclopädie*, 12

20. *Of Human Freedom*, trad. Gutmann, p. 8.

21. *Critique of Pure Reason*, B172-B173.

VOLUME 2   O Querer

Introdução

O segundo volume de *A vida do espírito* será dedicado à faculdade da Vontade e, por conseguinte, ao problema da Liberdade, o qual, como disse Bergson, "foi para os modernos o que os paradoxos dos Eleatas foram para os antigos". Os fenômenos com os quais temos de lidar estão em grande parte encobertos por uma camada de argumentos que não são de modo algum arbitrários e que, por isso, não devem ser desprezados, mas que acabam se desvinculando das experiências reais do ego volitivo, favorecendo doutrinas e teorias não necessariamente interessadas em "salvar os fenômenos".

Uma razão para estas dificuldades é bem simples: a faculdade da Vontade era ignorada na Antiguidade grega, e sua descoberta resultou de experiências sobre as quais quase não ouvimos falar antes do primeiro século da Era Cristã. O problema para os séculos posteriores era conciliar essa faculdade com as principais doutrinas da filosofia grega. Os pensadores não estavam mais dispostos a abandonar totalmente a filosofia e dizer, com Paulo, "pregamos a Cristo crucificado, que é um escândalo para os judeus e uma loucura para os gentios", dando a questão por encerrada. Para isso, como veremos, somente o próprio Paulo estava preparado.

Mas o fim da Era Cristã não significa absolutamente o fim dessas dificuldades. A principal dificuldade estritamente cristã, isto é, como conciliar a fé em um Deus todo-poderoso e onisciente com as alegações de uma vontade livre, sobrevive profundamente e de várias maneiras na Era Moderna, na qual muitas vezes nos deparamos com quase o mesmo tipo de argumentação anterior. Ou encontra-se a vontade livre em choque com a lei da causalidade ou, mais tarde, fica difícil conciliá-la com as leis da História, cuja significação depende do progresso ou de um desenvolvimento *necessário* do Espírito do Mundo. Tais dificuldades persistem até mesmo quando todos os interesses estritamente tradicionais — metafísicos ou teológicos — perdem a força. John Stuart Mill, por exemplo, sintetiza um raciocínio muito recorrente quando diz: "Nossa consciência *interna* nos diz que temos um poder sobre o qual toda a experiência aparente da raça humana nos diz que jamais utilizamos." Ou, para usar o exemplo mais extremo, Nietzsche chama "toda a doutrina da Vontade, a mais fatídica *falsificação* feita em psicologia até hoje [...] inventada essencialmente para o castigo".

A maior dificuldade enfrentada em qualquer discussão sobre a Vontade é o simples fato de que não há qualquer outra capacidade do espírito cuja própria existência tenha sido questionada e refutada de forma tão consistente e por uma sucessão de filósofos tão eminentes quanto esta. O mais recente é Gilbert Ryle, para quem a Vontade é um "conceito artificial", que não corresponde a nada que jamais existiu e que cria enigmas inúteis como tantas das falácias metafísicas. Desconhecendo aparentemente seus ilustres predecessores, ele parte para refutar "a doutrina de que há uma Faculdade [...] da 'Vontade', e que, portanto, ocorram processos ou operações correspondentes ao que ela descreve como volições". Ryle não ignora o "fato de que Platão e Aristóteles nunca mencionaram [volições] em suas frequentes e elaboradas discussões acerca da natureza da alma e das origens da conduta", porque não estavam familiarizados com a "hipótese especial [de tempos

INTRODUÇÃO

posteriores] cuja aceitação baseia-se não na descoberta, mas na postulação de [certas] verdades fantasmagóricas".

Faz parte da natureza de todo exame crítico da faculdade da Vontade ser empreendido por "pensadores profissionais" (os *Denker von Gewerbe* de Kant); isso levanta a suspeita de que as denúncias da Vontade como uma mera ilusão da consciência e as refutações da existência da faculdade — que vemos sustentadas por argumentos quase idênticos em filósofos que partem de pressupostos bastante diferentes — podem dever-se a um conflito básico entre as experiências do ego pensante e as do ego volitivo.

Embora o espírito que pensa e o que quer seja sempre o mesmo, e o mesmo eu una corpo, alma e espírito, está longe de ser óbvio que a avaliação do ego pensante seja confiável, permanecendo imparcial e "objetiva" quando se trata de outras atividades do espírito. Pois é verdade que aqui a noção de uma vontade livre não só serve como um postulado necessário em toda ética e em todo sistema de leis, mas é também um "dado imediato da consciência" (nas palavras de Bergson) — tanto quanto o eu-penso de Kant ou o *cogito* em Descartes, cuja existência quase nunca foi questionada pela filosofia tradicional. Para antecipar: o que levantou nos filósofos a desconfiança dessa faculdade foi a conexão inevitável com a Liberdade: "Se devo necessariamente querer, por que então preciso falar da vontade?", no dizer de Agostinho. A pedra de toque de um ato livre é sempre nossa consciência de que poderíamos ter deixado de fazer aquilo que de fato fizemos — algo que absolutamente não se aplica a simples desejos ou apetites, em que as necessidades corporais, as necessidades do processo vital ou a simples força de querer algo que está à mão podem sobrepor-se a quaisquer considerações, seja da Vontade, seja da Razão. A Vontade, ao que parece, tem uma liberdade infinitamente maior do que o pensamento, que mesmo em sua forma mais livre, mais especulativa, não pode escapar ao princípio de não contradição. Esse fato inquestionável jamais foi tido somente como uma bênção. Os pensadores muitas vezes consideraram-no uma maldição.

Tomarei, a seguir, a evidência interna de um eu-quero como testemunho suficiente da existência do fenômeno; e uma vez que concordo com Ryle — e muitos outros — que esse fenômeno e todos os problemas a ele relacionados eram ignorados na Antiguidade grega, tenho que aceitar o que Ryle rejeita, a saber, que essa faculdade foi de fato "descoberta" e que pode ser datada. Em resumo, analisarei brevemente a Vontade em termos de sua história, coisa que em si tem as suas dificuldades.

As faculdades humanas não são, ao contrário das condições e circunstâncias da vida humana, contemporâneas ao aparecimento do homem na Terra? Se não fosse esse o caso, como poderíamos chegar a compreender a literatura e o pensamento de tempos passados? Há, decerto, uma "história das ideias", e seria bem fácil traçar a história da ideia de Liberdade: como deixou de ser uma palavra indicativa de um status político — aquele do cidadão livre e não o do escravo — e de uma circunstância física factual — aquela de um homem saudável, cujo corpo não estivesse paralisado e fosse capaz de obedecer ao espírito — e passou a ser uma palavra indicativa de uma disposição *interior* através da qual um homem podia *sentir-se* livre quando era, na verdade, um escravo, ou quando não era capaz de mover seus membros. As ideias são artefatos do espírito, e sua história pressupõe a identidade imutável do homem, o artífice. Voltaremos mais adiante a esse problema. De qualquer forma, o fato é que, antes do surgimento do cristianismo, jamais encontramos qualquer noção de uma faculdade do espírito correspondente à "ideia" de Liberdade, assim como a faculdade do Intelecto correspondia à verdade, e a faculdade da Razão, a coisas que estão além do conhecimento humano ou, como dissemos aqui, ao Significado.

INTRODUÇÃO

Começaremos nosso exame da natureza da capacidade da Vontade e de sua função na vida do espírito investigando a literatura pós-clássica e pré-moderna, que atesta as experiências do espírito causadoras da descoberta dessa faculdade, bem como as experiências que a própria descoberta causou — uma literatura que cobre o período entre a Epístola de Paulo aos romanos e o questionamento de Duns Scotus à posição de Tomás de Aquino. Mas antes irei tratar, de maneira breve, de Aristóteles, em parte pela influência decisiva que "O filósofo" exerceu sobre o pensamento medieval, em parte porque sua noção de *proairesis*, em minha opinião uma espécie de precursora da Vontade, pode servir como exemplo paradigmático de como certas questões da alma foram levantadas e respondidas antes da descoberta da Vontade.

Essa seção, entretanto — que abarca os capítulos II e III —, será precedida de uma consideração preliminar bastante longa sobre argumentos e teorias que, desde o reflorescimento da filosofia no século XVII, encobriram, mas também reinterpretaram muitas dessas experiências autênticas. Afinal, é com essas teorias, doutrinas e argumentos em mente que abordamos nosso tema.

A seção final começa com um exame da "conversão" de Nietzsche e de Heidegger à filosofia da Antiguidade, como consequência de sua reavaliação e de seu repúdio à faculdade da Vontade. Iremos nos perguntar então se os homens de ação não estariam talvez em melhor posição para aprender a lidar com os problemas da Vontade do que os pensadores, contemplados no primeiro volume deste estudo. O que estará em jogo aqui é a Vontade como fonte da ação, isto é, como um "poder para começar *espontaneamente* uma série de coisas ou estados sucessivos" (Kant). Sem dúvida todo homem, pelo fato de ter nascido, é um novo começo, e seu poder de começar pode muito bem corresponder a este fato da condição humana. É na linha dessas reflexões agostinianas que a Vontade foi, às vezes, e não só por Agostinho, con-

317

siderada uma *atualização* do *principium individuationis*. A questão é como essa faculdade de ser capaz de ocasionar algo novo e, assim, "mudar o mundo", pode funcionar no mundo das aparências, isto é, em um ambiente de factualidade que é velho por definição e que transforma inexoravelmente toda espontaneidade de seus recém-chegados no "foi" dos fatos — *fieri; factus sum*.

Capítulo 1   Os filósofos e o querer

1. TEMPO E ATIVIDADES DO ESPÍRITO

Concluí o primeiro volume de *A vida do espírito* com certas especulações sobre o tempo. Foi uma tentativa de esclarecer uma questão bastante antiga, suscitada primeiramente por Platão, sem jamais ter sido por ele respondida: onde fica o *topos noetos*, a região do espírito na qual habita o filósofo?[1] Reformulei a questão no decorrer da investigação: "Onde estamos quando pensamos?" Para o que nos retiramos, quando nos retiramos do mundo das aparências, interrompemos todas as atividades habituais e iniciamos aquilo a que Parmênides, no começo de nossa tradição filosófica, nos encorajou tão enfaticamente: "Olha para aquilo que, embora ausente [para os sentidos], está tão firmemente presente em nosso espírito."[2]

Formulada em termos espaciais, a questão recebeu uma resposta negativa. Embora seja conhecido para nós somente em união inseparável com um corpo que se sente em casa no mundo das aparências — pelo fato de ter chegado um dia e de saber que um dia vai partir —, o ego pensante invisível não está, a rigor, em Lugar Nenhum. Retirou-se do mundo das aparências, inclusive de seu próprio corpo e, portanto, também do eu, do qual não mais tem consciência. E isso a ponto de Platão poder ironicamente designar o filósofo como um homem apaixonado pela morte, e de Valéry poder dizer *"Tantôt je pense et tantôt je suis"*, dando a entender que o ego pensante perde todo o senso de realidade e que o eu real, aparente, não pensa. Segue-se daí que nossa pergunta — "onde estamos quando pensamos?" — foi feita de fora da experiência de pensamento e foi, portanto, imprópria.

Quando então resolvemos investigar a experiência temporal do ego pensante, deixamos de julgar que nossa questão estava mal colocada. A memória, o poder que o espírito possui de ter presente aquilo que irrevogavelmente já passou e que está, portanto, ausente dos sentidos, foi sempre o exemplo paradigmático mais plausível do poder que o espírito tem de tornar presentes os invisíveis. Porque tem esse poder, o espírito parece ser até mais forte que a realidade; opõe sua força à futilidade inerente a tudo o que está sujeito à mudança; recupera e relembra o que de outra forma estaria condenado à ruína e ao esquecimento. A região temporal em que se dá esse salvamento é o Presente do ego pensante, uma espécie de "hoje" [*todayness*] duradouro (hodiernos, "do dia de hoje", era como Agostinho chamava a eternidade de Deus),[3] o "agora permanente" [*nunc stans*] da meditação medieval, um presente que dura [o *présent qui dure* de Bergson][4] ou "a lacuna entre o passado e o futuro", conforme a designação que demos ao explicarmos a parábola kafkiana do tempo. Mas é somente quando aceitamos a interpretação medieval dessa experiência temporal como um indício da eternidade divina que somos forçados a concluir que não só a espacialidade, mas também a temporalidade é provisoriamente suspensa nas atividades do espírito. Tal interpretação envolve toda a nossa vida espiritual em uma aura de misticismo e estranhamente desconsidera exatamente o que há de comum na experiência em si. A constituição de um "presente que dura" é "o ato habitual, normal, banal do nosso intelecto",[5] realizado em qualquer tipo de reflexão, seja quando ela tem como objeto as ocorrências comuns do dia a dia, seja quando a atenção se concentra em coisas eternamente invisíveis, que ficam de fora da esfera do poder humano. A atividade do espírito sempre

OS FILÓSOFOS E O QUERER

cria para si mesma *un présent qui dure*, uma "lacuna entre o passado e o futuro".

(Aristóteles, ao que parece, foi o primeiro a mencionar essa suspensão do movimento do tempo em um presente que dura; e isso, é interessante notar, em sua discussão sobre prazer, *hedone*, no livro X da *Ética a Nicômaco*. "O prazer", ele diz, "não está no tempo. Pois o que se dá em um Agora é um todo" — não há movimento. E uma vez que, segundo ele, a atividade de pensar, "maravilhosa em pureza e certeza", era a "mais prazerosa" de todas as atividades, fica claro que ele estava falando do Agora imóvel,[6] que viria a ser mais tarde o *nunc stans*. Para ele, o mais sensato de todos os grandes pensadores, este parecia ser um momento de êxtase tão grande quanto o dos místicos medievais, só que Aristóteles seria, é claro, o último a se deixar levar por extravagâncias histéricas.)

Disse anteriormente que as atividades do espírito e especialmente a atividade do pensamento sempre estão "fora de ordem" quando vistas da perspectiva da continuidade incólume de nossos negócios no mundo das aparências. A cadeia de "agoras" aí desenrola-se inexoravelmente, fazendo com que se compreenda o presente como unindo precariamente passado e futuro: no momento em que tentamos defini-lo, ele já é ou um "não mais" ou um "ainda não". Desse ângulo, o presente que dura se parece com um "agora" prolongado — uma contradição em termos —, como se o ego pensante fosse capaz de esticar o momento, produzindo, assim, uma espécie de hábitat espacial para si. Mas essa aparente espacialidade de um fenômeno temporal é um erro causado pelas metáforas que usamos habitualmente na terminologia que trata do fenômeno do Tempo. Como nos diz Bergson, que descobriu isso, são todos termos "tomados de empréstimo à linguagem espacial. Se desejamos refletir sobre o tempo, é o espaço que responde". Assim, "a duração é sempre expressa como extensão",[7] e o passado é entendido como algo que fica atrás de nós, o futuro fica em algum lugar à nossa frente. A razão para preferir a metáfora espacial é óbvia: para nossas atividades cotidianas no mundo, sobre as quais o ego pensante pode refletir, mas nas quais ele não está envolvido, precisamos de medidas de tempo: e só podemos medir o tempo medindo distâncias espaciais. Mesmo a distinção comum entre justaposição espacial e sucessão temporal pressupõe um espaço estendido no qual a sucessão se deve dar.

Essas considerações preliminares — e de modo algum satisfatórias — sobre o conceito de tempo parecem-me necessárias em nossa discussão sobre o ego volitivo, porque a Vontade, se é que ela existe — e uma quantidade desconfortável de grandes filósofos que nunca duvidaram da razão ou do pensamento sustentaram que a Vontade não passa de uma ilusão —, é obviamente o nosso órgão espiritual para o futuro, do mesmo modo que a memória é o nosso órgão espiritual para o passado. (A estranha ambivalência da língua inglesa, na qual *will* como auxiliar designa o futuro enquanto o verbo *to will* indica volições, atesta em realidade nossas incertezas quanto a esses assuntos.) Em nosso contexto, o problema básico com a Vontade é que ela não lida simplesmente com coisas que estão ausentes de nossos sentidos e que precisam se fazer presentes através do poder de re-presentação do espírito, mas lida também com coisas, visíveis e invisíveis que absolutamente nunca existiram.

No momento em que voltamos nosso espírito para o futuro, não estamos mais preocupados com "objetos", mas sim com *projetos*, e não importa se eles são formados espontaneamente ou como reações antecipadas a circunstâncias futuras. E assim como o passado apresenta-se ao espírito sempre com o aspecto de certeza, a característica principal do futuro é sua incerteza básica, por mais alto que seja o grau de probabilidade a que se possa chegar em uma previsão. Em outras palavras, estamos lidando com coisas que nunca foram, que ainda não são e que podem muito bem nunca vir a ser. Nosso Testamento, nossa

OS FILÓSOFOS E O QUERER

Última Vontade, preparado para o único futuro sobre o qual podemos estar seguros com razão, a saber, nossa própria morte, mostra que a necessidade da Vontade de querer não é menos forte do que a necessidade que a Razão tem de pensar; em ambos os casos, o espírito transcende suas próprias limitações naturais, seja por fazer perguntas irrespondíveis, seja por projetar-se em um futuro que, para o sujeito volitivo, jamais será.

Aristóteles lançou as bases para uma tomada de posição da filosofia em relação à Vontade; e, através dos séculos, a solidez dessas bases resistiu a testes e desafios da maior importância. Segundo Aristóteles,[8] todas as coisas que podem ser ou não ser, que aconteceram, mas que poderiam não ter acontecido, são por acaso, *kata symbébekos* — ou, na tradução latina, são por acidente ou contingência —, em contraposição àquilo que necessariamente é como é, que *é* e não pode não ser. A isso, Aristóteles chamou *"hypokeimenon"*; é o que subjaz a tudo que é acrescentado por acaso, isto é, a tudo o que não pertença à própria essência — como a cor é acrescentada a objetos cuja essência é independente de tais "qualidades secundárias". Os atributos que podem ou não se juntar ao que subjaz a eles — seu *substrato* ou *substância* (as traduções latinas para *hypokeimenon*) — são acidentais.

Pouca coisa é mais contingente do que atos voluntários, os quais — pressupondo-se uma vontade livre — poderiam todos ser definidos como atos que sei muito bem que poderia ter deixado de fazer. Uma vontade que não é livre é uma contradição em termos — a não ser que se entenda a faculdade da volição como um órgão executivo, meramente auxiliar para o que quer que o desejo ou a razão tenham proposto. No quadro dessas categorias, tudo o que acontece no campo dos assuntos humanos é acidental ou contingente (*"prakton d'estit to endechomenon kai allós echein"*, "o que vem a ser através de uma ação é aquilo que poderia também ser de outra maneira"[9]): as próprias

325

palavras de Aristóteles já indicam o status ontológico baixo deste campo — um status que nunca foi seriamente ameaçado até a descoberta de Hegel do Sentido e da Necessidade na História.

Na esfera das atividades humanas, Aristóteles admitiu uma exceção importante a esta regra, a saber, a feitura ou fabricação — *poiein*, diferente de *prattein,* ação ou práxis. Para usar o exemplo de Aristóteles, o artesão que faz uma "esfera de bronze" reúne matéria e forma, bronze e esfera, ambos com existência anterior ao começo de seu trabalho, e produz um objeto *novo* a ser acrescentado a um mundo que consiste em coisas feitas pelo homem e em coisas que ganharam existência independentemente dos atos humanos. O produto humano, esse "composto de matéria e forma" — por exemplo, uma casa de madeira feita segundo uma forma preexistente no espírito (*nous*) do artesão —, claramente não foi feito do nada; e, assim, Aristóteles compreendia que ele preexistia "potencialmente" antes de ser atualizado por mãos humanas. Essa noção foi derivada do modo de ser particular da natureza, das coisas vivas, em que tudo o que aparece cresce de alguma coisa que contém potencialmente o produto final, como o carvalho existe potencialmente na semente e o animal no sêmen.

A visão de que tudo o que é real deve ser precedido de uma potencialidade como uma de suas causas nega implicitamente o futuro como um tempo verbal autêntico: o futuro nada mais é que uma consequência do passado, e a diferença entre as coisas naturais e as feitas pelos homens reside simplesmente na distinção entre aquelas cujas potencialidades necessariamente transformam-se em atualidades e aquelas que podem ou não se atualizar. Nessas circunstâncias, qualquer ideia da Vontade como órgão para o futuro, do mesmo modo que a memória é um órgão para o passado, era completamente supérflua; Aristóteles não precisava ter consciência da existência da Vontade; os gregos "sequer têm uma palavra para" o que consideramos a "fonte principal da ação". (*Thelein* significa "estar pronto, estar preparado para algo"; *boulesthai* é "ver algo como [mais] desejável", e a própria palavra nova inventada por Aristóteles, que se aproxima mais do que essas da nossa ideia de algum estado espiritual que tenha que preceder a ação, é *pro-airesis*, a "escolha" entre duas possibilidades, ou melhor, a preferência que me faz escolher uma ação em vez de outra.)[10] Autores que conhecem bem a literatura grega sempre souberam desta lacuna. Assim, Gilson aponta o fato notório de "que Aristóteles não fala de liberdade nem de vontade livre,* [...] o próprio termo falta;"[11] e já em Hobbes, temos este ponto bastante explícito.[12] A lacuna fica ainda um tanto difícil de identificar, pois é claro que a língua grega conhece a diferença entre atos intencionais e não intencionais, entre o voluntário (*hekón*) e o involuntário (*akón*), isto é, em termos legais, entre assassinato e homicídio culposo; e Aristóteles tem o cuidado de observar que só os atos voluntários estão sujeitos à acusação ou à exaltação.[13] Mas o que ele entende por voluntário significa somente que o ato não foi casual, mas sim desempenhado por um agente em plena posse de sua força espiritual e física — "a fonte do movimento estava no agente"[14] — e a distinção engloba apenas danos cometidos por ignorância ou infortúnio. Um ato no qual estou sob a ameaça de violência, mas a que não sou forçado fisicamente — como no caso em que dou meu dinheiro com minhas próprias mãos ao homem que me ameaça com uma arma —, seria qualificado como voluntário.

É de alguma importância notar que essa curiosa lacuna na filosofia grega — "o fato de que Platão e Aristóteles nunca tenham mencionado [volições] em suas frequentes e elaboradas discussões sobre a natureza da alma e das origens da conduta"[15] e, portanto, de que não é possível

---

* Distinções importantes que Arendt fará adiante impedem a tradução do original *free will* por "livre-arbítrio" aqui. (*N. T.*)

"sustentar a sério que o problema da liberdade tenha algum dia se tornado objeto de debate na filosofia de Sócrates, Platão e Aristóteles"[16] — está em perfeita harmonia com o conceito de tempo vigente na Antiguidade, que identificava a temporalidade com os movimentos circulares dos corpos celestiais e com a não menos cíclica natureza da vida na Terra: a recorrente transformação de dia e noite, verão e inverno, a renovação constante de espécies animais através do nascimento e da morte. Quando Aristóteles sustenta que "vir-a-ser" necessariamente implica a preexistência de algo que é "em potência, mas não em ato",[17] ele está aplicando ao campo dos assuntos humanos o movimento cíclico que afeta tudo o que vive — em que de fato todo fim é um começo, e todo começo, um fim, de maneira que "o vir-a-ser continue, embora as coisas estejam constantemente sendo destruídas".[18] Isso a ponto de poder dizer que não só eventos, mas até mesmo opiniões (*doxai*), "ocorrendo entre os homens, repetem-se não só uma ou poucas vezes, mas com infinita frequência".[19] Essa estranha visão dos assuntos humanos não era específica da especulação filosófica. A pretensão que Tucídides tinha de deixar para a posteridade um *ktéma es aei* — um paradigma eternamente útil para o modo de investigação do futuro através de um conhecimento claro do maior evento já conhecido na história — baseava-se implicitamente na mesma convicção de um movimento recorrente dos assuntos humanos.

Para nós, que pensamos em termos de um conceito retilíneo de tempo, com sua ênfase na unicidade do "momento histórico", a exaltação grega pré-filosófica da grandeza do extraordinário e a importância a ele concedida — "seja para o mal ou para o bem" (Tucídides), para além de todas as considerações morais, ele merece ser salvo do esquecimento, primeiro pelos bardos e depois pelos historiadores — parecem incompatíveis com o conceito cíclico de tempo dos antigos. Mas até que os filósofos descobrissem a perenidade do Ser, que não tem nascimento e morte, o tempo e a mudança no tempo não constituíam problema. Os "anos circulares" de Homero forneciam apenas o pano de fundo em que a notável história aparecera e era narrada. Pode-se encontrar indícios dessa visão não especulativa mais antiga em toda a literatura grega; assim, o próprio Aristóteles, em sua discussão sobre a *eudaimonia* (na *Ética a Nicômaco*), está pensando em termos homéricos quando aponta os altos e baixos, as circunstâncias acidentais (*tychai*) que "voltam muitas vezes na vida de uma pessoa", ao passo que sua *eudaimonia* é mais durável, porque reside em certas atividades (*energeiai kat' aretén*) que vale a pena lembrar por sua excelência e em torno das quais, portanto, "o esquecimento não cresce" (*genesthai*).[20]

Quaisquer que sejam as origens e as influências históricas que possamos atribuir ao conceito cíclico de tempo — babilônicas, persas, egípcias —, seu aparecimento foi, do ponto de vista lógico, quase inevitável, uma vez que os filósofos tinham descoberto um Ser perene, sem nascimento e sem morte, dentro de cuja estrutura eles precisavam explicar o movimento, a mudança, o constante ir e vir dos seres vivos. Aristóteles foi bastante explícito em relação à primazia do pressuposto de "que o todo celestial não foi gerado e não pode ser destruído, como alegam alguns, mas é único e eterno, não tendo começo ou fim em sua existência total, contendo e abrangendo em si tempo infinito".[21] "Que tudo retorna" é, de fato, como observou Nietzsche, "a maior aproximação [possível] entre um mundo de Devir e um mundo de Ser".[22] Não é portanto de estranhar que os gregos não tivessem noção da faculdade da Vontade, nosso órgão espiritual para o futuro, em princípio indeterminado, sendo, portanto, um possível anunciador de novidade. Estranho mesmo é verificar que uma tendência tão forte para denunciar a Vontade como uma ilusão ou como uma hipótese inteiramente supérflua depois da crença hebraico-cristã em um início divino — "No princípio Deus criou os céus e a terra" — tenha se tornado um pressuposto dogmático em filosofia. Especialmente quando esse novo credo também estabelecia que o homem era a única criatura feita à imagem do próprio Deus, dotada, portanto, de uma faculdade semelhante de começar. Ainda assim, de todos os pensadores cristãos, somente Agostinho, ao que parece, tirou a conclusão: "[*Initium*] *ut esset, creatus est homo*" ("Para que um começo fosse feito, o homem foi criado").[23]

A relutância em reconhecer a Vontade como uma faculdade do espírito distinta, autônoma, esmoreceu finalmente durante os longos séculos da filosofia cristã, que iremos examinar adiante em mais detalhe. Por maior que fosse a dívida desta filosofia para com a filosofia grega, em especial para com Aristóteles, ela estava fadada a abandonar o conceito cíclico de tempo da Antiguidade e sua noção de eterna recorrência. A história que começa com a expulsão de Adão do paraíso e termina com a morte e ressurreição de Cristo é uma história com acontecimentos únicos, que não se podem repetir: "Cristo um dia morreu por nossos pecados; e, levantando-se dos mortos, Ele não mais morreu."[24] A sequência da história pressupõe um conceito retilíneo de tempo; tem um início definido, um ponto decisivo — o ano Um de nosso calendário[25] — e um fim definido. E foi uma história da máxima importância para os cristãos, embora mal tenha tocado no curso de acontecimentos seculares: ainda se podia esperar que impérios surgissem e caíssem, como no passado. Além do mais, a vida após a morte do cristão era decidida enquanto ele ainda era um "peregrino na terra"; ele mesmo tinha um futuro além do fim determinado e necessário de sua vida — e foi em uma ligação estreita com a preparação para a vida futura que a Vontade e sua Liberdade necessária foram, em toda a sua complexidade, descobertas primeiramente por Paulo.

Uma das dificuldades de nosso tópico, portanto, é que os problemas com os quais estamos lidando têm sua "origem histórica" na teologia, mais do que em uma tradição contínua de pensamento filosófico.[26] Pois quaisquer que sejam os méritos dos pressupostos pós-antigos sobre a localização da liberdade humana no "eu-quero", claro está que no esquema do pensamento pré-cristão a liberdade localizava-se no "eu-posso"; liberdade era um estado objetivo do corpo, não um dado da consciência ou do espírito. Liberdade significava poder fazer o que se quer, sem ser forçado pela ordem de um senhor, nem por uma necessidade física que exigisse o trabalho em troca de dinheiro com que suster o corpo, nem por algum defeito somático, tal como má saúde ou paralisia de um dos membros. Segundo a etimologia grega, isto é, segundo a autointerpretação grega, a raiz da palavra liberdade, *eleutheria*, é *eleuthein hopós eró*, ir conforme eu queira;[27] e não resta dúvida de que a liberdade básica era entendida como liberdade de movimento. Uma pessoa era livre se pudesse locomover-se como quisesse; o "eu-posso", não o "eu-quero", era o critério.

2. A VONTADE E A ERA MODERNA

No contexto dessas considerações preliminares podemos nos permitir saltar as complexidades da Era Medieval e tentar uma rápida olhada no próximo ponto crítico importante em nossa história intelectual, o surgimento da Era Moderna. Aqui é de esperar que haja um interesse ainda mais forte do que no período medieval em um órgão espiritual próprio para o futuro, uma vez que o conceito principal e completamente novo da Era Moderna — a noção de *Progresso* como força que governa a história humana — colocou uma ênfase sem precedentes no futuro. Ainda assim, as especulações medievais sobre o assunto ainda exerciam grande influência pelo menos durante os séculos XVI e XVII. E era tão forte a suspeita em relação à faculdade da Vontade, tão aguda a relutância em conceder aos seres humanos, desprotegidos por qualquer Providência ou orientação divina, um poder absoluto sobre seus próprios destinos, oprimindo-os, assim, com uma responsabilidade formidável por coisas cuja própria existência dependeria só deles, tão grande, nas palavras de Kant, era o embaraço da "razão especulativa ao lidar com a questão da liberdade da vontade [...], [a saber], com um poder de começar *espontaneamente* uma série de coisas sucessivas ou estados"[28] — distinto da faculdade de escolha entre dois ou mais objetos dados (o *liberum arbitrium*, no sentido estrito) —, que foi somente na última fase da Era Moderna que a Vontade começou a substituir a Razão como a mais alta faculdade do espírito. Isso coincidiu com a última era de autêntico pensamento metafísico; na virada do século XIX, ainda no estilo da metafísica que começou com o equacionamento de Parmênides entre Ser e Pensar (*to gar auto esti noein te kai einai*), de repente, logo depois de Kant, passou a ser comum equacionar Querer e Ser.

Assim, Schiller declarou que "não há outro poder no homem a não ser a sua Vontade", e que a Vontade, como "o fundamento da realidade, tem poder sobre a Razão e a Sensualidade", cuja oposição — a oposição de duas necessidades, Verdade e Paixão — provê a origem da liberdade.[29] Assim, Schopenhauer concluiu que a coisa-em-si kantiana, o Ser por trás das aparências, a "natureza mais interna" do mundo, seu "cerne", do qual "o mundo objetivo [...] [é] simplesmente o lado de fora", é a Vontade,[30] enquanto Schelling, em um nível muito mais alto de especulação, declarou apoditicamente: "Na instância final e mais alta, não há outro Ser além da Vontade."[31] Esse desenvolvimento, contudo, alcançou o ápice com a filosofia da história de Hegel (a qual, por esta razão, prefiro tratar em separado) e chegou a um final surpreendentemente rápido no fim do mesmo século.

A filosofia de Nietzsche, centrada na Vontade de Potência, parece, à primeira vista, constituir o clímax da ascendência da Vontade na reflexão teórica. Penso que essa interpretação de Nietzsche é um equívoco, em parte causado pelas circunstâncias bastante infelizes que cercaram as primeiras edições não críticas de suas publicações póstumas. Devemos a Nietzsche muitos *insights* decisivos a respeito da natureza da faculdade da Vontade e do ego volitivo, aos quais voltaremos mais tarde; em seus trabalhos, contudo, a maior parte das passagens sobre a Vontade dá testemunho de uma declarada hostilidade em relação à "teoria da 'liberdade da Vontade', refutada centenas de vezes, [teoria que] deve sua permanência" precisamente ao fato de ser "refutável": "Sempre aparece alguém que se sente forte o suficiente para refutá-la uma vez mais."[32]

A refutação final do próprio Nietzsche está contida em seu "pensamento do Eterno Retorno", o "conceito básico do *Zaratustra*", que expressa "a mais alta fórmula de afirmação possível".[33] Como tal, ele se localiza historicamente na série de "teodiceias", essas estranhas justificativas de Deus e do Ser de que os filósofos, desde o século XVII, sentiram necessidade para reconciliar o espírito do homem com o mundo no qual ele deveria passar sua vida. O "pensamento do Eterno Retorno" implica uma negação incondicional do conceito retilíneo moderno de tempo e de seu curso progressivo; e nada mais é do que uma volta explícita ao conceito cíclico de tempo da Antiguidade. O que o torna moderno é o tom trágico no qual é expresso, indicando a proporção de veemência deliberada de que o homem moderno precisa para recuperar o simples espanto, admirativo e afirmador, *thaumazein*, que foi um dia para Platão o começo da filosofia. A filosofia moderna, ao contrário, originara-se na dúvida cartesiana e leibniziana de que o Ser — "Por que há algo e não antes o nada?" — pudesse absolutamente ser justificado. Nietzsche fala do Eterno Retorno no tom de uma conversão religiosa; e *foi* uma conversão que o levou a este pensamento, ainda que ela não tivesse sido religiosa. Com este pensamento, Nietzsche tentou converter-se ao antigo conceito de Ser e negar todo o credo filosófico da Era Moderna, a qual ele foi o primeiro a diagnosticar como a "Era da suspeita". Atribuindo seu pensamento a uma "inspiração", ele não tem dúvidas de que "seria preciso voltar milhares de anos no tempo para encontrar alguém que tivesse o direito de dizer [a ele] 'esta é também a minha experiência'".[34]

Embora Nietzsche, nas primeiras décadas de nosso século, tenha sido lido e mal-interpretado por quase todo mundo na comunidade intelectual europeia, sua influência na filosofia, a rigor, foi mínima; hoje em dia não há nietzschianos no mesmo sentido em que há ainda kantianos e hegelianos. Seu primeiro reconhecimento como filósofo veio com a revolta bastante destacada dos pensadores contra a filosofia acadêmica que leva o infeliz título de "existencialismo". Não houve estudo sério sobre o pensamento de Nietzsche antes dos livros de Jaspers e de Heidegger;[35] e, ainda assim, isso não quer dizer que Jaspers ou Heidegger possam ser concebidos como fundadores tardios de uma escola nietzschiana. Mais importante neste contexto é que nem Jaspers nem Heidegger põem em sua própria filosofia a Vontade como o centro das faculdades humanas.

Para Jaspers, a liberdade humana é assegurada por não termos *a* verdade; a verdade compele, e o homem pode ser livre somente porque não sabe a resposta para as perguntas finais: "Preciso querer porque *não* sei. O Ser que é inacessível ao conhecimento pode ser revelado somente à minha volição. Não-saber é a raiz de ter que querer."[36]

Heidegger compartilhara, na fase mais inicial de seu trabalho, da ênfase da Era Moderna no futuro como entidade temporal decisiva — "o futuro é o fenômeno primário de uma temporalidade original e autêntica" — e introduzira *Sorge* (uma palavra alemã que apareceu pela primeira vez como termo filosófico em *Ser e tempo* e que significa "um cuidado com" e também "preocupação com o futuro") como o fato existencial básico da existência humana. Dez anos mais tarde ele rompeu com toda a filosofia da Era Moderna (no segundo volume de seu livro sobre Nietzsche) precisamente porque descobrira até que ponto a própria Era, e não somente seus produtos teóricos, baseava-se na dominação da Vontade. Concluiu sua filosofia da fase final com a proposição aparentemente paradoxal do "querer-não-querer".[37]

É certo que, em sua filosofia inicial, Heidegger não compartilhou da crença moderna no *Progresso*; e que sua proposição "querer-não--querer" nada tem a ver com a superação nietzschiana da Vontade através de sua restrição ao querer que tudo que aconteça continue acontecendo repetidas vezes. Mas o famoso *Kehre* de Heidegger, a grande reviravolta em sua filosofia da fase final é, no entanto, algo semelhante à conversão de Nietzsche; em primeiro lugar, *foi* uma espécie de conversão, e, em segundo, teve a consequência idêntica de levá-lo de volta aos primeiros pensadores gregos. É como se, no final das contas, os pensadores da Era Moderna escapassem para uma "terra do pensamento" (Kant)[38] na qual as suas próprias preocupações especificamente modernas — com o futuro, com a Vontade como seu órgão espiritual para o futuro e com a liberdade como um problema — não existissem; na qual, em outras palavras, não houvesse qualquer noção de uma faculdade do espírito que pudesse corresponder à liberdade do mesmo modo que a faculdade do pensamento correspondeu à verdade.

3. AS PRINCIPAIS OBJEÇÕES À VONTADE NA FILOSOFIA PÓS-MEDIEVAL

O propósito dessas observações preliminares é facilitar nossa abordagem das complexidades do ego volitivo; em nossa preocupação metodológica, dificilmente podemos nos permitir desconsiderar o fato simples de que toda filosofia da Vontade é produto do ego pensante, e não do ego volitivo. Embora, é claro, seja sempre o mesmo espírito que pensa e quer, vimos que não se pode confiar em que a avaliação das outras faculdades do espírito pelo ego pensante permaneça imparcial; com certeza ficamos desconfiados quando encontramos pensadores com filosofias gerais bastante diferentes levantando argumentos idênticos contra a Vontade. Esboçarei brevemente as principais objeções assim como elas aparecem na filosofia pós-medieval, antes de entrar em uma discussão sobre a posição de Hegel.

Há em primeiro lugar a descrença sempre recorrente na própria existência da faculdade de querer. Suspeita-se que a Vontade seja uma mera ilusão, um fantasma da consciência, uma espécie de engano inerente à própria estrutura da consciência, "um pião de madeira", nas palavras de Hobbes, "[...] impulsionado pelos meninos [...] às vezes rodando, às vezes atingindo os homens na canela, se fosse sensível ao próprio movimento, pensaria que este procedia de sua própria vontade, a não ser que sentisse o que o estava pondo em movimento".[39] E Espinosa seguia a mesma linha de pensamento: uma pedra posta em movimento por alguma força externa "acreditaria ser completamente livre e pensaria permanecer em movimento somente por sua própria vontade", contanto que estivesse "consciente de seu esforço" e fosse "capaz de pensar".[40] Em outras palavras, "os homens acreditam ser livres simplesmente porque são conscientes de suas ações, sem ter consciência das causas pelas quais estas ações são determinadas". Assim, os homens são subjetivamente livres e objetivamente assujeitados. As correlações de Espinosa levantam a objeção óbvia: "Se isto nos fosse dado, toda maldade seria desculpável", o que não o perturba nem um pouco. Ele responde: "Os homens maus não devem ser menos temidos e não são menos nocivos quando são maus por necessidade."[41]

Hobbes e Espinosa admitem a existência da Vontade como uma faculdade sentida subjetivamente, negando somente sua liberdade: "Reconheço essa liberdade de que posso fazer se quiser; mas tomo como

OS FILÓSOFOS E O QUERER

um discurso absurdo dizer que posso querer se quiser." Pois a Liberdade significa, a rigor, a ausência de [...] impedimentos externos para o movimento [...]. Mas quando esse impedimento do movimento está na constituição da coisa em si, não costumamos dizer dela que quer a liberdade, mas sim que quer o poder de mover-se; como no caso de uma pedra imóvel ou de um homem que está preso à cama por enfermidade.

Tais reflexões estão em perfeita harmonia com a posição grega a esse respeito. O que já não se alinha com a filosofia clássica é a conclusão de Hobbes de que: "Liberdade e necessidade são congruentes: como no caso da água, que tem não só a liberdade, mas também uma necessidade de descer pelo canal. Assim como ocorre nas ações que os homens realizam voluntariamente: porque essas ações procedem de sua vontade, elas procedem da liberdade; ainda assim, porque todo ato da vontade do homem [...] procede de alguma causa e esta de uma outra causa, em uma cadeia contínua, [...] [todo ato da vontade do homem] procede da necessidade. De modo que, para aquele que pudesse enxergar a conexão dessas causas, ficaria evidente a necessidade de todas as ações voluntárias do homem."[42]

Tanto em Hobbes quanto em Espinosa, a negação da Vontade está muito bem fundada em suas respectivas filosofias. Mas encontramos praticamente o mesmo argumento em Schopenhauer, cuja filosofia geral era quase o oposto, e para quem a consciência ou a subjetividade eram a própria essência do Ser: como Hobbes, ele não nega a Vontade, mas nega que a Vontade seja livre: há um sentimento ilusório de liberdade quando tenho a experiência da volição; quando delibero sobre o que farei em seguida e, depois de rejeitar várias possibilidades, chego finalmente a alguma decisão determinada, isto é feito "com uma vontade tão livre [...] quanto a da água se dissesse para si mesma: 'posso fazer grandes ondas [...]. Posso descer montanha abaixo [...]. Posso cair espumando e jorrando [...]. Posso erguer-me livremente como uma corrente de água no ar (... numa fonte) [...], mas não estou fazendo nada disso agora, e, por vontade própria, permaneço água quieta e clara no lago espelhado'".[43] Esse tipo de argumento está melhor resumido por John Stuart Mill no trecho já citado: "Nossa consciência *interna* nos diz que temos um poder sobre o qual toda a experiência externa da raça humana nos diz que jamais utilizamos" (grifo nosso).[44]

O que impressiona nessas objeções contra a própria existência da faculdade de querer é, em primeiro lugar, o fato de que elas são levantadas invariavelmente nos termos da ideia moderna de consciência — uma noção tão ignorada pela filosofia antiga quanto a noção de Vontade. A *synesis* grega — poder compartilhar um conhecimento comigo mesmo (*syniemi*) sobre coisas que ninguém mais pode testemunhar — é mais uma precursora da consciência moral do que da consciência,[45] como se pode ver quando Platão menciona o modo como a memória do feito sangrento atormenta o homicida.[46]

No mais, as mesmas objeções poderiam facilmente ser levantadas — mas quase nunca foram — contra a existência da faculdade do pensamento. Sem dúvida o cálculo das consequências de Hobbes, quando entendido como pensamento, não dará margem a tais suspeitas; mas esse poder de imaginar e fazer cálculos futuros coincide, em vez disso, com as deliberações do ego volitivo sobre os meios para alcançar um fim, ou com a capacidade usada na resolução de enigmas e problemas matemáticos. (Um equacionamento do gênero está claramente por trás da refutação que Ryle faz da "doutrina de que existe uma Faculdade [...] da 'Vontade' e que, portanto, ocorram processos ou operações correspondentes ao que ela descreve como 'volições'". Nas palavras do próprio Ryle: "Ninguém diz jamais coisas como [...] ele desempenhou cinco volições rápidas e fáceis e duas volições lentas e difíceis entre o meio-dia e a hora do lanche."[47] Não se pode sustentar a sério que produtos-de-pensamento duráveis, tais como *A crítica da razão pura*, de Kant, ou a *Fenomenologia do espírito*, de Hegel, pudessem algum dia ser compreendidos nesses termos.) Os únicos filósofos que conheço que ousaram duvidar da faculdade do pensamento foram Nietzsche e Wittgenstein. Este, em seus primeiros experimentos de pensamento, sustentava que o ego pensante (o que ele chamava de *vorstellendes Subjekt*, derivando sua teoria de Schopenhauer) poderia "em última instância ser mera superstição", provavelmente "uma ilusão vazia, mas o sujeito volitivo existe". Justificando sua tese, Wittgenstein reitera os argumentos comumente levantados no século XVII contra a negação da Vontade de Espinosa, a saber, "se a Vontade não existisse, tampouco existiria [...] o portador da ética".[48] Quanto a Nietzsche, é preciso dizer que tinha suas dúvidas tanto em relação à vontade quanto ao pensamento.

O fato perturbador de que, entre os filósofos, até mesmo os chamados voluntaristas — aqueles inteiramente convencidos, como Hobbes, do *poder* da vontade — pudessem resvalar tão facilmente para a dúvida quanto à própria existência da faculdade de querer pode ser de certa forma esclarecido examinando-se a segunda de nossas dificuldades sempre recorrentes. O que despertou a desconfiança dos filósofos foi precisamente a conexão inevitável com a Liberdade. Repetindo: a noção de uma vontade não-livre é uma contradição em termos: "Se devo necessariamente querer, por que então preciso falar da vontade? [...] Nossa vontade não seria vontade se não estivesse em nosso poder. Por estar em nosso poder, é livre."[49] Para citar Descartes, que se pode contar entre os voluntaristas: "Ninguém, levando em consideração somente a si mesmo, deixa de experimentar o fato de que querer e ter liberdade são a mesma coisa."[50]

Como já disse mais de uma vez, a pedra de toque de um ato livre — desde a decisão de sair da cama de manhã ou de dar um passeio à tarde até as mais altas resoluções com as quais nos comprometemos para o futuro — é que sempre sabemos que poderíamos ter deixado de fazer aquilo que de fato fizemos. A Vontade, ao que parece, é caracterizada por uma liberdade infinitamente maior que o pensamento, e — para repetir mais uma vez — este fato inquestionável jamais foi tido somente como uma bênção. Assim, ouvimos de Descartes: "Sou consciente de uma vontade tão vasta que não se pode submeter a limites [...]. É somente a vontade livre [...] que encontro tão grande em mim que não consigo conceber qualquer outra ideia como maior do que ela; é [...] essa vontade que me faz saber que [...] trago comigo a imagem e semelhança de Deus", e acrescenta imediatamente que essa experiência "consiste unicamente no fato de que [...] agimos de tal modo que não estamos minimamente conscientes de que qualquer força externa [nos] limite a capacidadede escolher o que vamos ou o que não vamos fazer".[51]

Falando assim, Descartes deixa uma porta bem aberta, por um lado, para as dúvidas de seus sucessores, e, por outro, para as tentativas contemporâneas "de fazer com que os desígnios [de Deus] se harmonizem com a liberdade de nossa vontade".[52] O próprio Descartes, pouco disposto a "envolver-se nas grandes dificuldades [que resultariam] se nos comprometêssemos a conciliar previdência e onipotência de Deus com liberdade humana", apela explicitamente para as benéficas limitações de "nosso pensamento, [o qual] é finito" e, portanto, sujeito a certas regras, como, por exemplo, o axioma da não-contradição e as convincentes "necessidades" da verdade autoevidente.[53]

E é precisamente a liberdade "sem lei" de que a vontade parece gozar que fez com que até mesmo Kant falasse ocasionalmente de liberdade como mais que "uma simples entidade do pensamento, um fantasma do cérebro".[54] Outros, como Schopenhauer, acharam mais fácil conciliar Liberdade e Necessidade, escapando assim do dilema inerente ao simples fato de que o homem é ao mesmo tempo um ser que pensa e que quer — uma coincidência carregada das mais sérias consequências —, declarando simplesmente: "O homem faz o tempo todo somente o que quer e ainda assim o faz necessariamente. Mas isso é porque ele [...] *é* o que quer [...]. Subjetivamente [...] todos sentem que fazem sempre apenas aquilo que querem. Mas isso significaria simplesmente que sua atividade é uma pura expressão de seu próprio ser. Todo ser natural, mesmo o mais inferior, sentiria o mesmo, se *pudesse* sentir."[55]

Nossa terceira dificuldade está ligada a esse dilema. Aos olhos dos filósofos que advogaram o ego pensante, foi sempre a maldição da *contingência* o que condenou o campo dos assuntos meramente humanos a um status bastante baixo na hierarquia ontológica. Mas antes da Era Moderna existiram — não muitas, mas algumas — vias de escape bastante trilhadas pelo menos pelos filósofos. Na Antiguidade havia o *bios theoretikos*: o pensador habitava a vizinhança das coisas necessárias e perenes, tomando parte em seu Ser até o ponto em que isso é possível para os mortais. Na era da filosofia cristã, havia a *vita contemplativa* dos monastérios e das universidades, mas também o pensamento consolador da divina Providência, conjugado à expectativa de uma vida após a morte, quando aquilo que parecera contingente e sem sentido neste mundo se tornaria muito claro, a alma vendo "cara a cara", em vez de "por espelho, obscuramente", não mais conhecendo só "em parte" — pois ela "conhecerá tanto quanto [é] conhecida". Sem tal esperança de um Além, até mesmo Kant julgava a vida infeliz demais, por demais destituída de sentido para ser suportada.

É óbvio que a progressiva secularização, ou melhor, descristianização do mundo moderno, ligada, como estava, a uma ênfase inteiramente nova no futuro, no progresso e, portanto, nas coisas que não são nem necessárias nem eternas, acabaria por expor os pensadores à contingência de todas as coisas humanas de uma maneira mais radical e impiedosa do que nunca. O que, desde o fim da Antiguidade, fora o "problema da liberdade" agora estava incorporado, por assim dizer, ao acaso da história — "cheia de som e de fúria", "uma história narrada por um idiota [...] significando nada" — a que correspondia o caráter fortuito das decisões pessoais que se originam em uma vontade livre que não foi guiada nem pela razão nem pelo desejo. Esse velho problema, reaparecendo na roupagem de uma nova era, a Era do Progresso — que só agora, em nosso próprio tempo, está alcançando o fim (à medida que o Progresso aproxima-se rapidamente dos limites dados pela condição humana na Terra) —, encontrou sua pseudossolução na *filosofia da história* do século XIX, cujo maior representante produziu uma teoria engenhosa de uma Razão e de um Significado escondidos no curso dos acontecimentos do mundo, guiando as vontades dos homens em toda sua contingência na direção de um objetivo final que eles jamais pretenderam alcançar. Uma vez que se complete esta história — e Hegel parece ter acreditado que o início do fim da história era contemporâneo à Revolução Francesa —, o olhar retrospectivo do filósofo, pelo puro esforço do ego pensante, pode internalizar e relembrar (*ex-innern*) a falta de sentido e a necessidade do movimento que se desenrola, de modo que possa novamente lidar com o que é e não pode não-ser. Afinal, em outras palavras, o processo do pensamento mais uma vez coincide com o autêntico Ser: o pensamento depurou a realidade daquilo que é meramente acidental.

4. O PROBLEMA DO NOVO

Se reconsideramos as objeções propostas pelos filósofos contra a Vontade — contra a existência da faculdade, contra a noção de liberdade humana nela implícita e contra a contingência que adere a uma vontade livre, isto é, a um ato que por definição pode-se deixar de realizar

—, torna-se óbvio que elas se aplicam muito menos ao que a tradição conhece como *liberum arbitrium*, a liberdade de escolha entre dois ou mais objetos desejados ou entre dois modos de conduta, do que à Vontade como um órgão para o futuro, idêntica ao poder de começar algo novo. O *liberum arbitrium* decide entre coisas igualmente possíveis e dadas a nós, por assim dizer, em *statu nascendi*, como simples potencialidades; enquanto o poder de começar algo realmente novo não poderia propriamente ser precedido por qualquer potencialidade, que figuraria, nesse caso, como uma das causas do ato realizado.

Mencionei anteriormente o embaraço de Kant "para lidar com [...] um poder de começar *espontaneamente* uma série de coisas ou estados sucessivos" — por exemplo, se, "neste momento, levanto-me de minha cadeira [...] uma nova série tem seu começo *absoluto* com este acontecimento, embora [acrescenta ele], no que diz respeito ao tempo, este acontecimento seja apenas a continuação de uma série precedente".[56] Bastante problemática é a noção de um começo *absoluto*, pois "uma série começando no mundo pode apenas relativamente ter um primeiro começo, sendo sempre precedida de algum outro estado de coisas", e isso, naturalmente, também se aplica à pessoa do pensador, visto que eu, que penso, jamais deixo de ser uma aparência entre aparências, por mais que consiga retirar-me dessas aparências espiritualmente. Sem dúvida, a própria hipótese de um começo absoluto remonta à doutrina bíblica da Criação, em contraposição às teorias orientais de emanação, segundo as quais forças preexistentes desenvolveram-se e expandiram-se em um mundo. Mas essa doutrina é uma razão suficiente em nosso contexto somente se acrescentarmos que a criação de Deus é *ex nihilo*, e que uma criação desse tipo é desconhecida pela Bíblia hebraica; trata-se de um acréscimo feito em especulações posteriores.[57]

Essas especulações surgiram quando os padres da Igreja já tinham começado a explicar a fé cristã em termos da filosofia grega, isto é, quando foram confrontados com o *Ser*, para o qual a língua hebraica não tem uma palavra. Parece bastante óbvio, pela lógica, que um equacionamento do Universo e do Ser deve implicar "o nada" como seu oposto; ainda assim, a transição de Nada para Algo é logicamente tão difícil que se pode suspeitar que foi o novo ego volitivo que — a despeito de doutrinas ou credos — considerou a ideia de um começo absoluto apropriada para a sua experiência de fazer projetos. Pois há algo de fundamentalmente errado no exemplo de Kant. Somente quando ele, ao levantar-se da cadeira, tem em mente algo que deseja fazer é que este "acontecimento" começa uma "nova série"; se não é esse o caso, se ele habitualmente se levanta a essa hora ou se se levanta para pegar alguma coisa de que precisa para sua ocupação do momento, este acontecimento é, ele mesmo, "a continuação de uma série precedente".

Mas suponhamos que essa tenha sido uma omissão e que Kant tivesse muito claro em mente o "poder de espontaneamente começar"; e que, portanto, estivesse preocupado com uma possível reconciliação entre uma "nova série de atos e estados" e o contínuo de tempo que essa "nova série" interrompe: a solução tradicional para o problema, mesmo naquele tempo, teria sido ainda a distinção aristotélica entre potência e ato, salvando-se a unidade do conceito de tempo e assumindo-se que a "nova série" estava contida na "série precedente". Mas a insuficiência da explicação aristotélica é evidente: pode alguém sustentar a sério que a sinfonia produzida por um compositor era "possível antes de ser real"?[58] A não ser que o que se entenda por "possível" seja apenas a ideia de que a sinfonia não era claramente impossível, o que, naturalmente, é bem diferente de a sinfonia haver existido em um estado de potencialidade, à espera de algum músico que se desse ao trabalho de torná-la real.

Apesar disso, como Bergson sabia muito bem, há um outro lado da questão. Do ponto de vista da memória, isto é, olhando-se retrospectivamente, um ato levado a cabo de forma livre perde seu ar de contingência sob o impacto de ser, agora, um fato realizado, de ter se tornado parte essencial da realidade em que vivemos. O impacto da realidade é esmagador a ponto de sermos incapazes de "removê--la do pensamento"; o ato agora aparece para nós com aspecto de necessidade, uma necessidade que não é absolutamente uma simples ilusão da consciência ou que se deve só à limitação de nossa habilidade para imaginar alternativas possíveis. Isso é bastante óbvio no campo da ação, em que nenhum feito pode ser desfeito com segurança; mas se aplica também, embora talvez de maneira menos coercitiva, aos incontáveis objetos que a fabricação humana constantemente acrescenta ao mundo e à sua civilização, objetos de arte bem como objetos de uso; é quase tão impossível remover do pensamento as grandes obras de arte de nossa herança cultural quanto a deflagração das duas Guerras Mundiais ou qualquer outro acontecimento que tenha decidido a própria estrutura de nossa realidade. Nas palavras do próprio Bergson: "Pela simples razão de ser factual, a realidade lança a sua sombra atrás de si em um passado infinitamente distante; assim, parece ter existido em estado de potencialidade anteriormente à sua própria realização." (*"Par le seul fait de s'accomplir, la réalité projette derrière son ombre dans le passé indéfiniment lointain; elle paraît ainsi avoir préexisté, sous forme de possible, à sa propre réalisation."*)[59]

Visto desse ângulo, que é o ângulo do ego volitivo, não é a liberdade, mas a necessidade que parece ser uma ilusão da consciência. O *insight* de Bergson me parece ao mesmo tempo elementar e altamente significativo; mas não será também significativo o fato de essa observação, apesar de sua plausibilidade simples, nunca ter tido qualquer importância nas intermináveis discussões sobre necessidade *versus* liberdade? Ao que eu saiba, o ponto foi levantado somente uma vez antes de Bergson. Trata-se de Duns Scotus, o solitário defensor da primazia da Vontade sobre o Intelecto e — mais que isso — do fator contingência em tudo o que é. Se há algo como uma filosofia cristã, então Duns Scotus teria de ser reconhecido não só como "o mais importante pensador da Idade Média cristã",[60] mas talvez também como o único que não buscou um meio-termo entre a fé cristã e a filosofia grega, e que ousou, portanto, tornar um símbolo dos "verdadeiros cristãos [dizer] que Deus age contingentemente". "Aqueles que negam que algum ser é contingente", disse Scotus, "deveriam ser expostos a tormentos, até reconhecer que é possível para eles não ser atormentados."[61]

Se a contingência — que, para a filosofia clássica, era o máximo da falta de sentido — irrompeu como realidade nos primeiros séculos da Era Cristã por causa da doutrina bíblica — que "opunha a contingência à necessidade, a particularidade à universalidade, a vontade ao intelecto", assegurando assim "um lugar para 'o contingente' dentro da filosofia contra a tendenciosidade original desta última"[62] —, ou se as abaladoras experiências políticas dos primeiros séculos daquela Era deixaram à mostra os truísmos e as plausibilidades do pensamento antigo, essa é uma questão que pode ficar em aberto. Não restam dúvidas, porém, de que a inclinação original contra a contingência, a particularidade e a Vontade — e a predominância correspondente da necessidade, da universalidade e do Intelecto — sobreviveu profundamente ao desafio até a Era Moderna. A filosofia religiosa e medieval, bem como a secular e moderna, encontraram diversas maneiras de assimilar a Vontade, o órgão da liberdade e do futuro, à ordem mais antiga das coisas. Pois, como quer que enxerguemos esses assuntos, *factualmente* Bergson está bastante certo quando diz:

> A maioria dos filósofos [...] é incapaz [...] de conceber a novidade radical e a imprevisibilidade [...]. Mesmo os poucos que acreditaram no *liberum arbitrium,* reduziram-no a uma simples

OS FILÓSOFOS E O QUERER

"escolha" entre duas ou mais opções, como se estas opções fossem "possibilidades" [...] e a Vontade ficou restrita a realizar uma delas. Logo, eles ainda aceitavam [...] que tudo é dado. Parecem nunca ter tido a menor noção de uma atividade inteiramente nova [...]. E esse tipo de atividade é, afinal, a ação livre.[63]

Até mesmo hoje em dia, quando ouvimos uma discussão entre dois filósofos em que um deles defende o determinismo, e o outro, a liberdade, "será sempre o determinista que parecerá estar com a razão [...]. [Os ouvintes] sempre concordarão que ele é simples, claro e verdadeiro".[64]

Do ponto de vista teórico, o problema sempre foi que a vontade livre — quer concebida como liberdade de escolha, quer como liberdade de começar algo novo — parece ser absolutamente incompatível não só com a divina Providência, mas também com a lei da causalidade; a liberdade da Vontade pode ser pressuposta pela força, ou melhor, pela fraqueza da experiência interior, mas não pode ser provada. A não plausibilidade do pressuposto ou Postulado da Liberdade deve-se às nossas experiências externas no mundo das aparências, onde, na verdade, a despeito do que disse Kant, raramente começamos uma nova série. Mesmo Bergson, cuja filosofia inteira baseia-se na convicção de que "cada um de nós tem o conhecimento imediato [...] de sua espontaneidade livre",[65] admite que, "embora sejamos livres quando queremos nos voltar para nós mesmos, raramente queremos fazer isto". E: "Os atos livres são excepcionais."[66] (Os hábitos tomam conta da maioria dos nossos atos, do mesmo modo como os preconceitos são responsáveis pela maioria de nossos juízos cotidianos.)

O primeiro que se recusou consciente e deliberadamente a tratar da não plausibilidade da vontade livre foi Descartes: "Seria absurdo duvidar daquilo que experimentamos e percebemos interiormente

347

como existente em nós, só porque não compreendemos uma coisa que sabemos ser, pela própria natureza, incompreensível."[67] Pois "essas coisas são tais que cada um deve experimentá-las em si mesmo, em vez de persuadir-se delas pelo raciocínio; mas vós [...] pareceis não cuidar e não notar a maneira como o espírito age no interior de si mesmo. Não sejais, então, livres, *se essa liberdade não vos apraz*" (grifos nossos).[68] Pode ser tentador, aqui, retorquir que o *Cogito* cartesiano certamente nada mais é do que "uma ação do espírito no interior de si mesmo"; mas jamais ocorreu a Descartes ou àqueles que levantaram objeções à sua filosofia falar de pensamento ou de *cogitare* como algo que é pressuposto sem uma prova, como um mero dado da consciência. O que então concede ao *cogito me cogitare* ascendência sobre o *"volo me velle"* — mesmo em Descartes, que era um "voluntarista"? *Será que "aprazia" menos aos pensadores profissionais, ao basearem suas especulações na experiência do ego pensante, a liberdade do que a necessidade?* Essa suspeita parece inevitável quando consideramos a estranha reunião de teorias conhecidas, teorias que tentam negar completamente a experiência da liberdade "dentro de nós", ou enfraquecer a liberdade, conciliando-a com a necessidade através de especulações dialéticas que são inteiramente "especulativas", já que não podem apelar para qualquer experiência. A suspeita é reforçada quando se considera quão estreita é a ligação entre todas as teorias da vontade livre e o problema do mal. Desse modo, Agostinho inicia seu tratado *De libero arbitrio voluntatis* (O livre-arbítrio da vontade) com a seguinte questão: "Diga-me, por favor, se não é Deus o autor do mal?" Trata-se de uma questão primeiramente proposta em toda a sua complexidade por Paulo (na Epístola aos romanos) e em seguida generalizada para "qual é a causa do mal?", com muitas variações que envolvem a existência tanto do dano físico causado pela natureza destrutiva quanto da maldade deliberada produzida pelo homem.

Todo esse problema atormentou os filósofos; e suas tentativas de resolvê-lo nunca tiveram muito sucesso; via de regra, seus argumentos fogem ao assunto em sua gritante simplicidade. Ou nega-se que o mal é verdadeiramente real (ele existe apenas como modalidade deficiente do bem), ou se descarta o mal, com a explicação de que é uma espécie de ilusão de ótica (o problema está em nosso intelecto limitado, que falha em encaixar um particular de forma adequada em um todo que o justificaria) — tudo isso se assumirmos sem discussão a hipótese de que "somente o todo é na verdade real" (*"nur das Ganze hat eigentliche Wirklichkeit"*), nas palavras de Hegel. O mal, não sendo, nisso, diferente da liberdade, parece pertencer àquelas "coisas sobre as quais até os homens mais cultos e inventivos não podem saber quase nada".[69]

5. O CONFLITO ENTRE PENSAR E QUERER: A TONALIDADE DAS ATIVIDADES DO ESPÍRITO

Se olharmos para esse registro com olhos não embaçados por teorias e tradições, religiosas ou seculares, é certamente difícil escapar à conclusão de que os filósofos parecem geneticamente incapazes de aprender a lidar com certos fenômenos do espírito e com sua posição no mundo, de que os pensadores não são mais confiáveis para chegar a uma avaliação razoável da Vontade do que o foram para chegar a uma avaliação razoável do corpo. Mas a hostilidade dos filósofos contra o corpo é muito conhecida e pode ser registrada pelo menos desde Platão. Ela não é primordialmente motivada pela falibilidade da experiência sensorial — pois esses erros podem ser corrigidos —, ou pela notória ingovernabilidade das paixões — pois estas podem ser domadas pela razão —, mas sim pela simples e incorrigível natureza de nossas necessidades e desejos corporais. O corpo, como enfatiza corretamente Platão, sempre "quer ser cuidado"; e até mesmo nas melhores condições — saúde e prazer, por um lado, e uma comunidade equilibrada, por outro —, ele interromperá, com suas repetidas exigências, as atividades do ego pensante; nos termos da alegoria da Caverna, o corpo forçará o filósofo a retornar do céu das ideias para a Caverna dos assuntos humanos. (É comum atribuir essa hostilidade ao antagonismo cristão em relação à carne. Mas não só essa hostilidade é muito mais antiga, como também se pode até argumentar que um dos dogmas cristãos fundamentais, a ressurreição da carne, diferentemente de especulações mais antigas sobre a imortalidade da alma, manteve-se em um nítido contraste não só com as crenças gnósticas comuns mas também com as noções da filosofia clássica.)

É claro que o antagonismo do ego pensante em relação à Vontade é de uma espécie bem diferente. O conflito aqui se dá entre duas atividades *espirituais* que parecem incapazes de coexistir. Quando produzimos uma volição, isto é, quando nos concentramos em um projeto futuro, não nos retiramos menos do mundo das aparências do que quando estamos seguindo uma linha de pensamento. Pensamento e Vontade antagonizam-se somente no que afetam nossos estados psíquicos; ambos, é verdade, tornam presente para o nosso espírito o que na realidade está ausente; mas o pensamento traz para seu presente duradouro aquilo que ou é ou, pelo menos, foi; enquanto a Vontade, estendendo-se para o futuro, movese em uma região em que tais certezas não existem. Nosso aparato psíquico — a alma em contraposição ao espírito — está equipado para lidar com o que vem da região do desconhecido em sua direção por meio da expectativa, cujas modalidades principais são esperança e medo. Essas duas maneiras de sentir estão intimamente relacionadas, uma vez que ambas estão propensas a dar uma guinada em direção a seu aparente oposto; e, dadas as incertezas desta região, tais mudanças são quase automáticas. Toda esperança traz consigo um medo, e todo medo cura-se ao tornar-se a esperança correspondente. Foi por sua natureza mutável, instável e inquieta que esses sentimentos foram incluídos, pela Antiguidade Clássica, entre os males da caixa de Pandora.

O que a alma exige do espírito, nessa situação desconfortável, não é tanto um dom profético para prever o futuro, e, assim, confirmar a esperança ou o medo. Bem mais tranquilizadora que as brincadeiras fraudulentas dos adivinhos — profetas, astrólogos e similares — é a não menos fraudulenta teoria que alega provar que tudo o que é ou vem a ser "era para ser", na feliz expressão de Gibert Ryle.[70] O fatalismo, que, na verdade, "nenhum filósofo de primeiro ou segundo nível defendeu [...] ou fez muito esforço para atacar", realizou, no entanto, uma carreira assombrosamente bem-sucedida no pensamento popular através dos séculos; "temos, de fato, nossos momentos de fatalismo", como diz Ryle,[71] e a razão é que não há outra teoria que possa acalmar com tanta eficácia qualquer ímpeto de ação, qualquer impulso para fazer um projeto, em suma, qualquer forma de "eu-quero". Essas vantagens existenciais do fatalismo estão visivelmente esboçadas no tratado de Cícero *Sobre o destino*, que é ainda hoje a argumentação clássica sobre a questão. Para a proposição "tudo está predestinado", ele usa o seguinte exemplo: quando adoecemos, "já está predestinado se vamos ou não nos recuperar, quer chamemos um médico, quer não"[72], e é claro que também estaria predestinado se iremos chamar um médico ou não. Por conseguinte, o argumento leva a um "infinito regresso".[73] Designado como "argumento vão", ele é rejeitado, porque obviamente "levaria à completa extinção de toda a ação na vida". Seu grande atrativo é que, por meio dele, "o espírito libera-se de toda necessidade de movimento".[74] Em nosso contexto, o interesse da proposição reside no fato de que ela consegue extinguir totalmente o tempo verbal futuro, assimilando-o ao passado. O que *será* ou poderá ser *"era para ser"*, pois "tudo o que será, *se vai mesmo ser,* não pode ser concebido como se fosse para não ser" (*quicquid futurum est, id intelligi non potest,* si futurum sit, *non futurum esse*), como disse Leibniz.[75] O caráter tranquilizador da formulação vem do que Hegel chamou de "a calma do passado" (*"die Ruhe der Vergangenheit"*),[76] uma calma assegurada pelo fato de que o que passou não pode ser desfeito e que a Vontade "não pode querer retroativamente".[77]

Não é o futuro enquanto tal, mas o futuro como *projeto* da Vontade que *nega* o que é dado. Em Hegel e Marx, o poder da negação, cujo motor faz avançar a História, deriva da habilidade que a Vontade pode ter para realizar um projeto: o projeto nega o agora e o passado, ameaçando, assim, o presente duradouro do ego pensante. Uma vez que o espírito, retirado do mundo das aparências, traz para sua própria presença aquilo que está ausente — o que já não é mais, assim como o que não é ainda —, é como se o passado e o futuro pudessem unir-se em um denominador comum, podendo assim ser salvos, juntos, do fluxo do tempo. Mas o *nunc stans*, a lacuna entre o passado e o futuro em que localizamos o ego pensante, embora possa absorver aquilo que não é mais, sem qualquer perturbação do mundo exterior, já não pode responder com a mesma serenidade a projetos que a vontade produz para o futuro. Toda volição, ainda que seja uma atividade do espírito, relaciona-se com o mundo das aparências no qual seu projeto deve realizar-se; em contraste flagrante com o pensamento, nenhum querer jamais se faz por si mesmo ou encontra satisfação na própria atividade. Qualquer volição não só envolve particulares como também — e isso é de grande importância — anseia por seu próprio fim, o momento em que o querer algo terá se transformado no fazê-lo. Em outras palavras, o humor habitual do ego volitivo é a impaciência, a inquietude e a preocupação (*Sorge*), não somente porque a alma reage ao futuro com esperança e medo, mas também porque o projeto da vontade pressupõe um "eu-posso" que não está absolutamente garantido. A inquietação preocupada da Vontade só pode ser apaziguada por um "eu-quero-e--faço", isto é, por uma interrupção de sua própria atividade e liberação do espírito de sua dominação.

Em resumo, a Vontade sempre quer *fazer* algo, menosprezando assim implicitamente o pensamento puro cuja atividade depende totalmente de "não fazer nada". Veremos, quando examinarmos a história da Vontade, que nunca um teólogo ou filósofo exaltou a "doçura" da experiência do ego volitivo, doçura que os filósofos costumavam exaltar na experiência do ego pensante. (Há duas exceções importantes: Duns Scotus e Nietzsche, que entendiam a Vontade como uma espécie de poder — *"voluntas est potentia quia ipsa aliquid potest"*. Ou seja, o ego volitivo compraz-se consigo mesmo — *"condelectari sibi"* — a ponto de o "eu-quero" antecipar um "eu-posso"; o "eu-quero-*e*-eu--posso" é o prazer da Vontade.)[78]

Quanto a este aspecto — que vamos chamar de "tonalidade" das atividades do espírito —, a habilidade que a vontade tem de tornar presente o ainda-não é exatamente oposta à lembrança. A lembrança tem uma afinidade natural com o pensamento; todo pensamento, como dissemos, é um re-pensar. Cadeias de pensamento surgem naturalmente da atividade de relembrar quase de forma automática, sem que haja qualquer interrupção. Essa é a razão pela qual a *anamnesis*, em Platão, pôde tornar-se uma hipótese tão plausível para a capacidade humana de aprender, e a razão pela qual Agostinho pôde equacionar de maneira tão convincente espírito e *memória*. A lembrança pode afetar a alma com um anseio pelo passado; mas essa nostalgia, embora possa conter dor e pesar, não perturba a serenidade do espírito, pois envolve coisas que estão além de nosso poder de mudar. O ego volitivo, ao contrário, olhando para a frente, e não para trás, lida com coisas que estão em nosso poder, mas cuja realização não está absolutamente assegurada.

A tensão daí resultante, em contraposição à excitação bastante estimulante que pode acompanhar as atividades de resolução de problemas, causa uma espécie de inquietação na alma que beira facilmente a confusão, uma mistura de medo e esperança que se torna insuportável quando se descobre que, na formulação de Agostinho, querer e ser capaz de realizar, *velle* e *posse*, não são a mesma coisa. A tensão pode ser superada somente pelo fazer, isto é, pela desistência da atividade espiritual como um todo; uma mudança do querer para o pensar produz apenas uma paralisação temporária da vontade, exatamente como uma mudança do pensar para o querer é sentida pelo ego pensante como uma paralisação temporária da atividade do pensamento.

Para falar em termos de tonalidade — isto é, em termos do modo como o espírito afeta a alma e produz seus *humores*, independentemente dos acontecimentos externos, criando assim uma espécie de *vida* do espírito —, o humor predominante do ego pensante é a *serenidade*, o simples prazer de uma atividade que nunca tem que superar a resistência da matéria. À medida que essa atividade está intimamente ligada à lembrança, seu humor inclina-se para a melancolia — segundo Kant e Aristóteles, o humor característico do filósofo. O humor predominante da Vontade é a *tensão*, que arruína a "tranquilidade do espírito", a *"animi tranquilitas"*, de Leibniz, na qual, segundo ele, todos os filósofos sérios insistem[79] e a qual foi por ele mesmo encontrada em cadeias de pensamento que provavam ser este o "melhor dos mundos possíveis". Desse ângulo, a única tarefa que resta à Vontade é, na verdade, "querer não querer", uma vez que todo ato voluntário só pode interferir na "harmonia universal" do mundo, em que "tudo o que é, visto da perspectiva do Todo, é o melhor".[80]

Assim, Leibniz, com uma consistência admirável, chega à conclusão de que o pecado de Judas não está em sua traição a Jesus, mas em seu suicídio: ao condenar-se, ele condenou implicitamente o todo da criação de Deus; ao odiar-se, ele odiou o Criador.[81] Encontramos o mesmo pensamento, na sua versão mais radical, em uma das sentenças condenadas do Mestre Eckhart: "Tenha um homem cometido mil pecados mortais, se teve uma intenção correta, não deve desejar não os ter cometido" (*Wenn jemand tausend Todsünden begangen hätte, dürfte er, wäre es recht um ihn bestellt, nicht wollen, sie nicht begangen zu haben*").[82] Podemos nos permitir conjecturar que esta rejeição surpreendente do arrependimento por parte de dois pensadores cristãos, em Eckhart foi motivada por uma superabundância de fé que exigia, à maneira de Jesus, que o pecador perdoasse a si mesmo assim como se esperava que perdoasse aos outros, "sete vezes ao dia", porque a alternativa seria declarar que teria sido melhor — não só para ele como também para toda a Criação — nunca ter nascido ("Que uma mó fosse pendurada em seu pescoço, e que fosse lançado ao mar"); enquanto, em Leibniz, podemos vê-la como uma vitória final do ego pensante sobre o ego volitivo, porque a vã tentativa que este último faz de querer retroativamente, quando bem-sucedida, poderia apenas resultar na aniquilação de tudo o que é.

6. A SOLUÇÃO DE HEGEL: A FILOSOFIA DA HISTÓRIA

Nenhum filósofo descreveu o ego volitivo em seu confronto com o ego pensante com maior simpatia, *insight* e significação para a história do pensamento do que Hegel. Temos aqui um assunto um tanto complexo, não somente pela terminologia esotérica e altamente idiossincrática de Hegel, mas também porque ele trata o problema todo no decorrer de suas especulações sobre o tempo, e não nas escassas, embora de modo algum insignificantes, passagens — na *Fenomenologia do Espírito*, na *Filosofia do Direito*, *Enciclopédia* e na *Filosofia da História* — que lidam diretamente com a Vontade. Tais passagens foram reunidas e interpretadas por Alexandre Koyré em um ensaio pouco conhecido e muito importante (publicado em 1934 sob o título enganador *Hegel à Iéna*),[83] dedicado aos textos fundamentais de Hegel sobre o tempo — do *Jenenser Logik* e *Jenenser Realphilosophie* da fase inicial à *Fenomenologia*, à *Enciclopédia* e aos vários manuscritos pertencentes à *Filosofia da História*. A tradução e os comentários de Koyré tornaram-se "a fonte e a base" da interpretação altamente influente da *Fenomenologia* feita por Alexandre Kojève.[84] Acompanharei de perto, a seguir, a argumentação de Koyré.

A tese central é de que a "maior originalidade" de Hegel está em sua "insistência no futuro, na primazia atribuída ao futuro em relação ao passado".[85] Isso não nos surpreenderia se não se referisse a Hegel. Por que um pensador do século XIX, tendo em comum com seus predecessores dos séculos XVII e XVIII e com seus contemporâneos a confiança no progresso, não haveria de chegar também à conclusão apropriada, atribuindo ao futuro a primazia sobre o passado? Afinal, o próprio Hegel disse que "todo mundo é filho de seu próprio tempo, e, portanto, a filosofia é *seu tempo compreendido em pensamento*". Mas ele também disse, no mesmo contexto, que entender o que existe é a tarefa da filosofia, pois o que existe é razão, ou "o que é *pensado* é, e o que é existe somente à medida que é pensamento" (*"Was gedacht ist, ist; und was ist, ist nur, insofern es Gedanke ist"*).[86] E é nessa premissa que está baseada a mais importante e decisiva contribuição de Hegel. Pois Hegel é acima de tudo o primeiro pensador a conceber uma filosofia da história, isto é, do passado: reunido pelo olhar retrospectivo do ego pensante e rememorativo, ele é "internalizado" (*er-innert*), torna-se parte inseparável do espírito através do "esforço do conceito" (*"die Anstrengung des Begriffs"*), e, desta maneira internalizadora, alcança a *"reconciliação"* entre Espírito e Mundo. Já houve maior triunfo do

OS FILÓSOFOS E O QUERER

ego pensante do que o representado neste panorama? Nessa retirada do mundo das aparências, o ego pensante não tem mais que pagar o preço da "falta de atenção" e da alienação do mundo. Segundo Hegel, o espírito, por simples força de reflexão, pode assimilar para si — sugar para si, por assim dizer — certamente não todas as aparências, mas qualquer coisa que, nelas, tenha tido significado, considerando tudo o que não é assimilável como acidente irrelevante, sem significação para o curso da História ou para a linha do pensamento discursivo.

A primazia do passado, entretanto — como Koyré descobriu —, desaparece inteiramente quando Hegel passa a discutir o Tempo, para ele, acima de tudo, "o tempo humano",[87] cujo fluxo o homem inicialmente, por assim dizer, experimenta sem pensar, como puro movimento, até que acontece de ele refletir sobre os acontecimentos exteriores. A atenção do espírito fica então dirigida essencialmente para o futuro, isto é, para o tempo que está no processo de vir em nossa direção (como indica, conforme já foi dito, o termo alemão *Zukunft*, vindo de *zu kommen*, semelhante ao francês *avenir*, cuja origem é *à venir*); e esse futuro antecipado nega o "presente permanente" do espírito, transformando-o em um "não-mais" antecipado. Nesse contexto, "a dimensão dominante do tempo é o futuro, que ganha prioridade sobre o passado". "O Tempo encontra sua verdade no futuro, já que é o futuro que terminará e realizará o Ser. Mas o Ser, terminado e realizado, pertence como tal ao Passado."[88] Essa reversão da sequência de tempo mais comum — passado-presente-futuro — é causada pela negação que o homem faz de seu presente: ele "diz *não* ao seu Agora", criando assim seu próprio futuro.[89] O próprio Hegel não menciona a Vontade nesse contexto, nem tampouco Koyré; mas parece óbvio que a faculdade que está por trás do espírito que nega não é o pensar, mas o querer, e que a descrição de Hegel do tempo experimentado humanamente relaciona-se à sequência de tempo adequada ao ego volitivo.

HANNAH ARENDT

É adequada porque o ego volitivo, quando produz seus projetos, vive de fato para o futuro. Nas famosas palavras de Hegel, a razão pela qual "o presente [o Agora] não pode resistir ao futuro" não é absolutamente a inexorabilidade com a qual cada hoje é seguido por um amanhã (pois esse amanhã, quando não projetado e dominado pela Vontade, poderia ser simplesmente uma repetição do que se passou antes — coisa que de fato acontece com frequência); o hoje é, na própria essência, ameaçado somente pela interferência do espírito que o nega e, através da Vontade, convoca o ainda-não que está ausente, cancelando espiritualmente o presente, ou melhor, considerando o presente como aquele espaço de tempo efêmero cuja essência é não ser: "O Agora é vazio [...] ele se preenche no futuro. O futuro é sua realidade."[90] Do ponto de vista do ego volitivo, "o futuro está diretamente dentro do presente, pois nele está contido como seu fato negativo. O Agora é tanto o ser que desaparece quanto o não-ser [que] [...] se converte em Ser".[91]

À medida que o eu se identifica com o ego volitivo — e veremos que esta identificação é proposta por alguns dos voluntaristas que derivam o *principium individuationis* da faculdade da vontade —, ele existe em uma "transformação contínua de [seu próprio] futuro em um Agora; e para de ser no dia em que não há mais futuro, quando não há mais nada por vir [*le jour où il n'y a plus d'avenir, où rien n'est plus à venir*], quando tudo chegou e tudo está 'realizado'".[92] Vista da perspectiva da Vontade, a velhice consiste no encolhimento da dimensão de futuro; e a morte do homem significa menos o seu desaparecimento do mundo das aparências do que sua perda final de um futuro. Essa perda, no entanto, coincide com a realização máxima da vida do indivíduo, que, em seu fim, tendo escapado à mudança incessante do tempo e à incerteza de seu próprio futuro, se abre para a "tranquilidade do passado", e, deste modo, para o exame, para a reflexão e para o olhar retrospectivo do ego pensante em sua busca de significado. Assim, do

OS FILÓSOFOS E O QUERER

ponto de vista do ego pensante, a velhice, nas palavras de Heidegger, é o tempo da meditação, ou, nas palavras de Sófocles, é o tempo de "paz e liberdade"[93] — libertação do estado de sujeição não só às paixões do corpo como também à paixão devoradora que o espírito impõe à alma, à paixão da vontade chamada "ambição".

Em outras palavras, o passado começa com o desaparecimento do futuro; em tal tranquilidade, o ego pensante afirma-se. Mas isso só acontece quando tudo chega ao seu final, quando o Devir, em cujo processo o Ser se desdobra e desenvolve, é interrompido. Pois a "inexorabilidade é a base do Ser",[94] é o preço pago pela Vida, assim como a morte, ou melhor, a antecipação da morte é o preço pago pela tranquilidade. E a inexorabilidade daquilo que vive não vem da contemplação do cosmo ou da história; não é o efeito de movimento externo — o movimento incessante das coisas naturais ou os altos e baixos incessantes dos destinos humanos; está localizada e é engendrada no espírito do homem. Aquilo que, em um pensamento existencial posterior, transformou-se na noção de autoprodução do espírito humano pode ser encontrado em Hegel como a "autoconstituição do Tempo":[95] o homem não é só temporal; ele é o Tempo.

Sem o homem, poderia haver movimentação e movimento, mas não haveria Tempo. Nem poderia haver se o espírito humano fosse equipado somente para pensar, para refletir sobre o que é dado, sobre aquilo que é e não poderia ser outro; se fosse assim, o homem viveria espiritualmente em um eterno presente. Seria incapaz de se dar conta de que ele mesmo um dia não foi e de que um dia não será mais, isto é, ele seria incapaz de compreender o que significa para ele existir. (É pela visão que Hegel tem do espírito humano como produtor do tempo que tem lugar a sua outra e mais óbvia identificação entre lógica e história; e esta identificação é, na verdade, como apontou há muito tempo Léon Brunschvicg, "um dos pilares essenciais de seu sistema".)[96]

359

Mas em Hegel o espírito produz o tempo somente em virtude da Vontade, seu órgão para o futuro; e o futuro, "nessa perspectiva, é também a fonte do passado, já que o futuro é engendrado espiritualmente pela antecipação feita pelo espírito de um segundo futuro, em que o "eu-serei" imediato terá se transformado em "eu-terei-sido". Nesse esquema, o passado é produzido pelo futuro e o pensamento, que contempla o passado, é o resultado da Vontade. Porque a vontade, em última instância, antecipa a frustração final dos projetos da vontade, que é a morte; tais projetos também um dia terão sido. (Pode ser interessante notar que Heidegger também diz *"Die Gewesenheit entspringt in gewisser Weise der Zukunft"* — o passado, o "ter-sido", em um certo sentido tem sua origem no futuro.)[97]

Em Hegel, o homem não se distingue das outras espécies animais por ser um *animal rationale*, mas por ser a única criatura viva que sabe de sua própria morte. É nesse ponto máximo da antecipação feita pelo ego volitivo que o ego pensante se constitui. Na antecipação da morte, os projetos da vontade tomam a aparência de um passado antecipado e, sendo assim, podem tornar-se objeto de reflexão; e é neste sentido que Hegel sustenta que somente o espírito que "não ignora a morte" capacita o homem para "dominar a morte", "resistir a ela e preservar-se dentro dela".[98] Para usar as palavras de Koyré: no momento em que o espírito se depara com o próprio fim, "o movimento incessante da dialética temporal é interrompido e o tempo 'se preenche'; este tempo 'preenchido' cai natural e inteiramente no passado", o que significa que o "futuro perdeu seu poder sobre ele" e ficou pronto para o presente permanente do ego pensante. Assim, ocorre que "o verdadeiro Ser [do futuro] deve ser o Agora".[99] Mas em Hegel este *nunc stans* não é mais temporal; é um *nunc aeternitatis*, já que a eternidade, para Hegel, é também a natureza quintessencial do Tempo, a "imagem de eternidade" platônica vista como "o eterno movimento do espírito".[100] O próprio tempo é eterno na "união entre Presente, Futuro e Passado".[101]

OS FILÓSOFOS E O QUERER

Para simplificar ao máximo: se existe algo como a *vida* do espírito, isso se deve ao órgão do espírito próprio para o futuro e à "inquietude" daí resultante; se existe algo como a vida do *espírito*, isso se deve à morte que, prevista como um fim absoluto, paralisa a vontade e transforma o futuro em um passado antecipado; os projetos da vontade em objetos de pensamento; a expectativa da alma em uma lembrança antecipada. Assim resumida e supersimplificada, a doutrina de Hegel soa bem moderna; o primado do futuro, em suas especulações sobre o tempo, parece estar tão bem sintonizado com a fé dogmática que seu século tinha no Progresso; sua mudança do pensamento para a vontade, e depois de volta para o pensamento parece uma solução tão engenhosa para o problema que os filósofos modernos tinham para entrar em acordo com a tradição de uma maneira aceitável para a Idade Moderna, que é tentador encerrar as considerações sobre o constructo hegeliano encarando-o como contribuição autêntica aos problemas do ego volitivo. Apesar disso, em suas especulações sobre o tempo, Hegel tem um predecessor estranho, para quem nada poderia ser mais alheio do que a noção de progresso; para quem nada poderia apresentar menos interesse do que descobrir uma lei que governasse os acontecimentos históricos.

Trata-se de Plotino. Também ele sustenta que o espírito humano, a alma humana (*psyche*), é que dá origem ao tempo. O tempo é gerado pela natureza "hiperativa" da alma (*polypragmon*, um termo que sugere intensa atividade corporal); ansiando por sua própria imortalidade futura, a alma "busca algo além do seu estado presente", e, assim, move-se sempre para um "próximo" e um "depois", e para algo que não é o mesmo, mas é outra coisa, e depois outra, mais uma vez. Movendo-nos assim, percorremos um bom pedaço de nosso caminho [em direção à nossa eternidade futura] e construímos o tempo, a imagem da eternidade. Assim, "o tempo é a vida da alma"; uma vez que "a

361

propagação da vida envolve o tempo", a alma "produz a sucessão [de tempo] juntamente com sua atividade", na forma de um "pensamento discursivo", cuja discursividade corresponde ao "movimento que a alma faz ao passar de um modo de ser para outro"; consequentemente, o tempo é "não um acompanhamento da alma [...] mas algo que [...] está nela e com ela".[102] Em outras palavras, para Plotino, assim como para Hegel, o tempo é gerado pela inquietude inata do espírito, seu estender-se para o futuro, seus projetos e sua negação do "estado presente". E, em ambos os casos, o verdadeiro preenchimento do tempo é a eternidade, ou, em termos seculares, existencialmente falando, a mudança do espírito do querer para o pensar.

Seja como for, há muitas passagens em Hegel que indicam que sua filosofia é menos inspirada nas obras de seus predecessores, menos uma reação às opiniões deles, menos uma tentativa de "resolver" problemas de metafísica, menos livresca, enfim, do que os sistemas de quase todos os filósofos pós-antigos; não apenas os que vieram antes dele, mas também os que vieram depois. Nos tempos atuais, esta peculiaridade foi amiúde reconhecida.[103] Foi Hegel quem, ao construir uma história sequencial da filosofia que correspondesse à história factual e política — algo que, antes dele, era bastante desconhecido —, rompeu realmente com a tradição, porque ele foi o primeiro grande pensador a levar a história a sério, isto é, a tomá-la como geradora de verdade.

O campo dos assuntos humanos, no qual tudo o que é veio a ser por meio do homem ou dos homens, nunca tinha sido levado em tanta consideração por um filósofo. E a mudança deveu-se a um acontecimento — a Revolução Francesa. "A revolução", admite Hegel, "pode ter tomado seu primeiro impulso com a filosofia", mas a sua "significação histórica mundial" consiste no fato de que pela primeira vez o homem ousou virar-se de cabeça para baixo, "apoiar-se sobre a cabeça e o pensamento e construir a realidade de acordo com ele".

OS FILÓSOFOS E O QUERER

> Nunca, desde que o Sol se ergueu no firmamento e os planetas giraram em torno dele, se percebera que a existência do homem está centrada em sua cabeça, isto é, no pensamento [...]. Este foi um glorioso amanhecer espiritual. Todos os seres pensantes compartilharam o júbilo dessa época [...], um entusiasmo espiritual vibrou pelo mundo, como se a reconciliação entre o Divino e o Secular estivesse sendo então alcançada pela primeira vez.[104]

O que o acontecimento histórico da Revolução mostrou equivaleu, para o homem, à aquisição de uma nova dignidade; "tornar públicas as ideias de como uma coisa deve ser feita [causará] a supressão da letargia da gente presunçosamente ponderada [*die gesetzten Leute*], que sempre aceita as coisas como elas são".[105]

Hegel jamais esqueceu essa experiência dos primeiros tempos. Ainda dizia, em 1829/30, aos seus alunos:

> Nestes dias de reviravoltas políticas, a filosofia encontra seu lugar; é aí que o pensamento precede e molda a realidade. Pois quando uma forma do Espírito não traz mais satisfação, a filosofia presta rapidamente atenção e procura compreender o descontentamento.[106]

Em resumo, ele contradiz quase explicitamente seu famoso enunciado sobre a coruja de Minerva no prefácio da *Filosofia do Direito*. O "glorioso amanhecer espiritual" de sua juventude inspirou e informou toda a sua obra, do início ao fim. Na Revolução Francesa, os princípios e pensamentos tinham sido *percebidos*; uma *reconciliação* ocorrera entre o "Divino", com que o homem passa o tempo enquanto pensa, e o "secular", os assuntos dos homens.

363

Tal reconciliação está no centro de todo o sistema hegeliano. Se fosse possível entender a *História do Mundo* — e não somente as histórias de épocas e nações particulares — como uma única sucessão de acontecimentos cujo resultado final seria o momento em que "o Reino Espiritual [...] se manifestasse externamente", fosse "corporificado" na "vida secular",[107] então o curso da história não seria mais acidental, e o campo dos assuntos humanos não estaria mais destituído de significado. A Revolução Francesa provara que a "verdade em sua forma viva podia mostrar-se nos assuntos do mundo".[108] Então, se poderia considerar cada momento na sequência histórica do mundo um "era para ser", e atribuir à filosofia a tarefa de "compreender este plano" desde o seu início, de sua "fonte oculta" ou "princípio nascente [...] no útero do tempo", até sua "existência fenomênica presente".[109] Hegel identifica esse "Reino Espiritual" com o "Reino da Vontade"[110] porque as vontades dos homens são necessárias para trazer à tona o campo espiritual; e por esta razão afirma que "a Liberdade da Vontade *per se* [isto é, a liberdade que a Vontade necessariamente quer] [...] é ela mesma absoluta [...], é [...] aquilo por meio de que o Homem se torna Homem, e é, portanto, o princípio fundamental do Espírito".[111] Na verdade, a única segurança — se é que se trata de uma segurança — de que o objetivo final do desenvolvimento do Espírito do Mundo nos assuntos mundanos deve ser a Liberdade está implícita na liberdade que está implícita na Vontade.

"O *insight* a que a filosofia deve nos levar, então, é o de que o mundo real é como deveria ser."[112] E uma vez que, para Hegel, a filosofia diz respeito ao "que é verdadeiro eternamente, nem o Ontem nem o Amanhã, mas o Presente enquanto tal, o 'Agora' no sentido de uma presença absoluta";[113] uma vez que o espírito, assim como é percebido pelo ego pensante, é "o Agora enquanto tal", a filosofia tem que apaziguar o conflito entre o ego pensante e o ego volitivo. Tem que unir as

OS FILÓSOFOS E O QUERER

especulações sobre o tempo que fazem parte da perspectiva da Vontade e sua concentração no futuro com o Pensamento e sua perspectiva de um presente que dura.

A tentativa está longe de ser bem-sucedida. Como observa Koyré nas frases que concluem seu ensaio, a noção hegeliana de um "sistema" se choca com a primazia que Hegel confere ao futuro. Este exige que o tempo nunca termine enquanto houver o homem sobre a Terra; ao passo que a filosofia no sentido hegeliano — a coruja de Minerva que inicia seu voo no crepúsculo — exige uma interrupção no tempo real, e não simplesmente a suspensão do tempo durante a atividade do ego pensante. Em outras palavras, a filosofia de Hegel poderia reivindicar a verdade objetiva somente sob a condição de que a história estivesse factualmente no fim, que a humanidade não tivesse mais futuro, que nada que trouxesse algo de novo pudesse ainda ocorrer. E Koyré acrescenta: "É possível que Hegel acreditasse nisso [...], até mesmo que acreditasse [...] que essa condição essencial [para uma filosofia da história] *já* fosse uma realidade [...] e que esta fosse a razão pela qual ele próprio foi capaz — fora capaz — de completá-la.[114] (Essa é, de fato, a convicção de Kojève, para quem o sistema hegeliano é *a* verdade e, portanto, o fim definitivo da filosofia, bem como da história.)

O fracasso final de Hegel em conciliar as duas atividades do espírito, pensar e querer, com os seus conceitos de tempo opostos, parece-me evidente, mas ele próprio teria discordado: o pensamento especulativo é precisamente "a unidade de pensamento e *tempo*";[115] não lida com o Ser, mas com o *Devir*, e "o objeto do espírito pensante não é o Ser mas um *Devir intuído*".[116] O único movimento que pode ser intuído é um movimento que gira em um círculo que forma "um ciclo que retorna sobre si mesmo [...], que pressupõe o seu começo e chega ao seu começo somente no fim". Este conceito cíclico de tempo, como vimos, está em perfeita harmonia com a filosofia grega clássica, enquanto a

365

filosofia pós-clássica, seguida da descoberta da Vontade como a fonte principal do espírito para a ação, exige um tempo retilíneo, sem o qual o Progresso seria impensável. Hegel encontra a solução para esse problema, isto é, descobre como transformar os círculos em uma linha progressiva, admitindo que existe algo por trás de todos os membros individuais da espécie humana, e que este algo chamado *Humanidade* é na verdade uma espécie de alguém, que ele chamou de "Espírito do Mundo", para ele não uma simples coisa-pensamento, mas uma presença corporificada (encarnada) na Humanidade, assim como o espírito de um homem está encarnado em seu corpo. Esse "Espírito do Mundo" corporificado na Humanidade, em contraposição a diferentes indivíduos e a nações particulares, leva a cabo um movimento retilíneo inerente à sucessão de gerações. Cada geração nova forma uma "nova fase de existência, um novo mundo", e, assim, "tem que começar tudo outra vez", mas *"começa em um nível mais alto"* porque, sendo humana e dotada de espírito, ou seja, de Lembrança, "conservou a experiência [anterior]" (grifos nossos).[117]

Tal movimento, no qual as noções retilínea e cíclica de tempo são conciliadas ou unidas, formando uma *Espiral*, não se baseia nem nas experiências do ego pensante nem nas do ego volitivo; é o movimento não experienciado do Espírito do Mundo que constitui o *Geisterreich*, "o domínio dos espíritos [...], assumindo forma definida na existência [por meio de] uma sequência em que um se desprende do outro, soltando-o, e em que cada um toma de seu predecessor o império do mundo espiritual".[118] Essa é sem dúvida uma solução muito engenhosa para o problema da Vontade e é sua reconciliação com o pensamento puro. Mas tal solução é alcançada com prejuízo de ambos — da experiência do ego pensante de um presente duradouro e da insistência do ego volitivo na primazia do futuro. Em outras palavras, não é mais do que uma hipótese.

OS FILÓSOFOS E O QUERER

Além do mais, a plausibilidade da hipótese depende inteiramente da pressuposição da existência de *um* Espírito do Mundo a governar a pluralidade das vontades humanas e a orientá-las na direção de uma "significação" que surja da necessidade da razão, ou seja, falando em termos psicológicos, do desejo bastante humano de viver em um mundo que *é* como *deveria* ser. Encontramos uma solução semelhante em Heidegger, cujos *insights* sobre a natureza da vontade são incomparavelmente mais profundos, e cuja antipatia por essa faculdade é ostensiva e constitui a verdadeira reviravolta (*Kehre*) do último Heidegger: "não é a vontade humana a origem da vontade de querer"; mas "a Vontade quer que o homem queira sem experimentar o que a Vontade é".[119]

É apropriado que se façam algumas observações técnicas, tendo em vista a renovação do interesse por Hegel nas últimas décadas, renovação em que tiveram papel alguns pensadores altamente qualificados. O engenho do movimento dialético triádico — de Tese para Antítese para Síntese — impressiona especialmente quando aplicado à noção moderna de Progresso. Embora o próprio Hegel acreditasse em uma interrupção no tempo, em um fim da história que permitisse ao espírito intuir e conceituar todo o ciclo do Devir, este movimento dialético, visto em si mesmo, parece assegurar um progresso *infinito*, à medida que o primeiro movimento de Tese para Antítese resulta em uma Síntese, a qual imediatamente estabelece uma nova Tese. Embora o movimento original não seja de forma alguma progressivo, mas gire para trás e retorne sobre si, o movimento de Tese para Tese se estabelece por trás desses ciclos e constitui uma linha retilínea de progresso. Querendo visualizar o tipo de movimento, teremos como resultado a seguinte figura:

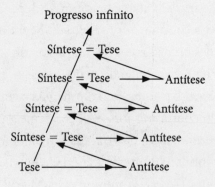

A vantagem desse esquema como um todo é que ele assegura o progresso e, sem quebrar o contínuo do tempo, pode ainda dar conta do inegável fato histórico da ascensão e queda das civilizações. A vantagem do elemento cíclico, em particular, é que ele nos permite ver cada fim como um novo começo: Ser e Nada "são a mesma coisa, a saber, Devir [...]. Uma direção é desaparecimento: o Ser passa a Nada; mas o Nada é, do mesmo modo, o seu próprio oposto, uma transição para o Ser, isto é, Surgimento".[120] Além disso, a própria infinitude do movimento, embora de alguma forma em conflito com outras passagens hegelianas, está em perfeita harmonia com o conceito de tempo do ego volitivo e com a primazia que ele dá ao futuro sobre o presente e o passado. A Vontade, que não se subjuga à Razão e à sua necessidade de pensar, nega o presente (e o passado), mesmo quando o presente a confronta com a realização de seus próprios projetos. Isolada, a Vontade do homem "preferiria querer o Nada a não querer", como observou Nietzsche;[121] e a noção de um progresso infinito implicitamente nega todo objetivo e admite fins somente como meios para burlar-se a si mesma.[122] Em outras palavras, o famoso poder de negação inerente à Vontade e concebido como o motor da História (não somente em

OS FILÓSOFOS E O QUERER

Marx mas, portanto, já em Hegel) é uma força aniquilante que poderia resultar tanto em um processo de aniquilação permanente quanto em um Progresso Infinito.

O motivo pelo qual Hegel pôde construir o movimento Histórico Mundial em termos de uma linha *ascendente*, traçada pela "astúcia da Razão", que atua por trás dos homens de ação, encontra-se, em minha opinião, em seu pressuposto jamais questionado de que o próprio processo dialético *começa* do Ser, supõe o Ser (em contraposição *à creatio ex nihilo*), em sua marcha em direção ao Não Ser e ao Devir. O Ser inicial empresta a todas as outras transições a sua realidade, seu caráter existencial, e impede que elas caiam no abismo do Não Ser. É somente porque sucede no Ser que "o Não-Ser contém [sua] relação com o Ser; tanto o Ser quanto sua negação são simultaneamente afirmados, e essa afirmação é o Nada tal como existe no Devir". Hegel justifica seu ponto de partida invocando Parmênides e o início da filosofia (isto é, "identificando lógica e história"), rejeitando tacitamente, desse modo, a "Metafísica Cristã"; mas basta fazer uma experiência com o pensamento de um movimento dialético que comece do Não-Ser para se perceber que nenhum Devir jamais poderia surgir daí; o Não-Ser no início aniquilaria tudo o que foi gerado. Hegel tem bastante consciência disso; sabe que sua proposição apodítica de que "não há, no céu ou na terra, qualquer coisa que não contenha tanto Ser quanto Nada" baseia-se no pressuposto sólido da primazia do Ser, que, por sua vez, simplesmente corresponde ao *fato* de que o puro nada, isto é, uma negação que não nega algo específico e particular, é impensável. Só o que podemos pensar é em "um Nada do qual Algo está para se originar; de modo que o Ser já esteja contido no Começo".[123]

Capítulo 2   *Quaestio mihi factus sum*:
A descoberta do homem interior

7. A FACULDADE DA ESCOLHA: *PROAIRESIS,* A PRECURSORA DA VONTADE

Em minha discussão sobre o Pensamento, utilizei o termo "falácias metafísicas", mas sem tentar refutá-las, como se fossem o simples resultado de erro lógico ou científico. Em vez disso, procurei demonstrar sua autenticidade, derivando-as das experiências reais do ego pensante em seu conflito com o mundo das aparências. Como vimos, o ego pensante retira-se temporariamente deste mundo, sem nunca chegar a deixá-lo de todo, porque está incorporado a um eu corpóreo, a uma aparência entre aparências. As dificuldades que cercam qualquer discussão sobre a Vontade têm uma semelhança óbvia com aquilo que consideramos verdadeiro nessas falácias, isto é, com o fato de que provavelmente são causadas pela natureza dessa própria faculdade. Enquanto a descoberta da razão e de suas peculiaridades coincidiu com a descoberta do espírito e com o início da filosofia, a faculdade da Vontade só se tornou manifesta muito mais tarde. A questão que nos irá orientar será, portanto, a seguinte: que experiências fizeram com que os homens tomassem consciência de que eram capazes de constituir volições?

A investigação da história de uma faculdade pode facilmente ser confundida com um esforço para acompanhar a história de uma ideia — como se nós, aqui, por exemplo, estivéssemos interessados na história da Liberdade, ou confundíssemos a Vontade com uma mera "ideia", que poderia, então, ser tomada como um "conceito artificial" (Ryle), inventado para resolver problemas artificiais.[1] As ideias são coisas-pensamento, artefatos do espírito que pressupõem a identidade de um artífice; e supor que exista uma história das faculdades do espírito distintas dos produtos do espírito parece o mesmo que supor que o corpo humano, que é um corpo que fabrica e usa ferramentas — sendo a ferramenta primordial a mão humana —, está tão sujeito a mudanças produzidas pela invenção de novas ferramentas e utensílios quanto o ambiente que nossas mãos não param de remodelar. Sabemos que não é esse o caso. Poderia ser diferente com nossas faculdades do espírito? Poderia o espírito adquirir novas faculdades no curso da história?

A falácia que subjaz a essas questões reside em uma identificação quase automática do espírito com o cérebro. É o espírito que determina a existência tanto dos objetos de uso quanto das coisas-pensamento; e assim como o espírito daquele que faz objetos de uso é um espírito de ferramenteiro — isto é, o espírito de um corpo dotado de mãos —, também o espírito que origina pensamentos e os reifica em coisas-pensamento ou ideias é o espírito de uma criatura dotada de um cérebro humano e de potência cerebral. O cérebro, a ferramenta do espírito, não está mais sujeito a mudanças operadas pelo desenvolvimento de novas faculdades espirituais do que a mão humana, pela invenção de novas ferramentas, ou pela mudança enorme e tangível que realizam em nosso meio ambiente. Mas o espírito do homem — seus interesses e suas faculdades — é afetado tanto pelas mudanças no mundo, cuja significação ele examina, quanto, e talvez de forma até mais decisiva, por suas próprias atividades. Todas estas têm natureza reflexiva — maior, como veremos, no caso das atividades do ego volitivo — e, contudo, jamais poderiam funcionar bem sem a ferramenta imutável da potência cerebral, o mais precioso talento de que o corpo dotou o animal humano.

O problema que está diante de nós é bastante conhecido em história da arte, em que ele é chamado de "enigma do estilo", isto é, o simples fato de "que diferentes épocas e diferentes nações tenham representado o mundo visível de modos tão diferentes". É surpreendente que isso possa ter acontecido na ausência de quaisquer diferenças físicas; e é talvez ainda mais surpreendente que não tenhamos a menor dificuldade em reconhecer as realidades para as quais apontam, mesmo quando as "convenções" de representação que adotamos são completamente diferentes.[2] Em outras palavras, o que muda através dos séculos é o espírito humano; e, embora essas mudanças sejam muito acentuadas — tanto que podemos datar os produtos de acordo com o estilo e a origem nacional com grande precisão —, elas também se limitam rigorosamente pela natureza imutável dos instrumentos de que o corpo humano é dotado.

Na linha dessas reflexões, começaremos por nos perguntar como a filosofia grega lidou com fenômenos e dados da experiência humana que nossas "convenções" pós-clássicas acostumaram-se a atribuir à Vontade como fonte principal da ação. Para tal, voltamo-nos para Aristóteles, e isso por duas razões. Há, em primeiro lugar, o simples fato histórico da influência decisiva que a análise aristotélica da alma exerceu sobre todas as filosofias da Vontade — exceto no caso de Paulo, que, como veremos, contentava-se com simples descrições e recusava-se a "filosofar" sobre suas experiências. Há, em segundo lugar, o fato não menos indubitável de que nenhum outro filósofo grego chegou tão perto de reconhecer a estranha lacuna de que falamos na língua e no pensamento grego, e pode, portanto, ser um primeiro exemplo de como certos problemas psicológicos podiam ser resolvidos antes de a Vontade ser descoberta como uma faculdade autônoma do espírito.

O ponto de partida das reflexões de Aristóteles sobre o assunto é o *insight* antiplatônico de que a razão por si só não move coisa alguma.[3]

A questão, portanto, que orienta sua investigação é a seguinte: "O que é que, na alma, origina o movimento?"[4] Aristóteles admite a noção platônica de que a razão dá ordens (*keleuei*) porque sabe o que se deve buscar e o que se deve evitar, mas nega que essas ordens sejam necessariamente obedecidas. O homem incontinente (seu exemplo paradigmático ao longo de toda essa investigação) segue seus desejos independentemente das ordens da razão. Por outro lado, por recomendação da razão, pode-se resistir a esses desejos. Logo, tampouco os desejos têm uma força inerente em si: por si sós, não originam movimento. Aqui Aristóteles está lidando com um fenômeno que, mais tarde, depois da descoberta da Vontade, aparece como a distinção entre vontade e inclinação. A distinção vem a tornar-se a pedra angular da ética kantiana, mas aparece primeiramente na filosofia medieval — por exemplo, na distinção de Mestre Eckhart entre "a inclinação para pecar e a vontade de pecar, não sendo a inclinação um pecado", o que deixa a própria questão dos atos maus completamente sem explicação: "Se nunca fiz o mal, mas apenas tive a vontade do mal [...] trata-se de um pecado tão grande quanto matar todos os homens, embora eu não tenha feito nada."[5]

Ainda assim, em Aristóteles, o desejo guarda uma prioridade na origem do movimento, que se dá por um jogo entre a razão e o desejo. É o desejo de um objeto ausente que estimula a entrada em cena da razão, calculando as melhores formas e meios de obter o objeto. Aristóteles chama essa razão que calcula de *nous pratikos*, razão prática, diferente da *nous thertikos*, razão especulativa ou pura; a primeira está interessada somente no que depende exclusivamente dos homens (*eph'hmin*), em coisas que estão em seu poder e que são, portanto, contingentes (pode ser ou não ser); enquanto a razão pura se interessa somente pelas coisas cuja modificação está além do poder humano.

A razão prática é necessária para vir em auxílio do desejo sob certas condições. "O desejo é influenciado pelo que está bem à mão", sendo, portanto, facilmente alcançável — uma sugestão contida na própria palavra usada para apetite ou desejo, *orexis*, cujo significado primário, vindo de *oregó*, indica a ação de esticar a mão para pegar alguma coisa próxima. Somente quando a satisfação de um desejo reside no futuro e tem que levar em conta o fator tempo é que a razão prática faz-se necessária e é estimulada por este desejo. No caso da incontinência, o que leva a ela é a força do desejo pelo que está perto, e aqui a razão prática irá intervir por interesse nas consequências futuras. Mas os homens não desejam somente o que está à mão; são capazes de imaginar objetos de desejo que, para serem obtidos, tornam necessário o cálculo dos meios apropriados. É esse objeto futuro imaginado que estimula a razão prática; no que diz respeito ao movimento daí resultante, ao ato em si, o objeto desejado é o início, enquanto para o processo de cálculo esse mesmo objeto é o fim do movimento.

Parece que o próprio Aristóteles considerou esse esboço de relação entre a razão e o desejo insatisfatório para explicar adequadamente a ação humana. Porque ela se baseia ainda, embora com modificações, na dicotomia platônica entre razão e desejo. No primeiro *Protreptikos*, Aristóteles dera a seguinte interpretação: "Uma parte da alma é a Razão. É ela a soberana e juíza natural das coisas que nos dizem respeito. A natureza da outra parte é segui-la e submeter-se a seu jugo."[6] Veremos mais adiante que dar ordens está entre as características principais da Vontade. Em Platão, a razão podia assumir essa função por causa do pressuposto de que a razão diz respeito à verdade, e a verdade de fato compele. Mas a razão em si, à medida que leva à verdade, é persuasiva, e não imperativa, no diálogo sem som do pensamento de mim comigo mesmo; somente aqueles que não são capazes de pensar precisam ser constrangidos.

Dentro da alma humana, a razão só se torna um princípio "governante" e comandante por causa dos desejos que são cegos e destituídos de razão, e a que devem supostamente, portanto, obedecer cegamente. Essa obediência é necessária para a tranquilidade do espírito, a harmonia imperturbável do dois-em-um, que é assegurada pelo princípio da não-contradição — não se contradiga, permaneça amigo de si mesmo: "Todos os sentimentos de amizade na relação com os outros são uma extensão dos sentimentos de amizade que uma pessoa tem na relação consigo mesma."[7] Quando o desejo não se submete às ordens da razão, o resultado, em Aristóteles, é o "homem-vil", que se contradiz e está em "desacordo consigo mesmo" (*diapherein*). Os homens maus "esquivam-se à própria vida, destruindo a si mesmos", incapazes de suportar a própria companhia, ou "buscam a companhia de outras pessoas com quem possam passar seus dias; mas evitam a própria companhia. Pois quando estão sozinhos lembram-se de muitos acontecimentos que causam desassossego [...] mas enquanto estão com outros, podem esquecer [...]. Não têm nenhuma amizade por si mesmos [...] sua alma é dividida por forças contrárias [...] uma parte arrasta-os para um lado, a outra, para outro, como se quisessem esquartejar o indivíduo [...]. Os homens maus estão repletos de arrependimentos".[8]

Essa descrição do conflito interno, um conflito entre razão e apetites, pode funcionar na explicação da conduta — nesse caso a conduta, ou melhor, a má conduta do homem incontinente. Não explica a ação, o tópico da ética aristotélica, pois a ação não é a simples execução das ordens da razão; ela é em si uma atividade da razão, embora não seja uma atividade da "razão teórica", mas daquilo que, no tratado *Sobre a alma*, se chama "*nous praktikos*", razão prática. Nos tratados éticos, ela é chamada *phronésis*, uma espécie de *insight* e entendimento das coisas que são boas ou ruins para os homens, um tipo de sagacidade — nem sabedoria nem inteligência — necessária nos assuntos humanos, que Sófocles, seguindo o que era de costume, atribuiu à velhice,[9] e que Aristóteles transformou em conceito. *Phro-*

nesis é uma exigência em qualquer atividade que envolva coisas cujo alcance está no poder do homem.

Tal sentido prático orienta também a produção e as artes, mas estas têm "outro fim que não elas mesmas", enquanto a "ação é em si mesma um fim".[10] (A distinção é a diferença entre o flautista, para quem tocar é um fim em si, e quem faz a flauta, cuja atividade é somente um meio, e tem de chegar a um fim quando a flauta é produzida.) Há então algo que se chama *eupraxia*, a ação bem-feita, e considerava-se que fazer alguma coisa bem, independentemente de suas consequências, é fazer uma coisa entre as *aretai*, as excelências (ou virtudes) aristotélicas. As ações desse tipo também são movidas não pela razão, mas pelo desejo; não se trata, contudo, de desejo de um objeto, de um "o que" que posso pegar, compreender e usar de novo como um meio para outro fim; o desejo é de um "como", um modo de desempenhar, uma excelência de aparência na comunidade — a região que é própria dos assuntos humanos. Muito mais tarde, mas bem dentro do espírito aristotélico, Plotino diria o seguinte, conforme a paráfrase de um intérprete recente: "O que está realmente em poder do homem, no sentido de ser aquilo que depende inteiramente dele [...] é a qualidade de sua conduta, *to kalos*; o homem, obrigado a lutar, ainda está livre para lutar com bravura ou com covardia."[11]

A ação, no sentido do modo como os homens querem aparecer, exige um plano anterior deliberado, para o qual Aristóteles inventa um novo termo, *proairesis*, escolha, no sentido de preferência entre alternativas — uma em vez da outra. Os *archai*, começos e princípios dessa escolha, são desejo e logos: o logos fornece-nos o propósito pelo qual agimos; a escolha torna-se o ponto de partida das próprias ações.[12] A escolha é uma faculdade intermediária, inserida, por assim dizer, na dicotomia mais antiga entre razão e desejo; e sua principal função é mediar a relação entre os dois.

O oposto da escolha deliberada ou da preferência é o *pathos*, paixão ou emoção, como diríamos, no sentido de sermos motivados por algo que sofremos. (Assim, um homem pode cometer o adultério por paixão e não porque deliberadamente preferiu o adultério à castidade; pode "ter roubado sem ser um ladrão".)[13] A faculdade da escolha é necessária sempre que os homens agem com um propósito (*heneka tinos*), à medida que os meios têm que ser escolhidos; mas o propósito em si, a finalidade última do ato em razão da qual ele foi iniciado, não se abre à escolha. A finalidade última dos atos humanos é *eudaimonia*, a felicidade no sentido de "bem-viver", que todos os homens desejam; todos os atos não passam de meios diferentes escolhidos para se chegar a isso. (A relação entre os meios e os fins, quer na ação, quer na fabricação, é que todos os meios são igualmente justificáveis por seus fins; o problema moral específico na relação meio-fim — se todos os fins justificam os meios — jamais é mencionado por Aristóteles.) O elemento de razão na escolha é chamado "deliberação", e nunca deliberamos a respeito de fins, mas somente sobre os meios de obtê-los.[14] "Ninguém escolhe ser feliz; escolhe, sim, ganhar dinheiro ou correr riscos com o propósito de ser feliz."[15]

É na *Ética a Eudemio* que Aristóteles explica de uma maneira mais concreta por que achou necessário inserir uma nova faculdade em meio à velha dicotomia, resolvendo, assim, a antiga disputa entre a razão e o desejo. Ele dá o exemplo da incontinência: todos os homens concordam que a incontinência é algo ruim e que não se deve desejar; a moderação ou *sophrosyne* — aquilo que salva (*sozein*) a razão prática (*phronesis*) — é o critério naturalmente dado de todos os atos. Se um homem segue seus desejos, cego para as consequências futuras, cultivando, então, a incontinência, é como se "o mesmo homem devesse agir, a um só tempo, voluntária [isto é, intencional] e involuntariamente [isto é, contrariamente às suas intenções]", e isso, observa Aristóteles, "é impossível".[16]

A *proairesis* é a saída para a contradição. Se razão e desejo permanecessem, sem uma mediação, em seu antagonismo natural e bruto, teríamos de concluir que o homem, assediado pelos impulsos conflitantes de ambas as faculdades, "obriga-se a afastar-se de seu desejo" quando permanece moderado; e "obriga-se a afastar-se de sua razão" quando o desejo o domina. Mas nada semelhante a um ser-obrigado ocorre em qualquer dos dois casos; ambos os atos são realizados intencionalmente, e "quando o princípio vem de dentro, não há força".[17] O que de fato ocorre é que, estando a razão e o desejo em conflito, decidir entre eles é uma questão de "preferência", ou escolha deliberada. O que intervém é a razão; não o *nous*, que diz respeito às coisas que são para sempre e não podem ser diferentes do que são, mas *dianoia* ou *phronesis*, que lidam com as coisas que estão em nosso poder, diferentes dos desejos e das imaginações que se podem estender às coisas que jamais podemos alcançar, por exemplo, quando queremos ser deuses ou imortais.

É tentadora a conclusão de que a *proairesis*, a faculdade da escolha, é a precursora da Vontade. Ela abre um primeiro espaço, pequeno e bastante restrito, para o espírito humano, que, sem ela, estava entregue a duas forças poderosas: por um lado, a força da autoevidência, em relação à qual não somos livres para concordar ou discordar, e, por outro, a força das paixões e dos apetites, na qual é como se a natureza nos dominasse, a menos que a razão nos "obrigasse" a dela nos afastar. Mas o espaço deixado para a Liberdade é bastante pequeno. Deliberamos somente sobre os *meios* para alcançar um fim que tomamos como certo, que não podemos escolher. Ninguém escolhe felicidade ou saúde como seu objetivo, embora possamos pensar sobre essas duas coisas; os fins são inerentes à natureza humana e são os mesmos para todos.[18] Quanto aos meios, "ora temos de descobrir quais são, ora como devem ser utilizados, ora por meio de quem eles podem ser adquiridos".[19] Consequentemente, os meios, e não somente os fins, são dados; e nossa livre escolha consiste apenas em uma seleção "racional" entre eles; *proairesis* é o árbitro entre as diversas possibilidades.

Em latim, a faculdade de escolha em Aristóteles é *liberum arbitrium*. Toda vez que com ela nos deparamos nas discussões medievais sobre a Vontade não estamos lidando com o poder espontâneo de começar algo novo nem com uma faculdade autônoma, determinada por sua própria natureza e obediente a suas próprias leis. O exemplo mais grotesco é o do asno de Buridan: o pobre animal teria morrido de fome entre dois montes de feno equidistantes, cheirando igualmente bem, já que não há processo deliberativo que pudesse lhe dar uma razão para preferir um ao outro; e ele só sobreviveu porque foi suficientemente esperto para renunciar à livre escolha, confiar em seu desejo e apossar-se de qualquer dos montes ao seu alcance.

O *liberum arbitrium* não é nem espontâneo nem autônomo; encontramos os últimos vestígios de um árbitro entre razão e desejo ainda em Kant, cuja "boa vontade" acaba por ver-se em um estranho impasse: ou é "boa sem restrições", caso em que goza de completa autonomia mas não tem escolha, ou recebe sua lei — o imperativo categórico — da "razão prática", que diz à Vontade o que fazer e acrescenta: não faça de si mesmo uma exceção, obedeça ao axioma da não-contradição, que, desde Sócrates, governa o diálogo sem som do pensamento. A Vontade em Kant é na verdade "razão prática",[20] muito no sentido do *nous praktikos* de Aristóteles; ela retira seu poder de imposição da coerção que a verdade autoevidente ou o raciocínio lógico exerce sobre o espírito. Essa é a razão pela qual Kant afirmou inúmeras vezes que todo "tu deves"* que não vem de fora, mas surge no próprio espírito, implica um "tu podes". O que está em jogo é claramente a convicção

---

* "Tu deves" traduz *Thou-Shalt*; a autora faz referência às palavras inglesas que introduzem os Dez Mandamentos. (*N. T.*)

de que tudo o que depende de nós e diz respeito somente a nós mesmos está em nosso poder; é essa convicção que Aristóteles e Kant têm basicamente em comum, embora suas avaliações sobre a importância do campo dos assuntos humanos sejam bem diferentes. A Liberdade torna-se um problema, e a Vontade como faculdade autônoma é descoberta somente quando os homens começam a duvidar da coincidência entre o "tu-deves" e o "eu-posso", quando surge a questão: *As coisas que só a mim dizem respeito estão em meu poder?*

8. O APÓSTOLO PAULO E A IMPOTÊNCIA DA VONTADE

A primeira e mais fundamental resposta para a questão que levantei no início deste capítulo — "que experiências fizeram com que o homem tomasse consciência de sua capacidade de constituir volições?" — é que essas experiências, hebraicas na origem, não foram políticas e não se relacionaram com o mundo — seja com o mundo das aparências e a posição que nele o homem ocupa, seja com o campo dos assuntos humanos, cuja existência depende de feitos e ações, mas localizaram-se exclusivamente dentro do próprio homem. Ao lidarmos com experiências relevantes para a Vontade, estamos lidando com experiências que os homens têm não só consigo mesmos, mas também *dentro* de si mesmos.

Tais experiências não eram de modo algum ignoradas na Antiguidade grega. No volume anterior falei com algum detalhe sobre a descoberta socrática do dois-em-um, a que daríamos hoje o nome de "consciência", e que tinha originalmente a função do que hoje chamamos de "consciência moral". Vimos como esse dois-em-um, um simples fato da consciência, realizava-se e articulava-se no "diálogo sem som" que, desde Platão, temos chamado de "pensamento". Esse diálogo em pensamento de mim comigo mesmo tem lugar somente no estar-só, em uma retirada do mundo das aparências em que habitualmente estamos junto com os outros e aparecemos como unidade para nós mesmos, bem como para os outros. Mas a interioridade do diálogo em pensamento que faz da filosofia a "atividade solitária" de Hegel (embora tenha ciência de si — o *cogito me cogitare* de Descartes, o *Ich denke* de Kant acompanhando silenciosamente tudo o que faço) não se refere tematicamente ao eu, mas sim às experiências e às questões que esse eu, uma aparência entre aparências, elege para serem investigadas. Esse exame meditativo de tudo o que é dado pode ser perturbado pelas necessidades da vida, pela presença de outros, por todos os tipos de assuntos urgentes. Mas nenhum dos fatores que interferem na atividade do espírito surge do próprio espírito, pois os dois-em-um são amigos e parceiros, e manter essa "harmonia" intacta está acima de tudo para o ego pensante.

A descoberta do apóstolo Paulo, que ele descreve com muitos detalhes na Epístola aos Romanos (escrita entre 54 e 58 d.C.), envolve novamente um dois-em-um; mas esses dois não são amigos ou parceiros; estão em permanente luta. Precisamente quando ele "quer fazer o correto (*to kalon*)" descobre que "o mal está ali à mão" (7:21), pois ele "não conheceria a concupiscência se a lei não dissesse: 'Não cobiçarás.'" Portanto, foi a ordem da lei que ocasionou "toda a concupiscência. Porque sem a lei o pecado estava morto" (7:7, 8).

A função da lei é ambígua: é "boa para que o pecado se mostrasse pecado" (7:13); mas já que fala no tom de uma ordem, "desperta as paixões" e "revive o pecado". "O próprio mandamento que prometia a vida foi para mim a morte" (7:9-10). O resultado é que "não entendo minhas próprias ações ['Tornei-me uma questão para mim mesmo']. Pois não faço o que quero, mas o que odeio, isso é o que faço" (7:15). E o ponto central do problema é que esse conflito interno jamais pode ser solucionado, seja em favor da obediência à lei, seja da submissão ao pecado; essa "miséria" interna, segundo São Paulo, pode ser curada somente através da graça, gratuitamente. Foi essa a percepção que veio como um "lampejo" para o homem de Tarso chamado Saulo, que fora, como ele disse, um fariseu "extremamente zeloso" (Gálatas 1:14), conforme "a mais severa seita de nossa religião" (Atos 26:4). O que ele queria era a "justiça" (*dikaiosyne*); mas a justiça, isto é, "permanecer em todas as coisas que estão escritas no livro da lei, para fazê-las" (Gálatas 3:10), é impossível; tal é a "maldição da lei"; e "se a justiça vem da lei, Cristo morreu em vão" (Gálatas 2:21).

Este é no entanto somente um lado do problema. Paulo tornou-se o fundador da religião cristã não só porque, por sua própria declaração, fora-lhe "confiado o evangelho para os não circuncisados" (Gálatas 2:7), mas também porque pregava, por onde quer que andasse, a "ressurreição dos mortos" (Atos 24:21). O centro de sua preocupação, que é nítida e obviamente distinta daquela dos evangelhos, não é Jesus de Nazaré, sua pregação e seus feitos, mas Cristo crucificado e ressuscitado. Dessa fonte ele colheu sua nova doutrina, que veio a tornar-se "escândalo para os judeus e loucura para os gentios" (I Coríntios 1:23).

É a preocupação com a vida eterna, onipresente no Império Romano na época, que separa tão nitidamente a Nova Era da Antiguidade, e que se torna o laço comum que uniu sincreticamente os vários cultos orientais novos. Não é que a preocupação de Paulo com a ressurreição individual tivesse origem judaica; para os hebreus, a imortalidade era tida como necessária somente para o povo como um todo, e somente para ele era garantida; o indivíduo satisfazia-se em sobreviver em sua prole, contentando-se também em morrer velho e "farto dos anos". E no mundo antigo, romano ou grego, a única imortalidade que se desejava ou se buscava era o não-esquecimento do grande nome ou do grande feito, e, portanto, das instituições — a *polis* ou *civitas* —, que podiam assegurar uma continuidade de lembrança. (Quando Paulo disse "o salário do pecado é a morte" [Romanos 6:23], poderia estar lembrando as palavras de Cícero, que dissera que, embora os homens devam morrer, as comunidades (*civitae*) devem ser eternas e perecer somente em consequência de seus pecados.) Por trás das inúmeras crenças novas está claramente a experiência comum de um mundo em declínio, talvez moribundo; e a "boa nova" do cristianismo, em seus aspectos escatológicos, era suficientemente clara: a você, que acreditou que os homens morrem mas o mundo é perene, basta converter-se à fé de que o mundo chega a um fim, mas você mesmo terá vida eterna. Assim, é claro, a questão da "justiça", isto é, de merecer essa vida eterna, ganha uma importância pessoal completamente nova.

O interesse pela imortalidade individual, pessoal, aparece também nos evangelhos, todos eles escritos no último terço do primeiro século. Pergunta-se comumente a Jesus: "Que farei para herdar a vida eterna?" (por exemplo, Lucas 10:25); Jesus, porém, parece não ter pregado a ressurreição. Em vez disso, disse que se as pessoas fizessem o que ele dizia — "vai e faze tu o mesmo" ou "vem e segue-me" — "então o Reino de Deus está entre vós" (Lucas 17:21) ou "é chegado a vós" (Mateus 12:28). Se o pressionavam mais, sua resposta era sempre a mesma: Cumpre a lei como sabes *e* "vende tudo quanto tens, reparte-o entre os pobres" (Lucas 18:22). O ponto mais importante do ensinamento de Jesus está contido neste *e*, que levou a lei conhecida e bem aceita ao seu extremo inerente. Isso é o que ele provavelmente quis expressar quando disse: "Não vim para destruir [a lei], mas para cumpri[-la]" (Mateus 5:17). Logo, não o "Amar ao próximo", mas sim o "Amai aos vossos inimigos"; "ao que te ferir uma face, oferece-lhe também a outra"; "ao que te tirar a capa, não o impeças de levar a túnica". Em resumo, não o "Não faças com os outros o que não queres que façam contigo"; mas sim o "O que quereis que vos façam os homens, fazei-o vós também a eles" (Lucas 6:27-31) — certamente a versão mais radical possível do "Ama ao próximo *como a ti mesmo*".

Paulo certamente não ignorava a mudança radical que a velha exigência de se cumprir a lei sofrera no ensinamento de Jesus de Nazaré. E é bem possível que tenha subitamente entendido que nisso reside o único cumprimento verdadeiro da lei, tendo, então, descoberto que um tal cumprimento estava além do poder humano: levava a um eu-quero-mas-*não*-posso, muito embora o próprio Jesus nunca tivesse dito a seus seguidores que não poderiam fazer o que quisessem. Já existe em Jesus, contudo, uma nova ênfase na vida interior. Ele não teria ido tão longe quanto Eckhart, mais de mil anos depois, afirmando que ter vontade de fazer era suficiente para "herdar a vida eterna", pois, "diante de Deus, querer fazer conforme minha capacidade e ter feito são a mesma coisa". Ainda assim, a ênfase de Jesus no "Não cobiçarás", o único dos Dez Mandamentos que se relaciona com a vida interior, aponta naquela direção — "todo o que olhar para uma mulher, cobiçando-a, já cometeu adultério [...] no seu coração" (Mateus 5:28). Analogamente, em Eckhart, o homem que tem a vontade de matar sem nunca ter matado ninguém não cometeu pecado menor do que se tivesse assassinado toda a raça humana.[21]

De relevância talvez ainda maior são as pregações de Jesus contra a hipocrisia como o pecado dos fariseus e sua suspeita das aparências: "Por que olhas para o argueiro que está no olho de teu irmão e não descobres a trave que está no teu?" (Lucas 6:41). E eles "gostam de andar com ricos mantos, de ser cumprimentados nas praças" (Lucas 20:46), o que coloca um problema que deve ter sido familiar para homens da Lei. A questão é que tudo o que se faça de bom, justamente pelo fato de aparecer, para os outros ou para si, fica sujeito ao autoquestionamento.[22] Jesus sabia disso: "Não saiba a tua mão esquerda o que faz a tua direita" (Mateus 6:3), isto é, vive à sombra, até mesmo à sombra de ti mesmo, e não te preocupes em *ser* bom — "Ninguém há de bom, senão um que é Deus" (Lucas 18:19). A despeito disso, esse adorável descuidar-se dificilmente poderia ser mantido em um tempo em que fazer o bem *e ser bom* tinham se transformado em um requisito para superar a morte e herdar a vida eterna.

Assim, quando se trata de Paulo, a ênfase muda inteiramente do fazer para o crer, do homem exterior que vive no mundo das aparências (ele mesmo uma aparência entre aparências, sujeito, portanto, à semblância e à ilusão) para uma interioridade que, por definição, jamais se manifesta inequivocamente e que só pode ser examinada por um Deus que também jamais se mostra de maneira inequívoca. Os desígnios desse Deus são impenetráveis. Para os gentios, Sua principal propriedade é a invisibilidade; para Paulo, o mais impenetrável é que "Até antes da lei, existia o pecado no mundo, mas o pecado não é imputado se não houver lei" (Romanos 5:13), de modo que era inteiramente possível que os "gentios, que não andavam no encalço da justiça, tivessem alcançado a justiça [...], ao passo que Israel, que seguia uma lei de justiça, não conseguiu obtê-la" (Romanos 9:30-31). Que a lei não pode ser cumprida, que a vontade de cumprir a lei ativa uma nova vontade, a vontade de pecar, e que uma vontade jamais existe sem a outra — este é o tema de que Paulo trata na Epístola aos Romanos.

É verdade que Paulo não discute o tema em termos de duas vontades, mas em termos de duas leis — a lei do espírito, que o deixa desfrutar a lei de Deus "em seu eu mais íntimo", e a lei de seus "membros", que lhe diz para fazer o que, no seu eu mais íntimo, ele odeia. A própria lei é entendida como a voz de um senhor exigindo obediência; o "tu-deves" da lei exige e espera um ato voluntário de submissão, um "eu-quero" de assentimento. A Velha Lei dizia: não farás. A Nova Lei diz: não *quererás*. O que levou à descoberta da Vontade foi a experiência de um imperativo que exigia submissão *voluntária*. E era inerente a essa experiência o fato admirável de uma liberdade que nenhum dos povos antigos — grego, romano ou hebreu — conhecera, ou seja, o fato de que há uma faculdade no homem em virtude da qual ele pode, independentemente de necessidade e coação, dizer "Sim" ou "Não", concordar ou discordar daquilo que é dado factualmente, inclusive seu próprio eu e sua existência; e também que uma tal faculdade pode vir a determinar o que ele irá fazer.

Mas essa faculdade tem uma natureza curiosamente paradoxal. Realiza-se por um imperativo que não diz simplesmente "tu deves" — como no caso em que o espírito fala ao corpo, conforme colocou Agostinho mais tarde, e o corpo imediata e, por assim dizer, impensadamente obedece —, mas diz também "tu *deves querer*", o que já implica que, seja o que for que eu acabe fazendo de fato, eu posso responder: quero ou não quero. O próprio mandamento, o "tu deves", coloca-me diante de uma escolha entre o "eu quero" e o "eu não quero", ou seja, em termos teológicos, entre a obediência e a desobediência. (A desobediência, lembramos, vem a tornar-se, mais tarde, o pecado mortal *par excellence*; e a obediência, a própria base da ética cristã, a "virtude das virtudes" [Ekhart]. A propósito, uma virtude que, diferentemente da pobreza e da castidade, dificilmente pode ser tirada dos ensinamentos e das pregações de Jesus de Nazaré.) Se a vontade não tivesse a opção de dizer "Não", ela não seria mais uma vontade; e se não houvesse uma *contravontade* em mim, despertada pelo próprio conteúdo do mandamento do "tu deves", se, para usar os termos de Paulo, "o pecado" não habitasse "em mim" (Romanos 7:20), eu não precisaria absolutamente de uma vontade.

Falei anteriormente da natureza reflexiva das atividades do espírito: o *cogito me cogitare*, o *volo me velle* (mesmo o juízo, a faculdade menos reflexiva das três, repercute, atua sobre si mesma). Veremos depois que essa reflexividade fica mais forte do que nunca no ego volitivo; a questão é que todo "eu-quero" surge de uma inclinação natural para a liberdade, isto é, de uma reação natural dos homens livres quando subjugados. A vontade sempre se dirige a si mesma; quando a lei diz: "tu deves", a vontade responde "tu deves *querer o* que diz a ordem" — e não a executar inadvertidamente. É então que tem início a disputa interna, pois a contravontade, despertada, tem semelhante poder de ordem. Logo, a razão pela qual "os que observam a Lei estão sob o peso da maldição" (Gálatas 3:10) não é somente o "eu-quero-e--não-posso", mas é também o fato de que o "quero" é inevitavelmente rebatido por um "não-quero", de modo que até mesmo quando a lei é obedecida e cumprida ainda reste uma resistência interna.

Na luta entre o "querer" e o "não-querer", o resultado só pode depender em um ato — se ações não contam mais, a Vontade nada pode. E uma vez que o conflito se dá entre *velle* e *nolle*, a persuasão não tem lugar, como tinha no velho conflito entre a razão e os desejos. Quanto ao fenômeno em si, "Não faço o bem que quero, mas o mal que não quero, esse eu faço" (Romanos 7:19), ele não é obviamente uma novidade. Encontramos quase as mesmas palavras em Ovídio: "Vejo o que é melhor e aprovo; sigo o que é pior",[23] e esta é provavelmente uma tradução da famosa passagem da *Medeia*, de Eurípides (linhas 1078-80): "Sei muito bem o mal que desejo fazer; mais forte porém do que minhas deliberações [*boulemata*] é o meu *thymos* [o que faz com que eu me mova], a causa dos maiores males entre os mortais." Eurípides e Ovídio podem ter lamentado a fraqueza da razão quando confrontada com o impulso passional dos desejos; e Aristóteles pode ter dado um passo à frente quando detectou a autocontradição na escolha do pior, um ato que lhe forneceu a definição do "homem-vil"; mas nenhum deles teria atribuído esse fenômeno à livre escolha da Vontade.

A Vontade, que se divide, produzindo automaticamente sua própria contravontade, precisa ser curada para tornar-se de novo uma só. Como o pensamento, a vontade dividiu o um em dois-em-um, só que, no caso do ego pensante, "curar-se" da divisão seria a pior coisa que poderia acontecer; poria fim completo ao pensamento. Ora, seria bastante tentador concluir que a misericórdia divina, a solução de Paulo para a desgraça da Vontade, na verdade elimina a Vontade, destituindo-a, por milagre, de sua contravontade. Mas não se trata mais de volições, já que a misericórdia não pode ser almejada; a salvação "não depende do querer ou do esforço do homem, mas da misericórdia de Deus", e Ele "usa de misericórdia com quem quer, e endurece o coração de quem quer" (Romanos 9:16, 18). Além disso, assim como "veio a lei" não somente para tornar o pecado identificável, mas para "aumentar a perdição", também a graça "abundou" onde o "pecado cresceu" — trata-se, de fato, de *felix culpa*, pois como poderiam os homens conhecer a glória se não tivessem contato com a desgraça? Como conheceríamos o dia se não houvesse a noite?

Em suma, a vontade é impotente não por causa de algo externo que a impeça de ter êxito, mas porque se torna um obstáculo para si mesma. E onde não é um obstáculo, como em Jesus, ela ainda não existe. Para Paulo, a explicação é relativamente simples: o conflito se dá entre carne e espírito, e o problema é que o homem é tanto carnal quanto espiritual. A carne vai morrer, e, portanto, viver de acordo com a carne significa uma espécie de morte. A tarefa principal do espírito não é só governar os desejos e fazer com que a carne obedeça, mas também causar sua mortificação — crucificá-la "com suas paixões e desejos" (Gálatas 5:24), coisa que, na verdade, está além do poder humano. Vimos que, do ponto de vista do ego pensante, era bastante natural uma certa suspeita em relação ao corpo. A carnalidade do homem, embora não necessariamente origem do pecado, interrompe a atividade pensante do espírito e oferece uma resistência ao diálogo sem som e veloz que o espírito mantém consigo mesmo, um intercâmbio cuja própria "doçura" está em uma espiritualidade na qual nenhum fator material interfere. Isso está muito longe da hostilidade agressiva ao corpo que encontramos em Paulo, uma hostilidade que, além disso, sem falar nos preconceitos contra a carne, surge da própria essência da Vontade. A despeito de sua origem espiritual, a vontade toma ciência de si somente quando supera a resistência; e a "carne", no raciocínio de Paulo (mesmo posteriormente, quando é disfarçada em "inclinação"), torna-se a metáfora para a resistência interna. Assim, até mesmo nesse esquema simplista, a descoberta da Vontade já terá aberto a autêntica caixa de Pandora das questões irrespondíveis, que o próprio Paulo de modo algum ignorava e que a partir daí viriam a infestar de absurdos qualquer filosofia rigorosamente cristã.

Paulo sabia como seria fácil deduzir de suas indicações que devemos "permanecer no pecado para que haja abundância de graça" (Romanos 6:1) ("Por que então não praticamos o mal do qual vem o bem — como alguns injuriosamente dizem que ensinamos?" [Romanos: 3: 8]), embora dificilmente pudesse prever quanta disciplina e rigidez de dogma seriam necessárias para proteger a Igreja contra o *pecca fortiter*. Ele também sabia bastante bem qual era o maior obstáculo para uma *filosofia* cristã: a contradição óbvia entre um Deus onisciente e onipotente e aquilo que Agostinho chamou mais tarde de "monstruosidade" da Vontade. Como Deus pode permitir a desgraça humana? Acima de tudo, como pode Ele "ainda se queixar", uma vez que ninguém "consegue resistir à Sua vontade" (Romanos 9:19)? Paulo era um cidadão romano, falava e escrevia em grego koine e estava bem claramente familiarizado com a lei romana e com o pensamento grego. Não obstante, o fundador da religião cristã (se não da Igreja) permaneceu sendo judeu; talvez não possa haver prova mais contundente disso do que sua resposta para as questões irrespondíveis levantadas pela sua nova fé e pelas novas descobertas de seu próprio interior.

Essa prova equivale, quase palavra por palavra, à resposta que Jó deu quando levado a questionar os desígnios impenetráveis do Deus hebreu. A resposta de Paulo, como a de Jó, é muito simples e completamente não-filosófica: "Mas quem és tu, um homem, para retrucar a Deus? Porventura a coisa formada dirá ao que a formou 'Por que me fizestes assim?'. Não tem o oleiro poder sobre o barro para da mesma massa fazer um vaso para a beleza e outro para ser usado? E que dirás se Deus, querendo [...] dar a conhecer o seu poder, suportou [...] os vasos da ira, feitos para a destruição, de modo a tornar conhecidas também as riquezas de sua glória nos vasos da misericórdia, que já havia feito para a glória [...]?" (Romanos 9:20-23; Jó 10). No mesmo estilo, Deus, encerrando todas as perguntas, dissera a Jó, que *Lhe* ousara interrogar: "Vou interrogar-te e tu me responderás: Onde estavas quando estabeleci os princípios da terra? Deve um maldizente questionar o Todo-Poderoso?" E para esta pergunta existe, de fato, apenas a resposta de Jó: "Relatei o que não entendi; coisas que, para mim, eram maravilhosas, e eu não as entendia" (Jó 42:3).

Ao contrário de sua doutrina da ressurreição dos mortos, o *argumentum ad hominem* de Paulo, cortando todas as indagações com um *"Quem-é-você-para-perguntar?"*, acabou não sobrevivendo às primeiras fases da fé cristã. Isso para falar em termos históricos, uma vez que obviamente não podemos saber quantos cristãos durante os longos séculos de um *imitatio Christi* permaneceram fora do alcance das recorrentes tentativas de conciliar a fé hebraica absoluta no Deus-Criador com a filosofia grega. As comunidades judaicas, de qualquer forma, foram alertadas contra quaisquer especulações; o Talmude, provocado pelo gnosticismo, disse-lhes: "Melhor seria para o homem que pensa em quatro coisas que nunca tivesse nascido: o que está acima, o que está abaixo, o que era antes e o que será depois."[24]

Como um eco débil desse temor fiel diante do mistério do todo o Ser, séculos mais tarde, ouvimos Agostinho repetir o que deve ter sido um chiste conhecido na época: "Respondo ao homem que diz 'Que fazia Deus antes de criar o céu e a terra? [...]': Preparava o inferno para aqueles que perscrutam mistérios tão profundos." Mas Agostinho não parou por aí. Muitos capítulos adiante (nas *Confissões*), depois de denunciar seriamente os que fazem tais perguntas como homens acometidos "por uma enfermidade criminosa que os faz ter mais sede do que permite a sua capacidade", dá a resposta logicamente correta e existencialmente insatisfatória de que, uma vez que o Deus-Criador é eterno, Ele tem que ter criado o tempo quando criou o Céu e a Terra, de modo que não pudesse haver um "antes" prévio à Criação. "Que eles vejam que não poderia haver tempo sem um ser criado."[25]

9. EPITETO E A ONIPOTÊNCIA DA VONTADE

Na Epístola aos Romanos, Paulo descreve uma experiência interna, a experiência do eu-quero-e-*não*-posso. Essa experiência, seguida de uma experiência da misericórdia de Deus, é avassaladora. Ele explica o que lhe aconteceu e nos conta por que as duas ocorrências estão interligadas. Ao longo da explicação, desenvolve a primeira teoria abrangente da história, uma teoria sobre aquilo a que a história diz respeito, além de lançar as bases da doutrina cristã. Faz isso, contudo, em termos de fatos; não *argumenta*, e é isso o que o distingue muito nitidamente de Epiteto, com quem, sob outros aspectos, ele tinha muito em comum.

Os dois eram quase contemporâneos, oriundos mais ou menos da mesma região do Oriente Próximo, viveram no Império Romano helenizado e falavam a mesma língua (koine), embora um fosse cidadão romano e o outro fosse homem alforriado, um ex-escravo, e um fosse judeu, e o outro, estoico. Têm também em comum uma certa rigidez moral que os distinguia em seus ambientes. Ambos declaram que cobiçar a mulher do próximo é cometer adultério. Atacam quase com as mesmas palavras o *establishment* intelectual de sua época — os fariseus, no caso de Paulo, e os filósofos (os estoicos e os acadêmicos) no de Epiteto — acusando-o de hipócrita que não se comporta conforme seus próprios ensinamentos. "Mostra-me um estoico se fores capaz!", exclama Epiteto. "Mostra-me alguém que está doente e que ainda assim seja feliz, que está em perigo e ainda assim feliz, morrendo, e ainda feliz, no exílio e feliz, em desgraça e feliz [...]. Pelos deuses, de bom grado eu enxergaria aí um estoico."[26] Esse menosprezo é mais declarado e desempenha papel ainda mais importante em Epiteto do que em Paulo. Finalmente, eles têm em comum um desprezo quase instintivo pelo corpo — este "saco", nas palavras de Epiteto, que, dia após dia, eu preencho para em seguida esvaziar: "Poderia haver algo mais cansativo?"[27] — e a insistência na distinção entre um eu interno e as "coisas exteriores".[28]

O conteúdo efetivo da interioridade é descrito, em cada um deles, exclusivamente em termos das incitações da Vontade, que Paulo acreditava ser impotente, ao passo que Epiteto declarava ser todo-poderosa: "Onde está o bem? Na vontade. Onde está o mal? Na vontade. Onde não estão nem um nem outro? No que não está sob o controle da vontade."[29] A princípio, parece que temos aí a antiga doutrina estoica, só que sem qualquer dos suportes filosóficos do estoicismo antigo; não ouvimos de Epiteto nada sobre a bondade intrínseca da natureza, de acordo com a qual (*kata physin*) o homem deve viver e pensar — isto é, tirar do pensamento todo o mal aparente, entendendo-o como um componente necessário de um bem completo. Em nosso contexto, o interessante em Epiteto é justamente a ausência, em seus ensinamentos, de tais doutrinas metafísicas.

Epiteto foi fundamentalmente um professor. E, uma vez que ensinava e não escrevia,[30] considerava-se aparentemente um seguidor de

Sócrates, esquecendo-se, como a maioria dos chamados seguidores de Sócrates, de que Sócrates nada tinha a ensinar. De qualquer forma, Epiteto considerava-se um filósofo e definia o assunto da filosofia como "a arte de viver a própria vida".[31] Essa arte consistia principalmente em ter um argumento pronto para qualquer emergência, para cada situação de sofrimento agudo. Seu ponto de partida era o *omnes homines beati esse volunt* da Antiguidade: todos os homens desejam ser felizes, e a única questão para a filosofia era descobrir como alcançar esse objetivo patente. Só que Epiteto, de acordo com a inclinação da época e em contraste com a da Era précristã, estava convencido de que a vida — assim como ela é dada na Terra, tendo a morte como fim inevitável, e sendo, portanto, acossada por medos e temores — era incapaz de trazer a verdadeira felicidade sem que houvesse um esforço especial da vontade do homem. Assim, "felicidade" muda de significado; não é mais entendida como *eudaimonia*, a *atividade* de *eu zén*, viver bem, mas como *euroia biou*, uma metáfora estoica indicativa de uma vida que flui livremente, sem perturbar-se com os vendavais, as tempestades ou os obstáculos. As características dessa felicidade eram serenidade, *galéné*, a bonança depois da tempestade, e tranquilidade, *eudia*, o tempo bom[32] — metáforas que a Antiguidade clássica desconhecia. Todas elas relacionam-se com uma disposição da alma que é melhor descrita em termos negativos (como *ataraxia*) e que consiste em algo totalmente negativo: ser "feliz" agora significava fundamentalmente "não ser desgraçado". A filosofia podia ensinar "o processo da razão", os argumentos, "como armas brilhantes e prontas para o uso",[33] a serem dirigidos contra o infortúnio da vida real.

A razão descobre que o que traz a desgraça não é a ameaça externa da morte, mas o medo interior da morte; não a dor, mas sim o medo da dor — "não é a morte ou a dor que aterroriza, mas o medo da dor ou da morte".[34] A única coisa certa a se temer é, portanto, o próprio medo; e se os homens não podem escapar à dor ou à morte, podem por outro lado dissuadir-se do medo dentro de si, eliminando as impressões que coisas atemorizantes deixaram em seus espíritos: "Se guardamos nosso medo, não para a morte ou para o exílio, mas para o próprio medo, então deveríamos treinar para evitar o que pensamos de mal."[35] (Basta lembrar os inúmeros exemplos que atestam o papel desempenhado, na morada da alma, por um medo avassalador de ter medo; ou imaginar como seria temerária a coragem humana se a dor experimentada não deixasse lembrança — a "impressão" de Epiteto; basta isso para compreendermos o valor psicológico terra-a-terra dessas teorias aparentemente improváveis.)

Uma vez que a razão descobre essa região interna em que o homem enfrenta somente as "impressões" que as coisas externas deixam em seu espírito, em vez de enfrentar sua existência factual, sua tarefa está cumprida. O filósofo não é mais o pensador que examina qualquer coisa que lhe apareça no caminho, mas sim o homem que se educou para jamais "se voltar para as coisas externas", onde quer que ele esteja. Epiteto dá um exemplo esclarecedor desta atitude. Não impede seu filósofo de ir aos jogos como qualquer um; mas, ao contrário da multidão "vulgar" dos outros espectadores, ele está ali "interessado" somente em si mesmo e em sua própria "felicidade"; força-se portanto a "querer que aconteça somente o que acontece de fato e que só ganhe aquele que de fato ganha".[36] Esse afastamento da realidade enquanto ainda se está em meio a ela — em contraste com a retirada do ego pensante para o estar-só do diálogo sem som de mim comigo mesmo, em que todo pensamento é um re-pensar por definição — tem consequências muito importantes. Significa, por exemplo, que quando alguém vai a algum lugar, *não* presta atenção a seu objetivo, mas só se interessa pela "própria atividade" de caminhar; ou "quando a deliberação está [unicamente] interessada no ato de deliberar, e não em obter aquilo que se planeja".[37] Nos termos da parábola do jogo, é como se esses espectadores, olhando com olhos que não veem, fossem meras aparições fantasmagóricas no mundo das aparências.

Pode ser útil comparar essa atitude com a do filósofo na velha parábola pitagórica sobre os Jogos Olímpicos; os melhores eram os que não participavam da luta pela fama ou pelo lucro, mas que eram simples espectadores interessados nos jogos pelos jogos. Não sobra aqui nenhum vestígio deste interesse desinteressado. Somente o eu tem interesse, e o soberano indisputável do eu é a razão argumentativa; não o velho *nous*, o órgão interno para a verdade, o olho invisível do espírito dirigido para o que é invisível no mundo visível, mas sim uma *dynamis logiké*, cuja maior distinção é "tomar conhecimento de si mesma e de todas as outras coisas", e que tem o poder de aprovar ou desaprovar sua própria ação.[38] À primeira vista, isso pode se assemelhar ao dois-em-um socrático realizando-se no processo pensante; mas na verdade está muito mais próximo daquilo que hoje chamamos de consciência.

A descoberta de Epiteto foi de que o espírito, conseguindo reter as "impressões" externas (*phantaisiai*), era capaz de lidar com as "coisas exteriores" como simples "dados da consciência", como diríamos. A *dynamis logiké* examina tanto a si mesma quanto as "impressões" deixadas no espírito. A filosofia nos ensina a "lidar com as impressões corretamente"; ela testa-as e "distingue-as, sem fazer uso de uma sequer que não tenha sido testada". Olhar para uma mesa não nos capacita para decidir se a mesa é boa ou ruim; a visão não nos informa, nem qualquer outro dos nossos sentidos. Somente o espírito, que lida não com as mesas reais, mas com impressões de mesas, pode nos informar. ("O que nos informa que o ouro é uma coisa bela? Pois não é o ouro que nos informa. Claramente, é a faculdade que lida com impressões."[39]) O importante é que não é preciso sair de si mesmo se o interesse concentra-se integralmente no eu. As coisas só têm valor à medida que o espírito pode envolvê-las de dentro de si.

Uma vez que o espírito se retira das coisas exteriores para a interioridade de suas próprias impressões, descobre ser, em um certo nível, completamente independente de todas as influências externas: "Pode alguém impedir-te de concordar com o que é verdade? Ninguém. Pode alguém obrigar-te a aceitar o falso? Ninguém. Vês que nessa esfera tua faculdade está livre de qualquer empecilho e limite ou coerção?"[40] Faz parte da natureza da verdade "compelir", isto é um *insight* antigo: "*hósper hip' autés tés alétheias anagkasthentes*", "compelidas pela própria verdade", como diz Aristóteles, quando fala das teorias autoevidentes que não exigem qualquer raciocínio especial.[41] Mas em Epiteto esta verdade e sua *dynamis logié* não têm absolutamente nada a ver com o conhecimento ou com a cognição, para os quais os processos da lógica são infrutíferos[42] — não prestam literalmente para nada (*akarpa*). O conhecimento e a cognição envolvem as "coisas externas", independentes do homem e além de seu poder; portanto, não são, ou pelo menos não deveriam ser de interesse.

O início da filosofia é uma "percepção [*synaisthésis*] da própria fraqueza no que diz respeito às coisas necessárias". Não temos uma "concepção inata" das coisas que devemos conhecer, tais como "um triângulo retângulo", mas podemos aprender com as pessoas que sabem, e aquelas que ainda não sabem *sabem* que não sabem. Algo bem diferente disso ocorre com coisas que de fato nos dizem respeito, das quais a vida que levamos depende. Nesse nível, todo mundo nasce com um "parece-me que", *dokei moi*, uma opinião, e é aí que começa a nossa dificuldade: "na descoberta do conflito nos espíritos dos homens entre si" e na "tentativa de descobrir um padrão, assim como descobrimos a balança para lidar com pesos e a régua para lidar com coisas retas e curvas. Este é o começo da filosofia".[43]

A filosofia estabelece então os padrões e as normas e ensina o homem *a usar* suas faculdades sensoriais, a "lidar corretamente com as impressões" e a "testá-las e a calcular seus valores". O critério de toda filosofia é, pois, sua utilidade na tarefa de levar uma vida sem dor. Mais especificamente, ela ensina certas linhas de pensamento capazes de derrotar a impotência inata do homem. Nesse quadro filosófico geral, teria de ser a razão, o raciocínio argumentativo, a receber a primazia sobre todas as outras faculdades do espírito; mas isso não acontece. Em seu violento ataque aos homens que foram "filósofos somente da boca para fora", Epiteto aponta a lacuna aterradora entre os ensinamentos de um homem e sua conduta real, aludindo, portanto, ao velho *insight* de que a razão por si só nem move nem realiza nada. A grande realizadora não é a razão, mas a Vontade. Em "considere quem tu és", temos uma exortação dirigida, ao que parece, à razão: mas o que se descobre, então, é que "o homem [...] não tem nada de mais soberano [*kvrióteros*] do que a vontade [*proairesis*] [...] tudo o mais [está] sujeito a ela, e a vontade em si é livre da escravidão e do jugo". É verdade que a razão (*logos*) distingue o homem dos animais que estão, portanto, "marcados para servir", ao passo que o homem é "talhado para o comando";[44] apesar disso, o órgão que tem capacidade de comando não é a razão, mas a Vontade. Se a filosofia lida com "a arte de se viver a própria vida", e se o seu maior critério é a utilidade, neste âmbito, então "a filosofia significa muito pouco além do seguinte: procurar saber como é viável exercitar a vontade de obter e a vontade de evitar sem obstáculos".[45]

A primeira coisa que a razão pode ensinar à vontade é a distinção entre as coisas que dependem do homem, aquelas que estão em seu poder (o *eph' hémin* aristotélico) e aquelas que não estão. O poder da vontade reside em sua decisão soberana de interessar-se somente pelas coisas que estão em poder do homem; e estas coisas residem exclusivamente na interioridade humana.[46] Logo, a primeira decisão da vontade é não querer o que não pode obter e deixar de não querer o que não pode evitar — em suma, não se interessar por qualquer coisa sobre a qual não tenha poder. ("Que importa se o mundo é composto de átomos ou de partes infinitas, ou se é composto de fogo e de terra? Não é suficiente conhecer [...] os limites entre a vontade de obter e a vontade de evitar [...] e desconsiderar as coisas que estão além de nós?")[47] E uma vez que "é impossível que o que acontece viesse a ser diferente do que é",[48] uma vez que o homem, em outras palavras, não tem absolutamente nenhum poder no mundo real, foram-lhe concedidas as faculdades surpreendentes da razão e da vontade, que lhe permitem reproduzir o exterior — completo, mas destituído de sua realidade — dentro de seu espírito, no qual ele é inegavelmente o senhor e o soberano. Ali ele reina sobre si e sobre os objetos de seu interesse, já que só a vontade pode ser obstáculo para si mesma. Tudo o que parece ser real, o mundo das aparências, precisa na verdade de meu consentimento para poder ser real *para mim*. E tal consentimento não pode ser impingido a mim: se recuso-me a consentir, a realidade do mundo desaparece como se fosse uma mera aparição.

Essa faculdade de afastamento do que é exterior em direção a um interior invencível obviamente requer "treino" (*gymnazein*) e constante discussão, já que não só o homem vive sua vida diária no mundo como ele é, mas também seu eu interior, enquanto vive, localiza-se dentro de algo externo, um corpo que não está em seu poder, mas pertence às "coisas exteriores". A questão constante é se sua vontade é suficientemente forte não simplesmente para desviar sua atenção do exterior, ameaçando as coisas, mas sim para concentrar sua imaginação em "impressões" diferentes na presença real de dor e infortúnio. A recusa do consentimento, ou colocar a realidade entre parênteses, não é de modo algum um exercício de puro pensamento; tem que dar provas de si. "Tenho que morrer. Tenho que ser aprisionado. Tenho que sofrer um exílio. Mas: tenho que morrer gemendo? Tenho também que me lastimar? Alguém pode impedir-me de ir para o exílio com um sorriso?" O senhor ameaça acorrentar-me: "Que dizes? Acorrentar-me? Vais acorrentar minha perna sim; mas não a minha vontade; não, nem mesmo Zeus pode conquistá-la."[49]

Epiteto dá inúmeros exemplos que não preciso enumerar aqui; constituiriam leitura tediosa, como exercícios em um livro escolar. O desfecho é sempre o mesmo. O que incomoda os homens não é o que realmente acontece a eles, mas seu próprio "julgamento" (*dogma,* no sentido de crença ou opinião): "Serás prejudicado somente quando achares que foste prejudicado. Ninguém pode te prejudicar sem teu consentimento."[50] "Por exemplo, o que significa ser difamado? Aproxima-te de uma pedra e difama-a: que efeito isso terá?"[51] Seja como uma pedra e serás invulnerável. A *ataraxia*, invulnerabilidade, é tudo o que você precisa para *sentir-se* livre, uma vez que descubra que a própria realidade depende do seu consentimento para ser reconhecida como tal.

Como a maioria dos estoicos, Epiteto reconhecia que a vulnerabilidade do corpo impõe certos limites a essa liberdade interior. Incapazes de negar que não são as simples aspirações ou os desejos que nos impedem de ser livres, mas "os grilhões a nós presos na forma de um corpo",[52] eles tinham que provar, portanto, que os grilhões não eram indestrutíveis. Uma resposta para a pergunta "*O que nos impede de cometer o suicídio?*" passa a ser um tópico necessário nos escritos dessa escola. Epiteto, de qualquer forma, parece claramente ter-se dado conta de que esse tipo de liberdade interna ilimitada pressupõe, na verdade, que "é preciso lembrar e fixar a ideia de que *a porta está aberta*".[53] Para uma filosofia de total alienação do mundo, há muita verdade na frase extraordinária com que Camus começou seu primeiro livro: "*Il n'y a qu'un problème philosophique vraiment sérieux: c'est le suicide.*"[54]

À primeira vista, essa doutrina da invulnerabilidade e da indiferença (*apatheia*) — como se proteger da realidade, como perder sua habilidade de ser por ela afetado, para o bem ou para o mal, na alegria ou na tristeza — parece convidar tão obviamente à refutação que fica quase incompreensível a enorme influência argumentativa e emocional do estoicismo em alguns dos melhores espíritos da humanidade ocidental. Encontramos em Agostinho tal refutação em sua forma mais resumida e plausível. Os estoicos, diz ele, descobriram o truque de como fingir que estão felizes: "Não podendo ter o que quer, o homem quer o que pode ter" [*"Ideo igitur id vult quod potest, quoniam quod vult nom potest"*].[55] Além disso, prossegue, os estoicos pressupõem que "todo homem deseja, por natureza, ser feliz", sem contudo acreditar em imortalidade, pelo menos não em ressurreição do corpo, isto é, em uma *vida* futura sem morte, e aí temos uma contradição em termos. Pois "se todo homem deseja de fato ser feliz, deve necessariamente também querer ser imortal. [...] Para que possa *viver* feliz é preciso antes estar vivo" [*Cum ergo beati esse omnes homines velint, si vere volunt, profecto et esse immortales volunt. [...] Ut enim homo beate vivat, oportet ut vivat*].[56] Em outras palavras, os mortais não podem ser felizes, e a insistência dos estoicos no medo da morte como a maior fonte de infelicidade atesta isso; o máximo que podem conseguir é ficar "indiferentes", deixar de ser afetados pela vida ou pela morte.

Essa refutação, entretanto, tão razoável nesse nível de argumentação, deixa escapar alguns pontos importantes. Há, em primeiro lugar, a questão de por que deveria ser necessário um querer com a finalidade de *não* querer; por que não seria possível simplesmente perder a faculdade sob o domínio dos *insights* superiores do raciocínio correto. Afinal, não sabemos todos como é relativamente fácil perder pelo menos o hábito, se não a faculdade de pensar? Basta viver em constante estado de distração e jamais deixar a companhia de outros. Pode-se

403

argumentar que é mais difícil quebrar o hábito que os homens têm de querer o que está fora de seu poder do que quebrar o hábito de pensar; mas para um homem suficientemente "treinado", não deve ser necessário ficar repetindo mil vezes o não querer — já que o *mé thele*, o "não querer", em que não se pode evitar, é no mínimo tão importante para esse aprendizado quanto o simples apelo à força de vontade.

Muito relacionado com o que foi dito anteriormente, e ainda mais enigmático, é o fato de que Epiteto não fica absolutamente satisfeito com o poder da vontade de *deixar* de querer. Ele não prega simplesmente a indiferença a tudo o que não está em nosso poder; ele exige com insistência que o homem queira o que de qualquer maneira acontece. Já citei a parábola do jogo na qual o homem cujo único interesse é o bem-estar do eu é exortado a querer "que aconteça somente o que acontece e que ganhe somente quem ganha". Em um outro contexto, Epiteto vai muito além e exalta (sem citar nomes) "filósofos" que disseram "que 'se o homem bom soubesse de antemão dos acontecimentos vindouros, ele ajudaria a natureza, mesmo que isso significasse lidar com a doença, com a morte, com a mutilação'".[57] Certamente ele recai, em seu argumento, na velha noção estoica de *heimarmene*, a doutrina do destino segundo a qual tudo acontece em harmonia com a natureza do universo e cada coisa particular, homem ou animal, planta ou pedra, tem sua tarefa designada pelo todo, sendo por ele justificada. Mas não só Epiteto demonstra explicitamente não estar interessado em qualquer questão relativa à natureza ou ao universo, como também não há nada na antiga doutrina que indique que a vontade do homem, totalmente infrutífera por definição, tenha algum valor na "ordenação do universo". Epiteto se interessa pelo que acontece a ele: "Quero uma coisa e ela não acontece; quem é mais desgraçado do que eu? Não a quero e ela acontece; quem é mais desgraçado do que eu?"[58] Em resumo, para "viver bem", não é suficiente "*deixar* de pedir para que os eventos aconteçam como se quer"; deve-se "deixar a vontade ser tal que os eventos devam acontecer como acontecem".[59]

Somente quando o poder da vontade chega a esse ponto de clímax, em que consegue querer o que *é*, nunca estando, portanto, "em desavença com as coisas exteriores", é que ele se pode dizer onipotente. Subjacente a todos os argumentos para tal onipotência está a patente pressuposição de que a realidade *para mim* obtém seu grau de realidade por consentimento meu; e subjacente a essa pressuposição, garantindo sua eficácia prática, está o fato simples de que posso cometer o suicídio quando achar a vida verdadeiramente insuportável — "a porta está sempre aberta". E aqui a solução não implica — como é o caso, por exemplo, em Camus — uma espécie de rebelião cósmica contra a condição humana; para Epiteto, tal rebelião não teria nenhum sentido, já que "é impossível que aquilo que acontece seja diferente do que é".[60] Isso é impensável, porque mesmo uma negação absoluta depende do puro e inexplicável estaraí [*thereness*] de tudo o que é, inclusive eu mesmo, e Epiteto jamais exige uma explicação ou uma justificativa para o inexplicável. Logo, como Agostinho vem a argumentar mais tarde,[61] aqueles que acreditam escolher não ser quando cometem suicídio estão errados; escolhem uma forma de ser que acabará por vir algum dia de todo modo, e escolhem a paz, que é naturalmente apenas uma forma de ser.

A única força que pode obstruir esse consentimento básico e ativo dado pela vontade é ela mesma. Assim, o critério para a conduta correta é o seguinte: "Queira estar satisfeito, tu contigo mesmo" (*theléson aresai autos seautó*"). E Epiteto acrescenta: "Queira aparecer nobre diante do deus" (*Theléson kalos phanénai tó Theó*"),[62] sendo que o adendo é, na verdade, redundante, já que Epiteto não acredita em um Deus transcendente, mas sustenta que a alma é semelhante a Deus e que o deus está "dentro de ti, tu és um fragmento dele".[63] O ego volitivo acaba, então, não sendo menos dividido em dois do que o dois-em-um socrático do diálogo de pensamento de Platão. Mas, como vimos em Paulo, os dois no ego volitivo estão longe de manter entre si um relacionamento harmonioso e amigável, embora em Epiteto sua relação francamente antagônica não submeta o eu aos extremos de desespero que tanto ouvimos na lamentação de Paulo. Epiteto caracteriza a relação entre os dois como uma permanente "luta" (*agón*), uma competição olímpica que exige uma suspeita sempre alerta de mim para comigo: "Em uma palavra: [o filósofo, que sempre olha para si para o bem ou para o mal] mantém a guarda contra si mesmo *como a mantém contra seu próprio* inimigo [*hós echthron heautou*], quando está à sua espera."[64] Basta relembrarmos o *insight* de Aristóteles ("todos os sentimentos de amizade na relação com os outros são uma extensão dos sentimentos de amizade que uma pessoa tem na relação consigo mesma") para reavaliarmos a distância percorrida pelo espírito humano desde a Antiguidade.

O eu do filósofo, governado pelo ego volitivo, que lhe diz que só a própria vontade pode obstruir-lhe o caminho ou servir-lhe de limite, engaja-se em uma luta sem fim com a contravontade, engendrada precisamente por sua própria vontade. O preço pago pela onipotência da Vontade é muito alto; o pior que poderia acontecer ao dois-em-um, do ponto de vista do ego pensante, a saber, "estar em desacordo consigo mesmo", torna-se parte inseparável da condição humana. E o fato de que esse destino não é mais atribuído ao "homem-vil" de Aristóteles, mas, ao contrário, ao homem bom e sábio que aprendeu a arte de conduzir a própria vida, quaisquer que sejam as circunstâncias externas, pode levantar uma indagação: se a "cura" da desgraça humana não será pior do que a doença.

A despeito disso, há, nessa empreitada lamentável, somente uma descoberta que nenhum argumento pode eliminar e que no mínimo explica por que o sentimento de onipotência, bem como o de liberdade humana, puderam se originar das experiências do ego volitivo. Um assunto que abordamos marginalmente na discussão sobre Paulo, a saber, o de que toda obediência presume o poder de desobedecer, está bem no centro das considerações de Epiteto. O cerne da questão aí é o poder da Vontade para assentir ou dissentir, dizer Sim ou Não, pelo menos no que me diz respeito. Eis por que as coisas que, em sua existência pura — isto é, "impressões" de coisas exteriores —, dependem somente de mim estão também em meu poder; não só posso ter vontade de mudar o mundo (embora essa proposta seja de interesse duvidável para alguém totalmente alienado do mundo em que se encontra), como posso também negar realidade a tudo e qualquer coisa através de um "deixo-de-querer". Esse poder deve ter tido algo de muito terrível, de realmente esmagador para o espírito humano, pois nunca houve um filósofo ou teólogo que, depois de ter prestado a devida atenção ao "Não" implícito em cada "Sim", não tenha imediatamente exigido um consentimento enfático, aconselhando o homem, como fez Sêneca em frase citada com grande aprovação pelo Mestre Eckhart, a "aceitar todas as ocorrências como se ele mesmo as tivesse desejado e tivesse rogado por elas". Certamente se enxergamos nesse acordo universal somente o último e mais profundo ressentimento do ego volitivo em relação à sua impotência existencial no mundo como ele é factualmente, veremos aqui também apenas mais um argumento para o caráter ilusório da faculdade, uma confirmação final de que ela é "um conceito artificial". Ao homem, nesse caso, teria sido dada uma faculdade realmente "monstruosa" (Agostinho), compelida por sua natureza, a exigir um poder que é capaz de exercer somente na região dominada pela ilusão da mera fantasia — na interioridade de um espírito que conseguiu separar-se de toda aparência exterior em sua busca incansável pela tranquilidade absoluta. E como recompensa final e irônica para tanto esforço, terá obtido um relacionamento desconfortavelmente íntimo com o "depósito das dores e o tesouro dos males", nas palavras de Demócrito, ou com o "abismo", que, segundo Agostinho, se esconde "no coração bom e no coração mau".[65]

10. AGOSTINHO, O PRIMEIRO FILÓSOFO DA VONTADE

> *Se é devido às Escrituras que há*
> *uma filosofia cristã,*
> *é devido à tradição grega que*
> *o cristianismo possui uma filosofia.*
> Étienne Gilson

Agostinho, o primeiro filósofo cristão e — é tentador acrescentar — o único filósofo que os romanos jamais tiveram,[66] foi também o primeiro pensador que se voltou para a religião em função de perplexidades filosóficas. Como muitas das pessoas cultas de sua época, fora educado como cristão; a despeito disso, o que ele mesmo descreveu como uma conversão — o tema das *Confissões* — foi completamente diferente da experiência que transformou o "fariseu extremamente zeloso" Saulo em Paulo, o apóstolo cristão e seguidor de Jesus de Nazaré.

Nas *Confissões*, Agostinho conta-nos como seu coração pela primeira vez foi posto "em chamas" pelo *Hortênsius* de Cícero, um livro (hoje perdido) que continha uma exortação à filosofia. Citou essa obra até o fim da vida. Tornou-se o primeiro filósofo cristão porque se manteve preso à filosofia ao longo de toda a vida. Seu tratado *Sobre a Trindade,* uma defesa do dogma fundamental da Igreja Cristã, é ao mesmo tempo o desenvolvimento mais profundo e mais articulado de sua posição filosófica própria e muito original. O ponto de partida, porém, era ainda a busca romana e estoica da felicidade — "É certo",

QUAESTIO MIHI FACTUS SUM

disse Cícero, "que todos queremos ser felizes."[67] Na juventude, ele tinha se voltado para a filosofia por miséria interior; e na idade adulta voltou-se para a religião porque a filosofia não lhe ajudara. Essa atitude pragmática, exigir da filosofia que seja a "guia da vida" (Cícero),[68] é tipicamente romana; teve uma influência mais duradoura na formação do pensamento de Agostinho do que Plotino e os neoplatônicos, a quem ele devia tudo o que sabia sobre filosofia grega. Não é que a aspiração humana genérica à felicidade tivesse escapado à atenção dos gregos — a máxima romana parece ter sido uma tradução do grego —, mas não foi esse desejo que os fez fazer filosofia. Somente os romanos estavam convencidos de que "não há razão para o homem filosofar a não ser com o intuito de ser feliz".[69]

Encontramos esse interesse pragmático na felicidade privada durante toda a Idade Média; ele subjaz à esperança da salvação eterna e ao medo da danação eterna e esclarece muitas especulações que de outra forma seriam incompreensíveis, e cujas origens romanas fica difícil detectar. O fato de que a Igreja Católica Romana, a despeito da influência decisiva da filosofia grega, tenha permanecido tão profundamente romana deveu-se muito à estranha coincidência de que seu primeiro e mais influente filósofo tenha sido também o primeiro pensador a ir buscar inspiração mais profunda em fontes e experiências latinas. Em Agostinho a luta pela vida eterna como o *summum bonum* e a interpretação da morte eterna como o *summum malum* alcançaram o mais alto grau de articulação porque ele as combinou com a descoberta da nova era da vida *interior*. Entendia que o interesse exclusivo por esse eu interior significava que "tornei-me uma questão para mim mesmo" (*"quaestio mihi factus sum"*) — uma questão que a filosofia, assim como era ensinada e aprendida então, nem levantava nem respondia.[70] As famosas análises do conceito de Tempo, no livro XI das *Confissões*, constituem um exemplo paradigmático do desafio do que era novo e problemático: o tempo é algo bastante familiar e comum até que alguém pergunte "O que é o Tempo?" — momento em que se transforma em um "enigma intrincado" cujo desafio é ser tanto inteiramente comum quanto inteiramente "misterioso".[71]

Não há dúvida de que Agostinho está entre os maiores e mais originais pensadores; não era, porém, um "pensador sistemático"; e é verdade que o corpo principal de sua obra está "repleto de linhas de pensamento que não vão até as últimas consequências e de empreitadas literárias abandonadas"[72] — além de estar cheio de repetições. Nessas condições, cumpre notar a continuidade dos tópicos principais que ele no fim da vida submeteu a um exame minucioso intitulado *Retractationes*, ou "Retratações" — como se o Bispo e Príncipe da Igreja fosse o seu próprio Inquisidor. Talvez o mais fundamental desses tópicos sempre recorrentes tenha sido o "livre-arbítrio da vontade" (o *Liberum arbitrium voluntatis*) como faculdade distinta do desejo e da razão, embora Agostinho tenha dedicado a ele apenas um tratado inteiro com esse título. Foi um trabalho dos primeiros tempos, cuja parte inicial está ainda totalmente no estilo de suas outras primeiras obras filosóficas, embora tenha sido escrita depois do dramático acontecimento da conversão e do batismo.

Acho que é muito expressivo da qualidade do homem e do pensador o fato de ele ter levado dez anos para escrever com os mínimos detalhes aquilo que para ele havia sido o mais grave e importante momento de sua vida — e isso não apenas em prol da lembrança ou da misericórdia, mas em função de suas implicações espirituais. O mais recente biógrafo de Agostinho, Peter Brown, expressa isso de maneira um pouco simplista, dizendo que "ele definitivamente não era um *type croyant*, como era comum entre os homens instruídos no mundo latino antes de seu tempo";[73] para Agostinho, não se tratava de abandonar as incertezas da filosofia em favor da Verdade revelada, mas de descobrir as implicações filosóficas de sua nova fé. Nesse esforço imenso, fiou-se sobretudo nas Epístolas do Apóstolo Paulo; a dimensão do seu sucesso pode ser avaliada pelo fato de que sua autoridade através dos séculos subsequentes da filosofia cristã tornou-se equivalente à de Aristóteles — para a Idade Média, "o filósofo".

Comecemos pelo interesse inicial de Agostinho pela Vontade, tal como é exposto na primeira parte do tratado, escrita nos primeiros tempos (as duas partes finais foram escritas quase dez anos depois, mais ou menos ao mesmo tempo que as *Confissões*). A questão principal aí é uma investigação sobre a causa do mal: "pois sem alguma causa ele não poderia existir", e Deus não pode ser a causa do mal porque "Deus é bom". A questão, comum mesmo naquela época, "tinha[-o] atormentado em excesso desde sua mocidade [...] impelindo-o à heresia", isto é, a aderir aos ensinamentos de Maniqueu.[74] Daí em diante, o que temos estritamente é um raciocínio argumentativo (embora em forma de diálogo), assim como em Epiteto; e a esta altura os pontos significativos soam como um resumo com propósitos didáticos, até que chegamos à conclusão, em que o discípulo é levado a dizer: "Pergunto se o livre-arbítrio [...] nos deveria ter sido dado por Aquele que nos fez. Pois parece que não poderíamos pecar se não tivéssemos um livre-arbítrio. E é de temer que dessa maneira Deus também possa ser considerado a causa de nossos maus atos." Nesse ponto, Agostinho tranquiliza o indagador e adia a discussão.[75] Trinta anos mais tarde, de uma forma diferente, em *A cidade de Deus*, ele retoma a questão do "propósito da Vontade" como a do "Propósito do Homem".

A questão cuja resposta adiou por tantos anos é o ponto de partida para uma filosofia da Vontade própria de Agostinho. Mas foi em uma interpretação minuciosa da Epístola de Paulo aos Romanos que ele a concebeu originalmente. Nas *Confissões*, bem como nas duas seções finais de *O livre-arbítrio*, tira conclusões filosóficas e enuncia as consequências do estranho fenômeno (o de que é possível querer e, na ausência de qualquer empecilho externo, ser, ainda assim, incapaz de realizar) que Paulo descrevera em termos de leis antagônicas. Agostinho, porém, não fala de duas leis, mas de *"duas vontades*, uma nova e a outra antiga, uma carnal e a outra espiritual", e descreve em detalhe, assim como Paulo, a maneira como essas vontades lutaram "dentro" dele e como "a discórdia entre elas [lhe] dilacerou a alma".[76] Em outras palavras, toma cuidado para evitar sua própria heresia maniqueísta inicial, que ensina que dois princípios antagônicos governam o mundo, um bom e um mau, um carnal e um espiritual. Para ele, agora há somente uma lei, e o primeiro *insight*, portanto, é o mais óbvio e também o mais surpreendente: *"Non hoc vele quod posse"* — "Querer e poder não são o mesmo."[77]

O que surpreende é estarem as duas faculdades, querer e poder realizar, tão intimamente ligadas: "A vontade deve estar presente para que o poder seja produtivo"; e nem é preciso dizer que o poder deve estar presente para que a vontade possa dele fazer uso. "Se agimos [...] [isso] jamais pode ser sem vontade", mesmo quando "fazemos uma coisa a contragosto, sob coação". "Quando não agimos", o motivo pode ser a "falta [de] vontade" ou a "falta [de] poder".[78] Surpreende ainda mais que Agostinho concorde com o argumento principal dos estoicos para explicar a predominância da Vontade, isto é: "Nada está tanto em nosso poder como a própria vontade, pois não há intervalo; no momento em que queremos — lá está."[79] Mas ele não acredita que a Vontade seja suficiente. "A lei não comandaria se não houvesse vontade, nem a graça ajudaria se a vontade fosse suficiente." O que importa aqui é que a Lei não se dirige ao espírito, caso em que simplesmente se revelaria, e não ordenaria; dirige-se, sim, à Vontade, porque "o espírito não se move até que queira ser movido". E esse é o motivo pelo qual somente a Vontade — nem a razão nem os apetites ou desejos — está "em nossas mãos; é livre".[80]

Essa prova da liberdade da Vontade se funda exclusivamente em uma força interior de afirmação ou de negação que nada tem a ver com qualquer *posse* ou *potestas* real — a faculdade necessária para executar os comandos da Vontade. A prova retira sua plausibilidade de uma comparação da vontade com a razão, por um lado, e com os desejos, por outro; e não é possível, para nenhum dos dois, dizer-se livre. (Vimos que Aristóteles introduziu sua *proairesis* para evitar o dilema de dizer que o "homem bom" *obriga-se* a desviar-se de seus apetites, ou que o "homem vil" *obriga-se* a desviar-se de sua razão.) Qualquer coisa que a razão me diga é forçosa no que diz respeito à razão. Posso ser capaz de dizer "Não" para uma verdade a mim revelada, mas não posso de modo algum fazê-lo em termos racionais. Os apetites surgem automaticamente em meu corpo, e meus desejos são despertados por objetos que estão fora de mim; posso dizer "Não" a eles, aconselhado pela razão ou pela lei de Deus, mas a razão em si não me leva à resistência. (Duns Scotus, muito influenciado por Agostinho, elabora mais tarde esse argumento. Sem dúvida o homem carnal, no sentido em que Paulo o entendia, não pode ser livre; mas o homem espiritual tampouco é livre. Qualquer poder que o intelecto possa ter sobre o espírito será um poder de forçar; o que o intelecto jamais pode provar ao espírito é que este não deve simplesmente sujeitar-se a ele, mas deve também querer fazê-lo.)[81]

A faculdade da Escolha, tão decisiva para o *liberum arbitrium*, aplica-se aqui não à seleção deliberativa de meios para um fim, mas principalmente — e, em Agostinho, exclusivamente —, à escolha entre *velle* e *nolle*, entre querer e não-querer. Este *nolle* nada tem a ver com o querer-não-querer e não pode ser traduzido como "eu-deixo-de-querer", porque isso sugere ausência de vontade. *Nolle* não é menos ativamente transitivo do que *velle*, e não é menos uma faculdade de vontade: se quero o que não desejo, trata-se de não-querer meus desejos; e posso do mesmo jeito não-querer o que a razão me diz estar certo. Em todo ato de vontade há um "eu-quero" e um "não-quero" envolvidos. São essas as duas vontades cuja discórdia Agostinho disse que "[lhe] dilacerou a alma". Seguramente "aquele que quer, quer alguma coisa", e este algo lhe é apresentado "exteriormente, através dos sentidos do corpo, ou vem ao espírito por meios ocultos"; mas o que importa é que nenhum destes objetos determina a vontade.[82]

O que é então que faz a vontade querer? O que põe a vontade em movimento? A questão é inevitável, mas a resposta acaba levando a um regresso ao infinito. Pois se a pergunta fosse respondida, "não irias perguntar também sobre a causa daquela causa, caso a descobrisses?". Não desejarias saber a "causa da vontade anterior à vontade?". Não poderia ser inerente à Vontade, nesse sentido, não ter uma causa? "Pois ou a Vontade é a sua própria causa ou não é uma Vontade."[83] A Vontade é um fato que, em sua factualidade puramente contingente, não pode ser explicado em termos de causalidade. Ou, para antecipar uma última sugestão de Heidegger, já que a Vontade se experimenta como *causadora* do acontecimento de coisas que, de outra forma, não teriam acontecido, não poderia ocorrer que aquilo que se esconde por trás da nossa busca de causas não é nem o intelecto nem nossa sede de saber (que poderia ser saciada com a informação direta), mas precisamente a Vontade — como se por trás de cada "por que" existisse um desejo latente, não só de aprender e de conhecer, mas também de saber-como?

Finalmente, ainda no rastro das dificuldades descritas porém não explicadas na Epístola aos Romanos, Agostinho vem a interpretar o lado escandaloso da doutrina da graça de Paulo: "Veio a Lei para que crescesse a perdição; mas onde o pecado cresceu, a graça abundou

QUAESTIO MIHI FACTUS SUM

ainda mais." Partindo-se daí, fica difícil não chegar à seguinte conclusão: "Façamos o mal para que o bem frutifique." Ou, de forma mais amena, valeu ter sido incapaz de fazer o bem em virtude da alegria irresistível da graça — como disse uma vez o próprio Agostinho.[84] Sua resposta, nas *Confissões*, aponta para os estranhos caminhos da alma até mesmo na falta de qualquer experiência especificamente religiosa. A alma "deleita-se mais com encontrar ou reaver as coisas que ama do que se as tivesse [...] possuído sempre. O general vitorioso triunfa [...], e quanto maior o perigo no combate, maior gozo no triunfo [...]. Um amigo está doente [...]. Melhora [...]. E embora não tenha recuperado a força anterior, já há tanto júbilo que é como se não existisse o tempo em que ele caminhava com mais força e vigor". E é assim com todas as coisas; a vida humana está "repleta de testemunhos" disso. "A alegria maior é precedida de uma dor maior" — este é o "modo de ser que cabe" a todas as coisas vivas, do "anjo ao menor verme". Até Deus, uma vez que Ele é um deus vivo, "sente mais alegria por um pecador arrependido do que por 99 que não precisam arrepender-se".[85] Esse modo de ser (*modus*) é igualmente válido para as coisas vis e para as nobres, para as mortais e para as divinas.

Isso certamente é a quintessência do que Paulo tinha a dizer, mas expresso de uma maneira conceitual, não descritiva: sem apelar para qualquer interpretação puramente teológica, ele oblitera a mordacidade das lamentações e acusações latentes de Paulo, das quais somente o *argumentun ad hominem*, a pergunta no estilo de Jó, "Quem é *você* para perguntar tais coisas e levantar tais objeções?", poderia salvá-lo.

Na refutação de Agostinho ao estoicismo, podemos ver uma transformação e uma solidificação semelhantes, ocasionadas por meio de pensamento conceitual. O verdadeiramente escandaloso na doutrina não era que o homem pudesse querer dizer "Não" à realidade, mas que esse "Não" fosse insuficiente; diziam ao homem que para ele encontrar

415

a tranquilidade, deveria treinar sua vontade a dizer "Sim" e a "deixar sua vontade ser a de que os eventos aconteçam como acontecem". Agostinho entende que esta submissão voluntária pressupõe uma limitação rigorosa da própria capacidade da vontade. Embora, em sua visão, a todo *velle* corresponda um *nolle*, a liberdade da faculdade é limitada porque nenhum ser criado pode querer contra a criação, pois isso seria — mesmo no caso do suicídio — um querer dirigido não só contra uma contravontade, mas também contra o próprio sujeito que quer e que não-quer. A vontade, a faculdade de um ser vivo, não pode dizer: "preferiria não *ser*" ou "preferiria o nada *per se*". Quem disser "preferiria não existir a ser infeliz" não merece crédito, já que, enquanto está dizendo isso, ainda está vivo.

Não obstante, isso só pode acontecer porque estar vivo sempre implica um desejo de continuar vivendo: por essa razão, a maior parte das pessoas prefere "ser infeliz a não ser absolutamente nada". Mas e quanto àqueles que dizem "se eu tivesse sido consultado antes de existir teria preferido não existir a ser infeliz"? Esses não levaram em conta que até mesmo essa proposição é feita com base firme no Ser; se considerassem devidamente o assunto veriam que sua própria infelicidade faz com que eles existam menos do que desejam; ela lhes toma um pouco da existência. "O grau de sua infelicidade é proporcional à distância que mantêm daquilo que *existe* no grau supremo [*quod summe est*]" e, portanto, fora da ordem temporal, que está cheia de não-existência — "pois as coisas temporais, antes de existir, não têm existência; enquanto existem, passam; tendo passado, jamais existirão novamente". Todos os homens temem a morte, e esse sentimento é mais verdadeiro do que qualquer opinião que nos leve a "pensar que deveríamos querer não existir", pois o fato é que "começar a existir é o mesmo que caminhar para a não-existência". Em suma, "todas as coisas, pelo simples fato de que *são*, são boas", inclusive o mal e o pecado; e isso não só por causa de sua origem divina e de uma crença no Deus-Criador, mas também porque a sua própria existência nos impede de pensar ou de querer a não-existência absoluta. Nesse contexto, é importante observar que Agostinho (embora a maior parte do que venho citando tenha sido retirada da última parte de *De libero arbitrium voluntatis*) em nenhum lugar exige, como Eckhart fez mais tarde, que "um homem bom deva submeter sua vontade à vontade divina, de modo a querer aquilo que Deus quer: portanto, se Deus quis que eu pecasse, não devo querer não ter cometido meu pecado; é este o meu verdadeiro arrependimento".[86]

O que Agostinho infere dessa teoria do Ser não é a Vontade, mas a Louvação: "Agradece o existir", "louva todas as coisas pelo simples fato de que existem". Evite não somente dizer "'Seria melhor se [os pecadores] não existissem', mas também 'Eles devem ter sido constituídos de outra maneira'". E o mesmo se dá com tudo, "já que todas as coisas foram criadas dentro da ordem correspondente", e se "ousares depreciar um deserto", faze-o somente porque pode compará-lo "com o que é melhor". É "como se alguém que apreendesse pela razão a esfericidade perfeita se indignasse" por não poder encontrá-la na natureza. Deveria ficar grato por ter a ideia da esfericidade.[87]

No volume anterior, falei da antiga noção grega de que todas as aparências, porque *aparecem*, não só implicam a presença de criaturas sensíveis capazes de percebê-las, mas também requerem reconhecimento e *louvor*. Essa noção era uma espécie de justificação filosófica da poesia e das artes; a alienação do mundo, que precedeu o surgimento do pensamento estoico e do cristão, conseguiu eliminá-la de nossa tradição — embora nunca a tenha apagado totalmente das reflexões dos poetas. (Ainda se pode encontrá-la, expressa com muita ênfase, em W. H. Auden, que fala sobre "Aquele singular comando/ Não o entendo,/ *Agradeça ao que há por existir,/* A que devo obedecer, pois/ Para que mais sou feito/ para concordar ou divergir?",[88] no poeta russo Osip Mandelstam e, é claro, na poesia de Rainer Maria Rilke.) Quando se encontra essa noção em um contexto estritamente cristão, ela já tem um sabor argumentativo desconfortável, como se fosse simplesmente uma conclusão necessária da fé incontestada no Deus-Criador, como se os cristãos tivessem a obrigação de repetir as palavras de Deus após a Criação — "E Deus viu tudo [...] e [...] isso era muito bom." De todo modo, as observações de Agostinho sobre a impossibilidade de um não-querer completo, já que não se pode não-querer a própria existência enquanto se está não-querendo — é impossível, portanto, não-querer absolutamente, até mesmo no suicídio —, configuram uma refutação efetiva das artimanhas espirituais que os filósofos estoicos recomendaram para habilitar os homens a retirar-se do mundo continuando a viver nele.

Voltamos à questão da Vontade nas *Confissões*, que são quase totalmente não argumentativas e ricas no que hoje chamamos de descrições "fenomenológicas". Pois embora Agostinho comece por conceituar a posição de Paulo, ele vai muito além, além até de suas próprias primeiras conclusões conceituais — de que "querer e estar apto a executar não são a mesma coisa", de que "a lei não poderia mandar se não houvesse vontade, nem a graça poderia ajudar se a vontade fosse suficiente", de que o modo de perceber de nosso espírito é um modo que procede apenas por uma sucessão de opostos, o dia tornando-se noite e a noite tornando-se dia, e que aprendemos sobre a justiça somente tendo a experiência da injustiça, sobre a coragem somente por meio da covardia, e assim por diante. Refletindo sobre o que de fato acontecera durante o "combate ardoroso que travara consigo mesmo" antes de sua conversão, Agostinho descobriu que a interpretação que Paulo fazia de uma luta entre carne e espírito estava errada. Pois "meu corpo obedecia mais facilmente à mais fraca das vontades de minha alma, movendo seus membros a um mínimo sinal, do que minha alma obedecia a si mesma para efetuar essa grande vontade que só na vontade pode ser realizada".[89] Assim, o problema não estava na natureza dual do homem, metade carne e metade espírito: encontrava-se na própria faculdade da Vontade.

"De onde vem tal monstruosidade? E por que motivo? [...] O espírito ordena ao corpo e este imediatamente lhe obedece; o espírito dá uma ordem a si mesmo, ele resiste? [...]." (*Unde hoc monstrum, et quare istud? Imperat ainimus corpori, et paretur statin; imperate animus sibi et resistitur?*") O corpo não tem vontade própria e obedece ao espírito, embora ele seja diferente do corpo. Mas quando "o espírito ordena ao espírito que ele queira", ainda que seja "o mesmo espírito, ele não obedece. De onde provém esta monstruosidade? Qual a razão? Repito: o espírito ordena a si que queira algo — e se não quisesse, não ordenaria — e não executa o que lhe manda!" Talvez, prossegue Agostinho, isso possa ser explicado por uma certa fraqueza da vontade, uma falta de compromisso: talvez o espírito não queira "totalmente; portanto, tampouco ordena terminantemente [...] e, portanto, não *é* o que manda". Mas quem manda aqui, o espírito ou a vontade? Porventura o espírito (*animus*) ordena à vontade, e então hesita, de modo que a vontade não receba uma ordem clara? A resposta é não, pois é "a vontade [que] ordena que haja vontade; não uma outra vontade [como ocorreria se o *espírito* se dividisse entre vontades conflitantes], mas exatamente a mesma vontade".[90]

A cisão se dá na própria vontade; o conflito não surge de uma cisão entre o espírito e a vontade e tampouco de uma cisão entre a carne e o espírito. Isso comprova-se pelo simples fato de que a Vontade fala sempre no modo imperativo: "Tu Deves Querer", diz a Vontade a si mesma. Somente a própria Vontade tem poder para emitir semelhantes ordens, e "se a vontade fosse plena, não ordenaria que fosse vontade". É da natureza da Vontade duplicar-se, e, neste sentido, onde quer que haja uma vontade, há sempre "duas vontades, nenhuma das quais é plena [*tota*], e o que falta a uma está presente na outra". Por essa razão, são sempre necessárias duas vontades antagônicas para se chegar a ter vontade; "não é, portanto, monstruoso querer em parte e em parte não-querer" (*"Et ideo sunt duae voluntates. quia una earun tota non est.* [...] *Non igitur monstrum partim velle, partim nolle"*). O problema é que é o mesmo ego volitivo que simultaneamente quer e não quer: "Era eu o que queria, era eu o que não queria; eu mesmo. Não era um querer total nem tampouco um não-querer completo" — e isso não significa que eu tivesse "dois espíritos, um bom e o outro mau", mas que o tumulto das duas vontades em um só espírito "dilacerava-me".[91]

Os maniqueístas explicavam o conflito assumindo a existência de duas naturezas contrárias, uma boa e a outra má. Mas "se houvesse tantas naturezas contrárias quantas vontades em luta dentro de nós, não haveria só duas, mas sim muitas naturezas". Pois encontramos o mesmo conflito de vontades onde nenhuma escolha entre o bem e o mal está em jogo, onde ambas as vontades devem ser ditas más ou ambas ditas boas. Sempre que um homem tenta chegar a uma decisão, "encontra-se um espírito oscilando entre muitas vontades". Suponha que alguém tente se decidir entre "ir ao circo ou ao teatro, se ambos forem no mesmo dia; ou a um terceiro lugar, roubar a casa de alguém [...], ou a um quarto lugar, cometer adultério [...], e todas estas vontades se realizassem no mesmo momento, todas igualmente desejadas, sendo coisas que não podem acontecer ao mesmo tempo". Temos aqui quatro vontades, todas más e todas em conflito, "dilacerando" o ego volitivo. E o mesmo se dá com vontades que são boas.[92]

Agostinho não nos informa, nesse ponto, como tais conflitos se resolvem; apenas admite que, em um dado momento, escolhe-se um objetivo "para onde a vontade única e plena, antes multiplamente dividida, pode ser conduzida". Mas a cura da vontade, e este é um ponto decisivo, não advém da graça divina. No final das *Confissões*, ele volta mais uma vez ao problema e — com base em certas considerações bastante diferentes, explicitamente demonstradas em *Sobre a Trindade* (obra que levou quinze anos para escrever, de 400 a 416) — dá seu diagnóstico: a vontade final e unificadora que por fim decide a conduta de um homem é o *Amor*.

O Amor é o "peso da alma", sua lei da gravidade, aquilo que leva o movimento da alma ao repouso. Um tanto influenciado pela física aristotélica, Agostinho sustenta que o fim de todo movimento é o repouso, compreendendo agora as emoções — movimentos da alma — em analogia com os movimentos do mundo físico. Pois "os corpos nada mais desejam por seu peso do que a alma deseja por seu amor". Assim, nas *Confissões*: "Meu peso é o meu amor; é ele que me leva aonde quer que eu vá."[93] A gravidade da alma, a essência de quem é alguém, e o que, como tal, é impenetrável aos olhos humanos, manifesta-se nesse amor.

Devemos reter o seguinte: primeiro, a cisão dentro da Vontade é um conflito, não um diálogo, e independe do conteúdo daquilo que se quer. Uma vontade ruim não é menos dividida do que uma boa, e vice-versa. Segundo, a vontade, comandando o corpo, não passa de um órgão executivo do espírito, e, como tal, não apresenta maiores problemas. O corpo obedece ao espírito porque não possui qualquer órgão que torne possível a desobediência. A vontade, ao dirigir-se a si mesma, desperta a contravontade, porque o intercâmbio se dá completamente no espírito; uma competição só é possível entre iguais. Uma vontade que fosse "plena", sem uma contravontade, já não poderia ser adequadamente chamada de vontade. Terceiro, uma vez que está na natureza da vontade ordenar e exigir obediência, está também na natureza da vontade resistir a si mesma. Finalmente, no quadro das

Confissões, não se dá qualquer solução ao enigma dessa faculdade "monstruosa"; permanece um mistério a explicação de como a vontade, dividida contra si mesma, chega finalmente ao momento em que se torna "plena". Se é esse o modo como a vontade funciona, como é que ela pode chegar a nos fazer agir — a preferir, por exemplo, o roubo ao adultério? Pois as "flutuações da alma" de Agostinho, flutuações entre muitos fins igualmente desejáveis, são muito diferentes das deliberações de Aristóteles, que envolvem não os fins, mas os meios para um fim que é dado pela natureza humana. Nas principais análises de Agostinho, semelhante árbitro final nunca aparece, a não ser no término das *Confissões*, quando ele subitamente começa a falar da Vontade como uma espécie de Amor, "o peso de nossa alma", sem dar, entretanto, qualquer explicação para essa estranha identificação.

Essa solução é evidentemente uma exigência, uma vez que sabemos que tais conflitos do ego volitivo são resolvidos no final. Na verdade, como irei demonstrar adiante, aquilo que parece um *deus ex machina* nas *Confissões* deriva de uma teoria diferente da Vontade. Mas antes de nos voltarmos para *Sobre a Trindade*, pode ser útil uma interrupção para vermos como o mesmo problema é tratado em termos de consciência por um pensador moderno.

> John Stuart Mill, ao examinar a questão da vontade livre, sugere que "a confusão de ideias", comum nessa área da filosofia, "tem de [...] ser muito natural para o espírito humano", e descreve — de maneira menos vívida e também menos precisa, mas com palavras estranhamente semelhantes àquelas que acabamos de ouvir — os conflitos a que está sujeito o ego volitivo. É errado, insiste, descrevê-los como se ocorressem entre mim e alguma força estranha, a qual conquisto ou pela qual sou sobrepujado.

[Pois] é óbvio que "eu" sou ambas as partes nesta disputa; o conflito se dá de mim para comigo mesmo [...]. O que faz com que eu, ou se preferir, a minha Vontade, me identifique com um dos lados, em vez de com o outro, é que um dos "eus" representa um estado mais *permanente* dos meus sentimentos do que o outro.

Mill precisou dessa "permanência" porque era inteiramente contrário à ideia de que temos consciência de sermos capazes de nos contrapor ao mais forte desejo ou aversão; tinha, portanto, que explicar o fenômeno do arrependimento. O que descobriu, então, foi que "depois de cair em tentação [isto é, no maior desejo do momento], o 'eu' desejante termina, mas o 'eu' que tem a consciência pesada pode *perdurar* até o fim da vida". Embora esse persistente "eu" da consciência pesada não tenha qualquer importância nas considerações posteriores de Mill, ele sugere aqui a intervenção de algo chamado "consciência moral", ou "caráter", que sobrevive a todas as volições ou desejos, temporalmente limitados. De acordo com Mill, o "eu que perdura", e que se manifesta somente quando uma volição chega a seu fim, deveria assemelhar-se a qualquer coisa que tenha impedido o asno de Buridan de morrer de fome na dúvida entre dois montes de feno com o mesmo cheiro bom: "Por simples cansaço [...] misturado à sensação de fome", o animal acabaria por deixar "completamente de pensar nos objetos rivais". Mas isso Mill dificilmente poderia admitir, já que o "eu que perdura" é claramente uma das "partes na disputa"; e quando ele diz que "o objeto da educação moral é a educação da vontade", está pressupondo que é possível ensinar uma das partes a vencer. A educação aparece aqui como um *deus ex machina*: a proposição de Mill baseia-se em um pressuposto não examinado — semelhante aos que os filósofos da moral adotam com uma confiança enorme, e que não podem ser provados ou refutados.[94]

Não se pode esperar de Agostinho esse mesmo tipo estranho de confiança; ela surgiu muito mais tarde para neutralizar, pelo menos na esfera da ética — e, de certo modo, por decreto —, a dúvida universal que caracteriza a Era Moderna — a que Nietzsche, corretamente a meu ver, chamou de "era da suspeita". Quando os homens não podiam mais *louvar*, voltaram seus maiores esforços conceituais para *justificar* Deus e sua Criação em teodiceias. Mas é claro que Agostinho também precisava de alguma forma de redenção da Vontade. A graça divina não poderia servir, uma vez que ele descobrira que a fragmentação da Vontade era a mesma tanto para a má quanto para a boa vontade; é um tanto difícil imaginar a graça de Deus decidindo se devo ir ao teatro ou cometer adultério. Agostinho vai encontrar sua solução em uma abordagem totalmente nova do problema. Passa a investigar a Vontade não isolada das outras faculdades do espírito, mas em sua inter-relação com elas; a questão principal agora é a seguinte: qual a função da vontade na Vida do espírito como um todo? Ainda assim, o dado fenomênico que sugeriu a resposta, antes mesmo que ela fosse encontrada e devidamente delineada, é curiosamente algo semelhante ao "eu que perdura" de Mill. Nas palavras de Agostinho, este dado seria: "que há alguém em mim que é mais eu do que eu mesmo".[95]

O *insight* que mais se destaca no tratado *Sobre a Trindade* provém do mistério da trindade cristã. Pai, Filho e Espírito Santo, três substâncias quando cada uma está em relação consigo mesma, podem ao mesmo tempo formar uma Unidade, assegurando, assim, que o dogma não significa uma quebra do monoteísmo. A unidade se dá porque todas as três substâncias são "mutuamente predicadas em relação" umas com as outras, sem que com isso percam a existência "em sua própria substância" (não é esse o caso, por exemplo, quando uma cor e um objeto colorido são "mutuamente predicados" na relação que mantêm, pois "a cor não tem substância própria, uma vez que o corpo colorido é uma substância, mas a cor está *em* uma substância"[96]).

O paradigma de uma relação mutuamente predicada entre substâncias independentes é a *amizade*: pode-se dizer de dois homens amigos que são "substâncias independentes" enquanto relacionados a si mesmos; são amigos somente na relação que mantêm entre si. Um par de amigos só forma uma unidade, só forma Um, à medida que e enquanto são amigos; no momento em que a amizade acaba, eles são novamente duas "substâncias" independentes. Isso demonstra que alguém ou algo pode ser uma Unidade na relação que mantém somente consigo, e, ainda assim, ser tão relacionado a um outro, estar a ele tão intimamente *ligado* que os dois podem aparecer como uma Unidade sem modificar sua "substância", sem perder sua independência substancial e sua identidade. É assim com a Santíssima Trindade: Deus permanece Um quando relacionado somente a Si mesmo, mas é três na unidade com o Filho e o Espírito Santo.

O importante aqui é que uma tal relação mutuamente predicada pode ocorrer apenas entre "iguais"; portanto, não se pode aplicá-la à relação entre o corpo e a alma, entre o homem carnal e o espiritual, embora eles sempre apareçam juntos — porque aqui a alma é obviamente o princípio governante. Para Agostinho, no entanto, o misterioso três-em-um tem que ser encontrado em algum lugar na natureza humana, uma vez que Deus criou o homem à sua própria imagem e semelhança; e uma vez que é precisamente o espírito humano que distingue o homem de todas as outras criaturas, o três-em-um será provavelmente encontrado na estrutura do espírito.

Encontramos as primeiras mostras dessa nova linha de investigação no final das *Confissões*, a obra anterior mais próxima de *Sobre a Trindade*. Ali ocorre pela primeira vez a Agostinho utilizar o dogma teológico do três-em-um como um princípio filosófico geral. Insta o leitor a "considerar essas três coisas que existem em si mesmas [...] [e] são bem diferentes da Trindade [...], as três coisas de que falo são: Ser, Conhecer e Querer. [As três estão interligadas.] Pois eu Sou Conhecendo e Querendo; e tenho Conhecimento de que Sou e de que Quero; e Quero Ser e Conhecer. Repare quem puder, nesses três, quão inseparável é uma vida, um espírito, uma essência; enfim, como é difícil a distinção, que, ainda assim, existe".[97] A analogia não significa, é claro, que o Ser é análogo ao Pai, o Conhecer ao Filho e o Querer ao Espírito Santo. O que interessa a Agostinho é simplesmente que o "Eu" espiritual contém três coisas totalmente diferentes, que são inseparáveis e, ainda assim, distintas.

A tríade Ser, Querer e Conhecer aparece somente na formulação um tanto incerta das *Confissões*: é óbvio que o Ser aqui não está em seu lugar, já que não é uma faculdade do espírito. Em *Sobre a Trindade*, a mais importante tríade do espírito é Memória, Intelecto e Vontade. Essas três faculdades "não são três espíritos, mas um só [...]. Referem-se mutuamente [...], sendo que cada uma é compreendida pelas" outras duas, e que também mantêm relação consigo mesmas: "Lembro-me de que tenho memória, intelecto e vontade; entendo que entendo, quero e me lembro; e quero querer, lembrar-me e entender."[98] Essas três faculdades são iguais em peso, mas sua Unidade deve-se à Vontade.

A Vontade diz à Memória o que reter e o que esquecer; diz ao Intelecto o que escolher para o entendimento. A Memória e o Intelecto são contemplativos e, sendo assim, são passivos; é a Vontade que os faz trabalhar e que, ao final, os "reúne". Somente quando, através de uma destas faculdades, a saber, a Vontade, as três são forçadas a tornar-se uma unidade, estamos falando de *pensamento* — o *cogitatio*, que Agostinho, jogando com a etimologia, deriva de *cogere* (*coactum*), obrigar a junção, unir à força. (*"Atque ita fit illa trinitas ex memoria, et interna visione, et quae utrumque copulat voluntate. Quia tria [in unum] coguntur, ab ipso coactu cogitatio dicitur."*)[99]

A força unificadora da Vontade não funciona só na atividade puramente espiritual; manifesta-se também na percepção sensorial. É esse elemento do espírito que dá significado à sensação. Em todo ato de visão, diz Agostinho, temos que "distinguir as três seguintes coisas [...] o objeto que vemos [...], e esse pode naturalmente existir antes de ser visto: em segundo lugar, a visão que não estava lá antes de percebermos o objeto [...], e, em terceiro lugar, a força que fixa o sentido da visão no objeto, [...] a saber, a atenção do espírito". Sem esta última, uma função da Vontade, temos apenas "impressões" sensoriais, sem que realmente as percebamos; um objeto é *visto* somente quando concentramos nosso espírito na percepção. Podemos ver sem perceber e ouvir sem escutar, como acontece amiúde quando estamos distraídos. A "atenção do espírito" é necessária para transformar a sensação em percepção; a Vontade que "fixa o sentido na coisa vista, estabelecendo um nexo entre os dois, é essencialmente diferente do olho que vê e do objeto visível; é espírito, e não corpo".[100]

Além disso, ao fixarmos nosso espírito no que vemos ou ouvimos, estamos dizendo à nossa memória o que é para ser lembrado, e ao nosso intelecto, o que é para ser entendido, que objetos se deve tentar alcançar na busca de conhecimento. A memória e o intelecto retiraram-se das aparências exteriores, e não é com essas aparências em si (a árvore real) que lidam, mas com imagens (a árvore vista) que estão claramente dentro de nós. Em outras palavras, a Vontade, por meio da *atenção*, primeiro une os nossos órgãos dos sentidos ao mundo real de uma forma significativa; e então arrasta esse mundo exterior para dentro de nós, preparando-o para operações posteriores do espírito: para ser lembrado, para ser entendido, para ser afirmado ou negado. Pois as imagens internas não são absolutamente meras ilusões. "Ao nos concentrarmos com exclusividade nas imaginações internas, e ao voltarmos por completo o olho do espírito para longe dos corpos que cercam os nossos sentidos", deparamos "com uma semelhança tão surpreendente das espécies corpóreas expressadas pela memória", que é difícil dizer se estamos vendo ou simplesmente imaginando. "Tão grande é o poder do espírito sobre o seu corpo" que a pura imaginação "pode despertar os órgãos genitais".[101] Esse *poder* do espírito deve-se não ao Intelecto, tampouco à Memória, mas somente à Vontade, que une a interioridade do espírito ao mundo exterior. A posição privilegiada do homem dentro da Criação, no mundo exterior, se deve ao espírito, que "imagina de dentro, e ainda assim imagina coisas que são de fora. Pois ninguém poderia usar tais coisas [do mundo exterior] [...], a não ser que as imagens das coisas sensíveis ficassem retidas na memória, e a não ser [...] que a mesma vontade [fosse] adaptada tanto aos corpos de fora quanto às suas imagens de dentro".[102]

Essa Vontade, como a força que unifica e liga o aparato sensorial humano ao mundo exterior e é, então, aquilo que reúne as diferentes faculdades espirituais do homem, apresenta duas características que estiveram completamente ausentes das várias descrições de vontade que examinamos até aqui. Essa Vontade poderia ser entendida como "a fonte da ação"; ao orientar a atenção dos sentidos, controlando as imagens impressas na memória e fornecendo ao intelecto o material para a compreensão, a Vontade prepara o terreno no qual a ação se pode dar. Fica-se tentado a afirmar que essa Vontade está tão ocupada preparando a ação que nem sequer tem tempo de se envolver na controvérsia com sua própria contravontade. "E assim como no homem e na mulher há uma só carne de dois, também a natureza única do espírito [a Vontade] abarca nosso intelecto e nossa ação, ou nosso conselho e nossa execução [...] assim como foi dito daqueles: 'Devem ser dois em uma só carne', pode-se também dizer desses [do homem interior e do exterior]: 'Dois em um só espírito.'"[103]

Eis aqui um primeiro indício de certas consequências que muito mais tarde Duns Scotus viria a extrair do voluntarismo agostiniano: a redenção da vontade não pode ser espiritual nem tampouco advém de intervenção divina; a redenção vem do ato que — com frequência na forma de um *"coup d'état"*, na expressão feliz de Bergson — interrompe o conflito entre o *velle* e o *nolle*. E o preço da redenção é, como veremos, a *liberdade*. Assim como expressou Duns Scotus (seguindo o resumo de um comentador moderno), "é possível para mim estar escrevendo neste momento, assim como me é possível não estar a escrever". Ainda sou completamente livre e pago por essa liberdade pelo fato curioso de que a Vontade sempre quer e não-quer ao mesmo tempo: a atividade do espírito, no caso da vontade, não exclui o seu oposto. "Ainda assim, meu *ato* de escrever exclui o seu oposto. Por um ato de vontade, posso me determinar a escrever, e, por outro, posso decidir não escrever, mas minha ação em relação às duas coisas não pode ser simultânea."[104] Em outras palavras, a Vontade é redimida, cessando de querer e começando a agir, e a interrupção não pode se originar de um ato de querer-não-querer, pois isso já seria uma nova volição.

Em Agostinho, assim como mais tarde em Duns Scotus, a solução do conflito interno da Vontade surge por uma transformação na própria Vontade, por sua transformação em *Amor*. A Vontade — vista em seu aspecto operatório e funcional como um agente de união, de ligação — pode também ser definida como Amor (*voluntas: amor seu dilectio*),[105] pois o Amor é obviamente o agente de ligação de maior êxito. No Amor, há novamente "três coisas: aquele que ama, aquilo que é amado e o Amor [...]. [O Amor] é uma certa vida que liga [...] duas coisas, aquele que ama e aquilo que é amado".[106] Do mesmo modo, a Vontade como atenção era necessária para efetuar a percepção, ligando aquele que tem olhos para ver aquilo que é visível; só que a força unificadora do Amor é mais forte. Pois aquilo que o Amor liga "está maravilhosamente unido", de forma que haja uma coesão entre o que ama e o que é amado — *"cohaerunt enim mirabiliter glutino amoris".*[107] A grande vantagem da transformação é não só a maior força do Amor na unificação do que está separado — quando a Vontade, ligando "a forma do corpo que se vê e a imagem que aparece ao sentido, isto é, ao sentido da visão [...], é tão violenta que [mantém o sentido *fixo* na visão, uma vez que ela tenha se formado], esta vontade pode também ser chamada de amor, ou desejo, ou paixão"[108] —, mas vem também do fato de que o amor, ao contrário da vontade e do desejo, não se extingue quando alcança seu objetivo, mas sim possibilita ao espírito "permanecer *imóvel* para poder *desfrutá-lo*".

O que a vontade não é capaz de realizar é esse desfrutar imóvel; a vontade é dada como uma faculdade do espírito, porque o espírito não "se basta", e, "em virtude de sua necessidade e do seu querer, torna-se excessivamente atento às suas próprias ações".[109] A vontade decide como *usar* a memória e o intelecto, isto é, "remete essas faculdades a alguma outra coisa", mas não sabe como usá-las com "o júbilo, não da esperança, mas do que é realmente o melhor".[110] É esse o motivo pelo qual a vontade não está jamais satisfeita, "pois satisfação significa que a vontade está em repouso",[111] e nada — e certamente nunca a esperança — pode apaziguar a inquietação de vontade, "a não ser a resignação", o desfrutar calmo e duradouro de algo presente; somente "a força do amor é tão grande que faz com que o espírito envolva em si mesmo as coisas sobre as quais refletiu longamente com amor".[112] Todo o espírito "está nas coisas sobre as quais pensa com amor", e são essas as coisas "sem as quais ele não pode pensar em si mesmo".[113]

A ênfase aqui recai sobre o *pensar* do espírito em si mesmo; e o amor que acalma o tumulto e a inquietação da vontade não é o amor das coisas tangíveis, mas as "pegadas" deixadas pelas "coisas sensíveis" no interior do espírito. (Ao longo de todo o tratado, Agostinho é cuidadoso em estabelecer a distinção entre pensar e conhecer, ou entre sabedoria e conhecimento. "Uma coisa é não se ter conhecimento de si, outra é não se pensar em si.")[114] No caso do Amor, a "pegada" duradoura que o espírito transforma em coisa inteligível não seria nem o que ama nem o amado, mas o terceiro elemento, a saber, o próprio Amor, o amor com o qual os amantes se amam.

A dificuldade nessas "coisas inteligíveis" é que, embora estejam "tão presentes à mirada do espírito [...] quanto as coisas tangíveis estão presentes [...] aos sentidos corporais", alguém "que chega [a elas] não se detém nelas [...], e cria-se, assim, um pensamento transitório de uma coisa que não é transitória. E esse pensamento transitório é memorizado [...], de modo que haja um lugar para onde o pensamento possa de novo retornar". (O exemplo que ele dá de durabilidade em meio à transitoriedade humana é retirado da música. É como se "alguém fosse querer apreender [uma melodia] passando por intervalos de tempo, enquanto ela está à parte do tempo, em uma espécie de silêncio secreto e sublime"; sem a memória para registrar a sequência de sons não seria possível sequer "conceber a melodia, ainda que se pudesse ouvir o canto".[115]) O que o Amor produz é a duração, uma permanência da qual o espírito seria, de outra forma, incapaz. Agostinho conceituou as palavras de São Paulo na Epístola aos Coríntios: "O amor não acaba nunca; permanecem estes três — a fé, a esperança e o amor —, porém, o maior destes [o mais durável, por assim dizer] é o amor" (I Coríntios 13:8).

Para resumir: a Vontade de Agostinho, que não é concebida como uma faculdade isolada, mas em sua função dentro do espírito como um todo, em que todas as faculdades individuais — memória, intelecto e vontade — "referem-se mutuamente",[116] encontra redenção ao transformar-se em Amor. O Amor como uma espécie de vontade duradoura e livre de conflitos apresenta uma semelhança óbvia com o "eu que perdura" de Mill, que prevalece finalmente nas decisões da vontade. O Amor de Agostinho exerce sua influência pelo "peso" — "a vontade assemelha-se a um peso"[117] —, junta-se à alma, interrompendo assim suas flutuações. Os homens não vêm a ser justos por saber o que é justo, mas por amar a justiça. O amor é a gravidade da alma, ou o contrário: "gravidade específica dos corpos é, por assim dizer, seu amor."[118] No mais, o que se salva nessa transformação da concepção mais antiga de Agostinho é o poder que a Vontade tem de afirmar ou negar; não há maior afirmação de algo ou de alguém do que amar este algo ou alguém, isto é, do que dizer: quero que tu sejas — *Amo: Volo ut sis*.

Até aqui deixamos de lado todas as questões estritamente teológicas e, junto com elas, o maior problema que a vontade livre apresenta para toda a filosofia estritamente cristã. Nos primeiros séculos depois de Cristo, a existência do Universo podia ser explicada como emanação, o fluxo de forças divinas e antidivinas, sem necessidade da pessoa de um Deus por trás de tudo. Ou, seguindo a tradição hebraica, podia ser explicada como criação, tendo a figura de um Deus como seu autor. O autor divino criou o mundo por Sua própria vontade livre, e criou-o do nada. E criou o homem à Sua imagem, isto é, dotou-o também de uma vontade livre. A partir daí, as teorias da emanação corresponderam às teorias fatalistas ou deterministas da necessidade; as teorias da criação tinham que lidar teologicamente com a Vontade Livre de Deus, que foi Quem decidiu criar o mundo, e conciliar esta Liberdade com a liberdade da criatura, o homem. Porque Deus é onipotente (Ele pode sobrepor-se à vontade do homem) e tem conhecimento prévio, a liberdade humana parece ficar duplamente neutralizada. O argumento padrão, então, é o seguinte: Deus apenas prevê; Ele não compele. Encontra-se o argumento também em Agostinho, mas ele propõe, no mínimo, uma linha de pensamento muito diferente.

Retomamos anteriormente os argumentos básicos dados para explicar a enorme importância que tiveram fatalismo e determinismo na mentalidade do mundo clássico, especialmente na Antiguidade romana. E vimos com Cícero como esse raciocínio sempre acabava em contradições e paradoxos. Todos se lembram do chamado argumento vão — quando adoecemos, já está predestinado se vamos ou não vamos nos recuperar, quer chamemos um médico, quer não. Mas se vamos chamar o médico ou não também está predeterminado. Em outras palavras, todas as nossas faculdades tornam-se *vãs* quando seguimos esta linha de pensamento sem trapacear. O raciocínio baseia-se em causas anteriores; isto é, baseia-se no passado. Mas é claro que é no futuro que estamos realmente interessados. Queremos que o futuro seja previsível — "era para ser" —, mas basta começar a argumentar nesta linha para deparar com outro paradoxo: "Se posso prever que vou morrer amanhã em um desastre de avião, então não sairei da cama amanhã. Mas desse modo não morro. Mas então não terei previsto corretamente o futuro."[119] A falha dos dois argumentos, tanto no relacionado com o passado, quanto no relacionado com o futuro, é a mesma: o primeiro extrapola o presente para o passado; e o segundo extrapola-o para o futuro; e ambos assumem que o agente da extrapolação fica de fora da esfera em que o acontecimento se dá, e que ele, o observador externo, não tem qualquer poder para agir — ele mesmo não é uma causa. Em outras palavras, uma vez que o próprio homem é parte inseparável do processo temporal, que é um ser com um passado e uma faculdade especial para o passado chamada "memória", uma vez que vive no presente e anseia pelo futuro, ele não pode saltar para fora da ordem temporal.

Acentuei anteriormente o fato de que o argumento do determinismo só alcança agudeza real quando se introduz Alguém que tudo prevê, que se situa fora da ordem temporal e vê o que acontece da perspectiva da eternidade. Ao introduzir esse Alguém, Agostinho foi capaz de chegar ao seu ensinamento mais dúbio e também mais terrível: a doutrina da predestinação. Não estamos interessados aqui nessa doutrina, uma radicalização perversa da doutrina de Paulo segundo a qual a salvação não está nas ações, mas na fé, e é dada pela graça de Deus — de modo que nem mesmo a fé está em poder dos homens. Essa doutrina encontra-se em um dos últimos tratados, *On grace and free will*, escrito contra os seguidores do pelagianismo, os quais, referindo-se precisamente às doutrinas agostinianas iniciais da vontade, enfatizaram "os méritos da boa vontade antecedente" para se receber a graça, cujo concedimento só era completamente gratuito no perdão aos pecados.[120]

Os argumentos filosóficos, não para a predestinação, mas para a coexistência da vontade livre do homem e da onisciência de Deus, ocorrem em uma discussão do *Timeu*, de Platão. O conhecimento humano é de "vários tipos"; os homens conhecem de maneiras diferentes coisas que ainda não são, coisas que são e coisas que foram. [Mas] não é do nosso modo que Ele olha à frente para o que é futuro, nem para o que é presente ou, para trás, para o que é passado; é de uma maneira completa e profundamente diferente do nosso modo de pensar. Pois Ele não passa disso àquilo [seguindo em pensamento aquilo que se modificou do passado para o presente, para o futuro], mas vê na totalidade de maneira imutável; de modo que todas as coisas que [para nós] se erguem temporalmente — o futuro que ainda não é, bem como o presente que já é e o passado que não é mais — são por Ele compreendidas em presença estável e perpétua; tampouco Ele enxerga de modo diverso com os olhos do corpo e com os olhos do espírito, pois Ele não é composto de espírito e corpo: nem [Ele vê] de modo diferente o agora, o antes e o depois. pois seu conhecimento, ao contrário do nosso, não é um conhecimento de três tempos, presente, passado e futuro, através de cuja variação nosso conhecimento é afetado [...]. Nem há qualquer intenção que passe de pensamento em pensamento em cuja intuição incorpórea todas as coisas que Ele conhece estão presentes de uma só vez. Pois Ele conhece todos os tempos sem noções temporais, exatamente como Ele move todas as coisas temporais sem movimentos temporais.[121]

Nesse contexto, não se pode mais falar do conhecimento *prévio* de Deus; para Ele, o passado e o futuro não existem. A Eternidade, entendida em termos humanos, é um presente perpétuo. "Se o presente fosse sempre presente [...] já não seria tempo, mas sim eternidade."[122]

Citei de forma um tanto extensa esse argumento porque, se é possível supor que há uma *pessoa* para quem a ordem temporal não existe, a coexistência da vontade livre do homem e da onisciência de Deus deixa de ser um problema insolúvel. No mínimo ela pode ser abordada como parte do problema da temporalidade do homem, isto é, em uma consideração de todas as nossas faculdades relacionadas ao tempo. Encontra-se uma preparação para esse novo ponto de vista, que é explicado em *A cidade de Deus*, no famoso livro XI das *Confissões*, para o qual agora iremos nos voltar de maneira breve.

Considerados em termos de categorias temporais, "o presente das coisas passadas está na memória, o presente das coisas presentes está em uma intuição do espírito [*contuitus* — uma visão que reúne as coisas e 'presta atenção' a elas], e o presente das coisas futuras está na expectativa".[123] Mas esses triplos presentes do espírito não constituem em si o tempo; constituem o tempo somente porque passam de um para o outro, "do futuro, atravessando o presente, pelo qual se vai ao passado"; e o presente é o menos durável dos três, uma vez que não tem "espaço" próprio. Portanto, o tempo passa "daquilo que ainda não existe, por aquilo que não tem espaço, para aquilo que já não existe".[124] O tempo, portanto, não pode absolutamente ser constituído pelos "movimentos dos corpos celestiais"; os movimentos dos corpos estão "no tempo" somente à medida que têm um início e um fim; e o tempo que pode ser medido está no próprio espírito, isto é, "do tempo em que comecei a ver ao tempo em que deixei de ver". Pois "medimos na verdade o intervalo entre algo que começa até ter algum tipo de fim", e isso só é possível porque o espírito retém em seu próprio presente a expectativa daquilo que ainda não é, a que "presta atenção e relembra quando passa".

O espírito desempenha essa ação temporalizante em cada ato cotidiano: "Estou prestes a recitar um salmo [...]. A vida deste meu ato se divide em memória, pelo que já recitei, e em expectativa, pelo que estou para recitar. A atenção está presente e, através dela, o que era futuro é levado [*traiiciatur*] a tornar-se passado." A atenção, como vimos, é uma das maiores funções da Vontade, o grande elemento unificador, que aqui, naquilo que Agostinho chama de "distensão do espírito", reúne os tempos verbais do tempo no presente do espírito. "A atenção perdura e, através dela, aquilo que será presente sucede para tornar-se algo ausente", a saber, o passado. E "o mesmo se dá em toda a vida do homem", que jamais seria um todo sem a distensão do espírito: "o mesmo se dá [também] em toda a era dos filhos dos homens, da qual as vidas dos homens são apenas partes", isto é, à medida que essa era possa ser recontada como uma história coerente e contínua.[125]

Partindo da perspectiva da temporalidade das faculdades humanas, Agostinho retoma, mais uma vez então, no último dos grandes tratados, *A cidade de Deus*, o problema da Vontade.[126] Enuncia ali a principal dificuldade: Deus, "embora seja Ele mesmo eterno e *sem começo,* fez com que o tempo tivesse um começo: e o homem, que Ele previamente não havia feito, Ele o fez no tempo".[127] A criação do mundo e do tempo coincidem — "o mundo foi feito *não* no tempo, mas junto com o tempo" — não só porque a própria criação implica um começo, mas também porque as criaturas vivas foram feitas antes de ser feito o homem. "Onde não há criatura cujo movimento de transformação permita a sucessão não é absolutamente possível haver tempo [...], sendo o tempo impossível sem a criatura."[128] Mas qual foi então o propósito de Deus ao criar o homem, indaga Agostinho, por que Ele "quis fazê-lo no tempo", este "que Ele nunca fizera antes"? Diz que essa questão é "algo com efeito profundo", e fala da "profundidade imperscrutável deste propósito" de criar o *homem temporal* [*hominem temporalem*] que jamais existira antes, isto é, uma criatura que não vive simplesmente "no tempo", mas que é essencialmente temporal, que é, de certo modo, a essência do tempo.[129]

Para responder a "esta questão dificílima da criação de coisas novas por um Deus eterno", Agostinho vê primeiramente a necessidade de refutar o conceito cíclico de tempo dos filósofos, uma vez que a novidade não poderia ocorrer em ciclos. Dá então uma resposta bastante surpreendente à questão de por que teria sido necessário criar o Homem separado de todas as outras criaturas e acima delas. Para que possa haver novidade, ele diz, há de haver um *começo*, "e esse começo jamais existira antes", isto é, nunca antes da criação do Homem. Portanto, para que um tal começo "pudesse ser, foi o homem criado sem que ninguém o fosse antes dele" (*quod initium eo modo antea nunquam fuit. Hoc ergo ut esset, creatus est homo, ante quem nullus fuit*).[130] E Agostinho distingue este começo do começo da criação usando a palavra "*initium*" para a criação do Homem, mas "*principium*" para a criação dos Céus e da Terra.[131] Quanto às criaturas vivas feitas antes do Homem, elas foram criadas "no plural", como começos de espécies, ao contrário do Homem, que foi criado no singular e continuou a "propagar-se a partir de indivíduos".[132]

É o caráter de individualidade do Homem que explica o fato de Agostinho dizer que não havia "ninguém" antes dele, isto é, ninguém que se pudesse chamar de "pessoa"; esta individualidade manifesta-se na Vontade. Agostinho propõe o caso dos gêmeos idênticos, ambos

HANNAH ARENDT

"com temperamentos semelhantes do corpo e da alma". Como podemos distingui-los? O único dom que permite a distinção entre os dois é sua vontade — "se ambos são igualmente tentados e um cai na tentação enquanto o outro permanece impassível [...] o que mais pode causar isso senão suas próprias vontades, nos casos [...] em que o temperamento é idêntico?"[133]

Em outras palavras e elaborando um pouco essas especulações, temos o seguinte: o Homem é posto em um mundo de mudança e de movimento como um novo começo porque sabe que tem um começo e que terá um fim; sabe até mesmo que este começo é o começo de seu fim — "toda a nossa vida nada mais é do que uma corrida em direção à morte".[134] Nenhum animal, de nenhuma espécie, tem, neste sentido, um começo ou um fim. Com o homem criado à imagem do próprio Deus veio ao mundo um ser que, por ser um começo correndo para um fim, pôde ser dotado da capacidade de querer ou não querer.

Nesse aspecto, ele foi a imagem de um Deus-Criador; mas uma vez que era temporal, e não eterno, a capacidade foi completamente dirigida para o futuro. (Sempre que Agostinho fala dos três tempos verbais, enfatiza a primazia do futuro — de modo semelhante a Hegel, como vimos. O primado da Vontade entre as faculdades do espírito exige a primazia do futuro nas especulações sobre o tempo.) Todo homem, sendo criado no singular, é um novo começo em virtude de ter nascido; se Agostinho tivesse levado essas especulações às suas consequências, teria definido os homens não à maneira dos gregos, como mortais, mas como "natais", e teria definido a liberdade da Vontade não como o *liberum arbitrium*, a escolha livre entre querer e não querer, mas como a liberdade sobre a qual fala Kant na *Crítica da razão pura*.

A "faculdade [do homem] de começar espontaneamente uma série no tempo", a qual, "ao ocorrer no mundo, pode ter um primeiro começo apenas relativo", e que, ainda assim, "é um começo absolutamente

438

primeiro, não no tempo, mas na causalidade", deve ser novamente invocada. "Se, por exemplo, levanto-me agora da cadeira em completa liberdade [...] uma nova série, com todas as suas consequências naturais *in infinitum*, tem seu começo absoluto neste acontecimento."[135] A distinção entre um começo "absoluto" e um "relativo" aponta para o mesmo fenômeno que enxergamos na distinção que Agostinho fez entre o *principium* do Céu e da Terra e o *initium* do Homem. E se Kant tivesse conhecido a filosofia da natalidade de Agostinho provavelmente teria concordado que a liberdade da espontaneidade *relativamente* absoluta não é mais embaraçosa para a razão humana do que o fato de os homens *nascerem* — continuamente recém-chegados a um mundo que os precede no tempo. A liberdade de espontaneidade é parte inseparável da condição humana. Seu órgão espiritual é a Vontade.

Capítulo 3   O Querer e o Intelecto

11. TOMÁS DE AQUINO E A PRIMAZIA DO INTELECTO

Há mais de quarenta anos, Étienne Gilson, o grande revigorador da filosofia cristã, falando em Aberdeen na posição de Gifford Lecturer, discursou sobre o reflorescimento magnífico da filosofia grega no século XIII; o resultado foi uma formulação clássica e a meu ver duradoura — *O espírito da filosofia medieval* — do "princípio básico de toda a especulação medieval". Referiu-se à *fides quaerens intellectum,* a "fé pedindo auxílio ao intelecto", de Anselmo, fazendo assim da filosofia *ancilla theologiae,* a serva da fé. Havia sempre o perigo de a serva tornar-se "ama", conforme a advertência do papa Gregório IX na Universidade de Paris, que antecipava, em mais de duzentos anos, os fulminantes ataques de Lutero a esta *stultitia,* a esta loucura. Menciono o nome de Gilson certamente não para sugerir comparações — que seriam fatais para mim mesma —, mas, em vez disso, por um sentimento de gratidão e também com a finalidade de explicar por que daqui por diante evitarei discutir assuntos que foram há muito tempo tratados de maneira tão magistral e com um resultado que está disponível — até mesmo em brochura.

Oitocentos anos separam Tomás de Agostinho, tempo suficiente não só para fazer do Bispo de Hipona um santo e um Padre da Igreja, mas também para conferir-lhe uma autoridade igual à de Aristóteles e quase igual à de Paulo, o Apóstolo. Na Idade Média tal autoridade era da maior importância; nada poderia ser mais nocivo a uma nova doutrina do que se declarar abertamente nova; nunca houve maior predomínio daquilo que Gilson chamou de "ipsedixitismo". Mesmo quando Tomás discorda completamente de uma opinião, precisa citar alguém de autoridade para estabelecer a doutrina contra a qual irá argumentar. Sem dúvida, isso tinha algo a ver com a autoridade absoluta da palavra de Deus, registrada em livros, no Velho e no Novo Testamento, mas o que importa aqui é que quase *todo* autor conhecido — cristão, judeu, muçulmano — era citado como uma "autoridade", fosse para a verdade, fosse para alguma inverdade importante.

Em outras palavras, quando estudamos tais obras medievais, precisamos nos lembrar de que seus autores viveram em monastérios — sem os quais não existiria nada semelhante a uma "história das ideias" no mundo ocidental —, e isso significa que esses escritos saíram de um mundo de livros. Em contrapartida, as reflexões de Agostinho estiveram intimamente relacionadas com suas experiências; foi importante para ele descrevê-las em detalhe; e mesmo quando tratava de assuntos especulativos tais como a origem do mal (no diálogo *O livre-arbítrio da vontade*, da fase inicial), nem sequer lhe ocorreu citar as opiniões de um sem-número de homens eruditos e conceituados no assunto.

Os autores escolásticos usam a experiência somente para dar um exemplo que sustente seus argumentos; a experiência em si não inspira o argumento. O que na verdade surge dos exemplos é uma espécie curiosa de casuística, uma técnica de forçar princípios gerais a envolver casos particulares. O último autor que ainda escreveu claramente sobre as perturbações de sua alma ou espírito, totalmente alheio a interesses livrescos, foi Anselmo, e isso duzentos anos antes de Tomás. Esse fato não significa dizer, é claro, que os autores escolásticos não estivessem interessados nas questões reais, e que buscassem inspiração simplesmente em argumentos, mas sim que estamos agora entrando em uma "era de comentadores" (Gilson), cujos pensamentos sempre se

O QUERER E O INTELECTO

guiavam por alguma autoridade escrita; e seria um grave erro acreditar que tal autoridade tivesse necessária ou mesmo primordialmente que ser escolástica ou bíblica. A despeito disso, Gilson — cuja mentalidade harmonizava-se de forma tão admirável com as exigências de seu grande tema, e que reconhecia que "é por causa das Escrituras que há uma filosofia que é cristã, [assim como] é por causa da tradição grega que o cristianismo possui uma filosofia" — pôde sugerir a sério que a razão pela qual Platão e Aristóteles não conseguiram penetrar na verdade final residia na infelicidade de não terem tido "a vantagem de ler as primeiras linhas do Gênese [...] se eles as tivessem lido, toda a história da filosofia poderia ter sido diferente".[1]

A grande obra-prima não-terminada de Tomás, a *Summa Theologica*, pretendia originalmente servir para objetivos pedagógicos, como manual para as novas universidades. Ela enumera de maneira rigorosamente sistemática todas as questões e todos os argumentos possíveis e pretende dar respostas finais a cada um deles. Nenhum sistema posterior que eu conheça pode rivalizar com essa codificação de verdades supostamente estabelecidas, com esse *apanhado* de conhecimentos coerentes. Todo sistema filosófico visa a oferecer ao espírito inquieto uma espécie de hábitat espiritual, uma casa segura; nenhum deles, porém, jamais teve tanto êxito quanto este, e nenhum, acho eu, esteve tão livre de contradições. Qualquer um que estivesse disposto a fazer o considerável esforço espiritual para entrar nessa casa era recompensado com a segurança de que, em seus inúmeros cômodos, jamais se veria desorientado ou desamparado.

Ler Tomás é aprender como tais domicílios são construídos. Primeiro, levantam-se as Questões do modo mais abstrato possível, ainda que não de modo especulativo; então, os pontos de investigação para cada questão são ordenados, seguindo-se as Objeções que podem ser feitas para cada resposta possível; depois disso, um "Ao contrário" introduz a posição oposta; e é somente depois de o terreno ter sido preparado que a resposta do próprio Tomás é dada, completa e com respostas específicas às Objeções. Esta ordem esquemática jamais se altera, e o leitor com paciência suficiente para seguir a longa sequência de questões e de respostas, levando em conta cada objeção e cada posição contrária, ficará fascinado com a imensidão de um intelecto que parece tudo saber. Em cada caso, apela-se para alguma autoridade, e isso é particularmente impressionante quando os argumentos que estão sendo refutados foram antes expostos com a citação de uma autoridade a apoiá-los.

Não que a referência a uma autoridade seja o único modo ou mesmo o modo predominante de argumentação. Ela sempre vem acompanhada de uma espécie de demonstração racional pura, normalmente protegida por uma couraça. Jamais utiliza retórica ou qualquer tipo de persuasão; o leitor é compelido, como só a verdade pode compelir. A confiança na verdade coercitiva, tão generalizada na filosofia medieval, não tem limites em Tomás. Ele distingue três tipos de necessidade: a necessidade absoluta, que é racional (por exemplo, a de que a soma dos três ângulos de um triângulo é igual a dois ângulos retos), a necessidade relativa, que é aquela da utilidade (por exemplo, a de que a comida é necessária à vida ou a de que um cavalo é necessário para uma viagem), e a coerção é imposta por um agente externo. E entre elas somente a última é "contrária à vontade".[2] A verdade compele; ela não ordena, como a vontade ordena e não coage. Ela é o que Scotus chamou mais tarde de *dictamem rationis,* o "ditame da razão", isto é, um poder que prescreve em forma de discurso (*dicere*) e cuja força tem o seu limite nas limitações do intercâmbio racional.

Com clareza insuperável, Tomás estabelece a distinção entre duas faculdades de "apreensão": o intelecto e a razão; as duas têm suas correspondentes faculdades intelectualmente apetitivas, vontade e *liberum arbitrium* ou livre escolha. O intelecto e a razão lidam com a verdade. O intelecto, também chamado de "razão universal", lida com a verdade matemática ou autoevidente, com os primeiros princípios que dispensam demonstração para ser admitidos, enquanto a razão, ou razão particular, é a faculdade por meio da qual retiramos conclusões particulares de proposições universais, como nos silogismos. A razão universal é por natureza contemplativa, ao passo que a tarefa da razão particular é "passar do conhecimento de uma coisa ao conhecimento de outra, e, assim [...], raciocinamos sobre conclusões a que se chega por meio de princípios".[3] Esse processo de raciocínio discursivo domina todas as obras de Tomás. (A época do Iluminismo foi chamada de Idade da Razão — o que pode ou não ser uma descrição adequada; esses séculos da Idade Média certamente são mais bem nomeados como Idade do Raciocínio.) A distinção seria que a verdade, percebida apenas pelo intelecto, revela-se ao espírito e a ele se impõe sem que haja qualquer atividade da parte do espírito, enquanto, no processo do raciocínio discursivo, o espírito compele a si mesmo.

O processo de raciocínio argumentativo é ativado pela fé de uma criatura racional cujo intelecto volta-se naturalmente para o Criador, em busca de ajuda para atingir "um tal conhecimento do ser verdadeiro", que é Ele "tal como pode ser encontrado dentro dos limites da razão natural".[4] O que se revelou à fé nas Escrituras não estava sujeito a dúvidas, assim como não se duvidava da autoevidência dos primeiros princípios na filosofia grega. A verdade compele. O que distingue, em Tomás, esse poder de compelir da coerção da *alétheia* grega não é o fato de que a revelação decisiva venha de fora, mas sim de que "à verdade que a revelação promulgava de fora, correspondia de dentro a luz da razão. A fé, *ex auditu* [por exemplo, Moisés escutando a voz divina], despertou de imediato uma voz em resposta".[5]

A mudança mais impressionante que se observa quando se passa de Agostinho para Tomás e Duns Scotus é que nenhum dos dois últimos está interessado na problemática da estrutura da Vontade, vista como faculdade isolada; o que está em jogo para eles é a relação entre a Vontade e a Razão, ou o Intelecto, e a questão dominante é qual dessas faculdades é a mais "nobre", e, portanto, qual delas tem o direito de primazia sobre a outra. Mais significativo ainda, especialmente em vista da enorme influência de Agostinho sobre os dois pensadores, pode ser o fato de que, das três faculdades de Agostinho — Memória, Intelecto e Vontade —, uma delas tenha se perdido, a saber, a Memória, a faculdade mais especificamente romana, a que liga o homem ao passado. Tal perda acabou sendo definitiva; nunca mais se vê, em nossa tradição filosófica, a Memória na mesma posição do Intelecto e da Vontade. Sem falar nas consequências dessa perda para toda a nossa filosofia estritamente política,[6] é óbvio que o que se foi junto com a memória — *sedes animi est in memoria* — foi uma compreensão do caráter profundamente temporal da natureza e da existência humana, manifesto no *homo temporalis* de Agostinho.[7]

O Intelecto, que, em Agostinho, se relacionava com tudo o que estivesse presente no espírito, em Tomás volta a relacionar-se com os *primeiros princípios*, isto é, com o que é logicamente anterior a qualquer outra coisa: é a partir deles que tem início o processo de raciocínio que lida com particulares.[8] O objeto próprio da Vontade é o fim, e, ainda assim, esse fim não é o futuro, assim como o "primeiro princípio" não é o passado: princípio e fim são categorias lógicas, e não temporais. No que diz respeito à Vontade, Tomás, seguindo de perto a *Ética a Nicômaco*, insiste principalmente na categoria meios-fim; e, como em Aristóteles, o fim, embora seja objeto da Vontade, é dado à Vontade pelas faculdades de apreensão, isto é, pelo Intelecto. A "ordem de ação" adequada é portanto a seguinte: "Dá-se primeiro a apreensão do fim [...], depois o conselho [deliberaçãol sobre os meios; e finalmente o desejo pelos meios."[9] A cada passo o poder de apreensão precede, tem primazia sobre o movimento apetitivo.

O fundamento conceitual de todas essas distinções é que "o bem e o Ser diferem somente em pensamento: são a mesma *realiter*", e isso a ponto de se poder dizer que são "conversíveis": "[O homem] tem de bondade tanto quanto tem de Ser, e faltando-lhe plenitude de [seu] Ser, falta-lhe bondade, o que é chamado de mal."[10] Nenhum ser, à medida que *é*, pode ser dito mau, "mas somente à medida que lhe falte Ser". Tudo isso, é claro, nada mais é do que uma elaboração da posição de Agostinho, mas a posição é ampliada e conceitualmente mais aguda. Do ponto de vista das faculdades da apreensão, o Ser aparece sob o aspecto de verdade; do ponto de vista da Vontade, em que o fim é o bem, aparece "sob o aspecto de algo desejável, que o Ser não expressa". O mal não é um princípio, porque é pura *ausência,* e a ausência pode ser enunciada "em um sentido privativo e em um sentido negativo. A ausência do bem, tomada negativamente, não é o mal [...] como, por exemplo, no caso de faltar a um homem a rapidez do cavalo; o mal é uma ausência em que uma coisa é *privada* de um bem que a ela pertence de forma essencial — por exemplo, o homem cego, privado da visão".[11] Por esse caráter de privação, o mal radical ou absoluto não pode existir. Não há mal em que se possa detectar "a ausência total do bem". Pois *"se pudesse haver o mal pleno, ele destruiria a si mesmo"*.[12]

Tomás não foi o primeiro a considerar o mal como nada mais do que "privação", uma espécie de ilusão de ótica causada quando o todo, do qual o mal é apenas uma parte, não é levado em conta. Já Aristóteles tivera a noção de um Universo "no qual toda parte tem seu lugar perfeitamente ordenado", de modo que o bem inerente ao fogo "causa mal à água" por acidente.[13] E este continua sendo o mais resistente e repetido argumento tradicional contra a existência real do mal; nem mesmo Kant, que inventou o conceito de "mal radical", acreditava que alguém que "não possa demonstrar-se um amante" deva, por isso, estar "fadado a demonstrar-se um vilão", que, usando a linguagem de

Agostinho, *velle* e *nolle* estejam interligados e que a verdadeira escolha da Vontade seja entre querer e não-querer. Ainda assim, é verdade que este velho *topos* da filosofia faz mais sentido em Tomás do que na maior parte dos outros sistemas, porque o centro do sistema de Tomás, seu "primeiro princípio", é o Ser. No contexto de sua filosofia, "dizer que Deus criou não só o mundo mas também [criou] nele o mal seria dizer que Deus criou o nada", como apontou Gilson.[14]

Todas as coisas criadas, cuja distinção maior é a de que *são*, aspiram a "Ser [cada uma] do seu próprio modo", mas somente o Intelecto tem "conhecimento" do Ser como um todo; os sentidos "não conhecem o Ser, exceto sob as circunstâncias do *aqui* e do *agora*".[15] O Intelecto "apreende o Ser absolutamente e para todo o sempre", e o homem, dotado desta faculdade, só pode desejar "sempre existir". Tal é a "inclinação natural" da Vontade, cujo objetivo final é para ela tão "necessário" quanto a verdade é coercitiva para o Intelecto. A bem dizer, a vontade é livre apenas no que diz respeito a "bens particulares", pelos quais ela não é "necessariamente movida", embora os apetites possam ser por eles movidos. O objetivo final, o desejo que o Intelecto tem de existir para sempre, mantém os apetites sob controle, de modo que a distinção concreta entre os homens e os animais manifeste-se no fato de que o homem "não é movido de imediato [por seus apetites, que ele tem em comum com todas as coisas vivas] [...] mas *aguarda* a ordem da Vontade, que é o apetite superior [...] e, assim, o apetite inferior não basta para causar movimento a não ser que o apetite mais alto consinta".[16]

É óbvio que o Ser, o primeiro princípio de Tomás, é simplesmente uma conceituação da Vida e do instinto vital — do fato de que todas as coisas vivas, por instinto, preservam a vida e evitam a morte. Isto também é uma elaboração dos pensamentos que encontramos em estado mais provisório em Agostinho, mas cuja consequência intrínseca, um equacionamento entre a Vontade e o instinto de vida — sem qualquer relação com a vida eterna —, é extraída comumente só no século XIX. Em Schopenhauer, ela é enunciada de forma explícita: e na vontade de potência de Nietzsche, a própria verdade é entendida como uma função do processo vital: o que nós chamamos verdade são aquelas proposições sem as quais não poderíamos continuar vivendo. Não é a razão, mas a nossa vontade de viver o que torna forçosa a verdade.

Agora iremos nos voltar para a questão de qual dos dois poderes do espírito, quando comparados, será "absolutamente mais alto e mais nobre". À primeira vista, a questão não parece fazer muito sentido, já que o objeto final é o mesmo; é o Ser que aparece como bom e desejável para a vontade e verdadeiro para o intelecto. E Tomás concorda: esses dois poderes "estão incluídos um no outro em seus atos, porque o Intelecto entende que a Vontade quer, e a Vontade quer que o Intelecto entenda".[17] Mesmo quando estabelecemos uma distinção entre o "bom" e o "verdadeiro", considerando-os correspondentes a diferentes faculdades do espírito, eles acabam sendo muito parecidos, porque ambos são *universais* no que diz respeito a seu alcance. Assim como o Intelecto "apreende o ser universal e a verdade", também a Vontade "deseja o bem universal"; e assim como o Intelecto tem o raciocínio como seu poder subordinado para lidar com os particulares, também a Vontade tem como subordinada a faculdade da livre escolha (*liberum arbitrium*), um auxiliar subserviente na escolha dos meios particulares adequados para se alcançar um fim universal. Além disso, já que ambas as faculdades têm o Ser como objetivo final — seja sob o aspecto do que é Verdadeiro ou do que é Bom —, elas parecem iguais, dispondo, cada uma, dos serviços de seu próprio criado para lidar com os meros particulares.

A linha que na verdade separa as faculdades mais altas das mais baixas, portanto, parece ser a mesma que divide as faculdades "superiores" das "subservientes", e esta distinção jamais é questionada. Para Tomás — assim como para quase todos os seus sucessores em filosofia, que são em maior número do que os tomistas declarados —, era evidente — na verdade, era a própria pedra de toque da filosofia como disciplina isolada — o fato de que o universal é "mais nobre e ocupa posição mais alta" que o particular, e a única prova necessária disso continuava a ser o velho enunciado aristotélico de que o todo é sempre maior do que a soma de suas partes.

O que distingue única e enormemente Duns Scotus é o fato de ter questionado e desafiado esse pressuposto: o Ser em sua universalidade não é mais do que um pensamento, o que falta a ele é *realidade*; somente das coisas particulares (*res*), que são caracterizadas pelo "ser-isto" [*Thisness*] (hecceidade), pode-se dizer que são reais para o homem. Assim, Scotus estabeleceu um nítido contraste entre "cognição intuitiva, cujo objeto próprio é o singular existente, percebido como existente, e cognição abstrativa, cujo objeto próprio é a *quididade* ou essência da coisa conhecida".[18] Desse modo — e isto é decisivo —, a imagem espiritual (a árvore vista), por ter perdido sua existência real, tem estatura ontológica menor do que a árvore concreta, embora o conhecimento daquilo que uma coisa é não fosse possível sem as imagens espirituais. A consequência dessa inversão é que *esse* homem particular, por exemplo, em sua existência viva, ocupa um lugar mais alto do que a espécie ou o simples pensamento de humanidade, e os precede. (Kierkegaard levantou, mais tarde, um argumento bastante semelhante contra Hegel.)

A inversão parece uma conclusão bastante óbvia para uma filosofia que foi buscar sua maior inspiração na Bíblia, isto é, em um Deus-Criador que certamente era uma pessoa, que criou os homens à Sua própria imagem, isto é, necessariamente como pessoas. E Tomás é cristão o suficiente para sustentar que *"persona significat id quod est perfectissimum in tota natura"* ("a pessoa significa o que há de mais perfeito em toda a natureza").[19] A base da Bíblia, como nos mostrou Agostinho, está no Gênese, em que todas as espécies naturais foram criadas no plural —

"plura simul iussit exsistere" ("Ele ordenou que fossem muitas de uma vez"). Somente o homem foi criado no singular, de forma que a espécie humana (tomada como espécie animal) se multiplicasse a partir do Um: *"ex uno* [...] *multiplicavit genus humanum"*.[20] Em Agostinho e em Scotus, mas não em Tomás, a Vontade é o órgão espiritual que realiza esta singularidade; é o *principium individuationis*.

Voltando a Tomás, ele insiste: "Se Intelecto e Vontade forem comparados de acordo com a universalidade de seus respectivos objetos, então [...] o Intelecto é absolutamente mais alto e mais nobre do que a Vontade." Essa proposição é bastante significativa porque ela não vem de sua filosofia geral do Ser. O próprio Tomás de certa forma admite isso. Para ele, a primazia do Intelecto sobre a Vontade não está tanto na relação de primazia de seus respectivos objetos — a Verdade sobre o Bem —, mas sim no modo como as duas faculdades "concorrem" dentro do espírito humano: "todo movimento da vontade [...] é precedido de uma compreensão" — ninguém pode querer o que não conhece — "enquanto [...] a compreensão não é precedida de um ato da vontade".[21] (Aqui naturalmente ele se afasta de Agostinho, que sustentava a primazia da Vontade como atenção, mesmo para atos de percepção sensorial.) Tal precedência mostra-se em cada volição. Na "livre escolha", por exemplo, em que se elegem os meios para um fim, os dois poderes concorrem na eleição: "o poder cognitivo [...], através do qual julgamos que uma coisa é preferível a outra [...]", e "o poder apetitivo [por meio do qual] exige-se que o apetite aceite o julgamento do conselho".[22]

Se encaramos as posições agostinianas e tomísticas em termos puramente psicológicos, como seus autores costumavam com frequência qualificá-las, temos que admitir que a oposição entre elas é algo espúria, já que ambas são igualmente plausíveis. Quem poderia negar que ninguém pode querer o que não conhece de alguma forma, ou, ao contrário, que alguma volição precede e decide a direção que queremos dar a nosso conhecimento ou à nossa busca de conhecimento? A verdadeira razão de Tomás para sustentar a primazia do Intelecto — assim como a razão final de Agostinho para decidir sobre o primado da Vontade — está na resposta indemonstrável para a questão decisiva de todos os pensadores medievais: em que "consiste o fim e a felicidade última do homem"?[23] Sabemos que a resposta de Agostinho foi amor; ele pretendia passar sua vida eterna em uma união livre de desejos e inseparável da criatura com seu criador. Já Tomás, em óbvia resposta a Agostinho e aos agostinianos (embora sem mencioná-los), diz que embora se possa pensar que a felicidade e o fim último do homem consistam "não em conhecer Deus, mas em amá-Lo, ou em algum outro ato de vontade em direção a Ele", ele, Tomás, sustenta que "uma coisa é possuir o bem que é o nosso fim, e outra é amá-lo; pois o amor era imperfeito antes de possuirmos o fim, e perfeito depois de dele termos tomado posse". Para ele, um amor sem desejo é impensável, e, portanto, a resposta é categórica: "A felicidade última do homem é essencialmente conhecer Deus pelo Intelecto; não é um ato da Vontade." Aqui Tomás segue seu mestre, Alberto Magno, que declarou que "o júbilo supremo se dá quando o Intelecto encontra-se em estado de contemplação".[24] A concordância absoluta de Dante merece menção:

> Hence may be seen how the celestial bliss
> Is founded on the act that seeth god,
> Not that which loves, which comes after this.[25]

Quando iniciei essas considerações tentei enfatizar a distinção entre Vontade e desejo, e, consequentemente, entre o conceito de Amor na filosofia da Vontade de Agostinho e o *eros* platônico no *Banquete*, em que se indica uma deficiência no amante e um desejo de possuir qualquer

O QUERER E O INTELECTO

coisa que possa faltar. O que acabei de citar de Tomás mostra, a meu ver, até que ponto seu conceito das faculdades apetitivas deve-se ainda à noção de um desejo de *possuir* em um Além tudo o que possa faltar à vida terrena. Pois a Vontade, entendida basicamente como desejo, termina quando se toma posse do objeto desejado, e a noção de que "a Vontade é exaltada quando está de posse daquilo que quer"[26] é simplesmente uma inverdade — este é precisamente o momento em que a Vontade deixa de querer. O Intelecto, que segundo Tomás é um "poder passivo",[27] tem garantida a primazia sobre a Vontade não só porque "apresenta um objeto ao apetite", sendo assim anterior a ele, mas também porque sobrevive à Vontade, que se extingue, de certo modo, quando se alcança o objeto. A transformação da Vontade em Amor — em Agostinho, bem como em Duns Scotus — era, pelo menos em parte, inspirada por uma separação mais radical entre a Vontade e os apetites e desejos e por uma noção diferente da "felicidade e do fim último do homem". Mesmo no Além, o homem continua sendo homem, e sua "felicidade última" não pode ser a simples "passividade". O Amor pôde ser invocado para redimir a vontade porque ainda é ativo, embora sem inquietude, sem perseguir um fim ou ter medo de perdê-lo.

Uma *atividade* que tivesse seu fim em si mesma e que, portanto, pudesse ser compreendida fora da categoria meios-fim jamais fez parte das considerações de Tomás. Para ele, "todo agente atua segundo um fim [...] o princípio de tal movimento está no fim. Logo é esta a arte interessada no fim cujo comando move a arte interessada nos meios; assim como *a arte de velejar comanda a arte de construir embarcações*".[28] Sem dúvida, isso vem diretamente da *Ética a Nicômaco*, só que, em Aristóteles, se aplica a um tipo de atividade, a saber, *poiésis*, as artes produtivas, em oposição às artes performativas, em que o fim está na atividade em si — tocar flauta, quando comparado a fazer uma flauta, ou simplesmente sair para um passeio, comparado a caminhar para alcançar uma destinação predeterminada. Em Aristóteles, fica bastante claro que a *praxis* deve ser entendida em analogia com as artes performativas, e não em termos da categoria meios-fim; é bastante impressionante que Tomás, que dependia tanto dos ensinamentos do filósofo, especialmente os da *Ética a Nicômaco*, pudesse ter desconsiderado a distinção entre *poiésis* e *praxis*.

Quaisquer que sejam as vantagens dessa distinção — e a meu ver elas são cruciais para qualquer teoria da ação —, elas têm pouca relevância para a noção que Tomás tem de "felicidade última". Ele opõe a contemplação a qualquer tipo de fazer, aqui em grande harmonia com Aristóteles, para quem a *energeia tou theou* é contemplativa, enquanto a ação, assim como a produção, são "insignificantes e indignas dos deuses". ("Se tiramos a ação de um ser vivo, sem mencionar a produção, o que sobra senão a contemplação?") Logo, humanamente falando, a contemplação é o "nada-fazer", exaltado pela intuição pura, venturosamente em repouso. A felicidade, diz Aristóteles, "depende do descanso, pois nosso propósito ao nos ocuparmos [seja agindo, seja fazendo] é ter descanso, e promovemos a guerra para termos paz".[29] Para Tomás, somente este fim último — a ventura da contemplação — "move a vontade" necessariamente: "a vontade não pode deixar de querê-la". Logo, a Vontade move o Intelecto para que ele seja ativo, do mesmo modo que se diz que um agente move; mas "o Intelecto move a Vontade do modo como o fim move"[30] — isto é, do modo como o "motor imóvel" de Aristóteles devia mover-se; e como poderia mover-se senão em virtude de "ser amado", assim como o amante é movido pelo amado?[31]

Aquilo que em Aristóteles era o "mais contínuo dos prazeres" é agora esperado como ventura eterna, não um prazer que possa atender às volições, mas um deleite que põe em repouso a vontade, de modo que o fim último da Vontade, visto em referência a si mesmo, seja deixar de querer — atingir, em suma, o seu próprio não-ser. E no contexto do pensamento de Tomás, isso implica que toda atividade, uma vez que seu fim jamais é alcançado enquanto ainda é ativa, ambiciona finalmente a sua própria autodestruição; os meios desaparecem quando o fim é alcançado. (É como se alguém, ao escrever um livro, fosse sempre levado pelo desejo de terminá-lo e de livrar-se da escrita.) O ponto a que Tomás, em sua decidida predileção pela contemplação como simples ver e não-fazer, estava disposto a chegar fica evidente em uma fortuita observação marginal, quando interpreta um texto paulino que trata do amor entre duas pessoas. Poderia o "prazer" de amar alguém, indaga ele, significar que o "fim" último da Vontade foi posto no homem? A resposta é "não", pois, segundo Tomás, o que Paulo disse na verdade foi que "gostava de seu irmão como um *meio* para gostar de Deus"[32] — e Deus, como vimos, não pode ser alcançado pela Vontade ou pelo Amor do Homem, mas somente por seu Intelecto.

Isso, é claro, está muito longe do Amor de Agostinho, que ama o amor do amado e também ofende bastante os ouvidos daqueles que, ensinados por Kant, estão bem convencidos de que devemos "tratar a humanidade, seja em [nossa] própria pessoa, seja na de outra qualquer [...] sobretudo como fim, nunca apenas como meio".[33]

12. DUNS SCOTUS E A PRIMAZIA DA VONTADE

Passando agora para Duns Scotus, não estaremos dando um salto sobre os séculos, com todas as inevitáveis descontinuidades e discordâncias que tornam o historiador suspeito. Apenas uma geração o separava de Tomás; foram quase contemporâneos. Estamos ainda em meio à Escolástica. Encontra-se, nos textos dos dois, a mesma mistura curiosa de citações da Antiguidade — tratadas como autoridades — e razão argumentativa. Embora Scotus não tenha escrito uma *Summa,* procede do mesmo modo que Tomás: primeiro, a Questão enuncia o que está sendo investigado (por exemplo, o monoteísmo: "Pergunto se há somente um Deus"); discutem-se, então, os prós e contras, com base em citações de autoridade; em seguida, os argumentos de outros pensadores são apresentados; e, finalmente, no *Respondeo,* Scotus enuncia suas próprias opiniões, as *viae,* os "Caminhos" como ele as designa, que as cadeias de pensamento percorrerão junto com os argumentos corretos.[34] Sem dúvida, à primeira vista, a impressão é de que o único ponto de diferença em relação ao escolasticismo tomista é a questão da primazia da vontade, a qual é "provada" por Scotus com tanta plausibilidade argumentativa quanto a que Tomás desenvolveu para provar a primazia do Intelecto, e com quase o mesmo número de citações de Aristóteles. Pondo em poucas palavras os argumentos opostos, temos o seguinte: se Tomás argumentara que a Vontade é um órgão executivo, necessário para executar os *insights* do Intelecto, uma faculdade meramente "subserviente", Duns Scotus sustenta que "*Intellectus* [...] *est causa subserviens voluntatis*". O Intelecto serve à Vontade, fornecendo a ela seus objetos, bem como o conhecimento necessário; ou seja, o Intelecto torna-se, por sua vez, uma faculdade meramente subserviente. Precisa da Vontade para direcionar sua atenção e só pode funcionar adequadamente quando seu objeto é "confirmado" pela Vontade. Sem esta confirmação, o Intelecto deixa de funcionar.[35]

Seria um tanto sem sentido entrar aqui nas velhas controvérsias sobre se Scotus era um "aristotélico" ou um "agostiniano" — alguns especialistas chegaram a sustentar que "Duns Scotus é tanto um discípulo de Aristóteles quanto Tomás"[36] —, porque Scotus não era nenhuma das duas coisas. Mas onde o debate faz sentido, ou seja, biograficamente, parece que Bettoni, o italiano especialista em Scotus, está certo: "Duns Scotus é um agostiniano que se beneficiou ao máximo do método aristotélico na exposição dos pensamentos e doutrinas que constituem sua visão metafísica da realidade."[37]

O QUERER E O INTELECTO

Essas avaliações e outras semelhantes são reações superficiais: mas infelizmente acabaram por conseguir obliterar enormemente a originalidade do homem e a significância de seu pensamento. Como se o principal elemento para o qual o *Doutor subtilis* quisesse chamar nossa atenção *fosse* a própria sutileza, a complexidade e o intrincamento singulares de sua exposição. Scotus era franciscano e a literatura franciscana sempre foi muito afetada pelo fato de que Tomás, um dominicano, apesar das dificuldades iniciais, tenha sido reconhecido como santo pela Igreja, e de que sua *Summa Theologica* tenha sido a princípio utilizada, mas depois prescrita como o manual para o estudo da filosofia e da teologia em todas as escolas católicas. Em outras palavras, a literatura franciscana é apologética, em geral cautelosa e defensiva, muito embora as polêmicas do próprio Scotus dirijam-se a Henrique de Gante, em vez de voltarem-se para Tomás.[38]

Uma leitura mais detida dos textos logo nos faz abandonar essas primeiras impressões; aquilo que distingue e diferencia o homem mostra-se bem claramente quando ele parece estar em completa harmonia com as regras do escolasticismo. Assim, em uma interpretação detalhada de Aristóteles, ele subitamente propõe "reforçar o raciocínio do Filósofo", e, ao discutir a "prova" da existência de Deus dada por Anselmo, quase que casualmente cede à inclinação de "retocá-la" um pouco; mas, com efeito, ele o faz de modo bem considerável. O importante é que insistia em "estabelecer pela razão" argumentos colhidos de uma autoridade.[39]

Situando-se no momento decisivo — o início do século XIV — em que a Idade Média transformava-se em Renascimento, ele poderia ter dito o que Pico della Mirandola disse no final do século XV, em plena Renascença: "Sem compromisso com qualquer doutrina, percorri a filosofia de todos os mestres, investiguei todos os livros, conheci todas as escolas."[40] Só que Scotus não teria partilhado com os filósofos posteriores a confiança ingênua no poder persuasivo da razão. No centro de sua reflexão e no centro de sua misericórdia está a firme convicção de que, no que tange às questões que "dizem respeito a nosso fim e à nossa perpetuidade sempiterna, o homem mais culto e mais genial nada poderia conhecer pela razão natural".[41] Pois "àqueles que não têm fé, a razão correta, como parece a si mesma, mostra que a condição de sua natureza é ser mortal tanto em corpo quanto em alma".[42]

O que desencaminha o leitor é a grande atenção que Scotus dedica a opiniões com as quais nunca se comprometeu, mas cujo exame e investigação constituem o corpo de sua obra. Ele certamente não era um cético — antigo ou moderno —, mas tinha uma mentalidade crítica, coisa que é e sempre foi muito rara. Dessa perspectiva, grandes partes de sua obra são uma tentativa incansável de *provar* por simples argumentação o que ele suspeitava que não poderia ser provado; mas como poderia ele ter certeza de estar certo contra quase todos os demais, senão seguindo todos os argumentos, sujeitando-os ao que Petrus Johannis Olivi chamou de *experimentum suitatis,* um experimento do espírito consigo mesmo? Foi por isso que achou necessário "reforçar" os antigos argumentos ou "retocá-los" um pouco. Sabia muito bem o que fazia. Como disse: "Desejo dar a interpretação mais razoável de que sou capaz às palavras [de outros pensadores]."[43] Só dessa maneira essencialmente não polêmica a fraqueza inerente da argumentação poderia ser demonstrada.

Essa evidente fraqueza da razão natural jamais pode ser usada como argumento para a superioridade de faculdades irracionais no pensamento amadurecido do próprio Scotus; ele não era nenhum místico, e a noção de que "o homem é irracional" era para ele "impensável" (*"incogitabile"*).[44] Trata-se, aqui, segundo ele, da fronteira natural de uma criatura essencialmente *limitada,* cuja finitude é absoluta, "anterior a qualquer referência que venha a fazer a outra essência". "Pois assim como um corpo limita-se primeiramente em si mesmo por suas próprias

O QUERER E O INTELECTO

extremidades, antes de ser limitado em relação a qualquer outra coisa [...] também a forma finita é primeiro limitada em si mesma, antes de ser limitada em relação à matéria."[45] Essa finitude do intelecto humano — bastante semelhante àquela do *homo temporalis* de Agostinho — deve-se ao simples fato de que o homem enquanto homem não criou a si mesmo, embora seja capaz de multiplicar-se como outras espécies de animais. Logo, para Scotus, a questão nunca é como derivar (extrair, deduzir) a finitude da infinitude divina ou como ascender da finitude humana à infinitude divina, mas sim como explicar que um ser absolutamente finito possa conceber algo infinito e chamá-lo de "Deus". "Por que motivo ao intelecto [...] não repugna a noção de algo infinito?"[46]

Dito de outra forma: o que há no espírito humano que faz com que seja capaz de transcender suas próprias limitações, sua finitude absoluta? Em Scotus, a resposta para esta questão, diferentemente de Tomás, é a Vontade. Certamente não há filosofia que possa jamais substituir a revelação divina, que o cristão aceita por força do testemunho no qual tem fé. A Criação e a ressurreição são objetos de fé; não podem ser provadas ou refutadas pela razão natural. Como tal, elas são *contingentes,* são verdades factuais cujo oposto não é inconcebível; dizem respeito a acontecimentos que poderiam não ter acontecido. Para aqueles que foram educados na fé cristã, elas têm a mesma validade de outros acontecimentos dos quais só sabemos por confiarmos no testemunho dos que viram — por exemplo, o fato de que o mundo existia antes de nascermos, ou de que há lugares no mundo onde nunca estivemos, ou mesmo de que certas pessoas são nossos pais.[47]

Uma dúvida radical que rejeite o testemunho dos que presenciaram e que confie apenas na razão é impossível para o homem; trata-se de um simples artifício retórico do solipsismo, constantemente refutado pela própria existência daquele que duvida. Todos os homens vivem juntos na base sólida de uma *fides acquisita,* uma fé adquirida que têm em comum. O teste para os incontáveis fatos cuja fidedignidade sempre tomamos como certa é que façam sentido para os homens ao se constituírem. E, neste aspecto, o dogma da ressurreição faz muito mais sentido do que a noção filosófica da imortalidade da alma: uma criatura dotada de um corpo e de uma alma pode ver sentido somente em uma vida eterna na qual ela é ressuscitada da morte do jeito como é e se conhece. As "provas" dos filósofos para a imortalidade da alma, mesmo quando logicamente corretas, seriam irrelevantes. Para que seja existencialmente relevante para o *viator,* o viajante ou peregrino na terra, a vida eterna deve ser uma "segunda vida", e não um modo totalmente diferente de ser como uma entidade incorpórea.

Ainda assim, se parece óbvio para Scotus que a razão natural dos filósofos jamais alcançou as "verdades" proclamadas pela revelação divina, continua sendo inegável que a noção de divindade antecedeu a qualquer revelação cristã, o que significa que deve haver uma capacidade espiritual no homem pela qual ele é capaz de transcender tudo o que lhe é dado, e de transcender, portanto, a própria factualidade do Ser. Ele parece ser capaz de transcender a si próprio. Pois o homem, segundo Scotus, foi criado junto com o Ser, como parte inseparável dele — assim como, para Agostinho, o homem foi criado não no tempo, mas junto com o tempo. Seu Intelecto está em sintonia com este Ser e seus órgãos sensoriais são talhados para a percepção de aparências; seu Intelecto é "natural", *"cadit sub natura"*;[48] o homem é *forçado* a aceitar, compelido pela evidência do objeto, qualquer coisa que o Intelecto lhe proponha: *"Non habet in potestate sua intelligere et non inelligere."*[49]

Com a Vontade é diferente. A Vontade pode achar difícil não aceitar o que a razão dita, *mas a coisa não é impossível,* assim como não é impossível para a Vontade resistir aos apetites naturais fortes: *"Difficile est, voluntatem non inclinari ad id, quod est dictatum a ratione practica ultimatim, non tamen est, impossibile, sicut voluntas naturaliter inclinatur, sibi dismissa, ad condelectandum appetitui sensitivo, non tamem impossibile, ut frequenter resistat, ut patet in virtuosis et sanctis."* [50] É a possibilidade de resistência às necessidade do desejo, por um lado, e aos ditames do intelecto e da razão, por outro, que constituem a liberdade humana.

A autonomia da Vontade, sua completa independência das coisas como elas são, o que os escolásticos chamam "indiferença" — com o que querem dizer que a vontade não é determinada (*indeterminata*) por qualquer objeto que se lhe apresente — tem uma só limitação: não pode negar o Ser como um todo. A limitação do homem nunca fica tão evidente como no fato de que seu espírito, aí incluída a faculdade da vontade, pode ter como objeto de fé que Deus criou o Ser *ex nihilo*, do nada, sem contudo ser capaz de conceber o "nada". Assim, a indiferença da Vontade está relacionada a elementos contraditórios — *voluntas autem sola habet indifferentiam ad contradictoria*; somente o ego volitivo sabe que "uma decisão que de fato se tomou poderia não ter sido tomada, e uma outra escolha diferente da que de fato se fez poderia ter sido feita". [51]

É esse o teste pelo qual a liberdade é demonstrada, e nem o desejo nem o intelecto podem equiparar-se a ela: um objeto apresentado ao desejo pode apenas atrair ou repelir, e uma questão apresentada ao intelecto pode apenas ser negada ou afirmada. Mas a qualidade básica de nossa vontade é que podemos querer ou não-querer o objeto apresentado pela razão ou pelo desejo: *"In potestate voluntatis nostrae est habere nolle et velle, quae sunt contraria, respectu unius obiecti"* ("Está em poder de nossa vontade querer e não-querer, que são contrários, com relação ao mesmo objeto"). [52] Ao dizer isso, Scotus não está negando, é claro, que duas volições sucessivas são necessárias para querer e não querer o mesmo objeto; mas sustenta, sim, que o ego volitivo, ao realizar uma delas, sabe ser livre para realizar também o seu contrário: "A característica essencial de nossos atos volitivos é [...] o poder de escolher entre coisas opostas *e de revogar a escolha, uma vez que tenha sido feita* (grifos nossos).[53] É precisamente desta liberdade, que se manifesta apenas como atividade espiritual — o poder de revogar desaparece uma vez que se execute a volição —, que falamos anteriormente em termos de uma fragmentação da vontade.

Além de ser aberta a contrários, a Vontade pode *suspender-se*, e enquanto tal suspensão só pode ser o resultado de outra volição — em contraste com o querer-não-querer nietzschiano e heideggeriano, que discutiremos mais adiante —, esta segunda volição, em que a "indiferença" é escolhida diretamente, é um testemunho importante da liberdade humana, da habilidade que o espírito tem para evitar toda determinação coercitiva que venha de fora. É por sua liberdade que o homem, embora parte inseparável do Ser criado, pode louvar a criação de Deus, pois se tal louvação viesse da razão não seria mais do que uma reação natural causada pela harmonia dada que temos com todas as outras partes do Universo. Mas ele pode, do mesmo modo, abster-se de tal louvação e até mesmo "odiar Deus e encontrar satisfação em semelhante ódio", ou pode, pelo menos, recusar-se a amá-Lo.

Essa recusa, que Scotus não menciona em sua discussão do possível ódio a Deus, é postulada em analogia com sua objeção à velha ideia de que "todos os homens querem ser felizes". Ele admite ser evidente que os homens desejam por natureza ser felizes (embora não haja um acordo sobre o que é felicidade), mas a Vontade — e aqui temos o ponto crucial — pode transcender a natureza, no caso, suspendê-la: há uma diferença entre a inclinação natural do homem para a felicidade e a felicidade como objetivo de vida deliberadamente escolhido; não é absolutamente impossível para o homem descartar de todo a felicidade ao fazer seus projetos voluntários. No que diz respeito à inclinação natural e à limitação imposta pela natureza ao poder da Vontade, tudo o que se pode

O QUERER E O INTELECTO

afirmar é que "nenhum homem quer ser desgraçado".[54] Scotus evita dar uma resposta clara à questão de se o ódio a Deus é possível ou não pela relação íntima que existe entre essa questão e a questão do mal. Alinhado com todos os seus predecessores e sucessores, também ele nega que o homem possa querer o mal como mal, "mas não sem levantar algumas dúvidas quanto à possibilidade da visão oposta".[55]

A autonomia da Vontade — "nada além da vontade é a causa total da volição" ("*nihil aliud a voluntate est causa totalis volitionis in voluntate*")[56] — limita de forma decisiva o poder da razão, cujo ditame não é absoluto; mas não limita o poder da natureza, seja da natureza do homem interior, a que se dá o nome de "inclinações", seja da natureza das circunstâncias exteriores. A vontade não é, de modo algum, onipotente em sua efetividade real: sua força consiste apenas em que ela não pode ser coagida a querer. Para ilustrar essa liberdade do espírito, Scotus dá o exemplo de "um homem que se atira de um lugar alto".[57] Esse ato acaba com sua liberdade, uma vez que agora ele necessariamente cai? Segundo Scotus, não. Enquanto o homem está caindo necessariamente, compelido pela lei da gravidade, permanece livre para continuar a "querer cair", e pode também, é claro, mudar de ideia, caso em que seria incapaz de desfazer o que começara voluntariamente e em que se veria nas mãos da necessidade. Lembramos o exemplo de Espinosa, da pedra que rola, a qual, se fosse dotada de consciência, seria necessariamente vítima da ilusão de que havia ela mesma se atirado e de que, se estava agora rolando, era por sua própria vontade. Tais comparações são úteis para que possamos nos dar conta de até que ponto tais proposições e suas ilustrações, no disfarce de argumentos plausíveis, dependem de pressupostos preliminares sobre necessidade ou liberdade como fatos autoevidentes. Para ficar com o presente exemplo: nenhuma lei da gravidade tem poder sobre a liberdade assegurada na experiência interior; nenhuma experiência interior tem validade direta no mundo como ele é, real e necessariamente, conforme a experiência exterior e o raciocínio correto do intelecto.

Duns Scotus distingue dois tipos de vontade: "vontade natural" (*ut natura*), que segue as inclinações naturais e pode ser inspirada pela razão e pelo desejo, e a "vontade livre" (*ut libera*) propriamente dita.[58] Concorda com quase todos os outros filósofos que está na natureza humana inclinar-se para o bem, explicando o mal como fraqueza humana, a marca de uma criatura que veio do nada (*"creatio ex nihilo"*) e que, portanto, tem uma certa tendência para mergulhar de volta no nada (*"omnis creatura potest tendere in nihil et in non esse, eo quod de nihilo est"*).[59] A vontade natural funciona como a "gravidade nos corpos"; e Scotus chama-a de *"affectio commodi"*, o fato de sermos afetados pelo que é adequado e conveniente. Se o homem tivesse somente a vontade natural, seria no máximo um *bonum animal*, uma espécie de bruto esclarecido cuja própria racionalidade ajudaria a escolher os meios adequados a fins dados segundo a natureza humana. A vontade livre — distinta do *liberum arbitrium*, que só é livre para selecionar os meios para um fim pré-designado — designa livremente fins que são perseguidos *por si mesmos*; e dessa busca somente a vontade é capaz: "[*voluntas*] *enim est productiva actum*", "pois a Vontade produz seu próprio ato."[60] O problema é que Scotus não parece dizer em lugar algum o que é de fato esse ato designado livremente, embora pareça ter entendido a atividade do livre designar como a real perfeição da Vontade.[61]

Lamento muito admitir que não pode ser este o lugar (e que eu não estaria qualificada se este fosse o lugar) para fazer justiça à originalidade do pensamento de Duns Scotus, especialmente à "paixão pelo pensamento construtivo que permeia todo o [seu] genuíno trabalho",[62] que ele não teve nem tempo — morreu muito jovem, jovem demais para um filósofo — nem talvez inclinação para apresentar sistematicamente. É difícil pensar em qualquer grande filósofo, qualquer um dos grandes pensadores — e não há muitos deles — que ainda "precise [tanto] ser descoberto e auxiliado por nossa atenção e entendimento".[63]

Tal auxílio será tão bem-vindo quanto difícil de provar, pela razão, bastante boa, de que não será possível encontrar um nicho confortável para ele entre seus predecessores e sucessores na história das ideias. Não será suficiente evitar o clichê do "oponente sistemático de Tomás", presente nos manuais; e, em sua insistência na Vontade como a faculdade mais nobre em comparação com o Intelecto, ele teve muitos predecessores dentre os escolásticos — o mais importante foi Petrus Johannis Olivi.[64] Tampouco será suficiente esclarecer e mostrar com detalhes a influência sem dúvida grande que teve sobre Leibniz e Descartes, muito embora ainda seja verdade, como disse Windelband há mais de setenta anos, que os laços destes com "o maior dos escolásticos [...] não tenham, infelizmente, encontrado a consideração e o tratamento que merecem".[65] Certamente a presença íntima da herança agostiniana em seu trabalho é patente demais para não ser notada — não há quem leia Agostinho com maior afinidade e com compreensão mais profunda —, e sua dívida com Aristóteles foi talvez ainda maior do que a que teve com Tomás. A grande verdade, no entanto, é que, quanto à quintessência de seu pensamento — a contingência, o preço pago de bom grado pela liberdade —, ele não teve predecessores ou sucessores. Tampouco quanto a seu método: uma elaboração cuidadosa do *experimentum suitatis* de Olivi em experimentos de pensamento, que foram estruturados como o teste final do exame crítico do espírito no curso das ações efetuadas consigo e dentro de si mesmo (*experimur in nobis, experientia interna*[66]).

A seguir, resumirei essas cadeias de pensamento — ou experiências de pensamento — admiravelmente originais e altamente relevantes, que claramente se chocam com a natureza de nossas tradições filosóficas e teológicas, mas que nos escapam facilmente por ser apresentadas à maneira do escolástico e por se perderem facilmente nas intrincadas argumentações scotianas. Já mencionei alguns dos notáveis *insights*: primeiro, sua objeção ao velho clichê de que "todos os homens querem ser felizes" (do qual só sobrou que "nenhum homem pode querer ser infeliz"); segundo, sua não menos surpreendente prova da existência da contingência ("Que todos aqueles que negam a contingência sejam torturados até que admitam que seria possível *não* serem torturados").[67] Ao esbarrarmos com observações tão terra a terra em cercanias eruditas, é tentador vê-las como simples chistes. Sua validade, segundo Scotus, depende da *experientia interna*, uma experiência do espírito cuja evidência só pode ser negada por aqueles a quem falta a experiência, assim como o homem cego negaria a experiência da cor. O caráter seco e inflamável de tais observações poderia sugerir clarões de *insights*, em vez de cadeias de pensamento; mas esses clarões abruptos normalmente só se dão na coisa-pensamento em uma única frase expressiva, que é o resultado de um longo exame crítico prévio. É característico de Scotus que, a despeito de sua "paixão pelo pensamento construtivo", ele não fosse um edificador de sistemas; seus *insights* mais surpreendentes aparecem com frequência por acaso e fora de contexto; ele devia saber das desvantagens disso, pois nos adverte explicitamente para não entrarmos em disputas com oponentes litigiosos, que, na falta da experiência interna, são capazes de ganhar uma discussão e perder a questão.[68]

Comecemos pela Contingência como o preço a ser pago pela liberdade. Scotus é o único pensador para quem a palavra "contingente" não tem conotação depreciativa: "Repito que a contingência não é simples privação ou defeito do Ser, como a deformidade [...] que é o pecado. Em vez disso, a contingência é um modo positivo de Ser, assim como a necessidade é outro modo."[69] Essa posição parece inevitável para ele, uma questão de integridade intelectual quando há intenção de se salvar a liberdade. A primazia do Intelecto sobre a Vontade deve ser rejeitada "porque ela não pode salvar a liberdade de forma alguma" — "*quia hoc nullo modo salvat libertatem*".[70] Para ele, a principal distinção entre cristãos e pagãos reside na noção bíblica da origem do Universo: o Universo do Gênese não veio a ser através da emanação de forças necessárias predeterminadas, de modo que sua existência fosse também necessária, mas foi criado *ex nihilo* por decisão do Deus-Criador, o Qual, temos que supor, era completamente livre para criar um mundo diferente, em que nem as nossas verdades matemáticas nem nossos preceitos morais fossem válidos. Daí segue-se que tudo o que é poderia não ter sido — a não ser o próprio Deus. Sua existência é necessária da perspectiva de um mundo não necessário, mas não é necessária no sentido de que sempre houve uma necessidade que O coagisse ou inspirasse em Sua criação; tal necessidade, atuando sobre Ele, estaria em clara contradição com a onipotência de Deus, bem como com Sua supremacia.

Os homens são parte inseparável dessa Criação, e todas as suas capacidades naturais, inclusive seu intelecto, seguem naturalmente as leis estabelecidas pelo *Fiat* divino. Ainda assim, o Homem, em contraposição a todas as outras partes da Criação, não foi planejado livremente; foi criado à imagem do próprio Deus — como se Deus não precisasse somente de anjos em algum mundo sobrenatural, mas precisasse também de algumas criaturas à Sua semelhança em meio à natureza do mundo, para Lhe fazer companhia. A marca desta criatura, obviamente mais próxima de Deus do que qualquer outra, não é absolutamente a criatividade; neste caso, a criatura seria de fato algo como um "Deus mortal" (e a meu ver esta é justamente a razão pela qual Scotus não deu prosseguimento à noção de um "objetivo da Vontade livremente planejado", mesmo tendo, ao que parece, concebido uma "habilidade sem valor de planejar livremente" como a "verdadeira perfeição").[71] Em vez disso, a criatura de Deus distingue-se pela capacidade do espírito de afirmar ou negar livremente, sem se deixar coagir pelo desejo ou pelo raciocínio. É como se o Ser, vindo a existir, precisasse do juízo final de Deus para sua plenitude — "E Deus viu tudo o que fez, e observou que era muito bom" —, e esse juízo fosse também extraído do mortal que fora criado à Sua semelhança.

De qualquer forma, o preço da liberdade da Vontade é ser livre frente a cada objeto; o homem pode "odiar a Deus e encontrar satisfação em tal ódio", pois algum prazer (*deletactio*) acompanha cada volição.[72] A liberdade da Vontade não consiste na seleção dos meios para um fim predeterminado — *eudaimonia* ou *beatitudo* ou *bem-aventurança* — precisamente porque esse fim já é *dado* pela natureza humana; consiste em afirmar ou negar ou odiar livremente o que quer que lhe apareça. É essa liberdade da vontade de *tomar uma posição* espiritualmente que coloca o homem à parte do resto da criação; sem isso, ele seria um animal esclarecido (*bonum animal*), na melhor das hipóteses, ou, como dissera Olivi anteriormente, uma *bestia intellectualis,* uma besta intelectual.[73] O milagre do espírito humano é que, através da Vontade, ele pode transcender tudo (*"voluntas transcendit omne creatum"*, como disse Olivi),[74] e este é o sinal de que o homem foi criado à imagem de Deus. A noção bíblica de que Deus mostrou a ele Sua preferência, concedendo-lhe domínio sobre todas as obras de Suas mãos (Salmo 8), apenas o tornaria a mais alta de todas as coisas criadas; não o colocaria absolutamente apartado delas. Quando o ego volitivo diz em sua mais alta manifestação *"Amo: Volo ut sis"*, "eu te amo, quero que sejas" — e não "quero ter-te" ou "quero mandar em ti" —, ele mostra-se capaz do mesmo amor com que Deus supostamente ama os homens, a quem criou somente porque queria que existissem e a quem Ele *ama sem desejar.*

Era assim que a questão se apresentava aos cristãos; é por isso que os "cristãos [...] dizem que Deus age contingentemente [...], livre e contingentemente".[75] Mas é possível também, segundo Scotus, chegar à mesma avaliação da contingência por meio da filosofia. Afinal, fora

O QUERER E O INTELECTO

o Filósofo que definira o contingente e o acidental (*to symbébekos*) como "aquilo que poderia também não ser" (*endechomenon mé einai*);[76] e de que o ego volitivo tinha mais ciência em cada volição do que o fato de que poderia também não querer (*experitur enim qui vult se posse non velle*[77])? Como o homem poderia chegar a ser capaz de distinguir um ato livre de vontade de um desejo irresistível sem aquele teste interno infalível?

O que aparentemente ia contra a liberdade da Vontade de querer ou não querer era a lei da causalidade, que Scotus também conhecia na versão aristotélica: uma cadeia causal que tornasse o movimento inteligível e levasse finalmente a uma fonte imóvel, de todo o movimento, "o motor imóvel", uma causa que não é ela mesma causada. A força do argumento, ou melhor, sua força explanatória, está no pressuposto de que uma só causa é suficiente para explicar por que uma coisa deveria ser em vez de não-ser, isto é, para explicar o movimento e a mudança. Scotus questiona toda a noção de uma cadeia de causalidade que siga em uma linha contínua através de uma sucessão de causas suficientes e necessárias, e que tenha de chegar, no final, a uma Causa Primeira para evitar um regresso ao infinito.

Começa a discussão indagando "se o ato de vontade é causado na vontade pelo objeto que a move ou pelo movimento da vontade em si", e rejeita a resposta de que a vontade é movida por um objeto exterior a ela, uma vez que isso não pode de maneira alguma salvar a liberdade (*"quia hoc nullo modo salvat libertatem"*). Rejeita a resposta contrária — de que a vontade é onipotente —, porque ela não pode explicar todas as consequências que seguem uma volição (*"quia tunc non possunt salvari omnes conditiones quae eonsequuntur actum volendi"*). Assim, chega à sua "posição intermediária", na verdade a única posição que salva ambos os fenômenos — a liberdade e a necessidade. Apresentada desta forma, ela soa como um dos exercícios lógicos tão comuns na Escolástica, como um jogo um tanto vazio com conceitos abstratos. Entretanto Scotus vai, desde logo, mais além em sua investigação, e chega a uma teoria das "causas parciais [...] [as quais] podem concorrer de igual para igual e independentemente umas das outras".

Tomando como seu maior exemplo a procriação, em que duas substâncias independentes, macho e fêmea, devem unir-se para gerar a criança, chega à teoria de que toda mudança se dá porque uma pluralidade de causas coincide, e a coincidência engendra a textura de realidade nos assuntos humanos.[78] Assim, o cerne do problema não é simplesmente insistir na liberdade original que Deus teve ao criar o mundo, e, portanto, na possibilidade de que Ele poderia ter criado um mundo totalmente diferente, mas sim mostrar que a mudança e o movimento como tais — aqueles fenômenos que originalmente, em Aristóteles, levaram à Lei da Causalidade, os *aitiai,* bem como os *archai* — são governados pela Contingência.

"Por 'contingente'", disse Scotus, "não designo algo que não é necessário ou que não tivesse sempre existido, mas sim algo cujo oposto poderia ter ocorrido no momento em que este realmente ocorreu. É por isso que não digo que uma coisa é contingente, mas sim que é *causada contingentemente.*"[79] Em outras palavras, é precisamente o elemento causativo nos assuntos humanos que os condena à contingência e à imprevisibilidade. Nada poderia entrar em maior contradição com toda a tradição filosófica do que essa insistência no caráter contingente dos processos. (Basta pensar nas bibliotecas inteiras que foram erguidas para explicar a necessidade da eclosão das últimas duas guerras, cada teoria identificando uma única causa diferente — quando, na verdade, nada parece mais plausível do que uma coincidência de causas, talvez postas em movimento, finalmente, por mais uma causa adicional, que "contingentemente causou" as duas conflagrações.)

O QUERER E O INTELECTO

Embora essa noção de contingência corresponda à experiência do ego volitivo — que no ato de volição sabe-se livre, não coagido por suas metas a agir ou não agir em sua busca —, ela parece ao mesmo tempo opor-se de modo insolúvel a uma outra experiência do espírito igualmente válida e ao senso comum, que nos diz que na verdade vivemos em um mundo factual de *necessidade*. Uma coisa pode ter acontecido bastante ao acaso, mas uma vez que tenha vindo a ser e que tenha assumido realidade, perde seu aspecto de contingência e apresenta-se a nós com o aspecto de necessidade. E mesmo quando fomos nós mesmos que efetuamos o evento, ou quando somos pelo menos uma das causas que contribuíram para ele — como no caso de nos casarmos ou cometermos um crime —, o simples fato existencial de que ele agora é como veio a ser (sejam quais forem as razões) resistirá provavelmente a todas as reflexões sobre sua original casualidade. Uma vez que o contingente aconteceu, não podemos mais desembaraçar os fios que o enredaram até que se tornasse um *evento* — como se pudesse ainda ser ou não ser.[80]

A razão para essa mudança estranha de perspectiva, que está na raiz de muitos dos paradoxos ligados ao problema da liberdade, é que não há substituto, real ou imaginário, para a existência como tal. Certamente o fluxo do tempo e da transformação pode dissolver os fatos e os eventos; mas cada uma dessas dissoluções, até mesmo a mudança mais radical, já pressupõe a realidade que a precedeu. Nas palavras de Scotus, "*tudo o que é passado é absolutamente necessário*".[81] Tornou-se a condição necessária para a minha própria existência, e não posso, de forma espiritual ou de outra maneira qualquer, conceber minha própria não-existência, já que, sendo parte inseparável do Ser, sou incapaz de conceber o nada, do mesmo modo que concebo Deus como o Criador do Ser, mas não um Deus anterior ao *creatio ex nihilo*.

Em outras palavras, a concepção aristotélica de que a atualidade necessariamente advém de uma potencialidade que a precede seria verificável somente se fosse possível reverter o processo, partindo-se do ato para a potência, ao menos espiritualmente; só que isso não pode ser feito. Só o que se pode dizer sobre o real é que obviamente *não* era impossível; nunca podemos provar que era necessário só porque agora é impossível para nós imaginar um estado de coisas em que não houvesse acontecido.

Foi isso que fez John Stuart Mill afirmar que "nossa consciência interna nos diz que temos um poder [isto é, uma liberdade] que toda a experiência externa da raça humana nos diz que jamais utilizamos"; ora, em que consiste essa "experiência externa da raça humana" senão nos registros dos historiadores, cujo olhar retrospectivo vê aquilo que *foi — factum est —* e que já se tornou, portanto, necessário? Nesse momento, a "experiência externa" suplanta as certezas da "consciência interna" sem, contudo, destruí-la; e o resultado é, para um espírito que tenta coordenar e manter em equilíbrio tanto a "consciência interna" quanto a "experiência externa", como se a base da necessidade dependesse ela mesma de uma contingência.

Se, por outro lado, o espírito, no desconforto da aparente contradição com que se depara, decide orientar-se exclusivamente por sua própria interioridade e entra em um estado de reflexão sobre o passado, decobrirá que também aí, factualmente, como resultado do vir--a-ser, já terá reordenado os processos em um padrão de necessidade, tendo-lhes eliminado o acaso. Essa é a condição necessária da presença existencial do ego pensante ponderando sobre o significado daquilo que veio-a-ser e que agora *é*. Sem se assumir *a priori* algum tipo de sequência linear de eventos que tenham sido causados necessária e não contingentemente, não seria possível qualquer explicação que tivesse alguma coerência. O modo óbvio e mesmo o único possível de preparar e contar uma história é eliminar do que realmente aconteceu os elementos "acidentais", cuja enumeração fiel, seja ela qual for, é impossível até mesmo para um cérebro computadorizado.

Diz-se que Scotus admitiu de bom grado que "não há resposta real para a questão sobre o modo de conciliar a liberdade e a necessidade".[82] Não estava a par da dialética hegeliana, na qual o processo da necessidade pode produzir a liberdade. Mas, no seu modo de pensar, não era preciso haver tal conciliação, pois a liberdade e a necessidade eram dimensões completamente diferentes do espírito; se é que havia conflito, ele corresponderia a um conflito intramuros, entre os egos pensante e volitivo, um conflito em que a vontade dirige o intelecto e faz com que o homem pergunte: "Por quê?" A razão para isso é simples: a Vontade, como Nietzsche descobriria mais tarde, é incapaz de "querer retroativamente"; logo, deixe-se para o intelecto a tarefa de descobrir o que deu errado. A questão *por quê?* — *"qual é a causa"*? — é sugerida pela vontade porque a vontade se experimenta como um agente causativo.

É esse aspecto da Vontade que enfatizamos quando dizemos que "a Vontade é a fonte da ação" ou, na linguagem escolástica, que "nossa vontade [...] é produtora de atos, e é o que permite a seu possuidor operar explicitamente no querer".[83] Para falar em termos de causalidade, primeiro a vontade causa volições, e tais volições causam certos efeitos que nenhuma vontade pode desfazer. O intelecto, tentando fornecer à vontade uma causa explanatória que lhe abrande a indignação quanto à própria fraqueza, fabricará uma história que faça com que os dados se encaixem. Sem pressupor a necessidade, faltaria à história toda a coerência.

Em outras palavras, o passado, justamente por ser o que é "absolutamente necessário", está além do alcance da Vontade. Para Scotus, o problema apresentava-se de maneira mais simples: os opostos decisivos não são necessidade e liberdade, mas sim liberdade e natureza — a Vontade *ut natura* e a Vontade *ut libera*.[84] Assim como o Intelecto, a Vontade se inclina *naturalmente* para a necessidade, só que a Vontade, ao contrário do Intelecto, pode conseguir resistir à inclinação.

Intimamente ligada a essa doutrina da contingência está a solução, de simplicidade surpreendente, que Scotus dá ao velho problema da liberdade, uma vez que o problema surge da própria faculdade da vontade. Discutimos com algum detalhe a curiosa fragmentação da vontade, o fato de que a divisão dois-em-um, característica de todos os processos do espírito e descoberta primeiramente — por Sócrates e Platão — no processo do pensamento, transforma-se em uma luta fatal entre o "eu--quero" e o "não-quero" (entre *velle* e *nolle*), que devem, ambos, estar presentes para assegurar a liberdade: *"Experitur enim qui vult se posse non velle."* "Aquele que experimenta uma volição tem também a experiência de ser capaz de não querer."[85] Os escolásticos, seguindo a filosofia da Vontade de Paulo, o Apóstolo, e de Agostinho, concordavam que a graça divina era necessária para curar o infortúnio da Vontade. Scotus, talvez o mais pio dentre eles, discordava disso. Não é necessária qualquer intervenção divina para redimir o ego volitivo.

Ela própria sabe muito bem como se curar das consequências do dom inestimável e, ainda assim, altamente questionável da liberdade humana; questionável porque o fato de a vontade ser livre e de não ser determinada ou limitada por qualquer objeto dado, exterior ou interiormente, não significa que o homem como homem goze de liberdade ilimitada. O modo normal que o homem tem de escapar à sua liberdade é simplesmente *agir* conforme as proposições da vontade: "Por exemplo, é possível para mim estar escrevendo neste momento, assim como me é possível não estar escrevendo; ainda assim, meu ato de escrever exclui o seu oposto. Por um ato da vontade posso me determinar a escrever, e por outro ato posso decidir não escrever, mas não posso tomar uma atitude simultânea em relação às duas coisas."[86] Em outras palavras, a vontade humana é indeterminada, aberta a contrários e, portanto, fragmentada somente à medida que sua única atividade consiste em formar volições; no momento em que para de querer

O QUERER E O INTELECTO

e começa a agir conforme uma das proposições da vontade, ela perde sua liberdade — e o homem, o possuidor do ego volitivo, fica tão feliz com a perda quanto ficou o asno de Buridan quando resolveu o problema da escolha entre os dois montes de feno, decidindo seguir seu instinto: parar de escolher e começar a comer.

Subjaz a essa solução, que parece simplista à primeira vista, uma distinção feita por Scotus — provavelmente sob a influência de Aristóteles — entre *activum* e *factivum*. Trata-se da distinção entre a atividade pura, a *energeia* aristotélica, que tem seu fim e *ergon* em si mesma, e a fabricação, *facere*, que consiste em "produzir ou moldar algum objeto externo", e isso implica "que a operação é transitória, isto é, tem um fim fora do agente. Os artefatos do homem são produzidos por uma atividade transitória".[87] As atividades do espírito, tais como pensar ou querer, são atividades da primeira espécie, e estas, pensava Scotus, embora não tenham qualquer resultado no mundo real, são de uma "perfeição" maior, porque essencialmente não são transitórias. Elas cessam não por terem chegado a seu próprio fim, mas somente porque o homem, criatura limitada e condicionada, é incapaz de continuá-las indefinidamente.

Scotus compara essas atividades do espírito à "atividade" da luz, "que se renova permanentemente em sua própria fonte e conserva, assim, sua constância interna e simplesmente perdura".[88] Porque o dom da vontade livre foi entregue a um *ens creatum*, este ser, para poder se salvar, é forçado a passar do *activum* para o *factivum*, da atividade pura para a fabricação de algo que tem seu fim naturalmente com a emergência do produto. A mudança é possível porque há um "eu-posso" inerente em cada "eu-quero", e este "eu-posso" impõe limitações ao "eu-quero" que não estão fora da própria atividade da vontade. "*Voluntas est potentia quia ipsa aliquid potest*", "a Vontade é um poder porque *pode* alcançar algo", e essa potência, inerente à Vontade, é, com efeito, o "oposto da *potentia passiva* dos aristotélicos. É um 'eu-posso' poderoso [...] e ativo [...] que o ego experimenta".[89]

Com essa experiência da Vontade como uma potência do espírito cujo poder não consiste, como em Epiteto, em proteger o espírito da realidade, mas, ao contrário, em inspirá-lo e conferir--lhe autoconfiança, é como se tivéssemos chegado ao fim de uma história cujo começo foi a descoberta de Paulo, de que *velle* e *posse* não coincidem — coincidência tida como certa na Antiguidade pré--cristã. A última palavra de Scotus sobre a Vontade como faculdade do espírito diz respeito ao mesmo fenômeno que foi elucidado muitos séculos mais tarde, na identificação feita por Nietzsche e por Heidegger entre Vontade e Poder — só que Scotus ainda não tinha conhecimento do aspecto aniquilador (niilista) do fenômeno, isto é, do poder gerado pela negação. Ele ainda não via o futuro como uma negação antecipada do presente — ou talvez visse, mas só no sentido genérico de perceber a futilidade inerente de todos os acontecimentos meramente mundanos (como disse Agostinho: "*quod futurum est, transiturum expectatur*", "o que está no futuro é esperado como algo que terá sido")[90].

O homem é capaz de transcender o mundo do Ser junto com o qual foi criado e que permanece sendo seu hábitat até a morte; ainda assim, mesmo as atividades do seu espírito nunca deixam de relacionar-se ao mundo dado aos sentidos. Assim, o intelecto está "preso aos senti- dos", e "sua função inata é entender os dados sensoriais"; de maneira semelhante, "a Vontade está presa ao apetite sensorial" e sua função inata é "desfrutar de si mesma". "*Voluntas conjunctus appetitui sensi- tivo nata est condelectari sibi, sicut intellectus conjunctus sensui natus est intelligere sensibilia.*"[91] As palavras decisivas aqui são *condelectari sibi*, um prazer inerente à própria atividade da vontade, diferente do prazer do desejo de obter o objeto desejado, que é transitório — a posse extingue o desejo e o prazer. O *condelectatio sibi* importa seu prazer de sua proximidade do desejo, e Scotus disse explicitamente que não há prazer do espírito que possa competir com o prazer que surge da satisfação do desejo sensual, só que esse prazer é quase tão transitório quanto o próprio desejo.[92] Assim, ele estabelece uma distinção nítida entre vontade e desejo, porque somente a vontade não é transitória. Um prazer inerente à vontade em si mesma é tão natural para a vontade quanto entender e conhecer o são para o intelecto, e ele pode ser detectado até mesmo no ódio; mas sua perfeição inata, a paz final entre o dois-em-um, pode se dar somente quando a vontade é transformada em *amor.* Se a vontade fosse mero desejo de possuir, deixaria de existir quando se possui o objeto: não desejo aquilo que tenho.

Quando Scotus especula sobre uma vida após a morte — isto é, sobre uma existência "ideal" para o homem como homem —, esta tão almejada transformação da vontade em amor com seu inerente *delectatio* é decisiva. A transformação do querer em amar não significa que amar deixe de ser uma atividade cujo fim está em si mesma: logo, a bem-aventurança futura, a beatitude que se goza na vida eterna, não pode de modo algum consistir no descanso e na contemplação. A contemplação do *summum bonum,* da "coisa" mais alta, portanto, Deus, seria o ideal do intelecto, que sempre se baseia na intuição, a apreensão de uma coisa em seu "ser-isto" [*Thisness*], *haecceitas,* que é imperfeita nesta vida não somente porque aqui o que é mais alto permanece ignorado, mas também porque a intuição do "ser-isto" é imperfeita: o "intelecto [...] recorre aos conceitos universais precisamente porque é incapaz de apreender a hecceidade".[93] A noção de "paz eterna", ou de Descanso, surge da experiência da inquietação, dos desejos e apetites de um ser necessitado que pode transcendê-los em atividades do espírito, sem jamais ser capaz de escapar completamente a eles. O que a Vontade em um estado de bem-aventurança, isto é, em uma vida após a morte, não precisa mais ou não consegue mais ter é a *rejeição* e o ódio, mas isso não significa que o homem em estado de bem-aventurança tenha perdido a faculdade de dizer "sim". A essa aceitação incondicional Scotus dá o nome de "Amor": *Amo: volo ut sis.* "A beatitude é, portanto, o ato pelo qual a vontade vem a ter contato com o objeto apresentado a ela pelo intelecto e o ama, satisfazendo assim plenamente seu desejo natural por ele."[94] Aqui novamente o amor é entendido como uma atividade, mas não mais como uma atividade do espírito, uma vez que seu objeto não está mais ausente dos sentidos e não é mais conhecido imperfeitamente pelo intelecto. Pois a "beatitude [...] consiste no alcance pleno e perfeito do objeto como ele é em si, e não simplesmente como está no espírito".[95] O espírito, transcendendo as condições existenciais do "viajante" ou peregrino na terra, tem uma indicação desta bem-aventurança futura em sua experiência de pura atividade, isto é, em uma transformação da vontade em *amor*. Recaindo na distinção agostiniana entre *uti* e *frui*, usar algo para alguma outra coisa e desfrutar de algo por si mesmo, Scotus diz que a essência da beatitude consiste *no fruitio*, "o amor perfeito a Deus por amor a Deus [...] e é assim distinto do amor a Deus por amor a si mesmo". Mesmo se este último é amor pelo bem da salvação da própria alma, ainda assim é *amor concupiscentiae*, amor desejoso.[96] Já em Agostinho encontramos a transformação da vontade em amor, e é bastante provável que as reflexões de ambos os pensadores fossem guiadas pelas palavras de Paulo sobre "o amor que jamais acaba", nem mesmo "quando vier o que é perfeito" e tudo o mais tiver sido "aniquilado" (I Coríntios 13:8-13). Em Agostinho, a transformação se dá pela força unificadora da vontade; não há maior força unificadora do que o amor com que os amantes se amam ("maravilhosamente unidos").[97] Mas, para Scotus, a base de experiência para a eternidade do amor está em sua concepção de um amor que não só está por assim dizer esvaziado, purificado dos desejos e das necessidades, mas é também um amor no qual a própria *faculdade* da Vontade é transformada em atividade pura.

Se, nesta vida, o milagre do espírito humano é que o homem possa, ao menos espiritual e provisoriamente, transcender suas condições terrenas e desfrutar da realidade pura de um exercício cujo fim está em si mesmo, então o milagre que se espera em uma vida eterna é o de que o homem seja, em toda a sua existência, espiritualizado. Scotus fala de um "Corpo glorificado",[98] não mais dependente de "faculdades" cujas atividades são interrompidas ou pelo *factivum*, o fazer e o moldar objetos, ou pelos desejos de uma criatura necessitada — que conferem ambos um caráter transitório a toda atividade nesta vida, inclusive as atividades do espírito. Transformada em amor, a inquietação da vontade é abrandada mas não extinta; o poder duradouro do amor não é sentido como interrupção no movimento — assim como o fim da fúria de uma guerra é sentido como a calma da paz —, mas sim como a serenidade de um movimento que se autocontém, que se autorrealiza e é perene. Não aparecem aqui a calma e o prazer que se seguem a uma operação perfeita, mas sim a quietude de um ato repousado em seu fim. Nesta vida, sabemos de tais atos em nossa *experientia interna*, e, segundo Scotus, deveríamos ser capazes de compreendê-los como indicações de um futuro incerto em que eles durariam para sempre. A "faculdade de atuar se verá acalmada em seu objeto através do ato perfeito [o Amor] pelo qual ela o obtém".[99]

A ideia de que poderia haver uma atividade que encontra seu repouso em si mesma é de uma originalidade tão surpreendente — e sem precedentes ou sucessores na história do pensamento ocidental — quanto a da preferência ontológica de Scotus pelo contingente em detrimento do necessário e pelo particular existente em detrimento do universal. Tentei mostrar que não encontramos em Scotus simples inversões conceituais, mas sim novos e genuínos *insights* que poderiam, todos provavelmente, ser explicados como as condições especulativas para uma filosofia da liberdade. A meu ver, na história da filosofia, somente Kant pode se igualar a Duns Scotus em seu compromisso com a liberdade. Não obstante, Kant não tinha o menor conhecimento de Scotus. Vou terminar, portanto, com uma estranha passagem de Kant na *Crítica da razão pura,* que lida no mínimo com o mesmo problema, sem contudo mencionar Liberdade ou Vontade:

> Há algo de muito estranho no fato de que, desde que supomos que algo existe, não mais possamos evitar a consequência de que alguma coisa existe necessariamente. [...] Por outro lado, tomando o conceito de uma coisa, não importa qual, descubro que a existência desta coisa nunca pode ser representada por mim como absolutamente necessária, e que, sobre o que quer que possa existir, nada me impede de pensar em sua não-existência. Assim, se tenho que admitir algo necessário como uma condição para o que existe em geral, não posso pensar em qualquer coisa particular como necessária em si. Em outras palavras, nunca posso *acabar* o regresso às condições da existência, a não ser admitindo um ser necessário, e, ainda assim, jamais estou em posição de *começar* a partir dele. [E concluindo esta reflexão algumas páginas depois] [...] não há nada que absolutamente force a razão a aceitar uma tal existência; ao contrário, pode-se sempre anulá-la em pensamento, sem contradição; a necessidade absoluta é uma necessidade encontrável somente no pensamento.[100]

Ao que se pode acrescentar, conforme nos ensina Scotus, que o nada absoluto não é encontrável no pensamento. Mais tarde teremos oportunidade de voltar a essa ideia, quando discutirmos os destinos incertos da faculdade da Vontade no final da Era Moderna.

Capítulo 4 Conclusões

13. O IDEALISMO ALEMÃO E A "PONTE ARCO-ÍRIS DE CONCEITOS"

Antes de passarmos à parte final dessas considerações, tentarei justificar o último e maior salto sobre os séculos nesta incompleta e fragmentária apresentação que tive a pretensão de anunciar como uma história da Vontade. Já mencionei minhas dúvidas a respeito da possibilidade de haver legitimamente uma "História das ideias", uma *Geistesgeschichte* baseada no pressuposto de que as ideias seguem-se, gerando-se umas às outras em uma sucessão temporal. O pressuposto faz sentido somente no sistema da dialética de Hegel. Mas, sem falar em teorias, há um registro dos pensamentos de grandes pensadores cujo lugar na história factual é indiscutível e cujo testemunho afirmador ou negador da Vontade abordamos aqui somente de passagem — Descartes e Leibniz de um lado da discussão, Hobbes e Espinosa do outro.

O único grande pensador nesses séculos que seria verdadeiramente irrelevante em nosso contexto é Kant. Sua Vontade não é uma capacidade *especial* do espírito distinta do pensamento, mas sim razão prática, um *Vernunftwille* não muito diferente do *nous praktikos* de Aristóteles; a afirmação de que "a razão pura pode ser prática é a tese central da filosofia moral kantiana"[1] está perfeitamente correta. A Vontade de Kant não é nem liberdade de escolha (*liberum arbitrium*) nem é sua própria causa; para Kant, a espontaneidade pura, que ele chamou com frequência de "espontaneidade absoluta", só existe em pensamento. A

Vontade de Kant é encarregada pela razão de ser seu órgão executivo em todas as questões da conduta.

Muito mais embaraçosa e, portanto, carente de justificação é a omissão, em nossas considerações, do desenvolvimento do idealismo alemão depois de Kant, o salto que demos sobre Fichte, Schelling e Hegel, os quais, a seu modo especulativo, resumiram os séculos da Era Moderna. Pois a ascensão e o declínio da Era Moderna não são uma invenção da "história das ideias", mas um evento factual que pode ser datado: a descoberta da Terra inteira e de parte do Universo, a ascensão da ciência moderna e de sua tecnologia, seguida do declínio da autoridade da Igreja, pela secularização e pelo Iluminismo.

Essa momentosa ruptura factual que ocorreu em nosso passado foi caracterizada e interpretada segundo muitos pontos de vista diferentes e legítimos; em nosso contexto, o desenvolvimento mais decisivo que se deu durante esses séculos foi a subjetivização do pensamento cognitivo, bem como do metafísico. Foi só nesses séculos que o homem se transformou no centro de interesse da ciência e da filosofia. Isso não acontecera em tempos anteriores, muito embora, como vimos, a descoberta da Vontade tenha coincidido com a descoberta de um "homem interior" em um momento em que o homem se tornara "uma questão para si mesmo". Somente quando a ciência provou não só que os sentidos humanos estavam sujeitos ao engano — que poderia ser corrigido à luz de uma nova evidência para que fosse revelada a "Verdade" —, mas também que seu aparato sensorial ficara para sempre incapaz de certezas autoevidentes, foi que o espírito humano, agora totalmente lançado de volta a si mesmo, começou, com Descartes, a procurar uma "certeza" que fosse um dado puro da consciência. Quando Nietzsche chamou a Era Moderna de "escola da suspeita", quis dizer que, pelo menos a partir de Descartes, o homem já não estava mais certo de coisa alguma, nem mesmo de ser real; ele precisava de uma prova da

CONCLUSÕES

existência não só de Deus como também de si mesmo. Foi a certeza do eu-sou que Descartes descobriu em seu *cogito me cogitare*; isto é, em uma experiência do espírito para a qual nenhum dos sentidos que nos dão nossa realidade e a de um mundo exterior é necessário.

É claro que essa certeza é bastante questionável. Já em Pascal, ele próprio influenciado por Descartes, encontramos a objeção de que esta consciência dificilmente poderia ser suficiente para distinguir entre sonho e realidade: um pobre artesão sonhando durante doze horas toda noite que era rei teria a mesma vida (e desfrutaria da mesma quantidade de "felicidade") que um rei que sonhasse toda noite que era um pobre artesão. Além disso, já que "frequentemente se sonha estar sonhando", nada pode assegurar que aquilo a que chamamos nossa vida não seja um completo sonho do qual despertaremos na morte. Duvidar de tudo (*"de omnibus dubitandum est"*) e encontrar certeza na própria atividade de duvidar exigida pela "nova Filosofia [que] de tudo duvida" (Donne) não ajuda, pois não está quem duvida obrigado a duvidar que duvida? Ninguém foi, é verdade, tão longe, mas isso só significa que "nenhum homem, jamais, foi um cético perfeito [*pyrrhonien,* em Pascal], ainda que não por estar fortalecido pela razão"; ele era impedido pela "natureza, [a qual] ajudava a razão impotente"; e assim o cartesianismo era "algo como a história de Dom Quixote".[2]

Séculos mais tarde, Nietzsche, ainda pensando na mesma linha, suspeitou que foi a nossa "crença [cartesiana] no 'ego' [pensante] [...] como única realidade [que nos fez] [...] atribuir realidade às coisas em geral".[3] Com efeito, nada se tornou mais característico das últimas fases da metafísica do que essa espécie de inversão de papéis na qual Nietzsche, com seus experimentos de pensamento de uma honestidade implacável, era um mestre. Mas esse jogo — ainda um jogo de pensamento, mais do que um jogo de linguagem — só se tornou possível quando, com o surgimento do idealismo alemão, romperam-se todas as pontes, "a não ser a ponte arco-íris de conceitos",[4] ou, para falar menos poeticamente, quando ficou claro para os filósofos que a "novidade de nossa posição contemporânea em filosofia baseia-se na convicção, que nenhuma época teve antes de nós, de que não possuímos a verdade. Todas as gerações anteriores 'possuíam a verdade', até mesmo os céticos".[5]

Nietzsche e Heidegger estavam errados, creio, na data que deram a essa convicção moderna; na verdade, ela acompanhara o surgimento da ciência moderna, tendo sido atenuada pela "certeza" cartesiana como substituta para a verdade; essa, por sua vez, foi destruída por Kant, junto com os resíduos do escolasticismo, que, na forma de exercícios lógicos e de dogmatismo das "escolas", levara uma existência um tanto frágil de simples erudição. Mas foi somente no fim do século XIX (e aqui Heidegger está certo) que a convicção de não possuir a verdade torna-se a opinião comum das classes instruídas, estabelecendo-se como algo semelhante ao Espírito da Era, da qual Nietzsche era provavelmente o mais destemido representante.

Entretanto o fator poderoso que atrasou por séculos esta reação brotou, ele mesmo, com o surgimento das ciências, como resposta natural de todo homem pensante ao enorme e imensamente rápido avanço do conhecimento humano, um avanço que haveria de fazer com que os séculos anteriores, desde a Antiguidade, parecessem, por comparação, pura estagnação. O conceito de *Progresso*, como esforço amplo e cooperativo no interesse do conhecimento em si mesmo, "no qual todos os cientistas do passado, do presente e do futuro têm uma parte [...], apareceu desenvolvido de forma completa pela primeira vez nas obras de Francis Bacon".[6] Com esse conceito operou-se, a princípio quase automaticamente, uma mudança importante na compreensão do Tempo: a elevação do Futuro à posição antes ocupada pelo Presente ou pelo Passado. A ideia de que cada geração subsequente saberia mais do que

CONCLUSÕES

aquela que a precedeu e de que esse progresso jamais se completaria —
uma convicção que só agora, em nosso tempo, vem a ser questionada
— já era suficientemente importante; mas, para nosso contexto, ainda
mais importante é a percepção simples e natural de que o "conhecimento científico" só foi e só pode ser alcançado "passo a passo, pela contribuição de *gerações* de exploradores na construção que se faz sobre as
descobertas de seus predecessores, corrigindo-as de maneira gradual".

A ascensão da ciência teve início com as novas descobertas dos
astrônomos, cientistas que não apenas "usaram de maneira bastante
sistemática" as descobertas de seus predecessores, mas que também,
sem os registros de gerações passadas, vale dizer, registros confiáveis,
teriam sido incapazes de fazer absolutamente qualquer "progresso",
uma vez que o tempo de vida de um homem ou de uma geração de
homens é evidentemente curto demais para a verificação de descobertas e validação de hipóteses científicas. Mas "os astrônomos escreve-
ram catálogos astrais para serem usados por futuros cientistas", isto
é, lançaram a base para avanços científicos. (A astronomia não estava, é claro, totalmente sozinha na iniciação do progresso. Tomás de
Aquino tinha consciência de um "aumento no conhecimento científico" — *"argumentum factum est"* — que ele explicava pelas "falhas de
conhecimento dos que inventaram as ciências". Os artesãos também,
acostumados ao método de tentativa e erro, tinham uma consciência
clara de certas melhorias em seus ofícios. As próprias guildas, contudo,
"enfatizavam a continuidade, em vez do progresso do artesanato", e
"a única passagem da literatura que expressa claramente a ideia do
progresso gradual do conhecimento, ou melhor, da habilidade tecno-
lógica, aparece em um tratado sobre artilharia".)[7] Mesmo assim, o
elemento decisivo que conferiu à ciência moderna o seu ímpeto surgiu
na astronomia, e a ideia de Progresso — que a partir de então domi-
nou todas as outras ciências, até que finalmente se tornasse a noção

predominante do igualmente novo conceito de história — baseou-se originalmente no estoque de dados, no intercâmbio de conhecimento e no lento acúmulo de registros que eram os requisitos para o avanço em astronomia. Somente depois das espantosas descobertas dos séculos XVI e XVII foi que o que andava acontecendo nesse campo chamou a atenção daqueles interessados na condição humana em geral.

Assim, enquanto a "nova Filosofia", provando a inadequação de nossos sentidos, "de tudo duvidava" e dava origem à suspeita e ao desespero, o movimento de avanço igualmente manifesto do conhecimento dava origem a um imenso otimismo quanto ao que o homem pode conhecer e aprender. Só que esse otimismo não se aplicava aos homens no singular, nem mesmo à relativamente pequena comunidade dos cientistas; aplicava-se somente à sucessão de gerações, isto é, à Humanidade como um todo. Nas palavras de Pascal, que foi o primeiro a detectar que a ideia de progresso era um complemento necessário à ideia de Humanidade, era "a prerrogativa particularmente [humana] [distintiva do homem e do animal] que não só cada ser humano possa avançar diariamente no conhecimento, mas que todos os homens juntos progridam continuamente à medida que o universo vai envelhecendo [...], de modo que a completa sucessão de homens através dos séculos deva ser *considerada um só homem que vive para sempre* e aprende continuamente" (grifos nossos).[8]

O decisivo nessa formulação é que a noção de "todos os homens juntos", que, é claro, constitui um pensamento e não uma realidade, foi de imediato construída segundo o modelo do "homem", de um "sujeito" que podia servir como um nome para todos os tipos de atividades expressas por verbos. Esse conceito não era uma metáfora propriamente dita; era uma completa *personificação*, do tipo das que encontramos nas alegorias das narrativas da Renascença. Em outras palavras, o *Progresso tornou-se o projeto da Humanidade*, atuan-

CONCLUSÕES

do por trás dos homens reais — uma força personificada que iremos encontrar mais tarde na "mão invisível" de Adam Smith, no "ardil da natureza" de Kant, na "astúcia da Razão" de Hegel e no "materialismo dialético" de Marx. Sem dúvida, o historiador das ideias não verá nessas noções nada além da secularização da divina providência, uma interpretação bastante questionável, uma vez que encontramos a personificação da Humanidade em Pascal, que certamente teria sido o último a desejar um substituto secular para Deus como aquele que verdadeiramente governa o mundo.

Seja como for, as ideias interligadas de Humanidade e Progresso só vieram para o primeiro plano das especulações filosóficas depois que a Revolução Francesa demonstrou para os espíritos de seus mais pensativos espectadores a realização possível de coisas invisíveis como *liberté*, *fraternité*, *egalité*, parecendo constituir assim uma refutação tangível para a mais antiga convicção dos homens pensantes: a de que os altos e baixos da história e dos negócios sempre instáveis dos homens não merecem ser levados a sério. (Aos ouvidos contemporâneos, o famoso dito de Platão nas *Leis* — um homem sério guarda sua seriedade para as coisas sérias e "não a desperdiça com insignificâncias"[9] tais como os assuntos humanos — pode parecer desmedido; na verdade, isso nunca tinha sido questionado antes de Vico, e Vico não teve influência ou eco até o século XIX.) O evento da Revolução Francesa, clímax sob muitos aspectos da Era Moderna, alterou o "aspecto pálido do pensamento" por quase um século; os filósofos, uma tribo de homens notoriamente melancólicos, tornaram-se exultantes e otimistas. Agora acreditavam no Futuro e deixavam para os historiadores as antigas lamentações sobre o curso do mundo. Aquilo que séculos de avanços científicos — compreendidos na totalidade só pelos participantes da grande empreitada, sem, contudo, ficar além da compreensão geral do filósofo — tinham sido incapazes de alcançar era agora efetivado em poucas décadas: os filósofos foram convertidos a uma fé no progresso não só do conhecimento mas também dos assuntos humanos em geral.

E enquanto começavam a refletir, com uma lealdade nunca antes vista, sobre o curso da *história*, não podiam deixar de tomar consciência quase imediata do maior enigma que seu novo tema lhes apresentava. Trata-se do simples fato de que nenhuma ação jamais alcança o objetivo pretendido e de que o Progresso — ou qualquer outra significação fixa do processo histórico — surge de uma "mistura" sem sentido "de erro e violência" (Goethe), de uma "casualidade melancólica" no "curso sem sentido dos assuntos humanos" (Kant). Só se pode detectar algum sentido por meio da sabedoria da visão retrospectiva quando os homens deixam de agir e começam a contar a história do que aconteceu; então é como se os homens, ao perseguir seus propósitos sem se entender, sem a menor lógica, tivessem sido levados por uma "intenção da natureza", pelo "fio condutor da razão".[10] Citei Kant e Goethe, que estacaram, ambos, no limiar da nova geração, aquela dos idealistas alemães, para quem os acontecimentos da Revolução Francesa foram as experiências de vida decisivas. Mas Vico já sabia que os "fatos da história conhecida" tomados em si mesmos "não possuem nem uma base comum nem continuidade nem coerência"; e Hegel, muito depois, ainda insistia em que as "paixões, os propósitos privados e a satisfação de desejos egoístas, são [...] as mais efetivas fontes da ação". Logo, não é o registro dos eventos passados, mas somente a história o que faz sentido, e o que tanto impressiona nas observações de Kant ao final da vida é ter ele entendido imediatamente que o sujeito da ação da História teria que ser a Humanidade, em vez de o homem ou qualquer comunidade humana constatável. Não menos impressionante é o fato de ter sido capaz de perceber a grande falha no projeto da História: "Continuará sempre sendo desconcertante que as gerações anteriores pareçam levar adiante sua pesada tarefa pelo

CONCLUSÕES

bem dos que virão [...] e que somente os últimos devam ter a sorte de habitar o edifício [terminado]."[11]

Provavelmente foi por pura coincidência que a geração amadurecida sob o impacto das revoluções do século XVIII tenha também tido o espírito formado pela liberação kantiana do pensamento, por sua resolução do antigo dilema entre o dogmatismo e o ceticismo, ao introduzir uma autocrítica da Razão. E como a revolução encorajou essa geração a transportar a noção de Progresso do avanço científico para o campo dos assuntos humanos e a compreendê-la como progresso da História, era mais do que natural que sua atenção se voltasse para a Vontade como fonte da ação e como o órgão do Futuro. O resultado foi que "a ideia de fazer da liberdade a parte essencial da filosofia emancipou o espírito humano em todas as suas relações", emancipou o ego pensante para a especulação livre nas cadeias de pensamento cujo fim último era "provar [...] que não só o Ego é tudo, mas também, ao contrário, tudo é Ego".[12]

Aquilo que aparecera de forma restrita e provisória no conceito personificado de Humanidade de Pascal começava agora a proliferar com uma incrível intensidade. As atividades dos homens, seja de pensar seja de agir, foram transformadas em atividades de conceitos personificados — que tornavam a filosofia tanto infinitamente mais difícil (a dificuldade principal em Hegel é seu teor de abstração, suas pistas somente ocasionais sobre os dados e fenômenos reais que ele tinha em mente) quanto incrivelmente mais viva. Era uma verdadeira orgia de pura especulação que, em contraste nítido com a razão crítica de Kant, estava repleta de dados históricos disfarçados de abstração radical. Uma vez que é o próprio conceito personificado que deve supostamente agir, é como se (nas palavras de Schelling) a filosofia "se erguesse a um ponto de vista mais alto", a um "maior realismo" em que as simples coisas-pensamento — os *noumena* de Kant, produtos desmaterializados da reflexão do ego pensante sobre dados reais (dados históricos em Hegel e mitológicos ou religiosos em Schelling) — dessem início à sua curiosa dança incorpórea e espectral, cujos passos e ritmos não se regulam nem se limitam por qualquer ideia da razão.

Foi nessa região de especulação pura que a Vontade apareceu durante o curto período do idealismo alemão. "Na instância última e mais alta", declarou Schelling, "não há outro Ser senão a Vontade. A Vontade é Ser primordial, e todos os predicados aplicam-se somente a ela — a ausência de fundamento, a eternidade, a independência do tempo, a autoafirmação! Toda filosofia luta apenas para encontrar esta expressão maior."[13] E citando essa passagem em *What is called thinking?* Heidegger logo acrescenta: "Os predicados, pois, que o pensamento metafísico atribuiu desde a Antiguidade ao Ser, Schelling encontra-os em sua forma final e mais alta no querer. *A Vontade nesse querer não significa aqui uma capacidade da alma humana,* entretanto; a palavra 'querer' designa aqui o Ser dos seres como um todo" (grifos nossos).[14] Sem dúvida, Heidegger está certo; a Vontade de Schelling é uma entidade metafísica; mas, ao contrário das falácias metafísicas mais comuns e mais antigas, ela é personificada. Em um contexto diferente e de forma mais precisa, o próprio Heidegger sintetiza o significado deste Conceito personificado: a *falsa* "opinião de que a vontade humana é a origem da vontade-de--querer surge [facilmente], quando, ao contrário, é a Vontade-de-querer que quer o homem, sem que ele sequer experimente a essência de tal vontade".[15]

Com essas palavras, Heidegger volta-se resolutamente contra o subjetivismo da Era Moderna; e também contra as análises fenomenológicas, cuja meta principal sempre foi "salvar os fenômenos" assim como eles eram dados à consciência. E ao entrar na ponte arco-íris de conceitos, ele acaba encaminhando-se para o idealismo alemão e para a sua exclusão engenhosa do homem e das faculdades do homem, em favor de conceitos personificados.

CONCLUSÕES

Nietzsche diagnosticou a inspiração por trás dessa filosofia pós-kantiana com uma clareza insuperável; ele conhecia aquela filosofia muito bem e, ao final, seguiu ele mesmo por um caminho semelhante e talvez ainda mais extremo.

[A filosofia alemã, disse Nietzsche] é o modo mais fundamental de [...] nostalgia que jamais houve: o anseio pelo que já existiu de melhor. Não se está mais em casa em lugar algum; ao final, anseia-se pela volta àquele único lugar onde se pode estar em casa: o mundo *grego*! Mas é precisamente naquela direção que todas as pontes estão quebradas — exceto as pontes arco-íris de conceitos. [...] Com certeza é preciso ser muito leve, muito sutil, muito esguio para passar por essas pontes! Mas que felicidade já há nessa vontade de espiritualidade, quase de fantasmagoricidade [*Geisterhaftigkeit*]! [...] Deseja-se a *volta*, através dos Padres da Igreja, aos gregos [...]. A filosofia alemã é um pedaço de [...] desejo de Renascença, vontade de prosseguir na descoberta da Antiguidade, no desenterrar da filosofia antiga, sobretudo dos pré-socráticos — o templo grego enterrado mais fundo! Daqui a alguns séculos, talvez, se julgará que toda a filosofia alemã colhe sua verdadeira dignidade do fato de ser uma recuperação gradual do solo da Antiguidade [...] tornamo-nos mais gregos a cada dia; primeiro, como é razoável nos conceitos e avaliações, como se fossem, de certo modo, fantasmas helenizantes.[16]

Sem dúvida o conceito personificado tinha raiz em uma experiência constatável mas o pseudorreino de espíritos incorpóreos atuando por trás dos homens era construído pela nostalgia de um outro mundo, no qual o espírito do homem pudesse sentir-se em casa.

495

Esta é, então, minha justificativa para ter omitido de nossas considerações esse corpo de pensamento, o idealismo alemão, no qual a especulação pura no campo da metafísica talvez tenha alcançado seu clímax junto com o fim. Não quis atravessar a "ponte arco-íris de conceitos" talvez porque não seja suficientemente nostálgica; em todo caso, porque não acredito em um mundo, quer seja um mundo passado ou um futuro, em que o espírito humano, equipado para retirar-se do mundo das aparências, poderia ou deveria chegar a sentir-se confortavelmente em casa. Além disso, pelo menos nos casos de Nietzsche e de Heidegger, foi precisamente um confronto com a Vontade como faculdade humana, e não como categoria ontológica, que os instou originalmente a repudiar a faculdade e, *então,* a se converter e depositar sua confiança nessa casa fantasmagórica de conceitos personificados que foi tão obviamente "construída" e decorada pelo ego pensante, em oposição ao volitivo.

14. O REPÚDIO NIETZSCHIANO DA VONTADE

Em minha discussão sobre a Vontade, mencionei repetidas vezes duas maneiras completamente diferentes de se entender esta faculdade: como uma faculdade de *escolha* entre objetos ou metas, o *liberum arbitrium*, que atua como árbitro entre fins dados e delibera livremente sobre os meios para alcançá-los; e, por outro lado, como nossa "faculdade de começar espontaneamente uma série no tempo" (Kant),[17] ou como o *"initium ut esset homo creatus est"*, de Agostinho, a capacidade do homem começar, por ser ele mesmo um começo. Com o conceito de Progresso da Era Moderna e sua inerente alteração do entendimento do Futuro — que deixa de ser aquilo que se aproxima de nós para ser aquilo que determinamos com os projetos da Vontade —, seria natural que o poder instigador da Vontade fosse alçado a primeiro plano. E o foi de fato, como nos informa a opinião comum na época.

Por outro lado, nada é mais característico do início do que hoje chamamos de "existencialismo" do que a ausência de qualquer desses traços de otimismo. Segundo Nietzsche, somente "a falta de sentido histórico", uma falta que para ele "é o erro original de todos os filósofos",[18] pode explicar esse otimismo: "Não nos deixemos enganar! O tempo marcha para a frente; gostaríamos de acreditar que tudo o que está nele marcha também para a frente — que o desenvolvimento é o que se move para a frente." E quanto ao correlato do Progresso, a ideia de Humanidade, ele diz: "a 'Humanidade' não avança: nem sequer existe".[19]

Em outras palavras, embora a suspeita universal tenha sido fortemente neutralizada no início da Era Moderna, detida primeiro pela própria noção de Progresso e depois por sua aparente corporificação e apogeu na Revolução Francesa, essa ação neutralizadora revelou-se apenas um fator de adiamento, cuja força, ao final, esgotou-se. Se preferimos olhar historicamente para tal desenvolvimento, só podemos dizer que os experimentos de pensamento de Nietzsche — "uma filosofia experimental como a que vivo antecipa experimentalmente até mesmo as possibilidades do niilismo mais fundamental"[20] — finalmente completaram o que tivera início com Descartes e Pascal, no século XVII.

Os homens, sempre tentados a levantar o véu do futuro — com o auxílio de computadores ou de horóscopos ou dos intestinos de animais sacrificados —, têm tido piores resultados nessas "ciências" do que em quase qualquer outra empreitada científica. Se estivéssemos falando, contudo, de uma competição honesta entre futurólogos em relação à nossa própria época, o prêmio poderia muito bem ir para John Donne, um poeta sem qualquer ambição científica que escreveu em 1611 em reação imediata ao que ele sabia estar se passando nas ciências (que ainda ficariam por muito tempo atuando sob o nome de "filosofia natural"). Ele não precisou esperar por Descartes ou Pascal para tirar as conclusões daquilo que percebia.

> And new Philosophy calls all in doubt,
> The Element of fire is quite put out;
> The Sun is lost and th'earth, and no mans wit
> Can well direct him where to look for it...
> 'Tis all in pieces, all cohaerence gone;
> All just supply, and all Relation:
> Prince, Subject, Father, Sonne, are things forgot...[*]

E finaliza com lamentações que precisaram mais ou menos de trezentos anos para serem ouvidas de novo: "Quando conheceres isto,/ Saberás que monstro horrendo [...]/ que Fantasma lívido [...]/ Que Cinza seca é este mundo."[21]

É sobre esse pano de fundo histórico que teremos de considerar os últimos dois pensadores ainda próximos o bastante da herança filosófica do Ocidente para reconhecerem na Vontade uma das faculdades importantes do espírito. Começamos com Nietzsche e lembramos que ele jamais escreveu um livro com o título "Vontade de Potência"; a coleção de fragmentos, notas e aforismos que leva esse título foi publicação póstuma, resultado de uma seleção feita sobre um caos de dizeres desconexos e muitas vezes contraditórios. Cada um deles é o que todos os escritos do Nietzsche maduro na verdade são, a saber, um experi-

---

[*] An Anatomy of the World; The First Anniversary". "E a nova filosofia, de tudo duvida,/ Ao elemento fogo, extingue-lhe a vida;/ O sol se perdeu e a Terra, e a sabedoria humana não há/ Que na busca destes possa ele guiar.../ Está tudo em pedaços; a coerência toda no chão;/ Tudo é só estoque, e tudo Relação: Príncipe, Vassalo, Pai, Filho são coisas esquecidas." (N. T.)

CONCLUSÕES

mento de pensamento, um gênero literário surpreendentemente raro nos registros de nossa história. A analogia mais óbvia é com *Pensées* de Pascal, que tem em comum com *A vontade de potência* de Nietzsche um descuido na organização que levou seus últimos editores a tentar reorganizá-los, com o aborrecido resultado de deixarem o leitor cheio de problemas para identificá-los e datá-los.

Consideraremos a princípio alguns enunciados descritivos simples, sem conotações filosóficas gerais ou metafísicas. A maior parte vai soar bastante familiar, mas será melhor não precipitar a conclusão de que possamos estar aqui diante de influências eruditas. Inferir esse tipo de coisa é especialmente tentador no caso de Heidegger, por seu profundo conhecimento de filosofia medieval, por um lado, e por sua insistência na primazia do tempo futuro em *Ser e Tempo* (de que já falei), por outro. Mais digno de nota ainda é que, em sua discussão sobre a Vontade, que toma fundamentalmente a forma de uma interpretação de Nietzsche, ele nunca mencione as descobertas de Agostinho nas *Confissões*. Logo, fica melhor atribuir aquilo que irá parecer familiar no que vem a seguir às características peculiares da faculdade da vontade; até mesmo a influência de Schopenhauer sobre o jovem Nietzsche pode ser desconsiderada aqui sem maiores escrúpulos. Nietzsche sabia que "Schopenhauer falou sobre a 'vontade'; mas não há nada mais característico de sua filosofia do que a ausência de uma vontade genuína",[22] e viu corretamente que a razão para isso reside em um "equívoco básico na compreensão da *vontade* (como se o anseio, o instinto, o ímpeto fossem a *essência* da vontade)", ao passo que "o querer é precisamente um senhor dos anseios, aquilo que estipula para eles o seu modo e a sua medida".[23]

Pois "querer não é o mesmo que desejar, esforçar-se por algo ou ter necessidade de algo: distingue-se de tudo isso através do elemento do Comando [...]. Que se comande algo, isto é inerente ao querer".[24] Heidegger comenta: "Não há expressão mais caracterís-

499

tica em Nietzsche do que [...] querer é comandar; inerente ao querer está o pensamento que comanda."[25] E não menos característico é que este pensamento que comanda só muito raramente dirige-se ao domínio dos outros: o comando e a obediência ocorrem ambos no espírito — de um modo estranhamente semelhante ao da concepção de Agostinho sobre a qual Nietzsche certamente nada sabia.

Ele explica em detalhes em *Para além do bem e do mal*:

> Aquele que quer dá ordens a alguma coisa que *nele* obedece [...]. O aspecto mais estranho deste fenômeno múltiplo a que chamamos de "Vontade" é que só tenhamos uma palavra para ele, e, em especial, que tenhamos só uma palavra para o fato de que *somos, em cada caso particular, ao mesmo tempo quem dá as ordens e quem lhes obedece*; ao obedecermos, experimentamos os sentimentos de coerção, ânsia, pressão, resistência, que normalmente começaram a se manifestar imediatamente após o ato de querer; por estarmos, entretanto, [...] no comando [...] experimentamos uma sensação de prazer, e isso ainda mais intensamente porque estamos habituados a superar a dicotomia pela noção do Eu, o Ego, e isso de um modo que tomamos como certa em nós a obediência, e que identificamos querer e executar, querer e agir [grifos nossos].

Essa operação da vontade, existente apenas em nosso espírito, supera a dualidade espiritual do dois-em-um, que veio a tornar-se uma batalha entre um que comanda e um que supostamente deve obedecer, pela identificação do "Eu" como um todo com a parte que comanda, e antecipando que a outra, a parte que resiste, obedecerá e fará o que lhe disserem para fazer. "Aquilo que é chamado de 'liberdade da vontade' é essencialmente uma superioridade passional em relação a alguém que

CONCLUSÕES

deve obedecer. 'Eu sou livre; ele deve obedecer' — a consciência disso é a própria vontade."[26]

Não esperaríamos que Nietzsche acreditasse na graça divina como o poder de cura da dualidade da Vontade. O inesperado na descrição acima é que ele tenha detectado na "consciência" da luta uma espécie de truque do "Eu" que o capacita para escapar ao conflito identificando-se com a parte que comanda, e para fechar os olhos, por assim dizer, para os sentimentos desagradáveis e paralisantes de se estar sob coerção e, portanto, sempre prestes a resistir. Nietzsche com frequência denuncia esse sentimento de superioridade como uma ilusão, ainda que como uma ilusão saudável. Em outras passagens ele explica a "estranheza" do fenômeno como um todo chamando-o de uma "oscilação [da vontade] entre sim e não", mas mantém-se preso ao sentimento da superioridade do "Eu", identificando a oscilação com uma espécie de vaivém entre o prazer e a dor. O prazer, diferente neste e em outros aspectos do *deletactio* de Scotus, é claramente o júbilo antecipado do "eu-posso" inerente ao próprio ato de querer, independente da performance, do sentimento triunfante que todos conhecemos quando nos desempenhamos bem, independente de exaltação ou de plateia. Em Nietzsche, o que importa é que ele inclui os sentimentos negativos de servidão, de estar sob coação e de resistência ou ressentimento entre os obstáculos necessários sem os quais a Vontade nem sequer conheceria seu próprio poder. Somente ao vencer uma resistência interna é que a Vontade toma consciência de sua gênese: ela não brotou para adquirir poder; o poder é sua própria fonte. Novamente em *Para além do bem e do mal*: "'Liberdade da vontade' é a expressão para a condição prazerosa múltipla daquele que quer e *que está no comando e simultaneamente* se vê como o mesmo que executa o comando — desfrutando, enquanto tal, o triunfo sobre a resistência, mas de posse do juízo de que é sua própria vontade que está superando a resistência. Dessa maneira, aquele que quer acrescenta os sentimentos prazerosos da execução ao sentimento prazeroso que tem como Comandante."[27]

Essa descrição, que toma o dois-em-um da Vontade, o "Eu" resistente e o "Eu" triunfante, como a fonte do poder da Vontade, deve sua plausibilidade à introdução inesperada do princípio de dor e de prazer na discussão: "Colocar prazer e desprazer como fatos principais."[28] Assim como a simples ausência de dor jamais pode causar o prazer, também a Vontade, se não tivesse que superar a resistência, jamais poderia alcançar poder. Aqui, seguindo involuntariamente as antigas filosofias hedonistas em vez do cálculo contemporâneo do prazer-dor, Nietzsche baseia-se, em sua descrição, na experiência de *alívio* da dor — não na mera ausência de dor ou na mera presença de prazer. A intensidade da sensação de alívio só se compara à intensidade da sensação de dor, e é sempre maior do que qualquer prazer desligado da dor. O prazer de beber o vinho mais delicioso não pode se comparar em intensidade ao prazer que um homem com uma sede desesperada sente ao tomar seu primeiro gole de água. Nesse sentido, há uma clara distinção entre o júbilo, independente e desligado das necessidades e dos desejos, e o prazer, a ânsia sensual de uma criatura cujo corpo está vivo a ponto de necessitar de algo que não tem.

O júbilo, ao que parece, só pode ser experimentado quando se está completamente livre de dor e de desejo; isto é, ele fica de fora do cálculo dor-prazer, que Nietzsche desprezava por seu inerente utilitarismo. O júbilo — aquilo que Nietzsche chamou de princípio dionisíaco — vem da *abundância*, e é verdade que todo júbilo é uma espécie de luxúria; ele nos domina e só podemos ceder a ele depois que as necessidades da vida tenham sido satisfeitas. Mas isso não nega a existência de um elemento sensual no júbilo; abundância é ainda abundância de *vida*, e o princípio dionisíaco, em sua ânsia sensual, torna-se destruição justamente porque a abundância pode se permitir a destruição.

CONCLUSÕES

Neste aspecto, não tem a Vontade a mais íntima afinidade possível com o princípio da vida, que continuamente produz e destrói? Assim, Nietzsche define o dionisíaco como "a identificação temporária com o princípio de vida (incluindo-se a volúpia do mártir)", como o "Júbilo na destruição [...] e na visão de sua progressiva ruína [...]. Júbilo no que está por vir e reside no futuro, que triunfa sobre coisas existentes, por mais que sejam boas".[29]

A mudança nietzschiana do "eu-quero" para o "eu-posso" antecipado, que nega o "eu-quero-e-*não*-posso" de Paulo, negando assim toda a ética cristã, está baseada em um "Sim" irrestrito à Vida, isto é, em uma elevação da Vida, tal como ela é experimentada fora de todas as atividades do espírito, à posição de valor supremo, segundo o qual tudo o mais deve ser avaliado. Isso é possível e razoável porque há, com efeito, um "eu-posso" inerente a cada "eu-quero", como vimos em nossa discussão sobre Duns Scotus: *"Voluntas est potentia quia ipsa alquid potest"* ("A Vontade é um poder porque *consegue* alcançar algo").[30] A Vontade nietzschiana, entretanto, não se limita por seu próprio "eu-posso" inerente; por exemplo, ela pode querer a eternidade, e Nietzsche anseia por um futuro que produzirá o "super-homem", isto é, uma nova espécie humana forte o suficiente para viver no pensamento de um "eterno retorno". "Produzimos o pensamento mais pesado — *produzamos agora o ser* para quem isso será fácil e venturoso! [...] Para celebrar o futuro, não o passado. Para cantar [*dichten*] o mito do futuro."[31]

A ideia da Vida como o mais alto valor não pode, é claro, ser demonstrada; é uma simples hipótese, o pressuposto do senso comum de que a vontade é livre, porque, sem esse pressuposto — como se tem dito repetidas vezes —, nenhum preceito de natureza moral, religiosa ou jurídica poderia chegar a fazer sentido. Ela é contrariada pela "hipótese científica" segundo a qual — como apontou Kant de maneira notável — todo ato, no momento em que entra no mundo, cai em uma rede de causas, aparecendo assim em uma sequência de ocorrências explicáveis somente no contexto da causalidade. Para Nietzsche, o decisivo é que a hipótese do senso comum constitui um "sentimento dominante do qual não podemos nos livrar mesmo se as hipóteses científicas fossem demonstradas".[32] Mas a identificação da vontade com a vida, a ideia de que nosso ímpeto de viver e nossa vontade de querer são, ao final, a mesma coisa tem outras consequências, talvez mais sérias para o conceito nietzschiano de poder.

Isso pode ficar mais claro quando consideramos as metáforas-guia em *A gaia ciência*, uma relacionada com a vida, outra que introduz o tema do "eterno retorno" — "a ideia básica do *Zaratustra*", como ele a designou em *Ecce Homo*, e também a ideia básica de seus aforismos póstumos reunidos sob o título enganador e não nietzschiano de *A vontade de potência*. A primeira aparece sob o título de "Vontade e onda" (*Wille und Welle*):

> Com que avidez aproxima-se esta onda, como se estivesse à procura de algo! Com que pressa terrível ela rasteja até o fundo das ranhuras mais secretas deste rochedo labiríntico! [...] Parece que há ali escondido algo de valor, de infinito valor. — E agora volta, um pouco mais lentamente, mas ainda branca de emoção; estará desapontada? Terá encontrado aquilo que procurava? Estará fingindo estar desapontada? — Mas já se aproxima outra onda, ainda mais ávida e selvagem do que a primeira, e sua alma também parece estar cheia de segredos e de gana para desenterrar tesouros. *É assim que vivem as ondas, é assim que vivemos nós também, nós que queremos* [...]. Lançai-vos como quiserdes, impetuosas, bramindo de prazer e de maldade — ou mergulhai de novo [...] e lançai vossa infinita crina branca de espuma e de musgo sobre elas: Tudo aprovo, pois tudo vos serve tão bem,

e *tenho uma disposição tão boa para convosco* para tudo. [...] Pois [...] conheço-vos e também a vosso segredo, conheço vossa raça! Vós e eu — não somos da mesma raça? — Vós e eu — não temos o mesmo segredo? [grifos nossos].[33]

Aqui, a princípio, é como se estivéssemos lidando com uma metáfora perfeita, uma "semelhança perfeita de duas relações entre coisas completamente diferentes".[34] A relação entre as ondas e o mar, do qual elas se erguem sem intenção ou meta, criando uma euforia enorme e sem propósito, assemelha-se e, portanto, ilumina o turbilhão que a Vontade provoca na morada da alma — parecendo estar sempre em busca de algo, até que se acalma, ainda que sem se extinguir, sempre pronta para um novo levante. A Vontade aprecia o querer assim como o oceano aprecia as ondas, pois "a não querer, o homem prefere ainda querer o *nada*".[35] Em um exame mais detido, entretanto, parece que algo bastante decisivo aconteceu àquilo que era originalmente uma metáfora homérica. Aquelas metáforas, como vimos, eram sempre irreversíveis: olhando para as tempestades no oceano, nos lembraríamos de nossas emoções interiores; mas aquelas emoções nada nos informavam sobre o mar. Na metáfora nietzschiana, as duas coisas diferentes que a metáfora reúne não apenas se assemelham; para Nietzsche, elas são idênticas; e o "segredo" do qual ele tanto se orgulha é precisamente seu conhecimento dessa identidade. Vontade e Onda são a mesma coisa, e pode-se mesmo ficar tentado a supor que as experiências do ego volitivo fizeram com que Nietzsche descobrisse o turbilhão do mar.

Em outras palavras, as aparências do mundo transformaram-se em um mero *símbolo* das experiências interiores, com a consequência de que a metáfora, originalmente concebida para servir de ponte sobre o abismo entre o ego pensante ou o volitivo e o mundo das aparências, entra em colapso. O colapso ocorreu não por causa de um peso superior dado aos "objetos" que confrontam a vida humana, mas sim por uma adesão sectária ao aparato da alma humana, cujas experiências são entendidas como tendo absoluta primazia. Há inúmeras passagens em Nietzsche que apontam para este antropomorfismo fundamental. Para citar apenas um exemplo: "Todas as pressuposições da teoria mecanicista [que em Nietzsche é idêntica às "hipóteses científicas"] — matéria, átomo, gravidade, pressão e força — não são 'fatos-em-si', mas sim interpretações feitas com o auxílio de ficções físicas."[36] A ciência moderna chegou a suspeitas estranhamente semelhantes nas reflexões especulativas sobre seus próprios resultados: os "astrofísicos [de hoje] [...] devem considerar a possibilidade de que seu mundo exterior seja somente o nosso mundo interior virado ao avesso" (Lewis Mumford).

Passemos agora à nossa segunda história, que não é na verdade uma metáfora ou um símbolo, mas uma *parábola*, a história de um experimento de pensamento que Nietzsche intitulou *"Das grösste Schwergewicht"*, o pensamento que mais pesaria sobre nós.

> E se algum dia ou noite um demônio viesse rondar-te em tua mais solitária solidão e te dissesse: "Esta vida, tal como a vives agora, terás de viver mais uma vez e mais inúmeras vezes; e nada de novo haverá nela, mas a menor dor e o menor júbilo, o menor pensamento e o menor suspiro, e cada coisa indizivelmente pequena ou grande em tua vida terá de voltar a ti, todas na mesma sucessão e sequência — até mesmo esta aranha e este luar entre as árvores, e até mesmo este momento e eu mesmo. A eterna ampulheta da existência será invertida sem descanso, e tu junto com ela, poeira das poeiras!"
>
> Não te lançarias por terra e rangerias os dentes e amaldiçoarias o demônio que assim te falou? A menos que tenhas vivido um momento formidável em que lhe responderias: "És um deus e eu

CONCLUSÕES

jamais ouvi nada mais divino." Se este pensamento se apossasse de ti, modificaria o teu modo de ser ou talvez te esmagasse. A questão em cada uma e em todas as coisas — "Desejas isto uma vez mais e inúmeras vezes mais?" — pesaria sobre tuas ações como o maior dos pesos. Ou, *quão bem-disposto estarias de transformar a ti e a vida, de modo a não desejar outra coisa com mais fervor* além desta suprema confirmação final? [grifos nossos][37]

Nenhuma versão posterior da ideia de "eterno retorno" mostra mais inequivocamente sua principal característica, a saber, a de que não é uma teoria, nem doutrina, nem mesmo uma hipótese, mas um simples experimento de pensamento. Como tal — e implicando um retorno experimental ao conceito cíclico de tempo da Antiguidade —, parece estar em flagrante contradição com qualquer noção possível de Vontade, cujos projetos sempre pressupõem o tempo retilíneo e um futuro que é ignorado e, portanto, aberto a mudanças. No contexto dos enunciados do próprio Nietzsche sobre a Vontade e da mudança que ele postulou de um "eu-quero" para um "eu-posso" antecipado, a única afinidade entre as duas histórias parece estar no "momento formidável" de transbordante "benevolência" — o estar com "uma disposição boa" em relação à Vida — que obviamente deu origem ao pensamento em cada caso.

Visto em termos de sua noção de Vontade, este seria o momento em que o sentimento do "eu-posso" está no seu apogeu, espalhando um "sentimento de força" (*Kraftgefühl*) generalizado. Esta emoção, como observa Nietzsche, surge em nós com frequência "antes mesmo do ato ocasionado pela ideia daquilo que deve ser feito (o que acontece quando vemos um inimigo ou um obstáculo em relação aos quais nos sentimos em iguais condições)". Para a vontade operante, esta emoção tem pouca importância; é sempre "um sentimento acessório" ao qual erradamente atribuímos a "força de ação", a qualidade de um agente causativo. "Nossa crença na causalidade é uma crença em força e efeito; uma transferência de nossa experiência [na qual] identificamos a força e o sentimento da força."[38] A famosa descoberta de Hume de que a relação entre causa e efeito está na crença engendrada pelo costume e pela associação, e não no conhecimento, foi feita novamente e com muitas variantes por Nietzsche, que ignorava ter tido um predecessor.

Seu exame é mais penetrante e mais crítico porque, no lugar do cálculo de utilidades de Hume e de seu "sentimento moral", ele postula a experiência de um "eu-quero" a que se segue um efeito; isto é, usa o fato de que o homem tem consciência de si mesmo como um agente causativo mesmo antes de ter feito qualquer coisa. Mas Nietzsche não acredita que isto torne a Vontade menos irrelevante; para Nietzsche, assim como para Hume, a vontade livre é uma ilusão inerente à natureza humana, uma ilusão de que a filosofia, um exame crítico de nossas faculdades, irá nos curar. Só que, para Nietzsche, as consequências morais dessa cura são decididamente mais sérias.

Se já não podemos atribuir "o valor de uma ação [...] à *intenção*, o propósito que nos levou a agir ou a viver [...] [se] a ausência de intenção e propósito nos acontecimentos vem cada vez mais para o primeiro plano da consciência", fica inevitável concluir que "nada tem qualquer significado", pois "essa frase melancólica significa 'Todo significado está na intenção, e se a intenção falta de todo, então falta de todo também o significado'". Logo: "Por que 'um propósito' não poderia ser um epifenômeno na série de mudanças de forças efetivas que produz a ação intencionada — uma pálida imagem em nossa consciência [...] um indício de ocorrências, e *não* sua causa? — Mas com isso teremos criticado a *vontade em si*: não será uma ilusão tomar por causa aquilo que surge para a consciência como um ato da vontade?" (grifos nossos).[39]

O fato de essa passagem ser contemporânea das passagens sobre o "Eterno Retorno" justifica que indaguemos se — e como — esses dois

CONCLUSÕES

pensamentos podem ser, se não conciliados, pelo menos concebidos de um modo que não venham a entrar em choque frontal. Primeiro comentemos brevemente alguns enunciados importantes de Nietzsche sobre a Vontade, que não são especulativos, mas sim descritivos.

Há, em primeiro lugar — o que parece óbvio, mas que nunca foi apontado antes —, o fato de que "a Vontade não pode querer retroativamente; não pode parar a roda do tempo". Esta é a versão de Nietzsche para o "eu-quero-e-*não*-posso", pois é precisamente este querer retroativo que a Vontade quer e pretende alcançar. Dessa impotência Nietzsche retira todo o mal humano — o rancor, a sede de vingança (castigamos porque não podemos desfazer o que foi feito), a sede de poder para dominar os outros. A essa "genealogia da moral" poderíamos acrescentar a impotência da Vontade, que persuade o homem a preferir olhar para trás, relembrando e pensando, porque, para o olhar retrospectivo, tudo o que é *parece* ser necessário. O repúdio da Vontade libera o homem de uma responsabilidade que seria intolerável caso nada do que foi feito pudesse ser desfeito. Em todo caso, foi provavelmente o choque da Vontade com o passado que fez com que Nietzsche fizesse experimentos com o Eterno Retorno.

Em segundo lugar, o conceito de "vontade-de-potência" é redundante: a Vontade gera poder para o querer; logo, a vontade que tem como objetivo a humildade não é menos poderosa do que aquela cujo objetivo é mandar nos outros. O ato de vontade em si já é um ato de potência, uma indicação de força (o "sentimento de força", *Kraftgefühl*) que vai além do que se requer para satisfazer as necessidades e demandas da vida cotidiana. Se há uma contradição simples nos experimentos de pensamento de Nietzsche, é a contradição entre a impotência factual da Vontade — ela quer, mas não pode querer retroativamente — e este sentimento de força.

Em terceiro lugar, a Vontade — seja quando é vontade retroativa e percebe sua impotência, seja quando é vontade projetiva e percebe

509

sua força — transcende a simples gratuidade [*giveness*] do mundo. Tal transcendência é espontânea e corresponde à avassaladora superabundância de Vida. O objetivo autêntico da Vontade é, portanto, a abundância: "Com as palavras 'liberdade da Vontade' falamos desse sentimento de excesso de força", e o sentimento é mais do que uma simples ilusão da consciência porque corresponde de fato à própria superabundância de vida. Seria portanto possível entender toda a Vida como Vontade-de-potência. "Somente onde há vida há também vontade: não vontade de vida mas [...] vontade de potência."[40] Pois seria bem possível explicar a "alimentação" como a "consequência de apropriação insaciável de vontade de potência, [e] a 'procriação' [como] a desagregação que sobrevém quando as células dominantes são incapazes de organizar aquilo que foi apropriado".[41]

Esse transcender, que é inerente à vontade, Nietzsche chama de "Superação". Ele é possível por causa da abundância: a atividade em si é vista como criatividade, e a "virtude" que corresponde a todo esse complexo de ideias é a Generosidade — a superação da sede de vingança. É a extravagância e a "inconsequência [*Übermut*] de uma vontade transbordante e esbanjadora" que abre um futuro para além de todo o passado e de todo o presente. O *Excedente,* segundo Nietzsche, e também segundo Marx (o simples fato de um excedente de força de trabalho que resta depois que se satisfazem os requisitos para a preservação da vida individual e da sobrevivência da espécie), constitui a *conditio-per-quam* de toda cultura. O tão falado super-homem é homem à medida que é capaz de transcender, de "superar" a si mesmo. Mas essa superação, não devemos esquecer, é um exercício meramente espiritual: "Recriar todo o 'foi assim' em um 'assim eu quis que fosse' — somente a isto eu chamaria de redenção."[42] Pois "o homem busca [...] um mundo que não seja autocontraditório, nem enganador, que não mude, um mundo *verdadeiro*..." O homem, assim como ele é quando é honesto, é um niilista, isto é, "um homem que sobre o mundo tal como ele é emite um juízo de que não deveria existir, e sobre o mundo tal como deveria ser, o de que não existe". [Para superar o niilismo é preciso] a força de reversão dos valores e de exaltação [...] do mundo aparente como o único mundo, e dizer que [esses valores] são bons.[43]

O necessário, claramente, não é mudar o mundo ou os homens, mas sim o modo que estes têm de "avaliá-lo", seu modo, em outras palavras, de pensar e refletir sobre ele. Nas palavras de Nietzsche, o que deve ser superado são os filósofos, aqueles cuja "vida é um experimento de cognição";[44] deve-se ensiná-los a lidar com as coisas. Se Nietzsche tivesse desenvolvido esses pensamentos em uma filosofia sistemática, teria criado uma espécie de doutrina epitetiana amplamente enriquecida, ensinando mais uma vez "a arte de viver a própria vida", cujo truque psicológico poderoso consiste em *querer* que aconteça o que de qualquer modo acontece.[45]

Mas o fato é que Nietzsche, que conhecia e apreciava muito Epiteto, não parou na descoberta da onipotência espiritual da Vontade. Engajou-se em uma construção do mundo dado que fizesse sentido, que fosse uma morada adequada para uma criatura cuja "força da vontade é [grande o suficiente] para abrir mão do significado das coisas [...] [que] consegue resistir vivendo em um mundo sem sentido".[46] "Eterno Retorno" é o termo para esse pensamento final e redentor, à medida que proclama a "*Inocência* de todo Devir" (*die Unschuld des Werdens*) e, com isso, sua inerente falta de metas e de propósitos, sua liberdade da culpa e da responsabilidade.

A "Inocência do Devir" e o "Eterno Retorno" não são retirados de uma faculdade do espírito; têm raiz no *fato* indiscutível de que nós somos realmente "lançados" no mundo (Heidegger), de que ninguém nos perguntou se queríamos estar aqui ou se queríamos ser como somos. Pois, pelo que sabemos ou podemos algum dia saber, "ninguém é absolutamente responsável pelo fato de o homem estar aí, por ele ser dessa ou daquela maneira, ou por estar nestas circunstâncias e neste ambiente". Logo, o *insight* básico sobre a essência do Ser é "que absolutamente *não há fatos morais*", um *insight* que Nietzsche, como ele mesmo disse, "foi o primeiro a formular". Suas consequências são enormes, não só porque o Cristianismo, com seu conceito de uma "ordem moral do mundo, corrompe a inocência do devir por meio do 'castigo' e da 'culpa' [e, portanto, pode ser visto como] uma metafísica do carrasco", mas também porque, com a eliminação do propósito e da intenção, de alguém que possa "ser responsabilizado", a própria causalidade é eliminada; nada pode ser "recuperado" como causa, uma vez que a "*causa prima*" é eliminada.[47]

Com a eliminação da causa e do efeito, não faz mais sentido a estrutura linear do Tempo cujo passado é sempre entendido como causa do presente, e cujo presente é o tempo verbal da intenção e da preparação dos projetos para o futuro, e cujo futuro é o resultado de ambos. Além disso, esse constructo temporal desintegra-se sob o peso do *insight* não menos factual de que "Tudo passa", que o futuro traz apenas aquilo que *terá sido* e, portanto, que tudo o que é "merece passar".[48] Assim como cada "eu-quero" em sua identificação com a parte que comanda no dois-em-um antecipa triunfalmente um "eu-posso", também a expectativa, a disposição com a qual a Vontade afeta a alma, contém em si a melancolia de um e-isto-também *terá-sido*, a previsão do passado do futuro que reafirma o Passado como a forma verbal dominante do Tempo. A única possibilidade de se redimir deste Passado devorador é o pensamento de que tudo o que passa retorna, isto é, um constructo cíclico do tempo que faz com que o Ser oscile dentro de si mesmo.

E a própria vida não é construída assim, um dia não se segue ao outro, estação após estação, repetindo-se em uma rotina eterna? Essa visão de mundo não é muito mais "verdadeira" para a realidade como

CONCLUSÕES

a conhecemos do que a visão de mundo dos filósofos? "Se o movimento do mundo tivesse como meta um estado final, esse estado teria sido alcançado. O fato único fundamental, entretanto, é que ele não tem como meta um estado final; e toda filosofia e toda hipótese científica [...] que precisa de tal estado final é *refutada* por esse fato fundamental. Busco uma concepção de mundo que leve esse fato em conta. O Devir tem que ser explicado sem que se recorra a intenções finais; o Devir tem que aparecer justificado a cada momento (ou aparecer como incapaz de ser avaliado, o que dá no mesmo); o presente não deve absolutamente ser justificado por referência ao futuro, nem o passado com referência ao presente [...]." Nietzsche resume então: "1. O Devir não ambiciona um *estado final*, não flui para 'ser'. 2. O Devir não é meramente um *estado aparente*; talvez o mundo dos seres seja uma mera aparência. 3. O Devir tem [valor igual] a todo momento [...] em outras palavras, não tem absolutamente valor algum, pois falta qualquer coisa com relação à qual se possa medi-lo. O *valor total do mundo não pode ser medido.*"[49]

Na confusão de aforismos, observações e experimentos de pensamento que constituem a coletânea póstuma intitulada *Vontade de potência*, a importância desta última passagem que citei um tanto extensamente é difícil de ser definida. A julgar por sua evidência interna, tendo a pensá-la como a palavra final de Nietzsche sobre o assunto; e essa última palavra significa claramente um repúdio à Vontade e ao ego volitivo, cujas experiências internas levaram os homens pensantes ao engano de supor que há algo como causa e efeito, intenção e meta, na realidade. O super-homem é aquele que supera essas falácias, aquele cujos *insights* são fortes o bastante para resistir às urgências da Vontade ou para alterar o seu rumo, redimi-la de todas as oscilações, acalmá-la, levando-a àquela imobilidade em que "desviar o olhar" é "a única negação"[50] porque nada resta senão almejar ser "aquele que diz sim", bendizer tudo o que é por ser, "bendizer e dizer Amém".[51]

15. O QUERER-NÃO-QUERER DE HEIDEGGER

Nem a palavra "vontade" nem a palavra "pensamento" aparecem no trabalho inicial de Heidegger antes da tão falada reviravolta (*Kehre*) ou mudança radical que se deu em meados dos anos 1930; e o nome de Nietzsche nunca é mencionado em *Ser e Tempo*.[52] Portanto, a posição de Heidegger sobre a faculdade da Vontade, que culmina com sua insistência passional em querer *"não* querer" — que, é claro, nada tem a ver com a oscilação da Vontade entre *velle* e *nolle*, querer e não-querer — surge diretamente de sua investigação extremamente cuidadosa da obra de Nietzsche, a que ele volta, depois de 1940, repetidas vezes. Ainda assim, os dois volumes do seu *Nietzsche*, que foram publicados em 1961, são em certos aspectos os mais expressivos; contêm conjuntos de conferências dadas em cursos entre os anos 1936 e 1940, isto é, exatamente nos anos em que a "reviravolta" realmente ocorreu e que ainda não tinha, portanto, sido submetida às interpretações do próprio Heidegger. Se ao ler esses dois volumes ignoramos as reinterpretações posteriores de Heidegger (que se deram depois de *Nietzsche*), podemos ficar tentados a datar a "reviravolta" como um evento autobiográfico concreto, precisamente entre o volume I e o volume II; pois, a bem da verdade, o primeiro volume explica Nietzsche, aceitando-o, enquanto o segundo é escrito em um tom atenuado, mas inconfundivelmente polêmico. Essa mudança importante de disposição foi observada, ao que eu saiba, somente por J. L. Metha em seu excelente livro sobre *A filosofia de Martin Heidegger*[53] e, de maneira menos decisiva, por Walter Schulz. A relevância dessa datação parece evidente: é contra a vontade-de-potência que a "reviravolta" se dirige original e primordialmente. No entender de Heidegger, a vontade de governar e de dominar é uma espécie de pecado original, do qual ele mesmo se achou culpado quando tentou lidar com seu breve passado no movimento nazista.

CONCLUSÕES

Quando mais tarde anunciou publicamente — pela primeira vez em *Sobre o humanismo* (1949)[54] — que tinha havido uma "reviravolta", na verdade, em um sentido mais amplo, ele estivera remodelando durante anos seus próprios pontos de vista sobre toda a história, dos gregos até o presente, concentrando-se especialmente não na Vontade, mas na relação entre Ser e Homem. Originalmente, durante aqueles anos, a "reviravolta" tinha sido um voltar-se contra a autoafirmação do homem (como proclamou no famoso discurso pronunciado quando se tornou reitor da Universidade de Freiburg em 1933[55]), encarnada simbolicamente em Prometeu, "o primeiro filósofo", uma figura que nunca mais é mencionada em sua obra. Agora voltava-se contra o suposto subjetivismo de *Ser e Tempo* e o interesse central do livro na existência do homem, em seu modo de ser.

Grosso modo, se Heidegger sempre estivera interessado na "questão do significado do Ser", seu objetivo inicial, "provisório", tinha sido analisar o ser do homem como a única entidade que pode fazer a pergunta, porque ela toca o seu próprio ser; logo, quando o homem levanta a questão "O que é o Ser?", ele é lançado de volta a si mesmo. Mas quando, lançado de volta a si mesmo, ele levanta a questão "Quem é o homem?", é o Ser, ao contrário, que avança para o primeiro plano; é o Ser, agora emergindo, que convida o homem a pensar. (Heidegger foi forçado a abandonar sua abordagem original de *Ser e Tempo*; em vez de procurar abordar o Ser através da abertura e da transcendência inerentes ao homem, ele passa a tentar definir o homem em termos de Ser.)[56] E a primeira exigência que o Ser faz ao homem é que pense bem sobre a "diferença ontológica", isto é, a diferença entre o puro fato de ser [*isness*] dos seres e o ser desse fato de ser [*isness*] ele mesmo, o Ser do Ser. Como o próprio Heidegger enuncia em *Sobre o humanismo*: "Para falar simplesmente, pensamento é pensamento do Ser, onde o 'do' tem duplo sentido. O pensamento é do Ser à medida que, dando-se através do Ser, pertence ao Ser. Ao mesmo tempo, é pensamento do Ser à medida que, pertencendo ao Ser, escuta o Ser."[57] A escuta do homem transforma o chamado silencioso do Ser em fala, e "a linguagem é a linguagem do Ser, assim como as nuvens são as nuvens do céu".[58]

A "reviravolta", nesse sentido, tem duas consequências importantes que não têm quase nada a ver com o repúdio pela Vontade. Primeiro, o Pensamento não é mais "subjetivo". Sem dúvida, sem ser pensado pelo homem, o Ser nunca se manifestaria; ele depende do homem, que lhe oferece uma morada: "a Linguagem é a morada do Ser". Mas o que o homem pensa não surge de sua própria espontaneidade ou criatividade; é a resposta obediente ao comando do Ser. Segundo, os entes em que o mundo das aparências se dá para o homem distraem o homem do Ser, que se esconde por trás deles — assim como as árvores escondem a floresta que, no entanto, vista de fora, é constituída por elas.

Em outras palavras, o Esquecimento do Ser (*Seinsvergessenheit*) pertence à própria natureza da relação entre Homem e Ser. Heidegger agora não se satisfaz mais em eliminar o ego volitivo em favor do ego pensante — sustentando, por exemplo, como faz ainda em *Nietzsche*, que a insistência da Vontade no futuro força o homem ao *esquecimento* do passado, que rouba do pensamento a sua atividade mais importante, que é *an-denken*, lembrança: "A Vontade nunca possuiu o começo, ela o deixou e o abandonou essencialmente através do esquecimento."[59] Agora ele dessubjetiviza o pensamento em si, rouba-o de seu Sujeito, o homem como ser pensante, e transforma-o em uma função do Ser, no qual "reside toda eficácia [...], fluindo daí em direção ao ente [*das Seiende*]", determinando assim o curso real do mundo. "O Pensamento, por sua vez, deixa-se chamar pelo Ser [que é o significado real do que acontece através dos entes] para dar expressão à verdade do Ser."[60] Essa reinterpretação da "reviravolta", mais do que a reviravolta em si, determina o desenvolvimento inteiro da filosofia final de

CONCLUSÕES

Heidegger. Contida de forma resumida na *Brief über den Humanismus* (*Sobre o humanismo*), que interpreta *Ser e Tempo* como uma antecipação necessária e uma preparação para a "reviravolta", ela centra-se na noção de que pensar, a saber, "dizer a palavra não dita do Ser", é o único autêntico "fazer" (*Tun*) do homem; é aí que a "História do Ser" (*Seinsgeschichte*), que transcende todos os atos meramente humanos e é superior a eles, se passa na verdade. Este pensar é recordação, já que ouve a voz do Ser nas expressões dos grandes filósofos do passado; mas o passado vem a ele da direção oposta, de modo que a "descida" (*Abstieg*) ao passado coincida com a "expectativa paciente e pensativa pela chegada do futuro, o *avenant*".[61]

Começamos com a reviravolta original. Mesmo no primeiro volume de *Nietzsche*, em que Heidegger segue cuidadosamente as caracterizações descritivas da Vontade de Nietzsche, ele utiliza o que mais tarde aparece como "diferença ontológica": a distinção entre o Ser do Ser e o fato de ser [*isness*] (*Seiendheit*) dos entes. Segundo essa interpretação, a vontade-de-potência significa o fato de ser [*isness*], o modo principal em que tudo o que é realmente *é*. Nesse aspecto, a Vontade é entendida como uma simples função do processo vital — "o mundo vem a existir através da continuação do processo vital"[62] —, ao passo que o "Eterno Retorno" é visto como o termo de Nietzsche para o Ser do Ser, através do qual a natureza transitória do tempo é eliminada, e o Devir — o meio para a finalidade da vontade-de-potência — recebe a marca do Ser. O "Eterno Retorno" é o pensamento mais afirmativo porque é a negação da negação. Nessa perspectiva, a vontade-de-potência não é mais do que uma necessidade biológica que mantém a roda girando e é transcendida por uma Vontade que vai além do mero instinto de vida, ao dizer "Sim" para a Vida. Na visão de Nietzsche, como vimos, "o Devir não tem objetivo; não termina no 'Ser' [...]. O Devir tem valor igual a cada momento: [...] em outras palavras, não tem valor

517

algum, pois não há nada a partir de cujo valor ele pudesse ser medido e a respeito de que a palavra 'valor' fizesse qualquer sentido".[63]

Na visão de Heidegger, a verdadeira contradição em Nietzsche não se deve à aparente oposição entre a vontade-de-potência, que, tendo um objetivo final, pressupõe um conceito retilíneo de tempo, e o Eterno Retorno, com seu conceito cíclico de tempo. Reside, em vez disso, na "transvaloração de valores" nietzschiana que, segundo o próprio Nietzsche, faria sentido somente no esquema da vontade-de-potência, mas que ele via, no entanto, como a consequência final do pensamento do "Eterno Retorno". Em outras palavras, foi em última análise a vontade-de-potência, "em si uma postuladora de valores", que determinou a filosofia da Vontade de Nietzsche. A vontade-de-potência "avalia", ao final, um Devir eternamente recorrente como a única saída para a falta de sentido da vida e do mundo, e essa transposição não só é um retorno à "subjetividade, cuja marca distintiva é o pensamento valorativo",[64] mas também sofre da mesma falta de radicalismo característica do platonismo invertido de Nietzsche que, colocando as coisas de cabeça para baixo, ou de baixo para cima, mantém intacto o quadro categorial em que essas inversões podem funcionar.

A análise estritamente fenomenológica da Vontade feita por Heidegger no volume I de *Nietzsche* segue cuidadosamente suas análises anteriores do eu em *Ser e Tempo*; só que a Vontade toma o lugar atribuído ao Cuidado no trabalho anterior. Lemos: "A auto-observação e o autoexame nunca trazem à luz o eu ou mostram como nós mesmos somos. Mas, ao querer e também ao não-querer, fazemos exatamente isso; aparecemos em uma luz que é em si iluminada por um ato de vontade. Querer sempre significa: trazer-se a si mesmo [...]. Querendo, encontramo-nos com quem somos autenticamente."[65] Logo, "querer é essencialmente querer o próprio eu, mas não um eu dado que é aquilo que é, mas o eu que quer tornar-se aquilo que é [...]. A Vontade de fugir

CONCLUSÕES

do próprio eu é, na verdade, um ato de não querer".[66] Veremos mais adiante que esse retorno ao conceito de eu de *Ser e Tempo* não deixa de ter importância para a "reviravolta" ou "mudança de disposição" manifesta no segundo volume.

No segundo volume há uma mudança definitiva de ênfase, do pensamento do Eterno Retorno para uma interpretação da Vontade quase que exclusivamente como vontade-de-potência, no sentido específico de uma vontade de governar e dominar em lugar de uma expressão do instinto de vida. A noção do volume I de que todo ato de vontade, exatamente porque é um comando, gera uma contravontade (*Widerwillen*) — isto é, a ideia de um obstáculo necessário em cada ato de vontade, que deve primeiro superar um não-querer — é agora generalizada para uma característica inerente a todo ato de fazer. Para um carpinteiro, por exemplo, a madeira consiste no obstáculo "contra o qual" ele trabalha quando faz com que ela se torne uma mesa.[67] Isso também é generalizado: todo objeto, exatamente porque é um "objeto" — e não simplesmente uma coisa, independente da avaliação, do cálculo e do fazer humanos —, está aí para ser superado por um sujeito. A vontade-de-potência é a culminância da subjetivização da Era Moderna; todas as faculdades humanas estão sob o comando da Vontade. "A Vontade é querer ser o senhor [...]. [É] fundamental e exclusivamente: Comando [...]. No comando, aquele que dá o comando [também] lhe obedece [...]. Assim, o eu que comanda é seu próprio superior."[68]

Aqui o conceito da Vontade perde de fato as características biológicas que têm papel tão importante na compreensão de Nietzsche da Vontade como simples sintoma do instinto de vida. Está na natureza do poder — e não mais na natureza da superabundância e do excesso da vida — espalhar-se e expandir-se: "O poder existe somente à medida que ele mesmo aumente e à medida que [a vontade-de-potência] comande este aumento." A Vontade instiga a si mesma, dando ordens:

519

HANNAH ARENDT

[não é a vida mas a vontade-de-potência a essência do poder. Essa essência, e nunca uma quantidade [limitada] de poder, continua sendo a meta da Vontade, uma vez que a Vontade pode existir somente na relação com o poder. Eis por que a Vontade necessariamente precisa dessa meta. É também a razão pela qual um terror do vazio permeia essencialmente toda vontade. [...] Do ponto de vista da Vontade [...], [o nada] é a extinção da Vontade no deixar de querer [...]. Logo [...], [citando Nietzsche] nossa "vontade prefere querer o nada a não querer [...]". "Querer o nada", aqui, significa querer [...] a negação, a destruição, a devastação [grifos nossos].[69]

A palavra final de Heidegger sobre essa faculdade diz respeito à destrutividade da Vontade, assim como a palavra final de Nietzsche dizia respeito à sua "criatividade" e superabundância. Tal destrutividade manifesta-se na obsessão da Vontade pelo futuro, que leva necessariamente o homem ao esquecimento. Para que possa querer o futuro, no sentido de ser senhor do futuro, o homem deve esquecer e finalmente destruir o passado. Da descoberta de Nietzsche de que a Vontade não pode "querer retroativamente", segue-se não só a frustração e o ressentimento, mas também a vontade positiva e ativa de aniquilar o que foi. E já que tudo o que é real "veio a ser", isto é, incorpora um passado, essa destrutividade relaciona-se em última instância a tudo o que é.

Heidegger sintetiza isso em What is Called Thinking?:

Diante daquilo que 'foi', a vontade não tem mais nada a dizer [...], o "foi" resiste ao querer da Vontade [...] o 'foi' reage e é contrário à Vontade. [...] Mas, por meio dessa reação, o contrário cria raízes dentro da própria vontade. A vontade [...] padece disso — ou seja, a Vontade padece de si mesma [...] do que pas-

CONCLUSÕES

> sou, do passado. Mas o que passou originase do passar... Assim, a Vontade quer ela mesma o passar [...]. A reação da Vontade contra todo "foi-se" mostra-se como *a vontade de fazer com que tudo passe*, de querer, portanto, que tudo mereça passar. A reação que surge na Vontade é, então, a vontade contra tudo o que passa — *tudo*, isto é, tudo o que vem a ser a partir de um vir-a-ser, e que *perdura* (grifos nossos).[70]

Nessa compreensão radical de Nietzsche, a Vontade é essencialmente destrutiva; e é a essa destrutividade que a reversão original de Heidegger se contrapõe. Seguindo essa interpretação, a própria natureza da tecnologia é a vontade de querer, ou seja, de sujeitar o mundo todo à sua dominação e jugo, cujo fim natural só pode ser a destruição total. A alternativa a esse jugo é "deixar-ser, e o deixar-ser como atividade é o pensamento que obedece ao chamado do Ser". A disposição que permeia o deixar-ser do pensamento é o oposto da disposição de finalidade no querer; mais tarde, em sua reinterpretação da "reviravolta", Heidegger a chama de "*Gelassenheit*", uma serenidade que corresponde ao deixar — ser e que "nos prepara" para "um pensamento que não é uma vontade".[71] Esse pensamento está "além da distinção entre atividade e passividade" porque está além do "domínio da Vontade", isto é, além da categoria da causalidade, que Heidegger, concordando com Nietzsche, deriva da experiência que o ego volitivo tem de produzir efeitos e, portanto, de uma ilusão produzida pela consciência.

O *insight* segundo o qual pensar e querer não são somente duas faculdades do ser enigmático chamado "homem", mas são também opostos, ocorreu tanto a Nietzsche quanto a Heidegger. É a versão de ambos do conflito fatal que se processa quando o dois-em-um da consciência, realizado no diálogo sem som de mim comigo mesmo, transforma sua harmonia e amizade originais em um conflito contínuo entre vontade e contravontade, entre comando e resistência. Mas encontramos testemunho deste conflito por toda a história desta faculdade.

A diferença entre a posição de Heidegger e a de seus predecessores reside no seguinte: o espírito do homem, chamado pelo Ser para transpor para a linguagem a verdade do Ser, está sujeito a uma *História* do Ser (*Seinsgeschichte*), e essa História determina se os homens respondem ao Ser em termos de querer ou em termos de pensar. É a *História* do Ser, funcionando por trás dos homens de ação, que, como o Espírito do Mundo de Hegel, determina os destinos humanos e revela-se ao ego pensante caso este último consiga superar a vontade e realizar o deixar-ser.

À primeira vista, isso pode parecer mais uma versão, talvez um pouco mais sofisticada, da astúcia da razão de Hegel, do ardil da natureza de Kant, da mão invisível de Adam Smith ou da divina Providência, todas elas forças invisíveis que dirigem os altos e baixos dos assuntos humanos para um objetivo predeterminado: a liberdade em Hegel, a paz eterna em Kant, a harmonia entre os interesses contraditórios de uma economia de mercado em Adam Smith, a salvação final na teologia cristã. A noção em si — a saber, a de que as ações dos homens são inexplicáveis em si mesmas e que só podem ser *entendidas* como obra de algum propósito oculto ou agente oculto — é muito mais velha. Já Platão pôde "imaginar que cada um de nós, criaturas vivas, é um fantoche feito pelos deuses, talvez como um brinquedo, talvez com algum propósito mais sério" e que aquilo que tomamos como causas, a busca do prazer e o afastamento da dor, não são mais do que "as cordas pelas quais somos postos para funcionar".[72]

Nem sequer precisamos de uma demonstração das influências históricas para compreendermos a persistência obstinada da ideia, desde a ficção etérea de Platão até o *constructo* espiritual de Hegel — que resultou de um repensar sem precedentes sobre a história do mundo que eliminava deliberadamente do registro factual tudo o que é "meramente" factual por ser acidental ou sem importância. A simples verdade é que nenhum homem pode agir sozinho, embora seus motivos para agir possam ser certos projetos, desejos, paixões e objetivos pessoais. Tampouco podemos jamais realizar qualquer coisa completamente conforme o planejado (mesmo quando, como *archón*, conseguimos liderar e iniciar, e esperamos que nossos seguidores e ajudantes executem aquilo que começamos), e isso se combina com a nossa consciência de sermos *capazes* de causar um efeito, gerando a noção de que o resultado real deve ser atribuído a alguma força estranha, sobrenatural, que, sem perturbar-se com pluralidade humana, fornece o resultado final. Essa falácia assemelha-se à que Nietzsche detectou na ideia de um "progresso" necessário da Humanidade. Repetindo: "A 'Humanidade' não avança; nem sequer existe [...]. [Mas já que] o tempo marcha para a frente, gostaríamos de acreditar que tudo o que está nele marcha também para a frente — que o desenvolvimento é tal que se move para a frente."[73]

Certamente a *Seinsgeschichte* de Heidegger não pode deixar de nos lembrar o Espírito do Mundo de Hegel. A diferença, entretanto, é decisiva. Quando Hegel viu "o Espírito do Mundo a cavalo" em Napoleão em Jena, sabia que Napoleão não tinha ele próprio consciência de ser a encarnação do Espírito, sabia que ele estava agindo segundo aquela mistura humana comum de objetivos de curto prazo, desejos e paixões; para Heidegger, contudo, é o próprio Ser que, *sempre mudando*, se manifesta no pensamento do agente, de modo que *agir e pensar* coincidem. "Se agir significa dar auxílio à essência do Ser, então pensar é, na verdade, agir. Isto é, preparar-se [construir uma morada] para a essência do Ser em meio aos entes pelos quais o Ser se transpõe, junto com sua essência, à fala. Sem a fala, o simples fazer ressente-se da falta da dimensão em que pode efetivar-se e seguir instruções. A fala, entretanto, nunca é uma simples expressão do pensamento, do sentimento ou da vontade. A fala é a dimensão original na qual o ser humano é capaz de responder ao chamado do Ser e, respondendo, pertencer a ele. O pensamento é a realização dessa correspondência original."[74]

Em termos de uma simples reversão de pontos de vista, poderíamos ficar tentados a ver na posição de Heidegger a justificativa da reversão aforística de Descartes feita por Valéry: *"L'homme pense, donc je suis — dit l'univers"* [O homem pensa, logo eu existo — diz o universo].[75] A interpretação é de fato tentadora, já que Heidegger certamente concordaria com a frase de Valéry *"Les évènements ne sont que l'écume des choses"* ("Os acontecimentos não são mais do que a espuma das coisas"). Não concordaria, entretanto, com o pressuposto de Valéry de que o que realmente é — a realidade subjacente da qual a superfície é simples espuma — é a realidade estável de um Ser substancial, e, em última análise, imutável. Tampouco teria concordado, seja antes, seja depois da "reviravolta", que "o novo é, por definição, a parte perecível das coisas" (*"Le nouveau est, par définition, la partie périssable des choses"*).[76]

Desde que reinterpreta sua "reviravolta", Heidegger insiste na continuidade de seu pensamento, no sentido de que *Ser e Tempo* era uma preparação necessária que já continha de um modo provisório a principal direção de seu trabalho final. E isso é em grande parte verdade, embora possa vir a desradicalizar a reviravolta posterior e as consequências que nela estão obviamente implícitas para o futuro da filosofia. Comecemos com as consequências mais impressionantes, que se encontram no próprio trabalho posterior, a saber, primeiro a noção de que o pensamento solitário em si constitui a única ação relevante no registro factual da história; e, segundo, a ideia de que pensar é o mesmo que agradecer (e não só por razões etimológicas).* Uma vez feito

---

* A autora se refere à relação etimológica entre *think* (pensar) e *thank* (agradecer), em inglês, que correspondem aos termos alemães *Denken* e *Danken*. (*N. T.*)

CONCLUSÕES

isso, tentaremos seguir o desenvolvimento de certos termos-chave em *Ser e Tempo*, e ver o que acontece com eles. Os três termos-chave que proponho são Cuidado, Morte e Eu.

O *Cuidado* — em *Ser e Tempo*, o modo fundamental do interesse existencial do homem por seu próprio ser — não desaparece simplesmente em favor da Vontade, com a qual obviamente tem em comum algumas características; ele altera radicalmente a sua própria função. Quase perde sua relação consigo mesmo, seu interesse pelo próprio ser do homem, e, junto com isso, a disposição de "ansiedade" produzida quando o mundo no qual o homem é "lançado" revela-se como "nada" para um ser que sabe de sua própria mortalidade — "*das nackte Dass im Nichts der Welt*", "Aquilo nu no Nada do mundo".[77]

A ênfase altera-se de *Sorge*, como preocupação ou interesse para consigo mesmo, para *Sorge*, como *tomar* conta; e isso não de si mesmo, mas do Ser. O homem, que era o "zelador" (*Platzhalter*) do Nada, e que, portanto, estava aberto ao desvelamento do Ser, transforma-se agora no "guardião" (*Hüter*) ou "pastor" (*Hirte*) do Ser, e sua fala oferece ao Ser sua morada.

A *Morte*, por outro lado, que originalmente era real para o homem somente como a possibilidade mais extrema — "se fosse realizada [por exemplo, no suicídio], o homem obviamente perderia a possibilidade que tem de existir em face da morte"[78] —, transforma-se agora na "redoma" que "reúne", "protege" e "salva" a essência dos mortais, que são mortais não porque sua vida tenha um fim, mas porque estar morto pertence ainda ao seu ser mais íntimo.[79] (Essas descrições, que soam estranhas, referem-se a experiências bem conhecidas, atestadas, por exemplo, pela antiga máxima *de mortuis nil nisi bonum*. Não é a dignidade da morte enquanto tal que nos faz temê-la e respeitá-la, mas sim a curiosa mudança de vida para morte que acomete a personalidade dos mortos. Na lembrança — o modo como os mortais vivos pensam sobre seus mortos —, é como se todas as qualidades não essenciais perecessem com o desaparecimento do corpo em que estavam encarnadas. Os mortos são postos na "redoma" da lembrança como relíquias preciosas deles mesmos.)

Finalmente, há o conceito de *Eu,* e é este o conceito cuja mudança na "reviravolta" é a mais inesperada e também a que tem maiores consequências. Em *Ser e Tempo*, o termo "Eu" é "a resposta para a questão *Quem* [*é o homem*]?", em oposição à questão "*O que ele é*"; o Eu é o termo para a existência do homem em oposição a qualquer qualidade que ele possa ter. Essa existência, o "autêntico ser um Eu", é extraída polemicamente do "Eles". (*"Mit dem Ausdruck 'Selbst' antworten wir auf die Frage nach dem Wer des Daseins... Das eigentliche Selbstein bestimmt sich als eine existenzielle Modifikation des Man."*)[80] Modificando o "Eles" da vida cotidiana em um "ser alguém", a existência humana produz um *"solus ipse"*, e Heidegger fala, nesse contexto, de um "solipsismo existencial", isto é, da realização do *principium individuationis,* uma realização que, em outros filósofos, encontramos como uma das funções essenciais da Vontade. Heidegger atribuíra-a originalmente ao Cuidado, seu termo inicial para o órgão do homem para o futuro.[81]

Para sublinhar a semelhança entre Cuidado (antes da "reviravolta") e Vontade em um cenário moderno, voltamos-nos para Bergson, que — certamente não influenciado por pensadores anteriores, mas seguindo a evidência imediata da consciência — propusera, apenas algumas décadas antes de Heidegger, a coexistência de dois eus, um social (o "Eles" de Heidegger) e o outro, o "fundamental" (o "autêntico" de Heidegger). A função da vontade é "recuperar esse eu fundamental das "atribulações da vida social em geral e da linguagem em particular", isto é, daquela linguagem falada habitualmente em que cada palavra tem um "significado social".[82] Trata-se de uma linguagem repleta de clichês, necessária

CONCLUSÕES

para a comunicação com os outros em "um mundo externo bem distinto de [nós mesmos], que é a propriedade comum a todos os seres conscientes". A vida em comum com os outros criou seu próprio tipo de fala, que leva à formação de "um segundo eu [...] que obscurece o primeiro". A tarefa da filosofia é levar de volta esse eu social para "o eu real e concreto [...], cuja atividade não pode ser comparada à de qualquer outra força", porque essa força é a pura *espontaneidade* da qual "cada um de nós tem conhecimento imediato", adquirido pela observação imediata que se faz de si mesmo.[83] E Bergson, bem na linha de Nietzsche e também, por assim dizer, em sintonia com Heidegger, enxerga a "prova" dessa espontaneidade na criatividade artística. A geração de uma obra de arte não pode ser explicada por causas antecedentes, como se aquilo que agora é real estivesse antes latente ou potencial, seja na forma de causas externas ou de motivos internos: "Quando um músico compõe uma sinfonia, sua obra era possível antes de ser real?"[84] Heidegger está bastante alinhado com a posição geral quando escreve, no volume I de *Nietzsche* (isto é, antes da "reviravolta"): "Querer sempre significa: trazer-se a si mesmo [...]. Querendo, encontramo-nos conosco assim como somos autenticamente."[85]

Ainda assim, essa é toda a afinidade que se pode encontrar entre Heidegger e seus predecessores imediatos. Nunca, em Ser e Tempo — exceto por uma observação lateral sobre a fala poética "como desvelamento possível da existência"[86] —, a criatividade artística é mencionada. No volume I de *Nietzsche*, a tensão e a relação íntima entre poesia e filosofia, entre o poeta e o filósofo, é observada em duas ocasiões, mas nunca no sentido, nietzschiano ou bergsoniano, de criatividade pura.[87] Em Ser e Tempo, ao contrário, o Eu torna-se manifesto na "voz da consciência", que chama o homem para retornar de seu próprio enredamento cotidiano no *"man"* (em alemão, um elemento que denota impessoalidade, "as pessoas" ou "eles"), retorno que a consciência, em seu chamado, desvela como "culpa" humana, uma palavra (*Schuld*) que em alemão quer dizer tanto ser culpado (ser responsável) por algum ato quanto ter dívidas, no sentido de dever algo a alguém.[88]

O ponto principal na "ideia de culpa" de Heidegger é que a existência humana é culpada à medida que "existe factualmente"; não "precisa tornar-se culpada de algo por omissões ou práticas; [apenas é chamada] para realizar autenticamente a 'culpa' que, de qualquer forma, ela é".[89] (Aparentemente nunca ocorreu a Heidegger que, fazendo com que todos os homens que escutam o "chamado da consciência" sejam igualmente culpados, ele estava, na verdade, proclamando a inocência universal: onde todos são culpados, ninguém é culpado.) Essa culpa existencial — dada pela existência humana — se estabelece de duas maneiras. Inspirado na ideia de Goethe de que "aquele que age sempre se torna culpado", Heidegger mostra que toda ação, ao realizar uma única possibilidade, mata de um só golpe todas as outras dentre as quais teve que fazer a escolha. Todo compromisso acarreta algumas desistências. Mais importante do que isso, entretanto, é que o conceito de "ser lançado no mundo" já implica que a existência humana *deve* sua existência a algo que não é ela mesma; está endividada em virtude de sua própria existência: o *Dasein* — a existência humana naquilo que *é* — "foi lançado; está aí, mas *não* foi trazido aí por si mesmo".[90]

A consciência exige que o homem aceite essa "dívida", e aceitação significa que o Eu consegue uma espécie de "ação" (*handeln*), entendida polemicamente como o oposto das ações "audíveis" e visíveis da vida pública — a simples espuma daquilo que verdadeiramente é. Esse agir é silencioso, é um "deixar o próprio eu agir em sua dívida", e essa "ação" completamente interior, na qual o homem se abre para a autêntica realidade de ser lançado,[91] só pode existir na atividade do pensamento. Essa é provavelmente a razão pela qual Heidegger, por toda sua obra, "evitou propositalmente"[92] lidar com a ação. O que mais

CONCLUSÕES

surpreende em sua interpretação da consciência é a veemente denúncia da "interpretação comum da consciência", que sempre concebeu como uma espécie de solilóquio, "o diálogo sem som de mim comigo mesmo". Tal diálogo, sustenta Heidegger, só pode ser explicado como uma tentativa inautêntica de autojustificação contra as alegações do "Eles". E isso é ainda mais impressionante porque Heidegger, em um contexto diferente — e, é verdade, apenas de maneira marginal —, fala da "voz de um amigo que todo *Dasein* [existência humana] traz consigo".[93]

Por mais estranha e, em última análise, inexplicável que a análise da consciência em Heidegger possa se mostrar pela evidência fenomenológica, a ligação com os simples fatos da existência humana, implícitos no conceito de uma dívida primordial, certamente contém a primeira pista para a identificação que posteriormente ele faz entre pensar e agradecer. O que o chamado da consciência realiza, na verdade, é a recuperação do eu individualizado (*vereinzeltes*), de seu envolvimento nos acontecimentos que determinam as atividades cotidianas do homem e no curso do registro histórico — *l'écume des choses*. Intimado novamente, o eu dirige-se agora para um pensamento que expressa gratidão por "aquilo nu" ter sido dado. Confrontado com o Ser, a atitude do homem deve ser a do *agradecimento*. E cumpre que isso seja visto como uma variante do *thaumazein* de Platão, o princípio iniciador da filosofia. Lidamos com aquele espanto *admirativo*; e encontrá-lo em um contexto moderno não impressiona nem surpreende; basta pensar na exaltação "daqueles que dizem Sim" de Nietzsche ou desviar a atenção das especulações acadêmicas para alguns dos grandes poetas deste século. Eles mostram pelo menos como pode ser sugestiva uma afirmação como esta na solução para a aparente falta de sentido em um mundo completamente secularizado.

Aqui estão duas linhas do russo Osip Mandelstam, escritas em 1918:

> *We will remember in Lethe's cold waters*
> *The earth for us has been worth a thousand heavens.*[*]

Esses versos podem ser facilmente comparados com algumas linhas de Rainer Maria Rilke nas *Elegias de Duíno*, escritas mais ou menos na mesma época; cito algumas delas:

> *Erde du liebe, ich will. Oh glaub es bedürfte*
> *Nicht deiner Frühlinge mehr, mich dir zu gewinnem,*
> *Einer, ach ein einziger ist schon dem Blute zu viel.*
> *Namenlos bin ich zu dir entschlossen von weit her,*
> *Immer warst du im recht.(...)*[**]

E, finalmente, como um lembrete, cito novamente o que W. H. Auden escreveu mais ou menos vinte anos mais tarde:

> *That singular command*
> *I do not understand,*
> *Bless what there is for being,*
> *Which has to be obeyed, for*
> *What else am I made for,*
> *Agreeing or disagreeing?*[***]

---

[*] Lembraremos nas águas frias do Lethe/ Que a terra valeu para nós por mil céus. (*N. T.*)

[**] Terra, tu querida, és o que desejo. Oh! acredita-me, não precisas/ Mais de tuas primaveras para ganhar-me; uma única,/ Só uma, já é mais do que meu sangue pode resistir./ Fui agora indizivelmente teu por tempos e tempos./ Estiveste sempre certa. (*Nona Elegia*). (*N. T.*)

[***] Aquela ordem singular/ que eu não compreendo:/ abençoai tudo o que é, por si/ A qual tem de ser obedecida, pois/ Para que outra coisa eu fui feito/ Concordando ou divergindo? (*N. T.*)

CONCLUSÕES

Talvez esses exemplos de testemunho não-acadêmico para os dilemas da última fase da Era Moderna possam explicar o grande apelo da obra de Heidegger para uma elite da comunidade intelectual, a despeito do quase unânime antagonismo que despertou nas universidades desde o aparecimento de *Ser e Tempo*.

Mas se isso se aplica à coincidência entre pensar e agradecer, dificilmente aplica-se à fusão entre pensar e agir. Em Heidegger, ela não é só a eliminação da separação sujeito-objeto com a finalidade de dessubjetivizar o Ego Cartesiano, mas é a fusão real das mudanças na "História do Ser" (*Seinsgeschichte*) com a atividade de pensamento dos pensadores. "A história do Ser" inspira e guia secretamente o que se passa na superfície, enquanto os pensadores, escondidos e protegidos por "Eles", respondem ao Ser e o realizam. Aqui o conceito personificado, cuja existência fantasmagórica produziu o último grande avivamento da filosofia no Idealismo Alemão, torna-se completamente encarnado; há um Alguém que *transforma em ação* o significado oculto do Ser, originando no curso desastroso dos eventos uma contracorrente salutar.

Esse Alguém, o pensador que se desabituou de querer, passando a "deixar-ser", é, na verdade, o "autêntico Eu" de *Ser e Tempo*, que agora ouve o chamado do Ser, em lugar do chamado da Consciência. Diferente do Eu, o pensador não é convocado por si mesmo a seu Eu; contudo "ouvir o chamado autenticamente significa mais uma vez persuadir-se a agir factualmente" ("*sich in das faktische Handeln bringen*").[94] Nesse contexto, a "reviravolta" significa que o Eu não atua mais em si mesmo (o que se abandonou foi o *In-sich-handeln-lassen des eigensten Selbst*),[95] mas, obediente ao Ser, desempenha pelo pensamento puro o papel de contracorrente de Ser que subjaz à "espuma" dos seres — as meras aparências cuja corrente é conduzida pela vontade de potência.

O "Eles" reaparece aqui, mas sua principal característica não é mais o "palavrório" (*Gerede*); é a destrutividade inerente ao querer.

O que origina essa mudança é uma radicalização decisiva tanto da antiga tensão entre pensar e querer (a ser resolvida pelo "querer-não-querer") quanto do conceito personificado, que apareceu em sua forma mais articulada no "Espírito do Mundo" de Hegel, aquele Ninguém fantasmagórico que confere significado àquilo que *é* factualmente, ainda que de um modo sem sentido e contingente. Em Heidegger, este Ninguém que supostamente atua por trás dos homens de ação encontra agora uma encarnação na existência do pensador, que age sem nada fazer, sem dúvida uma pessoa que pode até ser identificada como "Pensador" — coisa que, entretanto, não significa seu retorno ao mundo das aparências. Ele continua sendo o s*olus ipse* no "solipsismo existencial", só que agora o destino do mundo, a História do Ser, passa a depender dele.

Até agora estivemos levando em conta os insistentes pedidos do próprio Heidegger para que se preste a devida atenção ao desenvolvimento contínuo de seu pensamento, desde *Ser e Tempo*, a despeito da "reviravolta" que se deu em meados dos anos 1930. Baseamo-nos também em suas próprias interpretações da reviravolta durante o final dos anos 1930 e o início dos 1940 — interpretações corroboradas de forma precisa e coerente por suas inúmeras publicações dos anos 1950 e 1960. Mas há outra interrupção — talvez até mais radical — em sua vida e em seu pensamento a que ninguém, inclusive Heidegger, deu publicamente atenção.

Essa interrupção coincidiu com a derrota catastrófica da Alemanha nazista e com as sérias dificuldades do próprio Heidegger com a comunidade acadêmica e com as autoridades da ocupação logo depois da guerra. Por um período de aproximadamente cinco anos, Heidegger foi silenciado de maneira tão efetiva que, dentre seus trabalhos publi-

CONCLUSÕES

cados, só existem dois ensaios maiores — *Sobre o humanismo*, escrito em 1946 e publicado na Alemanha e na França em 1947, e *A sentença de Anaximandro*, também escrito em 1946 e publicado como o último ensaio de *Holzwege*, em 1950.

Desses dois, *Sobre o humanismo* contém uma síntese eloquente e um enorme esclarecimento sobre a alteração interpretativa que ele dera à reviravolta original: mas *A sentença de Anaximandro* tem um caráter diferente: apresenta uma visão totalmente nova e inesperada sobre toda a colocação do problema do Ser. As principais teses desse ensaio, que agora tentarei descrever em linhas gerais, nunca foram continuadas ou plenamente explicadas no trabalho posterior de Heidegger. De resto, ele menciona, em uma nota à publicação em *Holzwege*, que o ensaio teria sido tirado de um "Tratado" (*Abhandlung*) escrito em 1946 e, infelizmente, jamais publicado.

A mim parece óbvio que essa nova visão, tão isolada do restante de seu pensamento, há de ter emergido de mais uma mudança de "disposição", não menos importante do que a mudança que ocorreu entre o primeiro e o segundo volume sobre Nietzsche — a mudança da "Vontade-de-Potência" como Vontade-de-querer para a nova *Gelassenheit*, a serenidade do "deixar-ser" e o paradoxal querer-não-querer. A disposição alterada reflete a derrota da Alemanha, o "ponto-zero" (como a chamou Ernst Jünger) que, por alguns anos, pareceu prometer um novo começo. Na versão de Heidegger: "Estaremos no crepúsculo da transformação mais monstruosa por que já passou nosso planeta [...]? [Ou] estaremos diante de uma noite que anuncia uma nova aurora? [...] *Somos* nós os retardatários... e, ao mesmo tempo, os que precedem a aurora de uma era de todo diferente, que já deixou para trás nossas representações historiográficas da história?"[96]

Trata-se da mesma disposição que Jaspers expressou em um famoso simpósio em Genebra naquele mesmo ano: "Vivemos como se estivéssemos a bater em portões ainda fechados. [...] O que acontece hoje irá talvez um dia fundar e estabelecer um mundo."[97] Essa disposição de esperança logo desapareceu na rapidez com que a Alemanha recuperou-se econômica e politicamente do "ponto-zero"; confrontados com a realidade da Alemanha de Adenauer, nem Heidegger nem Jaspers jamais expuseram de forma sistemática o que muito em breve apareceria para eles como uma interpretação equivocada da Nova Era.

No caso de Heidegger, contudo, temos ainda o ensaio sobre Anaximandro, com seus perturbadores sinais a indicar uma outra possibilidade de especulação ontológica, sinais que estão semiencobertos pelas considerações filológicas altamente técnicas do texto grego (que é bastante obscuro e provavelmente adulterado); partindo deles, arriscarei uma exegese dessa sedutora variante de sua filosofia. Na tradução literal e provisória de Heidegger, o pequeno texto grego diz: "Ora, daquilo de que as coisas são geradas [*genesis*], também o desaparecer [*phthora*] se engendra, conforme a necessidade; pois as coisas se dão justiça [*dikén didonai*] e penitência [*tisin*] umas às outras por sua injustiça [*adikia*], segundo a ordem do tempo."[98] O tema é, pois, o vir-a-ser e o desaparecer de tudo o que é. À medida que qualquer coisa que seja *é*, ela "se demora" no presente "entre uma ausência dupla", sua chegada e sua partida.

Durante as ausências, ela está oculta; é desocultada somente na curta duração de sua aparição. Vivendo em um mundo das aparências, tudo o que conhecemos ou podemos conhecer é "um movimento que deixa todo ser que emerge abandonar o ocultamento e ir em direção ao desocultamento", demorando-se ali por um tempo até que, "por sua vez, abandone o desocultamento, partindo e retirando-se para o ocultamento".[99]

Mesmo essa descrição não especulativa, estritamente fenomenológica, está claramente em desacordo com o ensinamento habitual

CONCLUSÕES

que Heidegger transmite de uma diferença ontológica segundo a qual *a-létheia,* verdade entendida como não-velamento ou desocultamento, está sempre do lado do Ser; no mundo das aparências, o Ser revela-se somente na resposta do pensamento do homem em termos de linguagem. Nas palavras de *Sobre o humanismo,* "A linguagem é a morada do Ser" (*"Die Sprache* [ist] *zumal das Haus des Seins und die Behausung des Menschenwesens"*).[100] Na exegese do fragmento de Anaximandro, desocultamento não é verdade; pertence aos seres que chegam e que partem para um Ser oculto. O que dificilmente causou mas certamente facilitou essa reversão é o fato de que os gregos, especialmente os pré-socráticos, pensavam com frequência no Ser como *physis* (natureza), cujo significado original deriva de *phyein* (crescer), isto é, vir da escuridão para a luz. Anaximandro, diz Heidegger, pensou em *genesis* e *phthora* em termos de *physis,* "como formas luminosas de ascensão e declínio".[101] E a *physis,* segundo um fragmento muito citado de Heráclito, "aprecia ocultar-se".[102]

Embora Heidegger não mencione o fragmento de Heráclito no ensaio sobre Anaximandro, suas teses principais parecem ter sido inspiradas por Heráclito, em vez de Anaximandro. De importância central é o conteúdo especulativo; a relação na diferença ontológica é aí revertida, e isso é expresso nas seguintes frases: "O desocultamento dos seres, o brilho a eles concedido [pelo Ser], obscurece a luz do Ser"; pois *"ao revelar-se em seres, o Ser se retira"* (*"Das Sein entzieht sich indem es sich in das Seiende entbirgt"*).[103] A frase que grifei ganha muita ênfase no texto por ser muito repetida. Sua plausibilidade imediata no original alemão baseia-se inteiramente na relação linguística cognata de *verbergen* (esconder, ocultar) com *bergen* (proteger e abrigar) e *entbergen* (desvelar).

Na tentativa de explicar o conteúdo especulativo da relação cognata como foi construída por Heidegger, podemos resumi-lo da seguinte forma: o ir e vir dos seres, seu aparecer e desaparecer, sempre começa com um desvelamento que é um *ent-bergen*, a perda do abrigo (*bergen*) original que fora concedido pelo Ser; o ser então "se demora um pouco" no "brilho" do desvelamento, e acaba por retornar ao abrigo protetor do Ser em seu ocultamento: "Presumivelmente Anaximandro falava de *genesis* e *phthora* [geração e declínio] [...] [isto é] *genesis estin* (segundo a interpretação que gostaria de dar) e *pthora ginetai,* 'vir-a-ser é', e 'desaparecer vem a ser'."[104]

Em outras palavras, há sem dúvida algo como um devir; tudo o que conhecemos veio a ser, emergiu de alguma escuridão anterior para a luz do dia; e este devir fica sendo sua lei enquanto perdura: sua duração é ao mesmo tempo o seu desaparecer. O devir, a lei que governa os seres, é agora o oposto de Ser; quando, ao desaparecer, o devir interrompe-se, ele se transforma de novo naquele Ser de cuja escuridão protetora e ocultadora emergiu originalmente. Nesse contexto especulativo, a diferença ontológica consiste na diferença entre Ser, no sentido forte e duradouro, e devir. É através da retirada que o "Ser sustenta sua verdade" e a protege; protege-a do "brilho dos seres que ofusca a luz do Ser", ainda que, originalmente, o Ser tenha concedido este brilho. Isso leva ao enunciado aparentemente paradoxal: "Ao prover o desocultamento dos seres, [o Ser estabelece] seu ocultamento."[105]

No decorrer dessa especulação, a transformação na abordagem que Heidegger usualmente faz da "busca do Ser" (*die Seinsfrage*) e do "esquecimento do Ser" (*Seinsvergessenheit*) torna-se evidente. Não é mais a inautenticidade genuína ou outra particularidade da existência humana o que faz com que o homem "esqueça" o Ser em seu abandono ao "*man*" (a palavra alemã para a pluralidade do "Eles"); tampoũco o faz por ficar distraído com a superabundância dos meros entes. "O esquecimento do Ser pertence à essência auto-ocultadora do Ser [...] a história do Ser [e não a história dos homens na filosofia em geral

CONCLUSÕES

ou na metafísica em particular] começa com o esquecimento do Ser, já que o Ser — juntamente com sua essência, aquilo que o distingue dos seres — guarda-se para si mesmo."[106] Por meio da retirada do Ser do reino dos seres, esses entes, cujo desocultamento foi causado por este Ser, são lançados a esmo, ficam a errar, e este *errar* constitui o "reino do erro [...], o espaço em que se desdobra a história [...]. *Sem a errância não haveria conexão de destino a destino: não haveria história*" (grifos nossos).[107]

Para resumir: ainda estamos diante da diferença ontológica, a separação categorial entre Ser e seres; mas essa separação adquiriu, por assim dizer, uma espécie de história com um começo e um fim. No começo, o Ser desvela-se nos seres, e o desvelamento dá início a dois movimentos opostos: o Ser retira-se para si, e os seres "são lançados a esmo" para constituir o "reino (no sentido do reino de um príncipe) do erro". Esse reino do erro é a esfera da história humana comum, em que os destinos factuais são ligados e tomam uma forma coerente através do "errar". Nesse esquema, não há lugar para a "História do Ser" (*Seinsgeschichte*) desempenhada por sob os homens de ação; o Ser, protegido em seu ocultamento, não tem história, e "toda época da história mundial é época de errância". Entretanto, exatamente porque o contínuo de tempo fragmenta-se no campo histórico em diferentes eras, o lançamento dos seres a esmo também se dá nas épocas, e no esquema de Heidegger parece haver um momento privilegiado, o momento de transição de uma época para outra, de destino para destino, quando o Ser como Verdade interrompe a continuidade do erro, quando do "a essência epocal do Ser chama a si a natureza extática do *Da--sein*".[108] A esse chamado o pensamento pode responder reconhecendo "o chamado do destino", isto é, o espírito de uma era inteira pode tornar-se "atento para aquilo a que está destinado" em vez de perder-se nas particularidades errantes dos assuntos humanos cotidianos.

Heidegger nunca menciona, nesse contexto, uma ligação entre pensar e agradecer; e está bem a par das possíveis conclusões pessimistas, "para não dizer niilistas", que se podem retirar de uma interpretação que se adequaria perfeitamente à compreensão de Burckhardt e de Nietzsche da experiência grega em seu aspecto mais profundo.[109] Além disso, convém observar que aqui ele não parece estar absolutamente interessado em sublinhar a tensão da relação muito íntima entre filosofia e poesia. Em vez disso, conclui o ensaio com algo que não disse em qualquer outro lugar: "Se a essência do homem consiste em pensar na verdade do Ser [note-se bem: agora um Ser que se retirou, que se esconde e se oculta], então o pensar deve poetizar o enigma do Ser" (*"am Rätsel des Seins dichten"*).[110]

Mencionei de passagem a mudança radical que o conceito de morte sofreu nos últimos escritos de Heidegger, em que a morte aparece como redentora final da essência do homem, o *Gebirg des Seins in dem Spiel der Welt,* o "abrigo do Ser no jogo do mundo".[111] E tentei explicar e de certo modo justificar a estranheza disso com um testemunho bem conhecido de certas experiências familiares que, ao que eu saiba, nunca foram conceitualizadas. No ensaio sobre Anaximandro, a palavra "morte" não aparece, mas o conceito tem, é claro, presença bem transparente na ideia de vida entre duas ausências, antes de se chegar pelo nascimento e depois de se desaparecer com a morte. E aqui temos de fato um esclarecimento conceitual sobre a morte como abrigo para a essência da existência humana, cuja presença temporal e transitória é compreendida como o demorar-se entre duas ausências e como uma estada no reino da errância. Pois a fonte desse "errar" — e aqui podemos, é claro, enxergar até que ponto essa variante continua sendo simples variante das convicções filosóficas básicas e permanentes de Heidegger — é o fato de que, de um ser que "se demora um pouco em presença" entre duas ausências e tem a habilidade de transcender

CONCLUSÕES

sua própria presença, só se pode dizer que está realmente "presente enquanto se deixa pertencer ao não-presente".[112]

Sua chance de alcançar isso está em conseguir aproveitar-se do momento epocal na transição entre períodos, em que os destinos históricos mudam e a verdade que subjaz à próxima época de errância torna-se evidente ao pensamento. A Vontade como destruidora aparece aqui também, embora não se diga seu nome; trata-se da "ânsia de persistir", de "suportar", o apetite desmedido do homem para "agarrar-se a si mesmo". Dessa forma, ele faz mais do que simplesmente errar: "O Demorar-se como persistência [...] é insurreição a bem da simples duração."[113] A insurreição dirige-se contra a "ordem" (*diké*); cria "desordem" (*adikia*), permeando o "reino da errância".

Esses enunciados trazem-nos de volta a território familiar, como fica evidente quando lemos aí que a desordem é "trágica" e não uma coisa pela qual se pode responsabilizar o homem. Com certeza, não há mais qualquer "chamado da consciência" convocando o homem de volta ao seu eu autêntico, ao *insight* de que, não importa o que tenha feito ou se omitido de fazer, era já *schuldig* ("culpado"), já que sua existência era algo que ele "devia", depois de ter sido lançado no mundo. Mas, assim como em *Ser e Tempo* este eu "culpado" podia salvar-se antecipando sua morte, aqui também o *Dasein* "errante", enquanto "demora-se um pouco" no reino da errância, pode, através da atividade do pensamento, juntar-se ao que está ausente. Há entretanto a diferença de que aqui o ausente (o Ser em sua permanente retirada) não tem história no reino da errância, e de que pensar e agir não coincidem. Agir é errar, perder-se. Deveríamos considerar também de que modo a definição inicial do ser-culpado como traço primordial do *Dasein*, independentemente de qualquer ato específico, foi substituída por "errar" como a marca decisiva de toda a história humana. (Ambas as formulações, a propósito, lembrarão curiosamente para quem lê alemão o *"Der Handelnde wird immer schuldig"* e o *"Es irrt der Mensch solang er strebt"* de Goethe.)[114]

Podemos acrescentar a esses diferentes ecos de si mesmo as seguintes frases do ensaio sobre Anaximandro: "Todo pensador depende do chamado do Ser. A dimensão desta dependência determina a liberdade de influências irrelevantes"[115] — com o que Heidegger quer claramente falar dos acontecimentos cotidianos factuais causados por homens que erram. Quando juntamos essas correspondências, é como se estivéssemos lidando aqui com uma simples variação do ensinamento básico de Heidegger.

Seja como for, é óbvio que minha interpretação atual é extremamente provisória; não pode de modo algum ser um substituto para o tratado não publicado do qual fazia parte originalmente o ensaio sobre Anaximandro. Em nosso atual estado de conhecimento do texto, a coisa toda continua muito duvidosa. Mas seja encarando esse texto como variante, seja como mudança, a denúncia que Heidegger faz do instinto de autopreservação comum a todas as coisas vivas como uma insurreição veemente contra a "ordem" da Criação é, como tal, tão rara na história das ideias que eu gostaria de citar o único dizer semelhante que conheço, três linhas pouco conhecidas de Goethe em um poema escrito aproximadamente em 1821 com o título *"Eins und Alles"*:

> *Das Ewige regt sich fort in allen:*
> *Denn alles muss in Nichts zerfallen,*
> *Wenn es im Sein beharren will.*[*]

---

[*] O Eterno em tudo se faz sentir/ Pois tudo no Nada deve cair,/ Se for insistir em Ser. (*N. T.*)

CONCLUSÕES

16. O ABISMO DA LIBERDADE E A *NOVUS ORDO SECLORUM*

Logo no começo dessas reflexões fiz uma advertência sobre a falha inevitável em todo exame crítico da faculdade da Vontade. Trata-se de algo bastante óbvio, mas que passa facilmente despercebido na discussão dos argumentos e contra-argumentos particulares: simplesmente toda *filosofia* da Vontade é concebida e articulada não por homens de ação, mas por filósofos, os "pensadores profissionais" de Kant, que de um jeito ou de outro estão comprometidos com o *bios theórétikos*, e que, portanto, estão mais inclinados a "interpretar" o mundo do que a "mudá-lo".

De todos os filósofos e teólogos que consultamos, só Duns Scotus, como vimos, estava pronto a pagar o preço da contingência pelo dom da liberdade — o dom do espírito que temos para começar algo novo, algo que sabemos que poderia também não ser. Sem dúvida, a necessidade sempre "agradou" mais aos filósofos do que a liberdade porque eles precisavam, para sua atividade, de um *tranquilitas animae* (Leibniz), uma paz de espírito que — com base na *acquiescentia sibi*, a concordância de si consigo mesmo — só poderia ser garantida efetivamente através de um assentimento do arranjo do mundo. O mesmo eu que a atividade pensante desconsidera em sua retirada do mundo das aparências é afirmado e assegurado pela reflexividade da Vontade. Assim como o pensamento prepara o eu para o papel de espectador, a Vontade dá a ele a forma de um "Eu duradouro" que orienta todos os atos de volição particulares. Ela cria o *caráter* do eu, e foi por essa razão que às vezes foi entendida como o *principium individuationis,* a fonte de identidade específica do indivíduo.

No entanto é precisamente essa individuação ocasionada pela Vontade que gera problemas novos e sérios para a noção de liberdade. O indivíduo, amoldado pela Vontade e sabedor de que poderia ser diferente daquilo que é (o caráter, ao contrário da aparência ou dos talentos e habilidades corporais, não é inato dado ao eu), sempre tende a afirmar um "Eu-mesmo" contra um "Eles" indefinido — todos os outros que eu, como indivíduo, *não* sou. Nada pode ser, de fato, mais apavorante do que a noção de liberdade solipsista — o "sentimento" de que o meu ficar de fora, isolado de todos os demais, deve-se à vontade livre, de que nada nem ninguém pode ser responsabilizado por isso a não ser eu mesmo. A Vontade, com seus projetos para o futuro, desafia a crença na necessidade, no assentimento do arranjo do mundo, a que chama de complacência. Ainda assim, não está claro para todos que o mundo não é e nunca foi o que *deveria* ser? E quem sabe ou jamais soube o que vem a ser este *deveria*? O *deveria* é utópico; não tem *topos* próprio ou um lugar no mundo. A confiança na necessidade, na convicção de que tudo é como "era para ser" não é infinitamente preferível à liberdade comprada ao preço da contingência? Nessas circunstâncias, a liberdade não parece um eufemismo para essa região incinerada, marcada pelo "desamparo com o qual [a existência humana, *Dasein*] foi abandonada a si mesma" ("*die Verlassenheit in der Überlassenheit an es selbst*")?[116]

Essas dificuldades e ansiedades são causadas pela Vontade à medida que é uma faculdade do espírito, sendo portanto reflexiva, repercutindo sobre si mesma — *vollo me velle, cogito me cogitare* — ou, em termos heideggerianos, pelo fato de que, existencialmente falando, a existência humana foi "abandonada a si mesma". Nada parecido perturba nosso intelecto, a capacidade que o espírito tem de cognição e sua confiança na verdade. As habilidades cognitivas, como nossos sentidos, não repercutem sobre si mesmas; são completamente intencionais, vale dizer, completamente absorvidas pelo objeto que se pretende alcançar. Logo, à primeira vista, é surpreendente encontrar uma tendência semelhante contra a liberdade nos grandes cientistas do nosso século. Como se sabe,

CONCLUSÕES

eles ficaram muito perturbados quando suas descobertas demonstráveis na astrofísica e também na física nuclear deram origem à suspeita de que vivemos em um universo que, nas palavras de Einstein, é governado por um Deus que "joga dados" com ele, ou à de que, como sugeriu Heisenberg, "aquilo que consideramos o mundo exterior [pode ser] nosso mundo interior virado pelo avesso" (Lewis Mumford).

Tais pensamentos e re-pensamentos não são, é claro, enunciados científicos; não pretendem fornecer verdades demonstráveis ou teoremas experimentais que seus autores possam ter a esperança de traduzir em proposições suscetíveis de prova. São reflexões inspiradas por uma busca de significado e, portanto, não são menos especulativas do que outros produtos do ego pensante. O próprio Einstein, em uma observação muito citada, traçou bastante claramente o limite entre enunciados cognitivos e proposições especulativas: "O fato mais incompreensível da natureza é o fato de a natureza ser compreensível." Aqui podemos quase observar o modo como o ego pensante interfere na atividade cognitiva, interrompe-a e paralisa-a com suas reflexões. Coloca-se "fora de ordem" com a atividade habitual dos cientistas, repercutindo sobre si mesmo, meditando sobre a ininteligibilidade fundamental daquilo que está fazendo — ininteligibilidade que permanece um enigma sobre o qual vale a pena pensar, embora não possa ser resolvido.

Tais reflexões podem render várias "hipóteses", e algumas podem até mesmo acabar produzindo conhecimento quando testadas; de qualquer forma, sua qualidade e seu peso dependerão das conquistas cognitivas de seus autores. É difícil, contudo, negar que as reflexões dos grandes fundadores da ciência moderna — Einstein, Planck, Bohr, Heisenberg, Schrödinger — tenham provocado uma "crise nos fundamentos da ciência moderna" (*Grundlagenkrise*); "e sua questão central" (Como deve ser o mundo para que o homem possa conhecê-lo?) "é tão antiga quanto a própria ciência, e continua sem resposta".[117]

543

Parece somente natural que essa geração de fundadores, em cujas descobertas a ciência moderna se baseou e cujas reflexões acerca do que estavam fazendo produziram a "crise nos fundamentos", fosse seguida por muitas gerações de epígonos menos eminentes que acham mais fácil responder a questões irrespondíveis por terem menos consciência da linha que separa suas atividades habituais de suas reflexões sobre elas. Falei da orgia de pensamento especulativo que se seguiu à liberação kantiana da necessidade da razão de pensar além da capacidade cognitiva do intelecto, os jogos que os idealistas alemães fizeram com os conceitos personificados e as alegações feitas para a validade científica — algo que muito se distancia da "crítica" de Kant.

Do ponto de vista da verdade científica, as especulações idealistas eram pseudocientíficas; agora, no polo oposto do eixo, algo semelhante parece estar acontecendo. Os materialistas jogam o jogo da especulação com o auxílio de computadores, da cibernética e da automação; suas inferências produzem não fantasmas, como no jogo dos idealistas, mas materializações, como as das sessões espíritas. O que mais impressiona nesses jogos materialistas é que seus resultados se assemelham aos conceitos dos Idealistas. Assim, o "Espírito do Mundo" de Hegel materializou-se recentemente na construção de um "sistema nervoso" feito no modelo de um computador gigante: Lewis Thomas[118] propõe que se entenda a comunidade mundial dos seres humanos como um Cérebro Gigante, em que há um intercâmbio tão rápido de pensamentos "que os cérebros da humanidade muitas vezes parecem funcionalmente estar sofrendo uma fusão". Tendo a humanidade como seu "sistema nervoso", a Terra inteira, assim, "se torna [...] um organismo que respira, com pequenas partes interligadas", todas crescendo sob a "membrana protetora" da atmosfera do planeta.[119]

Tais noções não são nem ciência nem filosofia, mas sim ficção científica; estão muito difundidas e demonstram que as extravagâncias da

CONCLUSÕES

especulação materialista em muito se igualam às loucuras da metafísica idealista. O denominador comum de todas essas falácias, materialistas ou idealistas — além do fato de originarem-se historicamente da noção de progresso e de sua companheira, a entidade indemonstrável chamada Humanidade —, é que elas preenchem a mesma função emocional. Nas palavras de Lewis Thomas, elas acabam com "toda a preciosa noção de um eu próprio — a antiga e maravilhosa ilha de um Eu, autônoma, voluntária, livre para iniciativas, independente e isolada", que é "um mito".[120] O nome próprio deste mito, do qual somos, de todos os lados, aconselhados a nos livrar, é Liberdade.

Aos pensadores profissionais, filósofos ou cientistas, não lhes "aprouve a liberdade" e seu caráter inelutavelmente aleatório; não estiveram dispostos a pagar o preço da contingência pelo dom questionável da espontaneidade, pela capacidade de fazer o que se poderia também deixar de ter feito. Deixemos portanto esses pensadores profissionais de lado, e concentremos nossa atenção nos homens de ação, que devem ter um compromisso com a liberdade pela própria natureza de sua atividade, que consiste em "mudar o mundo", e não em interpretá-lo ou conhecê-lo.

Em termos conceituais, passamos da noção de liberdade filosófica [*philosophical freedom*] para a de liberdade política [*political liberty*], uma diferença óbvia, da qual, ao que eu saiba, somente Montesquieu falou, e mesmo assim de passagem, quando utilizou a liberdade filosófica como um pano de fundo no qual a liberdade política pudesse ser delineada com mais nitidez. Em um capítulo intitulado *"De la liberté du citoyen"* ("Sobre a liberdade do cidadão"), ele disse: *"La liberté philosophique consiste dans l'exercice de sa volonté, ou du moins (s'il faut parler dans tous les systèmes) dans l'opinion où l'on est que l'on exerce sa volonté. La liberté politique consiste dans la sûreté ou du moins dans l'opinion que l'on a de la sûreté"* — "A liberdade filosófica consiste no exercício da vontade, ou, pelo menos (se temos de levar em conta todos os sistemas), na opinião de que exercemos nossa vontade. A liberdade política consiste na segurança, ou pelo menos na opinião de que se tem segurança."[121] A liberdade política do cidadão é "aquela tranquilidade de espírito que vem da opinião de que todos têm segurança; e, para que se possa estar de posse dessa liberdade, o governo deve ser tal que um cidadão não tenha medo do outro".[122]

A liberdade filosófica, a liberdade da vontade, é relevante somente para pessoas que vivem fora das comunidades políticas, como indivíduos solitários. As comunidades políticas, nas quais os homens se tornam cidadãos, são produzidas e preservadas por leis; e tais leis, feitas pelos homens, podem variar muito e podem dar forma a inúmeros tipos de governo, todos eles, de uma maneira ou de outra, tolhendo a vontade livre de seus cidadãos. Com exceção da tirania, no entanto, em que uma vontade arbitrária governa as vidas de todos, os governos abrem algum espaço de liberdade para a ação, espaço que, na verdade, põe em movimento o corpo constituído de cidadãos. Os princípios que inspiram as ações dos cidadãos variam de acordo com as diferentes formas de governo, mas são todos, como Jefferson os designou corretamente, "princípios energéticos";[123] e a liberdade política *"ne peut consister qu'à pouvoir faire ce que l'on doit vouloir et à n'être point contraint de faire ce que l'on ne doit pas vouloir"* — "só pode consistir no poder de fazer aquilo que devemos querer e em não sermos forçados a fazer o que não devemos querer".[124]

A ênfase aqui está claramente no Poder, no sentido do eu-posso; para Montesquieu, assim como para os antigos, era óbvio que não se poderia mais dizer que um agente era livre quando lhe faltasse a capacidade de fazer o que quisesse fazer, quer por circunstâncias exteriores, quer pelas interiores. Além disso, as Leis que segundo Montesquieu transformam indivíduos livres e sem lei em cidadãos não são os Dez

CONCLUSÕES

Mandamentos de Deus, ou a voz da consciência, ou o *lumen rationale* da razão, iluminando igualmente todos os homens, mas sim *rapports* feitos pelos homens, "relações" que, envolvendo os assuntos inconstantes do homem mortal — diferentes da eternidade de Deus ou da imortalidade do cosmo —, devem estar "submetidas a todos os acidentes que podem acontecer e variar à proporção que a vontade do homem muda".[125] Para Montesquieu, bem como para a Antiguidade pré-cristã e para os homens que, no final do século, fundaram a República norte-americana, as palavras "poder" e "liberdade" eram praticamente sinônimas. A liberdade de movimento, o poder de se movimentar sem o impedimento da doença ou de um senhor, foi originalmente a mais elementar de todas as liberdades, justamente o seu pré-requisito.

Assim, a liberdade política distingue-se da liberdade filosófica por ser claramente uma qualidade do eu-posso, e não do eu-quero. Uma vez que é possuída pelo cidadão, e não pelo homem em geral, só pode se manifestar em comunidades, onde o relacionamento dos muitos que vivem juntos é, tanto no falar quanto no agir, regulado por um grande número de *rapports* — leis, costumes, hábitos e similares. Em outras palavras, a liberdade política só é possível na esfera da pluralidade humana e com a condição de que essa esfera não seja simplesmente uma extensão deste eu-e-eu-mesmo [*I-and-myself*] dual para um nós plural. A ação, em que um nós está sempre engajado em mudar nosso mundo comum, mantém a oposição mais aguda possível com a atividade solitária do pensamento, que funciona no diálogo de mim comigo mesmo. Em circunstâncias excepcionalmente propícias, esse diálogo pode, como vimos, estender-se a um outro, já que um amigo é, como disse Aristóteles, "um outro eu". Jamais pode, porém, alcançar o nós, o verdadeiro plural da ação. (Um erro bastante frequente entre filósofos modernos que insistem na importância da comunicação como garantia da verdade — em especial Karl Jaspers e Martin Buber, com sua filosofia do Eu-Tu — é acreditar que a intimidade do diálogo, a "ação interna" na qual "apelo" a mim mesmo ou ao "outro eu", o amigo em Aristóteles, o amado em Jaspers, o Tu em Buber, possa estender-se e tornar-se paradigmática para a esfera política.)

Esse nós surge onde quer que haja homens vivendo juntos; sua forma primordial é a família, e pode constituir-se de diferentes modos, todos eles baseados, em última instância, em alguma forma de assentimento, do qual a modalidade mais natural é a obediência, assim como a modalidade mais natural e menos nociva de dissentimento é a desobediência. O assentimento implica o reconhecimento de que nenhum homem pode agir sozinho, de que os homens, querendo realizar algo no mundo, devem agir de comum acordo, o que seria trivial caso não houvesse sempre alguns membros da comunidade determinados a desrespeitar o acordo e a tentar, por arrogância ou desespero, agir sozinhos. São esses os tiranos ou criminosos, dependendo do objetivo final a que querem chegar; o que têm em comum e o que os isola do restante da comunidade é que acreditam no uso de instrumentos de violência como substitutos do poder. Esta é uma tática que só funciona para os objetivos de curto prazo dos criminosos, os quais, depois de completar seu crime, podem e têm que voltar a tomar parte na comunidade; o tirano, por outro lado, sempre um lobo na pele de um cordeiro, só pode resistir usurpando a posição justa da liderança, o que o torna dependente de auxiliares para levar adiante projetos da sua própria vontade. Ao contrário do poder que a vontade do espírito tem de afirmar ou negar, cuja garantia prática final é o suicídio, o poder político, mesmo quando os que apoiam o tirano admitem o terror — isto é, o uso de violência —, é sempre um poder limitado; e uma vez que poder e liberdade na esfera da pluralidade humana são na verdade sinônimos, isso significa que também a liberdade política é sempre liberdade limitada.

CONCLUSÕES

A pluralidade humana, o "Eles" sem um rosto do qual o Eu individual se separa para ficar a sós consigo mesmo, é dividida em um enorme número de unidades, e somente como membros dessa unidade, isto é, de uma comunidade, é que os homens ficam prontos para a ação. A multiplicidade dessas comunidades manifesta-se de muitos modos e formas, obedecendo cada uma a diferentes leis, tendo diferentes hábitos e costumes, e acalentando diferentes memórias do passado, isto é, uma multiplicidade de tradições. Montesquieu provavelmente estava certo ao supor que cada uma dessas entidades move-se e age segundo um princípio inspirador diferente, reconhecido como o padrão final para julgar os feitos e os crimes — a virtude nas repúblicas, a honra e a glória nas monarquias, a moderação nas aristocracias, o medo e a suspeita nas tiranias —, só que essa enumeração orientada pela mais antiga distinção entre formas de governo (o governo de um, o de poucos, o dos melhores ou o de todos) é lamentavelmente inadequada à rica diversidade dos seres humanos que vivem juntos na Terra.

O único traço em comum entre todos esses modos e formas de pluralidade humana é simplesmente sua gênese, isto é, o fato de que, em algum momento no tempo e por alguma razão, um grupo de pessoas tenha vindo a pensar sobre si como um "Nós". Seja qual for o modo como esse "Nós" é inicialmente experimentado e expresso, parece que ele sempre precisa de um começo, e nada parece mais oculto na escuridão e no mistério do que este "No princípio", não só quanto à espécie humana em oposição a outros organismos vivos, como também quanto à enorme variedade de sociedades indubitavelmente humanas.

A assombrosa obscuridade da questão pouco foi iluminada pelas recentes descobertas biológicas, antropológicas e arqueológicas, por mais êxito que tenham tido em estender a ponte pelo intervalo de tempo que nos separa de um passado ainda mais distante. E é improvável que qualquer informação factual venha algum dia a lançar luz sobre o emaranhado desconcertante de hipóteses mais ou menos plausíveis, todas sofrendo da suspeita incurável de que justamente sua plausibilidade e sua probabilidade possam acabar sendo sua própria anulação, uma vez que toda a nossa existência real — a gênese da Terra, o desenvolvimento da vida orgância ali, a evolução do homem a partir das incontáveis espécies animais — ocorreu contra possibilidades estatísticas esmagadoras. Tudo o que é real no Universo e na natureza foi um dia uma "infinita" improbabilidade. No mundo cotidiano em que passamos nosso próprio e exíguo quociente de realidade só podemos estar certos de um encolhimento do tempo para trás que não é menos decisivo do que o encolhimento das distâncias espaciais na Terra. Aquilo que há somente algumas décadas, recordando "os três mil anos" de Goethe (*"Wer nicht von dreitausend Jahren/ Sich weiss Rechenschaft zu geben,/ Bleib im Dunkel, unerfahren/ Mag von Tag zu Tage leben"*), ainda chamávamos de Antiguidade, está hoje muito mais próximo de nós do que esteve para nossos ancestrais.

É bastante provável que esse dilema do não-saber nunca venha a ser resolvido, correspondendo, como corresponde, a outras evidentes limitações inerentes à condição humana, que impõe limites definitivos e intransponíveis à nossa sede de conhecimento — sabemos, por exemplo, *sobre* a imensidão do Universo, e no entanto jamais seremos capazes de conhecê-lo —, e o máximo que podemos fazer nesse impasse é apelar para as narrativas lendárias que, em nossa tradição, auxiliaram gerações passadas a aprender a lidar com os mistérios do "No princípio". Trata-se das lendas fundadoras, que claramente tinham a ver com um tempo anterior a qualquer forma de governo e a qualquer princípio particular que desse início a seu movimento. Ainda assim, o tempo com o qual lidavam era o tempo humano, e o começo a que se referiam não era uma criação divina, mas um conjunto de ocorrências feitas pelo homem que a memória podia alcançar através de uma interpretação imaginativa das velhas narrativas.

CONCLUSÕES

As duas lendas fundadoras da civilização ocidental, a romana e a hebraica (a despeito do *Timeu* de Platão, nada que se compare jamais aconteceu na Antiguidade grega), são totalmente diferentes, a não ser por terem ambas surgido em meio a um povo que pensava em seu passado como uma história cujo começo era conhecido e podia ser datado. Os judeus sabiam o ano da criação do mundo (e contam o tempo até hoje a partir desse ano); e os romanos, ao contrário dos gregos, que contavam o tempo de Olimpíada em Olimpíada, sabiam (ou acreditavam saber) o ano da fundação de Roma, contando o tempo a partir daí. Muito mais impressionante e carregado de consequências muito mais sérias para a nossa tradição e pensamento político é o fato assombroso de que ambas as lendas (em contradição nítida com os conhecidos princípios alegados como inspiração para a ação política em comunidades constituídas) sustentem que, no caso da fundação — o ato supremo pelo qual o "Nós" se constitui como uma entidade identificável —, o princípio inspirador para a ação seja o amor pela liberdade, e isso tanto no sentido negativo de liberação da opressão quanto no positivo de estabelecimento da Liberdade como realidade estável e tangível.

Tanto a diferença quanto a conexão entre essas duas — a liberdade que advém de ser liberado e a liberdade que surge da espontaneidade de começar algo novo — são paradigmaticamente representadas nas duas lendas fundadoras que atuaram como guias para o pensamento político ocidental. Temos a narrativa bíblica do êxodo de tribos israelenses do Egito, que precedeu a lei mosaica constituidora do povo hebreu; e a narrativa de Virgílio sobre as andanças de Eneias, que levaram à fundação de Roma — *"dum conderet urbem"*, como Virgílio define o conteúdo de seu grande poema já nas primeiras linhas. Ambas as lendas começam com um ato de liberação, a fuga da opressão e da escravidão no Egito e a fuga da Troia em chamas (isto é, fuga da

551

aniquilação); em ambos os casos, esse ato é narrado da perspectiva de uma nova liberdade: conquista de uma nova "terra prometida", que oferece mais que a luxúria do Egito, e a fundação de uma nova Cidade, que é preparada por uma guerra destinada a acabar com a guerra de Troia, de modo que a ordem dos acontecimentos, tal como exposta por Homero, pudesse ser revertida. A reversão que Virgílio fez de Homero é completa e deliberada.[126] Dessa vez é Aquiles, na forma de Turno ("Também aqui podes dizer que um Príamo encontrou seu Aquiles"), quem foge e é morto por Heitor, na forma de Eneias; no centro, "a fonte de toda a desgraça" é de novo uma mulher, só que agora uma noiva (Lavínia), e não uma adúltera; e o fim da guerra não é o triunfo pela vitória e destruição total dos derrotados, mas sim um novo corpo político — "ambas as nações, invictas, entram em um acordo sob as mesmas leis para sempre".

Quando lemos essas lendas como narrativas, constatamos sem dúvida uma enorme diferença entre as andanças desesperadas e a esmo das tribos israelenses no deserto depois do êxodo e as aventuras maravilhosas e as coloridas histórias de Eneias e seus companheiros troianos; mas para os homens de ação de gerações posteriores, que reviraram os arquivos da Antiguidade em busca de paradigmas que guiassem suas próprias intenções, isso não era o que importava. O que importava era que havia um *hiatus* entre o desastre e a salvação, entre a liberação da velha ordem e a nova liberdade, corporificada em uma *novus ordo seclorum*, uma "nova ordem das eras", com cujo nascimento o mundo se modificara estruturalmente.

O hiato legendário entre um não-mais e um ainda-não indicava claramente que a liberdade não seria um resultado automático da liberação, que o fim do velho não é necessariamente o começo do novo, que a noção de um contínuo de tempo todo-poderoso é uma ilusão. Narrativas de um período transitório — da servidão à liberdade, do

CONCLUSÕES

desastre à salvação — tinham grande apelo, porque as lendas se concentravam principalmente nos feitos dos grandes líderes, pessoas de significação histórica mundial que apareciam no palco da história precisamente durante tais intervalos de tempo histórico. Todos aqueles que — pressionados por circunstâncias exteriores, ou motivados por linhas de pensamento radicalmente utópicas — não estavam satisfeitos em mudar o mundo através de uma reforma gradual de uma antiga ordem (esta rejeição do gradual foi precisamente o que transformou os homens de ação do século XVII, o primeiro século de uma elite intelectual completamente secularizada, nos homens das revoluções) estavam quase que logicamente forçados a aceitar a possibilidade de um *hiatus* no fluxo contínuo da sequência temporal.

Lembramos o embaraço de Kant ao lidar com um poder de começar espontaneamente uma série de coisas ou estados sucessivos, isto é, com um "começo *absoluto*" que, em virtude da inquebrável sequência do contínuo de tempo, seguirá entretanto sendo sempre "a continuação de uma série precedente".[127] A palavra "revolução" supostamente deveria dissolver este embaraço quando, durante as últimas décadas do século XVIII, mudou de significado, deixando seu antigo sentido astronômico e assumindo o sentido de um acontecimento sem precedentes. Na França, isso chegou a levar a uma "revolução", de curta duração, no calendário: em outubro de 1793, decidiu-se que a proclamação da República era um novo começo para a história humana; e como isso ocorrera em setembro de 1792, o novo calendário declarava que setembro de 1793 era a inauguração do Ano II. Essa tentativa de localizar um novo começo absoluto no tempo fracassou, e provavelmente não só por causa do forte aspecto anticristão do novo calendário (todos os feriados cristãos, inclusive o domingo, foram abolidos, e uma divisão fictícia do mês de trinta dias em unidades de dez dias foi instituída; o décimo dia de cada dezena substituiria o domingo como dia de descanso). O uso extinguiu-se em cerca de 1805, uma data que mal é lembrada, mesmo por historiadores profissionais.

No caso da Revolução norte-americana, a antiga e lendária noção de um hiato temporal entre a velha ordem e a nova era parecia muito mais apropriada do que uma "revolução" no calendário para superar o abismo entre um contínuo de tempo de sucessão ordenada e o começo espontâneo de algo novo. De fato, seria tentador usar o surgimento dos Estados Unidos da América como exemplo histórico da verdade das velhas lendas, como uma verificação do dito de Locke — "no princípio todo o mundo era América". O período colonial seria interpretado como o período de transição entre a servidão e a liberdade — o hiato entre a partida da Inglaterra e do Velho Mundo e o estabelecimento da liberdade no Novo.

O paralelo com as lendas é assombrosamente próximo: em ambos os casos, o ato de fundação deu-se por meio de feitos e sofrimentos de exilados. Isso aplica-se até mesmo à história bíblica, tal como é narrada no Êxodo; Canaã, a terra prometida, não é de forma alguma a morada original dos judeus, mas terra da "estada" anterior dos judeus (Êxodo 6:4). Virgílio insiste com mais veemência ainda no tema do exílio: Eneias e seus companheiros foram "levados [...] a procurar longínquos exílios e terras desertas", chorando ao deixar "o porto e os campos [...] onde foi Troia", exilados que não sabiam "para onde nos conduziam os nossos destinos e onde nos seria permitido o descanso".[128]

Os fundadores da República norte-americana estavam bem familiarizados com a Antiguidade romana e também com a bíblica, e podem ter retirado das velhas lendas a distinção decisiva entre a simples liberação e a verdadeira liberdade; nunca utilizam, porém, o hiato como base possível para explicar o que estavam fazendo. Há uma razão simples e factual para isso: embora a terra fosse ser no final, para muitos, um lugar de "descanso" e um asilo para os exilados, eles próprios não

CONCLUSÕES

haviam chegado lá como exilados, mas sim como colonizadores. Até o final, quando o conflito com a Inglaterra mostrou-se inevitável, não era problema para eles reconhecer a autoridade da metrópole. Orgulharam-se de ser indivíduos ingleses até que o momento de sua rebelião contra um governo injusto — "taxação sem representação" — os levou a uma "revolução" verdadeira, uma mudança na própria forma de governo e à constituição de uma República como único governo, o que agora era sentido por eles como a forma adequada para governar a terra dos homens livres.

Foi nesse momento que aqueles que tinham começado como homens de ação, sendo depois transformados em homens de revolução, modificaram o grande verso de Virgílio (*"Magnus ab integro saeclorum nascitur ordo"*: "a grande ordem das eras é [re]nascida assim como era no princípio")[129] para a *Novus ordo seclorum* ("a "nova ordem"), que ainda hoje vemos nas notas do dinheiro americano. Para os Patronos Fundadores, a variação implicava a admissão de que o grande esforço para reformar e recompor a integridade inicial do corpo político (fundar "Roma de novo") tinha levado à tarefa completamente inesperada e muito diferente de constituir uma coisa totalmente nova — fundar uma "nova Roma".

Quando os homens de ação, homens que queriam mudar o mundo, conscientizaram-se de que tal mudança poderia realmente postular uma nova ordem das eras, o início de algo sem precedentes, começaram a vasculhar a história à procura de ajuda. Começaram a repensar coisas-pensamento tais como o Pentateuco e a Eneida, lendas fundadoras que pudessem dizer-lhes como resolver o problema do começo — um problema, porque a própria natureza do começo é trazer em si um elemento de completa arbitrariedade. Foi só então que eles se depararam com o abismo da liberdade, sabendo que tudo o que se fizesse agora poderia também deixar de ser feito, e tendo também a crença clara e precisa de que uma vez que uma coisa é feita não pode ser desfeita, de que a memória humana, contando a história, sobrevive ao arrependimento e à destruição.

Isso aplica-se apenas ao campo das ações, ao "muitos-em-um dos seres humanos",[130] isto é, às comunidades em que o "Nós" é devidamente estabelecido para sua jornada através do tempo histórico. As lendas fundadoras, com seu hiato entre a liberação e a constituição da liberdade, indicam o problema sem resolvê-lo. Apontam para o *abismo* do nada que se abre antes de qualquer ação que não pode ser explicada por uma cadeia segura de causa e efeito e que tampouco se explica pelas categorias aristotélicas de potência e ato. No contínuo de tempo normal, todo efeito transforma-se imediatamente em uma causa de futuras ocorrências; mas quando a cadeia causal é quebrada — o que ocorre depois que se alcança a liberação, já que a liberação, ainda que seja a *conditio sine qua non* da liberdade, jamais é a *conditio per quam* que causa a liberdade — não resta nada em que o "iniciante" possa se agarrar. O pensamento de um começo absoluto — *creatio ex nihilo* — elimina a sequência de temporalidade tanto quanto o pensamento de um fim absoluto, que agora se designa corretamente como "pensar o impensável".

Conhecemos a solução hebraica para essa perplexidade. Admite-se um Deus-Criador que cria o tempo juntamente com o Universo e que, como legislador, mantém-se fora de Sua criação e fora do tempo, como o Um "que é quem ele é" (a tradução literal de "Jeová" é "Eu sou quem eu sou"), "da eternidade para a eternidade". Esse conceito de eternidade, forjado por uma criatura temporal, é o absoluto de temporalidade. É aquilo que resta do tempo quando ele é "absolvido" — liberado de sua relatividade —, o tempo tal como apareceria para um observador externo não sujeito a suas leis, e, por definição, sem relacionar-se a nada em virtude de sua Unicidade. À medida que o

CONCLUSÕES

Universo, e tudo nele, pode ser remetido à região dessa Unicidade absoluta, a Unicidade funda-se em algo que pode estar além do raciocínio dos homens temporais mas que ainda assim possui um tipo de racionalidade própria: pode *explicar*, dar uma explicação lógica daquilo que é existencialmente inexplicável. E a necessidade de uma explicação nunca é mais forte do que na presença de um evento novo desconectado que interrompe o contínuo, a sequência do tempo cronológico.

Essa parece ser a razão pela qual os homens que eram "esclarecidos" demais para acreditar no Deus-Criador hebraico-cristão se voltaram com rara unanimidade para uma linguagem pseudorreligiosa quando tiveram de lidar com o problema da fundação como o começo de uma "nova ordem das eras". Temos o "apelo a Deus no Céu", que Locke considerava necessário a todos aqueles que se engajaram na novidade de uma comunidade que emergia do "estado de natureza"; temos "as leis da natureza e o Deus da natureza" de Jefferson; o "grande legislador do universo" de John Adams; e "o legislador imortal" de Robespierre, seu culto a um "Ser Supremo".

As explicações desses homens funcionam claramente por analogia: assim como Deus "no princípio criou o Céu e a Terra", permanecendo fora de sua criação e anterior a ela, também o legislador humano — criado à imagem de Deus e, portanto, capaz de imitá-Lo —, quando lança as *fundações* de uma comunidade humana, cria as condições para toda vida política e desenvolvimento histórico futuros.

Sem dúvida nem os gregos nem os romanos tinham qualquer ideia de um Deus Criador cuja Unicidade sem relações pudesse servir como emblema paradigmático para um começo absoluto. Mas os romanos, que datavam sua história a partir da fundação de Roma, em 753, parecem pelo menos ter sabido que a própria natureza deste assunto requeria um princípio transmundano. Se não fosse assim, Cícero não poderia ter sustentado que a "excelência humana nunca se aproxima tanto dos caminhos dos deuses quanto na fundação de novas comunidades e na preservação de comunidades já fundadas".[131] Para Cícero, assim como para os gregos, de quem ele derivou sua filosofia, os fundadores não eram deuses, mas homens divinos, e a grandeza de seus feitos deveria estabelecer uma lei que se tornasse a fonte de autoridade, um padrão imutável em relação ao qual todas as leis e decretos positivos aprovados pelos homens poderiam ser avaliados e do qual obtinham sua legitimidade.

Tomar como modelo as crenças religiosas em plena Idade do Iluminismo poderia ter bastado caso só estivesse em jogo a autoridade de uma nova lei; e de fato é impressionante que encontremos referências explícitas a um "estado futuro de recompensas e punições" inseridas em todas as constituições estaduais norte-americanas, apesar de não encontrarmos nenhuma alusão a uma vida eterna na Declaração de Independência ou na Constituição dos Estados Unidos. Os motivos para tais tentativas desesperadas de se agarrar a uma fé que em realidade não poderia sobreviver à emancipação contemporânea do domínio secular em relação à Igreja eram completamente pragmáticos e altamente práticos. Em seu discurso sobre o Ser Supremo e a imortalidade da alma, na Convenção Nacional de 7 de maio de 1794, Robespierre pergunta: "*Quel avantage trouves-tu à persuader l'homme qu'une force aveugle préside à ses destins, et frappe au hasard le crime et la vertu?*" ("Que vantagem vês em persuadir os homens a acreditar que uma força cega preside seus destinos, lançando ao acaso o crime e a virtude?"), e nos *Discourses on Davila* John Adams fala do mesmo modo curiosamente retórico sobre "o mais lamentável de todos os credos, aquele de que os homens não passam de pirilampos, e que a *tudo* isto falta um pai [...] [o que] tornaria o próprio assassinato tão indiferente quanto atirar em uma tarântula, e o extermínio da nação Rohilla tão inocente quanto engolir ácaros junto com um pedaço de queijo".[132]

CONCLUSÕES

Em resumo, o que temos aqui é um esforço efêmero da parte do governo secular para manter não a fé hebraico-cristã, mas sim instrumentos políticos de governo, que tinham sido tão eficientes na proteção das comunidades medievais contra a criminalidade. Retrospectivamente, isso quase pode parecer um expediente engenhoso dos poucos que eram instruídos para persuadir a maioria a não seguir a trilha escorregadia em direção ao Iluminismo. De qualquer forma, a tentativa fracassou totalmente (no início do nosso século, poucos eram os que ainda acreditavam em "um futuro estado de recompensas e punições"), e estava provavelmente fadada a fracassar. Entretanto a perda da crença e, com ela, de uma boa parte do antigo medo aterrador da morte certamente contribuiu para a maciça invasão da criminalidade na vida política de comunidades altamente civilizadas que nosso século testemunhou. Há uma estranha e inerente impotência nos sistemas legais de comunidades inteiramente secularizadas; sua pena máxima, a pena de morte, somente data e acelera um destino a que todos os mortais estão sujeitos.

Seja como for, sempre que homens de ação impulsionados pelo próprio *momentum* do processo de liberação começaram seriamente a se preparar para um começo inteiramente novo, a *novus ordum seclorum*, em vez de se voltarem para a Bíblia ("No princípio, Deus criou o Céu e a Terra") eles vasculharam os arquivos da Antiguidade romana em busca da "prudência antiga" para guiá-los no estabelecimento de uma República, isto é, de um governo "de leis e não de homens" (Harrington). Eles não só precisavam familiarizar-se com uma nova forma de governo, como também com uma lição sobre a arte de fundação, sobre como superar as perplexidades inerentes a todo começo. Estavam bem conscientes, é claro, da espontaneidade desconcertante de um ato livre. Como sabiam, um ato somente pode ser chamado de livre se não for afetado ou causado por alguma coisa que o precede,

HANNAH ARENDT

exigindo, ainda assim, à medida que se transforma imediatamente em uma causa do que quer que venha a se seguir, uma justificativa que, se vier a ter êxito, terá que apresentar o ato como a continuação de uma série precedente, isto é, virá a negar a própria experiência de liberdade e novidade.

E o que a Antiguidade romana tinha a ensinar a esse respeito era bastante tranquilizante e consolador. Não sabemos por que os romanos, no século III a.C., ou talvez ainda mais cedo, decidiram traçar sua ascendência não a partir de Rômulo, mas sim de Eneias, o homem de Troia que trouxera "Ilio junto com os Penates vencidos para a Itália" e que, portanto, tornou-se "a origem da raça romana". Mas é óbvio que esse fato era de grande importância não só para Virgílio e seus contemporâneos do tempo de Augusto como também para todos aqueles que, começando com Maquiavel, tinham se dirigido à Antiguidade romana para aprender como conduzir os assuntos humanos sem a ajuda de um Deus transcendente. O que os homens de ação estavam aprendendo nos arquivos da Antiguidade romana era o significado original de um fenômeno com o qual curiosamente a civilização ocidental tivera contato desde o fim do Império Romano e o consequente triunfo definitivo do cristianismo.

Longe de ser novo, o fenômeno do renascer ou da renascença, que se deu dos séculos XV e XVI em diante, tinha dominado o desenvolvimento cultural da Europa e fora precedido por toda uma série de renascenças menores que deram fim aos poucos séculos daquilo que realmente foi "a Idade das Trevas", entre o saque de Roma e a Renascença carolíngia. Cada um destes renasceres, consistindo em uma Restauração do Saber e centrando-se na Antiguidade romana e, em menor grau, na grega, só alterara e revitalizara os meios muito restritos da elite instruída, dentro e fora dos monastérios. Foi só na Era do Iluminismo — isto é, em um mundo agora completamente seculariza-

CONCLUSÕES

do — que a restauração da Antiguidade deixou de ser uma questão de erudição, passando a responder a propósitos práticos altamente políticos. Nesta empreitada, o único predecessor fora uma figura solitária — Maquiavel.

O problema que os homens de ação estavam sendo convidados a resolver era o da perplexidade inerente à tarefa da *fundação*; e uma vez que para eles o exemplo paradigmático de uma fundação bem-sucedida tinha que ser Roma, era da maior importância descobrir que mesmo a fundação de Roma, como os próprios romanos a tinham compreendido, não era um começo absolutamente novo. Segundo Virgílio, era o ressurgimento de Troia e o restabelecimento de uma cidade-Estado que precedera Roma. Portanto, a linha de continuidade e tradição exigida pelo próprio contínuo de tempo e pela faculdade da memória (este temor inato de que as coisas caiam no esquecimento que parece pertencer à criatura temporal tanto quanto a habilidade de fazer projetos para o futuro) nunca tinha sido quebrada. Vista sob esse ângulo, a fundação de Roma foi o renascer de Troia, a primeira, por assim dizer, de uma série de renascenças que fizeram a história da cultura e civilização europeia.

Basta que recapitulemos o poema político mais famoso de Virgílio, a Quarta Écloga, para compreendermos como foi vital para a visão romana de seu Estado interpretar a constituição e fundação em termos do restabelecimento de um começo, o qual, como um começo absoluto, permanece eternamente envolto em mistério. Pois se no reino de Augusto "o grande ciclo de períodos nasce de novo" (como todas as traduções-padrão para as línguas modernas apresentam o grande verso de Virgílio "*Magnus ab integro saeclorum nascitur ordo*"), é justamente porque esta "ordem das eras" não é *nova*, mas é somente um retorno a algo anterior. Para Augusto, que na *Eneida* tem a tarefa de começar este renascer, há inclusive a promessa de que "de novo há de trazer ao Lácio séculos de ouro, por entre os campos outrora governados por Saturno", isto é, a terra itálica, antes da chegada dos troianos.[133]

Seja como for, a ordem invocada na Quarta Écloga tem sua grandeza ao voltar a um começo anterior, sendo por ele inspirada: "Retorna agora a donzela, retorna o reino de Saturno." E ainda assim o caminho de *volta*, visto do ângulo daqueles que vivem agora, é um verdadeiro começo: "Agora do alto dos céus uma nova geração é enviada."[134] Esse poema é, sem dúvida, um hino ao nascimento, uma canção em louvor ao nascimento de uma criança e da chegada de uma *nova progenies*, uma nova geração. Foi por muito tempo confundido com uma profecia de salvação através de um *theos sótér*, um Deus salvador, ou, ao menos, com uma expressão de um anseio religioso pré-cristão. Porém, longe de predizer a chegada de uma criança divina, o poema é uma afirmação do caráter divino do nascimento como tal; se queremos extrair dele um significado geral, este poderia ser a crença do poeta de que a salvação potencial do mundo encontra-se justamente no fato de que a espécie humana regenera-se sempre e constantemente. Mas esse significado não é explícito: tudo o que o próprio poeta diz é que toda criança nascida na continuidade da história romana tem que aprender *"heroum laudes et facta parentis"*, "as glórias dos heróis e os feitos dos progenitores", de forma que seja capaz de fazer o que todos os meninos romanos deveriam supostamente fazer — ajudar "a governar o mundo para o qual as virtudes de seus pais tinham trazido a paz".[135]

Em nosso contexto, o que importa é que a noção de fundação, de contar o tempo *ab urbe condita*, está exatamente no centro da historiografia romana, juntamente com a não menos profunda noção romana de que todas essas fundações — tendo lugar exclusivamente no campo dos assuntos humanos, em que os homens representam uma história para relembrar e preservar — são restabelecimentos e reconstituições, e não começos absolutos.

CONCLUSÕES

Isso fica ainda mais evidente quando interpretamos a *Eneida* de Virgílio — a história da fundação da cidade de Roma — lado a lado com as *Geórgicas*, os quatro poemas em louvor da agricultura, do "zelo pelos campos e rebanhos e árvores" e da "terra calma" entregue aos cuidados do "trabalho cíclico do lavrador, [que] renova-se enquanto o ano volta a rolar sobre si seguindo o caminho costumeiro": "ela permanece impassível e sobrevive a muitos filhos dos filhos, vê passar por si muitas gerações de homens". Esta é a Itália antes de Roma, a "terra de Saturno, terra de varões"; aquele que nela vive, "que conhece os deuses da terra, Pan, o velho Silvano e as irmãs Ninfas" e permanece fiel ao amor das "águas e dos bosques", "perde-se da fama". "A ele, os fasces gloriosos do povo e a púrpura dos reis não atingem [...], nem o Estado Romano ou os reinos destinados ao declínio; nem pode a misericórdia dos pobres, ou a inveja dos ricos, causar-lhe tormento. Que frutos os [...] campos graciosos geram por sua livre e espontânea vontade! Estes ele colhe, e nada sabe do ferro da justiça ou do Foro louco, ou do passado do povo." Esta vida em "sagrada pureza" era a "vida de ouro que Saturno levara na terra" e o único problema era que neste mundo de maravilhas e abundância de plantas e animais não há "*lenda* das várias raças, ou nomes que as designem, e nem era o caso de registrar esta lenda [...]. Que vá ele saber quantos grãos de areia há no redemoinho do Euro sobre a planície da Líbia, ou contar quantas ondas quebram na costa dos mares da Jônia".

Aqueles que cantam a origem deste mundo pré-troiano e pré-romano — cujos anos circulares não produzem lendas que mereçam ser contadas, mas que ao mesmo tempo produzem as maiores maravilhas da natureza que não cessam de deleitar os homens, aqueles que em Virgílio louvam o "reino de Saturno" e os mitos da criação (na Sexta Écloga ou no Livro I da *Eneida*) — cantam uma terra de contos de fadas e são eles mesmos figuras marginais. O bardo de Dido, de "longos

563

cabelos", e Celênio, com as veias mais inchadas que nunca do vinho da véspera, entretêm uma plateia jovem e vivaz "com as velhas histórias das andanças da Lua e das agonias do Sol, de onde vêm a raça humana e os brutos, de onde vêm a água e o fogo", de "como em pleno e amplo vazio foram colhidas as sementes da terra e do ar e do mar e, além disso, a do fogo, e de como, a partir destes, todos os começos das coisas e do jovem mundo esférico cresciam juntos".

Ainda assim — e isto é decisivo — essa terra utópica de faz de conta que fica de fora da história é eterna e sobrevive na indestrutibilidade da natureza; os lavradores ou pastores que cuidam dos campos e dos rebanhos são ainda testemunhos, em plena história romano-troiana, de um passado itálico em que os nativos eram o "povo de Saturno, e não havia lei que os acorrentasse à justiça, virtuosos em sua própria vontade livre e no costume do deus dos velhos".[136] Assim, nenhuma ambição romana era encarregada de "governar as nações e ordenar a lei da paz" ("*regere imperio populos* [...] *pacisque imponere morem*") e nenhuma moralidade romana era mais necessária para "poupar os conquistados e derrotar os soberbos" ("*parcere suiectis et debellare superbos*").

Detive-me nos poemas de Virgílio com algum vagar por diferentes razões. Resumindo: os homens, quando se livraram da tutela da Igreja, voltaram-se para a Antiguidade, e seus primeiros passos em um mundo secularizado foram guiados pela revitalização de um saber antigo. Confrontados com o enigma da fundação — como reiniciar o tempo dentro de um contínuo de tempo inexorável —, eles naturalmente voltaram-se para a história da fundação de Roma e aprenderam com Virgílio que esse ponto de partida da história ocidental já tinha sido um reviver, o ressurgimento de Troia. Aquilo só lhes poderia dizer que a esperança de fundar uma nova Roma era uma ilusão: o máximo que eles poderiam esperar seria repetir a

CONCLUSÕES

fundação primitiva e fundar "Roma de novo". O que quer que fosse anterior a essa primeira fundação, ela própria o ressurgimento de algum passado definido, estava situado fora da história; era a natureza, cuja eternidade cíclica poderia fornecer um refúgio contra a marcha para adiante do tempo, a direção vertical e retilínea da história — um lugar de ócio, *otium* — para quando os homens cansassem dos negócios (não-ócios) da cidadania (*nec-otium,* por definição), mas cuja origem não tinha qualquer interesse, porque se encontrava além do alcance da ação.

Com certeza há algo de enigmático no fato de que os homens de ação, cuja única intenção e propósito era modificar toda a estrutura do mundo futuro e criar uma *novus ordo seclorum,* tenham se dirigido àquele passado distante da Antiguidade, pois eles não "[reverteram] deliberadamente o eixo do tempo e [mandaram] os jovens 'caminhar de volta ao puro resplendor do passado' (Petrarca),[137] porque o passado clássico *é* o verdadeiro futuro". Buscavam um paradigma para uma nova forma de governo em sua própria era "esclarecida" e dificilmente se davam conta do fato de que estavam olhando para trás. Ainda mais enigmático, a meu ver, do que terem vasculhado os arquivos da Antiguidade é não se terem rebelado contra a Antiguidade quando descobriram que a resposta final e certamente mais profunda dos romanos — a "prudência antiga" — era que a salvação sempre vem do passado, que os ancestrais eram *maiores,* "superiores" por definição.

É espantoso, além disso, que a noção do futuro — justamente um futuro prenhe da salvação final —, que traz de volta uma espécie de Idade do Ouro inicial, tenha se tornado popular em um tempo em que o Progresso tornara-se o conceito dominante na explicação do movimento da história. E o mais impressionante exemplo da persistência daquele sonho muito antigo é, obviamente, a fantasia marxista de um "reino de liberdade" sem classes e sem guerras, tal como foi prefigurado no "comunismo original", um reino que tem mais do que uma semelhança superficial com o reino original de Saturno sobre a Itália, quando nenhuma lei "acorrentava os [homens] à justiça". Em sua forma original antiga, como o início da história, a Idade do Ouro é um pensamento melancólico. É como se, há milhares de anos, nossos ancestrais houvessem tido um pressentimento da descoberta eventual do princípio da entropia, que surgiria em um século XIX embriagado de progresso — uma descoberta que, se não tivesse sido questionada, teria destituído a ação de qualquer significado.[138] O que fez na verdade o princípio da entropia desaparecer para os homens que realizaram as revoluções dos séculos XIX e XX foi não tanto a refutação "científica" de Engels, mas o retorno de Marx — e obviamente também o de Nietzsche — ao conceito cíclico de tempo, em que a inocência pré-histórica do começo finalmente reapareceria, tão triunfante quanto a segunda vinda de Jesus à Terra.

Mas isso não nos interessa aqui. Quando dirigimos nossa atenção para os homens de ação esperando encontrar neles uma noção de liberdade purgada das perplexidades causadas nos espíritos humanos pela reflexividade das atividades do espírito — a inevitável repercussão do ego volitivo sobre si mesmo —, esperávamos mais do que finalmente alcançamos. O abismo de pura espontaneidade, que nas lendas fundadoras é superado pelo hiato entre liberação e constituição da liberdade, foi coberto com o mecanismo típico da tradição ocidental (a única tradição em que a liberdade sempre foi a *raison d'être* de toda política), através do qual compreendemos o *novo* como uma reafirmação melhorada do velho. A liberdade só sobreviveu em sua integridade original na teoria política — isto é, na teoria concebida com a finalidade da ação política — apenas nas promessas utópicas e infundadas de um "reino de liberdade" final que, na sua versão marxista, em todo caso, significaria de fato "o fim de todas as coisas", uma paz eterna na qual todas as atividades especificamente humanas desapareceriam.

CONCLUSÕES

Sem dúvida, chegar a uma conclusão como esta é frustrante, mas só conheço para ela uma única alternativa possível em toda a história do pensamento político. Se, como Hegel acreditava, a tarefa do filósofo é apreender a mais elusiva de todas as manifestações, o espírito de uma era, na rede dos conceitos da razão, então Agostinho, o filósofo cristão do século V d.C., foi o único filósofo que Roma jamais teve. Ele era romano mais por educação do que por nascimento, e foi sua educação que o levou aos textos clássicos da Roma republicana do século I a.C., que, mesmo então, viviam somente sob a forma da erudição. Em sua grande obra, *A cidade de Deus*, ele menciona mas não explica algo que poderia ter-se tornado o alicerce ontológico para uma filosofia da política verdadeiramente romana ou virgiliana. Segundo ele, como sabemos, Deus criou o homem como uma criatura temporal, *hommo temporalis*; o tempo e o homem foram criados juntos, e essa temporalidade foi afirmada pelo fato de que cada homem devia sua vida não somente à multiplicação das espécies, mas ao nascimento, à entrada de uma criatura nova que, *como* algo inteiramente novo, aparece em meio ao contínuo de tempo do mundo. O propósito da criação do homem era tornar possível um *começo*: "Para que houvesse um começo o homem foi criado, sem que antes dele ninguém o fosse" — "*Initium [...] ergo ut esset, creatus est homo, ante quem nullus fuit.*"[139] A própria capacidade de começar tem raiz na *natalidade*, e de forma alguma na criatividade, não em um dom, mas no fato de que os seres humanos, novos homens, continuamente aparecem no mundo em virtude do nascimento.

Estou bem consciente de que o argumento, mesmo na versão agostiniana, é um tanto opaco, e não nos parece dizer nada além de que estamos *condenados* a ser livres porque nascemos, não importando se apreciamos a liberdade ou abominamos sua arbitrariedade, se ela nos "apraz" ou se preferimos escapar à sua terrível responsabilidade, elegendo alguma forma de fatalismo. Esse impasse, se é que é um impasse, só pode ser desfeito ou resolvido pelo apelo a uma outra faculdade do espírito, não menos misteriosa do que a faculdade de começar: a faculdade do Juízo, cuja análise poderia no mínimo nos dizer o que está em jogo em nossos prazeres e desprazeres.

Notas

CAPÍTULO 1: OS FILÓSOFOS E O QUERER

1. Ver *Sophist*, 253-254 e *Republic*, 517.
2. Hermman Diels e Walther Kranz, *Die Fragmente der Vorsokratiker*, Berlim, 1960, vol. I, frag. B4.
3. *Confessions*, Livro XI, cap. 13.
4. *La Pensée et le Mouvant* (1934), Paris, 1950, p. 170.
5. *Ibidem*, p. 26.
6. 1174b6 e 1177a20. Ver também as objeções de Aristóteles ao conceito de prazer em Platão, 1173a13-1173b7.
7. *Op. cit.*, p. 5.
8. Para o que se segue, ver *Metaphysics*, Livro VII, cap. 7-10.
9. *De Anima*, 433a30.
10. Bruno Snell, *The Discovery of the Mind*, Nova York, Evanston, 1960, pp. 182-183.
11. *The Spirit of Medieval Philosophy*, Nova York, 1940, p. 307.
12. "Tem sido uma questão de debate entre os velhos filósofos, muito antes da encarnação de nosso Salvador, se tudo o que ocorre vem da *necessidade*, ou se algumas coisas vêm do *acaso* [...]. Mas o terceiro modo de fazer as coisas acontecer [...], isto é, *a vontade livre*, é algo que nunca foi mencionado por eles nem pelos cristãos no início do

Cristianismo [...]. Mas há algum tempo os doutores da Igreja Romana extraíram deste domínio da vontade de Deus a vontade do homem; e trouxeram a doutrina em que [...] a vontade [do homem] é livre e determinada pelo próprio poder da vontade." "The Question Concerning *Liberty*, *Necessity and Chance*", *English Work*, Londres, 1841, vol. V, p. 1.

13. Ver *Nicomachean Ethics*, Livro V, cap. 8.

14. *Ibidem*, Livro III, 1110 a 17.

15. Gilbert Ryle, *The Concept of Mind*, Nova York, 1949, p. 65.

16. Henry Herbert Williams, artigo sobre a Vontade in *Encyclopaedia Britannica*, 11ª edição.

17. *De Generatione*, Livro I, cap. 3, 317b16-18.

18. *Ibidem*, 318a25-27 e 319a23-29; *The Basic Works of Aristotle*, Richard McKeon, Nova York, 1941, p. 483.

19. *Meteorologica*, 339b27.

20. Livro I 1100a33-1100b18.

21. *De Caelo*, 283b26-31.

22. *The Will to Power*, Walter Kaufmann ed., Vintage Books, Nova York, 1968, nº 617.

23. *De Civitate Dei*, Livro XII, cap. 20.

24. *Ibidem*, cap. 13.

25. Nosso atual calendário, que toma o nascimento de Cristo como o ponto decisivo a partir do qual contamos o tempo para a frente e para trás, foi introduzido no final do século XVIII. Os manuais alegam que a reforma era necessária por razões acadêmicas, para facilitar a datação dos eventos da Antiguidade sem precisar fazer referência ao emaranhado de diferentes contagens de tempo. Hegel, ao que eu saiba o único filósofo a ponderar sobre a mudança abrupta e notável, viu nela um claro sinal de cronologia verdadeiramente cristã, uma vez que o nascimento de Cristo tornava-se então o

NOTAS

ponto decisivo da história do mundo. Parece mais significativo que, no novo esquema, possamos contar o tempo para a frente e para trás, de modo que o passado estenda-se para um infinito passado e que o futuro, do mesmo modo, estenda-se para um futuro infinito. A dupla infinitude elimina todas as noções de começo e de tempo, estabelecendo a humanidade, por assim dizer, em uma realidade potencialmente sempiterna na Terra. Nem é preciso acrescentar que nada poderia ser mais estranho ao pensamento cristão do que uma imortalidade terrena da humanidade e de seu mundo.

26. Ver o artigo sobre a Vontade na *Encyclopedia Britannica*, mencionado anteriormente na nota 16.

27. Ver Dieter Nestle, *Eleutheria. Teil I: Studien zum Wesen der Freiheit bei den Griechen und im Neuen Testament*. Tübingen, 1967, pp. 6 e ss. Parece digno de nota que a etimologia moderna se incline a derivar a palavra *eleutheria* de uma raiz indo-germânica significando *Volk* ou *Stamm*, que tem como resultado apresentar aqueles que pertencem à mesma unidade étnica como sendo reconhecidos "livres" por seus companheiros de etnia. Este exemplo de erudição não soa desconfortavelmente próximo das noções de cultura alemã dos anos 1930, que vinham à tona, na época, pela primeira vez?

28. *Critique of Pure Reason*, B476. Para esta e outras citações, ver a tradução de Norman Kemp Smith, *Immanuel Kant's Critique of Pure Reason*. Nova York, 1963, em que a autora frequentemente se baseou.

29. *Uber die ästhetische Erziehung des Menschen in einer Reihe von Briefen*, 1795, 19ª carta.

30. *The World as Will and Idea* (1818), traduzido por R. B. Haldane e J. Kemp. vol. I, pp. 39 e 129. Citado aqui da introdução de Konstantin Kolenda ao *Essay on the freedom of the Will*, de Arthur Schopenhauer, Library of Liberal Arts. Indianápolis, Nova York, 1960, p. viii.

31. *Of Human Freedom* (1809), traduzido por James Gutmann, Chicago, 1936, p. 24.

32. *Beyond Good and Evil* (1885), traduzido por Marianne Cowan, Chicago, 1955, seção 18.

33. *Also Sprach Zarathustra*, in Ecce Homo (1889), n° 1.

34. *Ibidem,* n° 3.

35. Ver Karl Jaspers, *Nietzsche: An Introduction to the Understanding of Philosophical Activity* (1935), traduzido por Charles F. Wallraff e Frederick J. Schmitz, Tueson, 1965; e Martin Heidegger. *Nietzsche,* dois vols., Pfullingen, 1961.

36. *Philosophy* (1932), traduzido por E. B. Ashton. Chicago. 1970, vol. 2, p. 167.

37. *"Das primäre Phänomen der ursprünglichen und eigentlichen Zeitlichkeit ist die Zukunft."* In *Sein und Zeit*, 1926, Tubingen, 1949, p. 329; *Gelassenheit*, Pfullingen, 1959, tradução inglesa: *Discourse on Thinking*, traduzido por John M. Anderson e E. Hans Freund, Nova York, 1966.

38. Nota da editora: fomos incapazes de encontrar esta referência.

39. *English Works*, vol. V, p. 55.

40. Carta a G. H. Schaller, datada de outubro de 1674. Ver Espinosa, *The Chief Works*, editado por R. H. M. Elwes, Nova York, 1951, vol. II, p. 390.

41. *Ethics,* pt. III, prop. II, nota, *in ibidem*, vol. II, p. 134; Carta a Schaller, *in ibidem*, p. 392.

42. *Leviathan*, editado por Michael Oakeshott, Oxford, 1948, cap. 21.

43. *Essay on the Freedom of the Will*, p. 43.

44. *An Examination of Sir William Hamilton's Philosophy* (1867), cap. XXVI, citado de *Free Will*, editado por Sidney Morgenbesser e James Walsh, Englewood, Cliffs, 1962, p. 59.

45. Ver Martin Kähler. *Das Gewissen* (1878), Darmstadt, 1967, pp. 46 e ss.

46. Ver *Laws*, Livro IX, 865e.

NOTAS

47. *Op. cit.*, pp. 63-64.

48. *Notebooks* 1914-1916, ed. bilíngue, traduzido por G. E. M. Anscombe, Nova York, 1961, item com a data de 5 de agosto, 1916, p. 80c; também pp. 86e-88e.

49. Agostinho, *On Free Choice of the Will* (*De Libero Arbitrio*), Livro III, seção 3.

50. Em resposta à Objeção XII à Primeira Meditação: "Que a liberdade da vontade foi pressuposta sem prova." Ver *The Philosophical Works of Descartes,* trad. Elizabeth Haldane e G. T. Ross, Cambridge, 1970, vol. II, pp. 74-75.

51. Meditação IV, *in ibidem*, 1972, vol. I, pp. 174-175. Tradução da autora.

52. *Principles of Philosophy, in ibidem*, pt. 1, prin. XL, p. 235.

53. *Ibidem*, prin. XLI, p. 235.

54. *Critique of Pure Reason*, B751.

55. *Op. cit.*, pp. 98-99.

56. *Critique of Pure Reason*, B478.

57. Ver Hans Jonas, "Jewish and Christian Elements in Philosophy", *in Philosophical essays: From Ancient Creed to Technological Man*, Englewood Cliffs, 1974.

58. Henri Bergson, *op. cit.*, p. 13.

59. *Ibidem*, p. 15.

60. Assim escreveu Wilhelm Windelband em seu famoso *History of Philosophy* (1982), Nova York, 1960, p. 314. Ele também chama Duns Scotus de "o maior dos escolásticos" (p. 425).

61. John Duns Scotus, *Philosophical Writings: A Selection*. Trad. Allan Wolter, Library of Liberal Arts, Indianápolis, Nova York, 1962, pp. 84 e 10.

62. Hans Jonas, *op. cit.*, p. 29.

63. *Op. cit.*, p. 10.

64. *Ibidem*, p. 33.

65. *Time and Free Will: An essay on the immediate data of consciousness* (1889), trad. F. L. Pogson, Harper Torchbooks, Nova York, 1960, p. 142.

66. *Ibidem*, pp. 240 e 167.

67. *Principles of Philosophy*, prin. XLI, *in The Philosophical Works of Descartes*, *op. cit.*, p. 235.

68. Resposta a Objeções à Meditação V, *op. cit.*, p. 225.

69. Duns Scotus, *op. cit.*, p. 171.

70. Ver sua investigação exaustiva sobre o argumento fatalista, "'It was to be'", *in Dilemmas*, Cambridge, 1969, pp. 15-35.

71. *Ibidem*, p. 28.

72. *De Fato*, xiii, 30-14, 31.

73. *Ibidem*, V, 35.

74. Como Chrysippus já apontou. Ver *ibidem*, xx, 48.

75. *Confessio Philosophi*, ed. bilíngue, ed. Otto Saame, Frankfurt, 1967, p. 66.

76. *Jenenger Logik, Metaphysik und Naturphilosophie*, Lasson ed., Leipzig, 1923, p. 204, *in "Naturphilosophie I A: Begriff der Bewegung"*.

77. Ver Friedrich Nietzsche, *Thus Spoke Zarathustra*, pt. II, "On Redemption": "A vontade não pode querer para trás [...]. Que o tempo não anda para trás, é esse o seu ressentimento; 'aquilo que foi' é o nome da pedra que ela não pode mover", *in The Portable Nietzsche*, trad. Walter Kaufmann, Nova York, 1954, p. 251.

78. Ver cap. III, p. 142 e n° 89.

79. *Op. cit.*, p. 110.

80. *Ibidem*, p. 122.

81. *Ibidem*, pp. 42, 44, 76, 92, 98, 100.

82. Citado por Walter Lehmann em sua Introdução para uma Antologia de Escritos Alemães, *Meister Eckhart*, Göttingen, 1919, sentença 15, p. 16.

NOTAS

83. O ensaio está agora disponível em *Etudes d'Histoire de la Pensée Philosophique*, Paris, 1961.

84. Agora disponível em inglês: *Introduction to the Readings of Hegel*, ed. Allan Bloom, Nova York, 1969, p. 134.

85. *Op. cit.*, p. 177.

86. *Philosophy of Right*, Preface; *Encyclopedia*, n° 465, 2ª edição.

87. *Op. cit.*, *loc. cit.*

88. *Ibidem*, p. 177 e 185, nota.

89. *Ibidem*, p. 188.

90. *Jenenser Logik*, p. 204.

91. Koyré, *op. cit.*, p. 183, citando Hegel. *Jenenser Realphilosophie*, ed. Johannes Hoffmeister, Leipzig, 1932, vol. II, p. 10 e ss.

92. Koyré, *op. cit.*, p. 177.

93. Platão, *Republic*, 329b-c.

94. Koyré, *op. cit.*, p. 166.

95. *Ibidem*, p. 174.

96. Koyré, "La Terminologie Hégélienne", *in op. cit.*, p. 213.

97. Martin Heidegger, *Sein und Zeit*, n° 65, p. 326.

98. Koyré, *op. cit.*, p. 188, citando *Phänomenologie des Geistes*.

99. Koyré, *op. cit.*, p. 183, citando *Jenenser Realphilosophie*.

100. Koyré, "Hegel à Iéna", *in op. cit.*, p. 188.

101. Koyré, *op. cit.*, p. 185, citando *Jenenser Realphilosophie*.

102. A passagem, em Plotino, é um comentário do *Timeu* de Platão, 37c-38b. Aparece em *Ennead*, III, 7, 11: "On Time and Eternity". Utilizei uma tradução de A. H. Armstrong *in* Loeb Classical Library, Londres, 1967, e a tradução de Emile Bréhier para o francês, na edição bilíngue das *Ennéades*, Paris, 1924-38.

103. Um relato excelente e muito detalhado da literatura sobre Hegel está agora disponível *in* Michael Theunissen, *Die Verwirklichung der Vernunft, Zur TheoriePraxis-Diskussion im Anschluss and He-*

577

gel, Beiheft 6 da *Philosophie Rundschau*, Tübingen. 1970. Os principais trabalhos em nosso contexto são: Franz Rosenzweig, *Hegel und der Staat*, 2 vols. (1920), Aalen, 1962; Joachim Ritter, *Hegel und die französische Revolution*. Frankfurt, 1965; Manfred Riedel, *Theorie und Praxis im Denken Hegels*, Stuttgart, 1965.

104. *The Philosophy of History*, trad. J. Sibree, Nova York, 1956, pp. 446, 447; *Philosophie der Weltgeschichte*, Hälfte II, "Die Germanische Welt", Lasson, Leipzig, 1923, p. 926.

105. Em uma carta a Schelling, de 16 de abril de 1795. *Briefe*, Leipzig, 1887, vol. I, p. 15.

106. Citado de Theunissen, *op. cit.*

107. *The Philosophy of History*, p. 442.

108. *Ibidem*, p. 446.

109. *Ibidem*, pp. 30 e 36.

110. *Ibidem*, p. 442.

111. *Ibidem*, p. 443. Tradução da autora.

112. *Ibidem*, p. 36.

113. *Ibidem*, p. 79. Tradução da autora; cf. *Werke*, Berlim, 1940, vol. IX, p. 98.

114. 114. *Op. cit.*, p. 189.

115. *The Phenomenology of Mind*, trad. J. B. Baillie (1910), Nova York, 1964, p. 803.

116. Koyré, *op. cit.*, p. 164, citando *Encyclopedia*, n° 258.

117. Hegel, *The Phenomenology of Mind*, pp. 801, 807-808. Grifos nossos.

118. *Ibidem*, p. 808.

119. "Überwindung der Metaphysik", *in Vorträge und Aufsätze*, Pfullingen, 1954, vol. I, set. xxii, p. 89.

120. Hegel, *Science of Logic*, trad. W. H. Johnston e L. G. Struthers, Londres, Nova York, 1966, vol. I, p. 118.

NOTAS

121. *Toward a Genealogy of Morals* (1887), nº 28.

122. Heidegger, "Überwindung der Metaphysik", *op. cit.*, set. xxiii, p. 89.

123. *Science of Logic*, vol. I, pp. 95, 97, 85.

CAPÍTULO 2: *QUAESTIO MIHI FACTUS SUM*: A DESCOBERTA DO HOMEM INTERIOR

1. *Concept of Mind*, pp. 62 e ss.

2. Ver o estudo incrivelmente esclarecedor de E. H. Gombrich, *Art and Illusion*, Nova York, 1960.

3. *De Anima*, 433a21-24 e *Nicomachean Ethics*, 1139a35.

4. Para essa citação e para o que se segue, ver *De Anima*, Livro III, cap. 9 e 10.

5. *Meister Eckhart*, Franz Pfeiffer (ed.), Göttingen, 1914, pp. 551-552.

6. Citado de Werner Jaeger, *Aristotle*, Londres, 1962, p. 249. Jaeger nota também que o "terceiro livro *Sobre a Alma*, que citei aqui, parece peculiarmente platônico". (p. 332).

7. *Nicomachean Ethics*, 1168b6.

8. *Ibidem*, 1166b5-25.

9. Ver as últimas linhas de *Antígona*.

10. *Nicomachean Ethics*, 1139b1-4.

11. Citado de Andreas Graeser, *Plotinus and the Stoics*, Leiden, 1972, p. 119.

12. *Nicomachean Ethics*, 1139a31-33, 1139b4-5.

13. 1134a21.

14. *Ibidem*, 1112b12.

15. *Eudemian Ethics*, 1226a10.

16. *Ibidem*, 1223b10.

17. *Ibidem*, 1224a31-1224b15.

18. *Ibidem*, 1226b10.
19. *Ibidem*, 1226b11-12. Cf. *Nicomachean Ethics*, 1112b11-18.
20. Para uma excelente discussão sobre Vontade e Liberdade em Kant, ver Lewis WhiteBeck, *A Commentary on Kant'n Critique of Practical Reason*, Chicago, Londres, 1960, cap. XI.
21. *Op. cit.*, p. 551.
22. Hans Jonas, *Augustin und das paulinische Freiheitsproblem*, 2ª ed., Göttingen, 1965; ver especialmente apêndice. III, publicado como "Philosophical Meditation on the Seventh Chapter of Pauls Epistle to the Romans", *in The Future of our Religious Past*, ed. James M. Robinson, Londres, Nova York, 1971, pp. 333-350.
23. *Metamorphoses*, livro VII, II, 20-21, "Video meliora proboque,/ deteriora sequor".
24. Chagigah II, 1. Citado de Hans Blumenberg, *Paradigmen zu einer Metaphorologie*, Bonn, 1960, p. 26, nº 38.
25. Livro XI, cap. xii e xxx.
26. Ver *Discourses*, Livro II, cap. xix.
27. *Fragments*, 23.
28. *The Mannual*, 23 e 33.
29. *Discourses*, livro II, cap. 16.
30. Todos os trabalhos que temos, inclusive os *Discourses*, são "aparentemente quase um registro estenográfico de suas conferências e discussões informais, anotadas e compiladas por um de seus alunos, Arriano". Ver Whitney J. Oates, Introdução Geral para seu *The Stoic and Epicurean Philosophers*, Modern Library, Nova York, 1940, cuja tradução sigo frequentemente.
31. *Discourses*, livro II, cap. xv.
32. *Ibidem*, livro II, cap. xviii.
33. *Ibidem*, livro I, cap. xxvii.
34. *Ibidem*, livro II, cap. i.

NOTAS

35. *Ibidem*, livro II, cap. xvi.

36. *The Manual*, 23 e 33.

37. *Discourses*, livro II, cap. xvi.

38. *Ibidem*, livro I, cap. i.

39. *Ibidem*.

40. *Ibidem*, livro I, cap. xvii.

41. *Phisic*, 188b30.

42. *Discourses*, livro I, cap. xvii.

43. *Ibidem*, livro II, cap. xi.

44. *Ibidem*, livro II, cap. x.

45. *Ibidem*, livro III, cap. xiv.

46. *The Manual*, I.

47. *Fragments*, I,

48. *Ibidem*, 8.

49. *Discourses*, livro I, cap. i.

50. *The Manual*, 30.

51. *Discourses*, livro I, cap. xxv.

52. *Ibidem*, livro I, cap. ix.

53. *Ibidem*, livro I, cap. xxv. Grifo nosso.

54. *Le Mythe de Sisyphe*, Paris, 1942.

55. *De Trinitate*, livro XIII, vii, 10.

56. *Ibidem*, viii, 11.

57. *Discourses*, livro II, cap. x.

58. *Ibidem*, livro II, cap. xvii.

59. *The Manual*, 8.

60. *Fragments*, 8.

61. *In De Libero Arbitrio*, Livro III, v-viii.

62. *Discourses*, livro II, cap. xviii.

63. *Ibidem*, livro II, cap. viii.

64. *The Manual*, 51, 48.

65. Frag 149. *Enarrationes in Psalmos, Patrologiae Latina*, J.-P. Migne, Paris, 185466, vol. 37, CXXXIV, 16.

66. Paul Oskar Kristeller, com um pouco mais de cuidado, diz que Agostinho é "provavelmente o maior filósofo grego da Antiguidade clássica". Ver *Renaissance Concepts of Man*, Harper Torchbooks, Nova York, 1972, p. 149.

67. *On the Trinity*, livro 13, iv, 7: "*Beati certe, inquit* [Cícero] *omnes esse volumus.*"

68. "*O vitae philosophia dux*", *Tusculanae Disputationes*, livro V, cap. 2.

69. Citado com aprovação de um escritor romano (Varrão) em *The City of God*, livro XIX, i, 3: "*Nulla est homini causa philosophandi nisi ut beatus sit.*"

70. Para a importância e profundidade desta questão, ver especialmente *On the Trinity*, livro XIX, caps. iii e viii: "Como o espírito pode buscar a si mesmo e encontrar-se é uma questão singular: aonde vai para procurar, e donde vem para encontrar?"

71. *Confessions*, livro XI, especialmente caps. xiv e xxii.

72. Peter Brown, *Augustine of Hippo*, Berkeley e Los Angeles, 1967, p. 123.

73. *Ibidem*, p. 112.

74. *On Free Choice of the Will*, livro I, caps. i e ii.

75. cap. xvi, 117 e 118.

76. *Confessions*, livro VIII, cap. v.

77. *Ibidem*, cap. viii.

78. Uma explicação detalhada sobre a derivação de *voluntas* de *velle* e *potestas* de *posse* aparece em *The Spirit and the Letter*, arts. 52-58, um trabalho da fase final interessado na questão "A fé está ela mesma em nosso poder?", *in* Morgenbesser e Walsh, *op. cit.*, p. 22.

79. *On Free Choice of the Will*, livro III, cap. iii, 27: cf. *ibidem*, livro I,

NOTAS

cap. xii, 86, e *Retractationes*, livro I, cap. ix, 3.

80. *Epistolae*, 177, 5; *On Free Choice of the Will*, livro III, cap. i, 8-10; cap. iii, 33.

81. Ver Étienne Gilson, *Jean Duns Scot: introduction à ses positions fondamentales*, Paris, 1952, p. 657.

82. *On Free Choice of the Will*, livro III, cap. xxv.

83. *Ibidem*, cap. xvii.

84. *On Grace and Free Will*, cap. xiiv.

85. *Confessions*, livro VIII, cap. iii, 6-8.

86. *On Free Choice of the Will*, livro III, caps. vi-viii; Lehmann, *op. cit.*, sentença 14. p. 16.

87. *On Free Choice of the Will*, livro III, cap. V.

88. "Precious Five", *Collected Poems*, Nova York, 1976, p. 450.

89. *Confessions*, livro VIII, cap. viii.

90. *Ibidem*, cap. ix.

91. *Ibidem*, caps. ix e x.

92. *Ibidem*, cap. x.

93. *Epistolae*, 157, 2, 9; 55, 10, 18; *Confissões*, livro XIII, cap. ix.

94. *In An examination of Sir William Hamilton's Philosophy*, "On the Freedom of the Will" (1867), citado de Morgenbesser e Walsh, *op. cit.*, pp. 57-69. Grifo nosso.

95. *Confessions*, livro III, cap. vi. 11.

96. *Ibidem*, livro IX, cap. iv.

97. *Ibidem*, livro XIII, cap. xi.

98. *Ibidem*, livro X, cap. xi, 18.

99. *Ibidem*, livro XI, cap. iii, 6.

100. *Ibidem*, cap. ii, 2.

101. *Ibidem*, cap. iv, 7.

102. *Ibidem*, cap. v, 8.

103. *Ibidem*, livro XII, cap. iii, 3.

104. Efrem Bettoni, *Duns Scotus: The Basic Principles of his Philosophy*, trad. Bernardine Bonansea, Washington, 1961, p. 158. Grifo nosso.

105. *On the Trinity*, livro XV, cap. xxi, 41.

106. *Ibidem*, livro VIII, cap. x.

107. *Ibidem*, livro X, cap. viii, 11.

108. *Ibidem*, livro XI, cap. ii. 5.

109. *Ibidem*, livro X, cap. v, 7. Grifo nosso.

110. *Ibidem*, cap. xi, 17.

111. *Ibidem*, livro XI, cap. v, 9.

112. *Ibidem*, livro X, cap. v, 7.

113. *Ibidem*, cap. viii, 11.

114. *Ibidem*, cap. v, 7. Cf. Livro XII, cap. xii, xiv, xv.

115. *Ibidem*, livro XII, cap. xiv, 23.

116. *Ibidem*, livro X, cap. xi, 18.

117. *Ibidem*, livro XI, cap. ix. 18.

118. *The City of God*, livro XI, cap. xxviii.

119. William H. Davis, *The Freewill Question*, The Hague, 1971, p. 29.

120. Em sua forma mais extrema, como foi sustentada por Agostinho no final da vida, a doutrina afirma que as crianças que não recebem o batismo antes de morrer estão condenadas à danação eterna. Isso não pode se justificar fazendo apelo a Paulo porque essas crianças não podem ainda ter conhecido a fé. Só depois que a graça é materializada em um sacramento, realizado pela Igreja, só depois que a fé foi institucionalizada, essa versão da predestinação pode se justificar. A graça institucionalizada não é mais um dado da consciência — uma experiência do homem interior — e, portanto, não tem interesse para a filosofia; tampouco é, a rigor, uma questão de fé. Certamente, este está entre os fatos *políticos* mais importantes no credo cristão, do qual não estamos tratando aqui.

121. *The City of God*, livro XI, cap. xxi.

122. *Confessions*, livro XI, cap. xiv.

123. *Ibidem*, caps. xx e xxviii.

124. *Ibidem*, cap. xxi.

125. *Ibidem*, cap. xxiv, xxvi, xxviii.

126. Ver especialmente livros XI-XIII de *The City of God*.

127. *Ibidem*, livro XII, cap. xiv.

128. *Ibidem*, livro XI, cap. vi.

129. *Ibidem*, livro XII, cap. xiv.

130. *Ibidem*, cap. xx e xxi.

131. *Ibidem*, livro XI, cap. xxxii.

132. *Ibidem*, livro XII, cap. xxi e xxii.

133. *Ibidem*, cap. vi.

134. *Ibidem*, livro XIII, cap. x.

135. B478.

CAPÍTULO 3: O QUERER E O INTELECTO

1. *The Spirit of Medieval Philosophy*, pp. 207 e 70.

2. *Summa Theologica*, I, questão 82, a. 1.

3. *Ibidem*, questão 81, a. 3, em questão 83, a. 4.

4. Duns Scotus, citado por Gilson, *The Spirit of Medieval Philosophy*, p. 52.

5. Gilson, *The Spirit of Medieval Philosophy*, p. 437.

6. Em "What Is Authority", *in Between Past and Future*, tentei mostrar a importância do passado para uma concepção romana de política. Ver especialmente a explicação da tríade romana: *auctoritas, religio, traditio*.

7. *De Civitate Dei*, livro XII, cap. xiv.

8. *Op. cit.*, I, questão 5, a. 4.

9. *Ibidem*, I-II, questão 15, a. 3.

10. *Ibidem*, I, questão 15, a. 3.

11. *Ibidem*, I questão 48, a. 3.

12. *Ibidem*, questão 5; questão 49, a. 3.

13. Citado em *ibidem*, questão 49, a. 3.

14. *History of Christian Philosophy in the Middle Age*, Nova York, 1955, p. 375.

15. *Summa Theologica*, I, questão 75, a. 6.

16. *Ibidem*, questão 81, a. 3.

17. *Ibidem*, questão 82, a. 4.

18. Gilson, *History of Christian Philosophy in the Middle Age*, p. 766.

19. *Summa Theologica*, I, questão 29, a. 3, Resp.

20. Agostinho, *De Civitate Dei*, Santo livro XII, cap. xxi.

21. *Summa Theologica*, I, questão 82, a. 4.

22. *Ibidem*, questão 83, a. 3.

23. Levantado por Tomás na *Summa contra Gentiles*, III, 26.

24. Citado de Wilhelm Kahl, *Die Lehre vom Primat des Willens bei Augustin, Duns Scotus und Descartes*, Estrasburgo, 1886, p. 61, nota.

25. *The Divine Comedy*, Paraíso, canto xviii, I. 109 s., trad. Laurence Binyon, Nova York, 1949. "Assim vês como a glória celestial se funda/ Mais no ato de ver a Deus/ Do que no amor que apenas o secunda." (Tradução livre, N. T.)

26. Citado de Gustav Siewerth, *Thomas von Aquin, die menschliche Willensfreiheit. Texte [...] ausgewähltsmit einer Einleitung versehen*, Düsseldorf, 1954, p. 62.

27. *Summa Theologica*, I, questão 79, a. 2.

28. *Ibidem*, I-II, questão 9, a. 1.

29. *Nicomachean Ethics*, livro X, 1178b18-21; 1177b5-6.

30. *Summa Theologica*, I-II, questão 10, a. 2; *Summa contra Gentiles*, loc. cit.

NOTAS

31. *Metaphisics,* 1072b3.

32. *Summa Theologica,* I-II, questão 11, a. 3. Cf. *Commentary on St. Paul's Epistle to the Galatians,* cap. 5, lec. 3.

33. *Grundlegung zur Metaphysik des Sitten,* Akademie Ausgabe, vol. IV, 1911, p. 429.

34. Ver, por exemplo, a seção IV da edição bilíngue de Duns Scotus: *Philosophical Writtings,* ed. e trad. Allan Wolter, Edimburgo, Londres, 1962, pp. 83 e ss.

35. Citado de Khal, *op. cit.,* pp. 97 e 99.

36. Ver Efrem Bettoni. "The Originality of the Scotistic Synthesis", *in* John K. Ryan e Bernardine M. Bonansea, *John Duns Scotus, 1265-1965,* Washington, 1965, p. 34.

37. *Duns Scotus,* p. 191. Em um contexto diferente, entretanto, embora ainda no mesmo livro (p. 144), Bettoni sustenta que "em grande parte [...] a originalidade da demonstração scotiana [da existência de Deus reside] em ser uma síntese de Tomás e Anselmo".

38. Além das obras citadas acima, utilizei principalmente as seguintes: Ernst Stadler,*Psychologie und Metaphysik der menschlichen Freiheit,* Munique, Paderborn, Viena, 1971; Ludwig Walter, *Das Glaubensverständnis bei Johannes Scotus,* Munique, Paderborn, Viena, 1968; Etienne Gilson, *Jean Duns Scot;* Johannes Auer, *Die menschliche Willensfreiheit im Lehrsystem des Thomas von Aquin und Johannes Duns Scotus,* Munique, 1938; Walter Hoeres, *Der Wille als reine Vollkommenheit nach Duns Scotus,* Munique, 1962; Robert Prentice, "The Voluntarism in Duns Scotus", *in Franciscan Studies,* vol. 28, Annual VI, 1968; Berard Vogt, "The Metaphysics of Human Liberty in Duns Scotus", *in Proceedings of the American Catholic Philosophical Association,* vol. XVI, 1940.

39. Citado de Wolter, *op. cit.,* pp. 64, 73 e 57.

40. Citado de Kristeller, *op. cit.,* p. 58.

41. Citado de Wolter, *op. cit.*, p. 162. Tradução da autora.

42. *Ibidem*, p. 161. Trad. da autora.

43. *Ibidem*, nota 25, seção V, p. 184.

44. *Ibidem*, p. 73.

45. *Ibidem*, p. 75.

46. *Ibidem*, p. 72. Gilson sustenta que a própria noção de infinito é de origem cristã. "Os gregos, antes da Era Cristã, nunca conceberam a infinitude a não ser como uma imperfeição." Ver *The Spirit of Medieval Philosophy*, p. 55.

47. Ver Walter, *op. cit.*, p. 130.

48. Citado de Stadter, *op. cit.*, p. 315.

49. Citado de Auer, *op. cit.*, p. 86.

50. 50. Citado de Vogt, *op. cit.*, p. 34.

51. *Ibidem*.

52. Citado de Kahl, *op. cit.*, pp. 86-87.

53. Bettoni, *Duns Scotus*, p. 76.

54. Ver Bernardine M. Bonansea, "Duns Scotus' Voluntarism", *in* Ryan e Bonansea, *op. cit.*, p. 92. "*Non possum velle esse miserum; (...) sed ex hoc non sequitur, ergo necessario volo beatitudinem, quia nullum velle necessario elicitur a voluntate*", p. 93, nota 38.

55. Ver *ibidem*, pp. 89-90 e nota 28. Bonansea enumera as passagens "que parecem indicar a possibilidade de a vontade buscar o mal como mal" (p. 89, nota 25).

56. Citado de Vogt, *op. cit.*, p. 31.

57. Bonansea, *op. cit.*, p. 94, nota 44.

58. Ver Vogt, *op. cit.*, p. 29, e Bonansea, *op. cit.*, p. 86, nota 13: "*Voluntas naturalis non est voluntas, nec velle naturale est velle.*"

59. Citado de Hoeres, *op. cit.*, pp. 113-114.

60. *Ibidem*, p. 151. A citação é de Auer, *op. cit.*, p. 149.

61. Hoeres, *op. cit.*, p. 120. Enquanto a edição definitiva das obras de Duns Scotus não estiver completa, algumas questões que dizem

NOTAS

respeito a seus ensinamentos sobre tais temas permanecerão em aberto.

62. Bettoni, *Duns Scotus*, p. 187.

63. *Ibidem*, p. 188.

64. Ver Stadter, *op. cit.*, especialmente a seção sobre Petrus Johannes Olivi, pp. 144167.

65. Ver Bettoni, *Duns Scotus*, p. 193, nota.

66. Tais frases ocorrem vez por outra. Para uma discussão deste tipo de "introspecção", ver Béraud de Saint-Maurice, "The Contemporary Significance of Duns Scotus' Philosophy", *in* Ryan e Bonansea, *op. cit.*, p. 354, e Ephrem Longpré, "The Psychology of Duns Scotus and its Modernity", *in The Franciscan Educational Conference*, vol. XII, 1931.

67. Para a "prova" da contingência, Scotus invoca a autoridade de Avicena, citando de sua *Metaphysics*: "Aqueles que negam o primeiro princípio [isto é, que Algum ser é contingente] devem ser açoitados ou queimados até que admitam que não é a mesma coisa ser queimado ou chicoteado e não ser queimado ou chicoteado." Ver Arthur Hyman e James J. Walsh, *Philosophy in the Middle Ages*, Nova York, 1967, p. 92.

68. Qualquer um que esteja acostumado com as disputas medievais entre as escolas não deixa de se surpreender com seu espírito contencioso, um tipo de "saber contencioso" (Francis Bacon), que objetivava acima de tudo uma vitória efêmera. As sátiras de Erasmo e Rabelais, assim como os ataques de Francis Bacon, atestam uma atmosfera nas escolas que deve ter sido bastante desagradável para aqueles que estavam fazendo filosofia de fato. Para Scotus, ver Saint--Maurice *in* Ryan e Bonsnsea, *op. cit.*, pp. 354-358.

69. Citado de Hyman e Walsh, *op. cit.*, p. 597.

70. Bonansea, *op. cit.*, p. 109, nota 90.

71. Hoeres, *op. cit.*, p. 121.

72. Bonansea, *op. cit.*, p. 89.
73. Stadter, *op. cit.*, p. 193.
74. *Ibidem.*
75. Wolter, *op. cit.*, p. 80.
76. Aristóteles, *Phisics*, 256b10.
77. Auer, *op. cit.*, p. 169.
78. Para a teoria das "causas concorrentes", ver Bonansea, *op. cit.*, pp. 109-110. As citações são basicamente de P. Ch. Balie, "Une question inédite de J. Duns Scots sur la volonté", *in Recherches de théologie ancienne et médiévale,* vol. 3, 1931.
79. Wolter, *op. cit.*, p. 55.
80. Cf. o *insight* de Bergson citado no capítulo 1 do presente volume.
81. Citado de Hoeres, *op. cit.*, p. 111, que infelizmente não fornece qualquer original em latim para a frase: "*Denn alles Vergangene ist schlechthin notwendig.*"
82. Ver Bonansea, *op. cit.*, p. 95.
83. Citado de Hyman e Walsh, *op. cit.*, p. 596.
84. Ver Vogt, *op. cit.*, p. 29.
85. Auer, *op. cit.*, p. 152.
86. Bettoni, *Duns Scotus*, p. 158.
87. Wolter, *op. cit.*, pp. 57 e 177.
88. Hoeres, *op. cit.*, p. 191.
89. Stadter, *op. cit.*, pp. 288-289.
90. Citado em Heidegger, *Was Heisst Denken?*, Tübingen, 1954, p. 41.
91. Citado de Vogt, *op. cit.*, p. 93.
92. Hoeres, *op. cit.*, p. 197.
93. Bettoni, *Duns Scotus*, p. 122.
94. Bonansea, *op. cit.*, p. 120.
95. *Ibidem*, p. 119.
96. *Ibidem*, p. 120.
97. *On the Trinity*, livro X, cap. viii, 11.

NOTAS

98. Bettoni, *Duns Scotus,* p. 40.
99. Utilizei, para minha interpretação, o seguinte texto latino, tirado da *Opus Oxoniense* IV, díst. 49, questão 4, números 5-9: *"Si enim accipiatur"* [...] *quietatio pro... consequente operationem perfectam, concedo quod illam quietationem praecedit perfecta consecutio finis; si autem accipiatur quietatio pro actu quietativo in fine, dico quod actus amandi, qui naturaliter praecedit delectationem, quietat illo modo, quia potentia operativa non quietatur in obiecto, nisi per operationem perfectam, per quam attingit obiectum."*

Proponho a seguinte tradução: "Pois se a quietude é aceita como algo que se segue a uma operação perfeita, admito que uma obtenção perfeita do fim precede esta quietude. Se, entretanto, admito que a quietude está em um ato que reside em seu próprio fim, afirmo que o ato de amor, que precede o prazer, traz a calma de um modo que a faculdade da ação só termina no objeto por meio da operação perfeita com a qual se obtém o objeto."

100. B643-b645, trad. Smith, pp. 515-516.

CAPÍTULO 4: CONCLUSÕES

1. Lewis White Beck, *op. cit.,* p. 41.
2. Para Pascal, ver *Pensées,* n° 81, Ed. Pantheon; n° 438 [257]. Ed. Pléiade; e "Sayings Attributed to Pascal", *in Pensée,* Ed. Penguin, p. 356. Para Donne, ver "An Anatomy of the World; The First Anniversary".
3. *The Will To Power,* n° 487, p. 269.
4. *Ibidem,* n° 419, p. 225.
5. Heidegger, in "Überwindung der Metaphysik", *op. cit.,* p. 83.
6. Para essa nota e para o que vem a seguir, ver especialmente Edgar Zilsel. "TheGenesis of the Concept of Scientific Progress", *in Journal of the History of Ideas,* 1945, vol. VI, p. 3.

HANNAH ARENDT

7. Zilsel encontra, portanto, a gênese do conceito de Progresso na experiência e na"atitude intelectual" dos "artesãos superiores".

8. *Préface pour le Traité du Vide,* Ed. Pléiade, p. 310.

9. VII, 803c.

10. Ver Kant, *Idea for a Universal History from a Cosmopolitan Point of View* (1784), Introdução, *in Kant on History,* ed. Lewis White Beck, Library of Liberal Arts, Indianapolis, Nova York, 1963, pp. 11-12.

11. *Ibidem,* Terceira Tese. Trad. da autora.

12. Schelling, *Of Human Freedom,* p. 351.

13. *Ibidem,* p. 350.

14. Trad. F. D. Wieck e J. G. Gray, Nova York, Evanston, Londres, 1968, p. 91.

15. *Vorträge und Aufsätze,* p. 89.

16. *The Will to Power,* n° 419, pp. 225-226.

17. *Critique of Pure Reason,* B478.

18. *Human All Too Human,* n° 2, *in The Portable Nietzsche,* p. 51.

19. *The Will to Power,* n° 90, p. 55.

20. *Ibidem,* n° 1041, p. 536.

21. "An Anatomy of the World; The First Anniversary". "E a nova filosofia, de tudoduvida,/ Ao Elemento fogo, extingue-lhe a vida;/ O Sol se perdeu e a Terra, e a sabedoria humana não há/ Que na busca destes possa ele guiar.../ Está tudo em pedaços; a coerência toda se foi;/ Tudo é só estoque, e tudo Relação: Príncipe, Vassalo, Pai, Filho, são coisas esquecidas..." Tradução livre. (*N. T.*)

22. *The Will to Power,* n° 95, p. 59.

23. *Ibidem,* n° 84, p. 52.

24. *Ibidem,* n° 668, p. 353. Trad. da autora.

25. *Nietzsche,* vol. I, p. 70.

26. N° 19.

27. *Ibidem,* grifo nosso.

28. *The Will to Power,* n° 693, p. 369.

29. *Ibidem*, n° 417, p. 224.

30. Ver cap. III, p. 142.

31. *In Anfzeichnung zum VI, Teil von* "Also Sprach Zarathustra", citado de Heidegger, *Was Heisst Denken?*, p. 46.

32. *The Will to Power,* n° 667, p. 352. Trad. da autora.

33. *The Gay Science,* trad. Walter Kaufmann, Vintage Books, Nova York, 1974, Livro VI, n° 310, pp. 247-248.

34. Ver O *Pensar,* cap. II.

35. *Toward a Genealogy of Morals,* n° 28.

36. *The Will to Power,* n° 689, p. 368.

37. *The Gay Science,* livro IV, n° 341, pp. 273-274.

38. *The Will to Power,* n° 664, p. 350.

39. *Ibidem,* n° 666, pp. 351-352. Trad. da autora.

40. *Thus Spoke Zarathustra,* parte II, "On Self-Overcoming", *in The Portable Nietzsche,* p. 227.

41. *The Will to Power,* n° 660, p. 349.

42. *Thus Spoke Zarathustra,* parte II, "On Redemption", *in The Portable Nietzsche,* p. 251.

43. *The Will to Power,* n° 585A, pp. 316-319.

44. *The Gay Science,* livro IV, n° 324. Trad da autora.

45. Ver cap. II, pp. 73-84.

46. *The Will to Power,* n° 585A, p. 318.

47. Ver *Twilight of The Idols,* especialmente "The Four Great Errors", *in The Portable Nietzsche,* pp. 500-501.

48. *Thus Spoke Zarathustra,* parte II, *in The Portable Nietzsche,* p. 252.

49. *The Will to Power,* n° 708, pp. 377-378.

50. *The Gay Science,* livro IV, n° 276, p. 223.

51. *Thus Spoke Zarathustra,* parte III, "Before Sunrise", também "The Seven Seals (or: The Yes and Amen Song)", *in The Portable Nietzsche,* pp. 276-279 e 340-343.

HANNAH ARENDT

52. Ver o excelente *Index* de toda a obra de Heidegger, inclusive *Wegmarken* (1968), por Hildegard Feick, 2ª ed., Tübingen, 1968. No item *"Wille Wollen"*, o *Index* remete o leitor a *"Sorge, Subjekt"*, e cita uma frase do *Sein und Zeit: "Wollen und Wünschen sind im Dasein als Sorge verwurzelt."*

Mencionei que a ênfase moderna no futuro como o tempo verbal predominante mostrou-se na escolha heideggeriana do *Cuidado* como o existencial dominante em suas análises iniciais da existência humana. Se relemos as seções correspondentes em *Sein und Zeit* (especialmente o nº 41), fica evidente que mais tarde ele usou certas características do Cuidado em sua análise da Vontade.

53. Nova York, 1971, p. 112.

54. Primeira ed. Frankfurt, 1949, p. 17.

55. *Die Selbstbehauptung der deutschen Universität* (A autoafirmação da Universidade Alemã).

56. Mehta, *op. cit.*, p. 43.

57. "Brief über den 'Humanismus'", p. 47. *Platons Lehre von der Wahreit,* Berna, 1947, p. 57; trad. citada de Mehta, *op. cit,* p. 114.

58. "Brief über den 'Humanismus'", p. 47.

59. Vol. II, p. 468.

60. "Brief über den 'Humanismus'", p. 53; trad. citada de Mehta, *op. cit.*, p. 114.

61. "Brief über den 'Humanismus'", pp. 46-47.

62. *Nietzsche,* vol. I, p. 624.

63. *The Will to Power,* nº 708. Trad. da autora.

64. *Nietzsche,* vol. II, p. 272. *In* Mehta, *op. cit.*, p. 179.

65. *Nietzsche,* vol. I, p. 63-64.

66. *Ibidem,* p. 161.

67. *Ibidem,* vol. II, p. 462.

68. *Ibidem,* p. 265.

NOTAS

69. *Ibidem*, p. 267.

70. Pp. 92-93. Trad. da autora.

71. *Gelassenheit*, p. 33; *Discourse on Thinking*, p. 60.

72. *Laws*, I, 644.

73. *The Will to Power*, n° 90, p. 55.

74. *Die Technik und die Kehre*, Pfulllingen, 1962, p. 40.

75. Citado de Jean Beaufret, *Dialogue avec Heidegger*, Paris, 1974, vol. III, p. 204.

76. Valéry, *Tel Quel*, in *Oeuvres de Paul Valéry*, ed. Pléiade, Dijon, 1960, vol. II, p. 560.

77. *Sein und Zeit*, n° 57, pp. 276-277.

78. *Ibidem*, n° 53, p. 261.

79. *Vorträge und Aufsätze*, pp. 177 e 256.

80. N° 54, p. 267.

81. *Ibidem*, n° 41, p. 187, e n° 53, p. 263.

82. Bergson, *Time and Free Will*, pp. 128-130, 133.

83. *Ibidem*, pp. 138-143; cf. p. 183.

84. Bergson, *Creative Mind*, trad. Mabelle L. Andison, Nova York, 1946, pp. 27 e 22.

85. Pp. 63-64.

86. N° 34, p. 162.

87. Pp. 329 e 470-471.

88. N°s 54-59. Ver especialmente pp. 268 e ss.

89. *Ibidem*, n° 58, p. 287.

90. *Ibidem*, p. 284.

91. *Ibidem*, n° 59-60, pp. 294-295.

92. *Ibidem*, n° 60, p. 300.

93. *Ibidem*, n° 34, p. 163.

94. *Ibidem*, n° 59, p. 294.

95. *Ibidem*, n° 59-60, p. 295.

96. Utilizo e cito muito a tradução de David Farrell Krell, primeiramente publicada *in Arion*, New Series, vol. 1, n° 4, 1975, pp. 580-581.

97. A citação completa de que extraí o trecho diz o seguinte em minha própria tradução: "*Wir Leben* [...] *als ob wir pochend vor den Toren ständen, die noch geschlossen sind. Bis heute geschieht vielleicht im ganz Intimen, was so noch keine Welt begründet, sondern nur dem Einzelnen sich schenkt, was aber vielleicht eine Welt begründen wird, wenn es aus der Zerstreuung sich begegnet.*" Suponho que a conferência em Genebra foi publicada na revista *Wandlung*, mas foi utilizada no prefácio a *Sechs Essays*, Heidelberg, 1948, uma coleção de ensaios que escrevi durante a década de 1940.

98. "The Anaximander Fragment", *Arion*, p. 584.

99. *Ibidem*, p. 596.

100. "Brief über den 'Humanismus'", agora *em Wegmarken* Frankfurt, 1967, p. 191.

101. "The Anaximander Fragment", *Arion*, p. 595.

102. Frag. 123.

103. P. 591.

104. *Ibidem*, p. 596.

105. *Ibidem*, p. 591.

106. *Ibidem*, p. 618.

107. *Ibidem*, p. 591.

108. *Ibidem*, p. 592.

109. *Ibidem*, p. 609.

110. *Ibidem*, p. 626.

111. Poema inédito, escrito por volta de 1950.

112. P. 611.

113. *Ibidem*, p. 609.

114. Para evitar equívocos: ambas as citações são tão famosas que já fazem parte da língua alemã. Todo falante de alemão pensa geralmente nesses termos sem necessariamente ter sido influenciado por Goethe.

NOTAS

115. P. 623.

116. Heidegger, *Sein und Zeit,* n° 57.

117. Thomas Kuhn, *The Structure of Scientific Revolutions,* Chicago, 1962, p. 172.

118. *The Lives of a Cell,* Nova York, 1974.

119. Ver *Newsweek,* 24 de junho de 1974, p. 89.

120. *Ibidem.*

121. *Esprit des Lois,* livro XII, cap. 2.

122. *Ibidem,* livro XI, cap. 6.

123. Citado da introdução de Franz Neumann a *The Spirit of the Laws,* de Montesquieu, trad. Thomas Nugent, Nova York, 1949, p. xl.

124. *Esprit des Lois,* livro XI, cap. 3.

125. *Ibidem,* livro I, cap. I, livro XXVI, cap. 1 e 2.

126. Ver, por exemplo, R. W. B. Lewis, "Homer and Virgil — The Double Themes", *Furioso,* primavera, 1950, p. 24; "As repetidas referências explícitas à *Ilíada* nesses livros [da *Eneida*] não aparecem como paralelos, mas como reversões."

127. 127. *Critique of Pure Reason,* B478.

128. *Aeneid,* livro III, 1-12, *in Virgil's Works,* trad. William C. McDermott, Modern Library, Nova York, 1950, p. 44.

129. A Quarta Écloga.

130. Tomei de empréstimo esse termo oportuno para comunidades do ensaio altamente instrutivo "The Character of the Modern European State", *in On Human Conduct,* de Michael Oakeshott, Oxford, 1975, p. 199.

131. *De Republica,* I, 7.

132. *Oeuvres,* ed. Laponneraye, 1840, vol. III, p. 623; *The Works of John Adams,* ed. Charles Francis Adams, Boston, 1850-1856, vol. VI, 1851, p. 281.

133. VI, 790-794.

134. A Quarta Écloga.

135. Existe uma vasta literatura sobre o assunto; bastante instrutiva é *Die Aeneis und Homer,* de Georg Nikolaus Knauer, Göttingen, 1964. A seguinte passagem de Virgílio: *"Homerauffassung scheint mir von der spezifisch römischen Denkform persönlicher Verpflichtung geprägt zu sein, die dem Römer auferlegte, nach dem aus der Vergangenheit überkommenem Vorbild der Ahnen Ruhm und Glanz der eigenen Familie und des Staates durch Verwirklichung im Heute für die Zukunft der Nachfahren zu bewahren",* p. 357.

136. *Aeneid,* livro VII, 206.

137. Citado de George Steiner, *After Babel,* Nova York e Londres, 1975, p. 132.

138. R. J. E. Clausius (1822-1888), físico e matemático alemão que enunciou a segunda lei da termodinâmica, introduziu o princípio da entropia (energia não disponível para trabalho útil em um sistema termodinâmico, representada pelo símbolo Ø): "Postulando que a entropia do universo está aumentando continuamente, ele previu que o universo se extinguiria pela 'morte do calor', quando tudo dentro dele chegasse à mesma temperatura." *Columbia Encyclopedia,* 3ª ed. (Ed.).

139. *De Civitate Dei,* livro XII, cap. xx.

APÊNDICE   O Julgar

Excertos das conferências sobre a filosofia política de Kant

...Sabemos pelo próprio testemunho de Kant que o momento decisivo de sua vida foi a descoberta das faculdades cognitivas do espírito humano e de suas limitações (em 1770), algo que o ocupou mais de dez anos para ser elaborado e publicado na forma da *Crítica da razão pura*. Sabemos também, através de suas cartas, o que este labor imenso de tantos anos significou para seus outros planos e ideias. Ele escreve sobre este "tema principal" que detinha e obstruía "como uma barragem" todos os outros assuntos que esperava abordar e publicar; Kant dizia que era como uma "pedra em seu caminho", que ele só poderia prosseguir depois que fosse removida... Antes do acontecimento de 1770, tivera a intenção de escrever e publicar em breve a *Metafísica dos costumes*, que acabou sendo escrita e publicada aproximadamente trinta anos mais tarde. Mas naquele tempo o livro foi anunciado com o título de *Crítica do gosto moral*. Quando Kant chegou finalmente à terceira *Crítica*, ainda a chamava inicialmente de Crítica do Gosto. Então, duas coisas aconteceram: por trás do gosto, um tópico popular durante todo o século XVIII, ele descobrira uma faculdade humana inteiramente nova, a saber, o juízo. Ao mesmo tempo, porém, retirou da competência da nova faculdade as proposições morais. Em outras palavras: algo além do gosto agora decidiria sobre o belo e o feio; a questão [moral] do certo e do errado, porém, não seria decidida nem pelo gosto nem pelo juízo, mas somente pela razão.

Os elos mantidos entre [as] duas partes [da *Crítica do juízo*]... estão mais intimamente relacionados com o político do que com qualquer outra coisa nas demais Críticas. Os elos mais importantes são: *primeiramente*, o de que, em nenhuma das duas partes, Kant fala do homem como um ser inteligível ou cognitivo. A palavra verdade não aparece. A primeira parte fala dos homens no plural..., enquanto vivem em sociedades; a segunda fala das espécies humanas... A diferença mais decisiva entre a *Crítica da razão prática* e a *Crítica do juízo* é que as leis morais da primeira são válidas para todos os seres inteligíveis, enquanto as regras da segunda têm a validade rigorosamente limitada aos seres humanos na Terra. E o segundo elo reside no fato de que a faculdade do juízo lida com particulares que, "como tais, contêm algo contingente em relação ao universal", que é aquilo com que o pensamento normalmente está lidando. Esses particulares... são de dois tipos; *a primeira parte* da *Crítica do juízo* lida com objetos do juízo propriamente ditos, como, por exemplo, um objeto que dizemos ser "belo" sem que sejamos capazes de subsumi-lo em uma categoria geral. (Quando dizemos "Que rosa bela!", não chegamos a este juízo dizendo, antes, "todas as rosas são belas, esta flor é uma rosa; logo, ela é bela".) O outro tipo, contemplado na *segunda parte*, é a impossibilidade de derivar qualquer produto particular da natureza de causas gerais: "Absolutamente nenhuma razão humana (na verdade, nenhuma razão que seja finita, como a nossa em qualidade por mais que venha a ultrapassá-la em grau) pode aspirar a entender sequer uma folha de capim por simples causas mecânicas." (Causas mecânicas, na terminologia de Kant, significa causas naturais; opõe-se a "causas técnicas", com o que ele quer designar causas artificiais, isto é, aquilo pelo que algo é fabricado com uma finalidade.) A ênfase aqui recai sobre o "en-

EXCERTOS DAS CONFERÊNCIAS SOBRE A FILOSOFIA POLÍTICA DE KANT

tender": Como posso entender (e não só explicar) por que razão simplesmente há capim e, então, por que há esta folha particular de capim.

O juízo do particular — *isto* é belo, isto é feio, isto é certo, isto é errado — não tem lugar na filosofia moral de Kant. O juízo não é razão prática; a razão prática "raciocina" e nos diz o que fazer e o que não fazer; estabelece a lei e é idêntica à vontade; e a vontade profere comandos; fala em imperativos. O juízo, ao contrário, surge de "um prazer meramente contemplativo ou de um deleite inativo [*untätiges Wohlgefallen*]". Este "sentimento de prazer contemplativo se chama gosto", e a *Crítica do juízo* intitulava-se originalmente "Crítica do gosto". "Se é que a filosofia prática fala de prazer contemplativo, menciona-o somente de passagem, e não como se o conceito fosse dela proveniente." Isso não soa plausível? Como é que "prazer contemplativo e deleite inativo" poderiam ter qualquer coisa a ver com prática? Isso não é uma prova conclusiva de que Kant... decidira que sua preocupação com o particular e com o contingente era uma coisa do passado e tinha sido um assunto um tanto marginal? E, ainda assim, veremos que sua posição final sobre a Revolução Francesa — um acontecimento que teve um papel central em sua velhice, quando esperava todos os dias, muito impaciente, pelos jornais — foi decidida por essa atitude dos meros espectadores, daqueles "que não entram no jogo"; apenas o acompanham com uma "participação ansiosa, passional", que surgia do "mero prazer contemplativo e do deleite inativo".

O "alargamento do espírito" desempenha um papel crucial na *Crítica do juízo*. Ele é alcançado "ao compararmos nosso juízo com o juízo possível dos outros, e não com seu juízo real; e ao nos colocarmos no lugar de qualquer outro homem". A faculdade que torna isso possível chama-se imaginação... O pensamento crítico é possível só onde os pontos de vista dos outros estão abertos à inspeção. O pensamento crítico, portanto, sendo ainda uma atividade solitária, não se exclui de "todos os outros"... Por meio da imaginação, ele torna os outros presentes, movendo-se, assim, potencialmente, em um espaço que é público, aberto a todos os lados; em outras palavras, adota a posição do cidadão kantiano do mundo. Pensar com a mentalidade alargada — isso significa treinar nossa imaginação a visitar...

Devo alertá-los aqui sobre um equívoco muito comum e fácil de acontecer. O truque do pensamento crítico não consiste em uma empatia imensamente alargada, através da qual poderíamos saber o que se passa de fato na cabeça dos outros. Pensar, segundo o entendimento de Kant a respeito do esclarecimento, significa *Selbstdenken*, pensar por si mesmo, "que é a máxima de uma razão nunca passiva. Estar propenso a tal passividade chama-se preconceito", e o esclarecimento é, antes de mais nada, liberar-se do preconceito. Aceitar o que passa pelos espíritos daqueles cujo "ponto de vista" (na verdade, o lugar de onde veem, as condições a que estão sujeitos, sempre diferentes de indivíduo para indivíduo, de uma classe ou de um grupo comparados a outros) não é o meu, isso nada mais seria que aceitar passivamente seus pensamentos, isto é, trocar os preconceitos próprios à minha posição pelos preconceitos deles. O "pensamento alargado" resulta, primeiramente, de uma abstração das limitações que se juntam contingentemente a nosso próprio juízo, da "desconsideração de suas condições subjetivas privadas..., que a tantos impõem limites"; isto é, da desconsideração daquilo que normalmente chamamos de interesse próprio, e que, segundo Kant, não é esclarecido ou capaz de esclarecer, mas é, na verdade, limitador... [Quanto] maior a região em que o indivíduo esclarecido é capaz de mover-se, de ponto de vista a ponto de vista, mais "geral" será seu pensamento... Esta generalidade, entretanto, não é a generalidade do conceito — do conceito "casa" no qual podemos, então, subsumir todas as edificações concretas. Está, ao contrário, intimamente ligado aos

EXCERTOS DAS CONFERÊNCIAS SOBRE A FILOSOFIA POLÍTICA DE KANT

particulares, com as condições particulares dos pontos de vista pelos quais devemos passar para que cheguemos a nosso próprio "ponto de vista geral". Este ponto de vista geral foi mencionado anteriormente como sendo a imparcialidade; é um ponto de vista a partir do qual podemos considerar, assistir, formar nossos juízos, ou, como diz o próprio Kant, em que podemos refletir sobre os assuntos humanos. Não nos diz como *agir*...

No próprio Kant, essa perplexidade vem para o primeiro plano na atitude aparentemente contraditória, em seus últimos anos, de uma admiração quase ilimitada pela Revolução Francesa, por um lado, e de sua igualmente quase ilimitada oposição a qualquer iniciativa revolucionária por parte dos cidadãos, por outro...

A reação de Kant, à primeira e mesmo à segunda vista, não é de modo algum ambígua... Ele nunca hesitou em sua opinião sobre a grandeza daquilo que chamava de "evento recente", e quase nunca hesitou em sua condenação a todos aqueles que preparam tal evento.

> Esse evento não consiste em feitos momentosos ou em malfeitorias cometidas por homens pelos quais o que era grande entre os homens torna-se pequeno, ou o que era pequeno torna-se grande; tampouco em esplêndidas estruturas políticas antigas que desaparecem como que em um passe de mágica, enquanto outras adiantam-se tomando seu lugar, como se viessem das profundezas da terra. Não, nada disso. Trata-se simplesmente do modo de pensar dos espectadores que se revela publicamente no grande jogo das transformações. [...]

> A revolução de um povo aquinhoado que vimos desabrochar em nosso tempo pode ter êxito ou falhar; pode estar tão repleta de miséria e de atrocidades que um homem sensato, ousando

esperar executá-la com sucesso pela segunda vez, não chegue a resolver-se a fazê-la com tais custos — esta revolução, repito, encontra nos corações de todos os espectadores (que não estão engajados no jogo) uma participação ansiosa que beira o entusiasmo [...] com que exaltação o público não envolvido que assiste é solidário sem a menor intenção de ajudar.

...Sem tal participação solidária, o "significado" da ocorrência seria completamente diferente, ou simplesmente não existiria. Pois essa solidariedade é o que inspira a esperança:

> a esperança de que, depois de muitas revoluções, com todos os seus efeitos transformadores, a finalidade maior da natureza, uma *existência cosmopolita*, dentro da qual todas as capacidades originais da raça humana possam ser desenvolvidas, seja finalmente alcançada.

Não se deve concluir disso, entretanto, que Kant de alguma forma tomasse minimamente o partido dos futuros homens de revolução.

> Esses direitos [...] permanecem sempre como uma ideia que só pode ser executada sob a condição de que os meios empregados para isso sejam compatíveis com a moralidade. Essa condição limitadora não deve ser ultrapassada pelas pessoas, que não podem, portanto, perseguir seus direitos através da revolução, que é sempre injusta.

...E:

EXCERTOS DAS CONFERÊNCIAS SOBRE A FILOSOFIA POLÍTICA DE KANT

Se uma revolução violenta, causada por uma constituição ruim, introduz por meios ilegais uma constituição mais legal, não seria permitido que as pessoas voltassem à constituição anterior; mas enquanto durasse a revolução, toda pessoa que aberta ou secretamente dela tomasse parte, incorreria, com justiça, na punição que cabe aos que se rebelam.

...O que se vê aqui é o conflito entre o princípio segundo o qual se age e o princípio segundo o qual se julga... Kant declarou mais de uma vez sua *opinião* sobre a guerra..., e nunca de modo tão enfático quanto na *Crítica do juízo*, em que ele discute o tópico de modo bastante característico, na seção sobre o Sublime:

> O que vem a ser isto que, mesmo para os selvagens, é um objeto da maior admiração? É um homem que não recua diante de nada, que nada teme e que, portanto, não sucumbe frente ao perigo [...]. Mesmo no estado mais alto de civilização, esta veneração peculiar pelo soldado permanece [...] porque mesmo esses reconhecem que seu espírito não se subjuga ao perigo. Portanto, [...] na comparação entre um estadista e um general, o juízo estético elege este último. A própria guerra [...] tem algo de sublime em si. [...] Por outro lado, uma paz longa geralmente leva à predominância de um espírito comercial e, junto com ele, do egoísmo vil, da covardia e da efeminação, aviltando a disposição do povo.

Esse é o juízo do espectador (isto é, juízo estético)... Não obstante, não só a guerra, "um empreendimento não intencional... provocado pelas paixões desenfreadas dos homens", pode realmente servir, em virtude de sua própria falta de sentido, como uma preparação para a paz cosmopolita final — eventualmente a simples exaustão terá de impor aquilo que nem a razão nem a boa vontade terão sido capazes de realizar —, mas também

> a despeito das terríveis aflições que traz consigo quando visita a raça humana, e das talvez maiores aflições com as quais a preparação constante para ela no tempo de paz oprime esta raça, é ainda assim [...] um motivo para desenvolver ao extremo todos os talentos úteis à cultura.

...Estes *insights* sobre o juízo estético e reflexionante não têm consequências práticas para a ação. No que diz respeito à ação, não há dúvida de que

> a razão prática-moral pronuncia dentro de nós o seguinte veto irresistível: *Não deve haver guerra* [...]. Assim, não é mais uma questão de se a paz perpétua é possível ou não, ou de se não estaremos talvez equivocados em nosso juízo teórico se pressupomos que ela é possível. Pelo contrário, temos simplesmente que agir como se ela pudesse realmente ocorrer [...], mesmo se o cumprimento desta intenção pacífica fosse permanecer para sempre uma devotada esperança [...], pois fazer isto é nosso dever.

Mas essas máximas para a ação não anulam o juízo estético e reflexionante. Em outras palavras: muito embora Kant sempre agisse pela paz, conhecia e tinha em mente o seu juízo. Se tivesse agido com base no conhecimento adquirido como espectador, teria sido, no interior do próprio espírito, um criminoso. Se tivesse esquecido, por causa deste "dever moral", seus *insights* como espectador, teria se transformado naquilo que tantos homens bons, envolvidos e engajados nos assuntos públicos, tendem a ser — um tolo idealista.

EXCERTOS DAS CONFERÊNCIAS SOBRE A FILOSOFIA POLÍTICA DE KANT

Uma vez que Kant não escreveu sua filosofia política, a melhor maneira de descobrir o que ele pensava sobre este assunto é nos debruçarmos sobre a sua *Crítica do juízo estético*, em que, ao discutir a produção de obras de arte em suas relações com o gosto, que julga e decide sobre elas, ele se depara com um problema análogo, semelhante. Somos inclinados a pensar que, para julgar um espetáculo, deve-se ter, em primeiro lugar, o espetáculo; que o espectador é secundário em relação ao ator — sem levar em conta que ninguém em seu juízo perfeito poria em cartaz um espetáculo sem estar seguro de haver espectadores para assistir a ele. Kant está convencido de que o mundo sem o homem seria um deserto, e um mundo sem o homem significa: sem espectador. Na discussão do juízo estético, a distinção é que é necessário o gênio para a produção das obras de arte, enquanto para julgar e decidir se os objetos são belos ou não, não é preciso "nada além" (nós diríamos, mas não Kant) do gosto. "Para julgar objetos belos, o *gosto* é necessário [...] para sua produção, o *gênio* é preciso." O gênio, segundo Kant, é uma questão de imaginação produtiva e de originalidade; o gosto é uma... questão de juízo. Ele propõe a questão: qual das duas é a faculdade "mais nobre", qual é a condição *sine qua non* "que devemos observar no julgar da arte como arte bela?" — e o faz pressupondo, é claro, que embora a maioria dos juízes da beleza não tenha a faculdade de imaginação produtiva que ele chama gênio, aos poucos dotados com o gênio não falta a faculdade do gosto. E a resposta é a seguinte:

> A abundância e a originalidade de ideias são menos necessárias à beleza do que o acordo entre a imaginação, em sua liberdade, e a conformidade à lei do entendimento [que se chama gosto]. Pois toda a abundância das primeiras só produz [...], na liberdade sem lei, absurdos; por outro lado, o juízo é a faculdade pela qual elas são ajustadas ao entendimento.

O gosto, assim como o juízo em geral, é a disciplina (ou trei-
namento) do gênio; corta-lhe as asas [...], orienta, traz clareza e
ordem [...] aos pensamentos [do gênio] torna as ideias suscetíveis
de assentimento permanente e geral, tornando-as capazes de ser
seguidas por outros e capazes também de uma cultura sempre
progressiva. Se, então, no conflito entre essas duas propriedades
em um produto, algo tem de ser sacrificado, há de ser principalmente do lado do gênio — sem o qual não existiria nada para o
juízo julgar.

Mas Kant diz explicitamente que "para a arte bela [...] *imaginação,
intelecto, espírito** e *gosto* são requisitos" e acrescenta em uma nota
que "as três primeiras faculdades estão unidas por meio da quarta",
isto é, pelo gosto — ou seja, pelo juízo. O espírito, além disso, faculdade especial distinta da razão, do intelecto e da imaginação, capacita
o gênio a encontrar uma expressão para as ideias, "pela qual o estado
de espírito subjetivo por elas ocasionado [...] pode ser comunicado a
outros". Em outras palavras, o espírito, ou seja, aquilo que inspira o
gênio e somente ele e aquilo que "nenhuma ciência é capaz de ensinar e
que nenhum trabalho árduo permite aprender", consiste em expressar
"o elemento inefável no estado de espírito [*Gemütszustand*]" que certas representações despertam em todos nós, mas para o qual não temos
palavras e não poderíamos, portanto, comunicar sem a ajuda do gênio,
não poderíamos comunicá-las uns para os outros; é uma tarefa que
cabe ao gênio tornar este estado de espírito "comunicável em geral".
A faculdade que guia esta comunicabilidade é o gosto; e gosto ou juízo
não são privilégio do gênio. A condição *sine qua non* para a existência
do objeto belo é sua comunicabilidade; o juízo do espectador cria o

---

* *Espírito,* neste contexto, traduz *spirit* [*Gemut, Gemütszustand*]. (*N. T.*)

espaço sem o qual não seria absolutamente possível a aparição de tais objetos. O domínio público é constituído pelos críticos e pelos espectadores, e não pelos atores ou artesãos. E este crítico e espectador está em cada um dos atores ou artesãos; sem esta faculdade de criticar, de julgar, aquele que faz ou fabrica ficaria tão isolado do espectador que nem sequer seria percebido. Ou, falando de outro modo, ainda em termos kantianos: a própria originalidade do artista (ou a novidade do ator) depende que ele se faça entender por aqueles que não são artistas (ou atores). E se podemos falar em gênio no singular, em virtude de sua originalidade, nunca podemos falar... desse modo sobre o espectador; espectadores existem somente no plural. O espectador não se envolve no ato, mas está sempre envolvido com seus companheiros espectadores. Não tem em comum com aquele que faz a faculdade do gênio a originalidade, ou, com o ator, a faculdade da novidade; a faculdade que compartilham é a do juízo.

No que diz respeito ao fazer, o *insight* é pelo menos tão antigo quanto a Antiguidade latina (em oposição à grega). Vamos encontrar sua expressão pela primeira vez em *Sobre os oradores*, de Cícero:

> Pois todos discriminam [*diiudicare*], distinguem entre o certo e o errado em questões de arte e proporção por meio de algum sentido silencioso sem qualquer conhecimento de arte e proporção: e enquanto podem fazê-lo no caso de pinturas e estátuas [e] em outros trabalhos do gênero, para cujo entendimento a natureza lhes concedeu menos subsídios, mostram muito mais esta discriminação no julgar de ritmos e pronúncias de palavras, uma vez que estas enraízam-se [*infixa*] nos sentidos comuns e no das coisas que a natureza quis que ninguém fosse de todo incapaz de sentir e experimentar [*expertus*].

E prossegue, observando que é verdadeiramente maravilhoso e formidável o modo

> como é pequena a diferença entre o instruído e o ignorante no julgar, enquanto há a maior das diferenças no fazer.

Kant, bem nesse estilo, observa em sua *Antropologia* que a insanidade consiste em haver perdido este senso comum que nos capacita a julgar como espectadores; e o oposto disso é um *sensus privatus*, um senso privado que ele também chama de *"Eingensinn* lógico", dando a entender que nossa faculdade lógica, a faculdade que nos capacita a tirar conclusões a partir de premissas, poderia de fato funcionar sem a comunicação — só que, nesse caso, isto é, no caso de a insanidade ter causado a perda deste senso comum, ela levaria a resultados insanos precisamente por ter se separado da experiência que só pode ser válida e validada na presença de outros.

O aspecto mais surpreendente desta questão é que o senso comum, a faculdade de julgar e discriminar entre o certo e o errado, deva basear-se no sentido do gosto. De nossos cinco sentidos, três nos dão claramente objetos do mundo exterior e são portanto facilmente comunicáveis. Visão, audição e tato lidam direta e de certo modo objetivamente com objetos; olfato e gosto nos dão sensações que são inteiramente privadas e incomunicáveis; o gosto e o cheiro que sinto não podem absolutamente ser expressos em palavras. Parecem ser os sentidos privados por definição. Além disso, os três sentidos objetivos têm em comum o fato de serem capazes de *re*presentação — de ter presente algo que está ausente; posso lembrar-me de um edifício, de uma melodia, da textura do veludo. Esta faculdade chama-se, em Kant, Imaginação — disso, nem o gosto nem o olfato são capazes. Por outro lado, são bem claramente estes os sentidos discriminatórios: podemos nos furtar a julgar o que vemos e,

EXCERTOS DAS CONFERÊNCIAS SOBRE A FILOSOFIA POLÍTICA DE KANT

embora isso seja mais difícil, podemos nos furtar a julgar o que ouvimos ou tocamos. Mas em questões de gosto e cheiro, o apraz-me ou o não me apraz é imediato e avassalador. E o prazer ou o desprazer são por sua vez inteiramente privados. Por que então o gosto deveria — e não só em Kant, mas desde Graciano — ser elevado, tornando-se o veículo da faculdade espiritual de julgar? E o juízo, por sua vez — quer dizer, não o juízo simplesmente cognitivo, que reside nos sentidos que nos dão os objetos e que temos em comum com todas as coisas vivas que têm o mesmo equipamento sensorial, mas o juízo entre certo e errado —, por que deveria ele basear-se neste sentido privado? Não é verdade que em questões de gosto podemos comunicar tão pouco que não podemos sequer discuti-las — *de gustibus non disputandum est*?

...Mencionamos que o gosto e o olfato são os sentidos mais privados, isto é, os sentidos em que não é um objeto, mas sim uma sensação o que se sente, e em que a sensação não se prende ao objeto e não pode ser relembrada. Pode-se reconhecer o cheiro de uma rosa ou de uma comida quando são novamente sentidos, mas não é possível tê-los presentes do modo como se pode ter presente qualquer visão já vista ou qualquer melodia já ouvida... Ao mesmo tempo, vimos que o gosto, mais do que qualquer dos outros sentidos, tornou-se o veículo do juízo; somente o gosto e o olfato são discriminatórios pela própria natureza *e* somente estes sentidos se relacionam com o particular enquanto tal: todos os objetos dados aos sentidos objetivos compartilham suas propriedades com outros objetos; não são únicos. Além disso, o apraz-me ou o não me apraz têm uma presença esmagadora no gosto e no olfato. São imediatos, e não mediados pelo pensamento ou pela reflexão...

E o apraz-me, ou o não me apraz, é quase idêntico ao concorda comigo ou discorda de mim. O cerne da questão é o seguinte: afeta-me diretamente. Justamente por isso, não se pode discutir aqui o certo e o errado. Nenhum argumento pode me persuadir a gostar de ostras se eu não gosto delas. Em outras palavras, o elemento perturbador em assuntos de gosto é que eles não são comunicáveis.

A solução para esses enigmas pode ser indicada pelos nomes de duas outras faculdades — imaginação e senso comum. 1) A imaginação... transforma um objeto em algo com o qual não preciso estar diretamente confrontado, mas que, de certa maneira, internalizei, de modo que eu agora possa ser afetado por ele como se me fosse dado por um sentido não objetivo. Kant diz: "É belo aquilo que me apraz no mero ato de julgar." Isto é: não é importante se apraz ou não na percepção; aquilo que apraz simplesmente na percepção é gratificante, e não belo. Apraz na representação: a imaginação preparou-o de modo que agora possa refletir sobre ele: "a operação da reflexão". Só aquilo que nos toca, que nos afeta na representação, quando não se pode mais ser afetado pela presença imediata — sem envolver-se, assim como o espectador não se envolve nas ações reais durante a Revolução Francesa —, pode então ser julgado como certo ou errado, importante ou irrelevante, feio ou belo, ou algo intermediário. Passamos, então, a chamá-lo de juízo, e não mais de gosto, porque embora nos afete ainda como uma questão de gosto, estabelecemos agora, através da representação, a distância adequada, o afastamento, ou o não envolvimento, ou o desinteresse, requisito para a aprovação ou desaprovação, ou para avaliar algo em seu valor apropriado. Removendo o objeto, estabelecemos a condição para a imparcialidade.

E 2) *senso comum:* Kant muito cedo se deu conta de que havia algo de não-subjetivo no que parecia ser o sentido mais privado e subjetivo; essa consciência é expressa da seguinte forma: há o fato de que as questões de gosto, "o belo, interessam somente em *sociedade...* Um homem que se deixe abandonar numa ilha deserta não enfeitaria sua casa ou a si mesmo... [O homem] não se contenta com um objeto se não pode satisfazer-se com ele, em comum com os outros", ao passo que nos desprezamos quando trapaceamos em um jogo, mas nos envergonhamos somente quando somos pegos. Ou: "em questões de gosto devemos renunciar a nós mesmos em favor dos outros", ou com a finalidade de agradar aos outros (*Wir müssen uns gleichsam anderen zu gefallen entsagen*). Finalmente, e do modo mais radical: "No gosto supera-se o egoísmo", temos consideração, no sentido original da palavra. Temos que superar nossas condições subjetivas especiais em proveito dos outros. Em outras palavras, o elemento não subjetivo nos sentidos não objetivos é a intersubjetividade. (Deve-se estar só para poder pensar; é preciso companhia para desfrutar uma refeição.)

O juízo, e especialmente os juízos de gosto, sempre se refletem sobre outros... e levam seus possíveis juízos em conta. Isso é necessário porque sou humano e não posso viver sem a companhia dos homens... O direcionamento-ao-outro básico do juízo e do gosto parece estar na maior oposição possível com a própria natureza, com a natureza absolutamente idiossincrática do sentido em si. Logo, podemos ficar tentados a concluir que a faculdade do juízo é erradamente derivada deste sentido. Kant, muito ciente de todas as implicações desta derivação, permanece convencido de que se trata de uma derivação correta. E o fenômeno mais plausível a seu favor é sua observação, inteiramente correta, de que o verdadeiro oposto do Belo não é o Feio, mas "aquilo que provoca a *repugnância*". E não esqueçam que Kant planejou originalmente escrever uma *Crítica do gosto moral*

...A operação da imaginação: julgamos objetos que não estão mais presentes... e que não mais nos afetam diretamente. Ainda assim, quando o objeto é removido de nossos sentidos exteriores, passa a ser objeto para nossos sentidos interiores. Quando representamos para nós mesmos algo ausente, fechamos, por assim dizer, aqueles sentidos pelos quais os objetos nos são dados em sua objetividade. O sentido do gosto é como se nos sentíssemos a nós mesmos, é como um sentido interior... Essa operação de imaginação prepara o objeto para "a operação de reflexão". E essa operação de reflexão é a real atividade de julgar algo.

...Fechando nossos olhos, tornamo-nos espectadores imparciais das coisas visíveis, sem sermos afetados diretamente por elas. O poeta cego. Também: fazendo daquilo que os sentidos externos perceberam um objeto para o sentido interior, comprimimos e condensamos a multiplicidade do que é dado sensualmente, estamos em posição de "ver" com os olhos do espírito, isto é, de ver o todo que dá sentido aos particulares...

A questão que surge agora é a seguinte: quais são os padrões da operação de reflexão?... Chama-se gosto [o sentido interno] porque, assim como o gosto, ele *escolhe*. Mas essa escolha sujeita-se ela mesma, mais uma vez, a outra escolha: podemos aprovar ou desaprovar o simples fato de *aprazer*; ele está sujeito à "aprovação e desaprovação". Kant dá exemplos: "A alegria de um homem necessitado, mas bem-intencionado, ao tornar-se herdeiro de um pai afetuoso mas avarento"; ou, ao contrário, "uma dor profunda pode satisfazer a pessoa que a experimenta (a angústia de uma viúva na morte de seu excelente marido); ou... algo que é gratificante pode também aprazer (como nas ciências que buscamos); ou um pesar (por exemplo, ódio, inveja, vingança) pode ademais desaprazer". Todas essas aprovações e desaprovações são re-pensamentos; enquanto estamos fazendo pesquisa científica, podemos estar vagamente conscientes de estarmos felizes nesta atividade — mas só quando refletirmos sobre isso mais tarde... é que seremos capazes de ter esse "prazer" adicional; o prazer de aprovar. Neste prazer adicional, não é mais o objeto o que apraz, mas o fato de que o julgamos prazeroso: se relacionamos isto ao todo da natureza ou ao mundo, podemos dizer: nos apraz o fato de o mundo da natureza nos aprazer. O próprio ato de aprovação dá prazer; o próprio ato de desaprovação causa desprazer. Daí a questão: como escolher entre a aprovação e a desaprovação? Um critério podemos arriscar, considerando os exemplos: o critério é a comunicabilidade ou o caráter público. Não ficaremos ultra-ansiosos para anunciar nossa alegria na morte de nosso pai ou nossos sentimentos de ódio e inveja; não sentiremos, por outro lado, remorsos ao dizer que gostamos de fazer o trabalho científico e tampouco ocultaremos nossa dor na morte de um excelente marido.

O critério é comunicabilidade, e o padrão para decidir sobre ele é o Senso Comum.

Sobre a comunicabilidade de uma sensação.

É verdade que a sensação dos sentidos é "comunicável em geral porque podemos supor que todos têm sentidos semelhantes aos nossos. Mas não se pode pressupor isso em relação a qualquer sensação particular". Estas sensações são privadas; e também não há juízo envolvido: somos simplesmente passivos, reagimos, não somos espontâneos como quando voluntariamente imaginamos algo ou refletimos sobre algo.

No polo oposto, encontramos os juízos morais: estes, segundo Kant, são necessários; são ditados pela razão prática... mesmo se não pudessem [ser comunicados], permaneceriam válidos.

Temos, em terceiro lugar, os juízos ou o prazer no belo: "este prazer acompanha a apreensão ordinária [*Auffassung,* não a percepção] de um objeto pela imaginação..., por meio de um procedimento do juízo que ele deve também exercitar em proveito da experiência mais comum". Esse tipo de juízo está em toda experiência que temos com o mundo. Ele se baseia "naquele intelecto comum e sólido [*gemeiner e gesunder Verstand*] que temos de pressupor em todos". Como é que esse "senso comum" se distingue de outros sentidos que também temos em comum e que, no entanto, não garantem o acordo das sensações?

O gosto como uma espécie de Sensus Communis.

O termo modificou-se. O primeiro, senso comum, significava um sentido semelhante a nossos outros sentidos — o mesmo para todos em sua própria privacidade. Ao usar o termo latino, Kant indica que está falando de algo diferente: está falando de um sentido extra — como uma capacidade mental extra (o termo alemão: *Menschenverstand*) — que nos ajusta a uma comunidade. O "entendimento comum dos homens... é o mínimo que se pode esperar de qualquer um que se diga homem"...

O *sensus communis* é o sentido especificamente humano porque a comunicação, isto é, a fala, depende dele... "O único sintoma geral de insanidade é a perda do *sensus communis* e a teimosia lógica em insistir no seu próprio (*sensus privatus*)..."

> No *sensus communis* devemos incluir a ideia de um sentido *comum a todos,* isto é, de uma faculdade do juízo que, em sua reflexão, leva em conta (*a priori*) o modo de representação de todos os outros homens em pensamento, para, de certo modo, comparar seu juízo com a razão coletiva da humanidade... Isso se faz comparando-se nosso juízo com o juízo possível dos outros, e não com o real, e colocando-nos no lugar de qualquer outro homem, abstraindo-nos das limitações que contingentemente se juntam a nosso próprio juízo... Agora esta operação talvez pareça artificial demais para ser atribuída a uma faculdade chamada de *senso comum*, mas só tem tal aparência quando expressa em uma formulação abstrata. Não há nada mais natural em si do que abstrair do encanto e da emoção se buscamos um juízo que venha a servir como regra universal.

Depois disso, seguem-se as máximas deste *sensus communis*: pensar por si mesmo (a máxima do esclarecimento); colocarmo-nos no lugar de todos os outros em pensamento (a máxima da mentalidade alargada); e a máxima da consistência (estar de acordo consigo mesmo, *mit sich selbst einstimmig denken*).

EXCERTOS DAS CONFERÊNCIAS SOBRE A FILOSOFIA POLÍTICA DE KANT

Não se trata aqui de questões de cognição; a verdade nos compele; não precisamos de "máximas". As máximas aplicam-se e são necessárias só para questões de opinião e de juízo. E assim como em questões morais nossa máxima de conduta declara a qualidade de nossa vontade, também as máximas do juízo atestam nosso "tipo de mentalidade" (*Denkungsart*) nos assuntos mundanos que são governados pelo senso de comunidade.

> Por menor que seja a área ou o grau de alcance dos talentos naturais do homem, ainda assim há indicação de um homem de *pensamento alargado,* se ele desconsidera as condições subjetivas privadas de seu próprio juízo, que confinam tantos outros, e reflete sobre elas de um *ponto de vista geral* (que ele só pode determinar colocando-se no lugar e no ponto de vista dos outros).

...O gosto é este "senso de comunidade" (*gemeinschaftlicher Sinn*), e senso significa aqui "o efeito de uma reflexão sobre o espírito". Esta reflexão me afeta como se fosse uma sensação... "Poderíamos até mesmo definir o gosto como a faculdade de julgar aquilo que torna comunicável em geral, sem a mediação de um conceito, o nosso sentimento [como a sensação] em uma representação dada [não a percepção]."

> Se pudéssemos supor que a mera comunicabilidade geral de um sentimento deve trazer em si um interesse para nós com relação a ela [...] deveríamos ser capazes de explicar por que o sentimento no juízo do gosto vem a ser imputado a todos, por assim dizer, como um dever.

...A validade destes juízos nunca [possui] a validade das proposições cognitivas ou científicas, que não são, a rigor, juízos. (Se dizemos que o céu é azul, ou que dois e dois são quatro, não "julgamos; dizemos o que é, compelidos pela evidência de nossos sentidos ou de nosso espírito".) Nesse sentido, nunca podemos compelir alguém a concordar com nossos juízos — isto é belo, isto é errado (Kant não acredita, entretanto, que juízos morais sejam o produto da reflexão e da imaginação, logo não são, a rigor, juízos) —, podemos somente "pretender, cortejar" o acordo de todos os demais. E nesta atividade persuasiva, podemos na verdade apelar para o "senso de comunidade". ... Quanto menos idiossincrático for o seu gosto, melhor poderá ser comunicado; a comunicabilidade, novamente, é a pedra de toque. A imparcialidade em Kant é chamada de "desinteresse", o prazer desinteressado no Belo... Se, portanto, o parágrafo 41 [na *Crítica do juízo*] fala de um "Interesse no Belo", na verdade está falando de ter-se um "interesse" no desinteresse... Por podermos dizer que algo é belo é que temos um *"prazer em sua existência"*, e é nisso que "consiste todo o interesse". (Em uma de suas reflexões nos cadernos, Kant observa que o Belo nos ensina a amar sem interesse próprio [*ohne Eigennutz*].) E a característica peculiar deste interesse é que "interessa somente em sociedade".

...Kant enfatiza que pelo menos uma de nossas faculdades, a faculdade do juízo, pressupõe a presença de outros. E não só aquilo que terminologicamente chamamos de juízo; preso a isto está... todo o aparato da alma, por assim dizer. Comunicando nossos sentimentos, nossos prazeres e deleites desinteressados, dizemos nossas *escolhas* e escolhemos nossas companhias. "Preferiria errar com Platão a acertar com os pitagóricos" [Cícero].

Finalmente, quanto mais amplo o escopo dos homens aos quais poderíamos comunicar, maior o valor do objeto:

> Embora o prazer que todos têm em tal objeto não seja considerável [isto é, contanto que o não se compartilhe] e não tenha em

EXCERTOS DAS CONFERÊNCIAS SOBRE A FILOSOFIA POLÍTICA DE KANT

si qualquer interesse notável, ainda assim a ideia de sua comunicabilidade geral aumenta seu valor a um grau quase infinito.

Neste ponto, a *Crítica do juízo* incorpora sem esforço a deliberação de Kant sobre uma humanidade unida, vivendo em uma paz eterna... Se

> todos esperam e exigem de todos os demais esta referência à comunicação geral [do prazer, do deleite desinteressado, então teremos alcançado um ponto em que é como se existisse] uma comunidade original ditada pela própria humanidade.

...É em virtude dessa ideia de humanidade, presente em cada homem particular, que os homens são humanos, e eles podem se dizer civilizados ou humanos porque essa ideia se tornou o princípio de suas ações e de seus juízos. É nesse ponto que o ator e o espectador passam a estar unidos; a máxima daquele que age e a máxima, o "padrão", segundo a qual o espectador julga o espetáculo do mundo tornam-se uma só. O imperativo categórico para a ação poderia enunciar o seguinte: aja sempre segundo a máxima que permita que esta unidade original possa ser realizada em uma lei geral.

Concluindo, tentarei esclarecer algumas das dificuldades: a dificuldade principal no juízo é ser "a faculdade de julgar o particular"; mas *pensar* significa generalizar; portanto, trata-se da faculdade que misteriosamente combina o particular e o geral. Isto é relativamente fácil se o geral é dado — como uma regra, um princípio, uma lei — de modo que julgar seja simplesmente subsumir-lhe um particular. A dificuldade cresce "se somente o particular é dado e é preciso descobrir o geral relativo a ele". Pois o padrão não pode ser importado da experiência e não pode ser derivado do exterior. Não posso julgar um particular por outro particular; para determinar seu valor, preciso de uma *tertium quid* ou de uma *tertium comparationis*, algo que se relacione aos dois particulares e que seja ainda assim distinto de ambos. Em Kant, encontramos duas soluções completamente diferentes para esta dificuldade.

Como uma verdadeira *tertium comparationis*, aparecem em Kant duas ideias sobre as quais temos de refletir para chegar a juízos: trata--se, tanto nos escritos políticos e, ocasionalmente, também na *Crítica do juízo*, da ideia da unidade original da humanidade como um todo e, derivada dessa ideia, a noção de natureza humana, aquilo que constitui o humano nos seres humanos, que vivem e morrem neste mundo, nesta terra que é um globo, na qual eles vivem juntos, a qual eles dividem juntos, na sucessão de gerações. Na *Crítica do juízo* se encontra também a ideia de finalidade: todo objeto, diz Kant, como um particular, precisando do fundamento de sua realidade e contendo-o em si, tem uma finalidade. Os únicos objetos que parecem não ter finalidade são os objetos estéticos, de um lado, e os homens, do outro. Não podemos perguntar quem *ad finem* — com que finalidade? —, uma vez que eles não servem para nada. Mas... objetos de arte sem finalidade, bem como a aparentemente sem propósito variedade da natureza, têm a "finalidade" de aprazer aos homens, fazendo com que se sintam em casa no mundo. Isso jamais pode ser provado; mas a Finalidade é uma ideia para regular nossas reflexões em seus juízos reflexionantes.

Ou, a segunda ideia de Kant, a meu ver uma solução muito mais valiosa, é a seguinte. É *validade exemplar* ("Exemplos são o veículo dos juízos.") Vejamos o que é isso: todo objeto particular, por exemplo, uma mesa, tem um conceito correspondente pelo qual podemos reconhecer uma mesa como uma mesa. Isso pode ser concebido como a "ideia" platônica ou o esquema kantiano, isto é, temos diante dos olhos do nosso espírito uma mesa esquemática ou simplesmente uma *figura de mesa formal* com a qual toda mesa deve estar em conformidade. Ou: se procedermos inversamente, partindo das muitas mesas

EXCERTOS DAS CONFERÊNCIAS SOBRE A FILOSOFIA POLÍTICA DE KANT

que vimos em nossa vida, nós as despojamos de todas as qualidades secundárias, e o que resta é uma mesa em geral, contendo as proprie-dades mínimas comuns a todas as mesas. A *mesa abstrata*. Resta-nos ainda uma possibilidade, que entra em juízos e que não são cognições: podemos encontrar ou pensar em alguma mesa que julgamos ser a melhor possível e tomar esta mesa como o exemplo de como as mesas deveriam realmente ser — a *mesa exemplar*. (Exemplo vem de *eximere,* escolher um particular.) Isto é e continua a ser um particular que em sua própria particularidade revela a generalidade que, de outra forma, não poderia ser definida. A Coragem é como Aquiles. Etc.

Estivemos falando aqui sobre a parcialidade do ator, que, por estar envolvido, nunca vê o significado do todo... O mesmo não se aplica ao belo ou a qualquer feito em si. O belo é, em termos kantianos, um fim em si mesmo, porque todo o seu significado possível está contido em si mesmo, sem referência a outros, sem conexão, por assim dizer, com as outras coisas belas. No próprio Kant há esta contradição: o Progresso Infinito é a lei da espécie humana; ao mesmo tempo, a dignidade dos homens exige que eles sejam vistos, cada um deles... em sua particu-laridade, refletindo enquanto tais — mas sem qualquer comparação e independentemente do tempo — a humanidade em geral. Em outras palavras, a própria ideia de progresso — se é mais que uma simples alteração de circunstâncias e uma melhora no mundo — contradiz a noção kantiana de dignidade humana.

Posfácio da edição norte-americana

Mary McCarthy

Hannah Arendt morreu subitamente em 4 de dezembro de 1975. Era uma noite de quinta-feira; ela recebia amigos em casa. No sábado anterior, havia terminado "O Querer", a segunda seção de *A vida do espírito*. Assim como *A condição humana,* seu precursor, o trabalho fora concebido em três partes. Enquanto *A condição humana,* com o subtítulo de *A vita activa,* fora dividido em "Labor", "Trabalho" e "Ação", *A vida do espírito,* tal como foi planejado, era dividido em "O Pensar", "O Querer" e "O Julgar", as três atividades básicas, no seu modo de ver, da vida espiritual. A distinção feita na Idade Média entre a vida ativa do homem no mundo e a solitária *vita contemplativa* estava, é claro, presente em seu pensamento, embora para ela aquele que pensa, quer e julga não seja um contemplador, isolado por vocação monástica, mas sim o homem comum, ao exercitar sua capacidade especificamente humana de retirar-se de tempos em tempos para a região invisível do espírito.

Se a vida do espírito é ou não superior à chamada vida ativa (assim como foi considerada na Antiguidade e na Idade Média), essa é uma questão que Hannah Arendt nunca enunciou claramente. Ainda assim, pode-se dizer que os últimos anos de sua vida foram consagrados a este trabalho, que ela tratava como uma tarefa que lhe cabia como ser vigorosamente pensante — a coisa mais elevada a que estava destinada. Em meio aos seus diversos compromissos acadêmicos, participação em várias mesas-redondas, painéis e consultorias (era um constante recruta da *vita activa* do cidadão e da figura pública, ainda que raramente fosse uma voluntária), ela permanecia imersa em *A vida do espírito*, como se a finalização do livro fosse liberá-la não tanto de uma obrigação, que soaria onerosa demais, mas de um pacto que fizera. Todos os caminhos, por mais secundários que fossem, em que o acaso ou a intenção a colocassem em sua existência cotidiana e profissional levavam-na de volta àquele trabalho.

Quando, em junho de 1972, chegou um convite para participar como conferencista das Gifford Lectures, na Universidade de Aberdeen, Hannah Arendt escolheu a ocasião para fazer uma espécie de teste dos volumes já em preparação. As Gifford Lectures serviram também como estímulo. Iniciadas em 1885 por Adam Gifford, um importante juiz escocês, "com a finalidade de estabelecer em cada uma das quatro cidades, Edimburgo, Glasgow, Aberdeen e St. Andrews [...] uma cátedra [...] de Teologia Natural, no sentido mais amplo do termo", as conferências já haviam sido anteriormente proferidas por Josiah Royce, William James, Bergson, J. G. Frazer, Whitehead, Eddington, John Dewey, Werner Jaeger, Karl Barth, Etienne Gilson, Gabriel Marcel, entre outros — um rol de honra do qual ela teve muito orgulho em participar. Sendo normalmente supersticiosa, deve ter encarado as conferências também como uma espécie de *amuleto*: obras como *The Varieties of Religious Experience* e *Process and Reality*, de Whitehead; *The Mistery of Being*, de Marcel; *The Spirit of Medieval Philosophy*, de Gilson tinham vindo à luz pela primeira vez nas Gifford Lectures...

POSFÁCIO DA EDIÇÃO NORTE-AMERICANA

Tendo aceitado a incumbência, ela trabalhou talvez mais arduamente do que deveria para terminar a tarefa no tempo disponível; deu a primeira série de conferências, sobre "O Pensar", na primavera de 1973. Na primavera de 1974, voltou para a segunda série, sobre "O Querer", e foi impedida de continuar por um ataque cardíaco, depois da primeira conferência. Pretendia voltar, na primavera de 1976, para terminar a série; durante esse tempo, dera a maior parte de "O Pensar" e de "O Querer" em suas aulas na New School for Social Research em Nova York. Ainda não havia começado "O Julgar", embora tivesse utilizado material sobre o juízo em cursos que ministrou na Universidade de Chicago e na New School sobre a filosofia política de Kant. Depois da morte de Hannah Arendt, encontrou-se em sua máquina de escrever uma folha em branco, a não ser pelo título, "O Julgar", e duas epígrafes. Em algum momento entre o sábado do término de "O Querer" e a quinta-feira de sua morte, ela deve ter se sentado para enfrentar a última seção.

O plano de Hannah Arendt era um trabalho em dois volumes. "O Pensar", o maior, deveria ocupar o primeiro, e o segundo deveria conter "O Querer" e "O Julgar". Conforme disse a amigos, esperava que "O Julgar" ficasse muito mais curto do que os outros. Costumava dizer também que esperava que fosse este o mais fácil de lidar. O mais difícil tinha sido "O Querer". A razão que deu para esperar que "O Julgar" fosse ficar curto era a falta de fontes de consulta: somente Kant havia escrito sobre esta faculdade que, antes dele, só tinha sido notada por filósofos no âmbito da estética, em que fora nomeada "Gosto". Para facilitar, ela sem dúvida sentia que suas conferências sobre a filosofia política de Kant, com a cuidadosa análise da *Crítica do juízo*, já tinham preparado bastante bem o terreno a ser trabalhado. Não obstante, pode-se imaginar que "O Julgar" viesse a surpreendê-la e acabasse por tomar, só ele, um volume inteiro. De qualquer forma,

629

para dar ao leitor alguma noção sobre o que haveria na seção conclusiva, juntamos um apêndice ao segundo volume, contendo extratos das conferências de Hannah Arendt em sala de aula. Fora o material de seminário — não incluído aqui — sobre a Imaginação, que toca de passagem no papel que esta última desempenha no processo de julgar, isso é tudo o que temos sobre os pensamentos da autora acerca do tema (embora ainda possa aparecer algo mais na correspondência, quando for editada). É uma pena que não haja outras coisas: qualquer pessoa familiarizada com seu espírito terá certeza de que o conteúdo do apêndice não é exaustivo com relação às ideias que já deveriam estar se agitando em sua cabeça quando ela colocou a nova folha de papel na máquina.

Sobre a edição. Ao que eu saiba, os livros e artigos de Hannah Arendt eram editados antes de chegar à forma de publicação. Aqueles escritos em inglês, naturalmente. O trabalho era feito por profissionais das editoras, das revistas (William Shawn, na *The New Yorker*, Robert Silvers na *The New York Review of Books*, Philip Rahv, nos velhos tempos, na *Partisan Review*), e também por amigos. Às vezes, muitas mãos que não se conheciam trabalhavam nos manuscritos, com seu consentimento e, normalmente, mas nem sempre, com sua colaboração; tendia a deixar aqueles em quem aprendera a confiar bem livres para usar o lápis vermelho. Ela se referia a tudo isso com humor, como o "inglesamento" pelo qual tinham de passar seus textos. Aprendera a escrever sozinha em inglês, como exilada, já depois dos 35 anos, e nunca se sentiu tão à vontade com essa língua, mesmo na fala, como já se sentia com o francês. Debatia-se com a língua inglesa e com suas terríveis e misteriosas restrições. Embora tivesse um talento natural — que viria a se fazer sentir em sioux e em sânscrito — para a expressão eloquente, vigorosa e às vezes pungente, as frases eram longas, à maneira alemã, e tinham que ser desenroladas e quebradas em duas ou três. Além disso, como qualquer um

POSFÁCIO DA EDIÇÃO NORTE-AMERICANA

que fala ou escreve em uma língua estrangeira, ela tinha problemas com preposições. E com aquilo que Fowler chamava de "idioma de ferro". E para encontrar o lugar natural dos advérbios: pois em inglês não há regras — apenas uma lei não escrita, que parece tirânica e ameaçadora para o estrangeiro por poder ser, de resto, quebrada sem a menor previsão. Ademais, ela era impaciente. Suas frases podiam ser pesadas, não só porque sua língua materna era o alemão, com uma tendência para as sequências de elementos modificadores e de subordinação que atravancam o caminho até o esperado verbo, mas também porque tentava obter muito de uma só vez. Essa mistura de pressa e generosidade era muito característica dela.

De qualquer forma, o trabalho de Hannah Arendt foi editado. Trabalhei em vários de seus textos, às vezes depois de outro editor, amador ou profissional, que me havia precedido. Revisamos juntas *Sobre a violência*, um certo verão no Café Flore, e então levei o texto para casa, para exame posterior. Trabalhamos em *Da desobediência civil*, em uma *pensione* na Suíça por vários dias, e demos toques finais no último artigo que publicou, "Home to Roost", em um apartamento que lhe fora emprestado em Marbach (terra natal de Schiller), perto do Deutsche Literaturarchiv, onde ela pesquisava os escritos de Jaspers. Trabalhei com ela na seção sobre "O Pensar" de A *vida do espírito*, em Aberdeen; em uma cópia do manuscrito original, posso ver minhas alterações a lápis. Na primavera seguinte, enquanto ela se encontrava em uma ala do hospital de Aberdeen, por alguns dias no balão de oxigênio, trabalhei em partes de "O Querer" sozinha, a seu pedido.

Enquanto Hannah Arendt vivia, o trabalho era divertido, por ser uma colaboração e um intercâmbio. No geral, ela aceitava correções de bom grado, com alívio quando se tratava de preposições, por exemplo; com interesse quando alguma questão de uso era nova para ela. Às vezes discutíamos, continuando a discussão por correspondência;

isso aconteceu em sua tradução do termo *Verstand* de Kant como "intelecto"; eu achava que devia ser "entendimento", como no padrão das traduções. Mas jamais a convenci, e cedi. Agora acho que ambas estávamos certas, porque apontávamos para coisas diferentes: ela se apegava ao sentido original do termo, e eu buscava a compreensão dos leitores. No presente texto, ficou "intelecto". A maior parte de nossas discordâncias era resolvida por um meio-termo ou por um corte. Mas, no processo, sua impaciência natural, mais cedo ou mais tarde, reafirmava-se. Ela não gostava de fazer muito alvoroço a respeito de detalhes. "*Você* dá um jeito", ela diria afinal, começando a esconder um bocejo. Sendo impaciente, era também indulgente; supunha-me uma "perfeccionista" e inclinava-se a condescender com essa tendência, contanto que não se aproximasse do proselitismo.

Seja como for, nunca tivemos diferenças substanciais. Se, às vezes, eu questionava o pensamento em um de seus manuscritos, era somente para apontar o que me parecia uma contradição com outro pensamento que ela apresentara páginas atrás. Normalmente, acabava ficando claro que eu tinha deixado de perceber alguma distinção subjacente, ou, ao contrário, que ela tinha deixado de perceber a necessidade que o leitor teria de *distinguo*. Por mais estranho que possa parecer, nossas cabeças estavam, sob muitos aspectos, bastante próximas — um fato que ela frequentemente observava quando a mesma noção ocorria para cada uma, independentemente, enquanto um oceano — o Atlântico — nos separava. Ou ela lia algum texto que eu tinha escrito e encontrava ali um pensamento sobre o qual ela vinha ponderando em silêncio. Tal convergência de pensamento, decidiu, havia de ter algo a ver com a minha formação católica, que me tinha dado, ela acreditava, uma aptidão para a filosofia.

Na verdade, minhas notas nos dois cursos de filosofia que fiz na faculdade estão longe de ser brilhantes — cursos confusos e de ensino

POSFÁCIO DA EDIÇÃO NORTE-AMERICANA

letárgico, acrescente-se. Por outro lado, entretanto, nossos estudos não se distanciam tanto. Na Alemanha, ela tinha feito sua tese de doutorado sobre o Conceito de Amor em Agostinho; nos Estados Unidos, eu havia lido Agostinho em um curso de graduação sobre Latim Medieval e regozijara-me com *A cidade de Deus* — meu favorito. Possivelmente meus estudos sobre a Idade Média e a Renascença, em francês, latim, inglês, além dos anos de latim clássico e, mais tarde, da leitura de Platão, em casa, combinaram-se à infância católica, ficando no lugar de uma instrução formal em filosofia. Há também o fato não considerado por Hannah Arendt de que no decorrer dos anos aprendi muito com ela.

Menciono essas coisas agora para referir-me às minhas qualificações para editar *A vida do espírito*. Não foi um trabalho para o qual eu tivesse me candidatado; e quando, em janeiro de 1974, ela me tornou sua inventariante literária, duvido muito que antevisse o que estava para acontecer, isto é, que não viveria para terminar aqueles volumes e que seria eu, sem o benefício de sua assistência, que tomaria conta da publicação. Se ela de fato anteviu isso no final — pelo menos como uma possibilidade clara —, depois do ataque cardíaco, alguns meses depois, em Aberdeen, devia saber que eu cuidaria do livro com todas as minhas peculiaridades e rigores, e aceitou o inevitável por espírito filosófico. Conhecendo-me, pode até ter previsto as tentações que me cercariam, com a nova liberdade de interferência, liberdade para fazer as coisas do "meu" jeito; mas se me conhecesse tão bem, saberia também que a resistência diante do simples vislumbre de tais tentações se ergueria em minha consciência ainda católica... Se adivinhasse, em suma, que haveria dias em que eu me tornaria um campo de batalha no qual minha lealdade à prosa de meus antepassados lutaria com meu sentimento de dever para com ela, provavelmente teria se divertido com a cena de semelhante disputa furiosa — a competição entre os escrúpulos e as tentações —, tão estranha à sua própria natureza. Devo supor que ela confiava em meu julgamento, tinha fé em que, no final, não haveria prejuízo, que o manuscrito sairia ileso da luta; se me faltasse a confiança em *sua* confiança, eu acabaria logo tendo que desistir.

Mas o que quer que tenha previsto ou deixado de prever, o fato é que ela não está aqui agora para ser consultada ou para nos auxiliar. Fui forçada a conjecturar sua reação a cada ato de interferência editorial. Na maioria dos casos, a experiência anterior facilitou a tarefa: se Hannah Arendt conhecia-me, eu também a conhecia. Mas surgiram problemas aqui e ali que, no passado, eu certamente não teria tentado resolver sozinha, em um esforço para adivinhar. Toda vez que não estava segura, salpicava o manuscrito com pontos de interrogação que significavam "O que você quer dizer aqui?", "Pode tornar mais claro?", "É a palavra certa?". Hoje as questões ("O que será que ela quis dizer com isso?" "A repetição era intencional ou não?") dirigem-se a mim. Ainda assim, não exatamente à minha pessoa; em vez disso, coloco-me em seu lugar, transformo-me em uma espécie de leitora de pensamento, de médium. Com os olhos fechados, converso com um fantasma bem vivo. Ela me assombrou, interrompeu o movimento do meu lápis, causou o uso repetido da borracha. Na prática, a nova liberdade descoberta significou que me sentia menos livre com o seu texto datilografado do que quando ela estava viva. Vez por outra, pegava-me mudando de ideia pelo medo de alguma objeção imaginada e tinha de me recompor com a lembrança de que, em circunstâncias normais, eu jamais permitiria que passassem os longos períodos de uma página, ali, olhando-me.

Ou, ao contrário, acontecia-me riscar com firmeza uma frase ou expressão cujo significado era obscuro para mim, substituindo por uma linguagem que parecia fazer mais sentido; então, em uma segunda leitura, desconfiava e voltava a consultar o texto original, via que tinha perdido alguma nuance e recompunha o trecho como havia sido

POSFÁCIO DA EDIÇÃO NORTE-AMERICANA

escrito, ou fazia novo esforço para parafraseá-lo. Qualquer um que já tenha traduzido reconhecerá o processo — os esforços repetidos para ler, *através* da linguagem, o pensamento do autor que está ausente. Aqui o fato de ter, há muitos anos — e, principalmente, creio, por minha amizade com ela —, começado a estudar alemão, acabou sendo um golpe de sorte do destino. Conheço o bastante da língua materna de Hannah Arendt para discernir a estrutura original como o contorno de montanhas distantes por trás de sua expressão em inglês; isto tornou "traduzíveis" muitas passagens problemáticas: simplesmente colocava-as em alemão, língua em que ficavam claras, e então as refazia em inglês.

Seja como for, no meu entender, nada que de alguma forma afete o pensamento foi modificado. Foram feitos alguns cortes, na maioria pequenos, geralmente para eliminar repetições, nos casos em que concluí que eram acidentais e não deliberadas. Em pouquíssimos lugares, não mais que dois ou três, acrescentei algo em benefício da clareza, como, por exemplo, as palavras "Scotus era um franciscano", em uma passagem que, de outra forma, ficaria obscura para um leitor a quem faltasse a informação. Mas, tirando tais exceções menores, o que se fez foi apenas o "inglesamento" habitual por que passavam todos os seus textos.

Isso não se aplica ao material das conferências que figura no apêndice. Esses extratos aparecem textualmente, com exceção de erros óbvios de datilografia que foram corrigidos. Pareceu-me que uma vez que as conferências sobre Kant jamais foram concebidas para publicação, mas sim para serem dadas de viva voz a uma turma de estudantes, qualquer intromissão editorial seria inadequada. Não era minha tarefa interferir na história. As conferências das quais foram tirados os extratos, junto com outros escritos, podem ser consultadas na Biblioteca do Congresso, com a permissão dos seus inventariantes testamentários.

Devo mencionar outro grupo de modificações. Os manuscritos de "O Pensar" e "O Querer" estavam ainda em formato de conferência, sem alterações em relação ao modo como tinham sido expostos em Aberdeen, embora sob outros aspectos tivessem sido muito revistos e ampliados (o último capítulo de "O Querer" era inteiramente novo). Se ela tivesse tido tempo, obviamente teria alterado esse formato, transformando ouvintes em leitores, como fazia habitualmente quando algo que tinha sido proferido como conferência saía em algum livro ou revista. No presente texto, isso foi feito, excetuando-se o caso da introdução geral, com sua agradável alusão às Gifford Lectures. Se algo do sabor da palavra falada permanece, entretanto, isso só faz bem.

Uma observação final sobre o "inglesamento" deve ser feita. Evidentemente, o gosto pessoal intervém nas decisões do editor. Minha ideia própria do que seja aceitável em inglês escrito é, como a de qualquer um, idiossincrática. Não faço objeções, por exemplo, quanto a terminar uma frase com uma preposição — na verdade eu até favoreço esse tipo de construção —, mas choca-me encontrar certos substantivos, como "*shower*" (no sentido de "*shower-bath*" [banho de chuveiro]) e "*trigger*" [gatilho], usados como verbos. Assim, não podia deixar que Hannah Arendt, uma pessoa que eu admirava tanto, usasse "*trigger*", quando era perfeitamente adequado utilizar "*cause*" [causar] ou "*set in motion*" [pôr em movimento]. E "*when the chips are down*" [quando as fichas estão na mesa]: não posso dizer por que a expressão me desagrada, principalmente partindo dela, que duvido que tenha algum dia segurado uma ficha de pôquer. Mas posso vê-la (o cigarro na piteira) contemplando a mesa de roleta ou bacará; acabou, então, ficando "o jogo está feito" — que lhe cai melhor, fica mais do seu jeito. Será que ela teria se importado com esses pequenos exemplos de interferência em sua liberdade de expressão? Será que ela dava muito valor ao seu "*trigger*"? Tenho esperança de que teria condescendência com meus preconceitos. E embora o gosto pessoal tenha entrado ocasionalmente em cena como árbitro (em casos em que, outrora, eu havia tentado persuadi-la), tomei durante todo o tempo muito cuidado para respeitar-lhe o tom característico. Não permiti que meu próprio estilo interferisse; não há uma só "palavra estilo Mary McCarthy" no texto. No único caso em que, por não encontrar nada melhor, utilizei tal palavra, sua inadequação saltava aos olhos nas provas de revisão, e a palavra teve de ser rapidamente suprimida. De modo que o texto é dela; *é* ela, espero, no sentido de que as incisões e o polimento revelam-na, assim como o corte do que é supérfluo no mármore põe a nu sua forma intrínseca. Michelangelo disse isso a respeito da escultura (em oposição à pintura), e, aqui, de qualquer forma, não há nenhum vestígio de exagero ou de embelezamento.

Foi um trabalho pesado, que mantinha ativo um diálogo imaginário com Hannah Arendt, diálogo que às vezes beirava o debate. Embora em vida nunca tenha se chegado a isso, eu agora a censurava e vice-versa. O trabalho continuava até tarde da noite; nos meus sonhos, então, subitamente desapareciam páginas do manuscrito, ou, ao contrário, novas páginas apareciam inadvertidamente, deixando tudo, inclusive as notas, fora de ordem. Mas também foi, se não divertido, como nos velhos tempos, pelo menos compensador. Aprendi, por exemplo, a entender a *Crítica da razão pura*, que anteriormente considerava impenetrável. Procurando uma referência que faltava, li alguns diálogos inteiros de Platão (o *Teeteto* e o *Sofista*), nos quais jamais mergulhara anteriormente. Aprendi a diferença entre uma arraia-elétrica e uma arraia-lixa. Reli partes das *Bucólicas* e das *Geórgicas,* de Virgílio, que não via desde a faculdade. Muitos dos meus velhos livros da faculdade desceram das prateleiras, e não só os meus, mas também os do meu marido (ele estudou filosofia em Bowdoin) e os do secretário do meu marido (ele tinha Rilke, algo que nos faltava de Aristóteles e mais Virgílio).

Foi uma empreitada cooperativa. Minha secretária, ao datilografar os manuscritos, gentilmente intercedeu em favor de algumas vírgulas e de um tratamento mais rigoroso das falhas gramaticais: ela era o Escrúpulo, em luta com o lado da Tentação. O professor assistente de Hannah Arendt na New School — Jerome Kohn — caçou algumas referências e amiúde, atendendo ao apelo dos ansiosos pontos de interrogação, pôde me esclarecer; ou então, pudemos, combinando a nossa confusão, chegar a algumas certezas razoáveis. Ele até mesmo (vide pesadelo acima) descobriu uma página que, tendo passado despercebida para nós, faltava na cópia do manuscrito. Outros amigos, inclusive meu professor de alemão, ajudaram. Em meio a essa agonia, houve momentos de exultação, uma mistura do reviver dos nossos tempos de estudante (aqueles livros, as discussões pela madrugada sobre questões filosóficas) e o efeito revigorante das ideias de nossa amiga morta, ideias vivas e que geravam controvérsias, bem como surpresa e assentimento. Embora eu tenha sentido a falta de Hannah Arendt no decorrer desses meses de trabalho — na verdade, mais de um ano agora —, por mais que tenha ansiado por sua volta para me esclarecer, para objetar, confirmar, elogiar e ser elogiada, não acredito que vá sentir sua falta de verdade, sentir a dor do membro amputado, até que tudo tenha terminado. Sei que ela está morta, mas sinto ao mesmo tempo sua presença clara e distinta nesta sala, escutando minhas palavras enquanto escrevo, talvez concordando com seu menear pensativo, talvez reprimindo um bocejo.

Algumas explicações sobre assuntos práticos. Uma vez que o manuscrito, embora completo em termos de conteúdo, não tinha a forma definitiva, nem todas as citações e alusões se fazem acompanhar por notas. Graças a Jerome Kohn, a Roberta Leighton e a seus auxiliares na editora Harcourt Brace Jovanovich, muitas delas foram encontradas. Mas, como estou dizendo, outras ainda faltam; e se não puderem

POSFÁCIO DA EDIÇÃO NORTE-AMERICANA

ser encontradas a tempo, a busca terá que prosseguir e o resultado terá que ser incluído em uma futura edição. Além disso, mesmo quando temos as referências, algumas notas ficaram incompletas, principalmente quando a página ou o número do volume que são fornecidos parecem estar errados e ainda não fomos capazes de localizar a passagem certa. Isto também, espero, será eventualmente retificado. Tivemos a vantagem de ter acesso aos livros da biblioteca de Hannah Arendt utilizados como referência. Mas não temos todos os livros a que ela se referiu.

Fica claro que ela, muitas vezes, citava de memória. Nos casos em que sua memória não correspondia diretamente ao texto citado, isso foi corrigido. Com exceção das traduções: ali, às vezes corrigimos, às vezes, não. Também aqui era uma questão de tentar ler seu pensamento. Será que quando a tradução clássica de um original grego, latino, alemão ou francês era diferente da que ela citava, Hannah tinha feito propositalmente a alteração? Ou se trataria de uma falha de memória? Muitas vezes não conseguíamos ter certeza. Como nos mostra a comparação, ela de fato lançou mão de traduções clássicas: Norman Kemp Smith, para Kant; Walter Kaufmann, para Nietzsche; McKeon, para Aristóteles, e as diversas traduções de Platão na edição de Edith Hamilton e Huntington Cairns. Mas ela conhecia todas essas línguas muito bem — um fato que a levava a desviar-se da versão clássica quando lhe convinha, isto é, quando considerava Kemp Smith, por exemplo, ou Kaufmann, imprecisos. Do ponto de vista editorial, isso criou uma situação caótica. Damos crédito a Kemp Smith e a Kaufmann nas notas em que ela se baseou muito, mas não inteiramente em suas versões? Não o fazer parece injusto; mas, em alguns casos, o oposto também parecia injusto: Kaufmann, por exemplo, poderia não querer o crédito de expressões e palavras que não são dele. Kemp Smith está morto, bem como a maioria dos tradutores de Platão, mas isso não significa que a consideração por seus sentimentos deva morrer também.

639

Deixando de lado os embaraços com a questão do crédito, atacamos o problema geral das traduções de um modo que pode ser fragmentário e *ad hoc,* mas que de fato acompanha a realidade das circunstâncias, nas quais nenhuma regra geral e consistente parece funcionar. Onde foi possível, cada passagem foi comparada com a tradução clássica; os trechos estavam frequentemente sublinhados ou marcados de alguma outra forma no livro que pertencia a Hannah Arendt. Quando a variação era grande, consultávamos a língua original; e se Kemp Smith parecia estar mais perto do alemão de Kant, nós o utilizávamos. Mas quando havia uma nuance de significado que a tradução de Hannah Arendt sugeria, e que, na tradução clássica, não ficava clara, utilizávamos a dela, mesmo quando o significado era discutível. Com a prática, logo ia ficando mais fácil discernir os casos em que uma formulação variante correspondia a uma intenção da parte da autora, em oposição àqueles em que se tratava de uma inadvertência — uma falha de memória ou um erro de cópia; diferenças de pontuação, por exemplo, foram tratadas como inadvertências.

Infelizmente, esta solução prática não dá conta de todas as contingências. A não ser quando o texto citado estava na biblioteca em inglês, não tínhamos a menor ideia de que tradução, se é que havia alguma, fora utilizada por Hannah Arendt como referência. Suporei que ela fazia a própria tradução e que se sentia livre para fazer alterações ligeiras, a bem da expressão inglesa ou da gramática, assim como eu teria feito com o seu próprio texto. (De vez em quando, eu mesma retraduzi do original. Mas faltou-me o atrevimento para tentar fazê-lo com Heidegger, embora tenha ousado fazê-lo com Mestre Eckhart.) No caso dos autores clássicos, há tamanha riqueza de traduções para escolher que dificilmente se pode esperar encontrar exatamente aquela que Hannah Arendt estaria consultando — uma agulha em um palheiro. Uma vez, por sorte, esbarrei com uma tradução de Virgílio que — por um momento ficou

POSFÁCIO DA EDIÇÃO NORTE-AMERICANA

claro — ela tinha utilizado. Meu lápis moveu-se (*Eureka!*) para indicar em nota a editora, a data etc.; então olhei de novo — não. Aqui, como tantas vezes, ela tinha utilizado a tradução sem, contudo, manter-se fiel a seu texto. E é impossível identificar em uma nota os pontos em que houve divergência e aqueles em que não houve.

Ao final, chegamos a uma política, que foi a de citar uma tradução somente quando foi seguida à risca. Quando não indicamos o nome do tradutor, significa que a versão utilizada é completa ou quase completamente da autora, ou que não pudemos encontrar a tradução que ela consultou, se é que existe. Ainda assim, mesmo essa política merece ressalvas. O leitor deve saber que algumas traduções-padrão (McKeon, Kemp Smith, a miscelânea de Hamilton-Cairns), mesmo nos casos em que não foram especificamente mencionadas, foram *grosso modo* as que serviram de guia para a autora.

A Bíblia foi um problema especial. Parecia difícil dizer a princípio se ela estava usando a versão do rei James, a *Revised Standard Version*, a versão Douai, uma versão alemã, que ela então traduzia para o inglês, ou uma mistura de todas essas. Eu até me diverti com a hipótese terna de que ela tivesse ido à Vulgata de São Jerônimo e feito sua própria interpretação do latim. Minha tendência era usar a versão do rei James; além da preferência pessoal, havia o argumento de que o "Tu deves" [*Thou shalt*], na voz da autora, que com frequência aparece em "O Querer", tinha que combinar com as formas pronominais bíblicas [*Thou, Thee*] da versão mais antiga — de outra forma, soaria estranho. Mas Roberta Leighton me demonstrou que uma comparação cuidadosa revela que o manuscrito fica mais próximo da *Revised Standard Version*; logo, ela foi utilizada, com algumas exceções, quando a beleza da linguagem do rei James era irresistível para nós, assim como evidentemente também para a autora. De qualquer forma, ater-se no geral à *Revised Standard Version* acabou com uma

HANNAH ARENDT

dificuldade: o fato de que a versão antiga traduz "amor" (*agape*) por "caridade". Uma vez que, para os ouvidos modernos, a palavra tem uma conotação muito ligada a uma dedução no imposto de renda, ou se refere a "ter uma visão benevolente" em relação a algo, teria que ser trocada por "amor", entre colchetes, toda vez que aparecesse, o que dificultaria a leitura.

Tais preocupações com a consistência e com a fidelidade máxima nas referências pode parecer curiosa ao leitor em geral. Elas são a obsessão da atividade dos editores e acadêmicos. Ou são as regras do jogo que a escrita acadêmica concorda em seguir e que, por seu próprio rigor, aumentam o entusiasmo da atividade — um entusiasmo que não pode ser dividido com aqueles que não estão no jogo. A brincadeira de esconder que está por trás de uma nota difícil de encontrar deve ser tomada com a maior seriedade, como qualquer outro esporte ou jogo que exija concentração. Ainda assim, se isso tudo importa somente para poucos, principalmente para aqueles envolvidos na atividade, qual é o sentido de tudo isso? Que diferença faz se Deus é "Ele" em uma página e "ele" em outra? Talvez a autora tenha simplesmente mudado de ideia, o que é seu direito. Por que tentar adivinhar sua preferência subjacente e aprisioná-la, um espírito livre, em um "Ele" ou um "ele" uniforme? Bem, "ele" é "Ele". E a vontade é "Vontade" quando é um conceito e "vontade" quando atua em um sujeito humano.

Peço desculpas ao leitor comum por mencionar esses detalhes sobre notas, letras maiúsculas e minúsculas, colchetes etc. — coisas tão sem interesse para alguém de fora quanto a ponderação que leva o esportista a escolher uma isca sofisticada, quando uma minhoca bastaria para pegar o peixe. Os especialistas tendem a perder de vista que o que importa é o peixe, como Hannah Arendt seria a primeira a concordar. Ela se preocupava com o leitor comum que, para ela, continuava sendo o estudante adulto. É por isso que ela gostava especialmente de

POSFÁCIO DA EDIÇÃO NORTE-AMERICANA

Sócrates. Mesmo assim, sendo uma professora e uma erudita, ela conhecia as regras do jogo e, na maioria das vezes, aceitava-as, ainda que mais no espírito da tolerância que se tem com os passatempos infantis do que no do zelo de uma verdadeira participante. Seja como for, no decorrer desses meses com o manuscrito, meus lápis bem apontados transformaram-se em tocos. E agora já falei muito de meu trabalho. É hora de devolver o manuscrito a si mesmo.

Este livro foi composto na tipografia Sabon LT Pro,
em corpo 11/16,5 e impresso em papel off-white
no Sistema Digital Instant Duplex da
Divisão Gráfica da Distribuidora Record.